Peter Schäfer

DIE SCHLANGE
WAR KLUG

Edition der
Carl Friedrich von Siemens
Stiftung

Peter Schäfer

DIE SCHLANGE WAR KLUG

Antike Schöpfungsmythen und die Grundlagen des westlichen Denkens

C.H.Beck

Mit 20 farbigen Abbildungen

Die erste Auflage dieses Buches erschien 2022.

2. Auflage. 2024

© Verlag C.H.Beck oHG, München 2022
Alle urheberrechtlichen Nutzungsrechte bleiben vorbehalten.
Der Verlag behält sich auch das Recht vor, Vervielfältigungen dieses Werks
zum Zwecke des Text and Data Mining vorzunehmen.
www.chbeck.de
Umschlaggestaltung: Rothfos & Gabler, Hamburg
Umschlagabbildung: Jean Colombe, Die Versuchung im Garten Eden,
aus dem Stundenbuch des Louis d'Orléans, 1490.
Nationalbibliothek Sankt Petersburg (Ms. Lat. Q. v. I. 126, fol. 12v).
© Bridgeman Images
Satz: Janß GmbH, Pfungstadt
Druck und Bindung: Druckerei C.H.Beck, Nördlingen
Gedruckt auf säurefreiem und alterungsbeständigem Papier
Printed in Germany
ISBN 978 3 406 79042 3

verantwortungsbewusst produziert
www.chbeck.de / nachhaltig

INHALT

EINLEITUNG 9

1. DIE HEBRÄISCHE BIBEL:
   ZWEI URGESCHICHTEN 27

   Das Buch Genesis und seine beiden Schöpfungserzählungen 27
   Der erste Schöpfungsbericht 36
   Der zweite Schöpfungsbericht 46
   Die Erzählung von der Sintflut 59
   Die Rückkehr der altorientalischen Mythen 66
   Der Babel-Bibel-Streit 69

2. ALTORIENTALISCHE EPEN:
   GRAUSAME UND GLEICHGÜLTIGE GÖTTER 83

   Das Atrachasis-Epos 84
   Der Sumerische Schöpfungsmythos 89
   Das Gilgamesch-Epos 91
   Das Enuma Elisch 102
   Altorientalische Epen und Bibel: Ein Vergleich 108

3. PLATON:
   DIE VERGÖTTLICHUNG DES KOSMOS 121

   Kosmogonische Philosophie: Der *Timaios* 121
   Platons Kosmotheologie 150
   Biblische Schöpfungstheologie und platonische Kosmologie 156

4. ARISTOTELES:
   DIE ENTGÖTTLICHUNG DES KOSMOS 161

   Wirkungen in der islamischen, christlichen und jüdischen
   Philosophie 161
   Der Unbewegte Beweger in Aristoteles' Kosmophilosophie 164

5. PHILON:
   DER JÜDISCHE PLATON 177

   Ein hellenistisch-römischer Theologe 177
   Philons Traktat über die Weltschöpfung 180
   Philon und Platon: Die Bibel gegen den Strich gebürstet . . 209

6. VON DEMOKRIT ZU LUKREZ:
   NATUR OHNE GÖTTER 217

   Demokrit: Ewige Atome und unzählige Welten 218
   Epikur: Seelenfriede durch Naturphilosophie 222
   Lukrez: Materialistische Welterklärung 234

7. DAS RABBINISCHE JUDENTUM:
   VOM MYTHOS ZUR GESCHICHTE 269

   Die Rabbinen und ihre Werke 269
   Polemik und Vereinnahmung: Die christliche Rezeption . . 275
   Die Schöpfungsgeschichte im rabbinischen Judentum . . . 280
   Rabbinische Schöpfungstheologie 322

8. O FELIX CULPA:
   FLUCH UND SEGEN DER VERTREIBUNG
   AUS DEM PARADIES 327

   Die «Ursünde» im nachbiblischen Judentum 330
   Von der Sünde zur Erbsünde 340
   Felix Culpa im rabbinischen Judentum 350

EPILOG 359

Die Dogmatisierung der Erbsünde 359
Kant, Schiller, Fichte und die «Philosophierung» der Paradiesgeschichte 361
Politische Theologie und Erbsündenlehre bei Carl Schmitt 373

ANHANG

Dank 387
Anmerkungen 391
Literatur 431
Bildnachweis 441
Namenregister 443

EINLEITUNG

Dieses Buch schlägt einen gewaltigen Bogen: von den Kosmogonien des Alten Orients in Sumer and Akkad bis hin zum Motiv des «Sündenfalls» und seiner Deutung als *felix culpa*, «glückliche Schuld», in der christlichen Rezeption des biblischen Schöpfungsmythos. Ausgangspunkt und ständige Begleitmelodie sind die beiden Schöpfungsberichte der Hebräischen Bibel bzw., in christlicher Terminologie, des Alten Testaments, die das kulturelle Gedächtnis dessen, was wir jüdisch-christliches Abendland nennen, nachhaltig geprägt haben.

Das weite thematische Spektrum dieses Buches verbindet die beiden Vorlieben meiner Studienzeit: die alte Liebe zur Philosophie und die neue Liebe zur Literatur, Kultur, Religion und Geschichte des Judentums, wobei letztere immer im Vordergrund stand und erstere allenfalls als Beiklang und Hintergrundmusik mitspielte. Deswegen ist ein nachdrückliches Caveat angebracht: Während ich mich mein Leben lang mit der hebräischen und aramäischen Literatur des Judentums beschäftigt habe, spreche ich da, wo es um die griechische und lateinische Literatur der Antike geht, als Laie, der zwar imstande ist, den Gedankengang der Quellen im Original nachzuvollziehen und sich auch bis zu einem gewissen Grad mit der entsprechenden wissenschaftlichen Diskussion vertraut zu machen, der aber weder die Kompetenz noch die Absicht hat, als gleichberechtigter Partner in einer innerfachlichen Diskussion aufzutreten. Dieser Einschränkung soll aber ausdrücklich nicht entgegenstehen, dass ich mir manchmal, aus dem umfassenden und befreienden Blick meiner Vogelperspektive, Urteile erlaube, die dem Spezialisten als kühn oder unangemessen oder schlicht naiv erscheinen mögen. Dieses Risiko nehme ich bewusst in Kauf. Die einzigen Texte schließlich, deren Sprachen ich auch nicht rudimentär nachvollziehen kann, sind die altorientalischen Schöpfungsmythen in Sumerisch und Akkadisch; hier bin ich auf Übersetzungen und Kommentare angewiesen.

Das Buch richtet sich an einen breiteren Kreis von Lesern, die mit der Thematik vertraut und bereit sind, sich auf die Analysen unterschiedlicher Textgattungen einzulassen. Wie in allen meinen Büchern vermeide ich es, auf aus anderen Disziplinen vorgegebene oder gerade «modische» theoretische Modelle zurückzugreifen, um sie an meinen Texten zu erproben. Vielmehr will ich die Leser durch die von mir ausgewählten Originalquellen führen – manche bieten sich als selbstverständlich an, bei anderen müssen die Leser meiner Auswahl vertrauen – und aus deren Interpretation meine Schlussfolgerungen ziehen. Soweit möglich, werde ich nicht nur ausgewählte Zitate vorstellen, sondern die jeweiligen Textkomplexe in ihrer Gesamtheit. Dabei lässt es sich nicht immer vermeiden, dass in den analysierten Quellen auch Aspekte angesprochen werden, die von meinem Thema im engeren Sinne wegführen, doch halte ich diesen Nachteil für geringer, als Kürzungen vorzunehmen, die den Zusammenhang der Texte in einer für die Leser nicht mehr nachvollziehbaren Weise ausblenden. Hinweise auf die einschlägige Sekundärliteratur sind auf ein Minimum reduziert.

Ausgehend von der Schilderung der Urgeschichte in der Hebräischen Bibel thematisiere und vergleiche ich Schöpfungsmythen im Alten Orient, in Griechenland und Rom, im nachbiblischen Judentum und im Christentum. Es geht mir ausdrücklich nicht um Vollständigkeit im Sinne eines Handbuchs, das alle denkbaren Mythen mit ihren Facetten und Spielarten behandelt, sondern um signifikante Beispiele in der Diskussion um die Entstehung der Welt und des Menschen, die durch das biblische Judentum ausgelöst, durch das antike Judentum zugespitzt und durch das Christentum neu auf den «Sündenfall», die «Vertreibung aus dem Paradies» und die Sintflut ausgerichtet wurde. Die griechischen Theogonien des Hesiod werden nicht in einem eigenen Kapitel thematisiert, sondern nur am Rande mitbedacht, weil sie fast ausschließlich auf die Entstehung und Ordnung der Götterwelt ausgerichtet sind und der Mensch in ihnen nur eine ganz untergeordnete Rolle spielt. Ganz anders steht es mit den reichen Schöpfungsmythen der Ägypter, die aber deswegen nicht berücksichtigt wurden, weil sie

Einleitung

keinen prägenden Einfluss auf das «westliche» Denken ausgeübt haben, auch wenn manche dies anders sehen mögen. Ich strebe also keine enzyklopädische Gesamtschau an, sondern verfolge sehr gezielt ein fest umrissenes Thema. Der Bezugsrahmen ist dabei der durch das Judentum und das griechische und lateinische Christentum – bis zu einem gewissen Grade auch den Islam – determinierte kulturelle und geographische Raum.

Das erste Kapitel «Die Urgeschichte in der Hebräischen Bibel» beginnt mit den beiden Schöpfungsberichten im Buch Genesis (1,1–2,3 und 2,4–3,24), die ohne jede Erklärung der Doppelung die Erzählung von der Urgeschichte eröffnen. Die beiden Berichte stammen aus unterschiedlichen Epochen und unterscheiden sich inhaltlich deutlich voneinander. Während der jüngere erste Schöpfungsbericht, der frühestens in der ersten Hälfte des sechsten Jahrhunderts v. Chr. entstand, sich an der von den Priestern beherrschten Kultordnung orientiert, ist der zweite, ältere Bericht aus dem Anfang des ersten Jahrtausends v. Chr. ganz offensichtlich von den Schöpfungsmythen der altorientalischen Epen beeinflusst. Daher wird dieser zweite Schöpfungsbericht die Hauptrolle in meinem Buch spielen.

Der Schwerpunkt auf dem zweiten Schöpfungsbericht kommt auch im Haupttitel des Buches zum Ausdruck. Er spielt auf die Erzählung von der Vertreibung aus dem Paradies als einem der wirkmächtigsten Elemente des biblischen Schöpfungsmythos an, deren Auslegung aber umstritten ist. Nach dem üblichen Verständnis hat das erste Menschenpaar, von der Schlange verführt, entgegen dem göttlichen Verbot von der Frucht des Baumes der Erkenntnis von Gut und Böse gegessen und damit den Tod in die Welt gebracht. Mit dem Titel «Die Schlange war klug» verweise ich auf eine andere als die im Christentum dominierende Deutungstradition von der Verführung der ersten Menschen durch eine hinterhältige böse Gegenkraft, die das Menschengeschlecht verderben wollte. Dieser anderen Tradition zufolge war die Übertretung des Verbots Teil des göttlichen Schöpfungsplans, so dass die Schlange gewissermaßen als göttliche Agentin handelte: Die Übertretung bewirkte nicht den angedrohten Tod, sondern im Gegenteil die Fähigkeit, zwischen gut und böse, richtig und falsch zu unterscheiden, und ermöglichte damit den entscheidenden Schritt des Menschenpaares von einem Geschöpf des Paradieses zum wirklichen und individuellen Menschen, der kraft dieses Unterscheidungsvermögens eigenverantwortliche Entscheidungen treffen kann und muss – mit der realen Möglichkeit, dass diese Entscheidungen auch falsch, schlecht und sogar böse sein können. Erst indem er kraft seiner ersten Entscheidung aus dem idealen Paradieszustand entlassen wird, kann der Mensch seine reale irdische Welt betreten.

Wie der Fortgang der Geschichte mit dem ersten Brüderpaar Kain und Abel und der Ermordung Abels durch Kain zeigt, trafen die Menschen auch auf der Erde immer wieder falsche Entscheidungen, bis Gott beschloss, seine misslungene erste Schöpfung durch die Sintflut zu vernichten, mit Noach und seiner Familie eine neue Welt zu begründen und diese durch einen Bund für immer zu besiegeln. Die (Wieder-)Entdeckung altorientalischer Erzählungen von einer schrecklichen, alles vernichtenden Flut in der zweiten Hälfte des neunzehnten Jahrhunderts legte den Grundstein für die Wissenschaft vom Alten Orient und eröffnete eine Jagd nach Parallelen zur biblischen Urgeschichte. Da diese Parallelen mit Sicherheit viel älter sind als die biblischen Berichte, stellten sie nicht nur deren Originalität in Frage, sondern ließen Zweifel am Offenbarungscharakter des Alten Testaments als Teil des christlichen Kanons aufkommen. Dies führte zu einer kurzen, aber heftigen öffentlichen Diskussion, dem sogenannten Babel-Bibel-Streit, der bis in das deutsche Kaiserhaus hinein ausgetragen wurde. Ich werde diesen Streit nachzeichnen, weil er ein Schlaglicht auf den im Wilhelminischen Deutschland tief verankerten religiösen und völkischen Antisemitismus wirft.

Um es nicht bei einzelnen und subjektiv ausgesuchten Parallelen zu belassen, werde ich im zweiten Kapitel die wichtigsten altorientalischen Epen in ihrer Gesamtheit vorstellen. Ich beginne mit dem mutmaßlich ältesten bisher bekannten akkadischen Epos, das nach seinem Helden Atrachasis benannt ist, dem Vorbild des biblischen Noach, und spätestens um 1800 v. Chr. entstand. Diesem Mythos zufolge werden die Menschen erschaffen, um die Götter von der Kultivierung der Erde zu entlasten, die vor allem dem Zweck dient, den Unterhalt eben dieser Götter zu garantieren. Leider vermehren sich diese Menschen aber bald in einem Ausmaß, dass sie die himmlische Ruhe der Götter stören.

Einleitung

Diese beschließen, die lästigen Menschen in einer gewaltigen Flut zu vernichten, vergessen dabei aber, dass sie sich damit auch ihrer eigenen Lebensgrundlage, der Versorgung mit Fleisch- und Trankopfern, berauben. Glücklicherweise war aber einer der Götter klug genug, Atrachasis und seine Familie überleben zu lassen und damit den Fortbestand der Menschheit und die Versorgung der Götter zu sichern.

Eine ganz ähnliche Geschichte erzählt der nur fragmentarisch erhaltene sumerische Schöpfungsmythos, der möglicherweise dem Atrachasis-Epos als Vorlage diente und vielleicht schon im dritten Jahrtausend v. Chr. entstand. Die bekannteste und umfassendste Version der Sintfluterzählung findet sich im Gilgamesch-Epos, das in verschiedenen assyrischen und altbabylonischen Fassungen erhalten ist, die sich ebenfalls auf sumerische Quellen bis in die Mitte des dritten Jahrtausends v. Chr. zurückverfolgen lassen. Das Epos handelt nicht von der Entstehung der Welt und der Götter, sondern von der Freundschaft des wilden Steppenmenschen Enkidu mit Gilgamesch, dem König von Uruk, der Uruk nach der Sintflut wieder aufgebaut hat. Es erzählt von ihren Heldentaten, dem Tod Enkidus, der vergeblichen Suche Gilgameschs nach dem ewigen Leben und ganz am Ende von der verheerenden Sintflut in einer Fassung, die eng mit dem Atrachasis-Epos verwandt ist.

Nur das jüngste der großen altorientalischen Epen, das nach seinen Anfangsworten «Enuma Elisch» genannt wird, ist ein Weltschöpfungsepos im eigentlichen Sinne, und zwar eine Theogonie, die von der Entstehung der Götter handelt, und zugleich eine Kosmogonie, in der es um die Entstehung der Welt und des Menschen geht. Die rezipierte Fassung wird um 1000 / 900 v. Chr. datiert und steht dem zweiten Schöpfungsbericht der Bibel zeitlich nahe. Das Epos beginnt mit der Erschaffung der jüngeren Götter aus dem Urgötterpaar Apsu und Tiamtu[1] und der Ermordung erst des Göttervaters Apsu und dann der Göttermutter Tiamtu durch die jüngeren Götter. Erst danach kommt es zur Erschaffung der Welt bzw. genauer des Himmels und der Erde aus dem Leib der ermordeten Göttermutter. Im letzten Schritt folgt die Erschaffung des Menschen, die wie im Atrachasis-Epos dem Zweck dient, die Versorgung der Götter mit Nahrung und ihre Verehrung in den Tempeln sicherzustellen.

Ein detaillierter Vergleich der Urgeschichte in den altorientalischen Epen und in der Hebräischen Bibel zum Abschluss des zweiten Kapitels weist zahlreiche Parallelen nach, sowohl in einzelnen Motiven als auch in dem großen Komplex der Sintfluterzählung. Angesichts dieser Überschneidungen kann kein Zweifel daran bestehen, dass die Autoren der biblischen Schöpfungsberichte diese Epen in irgendeiner Form gekannt haben müssen. Aber ein Blick auf die zugrundeliegenden Weltbilder offenbart auch wesentliche Unterschiede und zeigt, dass die Hebräische Bibel das Weltbild der altorientalischen Epen in allen entscheidenden Punkten auf den Kopf stellt.

Im dritten Kapitel betreten wir eine ganz andere Welt, die Kosmologie der griechischen Philosophie. Der erste Denker ist zugleich der für unser Thema wichtigste. Platon (gest. 348/347 v. Chr.) hat in seinem Dialog *Timaios* – benannt nach dem Hauptakteur Timaios, der über die Entstehung der Welt vorträgt – eine überaus einflussreiche philosophische Kosmologie entworfen. Ich folge dem Gedankengang des Traktats in seiner Gesamtheit und fasse anschliessend das Ergebnis meiner Analysen zusammen.

Im Mittelpunkt von Platons Schöpfungsdrama steht der Demiurg, der Urheber unserer Welt der Natur und der Menschen, also des Kosmos. Dieser Demiurg erweist sich als eine schillernde Gestalt, deren Identität im Kontext der platonischen Ideenlehre niemals genau definiert wird bzw. bewusst in der Schwebe bleibt. Er steht zwischen dem unveränderlichen und ewigen Sein auf der einen Seite und dem Werden der veränderlichen Welt auf der anderen und bringt eben diese Welt hervor, das heißt, er wirkt als «Schöpfergott» – eine Kategorie, die es in der platonischen Ideenlehre eigentlich nicht geben kann. Er beginnt mit der Erschaffung des Weltkörpers, der aus der präkosmischen chaotischen Materie der vier Elemente besteht, die sich im ebenfalls bereits vorhandenen Raum bewegen. Diesem pflanzt er die Weltseele ein, bzw. er zwingt die vergängliche Materie und die unvergängliche Seele zusammen und verbindet so, was eigentlich nicht zusammengehört. Dasselbe gilt für die anschließende Erschaffung des Menschen, der ebenfalls aus Körper und Seele besteht. Allerdings ist die Komposition des Menschen komplizierter, denn anders als der Weltkörper muss der menschliche Körper eigens erschaffen werden, und die Seele des

Einleitung 15

Menschen besteht nicht nur aus unsterblichen, sondern auch aus sterblichen Teilen. Körper und sterbliche Seelenteile des Menschen kann der vollkommene Demiurg aber nicht selbst hervorbringen, sondern muss ihre Erschaffung den sichtbaren und jungen Göttern überlassen, die er noch nebenbei erschaffen hat, im Unterschied zu den nur am Rande präsenten traditionellen Göttern des griechischen Götterpantheons. Aufgabe des Menschen ist es, im Einklang mit der Harmonie des Kosmos ein vernünftiges und gottgefälliges Leben zu führen, nach dem Guten und Schönen zu streben und so dafür zu sorgen, dass seine unsterbliche Seele an seinem Lebensende zu ihrem Ursprung in einem der Planeten zurückkehren kann. Wenn ihm dies nicht gelingt, muss seine Seele in einem anderen Körper wiedergeboren werden.

Platons *Timaios* ist der Versuch, gegen die griechische Naturphilosophie und vor allem gegenüber den Atomisten, Mythos und Philosophie miteinander zu versöhnen und einen göttlich durchwalteten Kosmos mit den Mitteln der Philosophie zu begründen. Man hat seine Kosmologie daher auch mit Recht eine Kosmotheologie genannt. Ich möchte behaupten, dass dieser Versuch letztlich misslungen ist, weil sich ontologische und mythologische Aussagen ständig überkreuzen und weil Platon sich allzu oft in Spannungen und Widersprüche zu seiner eigenen Philosophie verwickelt. Dies gilt nicht nur für das klassische Beispiel der platonischen Welt, die einerseits geworden, das heißt in der Zeit entstanden ist, der aber gleichwohl die Qualität der Ewigkeit zukommt – ein Axiom, über das sich schon Aristoteles, der kompromissloseste Vertreter der Ewigkeit der Welt, lustig gemacht hat. Ähnlich problematisch sind die vom Demiurgen erschaffenen sichtbaren und jungen Götter, denen aber dennoch, kraft der Autorität ihres Schöpfers, ewiges Leben zuteil wird. Unbeantwortet bleibt die Frage, woher die Materie kommt, die der Demiurg ebenso vorfindet wie den ewig vorhandenen Raum. Wenig plausibel sind auch das Zusammenzwingen von Weltkörper und Weltseele in einem «Mischkrug», der auch bei der Verbindung von Körper und Seele des Menschen zum Einsatz kommt, und die Kombination unsterblicher und sterblicher Seelenteile im Menschen. Völlig ungeklärt ist das Verhältnis der traditionellen Götter zu den erschaffenen und die Stellung des Demiurgen in der Hierarchie der Götter.

Ein Vergleich der biblischen Schöpfungstheologie mit der platonischen Kosmologie ergibt einige Gemeinsamkeiten, doch überwiegen die Unterschiede. Das Verhältnis von Mann und Frau ist radikal verschieden. Anders als im biblischen Schöpfungsbericht gehört die Frau bei Platon einer niederen Seinsstufe an. Der Mann, der sein Schöpfungsziel nicht erreicht hat, wird zunächst als Frau wiedergeboren und dann, in immer weiter nach unten abgestufter Reihenfolge, als Tier. Vor allem aber: Im Unterschied zur Hebräischen Bibel ist die göttliche Vor- und Fürsorge (*pronoia*) in Platons *Timaios* auf die Begabung des Menschen mit Vernunft beschränkt. Der Demiurg wie auch die ihm nachgeordneten Götter exkulpieren sich von jeder Verantwortung für das Schlechte und Böse im Menschen. Dennoch war Platons Kosmotheologie mit ihrem Festhalten an einem Schöpfergott und der Entstehung der Welt in der Zeit ein reiches Nachleben vergönnt, nicht zuletzt im Christentum.

Das kurze vierte Kapitel über Aristoteles dient nur als «Zwischenspiel», weil Aristoteles ja gerade keinen Schöpfungsmythos akzeptierte, sondern – viel konsequenter als Platon – das Primat der Philosophie gegenüber dem Mythos vertrat und den Kosmos entmythologisierte. Aus genau diesem Grunde tat sich Aristoteles im Christentum sehr viel schwerer als Platon, bis er sich dann, unter dem Einfluss der islamischen Theologie, im Mittelalter als Leitphilosoph durchsetzte. Da es bei Aristoteles keine Schöpfungserzählung gibt, behandle ich nur ausgewählte Stellen aus dem 12. Buch (Lambda) seiner Metaphysik, dem Höhepunkt von Aristoteles' Überlegungen zum Kosmos und seiner Entstehung und Struktur. Ich konzentriere mich auf den Zielpunkt seiner Erörterung, «das unbewegt Bewegende», meist personal übersetzt mit «Unbewegter Beweger». Ohne sich selbst zu bewegen, hält er durch sein ewiges auf sich selbst bezogenes Denken den Kosmos auf ewig in Gang. Der Mensch als Teil dieses Kosmos kann durch seine Vernunft am Denken und der in sich ruhenden Glückseligkeit des Unbewegten Bewegers partizipieren, aber diese Teilhabe ist nirgendwo Zweck der ewigen Bewegung. Der selbstgenügsame «Gott» des Aristoteles zieht sich vollständig aus dem von ihm in Bewegung gehaltenen Kosmos zurück.

Im fünften Kapitel geht es um Philon, den Angehörigen der jüdischen Oberschicht in Alexandria, der im ersten Jahrhundert n. Chr.

Einleitung

lebte. In seinem umfangreichen Werk versucht er, das Judentum mit dem griechisch-römischen Denken zu versöhnen und die Hebräische Bibel (in ihrer griechischen Übersetzung) im Lichte vor allem der platonischen Philosophie zu interpretieren. Philon hat sich ausführlich zum Thema der Weltschöpfung geäußert. Ich beschränke mich auf die Analyse des Traktats «Über die Weltschöpfung» (*De opificio mundi*), der sich zunächst auf den ersten biblischen Schöpfungsbericht konzentriert, dann aber auch den zweiten kursorisch mit einbezieht. Der Traktat gehört möglicherweise zur dritten und letzten Schaffensperiode des reifen Philon nach seiner Teilnahme an einer Gesandtschaft zu Caligula und seinem Aufenthalt in Rom vom Herbst 38 bis Anfang 40 n. Chr. und wendet sich an ein breiteres Publikum. Als einflussreichster Advokat eines hellenistischen Judentums in platonischem Gewande geriet Philon im Judentum sehr bald in Vergessenheit und überlebte, bis zu seiner Wiederentdeckung in der Renaissance und im Humanismus, nur im Christentum.

Philons Traktat von der Weltschöpfung ist durchgehend von Platons *Timaios* beeinflusst und deutet die biblische Schöpfungsgeschichte konsequent im Sinne der platonischen Philosophie. Er unterscheidet im Gefolge Platons zwischen der nur durch das Denken erfassbaren Welt der Ideen (dem *kosmos noētos*) und der sinnlich erfahrbaren irdischen Welt (dem *kosmos aisthētos*), wobei für ihn, ganz im biblischen Sinne und gegen Platon, auch die Ideenwelt selbstverständlich erschaffen ist. Seine Anwendung dieser generellen Unterscheidung auf den biblischen Text führt, wie zu zeigen sein wird, oft zu gewaltsamen Ergebnissen und inhaltlichen Ungereimtheiten.

Mit Platon und gegen Aristoteles lehnt Philon die Lehre von der Ewigkeit der Welt ab und glaubt wie dieser selbstverständlich an die Unvergänglichkeit der Seele und ihre Rückkehr zu Gott nach dem Tode des Körpers. Wie Platon überlässt er die Entstehung des Bösen der Schlechtigkeit des Menschen und exkulpiert den Schöpfergott und seine «Helfer» von jeder Verantwortung dafür. Obwohl die göttliche Fürsorge eine zentrale Rolle in der Bibel spielt, steht Philon auch hier, jedenfalls was die Weltschöpfung betrifft, Platon näher als manche Exegeten denken. Ähnliches gilt schließlich auch für die Frage der Willensfreiheit.

Das sechste Kapitel widmet sich den atomistischen Philosophen von Demokrit über Epikur bis hin zu Lukrez, der in seinem lateinischen Lehrgedicht «Über die Natur der Dinge» (*De rerum natura*) die Philosophie Epikurs in die lateinische Literatur einführte und gleichzeitig zu ihrem Höhepunkt brachte. Demokrit führt das, was wir Welt oder Kosmos nennen, am konsequentesten auf eine unendliche Anzahl von Atomen zurück, die sich ewig in einem leeren Raum bewegen, und verabschiedet sich damit radikal von der Vorstellung von einer Entstehung des Kosmos oder gar von einem Schöpfergott. Der Mensch ist wie alle anderen Phänomene der Natur eine entsprechend konfigurierte Zusammenballung der Atome und besteht somit aus purer Materie, die sich nach seinem Tod in neuen Zusammenballungen konkretisiert. Eine Unsterblichkeit der Seele ist daher undenkbar. Aufgabe des Menschen kann es nur sein, sich in dieses naturgegebene Schicksal zu fügen und für einen ausgeglichenen Seelenzustand zu sorgen.

Die atomistische Naturphilosophie Demokrits erreichte ihren ersten Höhepunkt mit Epikur (gest. 271/70 v. Chr.). Ich beschränke mich in meiner Rekonstruktion seiner Lehre vor allem auf seinen Brief an Herodotos, der seine Kosmologie zusammenfasst, und seinen Brief an Meneukeus, einer knappen Summe seiner Ethik. Die Anzahl auch von Epikurs Atomen oder Körpern ist unendlich, aber sie nehmen hinsichtlich ihrer Grösse, Gestalt und Schwere unterschiedliche und endliche Formen an, und auch sie bewegen sich im unendlichen leeren Raum. Die Lehre von der unvorhersehbaren «Abweichung» oder dem minimalen «Schlenker» (griechisch *parenklisis*) dieser Urelemente, die erst ihre Zusammenballung ermöglicht, ist bei Epikur nur rudimentär erhalten, für das Verständnis seiner Philosophie aber unabdingbar. Auch Epikurs Seele besteht aus feinsten, im ganzen Körper verstreuten Materieteilchen. Die traditionellen Götter sind verzichtbar; sie existieren zwar in ewiger Glückseligkeit, aber der aufgeklärte Mensch hat keine Angst vor ihnen. Allein die Einsicht in die Naturlehre Epikurs ermöglicht dem Menschen, die für seinen Seelenfrieden notwendige heitere Gelassenheit und innere Ruhe zu finden.

Das entstehende Christentum entwickelte sich sehr schnell zum Hauptgegner von Epikurs Philosophie. Seine Leugnung des Schöpfergottes, der Unsterblichkeit und der göttlichen Vorsehung im Zusam-

Einleitung 19

menspiel mit seiner auf einen angeblich ungehemmten Hedonismus reduzierten Ethik war für das Christentum unerträglich. So ist es denn auch der Sieg des Christentums, der Epikurs Philosophenschule ein schnelles Ende bereitete. Die Rezeption Epikurs im antiken Judentum war differenzierter: «Epikur» und «Epikureer» bezeichnet bei den Rabbinen den Inbegriff einer Häresie und eines Skeptizismus, der sich grundsätzlich gegen jede Form der Offenbarungsreligion richtet und gegen eine religiöse Praxis, die auf ein ewiges Leben zusammen mit Gott abzielt. Auch die Anerkennung der göttlichen Vorsehung, das heißt der fürsorglichen Anteilnahme Gottes am Fortgang und Erfolg des menschlichen Lebens, ist für das Judentum unverzichtbar. Die christlichen Verzerrungen der epikureischen Ethik sind dem rabbinischen Judentum jedoch fremd.

Über Lukrez (99 / 94–55 / 53 v. Chr.), den Autor des Lehrgedichts «Über die Natur der Dinge» (*De rerum natura*), ist nur wenig bekannt. Er erscheint wie ein Komet am lateinischen Philosophenhimmel, hinterlässt dieses in sprachlicher und inhaltlicher Hinsicht nahezu vollkommene Werk und verglüht so unversehens, wie er gekommen ist. Schon Cicero gestand ihm «geniale Züge» zu, und der Kirchenlehrer Hieronymus konnte ihm nur Wahnsinn attestieren und die verdiente Beendigung seines Lebens durch Selbstmord. In der Spätantike und im Mittelalter vergessen, offenbarte erst seine Neuentdeckung im Humanismus der Renaissance das Potenzial seines Gedichts für eine Philosophie und Naturwissenschaft, die sich von den christlichen Prämissen befreit.

Das umfangreiche Lehrgedicht ist in sechs Bücher gegliedert. Ich orientiere meine Analyse durchgängig an der Struktur des Werkes und vermeide jeden Versuch, dessen Inhalt nachträglich zu systematisieren. Konstitutiv für den Kosmos sind auch bei Lukrez die Urelemente und der leere Raum, in dem sie sich bewegen. Diese Urelemente sind massiv, das heißt unteilbar, unvergänglich, das heißt ewig, aber kombinierbar. Sie bewegen sich im gleichermaßen ewigen leeren Raum, aber diese ihre Bewegung vollzieht unvorhersehbare und nicht intendierte «Schlenker», also Abweichungen vom senkrechten Fall, die griechische *parenklisis*. Lukrez erfindet dafür das lateinische Wort *clinamen*. Die Urelemente nehmen aber unterschiedliche Gestalten und Formen an und können sich, dank des *clinamen*, miteinander mischen und zu immer neuen Gestalten konfigurieren oder aber auch sich im Zusammenprall gegenseitig abstoßen und voneinander trennen. Auf diese Weise entstehen alle Phänomene des Kosmos sowie zahllose Welten. Die Seele des Menschen ist ebenso sterblich wie der Körper, und auch die Welten können vergehen und neu entstehen. Alle Menschen sind Teil einer unendlichen Reihe immer wieder neuer Konfigurationen der Materie, in der es kein ewiges Leben geben kann. Deswegen ist der Tod auch irrelevant. Die Erde liegt im Mittelpunkt unserer Welt und bewegt sich nicht, im Unterschied zu den sie umgebenden Himmelskörpern.

Aus der sich immer weiter verfeinernden Konfiguration der Materieteilchen entsteht im Laufe der Zeit auch die Natur- und Kulturgeschichte der Menschheit. Naturphänomene am Himmel und auf der Erde haben Lukrez zufolge rational zu erklärende Ursachen. Die verständliche Angst vor ihnen kann nicht durch den Glauben an die Götter und ihre «Versöhnung» überwunden werden, sondern nur durch die Einsicht in die physikalischen Mechanismen der Natur. Dazu gehört auch die Pest von Athen, mit deren Schilderung Lukrez das sechste Buch abschließt. Entgegen der Meinung mancher Exegeten bin ich überzeugt, dass dies der von Lukrez beabsichtigte Schluss seines Lehrgedichts ist. Wie Epikur überlässt auch Lukrez den Göttern ihren angestammten Platz, aber er entthront sie als Schöpfer und Erhalter der Welt und verbannt sie in irgendwelche «Zwischenwelten», wo sie in seliger Ruhe vor sich hinleben, aber die Menschen nicht mehr erschrecken können.

Auf die Atomisten folgt im siebten Kapitel als Gegenmodell das rabbinische Judentum, also das Judentum der ersten nachchristlichen Jahrhunderte, das sich gleichzeitig mit dem entstehenden Christentum herausbildete und das Judentum bis heute prägt. Ich verfolge zunächst die Rezeption der rabbinischen Literatur im christlichen Westen und analysiere dann einen zusammenhängenden Text aus der reichen Fülle des überlieferten Materials. Die Auswahl eines solchen Textes war besonders schwierig, denn die rabbinische Literatur ist ihrem Wesen nach eine nach inhaltlichen Gesichtspunkten strukturierte Sammlung religionsgesetzlicher Vorschriften (Mischna, Talmud) sowie eine umfangreiche Kommentarliteratur (Midrasch), die sich am Duktus des Bibeltextes orientiert und sich jeder Systematisierung verweigert. Vereinzelte Auslegungen zu den beiden biblischen Schöpfungsberichten gibt es an vielen Stellen, aber sie konzentrieren sich in dem *Bereschit Rabba* oder auch *Genesis Rabba* genannten Midrasch zum ersten Buch der Hebräischen Bibel. Aus diesem immer noch sehr umfangreichen Midrasch habe ich das erste Kapitel ausgewählt, weil es meiner Einschätzung nach so etwas wie eine Summa der rabbinischen Schöpfungstheologie bietet.

Die Rabbinen denken die biblischen Schöpfungserzählungen weiter und verwandeln den biblischen Mythos zielstrebig in den Beginn der Geschichte, den Schöpfergott in den Gott der Geschichte und das Volk Israel in Teilhaber Gottes im Verlauf der Geschichte. Die später am Sinai offenbarte Torah diente schon als Gottes Bauplan für die Erschaffung der Welt, und Gott war selbstverständlich der alleinige Schöpfer; jeder Versuch, ihm «Helfer» im platonischen oder philonischen Sinne beizugesellen, wird verworfen. Die Schöpfung war nicht Selbstzweck, sondern von Anfang an auf die nachfolgende Geschichte Gottes mit Israel und Israels mit Gott, die Gabe der Torah, die Erlösung am Ende der Geschichte und das Heil der zukünftigen Welt ausgerichtet, ja diese zukünftige Welt ist ebenfalls schon im Schöpfungsplan angelegt. Deswegen kümmert sich der jüdische Gott, anders als die Götter der Heidenvölker, auch von Anfang an um das Wohlergehen der Welt und seines Volkes, er ist ein Gott der Vorsehung.

Das antimythische und radikal heilsgeschichtliche Weltbild der Rabbinen ist auf den Menschen als Partner Gottes ausgerichtet und speist sich primär aus dem Text der Hebräischen Bibel in ihrer Gesamtheit. Damit wird die rabbinische Schöpfungstheologie zum markantesten Antipoden nicht nur der altorientalischen Mythen, sondern auch der klassischen griechisch-römischen Philosophie bis hin zu den Atomisten.

Im achten und letzten Kapitel kehre ich zu den Anfängen zurück und greife noch einmal das Thema der Paradiesgeschichte und des sogenannten Sündenfalls als des Dreh- und Angelpunktes der biblischen Schöpfungsgeschichte auf. Auch im nachbiblischen Judentum spielt die angebliche Ursünde keineswegs die Rolle, die christliche Exegeten ihr zugestehen wollen, ganz im Gegenteil: Sowohl die jüdische Weisheitsliteratur als auch die jüdische Apokalyptik führen die biblische Linie der von Gott gewollten und wesentlich zum Menschen gehörenden Wahlfreiheit zwischen gut und böse, richtig und falsch fort und betonen, dass auch die falsche Entscheidung Teil des Menschseins ist, ohne den die Menschen Engel wären, was weder Gott noch die Menschen für erstrebenswert halten. Von einer unverzeihlichen oder gar auf ewig fortwirkenden Schuld Adams ist in der Weisheitsliteratur (Jesus Sirach, Weisheit Salomos) nirgendwo die Rede. Die Sünde und der Tod gehören zwar seit Adam zum Menschen, aber jeder Mensch aller nachfolgenden Generationen bis zur Gegenwart ist für seine eigenen Sünden und seinen eigenen Tod verantwortlich.

Dieser zuversichtliche Ton ändert sich in den apokalyptischen Schriften (Viertes Buch Esra, Syrischer Baruch), die nach dem Schock der Tempelzerstörung im Jahr 70 entstanden. Hier wird die Frage nach dem Sinn des Lebens neu gestellt. Adams Übertretung des Verbots und dem deshalb verhängten Tod wird stärkeres Gewicht beigemessen, ja sogar die von Gott verhängte Wahlmöglichkeit kann als Quelle allen Übels ausgemacht werden, doch bedeutet dies keineswegs, dass Adam auch für die Fehler aller anderen Generationen verantwortlich gemacht wird. Wie in der Weisheitsliteratur sind auch in der Apokalyptik Sünde und Tod Folgen der frei verantworteten Entscheidung jedes einzelnen Menschen.

Mit dem entstehenden Christentum bahnt sich ein Paradigmenwechsel im Verständnis der Schuld Adams an. Der jüdische Theologe Paulus, der das Christentum entscheidend prägte, stand noch in der Tradition der jüdischen Apokalyptik und hielt wie diese an der individuellen Entscheidung des Menschen für oder gegen die Sünde fest. Zugleich aber deutete er den «Sündenfall» Adams mit dem Tod als Folge radikal um: So wie die Sünde des (alten) Menschen Adam die Sünde und den Tod in die Welt brachte, besiegte der Opfertod des (neuen) Menschen Jesus Christus ein für alle Mal die Sünde und den Tod (Röm. 5,12–19) und brachte allen Menschen aller Generationen, die sich zu ihm bekennen, Auferstehung und ewiges Leben. Diese Deutung des Paulus ging bald als «glückliche Schuld» in die christliche Liturgie ein. Von einem durch die Geburt erworbenen Zustand der Sünde, also einer «Erbsünde», kann bei Paulus noch keine Rede sein,

Einleitung

aber seine Theologie des alten und neuen Adam ist völlig singulär im Judentum.

Dieses Verständnis der Schuld Adams verschob sich im Laufe der Zeit immer mehr in Richtung auf die Erbsünde. Während die Kirchenlehrer und -väter des Ostens noch an der ursprünglich jüdischen Betonung des freien Willens als des entscheidenden Merkmals des Menschseins festhielten, bereiteten die lateinischen Väter der Lehre von der Erbsünde den Weg. Der Höhepunkt dieser Denkrichtung war mit Augustinus (gest. 430 n. Chr.) erreicht, der die angebliche «Sünde» des ersten Menschenpaares in eine «Ur-» oder sogar «Erbsünde» umdeutete, eine Sünde also, die allen Menschen genetisch vererbt wird und die nur durch die Taufe aufgehoben werden kann. Augustinus, der Bischof von Hippo in Nordafrika, war geradezu besessen von seiner Erbsündenlehre und begann diese in zahlreichen Schriften zu verbreiten. Er war es, der den Begriff der «Erbsünde» (*peccatum originale*) einführte, das heißt der angeborenen Sünde jeder einzelnen menschlichen Seele bei der Geburt, die von den elterlichen Seelen vererbt wird und die ihrerseits auf Adam und Eva zurückgeht. Die einzige Rettung vor dieser verhängnisvollen und unausweichlichen Sündenlawine sah er in der Säuglingstaufe, die die neugeborenen Kinder von der ererbten Schuld Adams befreite und nur ihren eigenen Sünden überließ.

Augustinus' Hauptgegner war der britische Mönch Pelagius, der 410 nach Nordafrika kam und dort in den «Bannkreis» des Augustinus geriet. Pelagius vertrat eine ausgeprägte Theologie der Willensfreiheit jedes einzelnen Menschen, der aufgrund seiner eigenen Entscheidung zum Gehorsam gegenüber den göttlichen Geboten gelangen könne und nicht von Natur aus von einer ewigen Sünde korrumpiert sei. Die Kirche entschied sich dafür, die Lehren des Pelagius und seiner Anhänger zu verurteilen, während Augustinus zum bedeutendsten Kirchenlehrer des westlichen Christentums aufstieg und bald als Heiliger verehrt wurde. Seine Erbsündenlehre wurde 1546 auf dem Konzil von Trient zum verbindlichen Dogma erhoben.

Zum Abschluss des Kapitels kehre ich noch einmal zum rabbinischen Judentum zurück. Wir werden sehen, dass die Rabbinen eine Welt entwerfen, in der der Mensch im Mittelpunkt steht und in der sich alles um das Verhältnis zwischen den Menschen – das heißt primär dem

Volk Israel – und ihrem Gott dreht. Dies lässt sich am besten durch die Texte weiter verdeutlichen, in denen die Menschen mit den Engeln verglichen werden. Schaut man sich diese Midraschim genauer an, wird klar, dass die Engel in allen Bereichen den Kürzeren ziehen. Dies zeigt sich insbesondere an zwei zentralen Themen, bei der Erschaffung des Menschen und bei der Gabe der Torah. Was erstere betrifft, so kann der erste Schöpfungsbericht zwar so verstanden werden, dass Gott die Engel fragte, ob sie mit der Erschaffung des Menschen einverstanden sind (Gen. 1,26), aber die Rabbinen stellen sehr schnell klar, dass Gott die Meinung seiner Engel nicht im Geringsten interessiert. Er weiß, dass die Engel gegen den Menschen sind, weil er zur Sünde neigt und weil sie ihm Gottes Fürsorge und Liebe neiden. Sie halten sich viel auf ihre Sündenlosigkeit und Unsterblichkeit zugute, aber genau dieser Vorzug erweist sich als ihr entscheidender Nachteil: Da sie nicht sterben können, können sie auch nicht sündigen oder umgekehrt, weil sie nicht sündigen können, können sie auch nicht sterben. Und es ist genau diese Eigenschaft, die sie des höchsten Gutes beraubt, das Gott zu vergeben hat, der Torah, denn die Torah mit ihren Geboten und Verboten gilt den sündigen Menschen, um sie von der Sünde fernzuhalten und nicht den sündenlosen Engeln. Weil die armen Engel keinen freien Willen haben und deswegen auch nicht zwischen richtig und falsch, gut und böse, wählen können, sind sie in Wirklichkeit benachteiligt. Denn Gott will den Menschen gerade wegen der ihm gegebenen Wahlmöglichkeit, auch auf die Gefahr hin, dass er die Sünde wählt.

Das rabbinische Verständnis des «Sündenfalls» ist das genaue Gegenteil sowohl der von Paulus als auch der von Augustinus entworfenen Theologie und entwickelt weiter, was die Hebräische Bibel vorgegeben hat. Für die Rabbinen ist die «Sünde Adams» nicht deswegen eine *felix culpa*, weil sie die Erlösungstat Jesu Christi ermöglichte, sondern weil sie den Menschen zum Menschen und Partner Gottes in der Geschichte machte. Die freie Willensentscheidung gehört nach jüdischer Anschauung wesentlich zum Menschen, und diese Auffassung gilt im Judentum bis heute, während sich im Christentum die extrem pessimistische Sicht des Augustinus in allen christlichen Denominationen fortsetzte.

In einem Epilog wage ich einen Ausblick auf die weitere Entwicklung von der Dogmatisierung der Erbsünde auf dem Trienter Konzil über den aufgeklärt-philosophischen Befreiungsschlag gegen die christliche Deutungshoheit der Paradieserzählung bei Kant, Schiller und Fichte bis hin zum programmatischen Rückfall in die christlichen Denkmuster bei Carl Schmitt. Auf den Punkt gebracht, ist der entscheidende Impuls meines Buches der, die jüdische Sicht auf den biblischen Schöpfungsmythos – gegen die griechisch-lateinische Philosophie und vor allem gegen seine christliche Missdeutung – wieder in unser Bewusstsein zu holen. Wenn wir vom jüdisch-christlichen Abendland reden, meinen wir eigentlich immer das christliche Abendland und das jüdische allenfalls durch die Brille des Christentums.[2]

1.
DIE HEBRÄISCHE BIBEL: ZWEI URGESCHICHTEN

Das Buch Genesis und seine beiden Schöpfungserzählungen

Die Hebräische Bibel[1] ist der Sammelbegriff für drei große Teile von Schriften, die zu unterschiedlichen Zeiten kanonischen Rang erhielten. Der älteste und in seiner Bedeutung wichtigste Teil ist die «Torah» im engeren Sinne, in christlicher Terminologie die «fünf Bücher Moses»[2] (auch «Pentateuch»), gefolgt von dem zweiten umfangreichen Teil der «Propheten» (hebräisch *Nevi'im*). Der dritte jüngste Teil, von dem die letzten Bücher erst am Anfang des zweiten Jahrhunderts n. Chr. kanonisiert wurden, sind die «Schriften» (*Ketuvim*). Im weiteren Sinne kann aber auch die gesamte Bibel als «Torah» bezeichnet werden. Die Torah im engeren Sinne wird in fortlaufender Lesung (*lectio continua*) im Sabbatgottesdienst in der Synagoge vorgetragen. Der Lesezyklus dauert heute genau ein Jahr, so wie das in der Antike im babylonischen Judentum üblich war. Im Judentum Palästinas dauerte er rund dreieinhalb Jahre. An den Feiertagen wird aus der Torah und aus den Propheten vorgelesen, aber nicht in einer *lectio continua*, sondern mit zum Fest passenden Texten.

Das erste Buch der Hebräischen Bibel bzw. des christlichen Alten Testaments heißt im hebräischen Kanon nach seinem Anfangswort *bereschit*, «am Anfang». Die Septuaginta, die griechische Übersetzung der

Hebräischen Bibel, die in der Antike zur Standardübersetzung des Griechisch sprechenden Judentums wurde, nennt es «Genesis» («Schöpfung, Ursprung, Entstehung, Geburt»), ebenso die Vulgata genannte lateinische Übersetzung, die zur Standardübersetzung des westlichen Christentums wurde. Seit der deutschen Bibelübersetzung Martin Luthers setzte sich im deutschsprachigen Raum die protestantische Bezeichnung «1. Buch Mose» neben Genesis durch, so auch in der englischen King-James-Version. Damit signalisieren die alten Ausgaben und Übersetzungen der Hebräischen Bibel, dass die in ihr niedergelegte und sich entfaltende Offenbarung mit dem Anfang und der Entstehung unserer Welt beginnt. Unabhängig von der Wirkung der Bibel in ihrer Ganzheit und unabhängig von der Akzeptanz oder Ablehnung von «Religion», wurde ihr erstes Buch zur ikonischen Grundlage eines jüdischen und christlichen Weltverständnisses, das unsere Sicht von der Entstehung der Welt bis heute bestimmt. Einige wenige nicht hinterfragte Grundannahmen der Bibel sind etwa: Unsere Welt ist nicht ewig, sondern hat einen Anfang und ein Ende. Sie entstand nicht aus sich selbst, sondern wurde in einem souveränen Akt und ohne Beteiligung anderer Mächte von einem allmächtigen Gott erschaffen, der auch ihr Ende herbeiführen wird. Dieser Schöpfergott ist der Gott der gesamten Hebräischen Bibel in allen ihren Teilen.

Der Schöpfungsbericht des Buches Genesis[3] gehört zu den wenigen literarischen Erzeugnissen, die Gemeingut des kulturellen Gedächtnisses aller der Menschen geworden sind, die in der Tradition des Judentums und/oder des Christentums und zu einem gewissen Grade auch des Islams stehen. Für den religiösen Juden und Christen ist dieser Schöpfungsbericht der Anfangspunkt einer Offenbarungsschrift. Für den säkularen Juden und Christen ist er Teil einer narrativen Tradition, die ihren Ursprung in den großen Epen des Alten Orients hat und in der Bibel ihre ganz eigene Ausprägung gefunden hat.

Die Hebräische Bibel ist nicht aus einem Guss entstanden, sondern hat in einem langen redaktionellen Prozess ihre heutige Gestalt erhalten. Wie wichtig dem Endredaktor/den Endredaktoren gerade der Anfang der Bibel war, zeigt sich unter anderem daran, dass er sich nicht mit einem Schöpfungsbericht begnügt, sondern zwei Berichte unkommentiert aufeinander folgen lässt (Gen. 1,1–2,3 und 2,4–3,24). Beide Erzählungen unterscheiden sich inhaltlich und sprachlich deutlich voneinander und können nicht von demselben Verfasser stammen. Die moderne Bibelwissenschaft erkennt in dem ersten Bericht einen priesterlichen Traditionszusammenhang und schreibt ihn einer «Priesterschrift» (P) genannten Schicht der Hebräischen Bibel zu, die ein besonderes Interesse am Kult und an der durch den Kult strukturierten Zeit hat. Diese Schicht wird heute in die Zeit des sogenannten Babylonischen Exils (587 / 86–539 / 38 v. Chr.) datiert, wobei die genaueren Datierungen zwischen «Exil», «spätem Exil» oder sogar erst «früher nachexilischer Epoche» schwanken.[4] Im fünften Jahrhundert v. Chr. wurde die Priesterschrift mit anderen Quellenschriften der fünf Bücher Moses (Pentateuch) kombiniert.

Der zweite Schöpfungsbericht in Genesis 2,4–3,24 entstammt einer ganz anderen Schicht des Pentateuch, die nach dem in ihr verwendeten Gottesnamen Jahweh «Jahwist» (J) genannt wird. Der Jahwist galt lange als die älteste Quellenschrift des Pentateuch und wird traditionell auf den Anfang des ersten Jahrtausends v. Chr. datiert. Neuere Forschungen stellen allerdings in Frage, dass sich eine solche Quellenschrift rekonstruieren lässt, und wenn sie es tun, datieren sie diese deutlich später, doch auf jeden Fall früher als die Priesterschrift.[5] Statt einem anonymen Jahwisten ist es nun in der alttestamentlichen Forschung verbreitet, diese Quellenschrift und damit auch den zweiten Schöpfungsbericht einem «weisheitlichen Erzähler» zuzuschreiben. Strittig bleibt dabei, ob wir es hier mit einer älteren Weisheitsschule zu tun haben oder mit der auch aus der Hebräischen Bibel bekannten späteren Weisheit. Letzteres macht überhaupt keinen Sinn, aber auch ersteres scheint mir wenig plausibel und führt wieder zu einer lange überwunden geglaubten Atomisierung des Bibeltextes. Für unseren Zusammenhang sind diese Abgrenzungs- und Datierungsfragen der Alttestamentler nur von untergeordneter Bedeutung, denn es bleibt die Tatsache, dass die beiden Schöpfungserzählungen zwei sehr verschiedenen Quellen entstammen und entsprechend gewürdigt werden müssen.

Zur leichteren Orientierung stelle ich zunächst den Text beider Schöpfungsberichte in deutscher Übersetzung der Analyse voran.[6]

Genesis 1,1–2,3

1,1: Im Anfang erschuf (*bara'*) Gott den Himmel und die Erde.

2: Die Erde aber war wüst und leer (*tohu wa-vohu*)[7] und Finsternis (*choschekh*) lag über der Urflut (*tehom*) und der Hauch / Geist (*ruach*) Gottes schwebte über dem Wasser.

3: Da sprach Gott: Es werde Licht (*'or*)! Und es wurde Licht.

4: Und Gott sah das Licht, dass es gut war. Und Gott schied zwischen dem Licht und der Finsternis.

5: Und Gott nannte das Licht Tag, und die Finsternis nannte er Nacht. Und es wurde Abend, und es wurde Morgen: ein Tag.

6: Dann sprach Gott: Es werde eine Feste / ein Gewölbe (*raqia'*) inmitten des Wassers und scheide zwischen Wasser und Wasser.

7: Und Gott machte (*waj-ja'as*) die Feste / das Gewölbe und schied zwischen dem Wasser unterhalb der Feste / des Gewölbes und dem Wasser oberhalb der Feste / des Gewölbes. Und es geschah so.

8: Und Gott nannte die Feste / das Gewölbe Himmel. Und es wurde Abend, und es wurde Morgen: zweiter Tag.

9: Dann sprach Gott: Es sammle sich das Wasser unterhalb des Himmels an einem Ort, und das Trockene werde sichtbar. Und es geschah so.

10: Und Gott nannte das Trockene Erde / Land, und die Ansammlung des Wassers nannte er Meer. Und Gott sah, dass es gut war.

11: Dann sprach Gott: Die Erde lasse junges Grün grünen, Kraut, das Samen bildet, Fruchtbäume, die Früchte tragen nach ihrer Art, in denen ihr Same ist auf der Erde. Und es geschah so.

12: Und die Erde brachte junges Grün hervor, Kraut, das Samen bildet nach seinen Arten, und Bäume, die Früchte tragen, in denen ihr Same ist nach ihren Arten. Und Gott sah, dass es gut war.

13: Und es wurde Abend, und es wurde Morgen: dritter Tag.

14: Dann sprach Gott: Lichter (*me'orot*) sollen an der Feste / dem Gewölbe des Himmels sein, um zwischen dem Tag und der Nacht zu unterscheiden. Und sie sollen als Zeichen dienen für Festzeiten, für Tage und Jahre.

15: Und sie sollen als Lichter dienen an der Feste / am Gewölbe des Himmels, um auf der Erde zu leuchten. Und es geschah so.

16: Und Gott machte die beiden großen Lichter (*me'orot*), das größere Licht zur Herrschaft über den Tag, das kleinere Licht zur Herrschaft über die Nacht, und die Sterne.

17: Und Gott setzte sie an die Feste / das Gewölbe des Himmels, um auf die Erde zu leuchten

18: und um zu herrschen über den Tag und die Nacht und um zu scheiden zwischen dem Licht und der Finsternis. Und Gott sah, dass es gut war.

19: Und es wurde Abend, und es wurde Morgen: vierter Tag.

20: Dann sprach Gott: Das Wasser wimmle vom Gewimmel lebendiger Wesen, und Geflügel[8] fliege über der Erde, über dem Angesicht / entlang an der Feste / dem Gewölbe des Himmels.

21: Und Gott schuf (*waj-jivra'*) die großen Wassertiere und alle Lebewesen, die sich regen, von denen das Wasser wimmelt, nach ihren Arten, und alles geflügelte Geflügel nach seiner Art. Und Gott sah, dass es gut war.

22: Und Gott segnete sie und sprach: Seid fruchtbar und mehrt euch und füllt das Wasser in den Meeren, und das Geflügel soll sich auf der Erde vermehren!

23: Und es wurde Abend, und es wurde Morgen: fünfter Tag.

24: Dann sprach Gott: Die Erde bringe Lebewesen hervor nach ihrer Art: Vieh und Kriechgetier und das Wild der Erde nach seiner Art. Und es geschah so.

25: Und Gott machte das Wild der Erde nach seiner Art und das Vieh nach seiner Art und alles Gekreuch der Erde nach seiner Art. Und Gott sah, dass es gut war.

26: Und Gott sprach: Lasst uns Menschen[9] machen (*na'aseh 'adam*) in unserem Bild (*be-tzalmenu*), gemäß unserer Vergleichbarkeit / Ähnlichkeit (*ki-demutenu*)! Sie sollen herrschen über alle Fische des Meeres und über das Geflügel des Himmels, über das Vieh und über die ganze Erde und über alles Gekreuch, das auf der Erde kriecht.

27: Da schuf Gott den Menschen (*'adam*) in seinem Bild, im Bild Gottes erschuf er ihn. Männlich und weiblich erschuf er sie.

28: Und Gott segnete sie, und Gott sprach zu ihnen: Seid fruchtbar und mehrt euch und füllt die Erde und unterwerft sie und herrscht über die Fische des Meeres und über das Geflügel des Himmels und über jedes Lebewesen, das auf der Erde kriecht!

29: Dann sprach Gott: Siehe, ich gebe euch alles Kraut, das Samen bildet, das auf der Oberfläche der ganzen Erde ist, und alle Bäume, die Baumfrüchte tragen, die Samen bilden. Euch sollen sie zur Nahrung dienen.

30: Und allen Lebewesen der Erde und allem Geflügel des Himmels und allem, was auf der Erde kriecht, in dem ein lebendes Wesen ist, (gebe ich) alles Grünkraut zur Nahrung. Und es geschah so.

31: Und Gott sah alles, was er gemacht hatte, und siehe, es war sehr gut. Und es wurde Abend, und es wurde Morgen: sechster Tag.

2,1: So wurden vollendet der Himmel und die Erde und ihr ganzes Heer.

2: Und Gott vollendete am siebten Tag sein Werk, das er gemacht hatte (*'asah*), und er ruhte (*jischbot*) am siebten Tag von all seinem Werk, das er gemacht hatte.

3: Und Gott segnete den siebten Tag und heiligte ihn, denn an ihm hatte er geruht von all seinem Werk, das Gott geschaffen hatte, es zu tun.

Genesis 2,4–3,24

2,4: Das ist die Geschichte der Entstehung des Himmels und der Erde, als sie erschaffen wurden. Zur Zeit, als JHWH Gott[10] Erde und Himmel machte

5: – das ganze Gesträuch des Feldes war noch nicht auf der Erde und das ganze Kraut des Feldes sprosste noch nicht, denn JHWH Gott hatte es noch nicht regnen lassen auf die Erde und ein Mensch (*'adam*) war noch nicht, den Erdboden (*'adamah*) zu bearbeiten,

6: doch Feuchtigkeit stieg auf aus der Erde und tränkte die ganze Oberfläche des Erdbodens –,

7: da formte (*waj-jitzer*) JHWH Gott den Menschen aus Staub vom Erdboden, und er blies Lebensodem in seine Nase. So wurde der Mensch zu einem lebendigen Wesen.

8: Dann pflanzte JHWH Gott einen Garten in Eden im fernen Osten / in der Urzeit (*mi-qedem*), und dort setzte er den Menschen hinein, den er geformt hatte (*jatzar*).

9: Und JHWH Gott ließ aus dem Erdboden jeglichen Baum sprießen, verlockend anzuschauen und gut zu essen, und den Baum des Lebens in der Mitte des Gartens und den Baum der Erkenntnis von gut / richtig (*tov*) und böse / schlecht / falsch (*ra'*).

10: Und ein Strom geht aus von Eden, um den Garten zu tränken; und von dort teilt er sich und wird zu vier Hauptflüssen.

11: Der Name des einen lautet Pischon; er ist der, der das ganze Land Chawila umfließt, wo es das Gold gibt.

12: Und das Gold dieses Landes ist gut; dort gibt es Bedolachharz[11] und Schohamsteine.[12]

13: Und der Name des zweiten Stromes lautet Gichon; er ist der, der das ganze Land Kusch umfließt.

14: Und der Name des dritten Stromes lautet Chiddekel (Tigris); er ist der, der östlich an Assur vorbeifließt. Und der vierte Strom ist der Perat (Eufrat).

15: Da nahm JHWH Gott den Menschen und setzte ihn in den Garten Eden, diesen zu bearbeiten und zu bewachen.

16: Und JHWH Gott gebot dem Menschen: Von allen Bäumen des Gartens darfst du unbedingt essen,

17: doch vom Baum der Erkenntnis von gut / richtig (*tov*) und böse / schlecht / falsch (*ra'*) – von dem darfst du nicht essen; denn am Tag, da du von ihm isst, musst du unweigerlich / sofort sterben (*mot tamut*).

18: Dann sagte JHWH Gott: Es ist nicht gut, dass der Mensch allein ist. Ich will ihm eine Hilfe machen, die ihm entspricht / ebenbürtig ist.

19: Da formte (*waj-jitzer*) JHWH Gott aus dem Erdboden alles Getier des Feldes und alles Geflügel des Himmels und brachte (es) dem Menschen, um zu sehen, wie er es benennen würde. Und so, wie es der Mensch als lebendes Wesen benennen würde, so sollte sein Name sein.

20: Der Mensch gab Namen allem Vieh und dem Geflügel des Himmels und allem Getier des Feldes. Aber für den Menschen fand sich keine Hilfe, die ihm entsprochen hätte / ebenbürtig war.

21: Da ließ JHWH Gott einen tiefen Schlaf auf den Menschen fallen, so dass er einschlief, nahm dann eine von seinen Rippen und verschloss ihre Stelle mit Fleisch.

22: Und JHWH Gott baute die Rippe, die er vom Menschen genommen hatte, zu einer Frau, und er führte sie dem Menschen zu.

23: Da sagte der Mensch:
Diese ist endlich Bein von meinem Bein und Fleisch von meinem Fleisch. Diese soll Frau (*'ischah*) genannt werden, denn vom Mann (*'isch*) ist diese genommen.

24: Darum wird ein Mann seinen Vater und seine Mutter verlassen und wird seiner Frau anhangen, und sie werden *zu einem* Fleisch.

25: Und sie waren beide nackt (*'arummim*), der Mensch und seine Frau, und sie schämten sich nicht voreinander.

3:1: Die Schlange aber war klüger (*'arum*) als alles Getier des Feldes, das JHWH Gott gemacht hatte, und sie sagte zu der Frau: Hat Gott denn wirklich gesagt: Ihr dürft von keinem der Bäume des Gartens essen?

2: Da sagte die Frau zu der Schlange: Von den Früchten der Bäume im Garten dürfen wir essen;

3: nur von der Frucht des Baumes, der in der Mitte des Gartens steht, hat Gott gesagt: Davon dürft ihr nicht essen, und ihr dürft sie nicht einmal anrühren, dass ihr nicht sterbt!

4: Da sagte die Schlange zu der Frau: Ihr werdet ganz bestimmt nicht sterben!

5: Gott weiß nämlich: Sobald ihr davon esst, werden euch die Augen aufgehen und ihr werdet sein wie Gott, erkennend gut / richtig (*tov*) und böse / schlecht / falsch (*ra'*).

6: Da sah die Frau, dass der Baum gut (geeignet) war als Speise und dass er eine Lust war für die Augen und dass der Baum lieblich / begehrenswert war, um Einsicht zu erlangen. Da nahm sie von seiner Frucht und aß, und sie gab auch ihrem Mann, der bei ihr war, und er aß.

7: Da gingen beiden die Augen auf, und sie erkannten, dass sie nackt (*'erummim*) waren. Da flochten sie Blätter vom Feigenbaum zusammen und machten sich (Lenden)schurze.

8: Als sie das Geräusch von JHWH Gott hörten, wie er sich beim Abendwind im Garten erging, da versteckte sich der Mensch zusammen mit seiner Frau vor dem Angesicht von JHWH Gott, inmitten der Bäume des Gartens.

9: Da rief JHWH Gott nach dem Menschen (*'adam*) und sagte zu ihm: Wo bist du?

10: Und er antwortete: Ein Geräusch von dir habe ich im Garten gehört; da geriet ich in Furcht, weil ich nackt bin (*'erom*), und versteckte mich.

11: Da sagte er: Wer hat dir denn gesagt, dass du nackt bist? Hast du etwa von dem Baum gegessen, von dem zu essen ich dir verboten habe?

12: Da sagte der Mensch: Die Frau, die du mir beigesellt hast, sie hat mir von dem Baum gegeben, und da habe ich gegessen.

13: Da sagte JHWH Gott zu der Frau: Was hast du bloß getan? Da sagte die Frau: Die Schlange hat mich verführt, und da habe ich gegessen.

14: Da sagte JHWH Gott zu der Schlange:

Weil du dies getan hast, verflucht bist du unter allem Vieh und allem Getier des Feldes. Auf deinem Bauch sollst du kriechen und Staub sollst du fressen alle Tage deines Lebens.

15: Und Feindschaft setze ich zwischen dir und der Frau und zwischen deiner Nachkommenschaft und ihrer Nachkommenschaft. Sie wird nach deinem Kopf treten, und du wirst nach ihrer Ferse schnappen.

16: Zu der Frau sagte er:

Um vieles werde ich deine Mühsal vermehren, und ganz besonders deine Schwangerschaft. Unter Schmerzen sollst du Kinder gebären. Nach deinem Mann soll dein Verlangen sein, er aber soll über dich herrschen!

17: Und zum Menschen (*'adam*) sagte er:

Weil du auf die Stimme deiner Frau gehört und von dem Baum gegessen hast, von dem ich dir geboten hatte: Iss nicht von ihm – verflucht ist der Erdboden um deinetwillen, unter Mühsal sollst du von ihm essen alle Tage deines Lebens!

18: Dornen und Disteln soll er dir sprossen lassen, und das Kraut des Feldes sollst du essen.

19: Im Schweiße deines Angesichts sollst du dein Brot essen, bis du zurückkehrst zum Erdboden (*'adamah*), denn von ihm bist du genommen, denn Staub (*'afar*) bist du, und zum Staub sollst du zurückkehren.

20: Da gab der Mensch seiner Frau den Namen Chawwah (Eva), denn sie wurde die Mutter alles Lebendigen.

21: Dann machte JHWH Gott für den Menschen und seine Frau Gewänder aus Fell, und er bekleidete sie.

22: Und JHWH Gott sagte: Siehe, der Mensch ist wie einer von uns geworden, dass er gut / richtig (*tov*) und böse / schlecht / falsch (*ra'*) erkennt. Aber jetzt, dass er nicht seine Hand ausstrecke (*jischlach*) und auch noch vom Baum des Lebens nehme und esse und ewig lebe –

23: da schickte JHWH Gott ihn aus dem Garten Eden fort (*wa-jeschallchehu*), damit er den Erdboden bearbeite, von dem er genommen war.

24: Und er vertrieb (*we-jegaresch*) den Menschen und ließ östlich vom Garten Eden die Kerubim wohnen und die Feuerglut des zuckenden Schwertes, um den Weg zum Baum des Lebens zu bewachen.

Der erste Schöpfungsbericht

Der erste Schöpfungsbericht lässt mit seiner Orientierung an den sieben Tagen der Schöpfungswoche eine durchgängig priesterliche Redaktion erkennen, ist aber nicht aus einem Guss. Gleich der Anfang stellt den Leser vor sprachliche und inhaltliche Verständnisprobleme (Gen. 1,1–3):

> (1) Am Anfang schuf (*bara'*) Gott den Himmel und die Erde. (2) Die Erde aber war wüst und leer (*tohu wa-vohu*) und Finsternis (*choschekh*) lag über der Urflut (*tehom*) und der Hauch / Geist (*ruach*) Gottes schwebte über dem Wasser. (3) Da sprach Gott: «Es werde Licht!» Und es wurde Licht.

Versteht man den ersten Vers als Beginn des Schöpfungsvorgangs, würde dies bedeuten, dass Gott zuerst den Himmel und die Erde komplett erschuf und sich dann (ab Vers 2) an die Ausgestaltung der Schöpfung machte. Dies ist aber wenig sinnvoll, denn dann hätte die Ausgestaltung überraschenderweise mit der Erde begonnen statt mit dem Himmel (wie Vers 1 nahelegt); es wird auch erst am zweiten Schöpfungstag (Gen. 1,6–8) genauer geschildert, wie Himmel und Erde entstanden. Außerdem kann kein Zweifel daran bestehen, dass der gesamte Schöpfungsbericht die Erschaffung von Himmel und Erde als einen göttlichen Sprechakt versteht, jeweils eingeleitet durch die Formel «Da sprach Gott», und bestätigt durch die Formel «Und es geschah so». Eine Ausnahme bildet nur der erste Tag, wo das Licht noch einmal ausdrücklich genannt wird: «Und es wurde Licht» statt «Und es geschah so».[13] Nach dieser Logik ist das Licht das erstgeschaffene Objekt der göttlichen Schöpfung, nicht die Erde und auch nicht der Himmel. Die moderne Exegese versteht den ersten Vers daher nicht als Beginn des Schöpfungsvorgangs, sondern als Überschrift des gesamten Berichts oder auch als «Mottovers»,[14] der zusammenfasst, was im Folgenden geschehen wird.

Die Verse 1–3 stellen aber nicht nur die moderne Exegese, sondern schon die gesamte Auslegungstradition seit der Antike vor Probleme, denn sie bedeuten im Klartext nichts anderes als dass Gott die als «wüst und leer» – also offensichtlich unbewohnbar – charakterisierte Erde bereits vorfand, als er seinen Schöpfungsakt mit der Erschaffung des Lichts begann. Außerdem gab es auch schon eine von Finsternis bedeckte «Urflut», über deren «Wasser» der «Hauch / Wind» oder auch «Geist» Gottes schwebte. Die so beschriebene «Erde» wäre gewissermaßen eine «Vorwelt»[15] vor dem Beginn des eigentlichen Schöpfungsaktes, die ungestaltete und wohl auch ewige «Materie», aus der dann die Erschaffung der einzelnen Objekte innerhalb der differenzierenden Kategorien von Zeit und Raum erfolgte. Damit geriete aber die Allmacht des Schöpfergottes in Gefahr, denn dieser Gott hätte eben nicht alles erschaffen, sondern auf eine materielle Vorwelt zurückgegriffen, aus der heraus er seine Welt gestaltete. Mit anderen Worten: Seine Schöpfung wäre keine *creatio ex nihilo*, keine «Schöpfung aus dem Nichts».

Nun kann man allerdings fragen, ob die theologische Kategorie der Schöpfung aus dem Nichts für einen biblischen Text wie den Schöpfungsbericht angemessen ist. Die modernen Exegeten der Hebräischen Bibel haben mit Recht darauf hingewiesen, dass sie dem vorhellenistischen Orient fremd ist und sich weder in den altorientalischen Schöpfungsepen noch auch sonst irgendwo in der Bibel findet.[16] Erst das im Umkreis des hellenistischen Judentums entstandene 2. Makkabäerbuch, das wahrscheinlich aus der zweiten Hälfte des ersten Jahrhunderts v. Chr. stammt, formuliert eindeutig: «Ich bitte dich, mein Kind, schau dir den Himmel und die Erde an; sieh alles, was es da gibt und erkenne:

Gott hat das aus dem Nichts[17] erschaffen.» Genauso sieht es auch das Neue Testament, das ebenfalls unter dem Einfluss der griechischen Philosophie (Mittelplatonismus) steht.[18] Der biblische Schöpfungsbericht ist von solchen platonischen Überlegungen, die einen Gegensatz von Materie und Geist sowie eine Welt der Ideen als eigentliche, vormaterielle Welt postulieren, noch völlig frei und allenfalls von den älteren griechischen Naturphilosophen beeinflusst, die ein ganz anderes Verständnis von Materie hatten.

Gehen wir von einer Entstehung des ersten Schöpfungsberichts irgendwann im sechsten Jahrhundert v. Chr. aus, kommen wir in die Nähe der ältesten griechischen Naturphilosophen Thales von Milet (ca. 640–562 v. Chr), Anaximander (ca. 610–546 v. Chr.) und Anaximenes (ca. 580–528 v. Chr.), die alle in bestimmten materiellen Elementen den Ursprung der Welt sehen: Wasser, Luft, Feuer sowie das «Unendliche» (*apeiron*) als das «Allumfassende», das den Elementen vorausgeht und aus dem sie entstehen. Die Gedanken dieser frühen Naturphilosophen wurden von den sogenannten Atomisten des fünften Jahrhunderts v. Chr., Leukipp und Demokrit, weiterentwickelt. Sie sahen in den Atomen (*atomos*, «unteilbar») die Ursubstanz des Kosmos, aus der alles andere entstand.[19] Es ist möglich und sogar wahrscheinlich, dass die bahnbrechenden Lehren der Naturphilosophen – die gewissermaßen die neuesten wissenschaftlichen Erkenntnisse ihrer Zeit vertraten – dem Autor des priesterlichen Schöpfungsberichts vertraut waren, dass er sie rezipierte und seine Schöpfungstheologie in der Auseinandersetzung mit ihnen entwickelte. Ob er auch schon die noch radikaleren Theorien der Atomisten kannte, hängt von der genaueren Datierung des ersten Schöpfungsberichts ab, ist aber weniger wahrscheinlich.

Unser erster Schöpfungsbericht hat noch kein Problem mit einer materiellen «Vorwelt» im Sinne der griechischen Naturphilosophen und Atomisten, sondern akzeptiert sie als den Konsens eines naturwissenschaftlichen Weltbildes und sieht darin keinerlei Einschränkung der alleinigen Schöpfungsmacht des allmächtigen Gottes. Dies ergibt sich auch aus der Verwendung des Verbums *baraʿ* für «erschaffen», das, als Wortprägung im Hebräischen singulär, allein dem Schöpfergott vorbehalten ist und die Einzigartigkeit seines Schöpfungshandelns betont. Wir werden später sehen, wie das rabbinische Judentum mit diesem

Der erste Schöpfungsbericht

Problem umgegangen ist. Während ein aristotelischer Philosoph wie Maimonides (gest. 1204 n. Chr.) die *creatio ex nihilo* problemlos auch im biblischen Text findet und viel Mühe aufwendet, Aristoteles' Theorie von der Ewigkeit der Welt zu widerlegen,[20] zieht sich der geniale Bibel- und Talmudkommentator Raschi (gest. 1105) auf ein philologisches Argument zurück, das so schlicht wie einleuchtend ist und von dem man annehmen darf, dass Raschi damit auf eine ältere jüdische Tradition zurückgreift. Er versteht nämlich Genesis 1,1 als eine sogenannte Constructus-Verbindung und liest «Am Anfang des Erschaffens[21] Gottes den Himmel und die Erde», das heißt: Am Anfang, als Gott den Himmel und die Erde erschuf – als (nämlich) die Erde noch wüst und leer war, etc. (Vers 2) –, «da sprach Gott: es werde Licht!» (Vers 3).[22] Damit findet Vers 1 seinen Abschluss erst mit dem Sprechen Gottes in Vers 3, und das, was wie in einer Parenthese dazwischen liegt (Vers 2), beschreibt den Zustand der «Vorwelt», die mit der Erschaffung des Lichts in die wirkliche Welt überführt wird. Es ist sehr gut möglich, dass diese Lesung das ursprüngliche Verständnis des hebräischen Textes wiedergibt. In jedem Falle unterstreicht sie, dass der erste Schöpfungsbericht von der Frage der *creatio ex nihilo* unberührt ist und trotz oder gerade wegen der Akzeptanz einer materiellen «Vorwelt» die alleinige und unbegrenzte Schöpfungsmacht seines Gottes in den Vordergrund stellt.

Mit der Erschaffung des Lichtes überführt Gott die bereits existierende materielle Vorwelt in die konkrete Schöpfung. Das Licht wird, wie alle folgenden erschaffenen Objekte, ausdrücklich für «gut» befunden und von der zur Vorwelt gehörenden – also nicht von Gott erschaffenen – Finsternis unterschieden (Vers 4). Dies bedeutet auch, dass die Finsternis nicht «gut» ist, und in der Tat werden in der Hebräischen Bibel überwiegend negative Vorstellungen mit ihr verbunden. Mit der Unterscheidung zwischen Licht und Finsternis, die er auch «Tag» und «Nacht» nennt, konstituiert Gott die Kategorie der Zeit – zwar noch nicht der konkreten, messbaren und geordneten Zeit, die erst am vierten Tag folgt, sondern einer Art «Urzeit» –, und damit beendet er das Schöpfungswerk des ersten Tages (Vers 5). Mit der abschließenden Zusammenfassung: «Es wurde Abend, und es wurde Morgen: ein Tag»,[23] stellt der Verfasser klar, dass die Urnacht für ihn zum ersten Schöpfungstag gehört und der zweite Tag erst mit dem nächsten Morgen beginnt. Damit unterscheidet er sich von der späteren jüdischen Tradition, die – möglicherweise unter dem Einfluss der Bestimmungen zur Feier des Sabbats[24] – den Tag jeweils am Vorabend beginnen lässt.

Der zweite Schöpfungstag beginnt mit einer weiteren grundlegenden «Scheidung», nämlich der zwischen den oberen und den unteren Wassern. Die chaotischen und gefährlichen Wasser der vorweltlichen «Urflut» werden durch eine feste Scheidewand (hebr. *raqiaʿ*, «Feste, Platte, Gewölbe») in Wasser oberhalb der Feste und Wasser unterhalb der Feste getrennt und damit unschädlich gemacht oder domestiziert (Verse 6f.). Eine direkte Parallele dazu findet sich im babylonischen Weltschöpfungsepos Enuma Elisch. Diese trennende Feste wird im ebenfalls priesterlichen Buch Ezechiel genauer beschrieben: Dort ist sie eine «Eisplatte», die die himmlische Welt von der irdischen Welt trennt (Ez. 1,22) und auf der der göttliche Thron steht (Ez. 1,26). In Genesis wird sie ausdrücklich «Himmel» genannt, wobei der Himmel nicht die «Feste» ist, sondern der Bereich oberhalb von ihr. Welchen Zweck die Wasser oberhalb der Feste haben, wird nicht erläutert, aber es kann sich nur um die Regenwasser handeln, die keineswegs immer segensreich sein und ihre zerstörende Kraft bei der Sintflut erweisen werden. Mit der Trennung zwischen oben und unten wird erstmals die Kategorie des Raumes in die Schöpfung eingeführt.

Das Schöpfungswerk des dritten Tages ist zweigeteilt. Zunächst wird ergänzt, was beim zweiten Tag noch fehlt, nämlich die Sammlung der Wasser unterhalb der Feste des Himmels: Diese unteren Wasser ziehen sich an einem «Meer» genannten Ort zusammen und legen damit das «Erde» (*ʾeretz*) genannte trockene Land frei. Wir wissen jetzt, dass der Raum der Schöpfung in den «Himmel» oben und die «Erde» unten unterteilt ist (Verse 9f.). Der zweite Teil der Schöpfung des dritten Tages gilt den Pflanzen. Gott erschafft alles «Grünzeug», das auf der Erde sprießt, vom Gras bis zu den fruchttragenden Bäumen (Verse 11f.). Mit der Betonung der Früchte wird deutlich, dass die Erde als Lebensraum der Menschen und Tiere im Vordergrund steht, noch bevor diese erschaffen wurden.

Es folgt am vierten Tag die Erschaffung der in Sonne, Mond und Sterne ausdifferenzierten «Lichter» (im Hebräischen *meʾorot*, Plural von *maʾor*, «Licht»), die von Gott am Himmelsgewölbe befestigt werden

(Verse 14–18). Sie unterscheiden sich also von dem am ersten Tag erschaffenen «Licht», offenbar einer Art «Urlicht», dessen Funktion offen bleibt. Aber es ist klar, dass die ganze Schöpfung allein auf die Erde als Lebensraum der Pflanzen, Tiere und Menschen ausgerichtet ist.

Dies ergibt sich auch aus der konkreten Funktionsbeschreibung der Lichter: Einmal sollen unterschiedliche Lichter die Erde am Tag und in der Nacht beleuchten – nämlich die Sonne am Tag und der Mond und die Sterne in der Nacht –, und zum anderen besteht ihre Aufgabe darin, «als Zeichen zu dienen, und zwar für Festzeiten und für Tage und für Jahre» (Vers 14). Damit ist ihre Hauptaufgabe eindeutig eine kalendarische: Sie markieren nicht nur den Tag und die Nacht, sondern auch den Ablauf der Tage, Jahre (und damit die Jahreszeiten) und Feste, das heißt des Sabbats und der hervorgehobenen Festtage. Auf die Erschaffung des Raumes folgt also die Erschaffung der konkreten Zeit, und diese Zeit – das wichtigste Anliegen des priesterlichen Schöpfungsberichts und der Theologie der Priesterschrift überhaupt – ist wohlgeordnet und findet ihren Höhepunkt in den kultisch vorgegebenen Festzeiten. Schließlich stellt sich noch die Frage, warum der Verfasser zwar von den «Sternen» (hebr. *kokhavim*) spricht, aber nicht von «Sonne» und «Mond», sondern diese, merkwürdig verhalten, das «größere» und das «kleinere Licht» nennt (Vers 16). Man hat dies, wohl mit Recht, dadurch erklärt, dass der Verfasser die hebräischen Begriffe für «Sonne» und «Mond» (*schemesch* und *jareach*) absichtlich vermieden hat, weil beide Termini im Hebräischen nicht nur das Naturphänomen bezeichnen, sondern auch die dazugehörigen Götter, also den Sonnen- und den Mondgott.[25] Nichts lag dem priesterlichen Autor ferner, als die naheliegende Assoziation mit den Gestirnsgottheiten heraufzubeschwören, eine Gefahr, die an vielen Stellen der Hebräischen Bibel spürbar ist.

Nachdem Raum (Himmel und Erde) und Zeit (Gestirne) erschaffen wurden, geht es am fünften Tag darum, den Lebensraum der Erde mit Geschöpfen zu füllen. Gott beginnt zunächst mit den Fischen im Wasser und den Vögeln, die den Raum zwischen Erde und Himmel in Besitz nehmen (Verse 20 f.). Er befiehlt ihnen nicht nur, diesen Raum zu bevölkern, sondern segnet sie auch ausdrücklich (Vers 22) und trägt ihnen auf, sich zu vermehren und damit ihren Fortbestand für die Zukunft zu sichern.

Der sechste und letzte Schöpfungstag gilt der Erschaffung der Landtiere und – ganz zuletzt als Höhepunkt – des Menschen. Im kürzeren ersten Teil (Verse 24 f.) des sechsten Tages werden die Nutztiere (das Vieh) und die Wildtiere erschaffen sowie, davon deutlich getrennt, die Kriechtiere. Letztere sind eigentlich zu nichts nutze; sie kriechen auf der Erde herum und sind in der Regel auch nicht essbar. Der ausführlichere zweite Teil (Verse 26–28) ist der Erschaffung des Menschen gewidmet: der Lebensraum des Menschen muss fertiggestellt sein, bevor der Mensch als Zielpunkt der Schöpfung erschaffen wird. Der Bericht gliedert sich in den Befehl (Vers 26), die Ausführung (Vers 27), den speziellen Segen für den Menschen (Vers 28), seine Nahrung (Vers 29) und die Nahrung der Tiere (Vers 30).

Der Befehl oder besser die Selbstaufforderung Gottes zur Erschaffung des Menschen ist eines der ältesten und meistdiskutierten Probleme des priesterlichen Schöpfungsberichts (Gen. 1,26):

> Und Gott sprach: Lasst uns Menschen machen (*na'aseh 'adam*) in unserem Bild (*be-tzalmenu*), entsprechend unserer Vergleichbarkeit / Ähnlichkeit (*ki-demutenu*)! Sie sollen herrschen über die Fische des Meeres, über die Vögel des Himmels, über das Vieh, über die ganze Erde[26] und über alle Kriechtiere, die auf der Erde kriechen.

Die Schwierigkeit beginnt mit dem Wort «lasst uns machen»: Wieso spricht Gott hier plötzlich im Plural und an wen ist diese Aufforderung gerichtet? Schon die jüdischen Exegeten der Antike haben verschiedene Möglichkeiten erwogen, bevorzugten aber die Deutung, dass Gott hier zu dem ihn umgebenden Hofstaat spricht: «Wir wollen jetzt einen Menschen machen – und ich nehme doch an, dass ihr damit einverstanden seid!» Der Plural wäre dann entweder ein den Hofstaat einschließender kommunikativer Plural oder auch schlicht ein *pluralis majestatis*, ein Plural der königlichen Hoheit Gottes. Eine Variante dieser Auslegung wäre das Verständnis des Satzes als eine Frage, die sich an den Hofstaat richtet: «Wollen wir einen Menschen machen?», wobei allerdings auch hier klar wäre, dass diese Frage rein rhetorisch gemeint ist und Gott keinen Widerspruch dulden wird. Dafür spricht auch die auffällige Wahl des Verbums in der Aufforderung «lasst und machen» (na'aseh) und in der Ausführung in Vers 27: «Da schuf (waj-jivra') Gott den Menschen.» Während nämlich in Vers 26 das neutrale Verb 'asah («tun, machen») verwendet wird, greift der Verfasser in Vers 27 wieder (wie in Gen. 1,1) auf das ausschließlich Gott vorbehaltene Verb bara' («erschaffen») zurück. Zu wem Gott auch immer spricht und mit wem auch immer er sich berät, es kann kein Zweifel daran bestehen, dass er der alleinige Schöpfer des Menschen ist.

Dieser «Mensch», den Gott erschaffen wird, wird schlicht als 'adam bezeichnet – ohne Artikel, das heißt, man könnte auch «einen Menschen» übersetzen. Offensichtlich geht es hier aber um den Menschen als Gattungsbegriff und nicht nur um einen einzigen Menschen und schon gar nicht um einen Eigennamen («Adam»). Daher ist die Übersetzung im Plural («Menschen») angemessen. Sie wird auch dadurch bestätigt, dass bei der Herrschaft des Menschen über alle Lebewesen im folgenden Satz das Verb im Plural steht: «sie sollen herrschen». Dies bedeutet schließlich auch, dass der Gattungsbegriff «Mensch / Menschen» sich nicht nur auf männliche Menschen beziehen kann, sondern beide Geschlechter umfasst, wie Vers 27 bestätigt: «männlich und weiblich erschuf er sie».[27]

Es folgt in Vers 26 die konkrete Aussage, wie dieser zu erschaffende Mensch aussehen soll: Er soll «im Bilde Gottes» gemacht sein, das heißt ihm vergleichbar und ähnlich. «Wie etwas, das uns ähnlich ist», wäre vielleicht die beste deutsche Übersetzung des hebräischen Textes. Das «Bild» (hebr. *tzelem*) ist im altorientalischen Kontext das Standbild eines Königs in einer Stadt oder auch eines Gottes in einem Tempel: So wie das Standbild eines Königs den König oder das Standbild eines Gottes diesen Gott repräsentiert, so repräsentiert der Mensch als Bild Gottes seinen Schöpfer auf Erden. Er ist nicht Gott, sondern das lebendige Abbild Gottes, und als solches ist er seinem Gott vergleichbar oder ähnlich. Diese in Vers 27 vollzogene kühne Aussage ist in der Hebräischen Bibel fast singulär (die wenigen anderen Belege sind von Gen. 1,27 abhängig) und als Lehre von der *imago Dei*, der Gottesebenbildlichkeit des Menschen, in das kulturelle Gedächtnis eines großen Teiles der Menschheit eingegangen.[28] Die besondere Stellung des Menschen wird dann auch in Vers 28 bekräftigt: Gott segnet den / die männlich und weiblich erschaffenen Menschen und befiehlt ihm / ihnen, fruchtbar zu sein und sich zu vermehren, die Erde zu füllen, sie in Besitz zu nehmen und über alle Lebewesen der Erde zu herrschen. Mit diesem Herrschaftsauftrag unterscheidet sich der Mensch grundsätzlich von den Tieren, die zwar auch gesegnet wurden (Vers 22), aber ohne diesen Herrschaftsauftrag.

Allerdings wird die Überlegenheit des Menschen über die Tiere im nächsten Schritt, in dem es um die Nahrung für Mensch und Tier geht (Verse 29 f.), wieder relativiert. Den Menschen wird nämlich alles Kraut, das Samen bildet, und alles samenbildende Gehölz, das Baumfrüchte (Obst) hervorbringt, als Nahrung gegeben, während den Tieren auf der Erde und den Vögeln des Himmels nur das Grün des Krautes überlassen bleibt. Aber beide sind Vegetarier; vom Töten und Essen der Tiere ist in der ursprünglichen göttlichen Schöpfungsordnung keine Rede. Diese Schöpfungsordnung der Priesterschrift sieht ein friedliches Miteinander von Menschen und Tieren auf der Erde vor, die nicht einmal um ihre vegetarische Nahrung konkurrieren müssen, denn auch diese ist gerecht zwischen Menschen und Tieren aufgeteilt.[29] Aufgabe des Menschen, der über alle Lebewesen der Erde herrschen soll, ist es, dafür zu sorgen, dass die göttliche Schöpfungsordnung eingehalten wird. Wie der Fortgang der Geschichte von Mensch und Tier auf der Erde zeigt, wird genau dies nicht gelingen. Noch aber sind wir am verheißungsvollen Anfang: Am Ende des sechsten Tages betrachtet Gott nicht nur das Werk dieses Tages, sondern sein ganzes Schöpfungswerk und findet, dass es nicht einfach «gut» war wie an allen anderen Tagen, sondern sogar «sehr gut» (Vers 31).

Damit ist der erste Schöpfungsbericht aber noch nicht abgeschlossen. Der Anfang von Genesis 2 gehört ebenfalls dazu und hebt den siebten Tag des Schöpfungswerkes als Gottes Ruhetag hervor:

> (2) Und Gott vollendete am siebten Tag das Werk, das er gemacht hatte (*'asah*), und er ruhte (*jischbot*) am siebten Tag von all seinem Werk, das er gemacht hatte (*'asah*). (3) Und Gott segnete den siebten Tag und heiligte ihn, denn an ihm ruhte Gott (*schavat*) von all seinem Werk, das Gott geschaffen hatte (*bara'*), es zu tun (*la-'asot*).[30]

Der siebte Tag der Schöpfungswoche ist der Schöpfungssabbat, denn Gott selbst ruhte an diesem Tag von seiner Schöpfungsarbeit. Der priesterliche Redaktor des Dekalogs in Exodus 20 nimmt genau dieses Ruhen Gottes am siebten Tag der Schöpfung zum Anlass, den Sabbat als Ruhetag auch des Menschen zu begründen (Ex. 20,10 f.): So wie Gott am siebten Tag seiner Schöpfungsarbeit ruhte, soll auch der Mensch am siebten Tag nach seiner Arbeitswoche ruhen. Der Bezug zum Sabbat wird dadurch betont, dass für das Ruhen Gottes nicht das neutrale hebräische Wort *nuach* verwendet wird, sondern zweimal die seltenere Wurzel *sch-b-t*, die an das Wort «Schabbat» denken lässt. Auffallend ist weiter, dass der priesterliche Verfasser für das Werk Gottes dreimal das neutrale Verb *'asah* («tun, machen») benutzt, aber einmal – und abschließend – in der holprigen Wendung «das Gott geschaffen hatte, es zu tun» das Verb *bara'* («schaffen / erschaffen»). Damit wird ganz am Schluss noch einmal die alleinige Schöpfungsmacht Gottes betont.

Die Welt des ersten Schöpfungsberichts ist eine wohlgeordnete Welt, die sich in den Kategorien von Zeit und Raum entfaltet und durch eine kultische Kalenderordnung bestimmt wird, die sich an den Feiertagen Israels mit dem Sabbat als Fluchtpunkt der Woche orientiert. Damit ist von Anfang an klar, dass der Schöpfergott bei aller Universalität seiner Schöpfung zu allererst der Gott Israels und die Schöpfung auf das Volk Israel als Volk Gottes ausgerichtet ist. Die schrittweise vollzogene Schöpfung endet mit der Erschaffung des Menschen als Höhepunkt; dieser Mensch ist das perfekte Abbild Gottes auf Erden. Die Erschaffung der Frau erfolgt eher beiläufig; ihr Verhältnis zum Mann wird nicht näher erläutert. Die Tiere stehen eindeutig unter dem Menschen und seiner Frau und werden von ihnen beherrscht. Allerdings dienen sie dem Menschen nicht zur Nahrung, denn Mensch und Tier ernähren sich vegetarisch. Gott ist mit dieser seiner Schöpfung sehr zufrieden; er bezeichnet jeden einzelnen Schöpfungsakt ausdrücklich als «gut» und das gesamte Schöpfungswerk am Ende als «sehr gut».

Der zweite Schöpfungsbericht

Der zweite Schöpfungsbericht präsentiert das Gegenprogramm zum ersten: Hatte Gott im ersten Bericht vollmundig und etwas voreilig seine gesamte Schöpfung für «sehr gut» befunden, bietet der zweite Bericht die Erklärung dafür, warum dem nicht so war und warum ausgerechnet der Mensch, der Höhe- und Zielpunkt der Schöpfung, den Erwartungen Gottes nicht entsprach. Im Unterschied zum straff durchstrukturierten, präzise formulierten und thematisch fokussierten ersten Schöpfungsbericht erweist sich der zweite (oft als «weisheitlich» charakterisierte) Bericht als ein stilistisch und sachlich völlig anders konstruiertes Narrativ, das sich am ehesten als «Mythos» oder «mythologische Erzählung» beschreiben lässt.[31] Ich ziehe es deshalb vor, ihn statt als weisheitlichen[32] als mythischen Schöpfungsbericht zu bezeichnen.

Der größte Teil der Handlung spielt nicht auf der uns bekannten Erde, sondern in einem mythischen Paradiesgarten, in dem der erste Mensch offenbar zusammen mit Gott wohnte. Erst die dramatischen und tragischen Ereignisse in diesem urzeitlichen Garten führen nach der Vertreibung des Menschen aus dem Garten zur Inbesitznahme unserer Erde mit allen negativen Konsequenzen. Es kann kein Zweifel daran bestehen, dass sich hier ein anderer Verfasser mit einem sehr anderen Weltbild äußert, das zudem auch älter ist als das Weltbild des priesterlichen Schöpfungsberichts. Beide Berichte werden vom Endredaktor der Urgeschichte gezielt hintereinander gestellt und in keiner Weise miteinander harmonisiert.

Die Gesamtkomposition lässt eine klare Dreiteilung erkennen: (1) Der Bericht beginnt mit einem ersten sehr kurzen Teil (Gen. 2,4–7), in dem es schon eine Erde gibt, ohne dass ihre Erschaffung ausdrücklich erwähnt wird. Diese Erde ist eine dürre Ödnis, ohne Pflanzen und ohne Regenwasser, doch getränkt von einer nebelartigen Feuchtigkeit, das heißt ohne Lebensgrundlage für den Menschen, den Gott als ersten erschafft. (2) Dann folgt der lange Bericht vom Garten Eden, dem Paradiesgarten (Gen. 2,8–3,22), von dem offen bleibt, wo er liegt – vielleicht im fernen Osten (dieser Erde?), vielleicht handelt es sich aber auch nicht um eine Orts-, sondern um eine Zeitbestimmung (in grauer Vorzeit). Warum Gott den soeben erschaffenen Menschen in diesen Garten Eden verpflanzt, wird nicht erläutert, aber die Komposition legt den Eindruck nahe, dass dies geschieht, um dem ersten Menschen eine Lebensgrundlage zu geben – eine ideale Welt, die sich von der, in die hinein er erschaffen wurde, dadurch unterscheidet, dass sie Pflanzen und Bäume und deswegen auch Wasser hat. Der Aufenthalt des Menschen in diesem Paradiesgarten gestaltet sich hochdramatisch und nimmt schließlich ein abruptes Ende (3): Der Mensch wird aus dem Garten Eden weggeschickt oder vertrieben und gelangt dann auf die eigentlich für ihn vorgesehene Erde, aus der er auch erschaffen wurde (Gen. 3,23–24).

Ganz ähnlich wie der erste Schöpfungsbericht beginnt auch der zweite mit einer komplizierten Genitivkonstruktion (Constructus), bei der das den Satz abschließende Verb nach einer langen Parenthese ganz am Ende steht: «Am Tage des Machens Gottes Erde und Himmel» (Gen. 2,4) – Parenthese (Verse 5 und 6) –, «da formte Gott den Menschen» (Vers 7). Abgesehen davon ist aber vieles anders als im ersten Bericht: Statt «am Anfang» heißt es hier «am Tage» (das heißt zu dem Zeitpunkt), und der Schöpfungsakt wird mit dem neutralen Verb «tun, machen» (statt «erschaffen» im priesterlichen Bericht) eingeleitet, während für seine Ausführung erstmals das sehr konkrete Verb *jatzar* («formen») verwendet wird, denn Gott «formte den Menschen (*'adam*) aus Staub vom Erdboden» (damit ist wohl der Ackerboden gemeint) und «blies dann Lebensodem in seine Nase» (Vers 7). Der Mensch ist also in ganz wörtlichem Sinne aus dem Erdboden erschaffen, was im Hebräischen durch die Verwendung derselben Wurzel für «Mensch» (*'adam*) und «Erde» (*'adamah*) ausgedrückt wird; «Mensch» ist demnach – wie im priesterlichen Schöpfungsbericht – zunächst eine Gattungsbezeichnung. Die Erschaffung des Menschen aus Erde ist ein weitverbreiteter Topos in den Epen des Alten Orients.[33]

Während Gott im ersten Bericht durchgehend als «Elohim» bezeichnet wird, begegnet er hier in der merkwürdigen Doppelung «JHWH Elohim». Diese Kombination von beiden Gottesnamen der Hebräischen Bibel, dem Tetragramm JHWH (Jahweh) und dem als Eigenname gebrauchten Gattungsbegriff Elohim («Gott»), findet sich im Pentateuch nur hier. Es ist denkbar, dass ein Redaktor die für den mythischen Schöpfungsbericht ursprüngliche Gottesbezeichnung JHWH mit der priesterschriftlichen Bezeichnung Elohim kombiniert hat, um die Zusammengehörigkeit beider Berichte zu betonen.

Schließlich stehen in der Parenthese des mythischen Schöpfungsberichts (2,5 f.) vor der Erschaffung des Menschen (2,7), anders als in seinem priesterlichen Pendant, nicht die *zuvor* auf der Erde bereits vorhandenen Dinge, sondern es wird alles das aufgezählt, was es auf der Erde *noch nicht* gab: Feldsträucher, Feldpflanzen und Menschen. Denn Gott hatte es auf der Erde noch nicht regnen lassen, und es gab noch keinen Menschen, der die Erde bearbeiten konnte (Vers 5). In einer gewissen Spannung dazu steht die unmittelbar folgende Aussage, dass eine kontinuierliche Feuchtigkeit aus der Erde aufstieg, die diese tränkte (Vers 6).[34] Der Verfasser denkt hier vermutlich an eine trockene, steppenartige Erde, allenfalls mit einem dürftigen Bewuchs, die zu ihrer Kultivierung und Nutzbarmachung erst der pflegenden Hand des Menschen bedurfte. Dies bekräftigt, dass der Mensch, wie im ersten Schöpfungsbericht, der Zielpunkt der Schöpfung ist; nur wird er hier nicht am Ende, sondern direkt am Anfang der Schöpfung erschaffen. Der Mensch soll durch seine Arbeit dafür sorgen, dass die Erde kultiviert wird und die Pflanzen und Bäume Früchte tragen. Auch dies erinnert an die altorientalischen Schöpfungsmythen, in denen der Mensch ebenfalls für die Kultivierung der Erde und die Aufrechterhaltung der Nahrungskette – allerdings nicht nur für die Menschen, sondern auch und primär für die Götter – erschaffen wird.

Dann nimmt der mythische Schöpfungsbericht eine ganz unerwartete Wendung. Es folgt nämlich nicht, wie man meinen sollte, eine Schilderung, wie der Mensch die Erde bearbeitet, d. h. von der trockenen Steppe in fruchtbares Ackerland verwandelt, sondern ein neuer Schöpfungsakt Gottes: «Und JHWH-Elohim pflanzte einen Garten in Eden, im Osten, und setzte dort den Menschen hinein, den er geformt hatte» (Vers 8). Es ist also erst einmal Gott selbst und nicht der Mensch, der die Erde kultiviert, indem er einen Garten pflanzt, aus dessen Boden er Bäume sprießen lässt (Vers 9). Dieser Garten wird in «Eden» (*'eden*) und im «fernen Osten» (*mi-qedem*) lokalisiert. Über die genaue Bedeutung dieser beiden Begriffe ist viel diskutiert worden. Das hebräische Wort '*eden* ist allerdings keine Ortsbezeichnung, wie die Übersetzung «in Eden» nahelegt, sondern bedeutet eigentlich «Wonne, Luxus Vergnügen, Lust». In Verbindung mit Garten ist wohl ein Vergnügungs- und Lustgarten gemeint. Man kann hier an die altorientalische Parallele der Lustgärten der Götter denken und an die Palast- und Tempelgärten der Könige als deren Abbild, unter deren schattenspendenden Bäumen diese «lustwandeln» und die Kühle der künstlichen Bewässerung genießen. Die Septuaginta hat den «Garten in Eden» daher passend mit *paradeisos* («Paradiesgarten») übersetzt und damit die Tradition vom urzeitlichen Paradies begründet: Der Garten, in den Gott den Menschen setzt, ist der eigentlich Gott vorbehaltene Lust- oder Paradiesgarten. Schon deshalb ist der Aufenthalt des Menschen in diesem Garten ein Zwischenstadium, denn seine eigentliche Aufgabe ist es ja, den Erdboden, von dem er genommen wurde, zu bearbeiten (Gen. 2,5). Im Paradiesgarten gibt es eigentlich nichts für ihn zu tun, obwohl er auch den bearbeiten und hüten soll (2,15).

Wo dieser Garten lag, wird zunächst nicht weiter ausgeführt und ist auch unerheblich: irgendwo im fernen, mythischen Osten und in grauer vorgeschichtlicher Urzeit. Das hebräische Wort *qedem* hat sowohl lokale als auch zeitliche Bedeutung. Wie in den Tempel- und Palastgärten zeichnet sich auch der Paradiesgarten auf der Erde vor allem durch Bäume aus, die als «verlockend / lieblich anzusehen und gut zu essen» charakterisiert werden. In der Mitte des Gartens, an herausgehobener Stelle, stehen zwei ganz besondere Bäume: der «Baum des Lebens» und der «Baum der Erkenntnis von Gut und Böse» (Vers 9). Was es mit dem Baum des Lebens auf sich hat, wird nicht weiter erläutert; er kommt überhaupt erst ganz am Ende des mythischen Schöpfungsberichts wieder vor (3,22). Die Besonderheit des Baums der Erkenntnis von Gut und Böse wird dagegen kurz darauf erklärt (Vers 16) und spielt im Fortgang der Erzählung die entscheidende Rolle. Die alttestamentlichen Exegeten meinen daher, dass der Baum des Lebens hier ursprünglich nicht hingehört und von einem späteren Redaktor nachgetragen wurde, um sein plötzliches Auftauchen in 3,22 zu erklären.

Es folgt ein Abschnitt (2,10–14), der die Schilderung des Paradiesgartens unterbricht und unterstreicht, dass dieser im Unterschied zur noch dürren Erde Wasser in Hülle und Fülle hat und dieses an die

«Erde» abgibt; nach Ansicht der meisten Exegeten handelt es sich hier um einen späteren Einschub. Danach zeichnet sich der Paradiesgarten nicht nur durch seine besonderen Bäume, sondern auch durch einen mächtigen «Wasserstrom» aus, der dort entspringt und den Garten bewässert. Dann teilt er sich aber (offenbar jenseits des Gartens) und wird zu vier großen Flüssen, die vermutlich die Geographie der damals bekannten Erde umfassen sollten: Pischon, Gichon, Tigris und Euphrat. Die beiden letzten sind eindeutig als die beiden Hauptflüsse des Zweistromlandes identifizierbar. Welcher Fluss mit dem Pischon gemeint ist, ist unklar. Er umfließt und tränkt ein reiches Land, in dem es Gold, Balsam und Edelsteine gibt (Verse 11 f.). Die moderne Forschung vermutet, dass damit die Arabische Halbinsel als Ausgangspunkt der großen Karawanenzüge mit ihren verschiedenen Luxusgütern gemeint sein könnte. Der zweite Fluss, Gichon, wird einerseits mit dem Nil identifiziert – dazu passt die Bezeichnung des dazugehörigen Landes in Vers 13 als Kusch (Nubien) –, verweist aber andererseits auf das Kidrontal mit seiner Quelle östlich von Jerusalem. Es ist nicht auszuschließen, dass diese Assoziation nicht zufällig ist und dass der Erzähler des mythischen Schöpfungsberichts ganz bewusst eine Verknüpfung mit dem Jerusalemer Tempel herstellen wollte.[35]

Nach dem Ausflug in die urzeitliche Geographie wird der neugeschaffene Mensch aus der dürren Steppe in den fruchtbaren göttlichen Garten «verpflanzt»; seine Aufgabe ist es, diesen Garten zu bearbeiten und zu hüten (Vers 15). Wie diese Bearbeitung aussehen und vor welcher Gefahr er den Garten behüten soll, wird nicht gesagt; es ist aber klar, dass der Verfasser unausgesprochen an ein Zusammenleben des Menschen mit Gott in diesem Garten denkt. Stattdessen kommt nun der entscheidende Punkt der Paradieserzählung: Gott erklärt dem Menschen,[36] nachdrücklich und überraschend, dass er sich zwar von den Früchten der Bäume im Garten ernähren darf, aber nicht von den Früchten des Baumes der Erkenntnis von Gut und Böse. Wenn er dieses Verbot übertritt, wird er sofort sterben (Verse 16 f.).[37] Dieser mythische Baum stellt den Leser vor viele Rätsel. Wer darf denn von dem Baum essen, und warum ist der Genuss seiner Früchte dem Menschen verboten? Da sich bisher nur Gott und der Mensch in dem Garten aufhalten, sind die Früchte offenbar Gott vorbehalten. Und was genau bedeutet

«Erkenntnis von Gut und Böse»? Die hebräische Wendung (*'etz ha-da'at tov wa-ra'*) meint wörtlich «Baum des Wissens / des Kennens (der Unterscheidung) von / zwischen gut / richtig und böse / schlecht / falsch». Das heißt, wer von den Früchten des Baumes isst, weiß, was gut / richtig und böse / schlecht / falsch ist und kann zwischen beidem unterscheiden. Die meist bevorzugte moralisch-sexuelle Deutung beruft sich auf die Folgen des Essens in Kapitel 3: Nachdem das Menschenpaar von den Früchten des Baumes gegessen hat, «erkennt» es (*wa-jed'u*), dass es nackt ist, und macht sich provisorische Lendenschurze. Dass Adam und Eva dies aus Scham tun, ist eine gängige Deutung, doch davon ist hier keine Rede: Wahrscheinlich geht es um das ganz grundsätzliche Unterscheidungsvermögen zwischen dem, was «gut» und «böse» oder besser vielleicht «richtig» und «schlecht» oder auch «falsch» ist («böse» hat eine moralische Konnotation, die leicht zum hier sicher nicht gemeinten christlichen Sündenbegriff führt).[38] Da *'arum* sowohl «nackt» als auch «klug» heißen kann, könnte man Vers 7 auch so verstehen, dass das Menschenpaar nach dem Essen von der Frucht des Baumes erkennt, dass es «klug» ist. Das heißt, in ihrem Urzustand im Paradies waren die Menschen noch «nackt» (*'arummim*), ohne sich voreinander zu schämen, und wurden nach dem Essen der Frucht «klug» (*'arumim*).[39]

Damit stellt der Verfasser des mythischen Schöpfungsberichts seine Leser / Hörer vor ein kaum auflösbares Problem. Wie der Fortgang der Geschichte zeigt, übertritt das Menschenpaar das göttliche Verbot, wird aber nicht, wie von Gott angedroht, mit dem Tode bestraft, sondern muss den Garten verlassen und sein eigentliches Menschendasein beginnen. Mit anderen Worten: Der Mensch, der zunächst von Gott in den göttlichen Paradiesgarten versetzt wird, ist dort in Wirklichkeit nicht zu Hause und soll dort auch nicht zu Hause sein. Das Verbot, vom Baum der Erkenntnis zu essen, ist in Wirklichkeit gar nicht so ernst zu nehmen, denn der Mensch wird, nachdem er es übertreten hat, keineswegs mit dem Tode bestraft. Die verbotene Erkenntnis der Unterscheidung zwischen gut und böse / schlecht ist in Wirklichkeit genau das, was den Menschen als Menschen ausmacht und was überhaupt den Fortgang der biblischen Geschichte ermöglicht. Die Erzählung sagt nicht, was passiert wäre, wenn der Mensch das göttliche Verbot befolgt hätte, aber die Konsequenz liegt auf der Hand: Er wäre in ewiger Unschuld mit Gott im Paradiesgarten geblieben und hätte sich wohl auch nicht vermehrt, wie im ersten Schöpfungsbericht geboten. Dies bedeutet aber gerade nicht, dass es die eigentliche Bestimmung des Menschen war, unsterblich zu sein: Nirgendwo im Schöpfungsbericht ist eine solche Unsterblichkeit angedeutet,[40] ja diese Möglichkeit wird am Ende sogar ausdrücklich ausgeschlossen (3,22).[41] Der im Paradiesgarten «eingemauerte» Mensch hätte die trockene Steppe niemals kultiviert, und es hätte keine durch den Tod markierte Generationenfolge der Menschen gegeben, die erst nach der Vertreibung aus dem Paradies einsetzt.

Doch zurück zum Schöpfungsbericht. Noch ist die Erschaffung des Menschen nicht vollendet. Gott als derjenige, der (noch) allein zwischen gut und schlecht unterscheiden kann, weiß, dass es für den Menschen nicht «gut» ist, mit Gott alleine im Paradiesgarten zu sein; er will ihm eine «Hilfe» machen, die ihm «ebenbürtig» ist (Vers 18). Vorher formt er aber aus dem Erdboden – also genau wie beim Menschen – die Tiere des Feldes und die Vögel des Himmels als den Menschen ergänzendes «Inventar» der Erde: Auch hier ist der Blick weniger auf das Paradies gerichtet als vielmehr auf die von Menschen und Tieren besiedelte Erde *nach* der «Vertreibung» aus dem Paradies. Alle diese neugeschaffenen Lebewesen der Erde sind dem Menschen eindeutig unterlegen, denn er ist es, der ihnen ihre Namen gibt und damit ihre Individualität bestimmt (Vers 19 f.). Doch auch das reicht nicht für den Fortgang der Geschichte auf der Erde; auch die Tiere sind nicht die «ebenbürtige Hilfe», die der Mensch in Zukunft braucht (Vers 20). Deswegen erschafft Gott im zweiten Schritt eine Frau (Verse 21 f.): Er versetzt den Menschen in einen Tiefschlaf, entnimmt eine seiner Rippen, «baut» (so wörtlich im Hebräischen: *waj-jiven*) daraus eine Frau und führt diese dem Menschen zu. Anders als bei der Erschaffung des Menschen wird hier nicht erklärt, wie dieses aus dem Menschen gewonnene Geschöpf belebt wird. Entscheidend ist nur, dass Gott das neue Geschöpf dem Menschen zuführt (wie vorher auch schon die Tiere). Der Mensch begrüßt es begeistert – «diese ist endlich Bein von meinem Bein und Fleisch von meinem Fleisch» (Vers 23) – und gibt ihm wie zuvor den Tieren einen Namen. Nur dieses Geschöpf, das physisch von seinem Gebein und Fleisch genommen wurde, kann ihm wirklich ebenbürtig sein, und diese Eben-

Der zweite Schöpfungsbericht

bürtigkeit könnte nicht besser ausgedrückt werden als durch den Namen, den der Mensch ihm gibt: «Frau (*ischah*) soll sie genannt werden, denn vom Mann (*isch*) ist sie genommen» (Vers 23). Der noch undifferenzierte «Mensch» (*'adam*), der selbst noch keinen Namen hat, nennt sein Gegenüber «Frau» und erkennt sich damit als «Mann», das heißt benennt die Geschlechterdifferenz. Die eigentliche Namensgebung dieser Frau («Eva») erfolgt in einem zweiten Akt, kurz vor der Vertreibung aus dem Paradies (3,20).

Es folgt eine Glosse mit Erläuterungen des Erzählers (Verse 24 f.), die wieder neue Fragen aufwerfen: «Deswegen» (weil die Frau von seinem Bein und Fleisch ist) verlässt der Mann seine Eltern, «hängt» oder «haftet» seiner Frau «an», und beide «werden zu einem Fleisch» oder besser: «auf dass beide (wieder) zu einem Fleisch werden» (Vers 24). Denn sie waren ursprünglich eins, wurden dann in zwei Geschlechter getrennt und streben – im sexuellen Akt – nach ihrer Wiedervereinigung. Dass dieser Akt etwas mit der Zeugung von Nachkommen zu tun hat, wird nicht erwähnt. In der Logik dieser Aussage läge die Konsequenz (die allerdings dem gesamten Duktus des Schöpfungsberichts zuwiderläuft), dass die Trennung des Menschen in zwei Geschlechter eigentlich eine Degradierung bedeutete und dass die geschlechtliche Einheit des Menschen der eigentliche Idealzustand wäre. Wir werden sehen, wie spätere nichtjüdische wie auch jüdische Quellen dieses Problem beurteilen.

Die Glosse sagt das genaue Gegenteil von dem aus, was wir über die alttestamentliche und altorientalische Lebenswelt wissen. Diese war durchgehend patriarchalisch geprägt, und es ist gerade nicht der Mann, der seine Familie verlässt, um mit seiner Frau zusammenzuleben, sondern die Frau verlässt ihre elterliche Familie. Der biblische Schöpfungsbericht in seinem Idealzustand vor der Vertreibung aus dem Paradies stellt also die patriarchalische Ordnung der Zeit, in der er verfasst wurde, auf den Kopf.[42] Dazu passt auch, dass erst nach der Vertreibung ausdrücklich hervorgehoben wird, dass der Mann über die Frau «herrschen» wird (3,16). Im Idealzustand vor der Vertreibung waren sie ein Fleisch ohne jede hierarchische Abstufung.

Zu diesem Idealzustand gehört schließlich auch, dass Mann und Frau sich in ihrer Nacktheit *nicht* voreinander schämen (Vers 25). Dies ist in der christlich geprägten Auslegungstradition so verstanden worden, dass die Nacktheit ohne Scham ein Stadium urzeitlicher Unschuld signalisiert, das noch frei von jeder Sinnlichkeit und damit auch jeder Möglichkeit der Sünde war. Dagegen argumentieren die alttestamentlichen Exegeten, dass die Begriffe «Nacktheit» und «Scham» im altorientalischen Umfeld nicht sexuell konnotiert waren und dass die Kategorie der «Sünde» hier völlig fehl am Platze ist. Für den damaligen Hörer oder Leser seien sie vielmehr Ausdruck des sozialen Status und bezeichneten die unterste Stufe der sozialen Hierarchie, die erst durch die Bekleidung ausdifferenziert wird: Neugeborene und Tote sind auf ihre Nacktheit zurückgeworfen, weil ihr Status noch oder wieder offen ist, und auch Kriegsgefangene werden oft nackt dargestellt, weil sie durch ihre Niederlage ganz unten auf der sozialen Leiter angekommen sind. Entsprechend ist das Menschenpaar nackt und sich dieser Nacktheit (noch) nicht bewusst, weil es im paradiesischen Urzustand noch keine soziale Differenzierung gibt.[43]

Auf diese Glosse folgt der dramatische Höhepunkt des Schöpfungsberichts (Kap. 3), der in einer langen christlich geprägten Auslegungstradition als «Sündenfall» bezeichnet wird: Das Menschenpaar isst vom Baum der Erkenntnis (Verse 1–6) und wird von Gott befragt (7–13). Schlange, Frau und Mensch werden bestraft (14–19); die Frau erhält einen Namen, das Menschenpaar wird bekleidet (20 f.) und schließlich aus dem Paradies vertrieben (22–24).

Warum ausgerechnet die Schlange unter allen vorher von Gott geschaffenen Tieren als Katalysator für das Essen vom Baum der Erkenntnis dient, wird nicht erläutert, ergibt sich aber aus dem Kontext. Der Erzähler führt die Schlange als *'arum* ein, ein Wort, das sowohl «klug» als auch «nackt» bedeuten kann, und baut damit eine Brücke zum vorangehenden Abschnitt, in dem das Menschenpaar als «nackt» (*'arummim*) bezeichnet wird (2,25). Die Schlange ist nicht nur «nackter», sondern auch «klüger» als alle anderen Tiere und deswegen das einzige Tier, das Adam und Eva über den wahren Sachverhalt aufklären kann. Geschickt eröffnet sie den Dialog mit dem Menschenpaar, indem sie unterstellt, dass Gott ihnen verboten hat, von *allen* Bäumen des Gartens zu essen, worauf die Frau sie korrigiert: Wir dürfen sehr wohl von allen Bäumen essen, nur nicht von dem Baum in der Mitte des Gartens,

Der zweite Schöpfungsbericht 55

von dem der Leser weiß, dass es der Baum der Erkenntnis ist. Allerdings fügt sie ganz unvermittelt hinzu, dass sie von diesem Baum nicht nur nicht essen, sondern dass sie ihn nicht einmal berühren dürfen, weil sie auch dann sterben würden (3,3). Die Schlange verneint dies, wobei unklar ist, ob sie sich auf das Essen oder das Berühren bezieht, und behauptet, dass die Menschen keineswegs sterben werden, wenn sie sich Gottes Verbot widersetzen. Im Gegenteil werden sie dann wie Gott und Gut und Böse erkennen (4 f.). Darauf kann die Frau nicht widerstehen, isst von den Früchten des Baumes und bietet sie auch ihrem Mann an, der ebenfalls isst (6).

Man sollte meinen, dass nach dem eindeutigen Verbot Gottes, von den Früchten zu essen, und der Androhung des Todes beide sofort tot umfallen, aber genau dies geschieht nicht: Ihre Augen werden in der Tat geöffnet; sie sehen, dass sie nackt sind, und machen sich einen provisorischen Lendenschurz (Vers 7). Dies bedeutet im Klartext, dass Gottes Drohung eine leere Drohung war und dass die Schlange recht hatte. Alle späteren Versuche, die Schlange als Personifikation des Bösen und heimtückische Verführerin darzustellen, verfehlen den Sinn der biblischen Erzählung. Dem Menschenpaar ist jetzt die Gabe der Erkenntnis und der Unterscheidung von Gut und Böse gegeben, und die erste Frucht dieser neuen Erkenntnis ist die Wahrnehmung ihrer Nacktheit. Dies bedeutet nicht, dass diese Nacktheit schlecht oder gar böse ist, sondern nur, dass sie sich jetzt ihrer Stellung als soziale Wesen bewusst werden und dass sie damit aus ihrem paradiesischen Urzustand heraustreten. Alle Assoziationen an Nacktheit als mögliche Quelle der Sünde – ganz zu schweigen von den Versuchen, Eva als die Hauptschuldige für den «Sündenfall» haftbar zu machen[44] – sind hier ebenso fehlgeleitet wie die ihnen unterstellte Hybris der Gottgleichheit. Dies sind alles spätere Interpretationen. In Wirklichkeit geht es hier um den entscheidenden Schritt des Menschenpaares von einem Geschöpf des Paradieses zum wirklichen und individuellen Menschen, der kraft seines Unterscheidungsvermögens zwischen gut und schlecht/böse, richtig und falsch, eigenverantwortliche Entscheidungen treffen kann und muss – mit der realen Möglichkeit, dass diese Entscheidungen auch falsch, schlecht und sogar böse sein können, wie der Fortgang der Urgeschichte bald zeigen wird. Damit erweist sich Gottes Verbot, vom Baum der

Erkenntnis zu essen, als halbherzig: Der ganze zweite Schöpfungsbericht – dies ist für mich die Kernaussage des Bibeltextes – ist bei genauerem Hinsehen darauf angelegt, dass der Mensch die Spannung zwischen dem idealen, aber unwirklichen Paradieszustand und seiner eigentlichen Bestimmung auflöst, indem er Gottes Verbot übertritt, weil er nur dadurch in die reale Welt entlassen werden kann.[45]

Genau das ist es, was im Folgenden geschieht (3,7–12). Gott ergeht sich wie immer im kühlenden Abendwind des Gartens, trifft aber nicht wie offenbar üblich auf das Menschenpaar, das sich im vollen Bewusstsein seiner Gebotsübertretung versteckt. Gott stellt den Menschen zur Rede, der sofort mit seiner neugewonnenen Individualität die Frau beschuldigt, die ihrerseits alle Schuld auf die Schlange abwälzt. Darauf verflucht Gott in umgekehrter Reihenfolge zunächst die Schlange (3,14 f.), bestraft dann die Frau (3,16) und schließlich den Menschen (3,17–19). Die Schlange wird immer auf dem Bauch kriechen (die späteren Rabbinen haben daraus geschlossen, dass sie ursprünglich Füße hatte, die ihr abgehauen wurden) und Staub fressen. Zwischen ihr und der Frau und dem nachfolgenden Menschengeschlecht wird ewige Feindschaft herrschen. Das hat nichts mit einer besonderen Beziehung der Schlange zur Frau zu tun, sondern damit, dass die Schlange in einer bäuerlichen Gesellschaft eine fortwährende Bedrohung ist. Die Frau wird häufig schwanger werden und ihre Kinder unter Schmerzen gebären, und der Mann wird in Zukunft über sie herrschen: «Nach deinem Mann hast du Verlangen, und er wird über dich herrschen» (3,16). Damit ist die paradiesische Gleichwertigkeit von Mann und Frau aufgehoben; in der patriarchalischen Gesellschaft der realen Welt ist die Frau dem Mann untertan. Der Mensch schließlich muss unter großer Mühsal die seinetwegen verfluchte Erde bearbeiten, um sich und seine Familie zu ernähren. Nach vielen Jahren der anstrengenden Kultivierung der Erde wird er zu ihr zurückkehren. Er wird sterben, aber nicht, weil er das göttliche Verbot im Paradies übertreten, sondern weil er seine Aufgabe auf der Erde erfüllt hat und diese in andere Hände legen kann.

In einem kurzen Zwischenspiel (3,20 f.) erhält die Frau ihren Namen «Eva». Das hebräische *Chawwah* geht mutmaßlich auf die Wurzel *ch-j-h* («leben») zurück – ein Wortspiel im Hebräischen: weil sie nämlich die Mutter alles Lebendigen ist. Gott selbst macht dem Menschenpaar Gewänder aus Fell, wobei offen bleibt, woher das Fell kommt, und bestätigt damit seine soziale Differenzierung in der realen Welt. Hierauf folgt der letzte Akt des Dramas: Gott schickt den Menschen aus dem Garten Eden weg (so wörtlich im Hebräischen: *wa-jeschallchehu*), damit er nun endlich seiner eigentlichen Aufgabe nachkommen kann, den Erdboden zu bearbeiten (Vers 23). Dies klingt relativ nüchtern und überhaupt nicht nach Vertreibung, sondern im Gegenteil danach, dass der Aufenthalt im Paradies nur vorläufig und sein Ende mit dem Übertritt des Menschen in die reale Welt von Anfang an vorgesehen war.

Die beiden anderen Verse des Schlussabschnitts sind wahrscheinlich später hinzugefügt worden und vermitteln ein anderes Bild. Zunächst (Vers 22) konstatiert Gott nicht unbedingt begeistert, dass der Mensch durch die Fähigkeit, gut / richtig und schlecht / böse / falsch zu erkennen, wie er selbst geworden ist. Jetzt ist bis zum Schluss durchweg wieder nur vom «Menschen» die Rede, da die Frau (Eva) durch die Unterordnung unter den Mann in ihrer weiblichen Individualität bedeutungslos wurde. Dann erklärt Gott, dass der nächste Schritt der Gottgleichkeit, nämlich ewiges Leben, unbedingt verhindert werden muss und dass er den Menschen *deswegen* aus dem Paradies fortschickt.[46] Hier taucht plötzlich der Baum des Lebens wieder auf, der vorher nur ganz unmotiviert neben dem Baum der Erkenntnis erwähnt worden war (2,9) und im Fortgang der Erzählung keine Rolle mehr spielte. Man hat wohl mit Recht vermutet, dass der Baum des Lebens später in den Schöpfungsbericht eingetragen wurde und dort eigentlich nichts zu suchen hat. Der Grund könnte sein, dass er eine zentrale Rolle im altorientalischen Gilgamesch-Epos spielt, in dem sich Gilgamesch auf die Suche nach der Pflanze der ewigen Jugend macht und diese ihm, nachdem er sie in den unterirdischen Wassern gefunden hat, ausgerechnet von der Schlange gestohlen wird. Es ist offensichtlich die Erwähnung der Frucht vom Baum des Lebens, die den eigentlich positiven Duktus der Schöpfungserzählung radikal in sein Gegenteil verkehrt und die viel schärfere Reaktion Gottes im letzten Vers (24) erklärt. Jetzt wird der Mensch nicht mehr aus dem Garten «weggeschickt» (23), sondern ausdrücklich «vertrieben» (hebräisch: *wa-jegaresch*), und der Eingang zum Garten Eden wird durch die Kerubim mit dem lodernden Flammenschwert bewacht. Damit ist dem Menschen der Weg zurück zum Baum des Lebens für immer versperrt (24).

Anders als im ersten Schöpfungsbericht steht im zweiten die Erschaffung des Menschen am Beginn der Schöpfung. Er wird auf der noch unvollendeten Erde aus Erde erschaffen, indem Gott ihm den Lebensodem einbläst. Seine Aufgabe wird sein, die Erde zu bearbeiten, doch zunächst wird er in den Paradiesgarten Eden versetzt, von dem der erste Bericht nichts weiß. Er ernährt sich von den Früchten des Gartens, mit Ausnahme der Früchte des Baumes der Erkenntnis, die zu essen Gott ihm verbietet. Danach erschafft Gott die Tiere, denen der Mensch eindeutig überlegen ist. Gott erkennt, dass der Mensch noch einen wirklichen Gefährten braucht und erschafft die Frau als seinen «Helfer». Indem er sie aus dem Bein und Fleisch des Menschen bildet, macht er sie zu dessen vollkommener Ergänzung und damit zu einem ihm gleichberechtigten Geschöpf. Als das Menschenpaar entgegen dem göttlichen Verbot von den Früchten des Baumes der Erkenntnis isst, erlangt es die Fähigkeit der Unterscheidung zwischen gut/richtig und schlecht/böse/falsch, wird aber nicht, wie angedroht, mit dem Tode bestraft. Vielmehr erläutert Gott ihnen jetzt, was sie in Zukunft, auf der realen Erde, erwartet: die Unterordnung der Frau unter den Mann in einer patriarchalisch strukturierten Gesellschaft, die mühevolle Kultivierung der Erde, um die tägliche Nahrung zu sichern, und der Tod am Ende eines entbehrungsreichen Lebens. Dieser Tod ist nicht die Strafe für die Übertretung des göttlichen Verbots, und schon gar nicht für die «Sünde» des Menschen, sondern sein natürliches Schicksal. Dann entlässt Gott das Menschenpaar in die reale Welt.

Der wichtigste Unterschied zwischen beiden Berichten ist, dass die Schöpfung im zweiten Bericht von Anfang an auf einen entscheidungsfreien und selbstbestimmten Menschen angelegt ist, der auch falsch entscheiden kann. Damit eröffnet dieser die Möglichkeit falscher oder sogar schlechter und ethisch verwerflicher Entscheidungen des Menschen, die dem eigentlichen Ziel der göttlichen Schöpfung zuwiderlaufen, während der erste Bericht ganz von der Güte der Schöpfung und ihrem fortdauernden Erfolg überzeugt ist. Der Redaktor der Hebräischen Bibel, der beide Berichte unkommentiert aufeinander folgen lässt, gibt uns keinerlei Hinweis darauf, wie er das Verhältnis beider sehen möchte. Sicher ist nur, dass der zweite Bericht älter ist, aber man kann daraus kaum schließen, dass ihm der erste vorangestellt wurde, um ihn zu korrigieren. Allenfalls läßt sich festhalten, dass der zweite Bericht viel besser zum Fortgang der Urgeschichte passt, denn es wird sich sofort zeigen, dass die Schöpfung keineswegs so gut ist, wie der erste Bericht meint.

Die Erzählung von der Sintflut

Mit dem Auszug des Menschenpaares aus dem Paradies und dem Betreten der realen Erde beginnt die Urgeschichte, die erste Phase der Geschichte der Menschheit nach der Chronologie der Hebräischen Bibel. Der erste Akt ist der Beischlaf, von dem im Paradies noch keine Rede war, in der Sprache der Bibel: «Der Mensch erkannte Eva, seine Frau, und sie wurde schwanger» (Gen. 4,1). Die ersten Kinder Adams und Evas sind die Söhne Kain, der Ackerbauer, und Abel, der Schafhirte, und die erste Geschichte, die erzählt wird, ist die Tötung Abels durch Kain, weil dieser auf Abel eifersüchtig ist. Gott bestraft Kain damit, dass die Erde für ihn keinen Ertrag mehr bringen wird und dass er dennoch rast- und ruhelos darauf weiterleben muss. Die kurze Genealogie der Nachkommen Kains endet mit Lamech, der seinen Vorfahren Kain an Mordlust noch überbietet (Gen. 4,23 f.). Daher bedarf es für den Fortgang der Geschichte einer weiteren Geschlechterfolge durch einen dritten Sohn Adams und Evas: Seth, der endlich «ihm [Adam] gleich und gemäß seinem Bilde» ist (Gen. 5,3). Dieser Seth begründet die Genealogie der Sethiten, die in Noach (Vers 29) kulminiert. Doch auch diese Nachfahren Adams entsprechen nicht dem Schöpfungsauftrag Gottes. Die Menschen vermehren sich auf der Erde, bekommen auch (besonders schöne) Töchter, und diese Töchter lassen sich mit den mysteriösen «Göttersöhnen» ein, wahrscheinlich Angehörigen des himmlischen Hofstaats, also Engeln (Gen. 6,1–4). Damit ist das Maß für Gott voll, und er beschließt, den Menschen und alles Leben auf der Erde durch eine große Flut zu zerstören.

Die Erzählung von der Sintflut (Gen. 6,5–9,17) ist einer der dramatischsten Höhepunkte der Hebräischen Bibel überhaupt. Sie bedeutet in ihrem Kern nicht weniger, als dass Gott nicht lange nach der Erschaffung der Welt und des Menschen diese Welt mit ihren Menschen, Tieren und Pflanzen wieder zerstört, weil die Schöpfung eben nicht «gut» war, wie der priesterliche Schöpfungsbericht noch behauptet, sondern die schlechten Entscheidungen und damit die Bosheit des Menschen überhandgenommen hatten. Das alt- und mittelhochdeutsche Wort «Sintflut» hat mit «Sünde» im christlichen Verständnis nichts zu tun, sondern bedeutet «umfassende, große Überschwemmung/Flut», was genau dem hebräischen Sprachgebrauch (*mabul*) entspricht. Wie beim Schöpfungsbericht gibt es auch von der Sintfluterzählung zwei Versionen, eine (ältere) mythische und eine (jüngere) priesterliche Version. Anders als beim Schöpfungsbericht werden diese beiden Versionen aber nicht getrennt nacheinander präsentiert, sondern sind kunstvoll ineinander gearbeitet. Die alttestamentliche Bibelexegese hat viel Mühe darauf verwandt, die Schichten zu entwirren. In den meisten Fällen ist dies gelungen, und wir haben heute ein relativ klares Bild von den Besonderheiten der beiden Versionen. Allerdings ist es nicht mehr möglich, sie vollständig voneinander zu trennen. Darum folge ich dem überlieferten hebräischen Text und gehe nur gelegentlich auf Besonderheiten der zugrundeliegenden Version ein.[47]

Die Fluterzählung beginnt mit zwei aufeinander folgenden Prologen, einem mythischen Prolog der grausamen Vernichtung (Gen. 6,5–8) und einem Prolog der priesterlichen Fassung mit der Rettung Noachs und dem Bund im Mittelpunkt (Gen. 6,9–22). Der mythische Prolog ist kürzer und schlichter: Gott sieht, dass die Bosheit des Menschen überhandgenommen hat, und bereut, dass er den Menschen auf der Erde erschaffen hat. Der Akzent liegt also ganz eindeutig auf dem Menschen, der immer wieder falsche bzw. schlechte Entscheidungen getroffen hat. Deswegen beschließt Gott, ihn wieder zu vernichten. Allerdings gibt es eine Ausnahme: Noach «fand Gnade in den Augen Jahwehs» (Vers 8). Der anschließende priesterliche Prolog erläutert dies: Noach war als einziger der Nachkommen Adams «gerecht» und «vollkommen» (Vers 9), aber die Erde «war verdorben vor Gott» und «füllte sich mit Gewalttat» (Verse 11 f.). Zwar ist auch hier die Bosheit des Menschen der Grund für die Verderbnis der Erde, aber es fällt auf, dass die Erde zuerst genannt wird und dann erst der Mensch, der mit der Erde vernichtet wird (Vers 13). Die Entscheidungsfreiheit des Menschen, die im mythischen Schöpfungsbericht so zentral war, spielt in der Priesterschrift also eine geringere Rolle. Indem der priesterliche Prolog erläuternd hinzufügt «denn alles Fleisch hatte seinen Weg verdorben auf der Erde» (Vers 12), stellt er klar, dass nicht nur die Menschen verdorben waren, sondern auch die Tiere – mit Ausnahme der Fische, denn sie überleben die Sintflut.

Es folgt im priesterschriftlichen Prolog die Anweisung Gottes an Noach, die Arche zu bauen (6,14–16). Diese Anweisungen sind philologisch und bautechnisch teilweise unverständlich und können leider nicht anhand der mythischen Fassung korrigiert werden, weil der Redaktor diese offenbar gestrichen hat. Sicher ist nur, dass es sich bei der Arche nicht um ein Schiff im üblichen Sinne handelt, sondern um einen würfelförmigen Kasten, der mit Pech bestrichen und damit gegen das Wasser abgedichtet wird (Vers 14). In dieser Hinsicht und vielen anderen Punkten gleicht der biblische Bericht dem mesopotamischen Sintflutmythos, wie er insbesondere im Gilgamesch-Epos überliefert wird. Die Ähnlichkeiten sind so groß, dass man von einer direkten Abhängigkeit sprechen kann. Anschließend verkündet Gott seinem auserwählten Helden Noach, dass er eine Sintflut über die Erde bringen und «alles Fleisch, in dem Lebensatem ist», vernichten wird (Vers 17). Mit Noach wird er aber einen Bund schließen (Vers 18) und deutet damit an, dass die Aufhebung der Schöpfung nicht vollständig und für immer sein wird, sondern zeitlich begrenzt. Deswegen soll sich Noach mit seiner Familie und Exemplaren aller auf der Erde vertretenen Tiergattungen – jeweils paarweise zum Zwecke der Fortpflanzung – in die rettende Arche begeben, um das Überleben der Schöpfung zu ermöglichen (6,19 f.). Für die Menschen und Tiere in der Arche soll Noach Nahrung mitnehmen (Vers 21), denn die alles Leben auf der Erde vernichtende Sintflut wird länger dauern. Bei der Nahrung kann es sich im Einklang mit dem priesterlichen Schöpfungsbericht (Gen. 1,29 f.) nur um pflanzliche Nahrung handeln. Erst nach der Sintflut werden auch die Tiere zum Verzehr freigegeben.

Der kurze Passus 7,1–5 entstammt der mythischen Sintfluterzählung. Danach sollen nicht von allen Tieren je zwei mitgenommen werden, sondern nur vom unreinen Vieh; vom reinen Vieh und von den Flugtieren sollen es je sieben Exemplare sein, ebenfalls männlich und weiblich. Außerdem wird der Zeitrahmen festgelegt: Die Flut wird in sieben Tagen beginnen und insgesamt vierzig Tage und Nächte dauern (Vers 4). Die Frist von sieben Tagen bis zum Hereinbrechen der Flut ist vermutlich eine Reminiszenz an die mesopotamischen Epen, in denen die Flut sieben Tage dauert. Die vierzig Tage und Nächte der Gesamtdauer der Flut im biblischen Bericht sind eine runde Zahl, mit der in der Hebräischen Bibel üblicherweise eine Generation sowie nicht genau festgelegte Zeiträume umschrieben werden. Die umständliche Weiterführung der Erzählung (7,6 ff.) folgt im Wesentlichen – mit mythischen Einsprengseln – der priesterlichen Fassung: Menschen und Tiere betreten die Arche, und nach den vorhergesagten sieben Tagen beginnt die große Flut. Von unten brechen alle Quellen der aus dem Schöpfungsbericht bekannten «großen Urflut» (Gen. 1,2) wieder auf, und gleichzeitig öffnen sich oben alle «Luken des Himmels» (Vers 11). Die mühsam gebändigten Wasser der Urflut verbinden sich so mit einem nicht aufhörenden Dauerregen (so das mythische Einsprengsel Vers 12) und ertränken alles Leben auf der Erde. Nur die Arche schwimmt auf dem Wasser (Vers 18), das schließlich sogar die höchsten Berggipfel bedeckt (Vers 19).

Die Vernichtung allen Lebens auf der Erde mit Ausnahme der Bewohner der Arche und der Fische im Wasser ist dramatisch ausgestaltet und wird wieder doppelt berichtet. Nach der priesterlichen Fassung geht «alles Fleisch» auf der Erde zugrunde (hebr. *waj-jigwa'*, ein seltenes Verb), einschließlich der Menschen (Vers 21), nach der mythischen Version stirbt (hebr. *metu*) «alles, was Lebensodem in seiner Nase hat» (Vers 22).[48] Hier zeigt sich erneut der Vorrang des Menschen in der mythischen Erzählung. Auch die schlussfolgernde Zusammenfassung der Vernichtung der ersten Schöpfung ist in der mythischen Fassung stärker akzentuiert: «Und er [Gott] löschte alles Bestehende, das auf dem Angesicht der Erde war, aus (*waj-jimach*), vom Menschen bis zum Vieh, bis zu den Kriechtieren und bis zu den Vögeln des Himmels, und sie wurden ausgelöscht / ausgerottet / vernichtet (*waj-jimmachu*) von der Erde» (Vers 23).[49] Nur Noach und die Insassen der Arche blieben übrig.[50]

Die Erzählung von der Sintflut

Mit Kapitel 8 beginnt das letzte Stadium der Flut, zunächst nach der priesterlichen Version (8,1–5). Ein von Gott ausgeschickter Wind leitet das Sinken des Wassers ein, und die Quellen der Urflut unten sowie die Fenster des Himmels oben werden verschlossen. Die Arche bleibt «auf den Bergen (*sic!*) des Ararat» (Vers 4) hängen, die Spitzen der anderen Berge werden sichtbar. Aus den Bergen des Ararat wird in einer langen Auslegungstradition der Berg Ararat, und dieser wird viel später mit dem höchsten Berg des armenischen Berglandes identifiziert.[51] Nach der mythischen Fassung (8,6–12.13b) öffnet Noach das Fenster der Arche, um sich ein Bild von der Lage zu verschaffen. Er schickt zunächst einen Raben aus (Vers 7), von dem wir nichts mehr hören. Anschließend schickt er eine Taube aus, die wieder zurückkehrt. Nach sieben Tagen macht er einen erneuten Versuch mit der Taube, die mit einem Ölbaumblatt in ihrem Schnabel zurückkommt (Vers 11); nach weiteren sieben Tagen schickt er die Taube wieder hinaus, und sie kehrt nicht mehr zurück. Da entfernt Noach das Verdeck der Arche und sieht, dass die Erde trocken ist (Vers 13b).

Dieser Vogeltest hat eine enge Parallele im Gilgamesch-Epos.[52] Dort beginnt er mit einer Taube, die wieder zurückkommt, gefolgt von einer Schwalbe, die ebenfalls zurückkommt, und endet mit einem Raben, der wegbleibt. Der unmotivierte Rabe im Bibeltext (Vers 7) legt die Vermutung nahe, dass er von dem Raben im Gilgamesch-Epos stammt, dass der Verfasser der mythischen Version also das Gilgamesch-Epos bis in Einzelheiten hinein gekannt hat. Nur die priesterliche Fassung schildert anschließend den feierlichen Auszug der Menschen und Tiere aus der Arche (8,15–19).

Die Sintfluterzählung endet mit zwei Epilogen, einem der mythischen (8,20–22) und einem der priesterlichen Version (9,1–17), die, wie die beiden Prologe, nicht ineinandergearbeitet wurden, sondern unverbunden hintereinander gestellt sind. Nur der erste Epilog erzählt von einem Brandopfer, das Noach als erste Handlung nach dem Auszug aus der Arche Jahweh darbringt, und zwar von allen Exemplaren des reinen Viehs und der reinen Vögel (Vers 20). Als Gott den beschwichtigenden Geruch des Opfers riecht, beschließt er, dass er in Zukunft den Ackerboden nicht mehr wegen der Untaten der Menschen verfluchen und die Menschen bestrafen wird (Verse 21 f.). Auch dieses Opfer nach der

Flut hat eine direkte Parallele in den altorientalischen Epen (Atrachasis- und Gilgamesch-Epos).

Die priesterliche Fassung konzentriert sich ganz auf den Bund, den Gott mit den Menschen und den Tieren (9,10) schließt und der diese vor einer erneuten Sintflut bewahrt. Zuvor regelt Gott aber das Verhältnis zwischen Mensch und Tier neu. Während im priesterlichen Schöpfungsbericht die Tiere zwar dem Menschen untergeordnet sind (1,28), aber nicht zu seiner Nahrung dienen, sondern Mensch und Tier sich vegetarisch ernähren (1,29 f.), ist mit der neuen Schöpfung nach der Sintflut ein grundsätzlicher Wandel eingetreten. Nur noch die Menschen werden ausdrücklich von Gott aufgefordert, fruchtbar zu sein und die Erde zu füllen, «und eure Furcht und euer Schrecken sei über allem Getier der Erde und über allen Vögeln des Himmels, auf allem, was auf der Erde kriecht und auf allen Fischen des Meeres – in eure Hand sind sie gegeben» (9,2). Was das bedeutet, sagt der folgende Satz: «Alles, was sich regt, was lebendig ist, euch diene es zur Nahrung» (9,3). Damit wird die Unterordnung der Tiere unter die Menschen entgegen dem Schöpfungsbericht dahin ausgeweitet, dass die Menschen jetzt keine Vegetarier mehr sind, sondern sich auch von Tieren ernähren. Nachdem die zunehmende Gewalt der Menschen nach dem Weggang aus dem Paradies zur Zerstörung der ursprünglich intendierten gewaltlosen Schöpfung geführt hat, stellt die neue Schöpfungsordnung nach der Sintflut nicht den Originalzustand wieder her, sondern akzeptiert die Gewalt auf Kosten der Tiere. Dabei sind feste Regeln zu beachten: In dem Fleisch der Tiere, das gegessen werden darf, darf kein Blut mehr zurückbleiben (Vers 4). Vor allem geht es um die Begrenzung der Gewalt gegen Menschen: Weder Tiere noch Menschen dürfen das Blut von Menschen vergießen (Vers 5); jeder, der menschliches Blut vergießt, bezahlt dafür mit seinem eigenen Blut. Der Grund dafür ist die Erschaffung des Menschen und eben nicht der Tiere im Bilde Gottes (Vers 6). Dass auch die Tiere in das Verbot, Menschen zu töten, einbezogen sind, verstärkt das Gewaltmonopol des Menschen und die neue Hierarchie von Mensch und Tier.

Anschließend wird die neue Schöpfungsordnung durch den verheißenen Bund besiegelt (9,8–17). Der Bund gilt Mensch und Tier gleichermaßen (Verse 9 f.) und betont auf der Seite Gottes die Selbstverpflich-

Die Erzählung von der Sintflut 65

tung, dass dieser niemals wieder eine Sintflut über die Erde schicken wird (Verse 11 und 15 f.). Bedingungen auf der Seite des Menschen werden nicht genannt. Dies bedeutet, dass der Bund Gottes mit Noach und seinen Nachkommen sowie mit den Tieren einseitig ist: Gott verpflichtet sich zur Einhaltung des Bundes, aber er weiß, dass eine «gute» Schöpfung, so wie er sie anfangs geplant hatte, eine Illusion ist, dass der Mensch nicht aufhören kann, Gewalt anzuwenden, und daher den Bund immer wieder brechen wird. Als Zeichen dieses ewigen Bundes setzt Gott seinen «Bogen» in die Wolken des Himmels, um sich selbst immer an seinen Friedenswillen zu erinnern (9,12–17). Dieser Bogen lässt an einen Kriegsbogen denken, das heißt, wenn Gott und die Menschen diesen Bogen als Regenbogen am Himmel sehen, wissen sie, dass Gott seine Waffe der alles zerstörenden Flut weggelegt hat und niemals mehr gegen Mensch und Tier benutzen wird.[53]

Die Unterschiede zwischen dem priesterlichen und dem mythischen Sintflutbericht liegen auf der Hand. Wie beim Schöpfungsbericht geht es der priesterlichen Erzählung primär um das Verhältnis zwischen Gott und dem sich herauskristallisierenden Volk Israel. Höhepunkt ist daher der Bund, den Gott mit Noach schließt und der auf den Bund mit Abraham und den Sinaibund verweist. Dieser Bund impliziert eine neue Schöpfungsordnung und das Wissen darum, dass die Schöpfung nicht, wie ursprünglich vorgesehen, gut ist. Der mythische Sintflutbericht offenbart dagegen einen nicht unbeträchtlichen Einfluss der Sintfluterzählung der altorientalischen Epen, insbesondere des Gilgamesch-Epos. Der Bau der Arche, der ebenfalls Parallelen zu den Sintflutmythen aufweist, ist dagegen nur in der priesterlichen Sintfluterzählung überliefert. Einzelheiten zum Verhältnis von Bibeltext und altorientalischen Epen werden nach der Präsentation der Epen zur Sprache kommen.

Die Rückkehr der altorientalischen Mythen

Im November 1872 arbeitete der junge Senior Assistant in der assyriologischen Abteilung des British Museum in London, George Smith (1840–1876), an einer Keilschrifttafel aus der riesigen, nicht einmal ansatzweise gesichteten Sammlung des Museums. Die Assyriologie steckte noch in den Kinderschuhen; die Entzifferung der akkadischen Keilschrift war erst Mitte des neunzehnten Jahrhunderts endgültig gelungen, unter anderem durch Henry Rawlinson, einen prominenten Förderer von Smith. Smith hatte wenige Tage zuvor geglaubt, auf der Tafel einige Zeilen eines Textes über eine Flut erkennen zu können, doch der größte Teil der Tafel war mit kalkartigen Ablagerungen überkrustet. Erst nachdem die Ablagerungen von dem Spezialisten Robert Ready entfernt worden waren und die Tafel gereinigt war, konnte er den Text entziffern – und diese Entzifferung bestätigte seine Vermutung. David Damrosch, der Biograph von Smiths kurzem Leben und Karriere, berichtet über diesen historischen Moment unter Berufung auf Smiths Kollegen E. A. Wallis Budge:

> Smith nahm die Tafel und begann, die Zeilen durchzulesen, die Ready ans Licht gebracht hatte; und als er sah, dass sie den Teil der Legende enthielten, den er dort zu finden gehofft hatte, sagte er: «Ich bin der erste Mensch, der dies liest, nach mehr als 2000 Jahren der Vergessenheit.» Er legte die Tafel auf den Tisch, sprang auf, rannte im Zimmer herum in einem Zustand großer Erregung und begann zum Erstaunen der Anwesenden sich auszuziehen.[54]

Damrosch kommentiert diesen ungewöhnlichen Vorgang damit, dass niemand weiß, wie weit die Entkleidung tatsächlich ging. Er vermutet, nicht ganz unbegründet, dass im viktorianischen England die befremdliche Entkleidung «möglicherweise nur wenig mehr war als ein gelockerter Kragen».[55] Jedenfalls hatte Smith mit seiner Einschätzung des Fundes völlig recht: Er hatte ein umfangreiches Fragment des Gilgamesch-Epos entdeckt, dessen Bedeutung für die biblische Sintfluterzählung offensichtlich war. Seine Entdeckung war eine Sensation und begründete über Nacht seinen Ruhm als einer der bedeutendsten Assyriologen seiner Zeit. Schon kurz nach der Entdeckung konnte er am 3. Dezember 1872 in einem Vortrag vor einem illustren Publikum der erst 1870 gegründeten Society of Biblical Archaeology die wichtigsten Ergebnisse seines Fundes vortragen.[56] Leider war ihm keine lange Wirksamkeit vergönnt. Er veröffentlichte noch weitere wichtige Arbeiten, darunter *The Chaldean Account of Genesis*,[57] und starb im August 1876 auf einer letzten Forschungsreise im Alter von 36 Jahren in der Nähe von Aleppo an der Ruhr.

Smiths sensationelle Entdeckungen beflügelten die Assyriologie und brachten auch dem British Museum viel Beachtung, nicht zuletzt einen willkommenen Anstieg der Besucherzahlen. Wie Smith instinktiv richtig erkannt hatte, trug er wesentlich dazu bei, die literarischen Traditionen des Alten Orients dem Vergessen zu entreißen und erneut im kulturellen Gedächtnis der Menschheit zu verankern. Seine Schätzung, wie lange die Periode des Vergessens dauerte («mehr als 2000 Jahre»), ist nur wenig übertrieben: Der letzte babylonische Autor, dessen Werke noch in der Antike bekannt waren, ist Berossus (ca. 330–250 v. Chr.), ein Priester und Astronom des Bel-Marduk Tempels in Babylon. Er schrieb unter anderem eine Geschichte Babyloniens, die nur noch in Zitaten bei anderen antiken Historikern erhalten ist. Über den griechischen Historiker Alexander Polyhistor (erstes Jahrhundert v. Chr.),[58] dessen Werke ebenfalls weitgehend verloren sind, gelangten Fragmente aus Berossus' *Babylonika* in die *Chronik* des ersten großen christlichen Historikers Eusebius von Caesarea (gest. 339/340 n. Chr.) und in die *Ecloga Chronographica* des byzantinischen Mönchs Syncellus (achtes Jahrhundert). In dem längsten bei Eusebius und Syncellus zitierten Fragment findet sich auch eine ausführliche Fassung der babylonischen Sintfluterzählung:[59]

Der Held ist hier ein babylonischer König mit Namen Xisouthros, dem im Schlaf geoffenbart wird, dass die Menschheit durch eine Sintflut untergehen werde. Er solle für sich, seine Familie und Freunde ein Schiff bauen, mit Nahrung und Getränken für eine längere Reise ausstatten und auch «wilde Tiere und Vögel und Vierfüßler» auf die Reise mitnehmen. Das Ziel der Reise wird ihm nicht offenbart. Xisouthros habe alle Anweisungen befolgt und das Schiff, dessen Länge mit fünfzehn und dessen Breite mit zwei Pfeilschüssen angegeben wird, mit Familie und Freunden betreten. Über die Flut wird nur gesagt, dass sie «eilends hereingebrochen sei und eilends wieder abgenommen» habe. Die Aussendung der Vögel wird ausführlicher geschildert. Der König habe «etliche Vögel» aus der Arche entlassen, doch seien diese bald wieder zurückgekehrt, weil sie weder Nahrung gefunden hätten noch einen Platz, sich niederzulassen. Ein weiterer Versuch nach wenigen Tagen sei ebenfalls fehlgeschlagen, denn die Vögel seien nur mit «von Lehm schlammigen Krallen» zurückgekehrt, doch beim dritten Versuch seien die Vögel schließlich weggeblieben. Xisouthros habe das Deck des Schiffes geöffnet und gesehen, dass dieses auf einem Berg angelandet war. Er verließ das Schiff mit Frau, Tochter (!) und Schiffsbaumeister, «betete die Erde an, errichtete einen Altar und brachte den Göttern Opfer dar». Danach sei er mitsamt Frau, Tochter und Baumeister verschwunden. Als die zurückgebliebenen Passagiere die Arche verließen, fanden sie Xisouthros und seinen Anhang nicht mehr. Eine Stimme aus dem Himmel verkündete ihnen, dass diese nun «in der Wohnung der Götter» wohnten. Das kürzere Fragment weiß noch, dass die Arche in Armenien aufsetzte und die Bewohner dieses Landes noch lange aus dem Holz der Arche ein «heilkräftiges Arzneimittel» gewannen.[60]

Die Nähe dieser Erzählung zum biblischen Bericht von der Sintflut ist offenkundig. Nur das Verschwinden des Xisouthros mit Frau und Tochter sowie dem Baumeister der Arche ist ohne Parallele. Durch das, was von Berossus bei den spätantiken Autoren, vor allem Eusebius und Syncellus, übrig geblieben war, wusste man im neunzehnten Jahrhundert, dass es eine babylonische Überlieferung von Erzählungen gab, die wir sonst nur aus der Bibel kennen, die aber lange vor dem biblischen Bericht entstanden sind. Doch diese spärlichen Reste waren ignoriert oder auch unterdrückt worden. Umso mehr Aufsehen erregten die Entdeckung und Entzifferung eines Fragments aus dem Original, geschrieben in einer Sprache, die gerade erst wieder gelesen und übersetzt werden konnte. Smith kannte den Bericht des Berossus und vergleicht ihn in seinem Vortrag vom Dezember 1872 ausführlich mit dem von ihm entdeckten Originaltext, der allerdings auch nur eine relativ späte Kopie aus der Bibliothek des assyrischen Königs Assurbanipal (669–631 / 627 v. Chr.) in Ninive ist.

Was allerdings niemand voraussehen konnte, auch nicht Smith mit seiner Begeisterung über die Entdeckung des ersten Originalfragments aus dem Gilgamesch-Epos, war die Erschütterung, die diese Entdeckung in der Bibelwissenschaft und in der christlichen Gesellschaft auslösen würde. Die gerade erst entstandene Wissenschaft vom Alten Orient (Assyriologie) explodierte geradezu, denn es wurden in schneller Folge immer neue Texte entdeckt und veröffentlicht, die ein ganz neues Licht auf die Vorgeschichte der Bibel warfen. Innerhalb kürzester Zeit rückte die Assyriologie von einem zwar bestaunten, aber doch wenigen Spezialisten vorbehaltenen Schattendasein in den Mittelpunkt einer immer größer werdenden Öffentlichkeit, die begriff, dass die Entdeckungen dieser abseitigen Spezialisten unmittelbare Auswirkungen auf ihr Verständnis der Bibel hatte. Wenn die Assyriologen mit ihrer Behauptung Recht haben sollten, dass nicht nur die Sintfluterzählung, sondern auch andere zentrale Elemente der biblischen Urgeschichte lange vor der Entstehung der Bibel im Alten Orient bekannt waren und dort sogar ihren Ursprung haben, stellte sich die Frage nach dem Offenbarungscharakter dieser Erzählungen neu: Hatten die biblischen Autoren sie aus altorientalischen Quellen abgeschrieben, ihre wahre Herkunft aber verheimlicht bzw. sogar durch ausführliche und geschickte Bearbeitung ganz bewusst verschleiert? War die angebliche Offenbarung dieser Heiligen Schrift durch Gott an Moses auf dem Berg Sinai nichts weiter als ein gigantisches Täuschungsmanöver, dem zuerst die Juden und dann die Christen zum Opfer fielen und das die christliche Kirche wider besseres Wissen aufrechterhielt?

Der Babel-Bibel-Streit

Zu einer heftigen öffentlichen Reaktion in Deutschland führte allerdings nicht das Unbehagen einer christlichen Öffentlichkeit, sondern ein einmaliges Ereignis, das als Babel-Bibel-Streit in die Geschichte eingegangen ist.[61] Auffallend ist die Tatsache, dass dieser Streit ganz überwiegend in Deutschland ausgetragen wurde und dass die angelsächsischen Länder, nicht zuletzt England mit Smith als dem Hauptverursacher, dem Thema sehr viel gelassener gegenüberstanden.

Ausgangspunkt des Streits war ein Vortrag, den der Assyriologe

Friedrich Delitzsch am 13. Januar 1902 vor der Deutschen Orient-Gesellschaft in Berlin hielt. Friedrich Delitzsch war der Sohn des Alttestamentlers Franz Delitzsch, der sich als hervorragender Kenner des rabbinischen Judentums einen Namen gemacht hatte. Sein Sohn Friedrich war einer der angesehendsten deutschen Assyriologen, seit 1899 Inhaber des Lehrstuhls für Assyriologie an der Friedrich-Wilhelms-Universität Berlin und Direktor der Vorderasiatischen Abteilung der Königlichen Museen sowie Mitbegründer der 1898 gegründeten Deutschen Orient-Gesellschaft. Als solcher war er auf dem Höhepunkt seiner Karriere und stand weithin sichtbar im politischen und religiösen Zentrum des protestantischen deutschen Staates. Der Vortragsabend fand im Saal der Singakademie zu Berlin statt, dem ältesten und größten Konzertsaal der Stadt, der für wichtige öffentliche Vorträge vermietet wurde. Anwesend war auch Kaiser Wilhelm II., der Protektor der Orient-Gesellschaft, mitsamt seiner höfischen Entourage. Gleich zu Anfang stellt Delitzsch klar, worum es ihm geht:

> Es ist erstaunlich, wie eben jetzt in Deutschland, England, Amerika – diesen drei Bibelländern, wie sie nicht mit Unrecht genannt worden – das Alte Testament, diese kleine Bibliothek mannigfaltigster Bücher, von einer kaum übersehbaren Zahl christlicher Gelehrter nach allen Richtungen hin durchforscht wird. Die Welt nimmt von dieser stillen Geistesarbeit noch immer erst wenig Notiz; aber so viel steht fest, dass, wenn erst die Summa der gewonnenen neuen Erkenntnisse, die Schranken der Studierzimmer durchbrechend, hinaustritt in das Leben: in die Kirchen und in die Schulen, das Leben der Menschen und Völker tiefer bewegt und bedeutsameren Fortschritten zugeführt werden wird als durch die hervorragendsten Entdeckungen auf dem Gebiet der Naturwissenschaften. Hierbei aber bricht immer allgemeiner die Überzeugung sich Bahn, dass obenan die Ergebnisse der babylonisch-assyrischen Ausgrabungen berufen sind, eine neue Epoche, wie im Verständnis, so in der Beurteilung des Alten Testamentes herbeizuführen, und dass für alle Zukunft eng verbunden bleiben *Babel und Bibel*.[62]

Delitzsch konnte kaum stärker auftragen. Sein Vortrag ist eine forsche *tour de force* durch die babylonisch-assyrische Geschichte, Kultur und Religion in ihrem Verhältnis zur Hebräischen Bibel, insbesondere mit ihren Parallelen und Gemeinsamkeiten, kamen die zwölf israelitischen

Stämme doch «in eine Domäne der babylonischen Kultur», als sie Kanaan eroberten.[63] Den Zuhörern wurde ein buntes Kaleidoskop von so ziemlich allem geboten, was man mit den Stichworten Babel und Bibel verbinden konnte: Babylonisch-assyrische Herrscherlisten und biblische Herrscher, ihre Kriege, Paläste und Tempel, ihre Jagdkultur, ihre gehobene Zivilisation, ihre Rechtsnormen mit dem Sabbat und den Zehn Geboten; dann aber auch einzelne Erzählungen im direkten Vergleich: Die Sintflut, die Weltschöpfung, der «Sündenfall» im Paradies mit der Schlange; Paradies und Unterwelt, Engel und Dämonen / Teufel, die Zeiteinteilung und schließlich der Monotheismus. Dies alles trug Delitzsch weitgehend assoziativ und wenig systematisch vor. Paradestücke sind die Sintfluterzählung mit der Parallele im Gilgamesch-Epos und der Weltschöpfungsmythos mit der Parallele im Enuma Elisch. Einen babylonischen Siegelzylinder mit einem Baum in der Mitte, einer weiblichen (?) und männlichen Gestalt (beide bekleidet!) sitzend zur Linken und Rechten des Baumes und einer Schlange neben der Frau, führte er mit viel Aplomb ein – «Darf ich den Schleier vielleicht etwas lüften?»[64] Die Darstellung wird jetzt meist als Präsentation eines Götterpaares gedeutet, die mit dem sogenannten Sündenfall im Paradies nichts zu tun hat.[65]

Versucht man genauer festzustellen, welche Erkenntnisse Delitzsch aus dem dargebotenen Material zum Verhältnis von «Babel» und «Bibel» gewinnen konnte, ist der Befund widersprüchlich. Während er zunächst noch relativ neutral verkündet, dass *«eine Reihe biblischer Erzählungen jetzt auf einmal in ihrer ursprünglichen Gestalt aus der Nacht der babylonischen Schatzhügel ans Licht treten»*[66] und man daraus immerhin schließen kann, dass die babylonische Überlieferung die ältere ist, geht die Argumentation gegen Ende des Vortrags in eine ganz andere Richtung:

> Und so ist es mir vielleicht gelungen zu zeigen, dass auch unserm religiösen Denken durch das Medium der Bibel noch gar manches Babylonische anhaftet. Durch das Ausscheiden dieser zwar hochbegabten Völkern entstammenden, aber trotzdem rein menschlichen Vorstellungen und durch die Befreiung unseres Denkens von allerlei festgewurzelten Vorurteilen wird die wahre Religion selbst, wie sie die Propheten und Dichter des Alten Testamentes und in ungleich erhabenerem Sinne Jesus gelehrt, wird insbeson-

dere auch die Religiosität unseres Herzens so wenig berührt, dass beide vielmehr nur um so wahrer und verinnerlichter aus diesem Reinigungsprozesse hervorgehen.[67]

Hier ist die Religion der Babylonier zwar zeitlich früher als die des Alten Testaments, aber es kann kein Zweifel daran bestehen, dass letztere die überlegene und es somit höchste Zeit ist, die Reste und «festgewurzelten Vorurteile» der älteren babylonischen Religion auszuscheiden und die Bibel zu «entbabylonisieren». Die wahre Religion ist für Delitzsch die der Propheten und Dichter des Alten Testaments, die in einem fortgesetzten Reinigungsprozess ihren eigentlichen Höhepunkt in der Lehre Jesu im Neuen Testament gefunden hat. Zwar sei der Monotheismus, wie Delitzsch abschließend ausführt, ursprünglich in Babylon beheimatet gewesen, doch die Babylonier seien bald in ihren «krasse[n] Polytheismus» zurückgefallen, während die Juden den Monotheismus zu einem «israelitische[n] Partikularismus» verkümmern ließen – «bis mit Jesu Predigt, Gott, den Vater unser aller, anzubeten im Geist und in der Wahrheit, eine neue Zeit, die neutestamentliche, anbrach».[68] Damit macht sich bei Delitzsch schon in seinem ersten Vortrag eine Tendenz bemerkbar, die eindeutig in Richtung eines nicht nur von seinen babylonischen, sondern auch von allzu «jüdischen» Elementen gereinigten Alten Testaments wies und damit in Gefahr geriet, ganz und gar auf das Alte Testament verzichten zu wollen.

Der Vortrag hatte eine enorme Wirkung, ganz besonders auch beim Kaiser, und löste eine gewaltige Pressereaktion aus. Wilhelm II. bestellte Delitzsch sofort nach dem Vortrag in seine Loge, beglückwünschte ihn, drang auf eine umgehende Veröffentlichung und ordnete an, dass der *Deutsche Reichsanzeiger und königlich-preussische Staatsanzeiger*, der eigentlich nur amtliche Mitteilungen veröffentlichte, über den Vortrag berichten musste; damit gewann dieser die Dignität einer quasi offiziellen staatlichen Verlautbarung.[69] Schließlich verfügte der Kaiser eine Wiederholung des Vortrags vor einem sorgfältig ausgewählten Publikum und in Anwesenheit der kaiserlichen Familie, die am 1. Februar stattfand und zu scharfen Angriffen von Seiten der den Hof prägenden orthodox-protestantischen Kreise führte.[70]

Der Auftritt von Delitzsch war als eine Serie von drei Vorträgen geplant. Der zweite Vortrag fand am 12. Januar 1903 statt, ebenfalls in der Berliner Singakademie und in Anwesenheit des Kaisers und diesmal auch der Kaiserin sowie vor rund tausend Zuhörern; er wurde schon im nächsten Monat publiziert.[71] Nachdem Delitzsch am Anfang kurz seine beiden Hauptthemen benannt hatte – Offenbarung und Monotheismus –, mäanderte auch dieser zweite Vortrag erst einmal wieder eher assoziativ zwischen allen möglichen altorientalischen Parallelen zum Text der Hebräischen Bibel: die Identifizierung von Ortschaften, die alttestamentliche Sprache, verschiedene Erzählungen, heilige Zahlen, Erschaffung des Menschen aus Erde, Speichel, Rauch- und Feuersäule, Totenerweckung – ganz nach dem Motto: «Wie so ganz gleichartig ist alles in Babel und Bibel!»[72] Erst dann kehrte er zu seinen Hauptthemen zurück. Was folgte, war eine einzige Attacke auf den kirchlichen Offenbarungsbegriff und den alttestamentlichen Monotheismus.

Die Annahme einer Verbalinspiration, die im Bibeltext die göttliche Offenbarung Wort für Wort festgeschrieben sieht, habe sich weitgehend erledigt, denn die ständig um- und überschriebenen biblischen Texte verböten eine solche ebenso fromme wie naive Annahme. Dass die biblischen Rechtssatzungen einschließlich des Dekalogs unmittelbar auf Moses und Gott zurückgehen, lasse sich schon angesichts des Gesetzeskodex des Hammurabi, der jetzt in Gänze gefunden wurde und der dem biblischen Recht in keiner Weise nachstehe, ja ihm eher überlegen sei, nicht mehr behaupten. Auch die geschichtliche Entwicklung des Jahweglaubens stelle den Offenbarungcharakter der Hebräischen Bibel ernsthaft in Frage. Die anthropomorphen Schilderungen Gottes durch die biblischen Propheten stimmten nur zu genau mit dem überein, was die nicht minder anthropomorphen Statuen der babylonischen Götter abbilden. Beide liefen der angeblichen «Geistigkeit» Gottes «schnurstracks zuwider».[73] Deswegen sei es auch mit dem «sittlichen Monotheismus» Israels nicht allzu weit her, stehe doch die Kriegsführung der Israeliten den grausamen Kriegen der Assyrer in keiner Weise nach. Auch waren die vorexilischen Israeliten «einem ebenso unausrottbaren wie erklärlichen Hang zum heimisch kanaanäischen Polytheismus verfallen»,[74] der Korruption ergeben und in ihren Handlungen ungerecht. Die Stellung der Frau in Israel war schlechter als zur Zeit Hammurabis, und sogar in der Nächstenliebe gebe es keine Kluft zwischen Babel und Bibel. Der national-partikularistische Monotheismus, der das Alte Testament vom Sinai an duchziehe, könne unmöglich «von dem heiligen und gerechten Gott» offenbart worden sein und habe uns doch

> alle von Jugend auf ... dermaßen hypnothisiert, dass wir die Geschichte der alten Welt unter einem ganz schiefen Gesichtswinkel betrachten und uns auch jetzt noch gern mit der Rolle des «geistlichen Israel» begnügen, dabei der gewaltigen historischen Umwälzung vergessend, welche sich in der mit Johannes dem Täufer und Jesu Predigt anhebenden neutestamentlichen Zeit vollzog.[75]

Das allein maßgebende Ziel des Offenbarungsgeschehens ist auch hier wieder der Schluss- und Höhepunkt in der Predigt Jesu. Das althebräische Schrifttum müsse zwar seinen Offenbarungscharakter aufgeben, bleibe aber «ein einzigartiges Denkmal eines großen, bis in unsre Zeit hineinragenden religionsgeschichtlichen Prozesses».[76] Dies ist die bescheidene Rolle, die Delitzsch am Ende seines Vortrags der überkommenen jüdischen Offenbarungsreligion noch zuerkennt. Er ist hier auf bestem Wege, die enge Verbindung zwischen Altem und Neuem Testament aufzulösen und damit auch die jüdischen Grundlagen des Christentums in Frage zu stellen.

Auch nach diesem zweiten Vortrag empfing der Kaiser Delitzsch in seiner Loge und beglückwünschte ihn. Das Echo in der deutschen und internationalen Presse war gewaltig, aber auch gespalten. Neben viel Zustimmung in liberalen Kreisen sah und kritisierte die konservativ-protestantische Presse die Gefahr einer Verwässerung des Offenbarungsbegriffs. Die offen antisemitische Presse begrüßte dagegen begeistert die gegen das Judentum gerichtete Tendenz. Die Tageszeitung *Der Reichsbote*, ursprünglich als *Deutsche Wochenzeitung für Christentum und Volkstum* gegründet, schrieb mit zynischer Spitze gegen die jüdischen Mitglieder der Orientgesellschaft:

> Er [der zweite Vortrag] wurde mit Beifall aufgenommen, wenn auch nicht mit ungeteiltem. Die Mitglieder der Orientgesellschaft, deren Vorfahren wirklich im Orient wohnten, klatschten lebhaft. Spotten ihrer selbst und wissen nicht wie. Aber auf anderen Gesichtern las man auch schwere Be-

denken gegen die phantasievollen Ausführungen des Vortragenden, der zum Schluß vom Kaiser in ein Gespräch gezogen wurde.

Die phantastischen und destruktiven Anschauungen, die Delitzsch gestern Abend vortrug, übertreffen womöglich noch das im ersten Vortrag Gebotene und Behauptete. Man darf gespannt sein, wie er in seinem nächsten Vortrage mit dem Neuen Testament umspringen (?) wird oder vielmehr *nicht* gespannt sein ...[77]

Der Kaiser als oberster Repräsentant und Hüter der protestantischen Reichskirche sah sich zunehmenden Angriffen seitens der protestantischen Orthodoxie ausgesetzt, die das Klima am Hofe bestimmte. Sein ehemaliger und lange von ihm protegierter Hofprediger, der bekennende Antisemit Adolf Stoecker, griff ihn noch im Januar 1903 im Reichstag direkt an: «Einmal wird das Christenthum in der stärksten Weise zu unserer Herzensfreude betont. Dann aber werden Vorträge von Professoren protegirt (lebhafte Zurufe bei den Sozialdemokraten), protegirt, die jede Möglichkeit der Offenbarung leugnen. (Sehr richtig!)»[78] Verdächtig war den Hütern der protestantischen Rechtgläubigkeit nicht nur Wilhelms Wohlwollen Delitzsch gegenüber, sondern auch seine enge Beziehung zu Adolf von Harnack, dem einflussreichen Kirchenhistoriker und Wissenschaftsorganisator Preußens.[79] Dessen dreibändiges *Lehrbuch der Dogmengeschichte* (1886–1890) war in diesen Kreisen ebenso wenig gelitten wie seine Vorlesungen über das *Wesen des Christentums* (Wintersemester 1899 / 1900). Harnack war mit Delitzsch gut bekannt; 1921 veröffentlichte er sein Buch *Marcion: Das Evangelium vom fremden Gott*, das ausgerechnet dem Häretiker gewidmet war, der die Ausscheidung des Alten Testaments aus dem Kanon der christlichen Kirche gefordert hatte. Es erschien fast gleichzeitig mit Delitzschs letztem, offen antisemitischen Buch *Die große Täuschung* (1920 / 21).

Einen unheilvollen Einfluss auf den Kaiser übte schließlich auch der Chefideologe eines rassistischen und völkischen Antisemitismus, Houston Stewart Chamberlain (1855–1927), aus.[80] Chamberlain, ein langjähriger Bewunderer des Antisemiten Richard Wagner, heiratete 1908 dessen Tochter Eva und wohnte seitdem in Bayreuth. Sein Hauptwerk *Die Grundlagen des neunzehnten Jahrhunderts* erschien in zwei Teilen 1899.[81] Wilhelm war von dem Buch so beeindruckt, dass er es zur

Pflichtlektüre in Schülerbibliotheken und am Hof machte. Im Oktober 1901 arrangierte er ein privates Treffen mit Chamberlain, zu dem später auch Harnack hinzugezogen wurde. Zwischen Chamberlain und Harnack entwickelte sich danach ein langjähriger Briefwechsel. In einem offenbar direkt von Chamberlain inspirierten Brief an Admiral Friedrich von Hollmann (15. Februar 1903),[82] einen der Gründungsmitglieder und zweiten Vorsitzenden der Deutschen Orient-Gesellschaft, sah Wilhelm sich gezwungen, sein Verhältnis zu Delitzsch klarzustellen. Die kirchenpolitische Bedeutung des Briefes lässt sich auch daran ermessen, dass der Kaiser diesen gleichzeitig mit dem Erscheinen von Delitzschs zweitem Vortrag veröffentlichen ließ und damit für eine weite Verbreitung im In- und Ausland sorgte. Neben Delitzschs Offenbarungsbegriff, den er als Hüter der protestantischen Orthodoxie zurückweisen müsse, stößt Wilhelm sich vor allem an dem aus seiner Sicht unzureichenden Bekenntnis Delitzschs zu Jesus – und damit ausgerechnet an dem Bekenntnis, mit dem Delitzsch, trotz seiner Relativierung der Offenbarung angesichts der überwältigenden Evidenz der altorientalischen Funde, seine «Rechtgläubigkeit» zu retten versucht hatte. Der Kaiser warf Delitzsch vor, er lehne in letzter Konsequenz die Göttlichkeit Jesu ab:

> Als er aber auf das neue Testament kam, wurde es bald klar, daß er bezüglich der Person unseres Heilandes so ganz abweichende Anschauungen entwickelte, daß ich ihm darin nicht nur nicht folgen konnte, sondern einen meinem Standpunkte diametral entgegengesetzten konstatieren mußte. Er erkennt die Gottheit Christi nicht an, und daher soll als Rückschluß auf das alte Testament dieses keine Offenbarung auf denselben als Messias enthalten. Hier hört der Assyriologe und forschende Geschichtsschreiber auf und der Theologe mit allen seinen Licht- und Schattenseiten setzt ein.[83]

Von einer Ablehnung der Gottheit Jesu ist im Vortrag Delitzschs zwar nirgendwo die Rede, aber Wilhelm bezieht sich auf eine Abendgesellschaft kurz vorher bei ihm[84] und trifft hier durchaus einen Punkt. Zu den absurdesten Konsequenzen der Rassenlehre Chamberlains gehört nämlich die «Erkenntnis», dass Jesus gar kein Jude war: Er stammte bekanntlich aus Galiläa, und Galiläa mit seinem besonderen hebräischen Dialekt (vgl. Mt. 26,73) und seiner betont konservativen Lebensweise nahm eine Außenseiterrolle in der römischen Provinz Judaea ein. Daraus schließt Chamberlain, dass Jesus und die Galiläer keine Juden waren und folglich auch nicht zur verhassten jüdischen Rasse gehörten.[85] In diesem Punkt waren der Kaiser und Chamberlain sich einig, und Delitzsch sollte dem spätestens 1920/21 in *Die große Täuschung* zustimmen.[86] Nur dadurch, dass Jesus in wundersamer Weise zum Arier gemacht wurde, konnte seine Göttlichkeit – die von den Juden vehement abgelehnt wurde – gerettet werden. Die Ironie der Geschichte will es also, dass der zunehmend antisemitische Kaiser implizit auch den bei Delitzsch latent vorhandenen Antisemitismus verstärkte, indem er im Namen der Staatsräson und mit ausdrücklicher Unterstützung des Erzantisemiten Chamberlain die Göttlichkeit Jesu gegen Delitzsch ins Feld führte.

Delitzsch hielt seinen dritten und letzten Vortrag zum Thema *Babel und Bibel* nicht in Berlin, sondern im Oktober 1904 in Barmen und Köln und im November in Frankfurt a. M. und veröffentlichte ihn im Jahr darauf. Nach dem Eingreifen des Kaisers war das öffentliche Interesse weitgehend erloschen. Konsequenter noch als in den ersten beiden Vorträgen gibt Delitzsch hier das Alte Testament als Teil der christlichen Offenbarungsreligion auf;[87] stattdessen steuert alles direkt auf den Höhepunkt der Offenbarung in Jesus Christus zu. Galiläa, das Heimatland Jesu, war angeblich ursprünglich babylonisch und wurde dann von einem «samaritanisch-galiläischen Mischvolk» besiedelt, das alles andere als «rein semitisch» war.[88] Damit bereitete Delitzsch etwas verklausuliert den Boden für seine später offen ausgesprochene Botschaft, dass Jesus als Galiläer nicht zur jüdischen Rasse gehörte, und ließ durchblicken, dass er Chamberlains extravagante These kannte. Typisch für die «semitischen Volksstämme» sei ihr Partikularismus, die «egoistische Inanspruchnahme des höchsten Wesens», womit sich in besonderer Weise Israel hervorgetan habe.[89] Die entscheidende Wende sei erst eingetreten, nachdem das Judentum mit seiner irdischen Messiaserwartung Bankrott erlitten hatte:

> Da ging ein Säemann aus, zu säen seinen Samen, und beseitigte mit milder, schonender, pietätvoller Hand und mit Worten so schlicht und doch so gewaltig alle die Schranken, welche partikularistische Volksgötterei zwischen

Gott und der Welt aufgerichtet hatte, und pflanzte weltweiten Blickes in die Herzen der Menschen eine neue universelle Anschauung von Gott und seinem Verhältnis zur Menschheit – *Jesus von Nazareth in Galiläa*, der Gesetz und Propheten «erfüllte», indem er beide in durchaus neuem Geiste auslegte, weiterbildete und vollführte.[90]

Es ist kein Zufall, dass auch hier wieder die galiläische Herkunft Jesu ins Feld geführt wird: Dieser «Jesus von Nazareth in Galiläa» ist für Delitzsch kein gewöhnlicher Jude mehr. Indem er das Gesetz und die Propheten «erfüllte», führte er das Christentum aus dem Judentum heraus und machte es zu einer universalen, die ganze Welt umspannenden neuen Religion: «Eine wahrhaft neue Religion, die, wenn befreit von all den mannigfachen, der Person und dem Leben Jesu fremden menschlichen Zutaten, berufen bleibt die Welt zu gewinnen».[91]

Der Schlusspunkt der immer offensichtlicher werdenden antijüdischen Tendenz in Delitzschs Nachdenken über das Verhältnis von «Babel» und «Bibel» war sein letztes Werk, *Die große Täuschung*.[92] Es hatte zwar mit dem ursprünglichen Babel-Bibel-Streit nichts mehr zu tun – der war längst versandet –, aber es zeigt in aller Deutlichkeit die letzte Konsequenz, die Delitzsch aus den großen Entdeckungen der Assyriologie zog. Inhaltlich ein großangelegter Abriss der israelitischen und jüdischen Geschichte, zementiert *Die große Täuschung* die rigorose Trennung von Altem und Neuem Testament und damit letztlich auch von Judentum und Christentum.[93] Von den Zeitgenossen ist schon früh Delitzschs Nähe zu Harnacks *Marcion* gesehen worden, doch hat sich Delitzsch selbst dazu nicht geäußert. Harnack dagegen fand es nötig, sich deutlich von Delitzsch abzugrenzen. Er hielt es für absolut berechtigt, dass die Alte Kirche Markions Versuch ablehnte, das Alte Testament aus dem christlichen Kanon zu entfernen, denn erst die Reformation im sechzehnten Jahrhundert hätte die Möglichkeit gehabt, diesen Schritt zu vollziehen. Wenn aber auch sie sich dafür entschied, das Alte Testament beizubehalten, so war dies «ein Schicksal», dem sie sich «noch nicht zu entziehen vermochte». Aber jetzt sei die Zeit dafür überreif: Das Alte Testament «seit dem 19. Jahrhundert als kanonische Urkunde im Protestantismus noch zu conservieren, ist die Folge einer religiösen und kirchlichen Lähmung».[94] Mit anderen Worten, die Entkanonisierung des Alten Testaments ist ein ausgedehnter historischer Prozess, der in der Großkirche der Spätantike noch undenkbar war und erst durch die Reformation ermöglicht (aber leider noch nicht vollzogen) wurde. Man muss sich fragen, welchen *theologischen* Erkenntnisfortschritt Harnack hier der Reformation zugestand und wie er es mit der implizit antijüdischen bzw. antisemitischen Tendenz dieser Entsorgung des Alten Testaments aus dem christlichen Kanon hielt. Der Reformator Martin Luther jedenfalls hat aus seiner explizit antisemitischen Einstellung keinen Hehl gemacht.[95]

Der Assyriologe Delitzsch allerdings sei diesem komplexen Sachverhalt in keiner Weise gerecht geworden, wie Harnack in der 2. Auflage des *Marcion* unmissverständlich klarstellt:

> Ich protestiere hiermit dagegen, daß meine Ausführungen mit denen von Friedrich Delitzsch («Die große Täuschung») zusammengestellt werden, wie dies mehrfach geschehen ist; diese sind vom wissenschaftlichen Standpunkt aus ebenso rückständig wie vom religiösen verwerflich.[96]

Delitzsch fand unterdessen zu Jesus als Nichtjude und zur besonderen Stellung des Christentums seinen endgültigen und kompromisslosen Standpunkt. Jesus war, wie schon in *Babel und Bibel III*, als Galiläer «Abkömmling des galiläischen Mischvolks».[97] Wie seine Vorfahren und Eltern war er in Wirklichkeit «nicht jüdischen Geblütes», sondern gehörte «nur zu den ‹Jaho-Fürchtenden› ..., das heißt zu den jüdischen Proselyten». Dies «lehrt die ganze Geistesverfassung Jesu, die der jüdischen diametral entgegengesetzt war».[98] Wie dieses Verdikt mit der Klassifizierung Jesu als Proselyt zu vereinbaren ist, bleibt Delitzschs Geheimnis. Sogar von den sonst hochgelobten Propheten des Alten Testaments trennen ihn jetzt Welten:

> Und wer noch immer an dem hergebrachten, aber durch nichts zu beweisenden Irrtum, dass Jesus der jüdischen Rasse angehört habe, festhalten möchte, der vergegenwärtige sich nur einmal den abgrundtiefen Gegensatz zwischen den leidenschaftlichen Reden irgendeines der alttestamentlichen Propheten und einer der wunderbaren, wahrhaft himmlische Ruhe atmenden Parabeln des Weisen von Nazareth! Ein größerer innerer und äußerer Gegensatz ist nicht denkbar.[99]

Dementsprechend sei das Christentum «eine durchaus selbständige neue Religion, keine höhere Entwicklungsstufe des Judentums, alles eher als auf dem Boden des Judentums oder aus diesem erwachsen».[100]

Dass hinter alledem mehr oder weniger unterschwellig der seit Chamberlain im wahrsten Sinne des Wortes hoffähige Rassebegriff lauert, machen seine Ausfälle gegen das Alte Testament weiter deutlich:

> Das sog. «Alte Testament» ist für die christliche *Kirche* und damit auch für die christliche *Familie* vollkommen entbehrlich. Es wäre ungleich ratsamer, daß wir uns von Zeit zu Zeit in die tiefen Gedanken versenken würden, die unsere deutschen Geistesheroen über Gott und Jenseits und Unsterblichkeit gedacht haben und wie sie in Wilhelm Schwaners *Germanen-Bibel* (4. Aufl., 1918) so trefflich ausgewählt und geordnet zusammengestellt sind.[101]

Der Volksschullehrer und Journalist Wilhelm Schwaner (1863–1944) war eine schillernde Gestalt, der zeitlebens in der völkischen Bewegung aktiv war. Seine *Germanen-Bibel*, eine Kompilation «aus heiligen Schriften germanischer Völker», wie es im Untertitel heißt, erschien 1904 und brachte es bis 1934 zu sechs Auflagen und 20 000 verkauften Exemplaren. Schwaner war wohl kein entschiedener Antisemit, aber seit Dezember 1933 Mitglied der Reichsschrifttumskammer, die ihm ab 1942 eine kleine Rente auszahlte. Mit dem Verweis auf Schwaner zeigt Delitzsch seine Sympathie für die völkische Bewegung, doch er geht weit über Schwaner hinaus. Für ihn war die «semitische Rasse» schon immer eine Gefahr «für die übrigen Völker der Menschheit»: Im Alten Orient wurde das kulturell hochstehende sumerische Volk von den «Akkadern», die in Wirklichkeit «eingewanderte Semiten» waren, «so gründlich aus- und aufgesogen, daß ohne die Ausgrabungen unserer Tage selbst sein Name vergessen geblieben wäre auf ewig». Dann kam die nicht minder gefährliche semitische Rasse der Juden: Das jüdische Volk, das «freiwillig vaterlandslos geworden» war, rächte sich an seinem persischen Gastvolk, indem es die im Estherbuch geschilderte Ermordung von 75 800 judenfeindlichen Bewohnern der persischen Provinzen veranlasste und dieses Massaker bis heute alljährlich in seinem Purimfest begeht. Als sich das jüdische Volk danach «in allen großen

Handelsplätzen» der griechischen und römischen Welt ausbreitete, «muß die für die betreffenden Völker erstandene Sorge um die eigene Wohlfahrt keine geringe gewesen sein, wenn Tacitus glaubte, das jüdische Volk als *odium generis humani* bezeichnen zu sollen».[102] Dieser Kurzabriss der Geschichte der semitischen Völker von den Sumerern bis zu den Juden als ihrem verhängnisvollen Höhepunkt führt Delitzsch abschließend zur Gegenwart und einer ominösen Warnung:

> Auch das deutsche Volk wird beizeiten sich den Schlaf aus den Augen reiben müssen, um zu erkennen, daß die jüdische Frage vielleicht diejenige von allen Fragen ist, welche die ernsteste Behandlung erheischt. Zu ihrer richtigen Würdigung auf Grund der Geschichte Israels beizutragen, ist der Zweck dieses Büchleins.[103]

Damit erweist sich Delitzsch als echter Sohn seiner Zeit und der Babel-Bibel-Streit – weit über seinen ursprünglichen Anlass, die Wiederentdeckung des Alten Orients und der altorientalischen Epen, hinaus – als ein Symptom des Zeitgeistes im zutiefst antisemitisch geprägten Wilhelminischen Kaiserreich und der beginnenden Weimarer Republik. Er ging von seinen den Babel-Bibel-Streit auslösenden Werken bis hin zu seinem Buch *Die Große Täuschung* geradezu beispielhaft den Weg von einem primär religiös motivierten Antisemitismus zu einem Antisemitismus, der sich zunehmend dem völkischen Gedankengut öffnete und schließlich auch die rassistische Ideologie als größte und tödliche Bedrohung des Judentums absorbierte. Mit dem kühnen Sprung von der griechisch-römischen Antike (mit Tacitus als Höhepunkt) zum deutschen Volk und der angeblich immer noch virulenten «jüdischen Frage», die «ernsteste Behandlung erheischt», blickt er schließlich sogar drohend in eine Zukunft, die für das zum Antipoden des deutschen Volkes stilisierte jüdische Volk nichts Gutes erwarten lässt.

2.

ALTORIENTALISCHE EPEN: GRAUSAME UND GLEICHGÜLTIGE GÖTTER

Die von George Smith entdeckten Reste des Gilgamesch-Epos waren der erste Höhepunkt in einer langen Reihe von Entdeckungen durch ihn und seine Kollegen, die die Geschichte und Kultur des Alten Orients von ca. 3000 v. Chr. bis zur Eroberung Babylons durch die Perser 539 v. Chr. wieder in das historische Bewusstsein zurückholten. Auf unzähligen Tontafeln und bei zahlreichen Ausgrabungen entstand ein immer genaueres Bild der altorientalischen Reiche von Sumer, Akkad und Assur. Es sind vor allem das neuassyrische Reich (vom neunten Jahrhundert v. Chr. bis zu seinem Untergang um 612 v. Chr.) und im Anschluss daran das neubabylonische Reich (bis zu seinem Untergang 539 v. Chr.), deren enge Verflechtung mit der Geschichte und Kultur der Juden in den älteren Teilen der Hebräischen Bibel ihren Niederschlag gefunden haben.

Das Babylonische Exil, der Dreh- und Angelpunkt der Bibel, war eine Folge der aggressiven Eroberungspolitik der Babylonier und brachte die nach Babylon und in andere Teile des neubabylonischen Großreichs exilierten Juden in engen Kontakt mit der Kultur der Eroberer. Die Mythen von der Entstehung der Welt, der Erschaffung des Menschen und der großen Flut sind Teil dieses altorientalischen Kulturguts. Sie sind in unterschiedlichen, sich überschneidenden Fassungen erhalten und reichen in ihren Anfängen bis weit in das zweite Jahrtausend zurück. Sie wurden über lange Zeiträume tradiert, oft erweitert oder gekürzt und lassen sich nie bis zu ihrem genauen Ursprung in Zeit und Raum zurückverfolgen. Wie bei den biblischen Erzählungen wäre es verfehlt, einen Urtext auffinden und rekonstruieren zu wollen.

Das Atrachasis-Epos

Der mutmaßlich älteste bisher bekannte akkadische Schöpfungsmythos ist das Atrachasis-Epos, genannt nach seinem Helden Atrachasis (Atrahasis, Atramhasis, Atramchasis, Atraḫasīs, Atramḫasīs), «der an Weisheit Überragende», der in der biblischen Sintfluterzählung Noach genannt wird. Das Epos wurde von einem unbekannten Autor verfasst; seine Entstehungszeit wird meist um 1800 v. Chr. angesetzt. George Smith veröffentlichte in seinem *Chaldean Account of Genesis* (Tafel XI, Kol. 1–3) von 1876 zuerst eine spätere assyrische Version aus der Bibliothek des Assurbanipal (669–627 v. Chr.) von Ninive. Die älteste bekannte Kopie wird anhand eines Kolophons in die Herrschaft des altbabylonischen Königs Ammisaduqa (1646–1626 v. Chr.) datiert, eines Urenkels des durch seinen Gesetzeskodex berühmten Hammurabi (1792–1750), doch nimmt man an, dass der Autor längere Zeit vor Hammurabi gelebt hat. Danach kamen weitere Fragmente ans Licht, und die altbabylonische Kopie konnte weitgehend rekonstruiert werden. Die Übersetzung Wolfram von Sodens von 1990 stützt sich auf alle bis dahin bekannten Fragmente.[1]

Der Text beginnt weder mit einer Entstehung der Götter (Theogonie) noch mit der Erschaffung der Welt (Kosmogonie): Götter und Welt sind bereits vorhanden, und die Götter beklagen sich darüber, dass sie die mühsame Arbeit der Kultivierung der Erde selbst verrichten müssen:

> Als die Götter (auch noch) Menschen waren,
> trugen sie die Mühsal, schleppten den Tragkorb.
> Der Götter Tragkorb war groß,
> die Mühsal schwer, viel Beschwerden gab es.[2]

Später erfahren wir, dass die Kultivierung der Erde für ihre eigene Ernährung notwendig war, das heißt, die Götter mussten alle notwendigen Arbeiten verrichten, das Land bewässern und für die Ernten sorgen, um ihren eigenen Hunger und Durst zu stillen. Zunächst mussten sie sich aber noch mit sich selbst befassen, denn genau genommen gab es zwei Gruppen von Göttern, die herrschenden Anunnaku und die niederen Igigu. Die Anunnaku hatten beschlossen, die mühsame Arbeit der Selbstversorgung durch die Erschaffung von Euphrat und Tigris und die Bewässerung und Kultivierung des Landes den Igigu zu überlassen und sich selbst auf die Aufteilung der Welt und das Herrschen zu konzentrieren. Die Igigu ertrugen die Fronarbeit für die Anunnaku 2500 Jahre lang. Dann hatten sie genug und rebellierten, zerstörten ihre Werkzeuge, traten in den Streik und bedrohten Enlil, den Götterkönig, in seinem Palast. Enlil wollte es auf einen Kampf ankommen lassen, konnte aber in einem himmlischen Gerichtsverfahren davon überzeugt werden, dass das Anliegen der Igigu berechtigt ist. Da die Götter für ihr eigenes Wohlergehen aber auf die Kultivierung des Landes mit seinem ausgeklügelten Bewässerungssystem angewiesen waren, musste eine andere Lösung gefunden werden: Sie einigten sich darauf, für diese notwendigen Fronarbeiten die Menschen zu erschaffen, und beauftragten damit die Muttergöttin mit der Unterstützung von Enki/Ea, dem Gott des unterirdischen Süßwassermeeres und der Weisheit, eines Rivalen Enlils:

> Du bist der Mutterleib, der die Menschheit erschafft;
> erschaffe den Urmenschen, dass er das Joch auf sich nehme!
> Er nehme das Joch auf sich, das Werk des Enlil;
> Den Tragkorb des Gottes trage der Mensch![3]

Dieser Urmensch wird in einem feierlichen Ritual aus Lehm erschaffen, den die Muttergöttin mit dem Fleisch und Blut eines eigens für diesen Zweck geschlachteten Gottes «überschüttet».[4] Der Anteil der Igigu an dem Schöpfungswerk besteht darin, ihren Speichel auf den Lehm zu spucken. Der zur Schlachtung ausersehene Gott ist der Gott der Planung.[5] Indem er diese Fähigkeit an den neugeschaffenen Menschen (Edimmu oder Widimmu) weitergibt, ist dieser zwar imstande, komplizierte Planungen für die Kultivierung des Landes und des Wassers durchzuführen, besitzt aber keine wirkliche, das heißt kulturschaffende Weisheit. Danach ist der Text stark beschädigt. Im Folgenden ist plötzlich von «Gattin und Gatte» die Rede, die offenbar ein Hochzeitsfest feiern, das heißt es muss in dem Epos einen männlichen und weiblichen Urmenschen gegeben haben.[6] Wie die Frau geschaffen wurde, fehlt leider. Man vermutet, dass der Urmensch ursprünglich androgyn war und in Mann und Frau geteilt wurde. Anschließend ist der Text wieder weitgehend zerstört, aber kurz klingt an, dass die Menschen erfolgreich arbeiteten und für die «Hungerstillung der Menschen» und den «Unterhalt der Götter» sorgten.[7]

Es folgt ein neuer Hauptteil, in dem die Folgen der Erschaffung des Menschen geschildert werden. Die Menschen vermehren sich ungebremst und gehen mit ihrem Lärm den Göttern, vor allem dem Götterkönig Enlil, gewaltig auf die Nerven:

> Nicht vergingen 1200 Jahre,
> da wurde das Land immer weiter, der Menschen wurden immer mehr.
> Das Land lärmt wie Stiere;
> Durch ihr lautes Tun geriet der Gott in Unruhe.
> Enlil hörte nun ihr Geschrei;
> Er sprach zu den großen Göttern:
> Zu lästig wurde mir das Geschrei der Menschen;
> Infolge ihres lauten Tuns entbehre ich den Schlaf.[8]

Durch eine Folge von drei Seuchen versuchen die Götter, die Menschen so weit zu dezimieren, dass sie zwar ihre Arbeit weiter verrichten, sie aber in ihrer himmlischen Ruhe nicht mehr stören. Jede dieser Maßnahmen wird durch Enki/Ea hintertrieben. Enki gibt seinem treuen Priester, dem überaus weisen Atrachasis, der offenbar der einzige mit Weisheit ausgestattete Mensch war, Ratschläge, wie er die Seuchen unterlaufen kann: Die Menschen sollten als Antwort auf die Seuchen allen Göttern ihre Opfer und Gebete verweigern, mit Ausnahme des Gottes, der für die jeweilige Seuche zuständig war. Dieser Gott würde sich dann für die Sonderbehandlung erkenntlich zeigen und damit die Seuche beenden. So geschah es bei allen drei Plagen. Als der Götterkönig Enlil begriff, wie er von Enki hintergangen worden war, griff er zu seinem letzten und radikalsten Mittel, sich der lärmenden Menschen zu entledigen: Er ließ die Götterversammlung beschließen, die ganze Menschheit durch eine Sintflut zu vernichten, ohne Rücksicht auf die Folgen. Er erlegte allen Göttern ein striktes Schweigegebot auf, doch Enki, der Menschenfreund, dem die Folgen einer alles vernichtenden Flut nur zu bewusst waren, fand auch jetzt einen Weg, das Gebot zu umgehen: Er sprach nicht direkt zu seinem Vertrauten Atrachasis, sondern zu der dünnen Wand in dessen Schilfhütte, hinter der Atrachasis schlief. Atrachasis glaubte zu träumen und hörte so die Anweisungen seines Gottes.[9]

Leider sind die Einzelheiten nur noch sehr fragmentarisch erhalten, aber es ist klar, dass Atrachasis ein großes, quaderförmiges, fensterloses und gut abgedichtetes Schiff bauen soll, denn es werde eine große Flut geben. Atrachasis folgte diesem Befehl und brachte offenbar auch verschiedene Tiere und seine Familie in dieses Schiff.[10] Als er die Tür mit Erdpech abgedichtet und verriegelt hatte, «brüllte Adad[11] in den Wolken. Der Wind tobte bei seinem Aufbruch; da zerschnitt er das Tau (und) legte das Schiff ab.» Die Flut selbst wird nur kurz geschildert; immerhin erfahren wir, dass sie sieben Tage dauerte[12] und dramatisch verlief:

> ... stürzte heraus die Sintflut,
> wie eine Schlacht kam über die Menschen die Vernichtungswaffe.
> Nicht konnte sehen der Bruder seinen Bruder;
> Nicht waren sie erkennbar in der Katastrophe.
> Die Flut tobt laut wie Stiere;
> Wie ein mordender Adler rauscht der Sturmwind.
> Dicht war die Finsternis, die Sonne blieb unsichtbar ...[13]

Ausführlich wird von der Reaktion der Götter auf die von ihnen leichtfertig verfügte Sintflut berichtet:

> Die Anunna, die großen Götter,
> saßen da in Durst und Hunger.
> Die Göttin sah (es), weint,
> sie, die Hebamme der Götter, die weise Mami.[14] ...
> Sie weinte und verhalf dadurch ihrem Herzen zum Aufatmen;
> es klagte Nintu, ihre Sehnsucht wurde (dadurch) laut.
> Die Götter mit ihr weinten über das Land;

sie wurde des Jammers satt, dürstete nach Bier.
Wo sie sich weinend hingesetzt hatte,
ließen sie [die anderen Götter] sich wie Schafe nieder, tranken sich satt an der Rinne.
Voll Durst waren ihre Lippen infolge der Verängstigung;
infolge des Hungers verkrampften sie sich zitternd.
Sieben Tage, sieben Nächte
ging (nieder) der Wolkenbruch, das Ungewitter, die Sintflut.[15]

Die Götter, allen voran die Muttergöttin, bedauern also die Vernichtung der Menschheit – allerdings nicht um der Menschen willen, sondern weil durch ihr unüberlegtes Handeln die von den Menschen dargebrachten Opfer entfallen und sie gezwungen sind, Wasser statt Bier zu trinken. Leider fehlt jetzt ein großes Textstück, in dem vermutlich in Analogie zum Gilgamesch-Epos das Ende der Flut und die Aussendung der Vögel geschildert wird. Der Text setzt erst mit dem Opfer wieder ein, das Atrachasis nach dem Ende der Flut den Göttern darbringt: «Es rochen die Götter den Duft, waren wie Fliegen über dem Opfer versammelt.»[16] Nachdem sie ihren Hunger und Bierdurst gestillt hatten, begriffen sie, dass sie sich mit der Vernichtung der Menschen nur selbst geschadet hatten. Enlil, der Götterkönig, hatte erst die Igigu als Verräter in Verdacht, musste dann aber einsehen, dass er wieder von seinem Rivalen Enki hintergangen worden war. Das von Enki klug herbeigeführte Überleben des Atrachasis und seiner Familie erwies sich als Glücksfall: Die Menschheit sollte mit ihm fortbestehen und ihre Aufgaben für die Götter weiter erfüllen.[17] Wegen der Weisheit des Atrachasis darf man hoffen, dass das Verhältnis der neuen Menschensippe zu den Göttern unter einem besseren Stern steht. Allerdings bauten die Götter vor und sorgten dafür, dass die Menschen sich nicht wieder so ungebremst vermehrten und mit ihrem Lärm die Götter belästigen konnten: Sie erschufen zwei Gruppen von todwirkenden Dämonen, die für die Dezimierung der Menschen verantwortlich sind. Darüberhinaus sollte es in Zukunft auch unfruchtbare Frauen geben sowie Priesterinnen, die Jungfrauen bleiben mussten. Falls das alles nicht reichte, sollte die kindermordende Dämonin Lamaschtum, die im Judentum später als Lilith bekannt war, tätig werden, die für den Tod der Kinder im Mutterleib oder bald nach der Geburt verantwortlich ist.

Der Sumerische Schöpfungsmythos

Inzwischen hat die Forschung festgestellt, dass dem akkadischen Atrachasis-Epos eine ältere sumerische Fassung vorausgeht, die nur fragmentarisch erhalten ist und inhaltlich weitgehend mit der akkadischen Erzählung übereinstimmt.[18] Sie wurde 1893 entdeckt und 1912 von dem Altorientalisten Arno Poebel identifiziert, der als Begründer der Sumerologie gilt. Sie wird als Sumerischer Schöpfungsmythos oder auch als Eridu Genesis bezeichnet.[19] Die vorhandene Kopie wird auf ca. 1600 v. Chr. datiert; die Entstehungszeit des Epos soll mindestens in der zweiten Hälfte des dritten Jahrtausends liegen. Der Text ist stark beschädigt und lässt sich teilweise nur anhand des Atrachasis-Epos rekonstruieren.

Die erste Kolumne beginnt mit der Erschaffung der Menschen, in sumerischer Terminologie die «Schwarzköpfigen», und der Tiere durch den Himmelsgott An, durch Enlil, den Hauptgott des sumerischen Pantheons, sowie durch Enki, den Stadtgott von Eridu und Gott des unterirdischen Süßwasserozeans und der Weisheit. Möglicherweise ging dem ein Hinweis auf die künftige Vernichtung des Menschengeschlechts voraus. Es folgt in der zweiten Kolumne die Gründung des Königtums von Sumer mit seinen Kultstädten, die den jeweiligen vorsintflutlichen Königen zugeordnet werden. Die erste und offenbar wichtigste Stadt ist Eridu, die Stadt des Gottes Enki. Mit den Stadtgründungen ist die Pflege der Kanalisation und das wirtschaftliche Wachstum verbunden. Eine Lücke zu Beginn von Kolumne III wird mit Hilfe des Atrachasis-Epos gewöhnlich dahingehend ergänzt, dass die immer zahlreicher werdenden Menschen den Gottkönig Enlil so sehr stören, dass er in der Götterversammlung ihre Vernichtung durch eine große Flut erwirkt. Am Ende von Kolumne III wird Ziusudra eingeführt, der König der fünften vorsintflutlichen Kultstadt Schuruppak, der offensichtlich mit dem Xisouthros in der *Babylonika* des Berossus identisch ist. Ziusudra ist der dem biblischen Noach entsprechende Held des Sumerischen Schöpfungsmythos, dem Enki, wie im Atrachasis-Epos, den Plan der Götter verrät, indem er nicht direkt zu ihm spricht, sondern zu einer Mauer zu seiner Linken (Kolumne IV):

> Tritt an die Mauer zu meiner Linken hin und höre!
> An der Mauer will ich ein Wort zu dir sprechen, mein Wort möge
> angenommen werden, auf meinen Rat möge geachtet werden!
> Durch unsere Hand wird eine Sturmflut über die Städte ...
> im Lande Sumer hinwegfahren,
> den Samen der Menschheit zu zerstören ...[20]

Der zerstörte Rest der Kolumne enthielt wahrscheinlich den Rat Enkis an seinen Vertrauten Ziusudra, ein Schiff für sich und seine Familie sowie für die Tiere zu bauen, um das Überleben der Menschheit und der Tiere zu sichern. Auch die Ausführung des Plans fehlt; der Text setzt erst wieder mit der Schilderung der Flutkatastrophe ein (Kolumne V):

> Alle bösen Stürme, alle Ungewitter stellten sich zusammen auf,
> der Flutsturm fährt mit ihnen zusammen über die Städte ... hinweg.
> Nachdem sieben Tage lang, sieben Nächte lang
> der Flutsturm über das Land Sumer hinweggefahren war,
> nachdem der böse Sturm das sehr große Schiff auf dem großen Wasser
> hin- und hergeschleudert hatte,
> kam Utu zum Vorschein, der im Himmel und auf Erden Licht schaffte.
> Ziusudra konnte ein Loch im sehr großen Schiff machen,
> da ließ der Jüngling Utu sein Licht ins Innere des sehr großen Schiffes
> hineingehen.
> Ziusudra, der König,
> trat vor Utu hin, indem er sich prosternierte [niederwarf].
> Da schlachtet der König Rinder, tötet zahlreiche Schafe.[21]

Offensichtlich fehlt die Aussendung der Vögel, die bei Berossus eine wichtige Rolle spielt. Hier erkennt Ziusudra das Ende der Flut daran, dass das Licht des Sonnengottes Utu in die Arche hineinscheint. Wem das Opfer galt, ob nur dem Sonnengott oder allen Göttern, ist unklar, denn der Text ist wieder sehr lückenhaft. Jedenfalls wird Enlil anschließend durch Enki beschwichtigt, und die Götter An und Enlil gewähren Ziusudra als dem Retter der Menschheit und der Tiere, wie in der *Babylonika*, das ewige Leben (Kolumne VI):

> Nachdem An und Enlil Ziusudra liebevoll behandelt haben,
> geben sie ihm Leben wie einem Gott,

lassen ihm dauerhaftes Leben wie für einen Gott herunterkommen.
Damals ließen sie Ziusudra, den König,
der den Namen des Getiers und den Samen der Menschheit beschützt
hatte,
in einem Land Übersee im Lande Tilmun gen Sonnenaufgang
wohnen.[22]

Dies dürfte im Wesentlichen den Abschluss der Eridu Genesis markieren; der Rest der Kolumne fehlt zwar, doch kann in dem fehlenden Stück nicht mehr viel gestanden haben.[23] Damit erweist sich die späte babylonische Fassung der Flutgeschichte in der *Babylonika* des Priesters Berossus als erstaunlich zuverlässiges Echo der ältesten bekannten sumerischen Fassung. Es wird klar, dass die Erhöhung des Helden Xisouthros / Ziusudra unter die Götter, die im Fragment des Atrachasis-Epos fehlt, aber als Suche nach dem ewigen Leben eine zentrale Funktion im Gilgamesch-Epos einnimmt, keine Erfindung des Berossus ist, sondern auf die ursprüngliche sumerische Version zurückgeht. Dagegen fehlt in der Eridu Genesis, anders als im Atrachasis-Epos mit der klaren Zweckbstimmung der Kultivierung des Landes und der Versorgung der Götter, ein Grund für die Erschaffung der Menschen. Es ist allerdings möglich, dass dieser in den zahlreichen Lücken am Anfang des Textes verloren gegangen ist.

Das Gilgamesch-Epos

Der Sintflutbericht, den George Smith in der Bibliothek des assyrischen Königs Assurbanipal in Ninive wiederentdeckte, ist die elfte Tafel des nach Gilgamesch benannten Zwölf-Tafel-Epos. Dieses ist die bekannteste und ausführlichste Fassung des Gilgamesch-Epos, die um 1200 v. Chr. von einem Priester namens Sin-leqe-unninni kompiliert wurde. Sie geht auf eine im achtzehnten Jahrhundert v. Chr. entstandene altbabylonische Fassung zurück, die ihrerseits ältere sumerische Gilgamesch-Erzählungen zusammengefasst hatte; diese lassen sich bis in die Mitte des dritten Jahrtausends v. Chr. zurückverfolgen.

Gilgamesch, der Held des Epos, ist der König von Uruk, das bereits in der zweiten Hälfte des vierten Jahrtausends v. Chr. eines der kulturellen Zentren der sumerischen Frühzeit war. Wahrscheinlich ist er nicht nur eine literarische, sondern auch eine historische Gestalt aus dem frühen dritten Jahrtausend v. Chr. Er gilt als der König, der nach der Katastrophe der Sintflut Uruk wiederaufbaute und die städtische Kultur des Zweistromlandes wiederherstellte, indem er die Wirtschaft belebte, die Tempel wiedererrichtete und die uralte Kultordnung erneuerte. Er wurde schon seit der Mitte des dritten Jahrtausends v. Chr. als Gott verehrt. Rahmenthema des Epos ist die Sterblichkeit des Menschen und die Suche nach dem ewigen Leben. Gleichzeitig handelt es von Freundschaft und Rivalität zwischen Gilgamesch und seinem Gefährten Enkidu, von kühnen Heldentaten, vom Aufbegehren gegen die Macht und Willkür der Götter und vom weisen König, der sich am Ende seinem Schicksal fügt. Das Epos war über viele Jahrhunderte im Vorderen Orient verbreitet, gehörte zur Pflichtlektüre in den Schulen und wurde schließlich Teil der Weltliteratur.[24]

Das Epos beginnt mit einer lyrischen Hymne auf Gilgamesch, den König von Uruk, der nach der Sintflut lebte und der alle Könige überragte, hochgewachsen und von schönster Gestalt,

> der die Ufer (der Welt), nach dem Leben stets suchend, erforschte,
> der dank seiner Kraft Uta-napischti, den Fernen, erreichte,
> der die Kultstätten, welche die Sintflut zerstörte, wiedererrichtete an ihrem Ort,
> der die Riten festsetzte für die umnebelten Menschen![25]

Kein anderer König kann sich mit ihm messen, «zwei Drittel an ihm sind Gott, doch sein (drittes) Drittel, das ist Mensch».[26] Allerdings ist Gilgamesch mit einem sexuellen Appetit gesegnet, der alles Bekannte und für sein Volk Erträgliche in den Schatten stellt. Er zwingt die jungen Männer zu Wettkämpfen mit einem Ballspiel, in dem er unschlagbar ist, hält die jungen Frauen von ihren Müttern und Männern fern und nimmt bei Hochzeiten stets das *ius primae noctis* für sich in Anspruch. Dadurch zieht er den Zorn seiner Untertanen auf sich, die sich bei den Göttern über ihn beschweren. Die Götter beauftragen die Mut-

Das Gilgamesch-Epos

tergöttin Aruru und den Weisheitsgott Ea (den wir im Atrachasis-Epos und in der Eridu Genesis als Enki kennengelernt haben), einen neuen Menschen zu erschaffen, und zwar einen Menschen, der nicht von einer Mutter geboren wurde, sondern aus Lehm hervorging, den Aruru in die Stille der Steppe warf. So entsteht Enkidu, das genaue Gegenstück zu Gilgamesch, ein wildes Steppenwesen, am ganzen Körper behaart, aber mit Locken wie eine Frau. Es kennt die Menschen und das Kulturland nicht, sondern zieht mit den Tieren umher, frisst Gras und löscht seinen Durst zusammen mit den Tieren an Wasserstellen. Der Plan der Götter ist, dass Enkidu sich von den wilden Tieren und den Herdentieren löst, auf den Weg nach Uruk macht und dort Gilgamesch trifft.

Zu diesem Zweck bringen sie ihn mit der Dirne Schamchat zusammen, die ihn verführt und von seiner Tierherde entfremdet – der erste Schritt zum Menschsein und in die Zivilisation. Sechs Tage und sieben Nächte paart Enkidu sich mit Schamchat, und der Plan geht auf: Die Steppentiere weichen vor ihm zurück, der Naturmensch verliert die Fähigkeit, zusammen mit ihnen zu laufen. Stattdessen erwirbt er sich mit der Fähigkeit zu denken eine andere wichtige Eigenschaft des Kulturmenschen:

> Geschwächt war da Enkidu, sein Laufen war nicht mehr so wie zuvor.
> Doch (mit einem Male) besaß er Verstand, und tief war seine Einsicht.[27]

Schamchat überredet Enkidu, mit ihr nach Uruk zu gehen, indem sie ihm die Schönheit und Kraft Gilgameschs anpreist und damit seinen Wunsch weckt, gegen ihn zu kämpfen und ihn zu besiegen. Gilgamesch erfährt durch Träume, die seine Mutter deutet, von dem herannahenden Enkidu und der Gefahr, die von diesem für ihn ausgeht, aber er geht das Risiko ein und erwartet mit Enkidu einen Freund und Ratgeber.

Doch die Menschwerdung Enkidus ist noch nicht abgeschlossen. Auf dem Weg nach Uruk bekleidet Schamchat den noch immer nackten Enkidu mit menschlichen Kleidern und führt ihn in das Lager der Hirten, durch die er lernt, Brot zu essen und Bier zu trinken – der zweite Schritt in die Zivilisation. In dem altbabylonischen Epos wird er auch noch rasiert und eingeölt, was hier in einem nicht mehr lesbaren Abschnitt fehlt. Jetzt ist er Teil der menschlichen Zivilisation, übernimmt in der Nacht den Schutz der Herde und erschlägt die Wölfe und Löwen, die die Herde bedrohen.

In Uruk angekommen versperrt Enkidu Gilgamesch den Weg zum Hochzeitshaus, als dieser das *ius primae noctis* ausüben will. Es kommt zu einem Kampf der beiden Superhelden, der nicht mehr erhalten ist, aber ganz offensichtlich unentschieden endet. Die beiden erkennen, dass sie sich nicht besiegen können und werden Freunde:

> Da fassten die (beiden) einander, und gemeinsam setzten sie sich hin.
> Sie schlossen sich in die Arme, und ihre Hände lagen ineinander ...[28]

Sie beschließen, statt sich gegenseitig zu bekämpfen, gemeinsam Heldentaten zu vollbringen, die im Folgenden in großer Ausführlichkeit erzählt werden. Das erste Abenteuer gilt Humbaba, dem Wächter des Zedernwaldes im weit entfernten Libanon (Tafel II, 206 bis Tafel V Ende). Die beiden Freunde beschließen, den Wald mit seinen riesigen Zedern, den zu betreten den Menschen verboten ist, aufzusuchen und Zedern zu fällen. Lange Baumstämme, die für die Dachkonstruktionen großer Gebäude benötigt wurden, waren eine Kostbarkeit in Mesopotamien, und das Fällen von Zedern in dem von Humbaba beschützten Wald war ein unerhörter Frevel, den bisher noch niemand gewagt hatte. Enkidu, der einstige Naturmensch, der die Kraft der Natur kennt, warnt Gilgamesch, doch dieser lässt sich von seinem Plan, der eines wahren Königs würdig ist, nicht abbringen. Mit Hilfe des Sonnengottes Schamasch, der Gilgamesch wohlgesonnen ist, und der Göttin der Träume gelingt es den beiden Freunden in einem gewaltigen und breit ausgestalteten Kampf Humbaba zu besiegen. Sie fällen zahlreiche Zedern, und aus der größten Zeder fertigt Enkidu eine monumentale Tür für den Tempel des Götterkönigs Enlil in Nippur. Mit dem Haupt des Humbaba als Trophäe machen sie sich auf den Rückweg nach Uruk.

Das nächste Abenteuer entfaltet sich um die Göttin der Liebe Ischtar, die Tochter des Himmelsgottes An / Anu / Anum (Tafel VI). Ischtar verfällt dem Anblick des nach der Rückkehr nach Uruk frischgebadeten und kostbar gekleideten Helden Gilgamesch und bietet ihm an, ihr

Das Gilgamesch-Epos

Bräutigam zu werden. Gilgamesch aber, der ihre zahlreichen Liebesaffären mit den desaströsen Folgen für die Liebhaber kennt, weist sie mit einer wenig schmeichelhaften Aufzählung ihrer Affären einschließlich des traurigen Schicksals der schnell wieder fallengelassenen Liebhaber rüde zurück und zieht damit den Zorn der Göttin auf sich. Ischtar beklagt sich bei ihrem Vater Anum und verlangt von ihm, ihr den Himmelsstier auszuhändigen, ein gewaltiges Mischwesen aus Mensch und Stier mit Adlerflügeln. Als Anum versucht, ihr dieses Ansinnen auszureden, droht sie ihm, die Unterwelt zu öffnen und alles menschliche Leben durch die Toten auslöschen zu lassen. Widerwillig gibt Anum seiner Tochter das Nasenseil des Himmelsstiers. Von Ischtar auf die Erde geführt, verursacht dessen bloße Anwesenheit in Uruk eine gewaltige Naturkatastrophe: Durch das Wasser, das er aus dem Euphrat säuft, trocknet die Umgebung Uruks aus, und durch sein Schnauben wird die Erde so weit aufgerissen, dass die jungen Männer Uruks in den Spalten verschwinden. Als auch Enkidu bis zu seinen Schultern in eine Erdspalte fällt, wird den beiden Freunden klar, dass sie den Stier töten müssen. Enkidu ringt ihn zu Boden, Gilgamesch stößt ihm seinen Dolch in den Nacken und tötet ihn.[29] Sein Herz opfern sie Schamasch, ihrem Schutzgott.

Gilgamesch und Enkidu sind nun auf der Höhe ihres Ruhmes in Uruk, aber die Götter können nach der Tötung Humbabas und jetzt auch des Himmelsstiers die Heldentaten der beiden Freunde nicht länger tolerieren. Sie beschließen, dass einer der beiden sterben muss, und entscheiden sich für Enkidu (Tafel VII). Sofort befällt Enkidu ein schweres Fieber. Er verflucht die Tür, die er aus dem Holz der Zeder gefertigt, und die Dirne, die ihn vom Natur- zum Kulturmenschen gemacht hat. Dem Sonnengott Schamasch, dem diese Fluchorgie zu weit geht, gelingt es, ihn zu besänftigen, indem er ihm ausmalt, wie sein Freund und Bruder Gilgamesch ihm die Totenehre erweisen und wie ganz Uruk ihn beweinen wird. Gilgamesch dagegen werde das schlimmere Schicksal zuteil, denn er werde aus Trauer um den Tod Enkidus «an seinem Leibe verfilzen lassen das Haar, in ein Löwenfell wird er sich kleiden und umherlaufen in der Steppe».[30] Nach zwölf Fiebertagen stirbt Enkidu und bedauert nur, dass es ihm nicht vergönnt ist, auf dem Schlachtfeld zu sterben. Gilgamesch bricht in ein langes, hochpoetisches

Klagelied aus, reißt sich sein gelocktes Haar aus und wirft seinen königlichen Schmuck von sich (Tafel VIII):

> Da verhüllte er den Freund so wie das Antlitz einer Braut.
> Einem Adler gleich umkreist er ihn.
> Wie eine Löwin, die ihre Jungen lassen musste,
> läuft er rastlos auf und ab.[31]

Er lässt eine kostbare Statue Enkidus herstellen und öffnet sein Schatzhaus für dessen prächtige Grabbeigaben und zur Besänftigung der Götter der Unterwelt. Der Rest der Tafel ist nicht erhalten, doch gibt es Hinweise darauf, dass Gilgamesch den Euphrat umleiten und im trockengelegten Flussbett das Grabmal Enkidus errichten lässt.

Wie vom Sonnengott vorhergesagt, irrt Gilgamesch in der Steppe umher und macht sich auf die Suche nach Uta-napischti, dem einzigen Menschen, von dem er weiß, dass er Unsterblichkeit erlangt hat, um von ihm das Geheimnis von Tod und Leben zu erfahren. Wie wir später sehen, ist Uta-napischti das babylonische Vorbild des biblischen Noach. Gilgamesch muss zahlreiche Gefahren bestehen und gelangt schließlich zum «Zwillingsberg» am Rande der Erde, dem Fundament des Himmelsgewölbes (Tafel IX). Dort überredet er den Wächter des Tores, das den Zugang zur Sonnenbahn versperrt, ihm den Weg der Sonne freizugeben. In zwölf Doppelstunden muss er in undurchdringlicher Finsternis diesen Weg bewältigen, bevor die Sonne ihn einholen und verbrennen kann. Gerade noch rechtzeitig erreicht er vor der Sonne das Ende der Bahn und betritt in der himmlischen Welt einen Garten voller Edelsteinbäume. Er trifft auf Siduri, die Wirtin einer Schänke, hinter der sich in Wirklichkeit Ischtar verbirgt, die ihm nun zu seiner wahren Bestimmung als König verhelfen will (Tafel X). Sie weist ihm den Weg zu Uta-napischti, der auf einer himmlischen Insel jenseits der Wasser des Todes lebt, die noch niemand außer Schamasch jemals überquert hat. Es gelingt Gilgamesch, den Fährmann Ur-schanabi für sich einzunehmen und mit großen Mühen die Wasser des Todes zu überwinden. Als er endlich am Ziel seiner Reise angelangt ist, lässt sich Uta-napischti von seinem Schicksal berichten:

> [M]ein Freund, den ich so sehr liebe, der zusammen mit mir alle Leiden durchlebte,
> Enkidu, mein Freund, den ich so sehr liebe, der zusammen mit mir alle Leiden durchlebte, –
> es legte Hand an ihn das Schicksal der Menschheit! ...
> Da überkam mich die Furcht, dass auch ich sterben könnte.
> Ich begann, den Tod zu fürchten, und so laufe ich in der Steppe umher.
> ....
> Mein Freund, den ich liebe, er wurde wieder zu Lehm,
> Enkidu, mein Freund, den ich liebe, wurde wieder zu Lehm.
> Werde nicht auch ich wie jener sein und mich niederlegen müssen,
> auf dass ich nie wieder mich erhebe für immer und ewig?[32]

Doch Uta-napischti weist ihn zurecht: Statt ständig der Trübsal nachzujagen, solle er sich um seine Untertanen kümmern und vor allem dem armen und einfachen Mann in seinem Königreich zu seinem Recht verhelfen: «Erhebe du sein Haupt, Gilgamesch, und tue das, was eines Königs Pflicht!»[33] Unsterblichkeit werde es für keinen Menschen geben, auch nicht für ihn, obwohl er schon zu zwei Dritteln Gott ist.

Mit der vorletzten elften Tafel kommt das Epos zur Sintflut, der großen Katastrophe lange vor der Regierungszeit Gilgameschs, die das fruchtbare Zweistromland beinahe für immer ausgelöscht hätte. Uta-napischti, der Held der Sintflut, erzählt Gilgamesch jetzt seine Geschichte: Er war der letzte König von Schuruppak, einer der fünf vorsintflutlichen sumerischen Kultstädte (im sumerischen Schöpfungs-Mythos heißt er Ziusudra), und dazu ausersehen, vor der Flut gerettet zu werden. Alles, was jetzt folgt, ist trotz signifikanter Unterschiede eng mit dem Atrachasis-Epos[34] verwandt, insgesamt aber viel poetischer. Anum, der Himmelsgott, Enlil, der Götterkönig, und, unter Vorbehalten, Ea, der Gott der Weisheit, beschließen, eine Sintflut zu schicken und die Menschheit zu vernichten. Ein Grund dafür wird hier nicht angegeben. Obwohl Ea unter Eid versprochen hat, diesen Beschluss nicht zu verraten, umgeht er den Befehl, indem er gegen eine Wand spricht und Uta-napischti den Beschluss in einem Traum offenbart:

> Rohrwand, Rohrwand, Mauer, Mauer,
> Rohrwand, höre doch her, und Mauer, gib acht!

Mann von Schuruppak, Sohn Ubar-Tutus,
reiße nieder das Haus und erbaue ein Schiff.
Lasse ab vom Reichtum, und suche statt dessen nach dem, das atmet.
Die Habe sei dir zuwider, erhalte statt dessen das, was atmet, am Leben!
Hole den Samen all dessen, das atmet, herauf in das Inn're des Schiffs![35]

Anders als in den vergleichbaren Erzählungen, auch der Bibel, ist hier von «Samen» die Rede, also wohl von den Samen aller Pflanzenarten, die ebenfalls in die neue Welt gerettet werden sollen. Der Bau des riesigen quadratischen Schiffes (XI, 30) mit sieben Etagen und jeweils neun Kammern (XI, 62 f.) wird ausführlich geschildert, einschließlich der Unmengen von Erdpech, die zur Abdichtung benötigt werden. Neu ist auch, dass den Bewohnern der Stadt Schuruppak eine Erklärung für den Bau des Schiffes gegeben wird: Ihr König werde sich zu seinem Gott Ea in den «Unterirdischen Wassern» begeben, um bei ihm zu bleiben. Den Stadtbewohnern werde Ea aber in Hülle und Fülle Vögel und Fische regnen lassen sowie morgens Kuchen und abends «Schauer von Weizen» (XI, 40–47). Dies ist eine bewusste Irreführung seiner Untertanen, um eine Massenpanik zu verhindern: Wenn der Regen erst einmal beginnt, werden den zurückgebliebenen Menschen die Vögel und Fische nichts nützen, und die Kuchen und Weizenschauer werden in den Regenfluten untergehen. Dann betritt Uta-napischti das Schiff, das mit all seinen Besitztümern, seinem Silber und Gold, und den «Samen von dem, das atmet» beladen ist. Schließlich geht auch seine «gesamte Familie und Sippe» an Bord, gefolgt von den Herdentieren und den wilden Tieren der Steppe sowie den «Vertretern aller Künste» (XI, 81–86). Der Kuchen- und Weizenregen für die Zurückbleibenden ist das Zeichen zum Aufbruch. Uta-napischti verpicht das Tor, und das Unheil beginnt:

Kaum dass die Morgenröte zu leuchten begann,
stieg aus dem Fundament des Himmels eine schwarze Wolke empor.
Tief aus ihr brüllte Adad[36] ohne Unterlass, ...
Adads Totenstille fuhr am Himmel entlang.
Dann kehrte alles, das licht war, zur Finsternis zurück.
Er trampelte nieder das Land wie ein Ochse, wie einen Tontopf
zerschmetterte er's.

Das Gilgamesch-Epos

> Einen ersten Tag walzte der Sturm das Land nieder.
> Rasend brauste er einher. Dann aber brachte der Ostwind die Sintflut.
> Wie ein Schlachtengemetzel ging die Wucht der Flut über die Menschen
> hinweg.
> Der Bruder kann seinen Bruder nicht sehen,
> noch erkennen die Menschen einander in der Vernichtung.[37]

Die Wucht des Unwetters ist so groß, dass sich selbst die Götter in Furcht und Schrecken verkriechen – und ihre unheilvolle Idee, die Menschen zu vernichten, bedauern, denn sie begreifen erst jetzt, dass sie sich damit auch ihrer Opferspeisen beraubt haben (XI, 114–127). Sieben Tage und sieben Nächte lang wütet die Sintflut (XI, 128), am Morgen des siebten Tages hört das Unwetter auf:

> Da nahm ich den Tag in Augenschein. – (Über allem) lag Schweigen,
> und zu Lehm waren alle Menschen wieder geworden.
> Wie ein Hausdach so flach lag da das geflutete Land. –
> Die Lüftungsluke stieß ich auf, da fiel die Glut (des Tageslichts) auf
> meine Wangen.[38]

Uta-napischti sieht, dass das Schiff beim Berg Nimusch, wohl einem Berg im irakischen Kurdistan, auf Grund gelaufen ist, und wartet noch weitere sieben Tage. Erst wird die Taube ausgesendet, die zurückkommt, dann die Schwalbe, die ebenfalls zurückkommt, und schließlich der Rabe, der wegbleibt.[39] Uta-napischti bereitet den Göttern daraufhin das erste Opfer nach der Flut:

> Die Götter aber rochen den Duft,
> die Götter rochen den süßen Duft,
> die Götter kamen alsbald wie die Fliegen über dem Opferspender
> zusammen.[40]

Als Enlil der Götterkönig, der auf der Vernichtung aller Menschen bestanden hatte, das Schiff mit Uta-napischti sieht, lässt er seiner Wut freien Lauf: «Von wo nur kam dieses Lebewesen hervorgekrochen? Kein einziger Mensch sollte die Vernichtung überleben!» (XI, 175 f.). Aber Ea, der Gott der Weisheit und Schutzgott Uta-napischtis, weist ihn darauf hin, dass sein Rat irregeleitet war:

> Du, der Weise unter den Göttern, der Held,
> wie nur konnte es geschehen, dass du keinen (guten) Rat erteiltest,
> sondern die Sintflut sandtest?
> (Nur) dem, der selbst eine Sünde beging, laste seine Schulden an!
> (Nur) dem, der eines Fehlers sich schuldig machte, laste seinen Fehler an!
> ...
> Statt dass du die Sintflut sandtest,
> hätte der Löwe sich erheben sollen, um die Menschenmenge klein zu halten!
> Statt dass du die Sintflut sandtest,
> hätte Hungersnot entstehen sollen, um das Land zu morden!
> Statt dass du die Sintflut sandtest,
> hätte Erra[41] sich erheben sollen, um das Land zu morden![42]

Anders als in den Paralleltexten wird hier deutlich gesagt, dass die pauschale Vernichtung der ganzen Menschheit nicht nur deswegen ein Fehler war, weil die Götter sich damit selbst schadeten, sondern weil mit der Flut auch Unschuldige getötet wurden. Es wird also ausdrücklich die moralische Frage nach der Berechtigung der Götter für ihr Tun gestellt. Die pauschale Vernichtung war unmoralisch, denn jeder einzelne Mensch verdient es, nach seinen individuellen Taten gerichtet zu werden, und es hätte weniger drastische Möglichkeiten gegeben, die unerwünschte Überbevölkerung Mesopotamiens zu verhindern. Allerdings sind diese begrenzten Maßnahmen, die in den Parallelfassungen anschließend von den Göttern beschlossen werden, in ihrer Wirkung nicht unbedingt individueller als die pauschale Vernichtung.

Enlil muss jetzt sein Gesicht als König der Götter wahren und kann weder seinen falschen Rat bekennen und zurücknehmen, noch kann er ihn durchsetzen, indem er auch Uta-napischti mit seiner Sippe dem Tode ausliefert. Es bleibt ihm nichts anderes übrig, als Uta-napischti zum Gott zu erheben:

> Da stieg Enlil herauf in das Innere des Schiffs,
> er ergriff meine Hände, und mich holte er (aus dem Schiff) empor,
> er holte empor und ließ zur Seite mir knien mein Weib.
> Zwischen uns stehend berührte er unsere Stirn und gibt uns seinen Segen:
> «Bisher (zählte) Uta-napischti zum Menschengeschlecht.

> Nun aber sei Uta-napischti samt seinem Weibe geworden wie wir, die
> Götter!
> In der Ferne, an der Mündung der Flüsse, soll Uta-napischti wohnen!»[43]

Uta-napischti ist also nicht aufgrund eigener Verdienste unsterblich geworden, dies soll wohl die Botschaft seines Berichtes an Gilgamesch sein, sondern weil Enlil nur so seine Stellung als König der Götter behaupten konnte. Alle Versuche, aus eigenem Bestreben die Unsterblichkeit zu erlangen, sind somit zum Scheitern verurteilt. Doch Gilgamesch gibt nicht auf. Uta-napischti prüft ihn, indem er von ihm verlangt, den Schlaf, den Bruder des Todes, zu bezwingen und sechs Tage und sieben Nächte nicht zu schlafen, doch Gilgamesch versagt kläglich und schläft, bis Uta-napischti ihn nach der siebten Nacht aufweckt. Verzweifelt klagt er:

> Was soll ich nur machen, Uta-napischti, wohin soll ich nur gehen?
> Mein Fleisch – das packte sich «Der Räuber».[44]
> In meinem Schlafgemach, da wohnt der Tod,
> und wohin ich mich auch wenden mag, da ist er schon, der Tod.[45]

Uta-napischti beauftragt den ehemaligen Fährmann Ur-schanabi, dafür zu sorgen, dass Gilgamesch badet, die verdreckten Tierfelle von sich wirft und wieder zum strahlenden Menschen und König wird. Er begibt sich auf den Rückweg nach Uruk, muss aber noch eine weitere Erfahrung machen, bis er seine Lektion endlich gelernt hat: Uta-napischti weist ihm den Weg zur Pflanze der ewigen Jugend in den «Unterirdischen Wassern». Gilgamesch taucht nach der Pflanze, reißt sie aus und will sie mit nach Uruk nehmen, um sie dort auszuprobieren, nur um sie sogleich wieder an eine Schlange (!) zu verlieren, die sie ihm raubt und sich schon häutet, kaum dass sie daran gerochen hat (XI, 305–307). In Uruk angekommen, erkennt Gilgamesch, dass sein Streben nach ewigem Leben nicht nur vergeblich, sondern auch seiner Aufgabe als König unangemessen war. Stolz zeigt er Ur-schanabi die gewaltigen Mauern der Stadt und begreift, so darf der Leser schließen, dass er zwar das ewige Leben nicht erlangen wird, sich aber als guter und weiser König, der den Menschen Schutz bietet, einen unsterblichen Namen erwerben kann. Damit endet das Epos. Die angehängte 12. Tafel ist eine unabhängige sumerische Gilgamescherzählung aus dem dritten Jahrtausend v. Chr.

Das Enuma Elisch

Auch bei der Erschließung des jüngsten der großen altorientalischen Epen, des nach seinen Anfangsworten *Enūma elisch* («Als oben») benannten Weltschöpfungsepos, spielt der geniale George Smith eine zentrale Rolle. Zahlreiche Fragmente des Epos wurden seit 1849 von dem englischen Archäologen Austen Henry Layard und anderen in den Ruinen der Bibliothek des Assurbanipal in Ninive entdeckt, sukzessive identifiziert und ediert. Auch Smith entdeckte auf seinen Expeditionen nach Ninive Fragmente und beschrieb sie 1876 in seinem *Chaldean Account of Genesis*. Zu den vielen folgenden Editionen und Übersetzungen gehört auch *Das babylonische Weltschöpfungsepos*, das Friedrich Delitzsch, der Initiator des Babel-Bibel Streits, 1896/97 herausgegeben hatte.[46] Ich folge bei wörtlichen Zitaten der neuen deutschen Übersetzung von Adrian C. Heinrich,[47] berücksichtige aber auch die Übersetzungen von W. G. Lambert[48] und Karl Hecker.[49]

Anders als die beiden anderen Epen und der biblische Schöpfungsbericht ist das Enuma Elisch gleichzeitig eine Theogonie, das heißt ein Bericht über die Entstehung der Götter, und eine Kosmogonie, die die Entstehung der Welt erklärt. In der Bibel dagegen wird nichts über die Entstehung der Götter bzw. des einen Gottes gesagt. Zentrales Thema ist daneben der Aufstieg Marduks, des Stadtgottes von Babylon, zum König der Götter. Dieser zog sich länger hin und wurde erst unter Nebukadnezar I. (ca. 1125–1104 v. Chr.) vollendet, nachdem schon Hammurabi Babylon zum Verwaltungszentrum seines Reiches gemacht und damit Marduk zum höchsten Gott befördert hatte. Man nimmt deswegen an, dass das Enuma Elisch nicht vor dem zwölften Jahrhundert entstanden sein kann und dass die rezipierte Fassung frühestens um 1000/900 v. Chr. zu datieren ist.

Das Epos beginnt mit der Erschaffung der Götter:

Das Enuma Elisch

> Als droben die Himmel noch nicht benannt waren
> (und) drunten der Grund namenlos,
> gab es Apsu, den Ur-Anfänglichen, ihren Erzeuger,
> und die Schaffenskraft Tiamtu,[50] die, die sie alle gebar.
> Ihre Wasser mischten sich in eins,
> denn sie waren noch nicht von Weideland umkleidet (und) noch nicht
> von Schilfdickicht umbauscht.
> Als noch keine Götter erschienen waren,
> sie keine Namen hatten und (noch) keine Schicksale bestimmt waren,
> da wurden die Götter in ihrem Innern erschaffen. ...[51]

Apsu und Tiamtu sind das Urgötter-Paar, zwei Wassermassen, nämlich der männliche, unter der Erde lokalisierte Süßwasserozean (Apsu), und das weibliche Salzmeer auf der Oberfläche der Erde (Tiamtu). Indem beide ihre Wasser «mischen», entstehen «in ihnen» die jüngeren Götter in einer langen Reihe bis hin zu Marduk (I, 82), darunter auch der Himmelsgott Anu und der hochgelobte Gott der Weisheit Ea/Nudimmud, die wir auch aus den anderen Epen kennen. Je zahlreicher die jüngeren Götter werden, desto mehr stören sie das Urgötter-Paar Apsu und Tiamtu in ihrer himmlischen Ruhe. Apsu trifft sich mit Tiamtu und schlägt vor, ihre gemeinsamen Göttersöhne zu vernichten:

> Apsu erhob seine Stimme
> und sprach laut zu Tiamtu:
> Ihr Gebaren ist mir lästig geworden:
> Tags komme ich nicht zur Ruhe, nachts bin ich schlaflos.
> Ich will dem ein Ende bereiten, ihrem Wandel Einhalt gebieten,
> es soll endlich Ruhe herrschen, wir wollen schlafen.[52]

Tiamtu, der zwar ebenfalls der Lärm und das unaufhörliche Tanzen der jungen Götter auf die Nerven geht, ist gegen ihre Vernichtung, aber Apsu setzt sich durch und lässt seinen Göttersöhnen ihren Untergang mitteilen. Diese wehren sich in Gestalt des weisen Ea, der kurzerhand Apsu einschläfert und tötet. Er errichtet auf seinem Leichnam seinen Palast (I, 71), residiert dort mit seiner Gattin Damkina und zeugt «inmitten des Apsu» (also inmitten des Süßwasserozeans) Marduk, der jetzt zum ersten Mal in höchsten Tönen als künftiger Gott-König gepriesen wird.[53] Tiamtu lässt sich überzeugen, dass sie die Ermordung ihres Gatten Apsu nicht einfach hinnehmen kann, zumal die jüngeren Götter jetzt auch sie bedrohen, und erschafft eine Horde von Ungeheuern, die sie ihrem neuen Gemahl Kingu unterstellt. Die jüngeren Götter Ea und Anu weichen vor Tiamtu und ihren Ungeheuern zurück. Erst Marduk, der Sohn Eas und Jüngste von ihnen, ist zum Kampf bereit, aber unter einer Bedingung: Er verlangt von den Göttern, dass sie ihn zum Herrscher über Himmel und Erde und damit auch über alle Götter einsetzen. In feierlichen Schwüren stimmt die Götterversammlung Marduks Bedingungen zu und inthronisiert ihn als König aller Götter. Nur beiläufig erwähnen die Götter, dass Marduk damit auch ihre Versorgung garantieren muss, was später an die Menschen delegiert wird.[54] Der Kampf Marduks gegen Tiamtu und ihre Ungeheuer wird in mehreren Anläufen geschildert, bis es schließlich zum Höhepunkt kommt:

> Tiamtu und Marduk, der Weise der Götter, trafen sich,
> sie waren im Zweikampf verschränkt (und) standen sich in der Schlacht direkt gegenüber.
> Bel [Marduk] warf sein Netz aus, umschloss sie damit,
> und ließ darauf Imchulla, der hinter ihm folgte, auf ihre Front los.
> Tiamtu öffnete ihren Schlund, um ihn zu verschlingen,
> sie ließ Imchulla einfahren und konnte dabei ihre Lippen nicht (wieder) schließen.
> Die wütenden Winde blähten ihren Bauch,
> ihr Inneres drohte zu bersten und spreizte ihr Maul.
> Er schoss einen Pfeil ab, und der riss ihren Bauch auf,
> zerschnitt ihr Gedärm und durchbohrte ihr Herz.
> Er bezwang sie und machte ihrem Leben ein Ende,
> warf ihren Leichnam hin und baute sich über ihm auf.[55]

Erst jetzt, nach dem Untergang der beiden Urgötter Apsu und Tiamtu, beginnt die Kosmogonie, die Erschaffung der Welt. Dieser Vorgang ist kompliziert: Zuerst wird der Himmel bzw. werden die Himmel erschaffen, dann wird den Göttern ihr Platz in den Himmeln zugewiesen, und schließlich wird die Erde erschaffen. Beide, Himmel und Erde, entstehen aus dem Leib der getöteten Tiamtu:

> Bel [Marduk] rastete, während er ihren Leichnam besah,
> um das Meer zu zerteilen und Wunderwerke zu schaffen.

Er brach sie entzwei wie einen getrockneten Fisch,
richtete eine ihrer Hälften auf und spannte als Dach so die Himmel.[56]

Genau genommen entstanden auf diese Weise zwei Himmel, ein oberer Himmel, das Pendant zu dem erschlagenen Süßwassergott Apsu / Eschgalla im unteren Teil des Kosmos, auf dessen Körper Ea seinen Palast errichtet hatte (IV, 142), und ein Zwischenhimmel (Escharra) zwischen dem oberen Himmel und der noch entstehenden Erde (IV, 141–145). In diesen drei Bereichen weist Marduk den alten sumerischen Göttern Anu, Enlil und Ea ihre Wohnungen und Heiligtümer zu (IV, 145 f.). Das Bestreben, mit Hilfe des aufsteigenden Gottes Marduk Ordnung in das überbordende und unübersichtliche sumerisch-babylonische Pantheon zu bringen, ist unverkennbar. Es folgen, offenbar am Zwischenhimmel, die Sternbilder und damit die Einteilung der Zeit in Jahre und Monate (V, 1–4), der Mondgott Nannar (V, 12) und der Sonnengott Schamasch (V, 19) sowie – aus dem Speichel der Tiamtu – Wolken, Winde, Regenstürme und Nebel (V, 47–51). Aus der Tiefe steigt das Süßwasser empor, aus Tiamtus Augen fließen Euphrat und Tigris, und auf ihrer Brust häuft Marduk die Berge (V, 54–57). Die folgenden Verse sind stark beschädigt, aber es ist zu erkennen, dass er aus dem Schwanz der Tiamtu das Weltseil (Durmach) formt, das kosmische Band, das das Weltall zusammenhält. Die obere Hälfte dieses Seiles wird am Himmel befestigt und die untere an der Erde, deren Erschaffung erst danach und eher beiläufig erwähnt wird (V, 59–66).

Die Götter werden jetzt wie im Atrachasis-Epos in Igigi und Anunnaki[57] unterschieden. Sie sind glücklich und zufrieden mit Marduks Schöpfungswerk und setzen ihn einmal mehr als ihren König und Versorger ihrer Heiligtümer ein (V, 109–116). Marduk verkündet ihnen, dass er oberhalb von Apsu und unterhalb des Zwischenhimmels seinen Wohnsitz nehmen wird, das heißt auf der Erde, im Zentrum des Kosmos, und zwar in Babylon (V, 119–129). Jetzt erst kommt es zu Marduks kühnster Tat, der Erschaffung des Menschen. War es im Atrachasis-Epos die Muttergöttin, die nach der Planung durch Enki / Ea den Menschen schuf, ist es jetzt Marduk vorbehalten, den Plan zu entwerfen, der von Ea umgesetzt wird:

> Als Marduk die Bekundungen der Götter vernahm,
> wünschte er, Wunderwerke zu schaffen.
> Er hob seine Stimme und sagte zu Ea,
> unterbreitete (ihm), was er reiflich bedacht hatte:
> Blut will ich binden und Knochen bilden,
> ich will den «Menschen» erstehen lassen: «Mann» sei sein Name.
> Ich will den «Menschen», den «Mann» erschaffen,
> sie sollen die Bürde der Götter tragen, damit diese ruhen können.[58]

Der Mensch (Lullu) soll den Göttern die Mühsal der Kultivierung des Landes abnehmen, die vornehmlich für ihren Unterhalt notwendig ist. Der Unterhalt der Menschen spielt keine Rolle. Was im Atrachasis-Epos im Vordergrund stand, wird hier eher beiläufig eingeflochten. Ea greift den Plan sofort auf und verlangt, dass ihm einer der Götter ausgeliefert wird, aus dessen Körper er den Menschen formen will (VI, 13–16). Gesucht wird derjenige, der aus Sicht der Götter für Tiamtus Rachefeldzug verantwortlich ist, und gefunden wird Kingu, der zweite Gemahl Tiamtus, dem sie ihre Truppen unterstellte und der kläglich versagte:

> Kingu war es, der den Streit entfachte,
> Tiamtu aufwiegelte und zum Kampf rüstete!
> Sie zwangen ihn nieder und hielten ihn vor Ea fest,
> führten ihn der Strafe zu und schnitten seine Blut(adern) auf.
> Aus seinem Blut erschuf er [Ea] die Menschheit,
> legte ihr die Bürde der Götter auf und erlöste somit die Götter.[59]

Danach werden die Götter in zwei Gruppen eingeteilt. Dies ist ein weiterer Versuch, das ausufernde babylonische Pantheon zu ordnen. Dann wird Babylon mit seinem überragenden Marduk-Heiligtum (Esagil) von den Göttern erbaut. Sie versammeln sich dort zu einem Gastmahl und trinken ihr geliebtes Bier (VI, 74 f.). Ein letztes Mal unterwerfen sie sich Marduk als ihrem Herrscher:

> Die großen Götter versammelten sich,
> hochpriesen Marduks Schicksal und warfen sich nieder.
> Sie belegten sich selbst mit einem Fluch,
> leisteten mit Wasser und Öl einen Schwur, sie fassten sich (dabei) an die

Das Enuma Elisch

Kehlen.[60]
Sie überantworteten ihm, die Königsmacht der Götter auszuüben,
und bestimmten ihn für alle Zeit, über die Götter von Himmel und Erde
zu herrschen.[61]

Marduks Aufgabe aber ist es, sich um die von ihm erschaffenen Menschen zu kümmern. Mit ihrer Hilfe soll die Versorgung der Götter sichergestellt werden:

> Er walte als Hirte über die «Menschen des Landes», seine Geschöpfe, ...
> Für seine Väter [die Götter] lege er üppige Speiseopfer fest,
> er walte als ihr Ernährer und trage Sorge um ihre Kultstätten.
> Er lasse Weihrauch verströmen und sie ob ihrer Versorgung frohlocken,
> was er im Himmel vollbrachte, tue er in gleicher Weise auch auf Erden:
> Er möge die «Menschen des Landes» auserwählen, ihn zu verehren,
> das Menschenvolk möge seiner gedenken und seinen Gott anrufen.
> Durch sein Gebot sei es der Göttin ergeben,
> seinem Gott und seiner Göttin sollen Speiseopfer dargebracht werden ...
> Mögen die «Menschen des Landes» die Götter auch unterteilen,
> für uns, welche Namen wir auch nennen, sei einzig er [Marduk] unser
> Gott.[62]

Abschließend wird Marduk mit seinen fünfzig Namen benannt und angerufen, die in Wirklichkeit die Namen anderer Götter sind, die jetzt auf Marduk übertragen werden. Die Namenliste gipfelt am Ende darin, dass Enlil, der alte Götterkönig und Haupt des sumerischen Pantheons, ihm seinen eigenen Namen «Herr der Länder» gibt und Ea begeistert einstimmt:

> Ja, er, dessen Namen seine Väter hoch rühmten,
> er ist meinesgleichen, und so sei Ea sein Name.
> Er verfüge über den Verbund all meiner Mächte,
> er soll über die Gesamtheit meiner Anweisungen walten.[63]

Altorientalische Epen und Bibel:
Ein Vergleich

Die altorientalischen Epen bieten in ihrer Gesamtheit ein buntes Kaleidoskop von Mythen über die Erschaffung der Götter, der Welt und des Menschen, die zahlreiche Berührungspunkte mit der biblischen Urgeschichte aufweisen. Von allen großen Epen ist es allein das Enuma Elisch, das ausführlich auf die Entstehung der Götter und der Welt eingeht. In einem ersten Schritt erschaffen die beiden Urgötter Apsu und Tiamtu die jüngeren Götter, und erst in einem zweiten Schritt, nachdem die jüngeren Götter sich der Urgötter entledigt haben, erschafft der zum König aller Götter erhobene Marduk die Welt, das heißt Himmel und Erde (und zwar in dieser Reihenfolge). Diese göttliche Seite der Weltentstehung wird in der Hebräischen Bibel, die nur einen Gott akzeptiert, nicht thematisiert. Versuche, in der «Urflut» (tehom) von Genesis 1,2 Anklänge an Tiamtu sehen zu wollen, werden von der alttestamentlichen Exegese heute meist zurückgewiesen.[64] Allenfalls könnte man in der Trennung zwischen oberen und unteren Wassern im Bibeltext ein fernes Echo von Apsu als Gott des Süßwasserozeans unter der Erde und Tiamtu als Göttin des Salzmeeres auf der Oberfläche der Erde ausmachen. Die Trennung zwischen der deklamatorischen Erschaffung von Himmel und Erde in Genesis 1,1–4 (eine Art «Urhimmel» und nicht nur ein Motto oder eine Überschrift) und der konkreten Erschaffung des Firmaments in Genesis 1,6 könnte auf die Unterscheidung zwischen einem oberen Himmel und einem Zwischenhimmel im Enuma Elisch hinweisen.

Deutlichere Parallelen, aber auch ebenso deutliche Unterschiede, finden sich bei der Erschaffung des Menschen. Während der Mensch in der Bibel aus dem Erdboden erschaffen und ihm göttlicher Odem eingeblasen wird (zweiter Schöpfungsbericht), entsteht er im Atrachasis-Epos aus dem Fleisch und Blut eines geschlachteten Gottes, das mit Lehm und dem Speichel der niederen Götter vermischt wird. So geschieht es auch im Enuma Elisch, allerdings ohne den Lehm. Im Gilgamesch-Epos ist von der Erschaffung der Gattung «Mensch» keine Rede, aber immerhin entsteht der wilde Steppenmensch Enkidu, das Gegenstück zu Gilgamesch, aus in die Steppe geworfenem Lehm. Dass der «Mensch» zunächst als Gattung und nicht als Individuum erschaffen wurde, ist Gemeingut des biblischen Berichts und der Epen (Atrachasis, Enuma Elisch), ebenso seine ursprüngliche Doppelgeschlechtlichkeit als Mann und Frau (erster Schöpfungsbericht, Atrachasis). Im zweiten Schöpfungsbericht betont die Erschaffung der Frau aus der Rippe des Mannes die enge Zusammengehörigkeit beider, die nach Vereinigung streben.

Der zweite Schöpfungsbericht ist besonders eng mit altorientalischen Bildern und Mythen verwandt. Das Paradies ist das Abbild eines Lustgartens der Götter bzw. eines Palast- und Tempelgartens der irdischen Könige als der Vertreter der Götter auf der Erde, aber dass auch der Mensch in ihm leben und ihn kultivieren soll, ist der Hebräischen Bibel vorbehalten. Der in der Bibel nebenbei erwähnte Baum des Lebens spielt als Suche nach dem Geheimnis des ewigen Lebens im Gilgamesch-Epos die zentrale Rolle. Dagegen fehlt in den altorientalischen Epen der Baum der Erkenntnis von Gut und Böse, der im zweiten Schöpfungsbericht entscheidend ist. Die Vorstellung, dass zum Menschsein ganz wesentlich die Bekleidung gehört, teilen die Bibel und die Epen: Im zweiten Schöpfungsbericht fertigt sich das erste Menschenpaar provisorische Kleider, nachdem es vom Baum der Erkenntnis gegessen hat, und Gott persönlich macht ihnen ihre endgültigen Kleider, bevor sie den Paradiesgarten verlassen müssen. Im Gilgamesch-Epos ist die Bekleidung Enkidus eine wichtige Stufe auf seinem Weg zum zivilisierten Menschen – neben dem sexuellen Verkehr mit einer Frau, der Fähigkeit, selbständig zu denken, und der angemessenen Nahrung von Brot und Bier. Aber genau hier zeigt sich auch ein entscheidender Unterschied zwischen den Epen und der Hebräischen Bibel. Die Fähigkeit zum individuellen Denken als wichtiger Schritt in der Entwicklung zum kultivierten Menschen wird im Gilgamesch-Epos nur beiläufig erwähnt, ist aber der Dreh- und Angelpunkt der Erzählung vom Paradiesgarten: Nicht der Sex und auch nicht die mit den eigenen Händen hergestellte Nahrung macht Adam und Eva zu wirklichen Menschen, sondern der auf einer Gebotsübertretung gegründete Akt der freien Willensentscheidung. Dieser Unterschied gilt schließlich auch für die Schlange: Im Gilgamesch-Epos stiehlt sie Gilgamesch die Pflanze der ewigen Jugend, während sie in der Bibel das Menschenpaar in seinem Wunsch nach Erkenntnis bestärkt.

Als engste und offensichtlichste Parallele zwischen der Bibel und den altorientalischen Epen (Atrachasis, Eridu-Genesis, Gilgamesch) gilt mit Recht die Erzählung von der Sintflut. Der Grund für den Entschluss der Götter bzw. des Gottes, ihre bzw. seine Welt komplett zu zerstören, ist zwar unterschiedlich, aber die Ausführung deckt sich bis in zahlreiche Details: Ein gerechter Mensch soll der Vernichtung entgehen. In der Bibel ist dies ein Entschluss Gottes, in den Epen sabotiert ein weiser Gott die Entscheidung des Götterkönigs. Dieser Mensch baut für sich, seine Familie und die Tiere eine Arche. Die Arche (hebr. *tevah*) ist in der Bibel ein würfelförmiger Kasten, im Atrachasis-Epos ein würfelförmiges Schiff und im Gilgamesch-Epos ein langgestrecktes, quaderförmiges Schiff. Sie wird ringsum mit Pech abgedichtet. An Bord befinden sich neben Noach / Atrachasis / Uta-napischti seine Familie in unterschiedlicher Zusammensetzung, die Wild- und Herdentiere (ausdrücklich paarweise in der Bibel), Spezimen der Samen aller Pflanzenarten sowie Vertreter der Künste (nur Gilgamesch). Nahrung für Menschen und Tiere wird nur in der Bibel erwähnt und ist hier rein pflanzlich. Die überall dramatisch geschilderte Flut besteht aus Wassermassen von oben (Regen) und von unten (Urflut). In den Epen dauert die Flut sieben Tage und Nächte, in der Bibel vierzig Tage und Nächte. Alles Leben auf der Erde wird vernichtet mit Ausnahme der Fische, deren Lebensraum das Wasser ist. Schon während der Flut bedauern die Götter ihren Beschluss, die Menschen zu vernichten, aber nicht wegen der Menschen, sondern weil sie sich damit ihrer eigenen Lebensgrundlage beraubt haben (Atrachasis, Gilgamesch). Als die Arche schließlich irgendwo im Gebirge anlandet (unterschiedliche geographische Erläuterungen), entsendet der Held der Erzählung verschiedene Vögel, um den Rückgang des Wassers und die Trockenheit des Festlands zu testen. In der Bibel ist es zunächst ein Rabe und dann dreimal hintereinander eine Taube, im Gilgamesch-Epos ist es eine Taube, dann eine Schwalbe und schließlich ein Rabe.

Das glückliche Ende der Flut für die wenigen Überlebenden wird in allen Erzählungen durch ein Opfer markiert: In den Epen stürzen die Götter sich gierig auf die lange vermisste Nahrung (Atrachasis, Gilgamesch). Sie haben begriffen, dass sie die Opfer der Menschen auch in Zukunft immer für ihren eigenen Unterhalt brauchen werden. Um die nötige Balance zwischen ihren und den Bedürfnissen der Menschen zu gewährleisten, treffen sie Maßnahmen, um die Menschen zu dezimieren, wenn diese zu viele werden. In der Bibel veranlasst der beruhigende Duft des Opfers Gott zu dem Versprechen, die Erde nie wieder zu verfluchen und das menschliche und tierische Leben nie wieder zu vernichten. Dann schließt Gott in der Bibel seinen Bund mit den Menschen und Tieren, während die Götter in den Epen dem Helden der Sintflut (Ziusudra in der Eridu-Genesis, Xisouthros bei Berossus, Utanapischti im Gilgamesch-Epos) ewiges Leben gewähren – allerdings nicht so sehr als Belohnung, sondern weil der Götterkönig seine oberste Stellung in der Hierarchie der Götter anders nicht hätte behaupten können (Gilgamesch).

Die zahlreichen sich überschneidenden Themen und Motive in der Hebräischen Bibel und in den altorientalischen Epen machen es sehr wahrscheinlich, dass die Autoren und Redaktoren der Bibel wesentliche Erzählstoffe der Epen gekannt und bewusst verarbeitet haben, auch über das Paradebeispiel der Sintflutgeschichte hinaus. Entscheidend ist nun die Frage, welche Weltbilder der biblischen Urgeschichte und den altorientalischen Epen zugrunde liegen. Geht man dieser Frage nach, stellt sich schnell heraus, dass die konzeptionellen Unterschiede gewaltig sind, ja dass die Hebräische Bibel in wesentlichen Punkten die perfekte und programmatische Gegenerzählung zu ihren älteren Vorgängern ist.

Beginnen wir mit Gott bzw. den Göttern. In den altorientalischen Epen kreist alles um mehrere miteinander rivalisierende Götter, und diese Götter werden umso zahlreicher, je mehr sumerische, babylonische, assyrische Reiche sich ablösen und die alten Götter in der Regel nicht aussortieren, sondern übernehmen und den sich verändernden Verhältnissen anpassen. Dies zeigt sich besonders deutlich beim Enuma Elisch, dessen Autor oder Redaktor geradezu besessen ist von dem Versuch, Ordnung in dieses Götterchaos zu bringen und den schon als sumerische Gottheit bezeugten Marduk, den Stadtgott von Babylon, als Hauptgott des babylonischen Pantheons zu installieren. Zwar kämpft auch die Hebräische Bibel in ihrer Gesamtheit ständig mit der Möglichkeit anderer rivalisierender Götter, doch steht über allem der Anspruch des einen und einzigartigen Gottes, der keine anderen Götter neben sich duldet. Dieser Anspruch dominiert auch den biblischen Schöpfungsbericht, wo von Anfang an und unkommentiert von dem einen Schöpfergott die Rede ist. Während die vielen Götter des altorientalischen Pantheons den Vorteil hatten, unterschiedliche Ansichten und interne Konflikte in der Götterwelt auf verschiedene Götter zu verteilen, musste der Gott der Hebräischen Bibel diese Widersprüche in sich selbst aushalten. Dies ist nirgendwo offenkundiger als beim Beschluss, die Menschen und die Welt zu vernichten: Ausgerechnet der Gott, der die Erschaffung der Welt für gut und im Endergebnis sogar für sehr gut befunden und der den Menschen nach seinem Bild, also als ein gottähnliches Wesen, erschaffen hat – ausgerechnet dieser Gott beschließt, diese Welt und diesen Menschen zu vernichten!

Die Epen haben es hier leichter. Sie können den grausamen Beschluss dadurch abmildern, dass sie den Zweifel an seinem Sinn und vor allem auch an seiner ethischen Berechtigung in die Götterwelt hineintragen: Sie verteilen das Problem auf mehrere Schultern, lassen Widerspruch gegen den Beschluss zu und die Götterversammlung am Ende abstimmen. Obwohl alle dafür stimmen, akzeptieren sie sogar, dass ein Gott (Enki/Ea, einer der ältesten Götter schon des sumerischen Pantheons und ausgerechnet der Gott der Weisheit) trickreich den Beschluss sabotiert und damit das Überleben der Menschheit ermöglicht. Diese schwer erträgliche Spannung muss der biblische Gott in sich selbst austragen. Der Bibeltext geht allerdings in keiner Weise auf dieses Problem ein, sondern ignoriert es großzügig. Wir sehen also schon im Schöpfungsbericht und noch an vielen weiteren Stellen der Hebräischen Bibel, welche Konsequenzen die Entscheidung für den einen Gott hatte und wie schwer diese durchzuhalten war.

Auch bei der Erschaffung der Welt und des Menschen stoßen wir auf grundlegende Unterschiede. In der Hebräischen Bibel ist es der eine Gott, der die Welt erschafft. Im Enuma Elisch ist es das Urgötterpaar Apsu und Tiamtu, wobei es zunächst überhaupt nicht um die Erschaffung der Welt geht, sondern um die Erschaffung der Götter. Ein Grund dafür wird nur im Atrachasis-Epos angegeben: Die neuen und klar hierarchisch niedriger eingestuften Götter (Igigu) sollen sich um die Kultivierung der (bereits vorhandenen?) Erde zum Zweck der Versorgung der Götter mit Nahrung kümmern. Die dadurch entstehende Vielfalt der Götter bringt aber Streit in das sich erweiternde Pantheon, denn die jungen und lebenslustigen Götter stören ihre alten und ruhebedürftigen Eltern. Damit ist vermutlich nicht nur der Gegensatz zwischen Alt und Jung gemeint, sondern auch die Spannung zwischen einer chaotischen, willkürlichen und ungeordneten alten Welt und einer neuen Welt, die von den Prinzipien der Ordnung, des Rechts und des Gemeinsinns beherrscht wird. Erst nachdem dieser Streit durch die Ermordung des Urgötterpaares Apsu und Tiamtu beigelegt ist, können Himmel und Erde entstehen – mit Babylon als dem Mittelpunkt des Kosmos – und können die Menschen erschaffen werden. Die Substanz, aus der die Welt entsteht, ist der göttliche Körper der erschlagenen Urmutter. Auch die Substanz, aus der der Mensch erschaffen wird, ist neben dem Lehm der Erde das Fleisch und Blut eines geschlachteten Gottes. Schließlich ist Sinn und Zweck dieser Menschen ausschließlich der, für den Unterhalt der Götter zu sorgen und diese in ihren Tempeln zu verehren (mit Marduk an der Spitze). Für sich genommen haben die Menschen keine erkennbare Daseinsberechtigung.

Ganz anders die Hebräische Bibel: Gott erschafft die Welt und das Menschenpaar ohne jeden erkennbaren Grund. Er tut es einfach, weil er es so will. Und beide, Welt und Menschen, werden nicht durch einen blutigen Gewaltakt, die Tötung der Obergötter, erschaffen, sondern ausschließlich durch Gottes Wort, das eindringliche und ständig wiederholte «und Gott sprach». Dieser Gott der Bibel wird hier also als ein souveräner und allmächtiger Gott eingeführt, der sich anders als die Obergötter der Epen mit keinem Konkurrenten auseinandersetzen muss. Natürlich muss er das im weiteren Verlauf der biblischen Geschichte sehr wohl, aber der Anfang dieser Geschichte stellt programmatisch die Machtverhältnisse klar: Gott spricht, und was er sagt, geschieht. Er will die Welt und den Menschen, und sie werden erschaffen. Wir werden später sehen, wie das rabbinische Judentum sich mit diesem Machtanspruch Gottes auseinandersetzt. Der Zweck des Menschengeschlechts ist wie im Alten Orient die Kultivierung der Erde – aber als Lebensraum des Menschen und nicht zur Versorgung der Götter. Zwar werden diese Menschen auch ihrem biblischen Gott

Opfer darbringen, aber die Bibel setzt alles daran klarzustellen, dass diese Opfer gerade nicht der Versorgung Gottes mit Nahrung dienen. Zweck des ersten Opfers, das Noach seinem Gott unmittelbar nach der Sintflut darbringt, ist es, Gott zu beruhigen und wohlgesinnt zu stimmen, und genau dies geschieht: Gott beschließt, nie wieder eine Sintflut über die Erde zu bringen.

Auch die Welt, in der sich das Drama der Urgeschichte entfaltet, unterscheidet sich in der Bibel grundlegend von der Welt der altorientalischen Vorläufer. Im Enuma Elisch und besonders im Gilgamesch-Epos ist es die *Stadt* als Zentrum einer geordneten und zivilisierten Stadtbevölkerung mit einer hochstehenden Kultur. Gilgamesch stellt seine Stadt Uruk nach dem ursprünglichen Plan wieder her, und das Babylon des Enuma Elisch, das in der Mitte der vertikalen kosmischen Achse liegt, hält mit seinem siebenstufigen Tempelturm É-temen-an-ki («Haus, [das das] Fundament von Himmel und Erde [ist])» Himmel und Erde zusammen und bewahrt den Kosmos davor einzustürzen.[65] Gilgamesch, der König von Uruk, wird erst durch die Gegnerschaft und später Freundschaft mit dem wilden Steppenmenschen Enkidu zum wirklichen König. Enkidu wird erst durch die Begegnung mit der Dirne Schamchat und dann mit Gilgamesch zum wirklichen Menschen. Schamchat führt ihn in die beiden grundlegenden Komponenten des Menschseins ein: Sex und zivilisierte Nahrung (Brot und Bier). Dadurch entfremdet sie ihn von den Tieren. Sie kleidet ihn und stutzt seine Haare. So zum Menschen geworden, kann Enkidu auf Gilgamesch treffen. Ihre erste Begegnung entlädt sich in einem wüsten Kampf, der aber nicht in Mord und Totschlag endet, sondern darin, dass sie Freunde werden und sich zusammen auf die Suche nach Heldentaten und dem Sinn des menschlichen Lebens machen. Nach dem Tod Enkidus ist es Gilgamesch, der in den Status des Steppenmenschen zurückfällt und erst durch die Begegnung mit dem unsterblichen Uta-napischti und dem fehlgeschlagenen Versuch, Unsterblichkeit zu erlangen, wieder zum Menschen und schließlich zum weisen König seines Staates wird.

In der Hebräischen Bibel ist es vor allem der zweite Schöpfungsbericht, der ein Gegenbild gegen die Lebenswirklichkeit der altorientalischen Epen entwirft. Dort steht nicht die Stadt im Mittelpunkt, sondern das Land. Gott setzt den in der Steppe geschaffenen Menschen in einen Paradiesgarten, in dem Bäume mit köstlichen Früchten wie von selbst wachsen und in dem ein viergeteilter Strom fließt, der den Garten bewässert. Zwei der vier Hauptflüsse, Euphrat und Tigris, verweisen auf die beiden großen Flüsse des Zweistromlandes als Vorbild. Aber im Gegensatz zu den babylonischen Epen geht es hier nicht um die mühsame Kultivierung des Gartens: Zwar soll der Mensch ihn bebauen und hüten (Gen. 2,15), aber von besonderer Anstrengung ist nicht die Rede. Der Garten wächst und gedeiht fast von selbst. Schon gar nicht geht es um die Versorgung Gottes, denn das Menschenpaar isst von den Früchten des Gartens, nicht Gott. Die Besonderheit des Paradiesgartens ergibt sich auch aus dem Kontrast mit dem Zustand der Erde nach der Vertreibung aus dem Paradies: Jetzt ist der Ackerboden verflucht, Dornen und Disteln lässt er wachsen, und der Mensch muss den Boden im Schweiße seines Angesichts bestellen. Genau das ist die Bestimmung des Menschen: Er ist Landwirt und Nomade, nicht Stadtbewohner. Entsprechend werden Kain und Abel, die ersten Söhne Adams, ausdrücklich als Schafhirt und Ackerbauer bezeichnet. Die Stadt dagegen ist von Übel: Als die Sippe Adams sich «von Osten», das heißt vom Paradies, aufmacht, um sich in der Welt zu verbreiten, kommen die Menschen auf die unglückliche Idee, eine Stadt zu bauen (Gen. 11). Die Lehmziegel und ein hoher Turm sind eine klare Anspielung auf die gestuften Tempeltürme (Zikkurat) der Babylonier. Doch Gott durchkreuzt diesen Plan sofort, weil die Menschen damit in seinen Bereich eindringen, zu mächtig werden und ihm zu nahe kommen. Er verwirrt ihre Sprache und zerstreut sie von der halbfertigen Stadt Babel (!) aus über die ganze Erde. «Und sie hörten auf, an der Stadt zu bauen» (Gen. 11,8), kommentiert der Redaktor der Bibel diesen missglückten Versuch lakonisch. Das in der Urgeschichte der Bibel propagierte Weltbild ist nomadisch und erdgebunden, nicht urban wie im Alten Orient. Der Versuch, daraus auszubrechen, wird als Aufruhr gegen Gott kritisiert und bestraft.

Der grundlegende Unterschied zwischen dem Welt- und Menschenbild der Hebräischen Bibel und des Alten Orients wird besonders deutlich, wenn wir uns dem Grund für die Vernichtung der Menschen durch die Sintflut zuwenden. Im Atrachasis-Epos, dem ältesten babylonischen Epos, ist es der unerträgliche Lärm, den die Menschen veranstalten und mit dem sie die ruhebedürftigen Götter stören, weswegen sie dezimiert und dann, weil dies nicht reicht, vernichtet werden sollen. Im Gilgamesch-Epos und im Enuma Elisch fehlt ein Grund. Stattdessen ist es im Enuma Elisch der Lärm der jüngeren Götter, der die unheilvolle Kette der Ermordung des Götterpaares Apsu und Tiamtu in Gang setzt, die schließlich in der Erschaffung der Menschen kulminiert. Gemeinsam ist allen Epen, dass sie moralisch indifferent sind: Das was geschieht, geschieht – die Götter werden nicht für ihre mörderischen Taten verurteilt und die Menschen nicht für ihren Lärm. Die Götter können tun, was sie wollen, und die Menschen sind einfach nur lästig. Allenfalls ganz am Rande hinterfragt das Gilgamesch-Epos die moralische Berechtigung der Götter, die Vernichtung der gesamten Menschheit und ihres Lebensraumes zu verhängen.

Die Botschaft der Hebräischen Bibel ist programmatisch anders. Im zweiten, älteren Schöpfungsbericht essen Adam und Eva eine Frucht vom Baum der Erkenntnis von Gut und Böse, die zu essen Gott ihnen ausdrücklich verboten hat, und es ist die Übertretung dieses Verbots, die ihre Vertreibung aus dem Paradies mit allen Folgen nach sich zieht. Am Ende werden sie alle sterben und zum Staub des Ackerbodens zurückkehren.

Auf den ersten Blick werden Adam und Eva also (zusammen mit der Schlange und dem Erdboden) für die Übertretung des göttlichen Verbots bestraft. Diese Übertretung ist als Sündenfall und Urkatastrophe der menschlichen Geschichte in das kollektive Bewusstsein eingegangen. Aber die biblische Erzählung ist komplexer. Vor allem die Begriffe «Sünde» oder gar «Erbsünde» zwingen dem Text eine christliche Perspektive auf, die spätestens mit Augustinus die vorherrschende werden sollte, die aber der Hebräischen Bibel völlig fremd ist. Denn die Übertretung seines Verbots war von Gott vorausgesehen und in seinen Geschichtsplan eingearbeitet: Anders als er Adam und Eva gedroht hatte, sterben sie keineswegs sofort nach der Übertretung, sondern werden das, was sie von Anfang an werden sollten: sterbliche Menschen, die individuell handeln und am Ende eines langen – und in der Tat mühevollen – Lebens sterben. Erst die Erkenntnis von gut / richtig und böse / schlecht / falsch macht sie zu diesen individuellen, selbstbestimmten Menschen. Die ihnen ursprünglich vorenthaltene Unterscheidung zwischen gut und böse ist paradoxerweise genau das, was den Menschen als Menschen ausmacht. Daher ist die Schlange alles andere als eine listige und böswillige Verführerin zur Gebotsübertretung – und schon gar nicht zur sexuellen «Sünde». Vielmehr ist sie «klug», klüger als alle anderen Tiere und sogar als Adam und Eva, denn sie erkennt die Notwendigkeit der Gebotsübertretung für den Fortgang der Geschichte des Menschen mit Gott. Die von Gott nicht nur in Kauf genommene, sondern geradezu gewünschte Übertretung des Verbots, vom Baum der Erkenntnis zu essen, setzt eine Kettenreaktion in Gang, die den weiteren Verlauf der biblischen Geschichte bestimmt oder genauer: den weiteren Gang der Geschichte erst möglich macht. Erst durch den angeblichen «Sündenfall» werden die Menschen zu Individuen und damit auch zu Menschen der Geschichte. Ohne diesen «Sündenfall» wären Adam und Eva vermutlich in seliger Zweisamkeit und Gemeinschaft mit Gott für immer im Paradies geblieben, und das, was wir biblische Geschichte und dann Geschichte der Menschheit nennen, wäre nicht passiert.

Wie geht diese Geschichte weiter? Kain und Abel, die ersten Söhne Adams und Evas, bringen Gott ihre Opfer dar, Kain ein Opfer von den Früchten des Feldes und Abel ein Opfer von den Erstlingen seiner Herde. Gott gefällt das Opfer Abels, aber nicht das Opfer Kains, und deswegen erschlägt Kain seinen Bruder Abel. Dann kommen die «Gottessöhne», die die Töchter der Menschen verführen (bzw. die Töchter, die sich von ihnen verführen lassen), und Gott erkennt, dass die Schlechtigkeit und Bosheit der Menschen auf der Erde immer größer wird und dass er die Vermehrung der Menschen auf der Erde unterbinden muss. Er beschließt die Sintflut und die Vernichtung aller Menschen mit Ausnahme Noachs, des einzigen Gerechten. Die Sintflut der Hebräischen Bibel ist also, ganz im Gegensatz zu den babylonischen Epen, die Antwort Gottes auf die moralische Verderbtheit der Menschen.

Zwei weitere Aspekte unterstreichen den Unterschied zwischen den altorientalischen Epen und der Hebräischen Bibel. Die körperliche Vereinigung von Mann und Frau ist in der Bibel und in den altorientalischen Epen ein entscheidendes Kriterium des Menschseins. Auch die in der Bibel vorausgesetzte ursprüngliche Doppelgeschlechtlichkeit von Mann und Frau kann im Atrachasis-Epos möglicherweise ergänzt werden, doch die im zweiten Schöpfungsbericht programmatisch hervorgehobene Gleichberechtigung der Frau mit dem Mann findet keine Entsprechung in den Epen. Insbesondere die sogar für die Bibel singuläre Hinwendung des Mannes zur Frau (Gen. 2,24: der Mann verlässt seine Eltern, um der Frau anzuhängen) widerspricht elementar der für die Epen und die Bibel geltenden orientalischen Lebenswirklichkeit, wonach die Frau ihre Eltern verlässt und zu ihrem Mann zieht. Allerdings ist dieser Zustand nicht von Dauer, denn nach der Vertreibung aus dem Paradies muss die Frau sich dem Mann unterordnen (Gen. 3,16).

Ähnliches gilt für das Verhältnis von Menschen und Tieren. In den Epen werden zwar auch die Tiere vor der Sintflut gerettet, aber daraus spricht keine besondere Wertschätzung der Tiere: Sie sind für die Ernährung der Götter und der Menschen notwendig. Anders die Hebräische Bibel: Wie bei der Frau gab es auch hier einen ursprünglichen Idealzustand, der aber der Wirklichkeit nicht standhielt. Zwar sollte der Mensch über die Tiere «herrschen» (Gen. 1,28), aber sie waren eigentlich nicht zu seiner Nahrung vorgesehen: Menschen und Tiere waren ursprünglich Vegetarier und teilten sich die Früchte der Erde. Erst nach der Sintflut fordert Gott im Bund mit Noach die Menschen dazu auf, «Furcht und Schrecken» über alle Tiere der Erde zu verbreiten, und erlaubt ihnen ausdrücklich, die Tiere zu essen (Gen. 9,2 f.). Das Essen der Tiere ist eine Konzession an die defektive Lebenswirklichkeit nach der Sintflut – ebenso wie Gott weiß, dass es immer wieder fehlgeleitete Menschen geben wird, die ihre Mitmenschen töten.

Die biblischen Autoren / Redaktoren haben nicht einfach altorientalische Erzählungen übernommen, sondern stellen mit ihrer kreativen Neufassung der sumerischen und babylonischen Schöpfungs- und Sintflutgeschichten diese auf den Kopf. Aus den grausamen und moralisch gleichgültig handelnden Göttern und den ihnen hilflos ausgelieferten Menschen werden der eine Gott als Lenker der Geschichte und die Menschen als moralisch verantwortliche Individuen. Die Menschen aller Generationen tragen die Verantwortung für ihr Handeln und müssen dafür auch einstehen. Aber Gott ermöglicht immer wieder den

Fortgang der Geschichte. Er weiß, dass der Mensch «von Jugend auf böse» ist (Gen. 8,21), aber er wird die Menschheit nicht noch einmal vernichten, denn er vertraut darauf, dass die Geschichte trotz allem zu einem guten Ende kommen wird.

3.

PLATON:
DIE VERGÖTTLICHUNG
DES KOSMOS

Kosmogonische Philosophie: Der Timaios

Eines der vier weltberühmten Fresken, mit denen Raffael mit seinen Schülern zwischen 1510 und 1511 die Stanza della Segnatura in den Gemächern Papst Julius' II. im Vatikan ausmalte, trägt den Titel «Die Schule von Athen». Das monumentale Fresko schildert den Triumph der in der Renaissance gerade erst wiederentdeckten griechischen Philosophie: In seinem Mittelpunkt stehen die beiden größten Philosophen der von Athen ausgehenden Philosophenschulen: links Platon[1] und rechts neben ihm sein Schüler Aristoteles. Um sie herum sind die von ihnen beeinflussten Philosophen in Gruppen abgebildet, links die «Platoniker» und rechts die «Aristoteliker» – in die Abfassung und Lektüre ihrer Schriften vertieft, im Nachdenken, im Gespräch, im Unterricht. Nur die beiden Hauptprotagonisten sind von einem Kreis von Bewunderern umgeben.

Platon hält unter den linken Arm geklemmt ein Buch, das mit der Aufschrift auf dem Buchrücken klar als «TIMEO» (lat. *Timaeus*, griech. *Timaios*) zu identifizieren ist; die rechte Hand weist mit dem ausgestreckten Zeigefinger nach oben. Aristoteles hält in der linken Hand, aufgestützt auf den linken Oberschenkel, seine Ethik (nur als «ETIC ... A» zu erkennen, der Rest ist von der Hand verdeckt); der rechte Arm mit den gespreizten Fingern der rechten Hand ist nach vorne ausgestreckt. Platon schaut nach vorne, an Aristoteles vorbei, während Aristoteles Platon zugewandt ist und offenbar mit ihm diskutiert. Der nach oben zeigende Finger Platons verweist vermutlich auf den Ursprung der Welt in den Ideen. Aristoteles' nach unten ausgestreckte Hand scheint dagegen eher pragmatisch (und kritisch?) die Realität der irdischen Welt und der menschlichen Gemeinschaft betonen zu wollen. Platons Gesichtszüge sind nach allgemeiner Auffassung denen des Leonardo da Vinci nachempfunden, des Naturforschers, Erfinders und Idealbilds eines menschlichen Schöpfers.

Dass Platon den *Timaios* mit sich trägt, ist kein Zufall. Der wahrscheinlich in der Spätphase des platonischen Werkes entstandene Dialog galt schon früh als eines seiner Hauptwerke und übte beträchtlichen Einfluss aus. Während das griechische Original im Osten des Römischen Reiches weit verbreitet war, überlebte der *Timaios* im lateinischen Westen als einziges Werk Platons den Untergang des Weströmischen Reiches, und zwar nur in einer lateinischen Übersetzung bzw. genauer in zwei Teilübersetzungen, die eine von Cicero und die andere von dem im vierten und frühen fünften Jahrhundert lebenden Platoniker Calcidius. Vor allem Calcidius' Teilübersetzung mit angeschlossenem Kommentar war im Mittelalter die Hauptquelle der Platonrezeption im lateinischen Westen und trug wesentlich zur christlichen Interpretation der platonischen Kosmologie bei. Ihren Höhepunkt erreichte diese Richtung in der Schule von Chartres im zwölften Jahrhundert mit Bernhard von Chartres und Wilhelm von Conches. Erst die gezielte Suche der Renaissance-Humanisten nach verlorengegangenen Werken der griechischen und lateinischen Klassik führte zur Wiederentdeckung des vollständigen griechischen Originals nicht nur des *Timaios*, sondern auch der anderen Dialoge Platons. Der Humanist Marsilio Ficino (1433–1499) fertigte im Auftrag Cosimo de' Medicis eine vollständige lateinische Übersetzung der Werke Platons an und veröffentlichte die Gesamtausgabe 1484 in Florenz. Sein stark neuplatonisch geprägtes Verständnis der platonischen Philosophie und sein Bestreben, diese mit der christlichen Weltanschauung in Einklang zu bringen, prägen die frühneuzeitliche Rezeption Platons, insbesondere sein philosophisch-theologisches Hauptwerk *Theologia Platonica* von 1482. Der griechische Originaltext des *Timaios* wurde erstmals 1513 in der von Markos Mousouros für den

Verleger Aldus Manutius besorgten griechischen Gesamtausgabe der Werke Platons gedruckt.²

Platons Wirken wird meist in drei Schaffensperioden eingeteilt; der Timaios entstand wahrscheinlich in der letzten Phase. Anders als in den früheren Dialogen tritt die Dialogform mit kritischen Fragen, Antworten und Gegenfragen ganz in den Hintergrund. Die Teilnehmer sind wahrscheinlich größtenteils fiktiv. Sokrates, der nur als Gast teilnimmt, weil die Vorträge zu seinen Ehren gehalten werden, hält sich zurück und verzichtet auf seine maieutischen Nachfragen. In einem kurzen Einleitungsgespräch wird vereinbart, dass Timaios, Kritias und Hermokrates Vorträge halten sollen. Als Erster soll Timaios über die Entstehung der Welt sprechen. Kritias, der über das vor der großen Flut bestehende Ur-Athen und seinen Gegenspieler, das in der Flut versunkene Atlantis, berichten will, gibt vorab einen kurzen Abriss seines Vortrags, dem der nachfolgende Dialog *Kritias* gewidmet ist. Da der Vortrag des Hermokrates nicht realisiert wird, besteht nach diesem kurzen Überblick des Kritias das Werk aus dem langen Vortrag des Timaios.

Sokrates lobt den Kurzvortrag des Kritias als glänzenden Vorgeschmack auf die von ihm zu erwartende vollständige Rede. Dann fordert er Timaios auf, seine Rede mit der Bitte um den Beistand der Götter zu eröffnen. Timaios weist ihn leicht irritiert zurück. Die Anrufung der Götter sei doch selbstverständlich zu Beginn eines jeden größeren Unternehmens; um wie viel mehr gelte dies für ein Unternehmen, das sich vornehme, «über das All» zu sprechen – um dann das fromme Ritual der Götteranrufung gleich zu relativieren: Wir müssen «notwendig» zu den Göttern flehen, «dass wir vor allem nach ihrem Sinne, in zweiter Linie nach unserem reden. Was nun die Götter angeht, so mögen sie so angerufen sein, aber jetzt gilt es, unsere eigene Kraft anzurufen» (27d).³

Die philosophischen Voraussetzungen der Weltentstehung

Unmittelbar nach diesen Präliminarien beginnt Timaios mit einem Proömium, in dem er die zentralen Gedanken seines Vortrags und ihre Voraussetzungen in der platonischen Philosophie entwickelt. Diese sind nur verständlich, wenn man mit den Grundgedanken der platonischen Philosophie vertraut ist – was Platon bei seinen Lesern hier voraussetzt. Er verweist zunächst auf die für seine Ontologie grundlegende Unterscheidung zwischen den beiden Hauptgattungen von allem, was existiert: das «Seiende» und das «Werdende»:

> Zuerst nun haben wir meiner Meinung nach Folgendes zu unterscheiden: Was ist das stets Seiende (*to on aei*) und kein Entstehen Habende und was das stets Werdende (*to gignomenon men aei*), aber nimmerdar Seiende; das eine ist durch verstandesmäßiges Denken zu erfassen, ist stets sich selbst gleich, das andere dagegen ist durch bloßes mit vernunftloser Sinneswahrnehmung verbundenes Meinen zu vermuten, ist werdend und vergehend, nie aber wirklich seiend.[4]

Hier finden wir in zwei Sätzen zusammengefasst, was als die zentrale Aussage der Ideenlehre gelten darf. Auf der einen Seite steht das Sein, das ewig ist, nicht geworden und unveränderlich. Auf der anderen Seite stehen die veränderlichen Körper, die sich ständig im Prozess des Werdens befinden und, wie sich aus der Gegenüberstellung mit dem Sein ergibt, nicht ewig sind, sondern vergänglich. Dem unterschiedlichen Seinszustand dieser beiden Pole entspricht das unterschiedliche Erkenntnisvermögen: Das Sein wird durch das Denken (die Vernunft) erfasst, das immer Werdende durch die Wahrnehmung der Sinne. Letztere ist ihrem Wesen nach vernunftlos und führt, anders als die denkende Vernunft, nicht zu abgesicherter wissenschaftlicher Erkenntnis, sondern zu bloßen Meinungsäußerungen.

Die hier vorausgesetzte Ideenlehre wird an verschiedenen Stellen in Platons Dialogen ausführlicher erörtert. Im *Phaidon* bezeichnet er die «zwei Arten des Seienden» (79a) als zum einen «göttlich, unsterblich, vernünftig, eingestaltig, unauflöslich, immer einerlei und sich selbst gleich sich verhaltend» und zum anderen als «menschlich, sterblich, unvernünftig, vielgestaltig, auflöslich, nie einerlei und sich selbst gleich bleibend» (80b). Im sogenannten Liniengleichnis der *Politeia* (509d) nennt Platon die beiden unterschiedlichen Seinsarten – entsprechend dem unterschiedlichen Zugang zu ihnen – das «Denkbare» (*noēton*) und das «Sichtbare» (*horaton*).

Im nächsten Schritt stellt Platon klar, dass alles, was entsteht, nur

Kosmogonische Philosophie: Der Timaios

aus einer Ursache entstehen kann; etwas ohne Ursache Entstehendes gibt es nicht (28a). Diese Ursache ist, wie wir nur beiläufig erfahren, nicht etwas mechanisch Bewirktes, sondern ein personifizierter Verursacher, den Platon hier «Demiurg» (*dēmiourgos*) nennt, ein Begriff, der im Griechischen eigentlich den «Handwerker» oder «Künstler» bezeichnet. Kurz darauf nennt er ihn im selben Satz sowohl «Macher / Urheber und Vater» (*poiētēn kai patera*) als auch «Werkmeister» (*tektainomenos*),[5] später auch «Erzeuger» (*gennēsas*),[6] oft auch schlicht «der Gott» (*ho theos*).[7] Schleiermacher übersetzt den Begriff meist als «Erzeuger», manchmal auch als «Werkmeister». Ohne die Rolle und Stellung des Demiurgen weiter auszuführen, kommt Platon jetzt unvermittelt darauf zu sprechen, wie er tätig wird: Er blickt auf das sich stets gleich Verhaltende, also das unveränderliche Sein, und benutzt seine «Idee / Form» (*idean*) und «Kraft» als «Vorbild» (*paradeigma*) für das, was er anfertigen / erzeugen will. Wenn er auf dieses Sein blickt, kann das, was er angefertigt / erzeugt hat, zwangsläufig nur «schön» sein. Blickt er dagegen auf das nur Gewordene und nimmt dieses zum Vorbild, so ist es ebenso zwangsläufig «nicht schön» (28a–b). Daraus ergibt sich nebenbei, ohne dass Platon dies ausführt, dass der Demiurg nicht mit dem unveränderlichen Sein identisch sein kann, sondern zwischen diesem und der sichtbaren Welt vermittelt.

Ohne den Schritt vom Vorbild zum erzeugten Abbild weiter zu erläutern, wendet Platon sich nun einer weiteren Frage zu: Zu welcher der beiden Seinsweisen – dem stets Seienden oder dem stets Werdenden – gehört der Kosmos (oder die Welt, der Himmel, das All)? War er immer und hatte «keinen Anfang des Entstehens» oder ist er, «von einem Anfang ausgehend, geworden»? Anders formuliert, ohne dass die Begriffe der Zeit und der Ewigkeit schon fallen: Ist die Welt ewig oder zeitlich? Klare Antwort: «Er [der Himmel, der Kosmos, die Welt, das All] ist geworden.» Warum?

> Er ist sichtbar und betastbar und im Besitz eines Körpers. Alles Derartige aber ist durch die Sinne wahrnehmbar; das durch die Sinne Wahrnehmbare aber, das durch Meinen in Verbindung mit Sinneswahrnehmung zu erfassen ist, erwies sich als Werdendes und Erzeugtes; von dem Gewordenen aber behaupten wir ferner, dass es notwendig aus einer Ursache hervorging.[8]

Alle wahrnehmbaren, das heißt per definitionem körperlichen Dinge gehören zur Kategorie des Werdenden und Entstandenen. Sie werden nicht durch das Denken erfasst, sondern durch die Wahrnehmung der Sinne. Das Ergebnis dieser Sinneswahrnehmung ist bloßes (nie abgesichertes, nie endgültiges) «Meinen», im Unterschied zu der durch die Vernunft bewirkten Erkenntnis des Seins. Damit bekräftigt Platon noch einmal die oben gemachte Aussage, dass alles Körperliche notwendigerweise eine Ursache hat. Diese Ursache ist, wie wir bereits wissen, eine Person, der Demiurg. Und wieder lässt Platon uns über den genauen Charakter und die Rolle dieses Demiurgen im Unklaren, sondern bekennt nur lapidar: «Also den Macher / Urheber und Vater (*poiētēn kai patera*) dieses Weltalls aufzufinden, ist schwer und, nachdem man ihn aufgefunden hat, ihn allen zu verkünden, unmöglich» (28c). Zwar hat Platon ihn offenbar gefunden, aber er kann und will dieses Wissen nicht allgemein zugänglich machen.

Im nächsten Schritt wendet sich Platon der entscheidenden Frage zu, nach welchem Vorbild der Werkmeister (*tektainomenos*) das Weltall aufgebaut hat, nach der Kategorie des Seins oder des Gewordenen? Die klare Antwort, die oben schon anklang:

> Ist aber diese Welt schön und ihr Demiurg gut, dann war offenbar sein Blick auf das Unvergängliche gerichtet; ist sie aber – was auch nur auszusprechen frevelhaft wäre – [nicht schön], dann war sein Blick auf das Gewordene gerichtet. Jedem aber ist doch deutlich, dass er [der Blick des Demiurgen] auf das Unvergängliche gerichtet war, denn sie [die Welt] ist das Schönste unter dem Gewordenen, er [der Demiurg] der Beste aller Ursachen. So also entstanden, ist sie nach dem durch Nachdenken und Vernunft zu Erfassenden und sich Gleichbleibenden auferbaut.[9]

Dass die Welt schön ist und der Demiurg gut – die Prämisse für alles Folgende –, wird nicht begründet, sondern vorausgesetzt. Die gegenteilige Prämisse, dass die Welt auch nicht schön sein könnte (und der Demiurg nicht gut), darf nicht einmal ausgesprochen werden. Die Welt war, so behauptet Platon, nicht nur schön, sondern das Schönste unter allem Gewordenen und der Demiurg nicht nur gut, sondern der Beste aller Urheber. Dass es dann auch noch anderes Gewordenes geben müsste als die Welt und andere Urheber als den Demiurgen, interessiert Platon hier nicht. Schlussfolgerung: Die Welt ist nach der Kategorie des Seins erbaut, das epistemologisch durch die Vernunft erfasst werden kann. Daraus ergibt sich die genauere Verhältnisbestimmung von Sein und Welt:

> Das aber zugrundegelegt, ist es ferner durchaus notwendig, dass die Welt von etwas ein Abbild (*eikon*) sei. Das Wichtigste aber ist, bei allem von einem naturgemäßen Anfang auszugehen. In Hinsicht auf das Abbild nun und auf sein Vorbild muss man folgende Unterscheidung treffen: dass die Reden, da sie eben dem, was sie erläutern, auch verwandt sind, dass diejenigen, die sich mit dem Beharrlichen, Dauerhaften, auf dem Wege der Vernunft Erkennbaren befassen, beharrlich und unveränderlich sind ..., dass aber die Reden, die sich mit dem befassen, was nach jenem nachgebildet und ein Abbild ist, nur wahrscheinlich und jenem entsprechend sind. Wie das Sein (*ousia*) zum Werden (*genesis*), so verhält sich die Wahrheit (*alētheia*) zum Glauben (*pistis*).[10]

Mit der Verhältnisbestimmung von «Vorbild» und «Abbild» nennt Platon endlich die wichtigste Grundannahme seiner Ideenlehre beim Namen: Die sichtbare Welt ist das Abbild von einem Vor- oder Urbild, nämlich der Welt der Ideen, wie er es zum Beispiel in seinem berühmten Höhlengleichnis plastisch dargestellt hat:[11] Die armen, in der Höhle gefesselten Menschen sehen nur die Schatten von etwas, das sie für die Wirklichkeit halten, ohne die Quelle der Schatten zu kennen. Doch diese Schatten sind nur der Reflex einer Wirklichkeit, die allein der sehen kann, der die Höhle verlässt und erkennt, dass diese Schatten vom Licht der Sonne geworfen werden. Die Schatten verhalten sich also zum Licht der Sonne wie das Abbild zum Urbild des Seienden. Epistemologisch bedeutet dies wieder, dass der Erkenntnisgewinn und Wahrheitsgehalt menschlicher Rede davon abhängt, ob sie vom Urbild des Seins oder vom Abbild des Werdens spricht. Entsprechend ihrem Gegenstand ist erstere Rede beharrlich, unveränderlich und durch die Vernunft zu erfassen, letztere dagegen nur durch die Sinne zu erfassen und veränderlich. Damit kann erstere den Anspruch auf Wahrheit erheben, letztere nur den auf Wahrscheinlichkeit. Die dem Sein angemessene Erkenntnisform ist die Wahrheit, die dem Werden angemessene der Glaube.

Zum Abschluss des Proömiums bekräftigt Timaios, in direkter Hinwendung zu Sokrates, dass wir über die Götter und die Entstehung des Weltalls – die Götter sind überraschend, denn von denen war bisher überhaupt nicht die Rede – keine sicheren und endgültigen Aussagen machen können. Wir müssen uns damit abfinden, dass für die Entstehung der Welt (Kosmogonie) die wahrscheinliche Rede die uns Menschen einzig mögliche Erkenntnisform ist und bleibt.[12] Was gewöhnlich als «wahrscheinliche Rede» übersetzt wird, nennt Platon hier erstmals «wahrscheinlichen Mythos» (*eikōs mythos*), sonst immer «wahrscheinlichen Logos». Er betont also den mythologischen Charakter seiner Ausführungen über die Kosmologie. In einer zweiten und letzten Intervention stimmt Sokrates ihm begeistert zu und fordert ihn auf fortzufahren.

Die Hervorbringung des Kosmos durch den Demiurgen

Damit kommt der Dialog zum Hauptteil, die Hervorbringung des Kosmos durch den Demiurgen. Platon beginnt mit dem Grund für die Entstehung der Welt. Wie wir schon gehört haben, ist der Demiurg gut – deswegen kann und will er auch nur Gutes hervorbringen, denn er wollte, «dass alles ihm möglichst ähnlich werde» (29e). Er konnte gar nicht anders als einen ihm ähnlichen, nämlich bestmöglichen Kosmos erschaffen. Erst nach dieser Klarstellung folgt die Antwort auf die Frage, wie er das tat:

> Indem nämlich der Gott wollte, dass alles gut und nach Möglichkeit nicht schlecht sei, so nahm er also alles, was sichtbar war und keine Ruhe hielt, sondern in ungehöriger und ordnungsloser Bewegung war, und führte es aus der Unordnung (*ataxia*) zur Ordnung (*taxis*), da ihm dieser Zustand [der Ordnung] in jeder Beziehung besser schien als jener [der Unordnung].[13]

Hier erfahren wir ganz beiläufig, dass der Demiurg etwas Sichtbares und Unruhiges vorfand, das er von der Unordnung in die Ordnung überführte. Daraus ergibt sich zwangsläufig, dass es in dem Augenblick, in dem der Demiurg seine ordnende Tätigkeit begann, nicht etwa «nichts» gab, sondern etwas Ungeordnetes, das er ordnete. In der späteren jüdischen und christlichen Terminologie wäre die Tätigkeit des Demiurgen also keine *creatio ex nihilo*, sondern eine *creatio ex hylis*. Da das unruhige und formlose Ungeordnete «sichtbar» ist, kann es nur die chaotische Materie sein, der der Demiurg seinen Ordnungswillen aufzwang. Später bezeichnet Platon diesen chaotischen Anfangszustand als «ohne Verhältnis und Maß», als einen Zustand, «wie er sich bei allem erwarten lässt, wenn der Gott sich davon fernhält» (53a–b).

Um den Zustand der kosmischen Unordnung in den der Ordnung zu überführen, bedarf es also des Eingriffs eines vernünftigen Wesens; eine aus dem Chaos selbst hervorgehende Organisation ist undenkbar. Dieses vernünftige Wesen ist der Demiurg, und da der Demiurg nur das Beste und damit auch Schönste hervorbringen kann, muss er dem Chaos Vernunft einpflanzen. Dies kann nur dadurch geschehen, dass er dem Körper der chaotischen Materie eine Seele gibt, denn nur etwas, das beseelt ist, kann Vernunft haben (30b). Es ist offensichtlich, dass dieser entscheidende Schritt in Platons Kosmologie analog zu seiner Anthropologie gestaltet ist: So wie der Mensch durch einen Dualismus von Leib und Seele konstituiert ist, entsteht und funktioniert auch das Weltall im Zusammenspiel von Körper und Seele:

> So muss man – in den Grenzen der wahrscheinlichen Rede – behaupten, dass diese Welt durch des Gottes Fürsorge (*pronoia*) als ein in Wahrheit beseeltes und mit Vernunft begabtes Lebewesen entstand.[14]

Mit der Seele – genauer: dem vernünftigen Teil der Seele – kommt Ordnung in den Weltkörper, die, wie wir später erfahren, durch die konstante Kreisbewegung der Weltseele am Himmel aufrechterhalten wird. Platon nimmt damit dezidiert Stellung gegen die griechischen Naturphilosophen und vor allem gegen die Atomisten, die die lebenserhaltende Kraft des Kosmos in den Naturkräften der Elemente selbst sehen wollten, nicht in einer vernunftbegabten Weltseele, die einer höheren Ordnung verpflichtet ist. Gegen die rationalistischen und entmythologisierenden Theorien der Naturphilosophen verkündet Platon damit, wie Lothar Schäfer treffend bemerkt hat, «sozusagen einen wiederverzauberten Kosmos».[15]

Schließlich greift Platon noch einmal die Frage des Vorbilds auf, nach dem die Welt entstanden ist. Wir wissen schon, dass dieses Vorbild, auf das der Demiurg seinen Blick richtete, das Sein ist, also das Unvergängliche, Vollendete und, wie er jetzt sagt, Allumfassende. So wie dieses Sein «Eines» ist, schuf er auch die Welt als «eine», als «*ein* sichtbares Lebewesen (*zōon hen horaton*), welches alle von Natur ihm verwandten Lebewesen in sich fasst» (30d). Da es neben diesem ontologischen Einen kein Zweites geben kann, machte der Demiurg (hier der «Macher», *ho poiōn*) «nicht zwei und nicht unendliche Welten, sondern alleinig (*heis*) und einmalig geworden ist dieser Himmel und wird es auch ferner sein» (31b). Die Welt ist eine und eine einzige; außer ihr gibt es keine Welten. Auch dies richtet sich gegen die Atomisten, die eine Vielheit von sich ständig ändernden Welten annahmen.

Weltkörper und Weltseele

Im ersten Schritt der konkreten Erschaffung[16] der Welt wendet sich Platon dem Weltkörper zu, denn die Welt muss notwendigerweise «körperlich, sichtbar und betastbar» sein (31b). Dieser Weltkörper besteht aus den vier Elementen Feuer, Erde, Luft und Wasser, wobei Feuer und Erde als sichtbare (Feuer) und betastbare (Erde) Grundelemente dienten und die Luft und das Wasser als vermittelnde Bindeglieder. Das harmonische Verhältnis der Elemente zueinander bestimmt sich nach mathematischen Proportionen. Auf diese Weise gestaltete der Demiurg den Weltkörper als «ein vollkommenes und nie alterndes noch erkrankendes Ganzes und verlieh ihm die ihm angemessene und verwandte Gestalt» (33a). Da der Weltkörper alle zukünftigen Lebewesen in sich aufnehmen sollte, kann die ihm angemessene Gestalt nur die Form der Kugel sein (33b), denn die Kugel ist der vollkommenste geometrische Körper. Und schließlich ist die der Kugel angemessene Bewegung die «Drehung im Kreise», also die Rotation (34a). Ohne dass Platon dies hier ausdrücklich sagt, ist dieser kugelförmige Kosmos zwangsläufig begrenzt, denn außerhalb der Kugel gibt es nichts, auch keine anderen Welten. Vollendet wird der kugelförmige Weltkörper aber erst dadurch, dass der Demiurg ihm die Weltseele einpflanzt:

Kosmogonische Philosophie: Der Timaios

> Diese ganze Erwägung des immer seienden Gottes (*ontos aei theou*) über den Gott, der einmal sein sollte (*ton pote esomenon theon*) ließ ihn einen glatten, ebenmäßigen und vom Mittelpunkte aus nach allen Richtungen gleichen, ganzen und vollkommenen, aus vollkommenen Körpern bestehenden Körper gestalten. Indem er aber in seine Mitte eine Seele setzte, ließ er diese das Ganze durchdringen und auch noch von außen her den Körper umgeben und bildete als einen im Kreise sich drehenden Kreis einen alleinigen Himmel, der einsam ist, aber auf Grund seiner Vortrefflichkeit selbst mit sich selbst zusammenkommen kann und keines anderen bedarf, sondern sich selbst zur Genüge bekannt und befreundet ist. Mittels all dieser Dinge erzeugte er ihn [den Himmel = Kosmos] als einen seligen Gott (*eudaimona theon*).[17]

Dies ist eine der Schlüsselstellen des *Timaios*. Im Einleitungssatz unterscheidet Platon zwischen dem immer seienden (also dem Sein) und dem, was einmal sein soll (also dem Werdenden). Beide bezeichnet er ganz unverblümt als «Gott»: Der eine ist das Sein, und der andere der «selige Gott» des aus Körper und Seele zusammengefügten Kosmos. Da es sich hier aber um die Tätigkeit des Demiurgen handelt, scheint Platon ganz beiläufig, und ohne dies genauer zu erläutern, den «immer seienden Gott» mit dem Demiurgen gleichzusetzen.[18] Der aus Körper und Seele gebildete Kosmos dreht sich in selbstgenügsamer Seligkeit ständig um sich selbst und hat als solcher ebenfalls den Status eines (minderen) Gottes. Des Weiteren suggeriert dieser Passus, dass der Kosmos in einem zeitlichen Nacheinander erschaffen wurde, und zwar in der Reihenfolge erst Körper und danach Seele. Dieser Eindruck wird im Folgenden jedoch als Missverständnis entlarvt, denn Platon betont, dass die Seele keineswegs «als das jüngere Erzeugnis von dem Gott gemacht» wurde; sie ist vielmehr in ihrer Entstehung «früher» und in ihrer Bedeutung «ehrwürdiger» als der Körper, der ihr unterworfen ist und den sie beherrschen wird (34c). Damit lässt Platon zwar auf der einen Seite keinen Zweifel an der hierarchischen Rangordnung von Körper und Seele (die Seele ist dem Körper eindeutig übergeordnet), hält auf der anderen Seite aber an dem zeitlichen Nacheinander ihrer Entstehung fest. Hier überkreuzen (und widersprechen) sich die ontologischen und die mythischen Aussagen Platons. Denn wenn der Kosmos an dem ewigen und unvergänglichen Sein ausgerichtet ist, muss auch er ewig und unvergänglich sein, ganz unabhängig davon, ob sein Körper vor der Seele oder seine Seele vor dem Körper entstand.

Erst jetzt folgt die genauere Beschreibung der Entstehung der Weltseele. Dieser Passus gehört zu dem Schwierigsten des ganzen Dialogs, und zahllose Exegeten haben darüber gestritten. Platon lässt nun plötzlich neben dem sich immer gleich bleibendem Sein und dem vielfachen und teilbaren Werden eine dritte Form des Seins entstehen, eine Mischform, die die beiden Qualitäten der Unteilbarkeit und der Teilbarkeit miteinander verbindet. Da dies auf der Ebene der immateriellen Seele geschieht, trägt er in das *eine* und unteilbare Sein die Kategorie des Teilbaren und widerspricht damit allen Voraussetzungen seiner Ideenlehre. Sich dieses Widerspruchs offensichtlich bewusst, lässt er den Demiurgen diese Mischform des Seins mit Gewalt hervorbringen, indem er zusammenzwingt, was nicht zusammengehört: «Diese drei [das Sein, das Selbe und das Verschiedene] nahm er und vereinte alle zu *einer* Gestalt, indem er die schlecht mischbare Natur des Verschiedenen *gewaltsam* mit der des Selben harmonisch zusammenfügte und sie mit dem Sein vermischte» (35a). Das Ergebnis dieser Mischung teilte der Demiurg anschließend in einem komplexen mathematischen Verfahren in zahlreiche Teile, die er dann in kreisförmige Bewegung versetzte, und zwar einen äußeren Kreis (des Selben) und einen inneren Kreis (des Verschiedenen).[19] Die Erschaffung des Kosmos kommt endgültig zu ihrem Abschluss, indem der Demiurg den körperlichen Teil des Kosmos innerhalb der alles umfassenden Weltseele mit dieser verband. So begann die mit dem Weltkörper verbundene und in sich selbst kreisende Weltseele ein «endloses und vernunftbegabtes Leben für alle Zeit» (36d–e). Auch hier ist festzuhalten, dass Platon ganz beiläufig von zeitlichen Kategorien (dem Beginn eines endlosen Lebens) spricht, bevor überhaupt von der Entstehung der Zeit die Rede ist. Platon beschließt seine Schilderung der Entstehung des Kosmos mit dem zufriedenen Blick des Demiurgen auf sein Werk, der gleichzeitig zur Entstehung der Zeit überleitet:

> Als nun der Vater, der es [das beseelte Lebewesen des Kosmos] erzeugt hatte, es in Bewegung und vom Leben durchdrungen sah, ein Schmuckstück (*agalma*) zur Freude der ewigen Götter, ergötzte es ihn, und erfreut sann er darauf, es seinem Urbilde noch ähnlicher zu gestalten.[20]

Kosmogonische Philosophie: Der Timaios

Jetzt kommen plötzlich die traditionellen Götter ins Spiel, obwohl von ihnen bisher im Zusammenhang mit der Entstehung des Kosmos keine Rede war: Sie sind einfach da – neben der oben erwähnten ontologischen Kategorie des «immer seienden Gottes» – und erfreuen sich an dem vom Demiurgen geschaffenen «Schmuckstück». Cornford hat gezeigt, dass *agalma* genauer einen Kultgegenstand bezeichnet, der die Anwesenheit eines Gottes signalisiert und dem Verehrung gebührt.[21] Damit rückt der Kosmos, der oben schon als «seliger Gott» bezeichnet wurde, endgültig auf die Ebene der Götter: Er wird ein neuer Gott im Kreise der Götter. Hier verschiebt sich ganz eindeutig die philosophische Kosmologie Platons in Richtung auf eine Kosmo-Theologie,[22] gewinnt der (ältere) theologisch-mythische Entwurf der Entstehung des Weltalls das Übergewicht gegenüber der Entfaltung einer Kosmologie, die strikt philosophischen Kategorien verpflichtet ist.

Die Zeit

Worin genau besteht nun die Absicht des Demiurgen, den Kosmos «seinem Urbilde noch ähnlicher zu gestalten»? Ausgerechnet, wie er im Folgenden ausführt, in der Erschaffung der Zeit:

> Wie dieses [das Urbild des Demiurgen] nun selbst ein unvergängliches Lebewesen ist, versuchte er auch dieses All [den Kosmos], soweit möglich, zu einem solchen zu machen. Die Natur dieses Lebewesens [des Demiurgen] war nun aber eine ewige und diese Eigenschaft dem Erzeugten vollkommen zu verleihen, war selbstverständlich unmöglich. So sann er darauf, ein bewegliches Abbild der Ewigkeit[23] zu gestalten, und machte, indem er zugleich dabei den Himmel ordnete, von der in dem Einen verharrenden Ewigkeit ein in Zahlen fortschreitendes ewiges Abbild (*aiōnion eikona*), und zwar dasjenige, dem wir den Namen Zeit (*chronos*) beigelegt haben.[24]

Auch hier sind die inneren Widersprüche mit Händen zu greifen. Der Demiurg möchte den von ihm gestalteten Kosmos ausgerechnet in der Qualität der Ewigkeit ihm gleich machen, doch genau dies ist unmöglich, weil die Ewigkeit keiner zeitlichen Abfolge unterliegt. Deswegen beschließt er, den Kosmos zu einem beweglichen Abbild dieser seiner

Ewigkeit zu machen – die aber ihrerseits nur ein Abbild des Seins ist –, das er aber gleichwohl ein «in Zahlen fortschreitendes *ewiges* Abbild» nennt, und dem wir den Namen «Zeit» gegeben haben. Danach käme der Zeit eine Form der Ewigkeit zu, obwohl sie ja einen klar definierten Anfang hat, nämlich das «Machen» des Demiurgen. Schließlich ignoriert diese Konstruktion der Zeit als bewegliches Abbild der Ewigkeit, dass der Demiurg bei seinem schöpferischen Tun die chaotische Materie vorgefunden hat, die er zwar ordnet, aber eben nicht erschafft.

Manche Platon-Exegeten flüchten sich bei diesen Ungereimtheiten in die Unterscheidung zwischen Philosophie und Mythos und sehen hier den mythischen Platon am Werke. Andere wollen die temporale Rede von der Genesis des Kosmos herunterspielen und nicht wörtlich nehmen: Alle Aussagen, die ein zeitliches Nacheinander in Platons ontologische Kategorien hineinzutragen scheinen, dienten nur dem Zweck, uns Menschen den Vorgang zu verdeutlichen, hätten aber keine wirkliche Relevanz.[25] Rainer Enskat hat die Definition der Zeit im *Timaios* einer rigorosen und glänzenden Analyse unterzogen, die sich stellenweise wie eine Parodie des Dialogs liest.[26] Er fragt alle die Fragen, die Sokrates nach den bekannten Maßstäben der platonischen Dialoge (Widerspruchsfreiheit und Kohärenz) eigentlich hätte fragen müssen. Unter der Prämisse, dass alles vom Demiurgen Geschaffene diesem möglichst ähnlich sein müsse, die gerade auch für die Bild-Abbild-Relation von Ewigkeit und Zeit gilt,[27] dekliniert Enskat die einzelnen Aussagen durch und kommt zu dem Ergebnis, dass Ewigkeit und Zeit «in kategorialer Hinsicht gar nicht noch verschiedener voneinander sein könnten, um *nicht* als Kandidaten für eine Trägerschaft der Ähnlichkeitsrelation in Frage zu kommen».[28] Treffend charakterisiert er die Ausführungen des *Timaios* als «theognostische Anmaßungen» und Timaios als den «Inhaber einer Wahrheit ohne Methode».[29] Ob Sokrates diese und viele andere Fragen an Timaios nicht gestellt hat, weil er, wie Enskat annimmt, nur als Gast bei der Rede des Timaios anwesend war, kann vorläufig dahingestellt bleiben. Zutreffend ist jedenfalls, dass «der Sokrates der sokratischen Dialoge Platons sich selbst jedenfalls nur durch zwei Reaktionen (hätte) treu bleiben können – durch Schweigen oder durch die Antwort: Strafen für diejenigen, die solche Fragen *nicht* stellen».[30]

Die Erzeuger und Bewahrer der Zeit sind die Sonne, der Mond und die fünf Planeten Merkur, Venus, Mars, Jupiter und Saturn, die nach dem geozentrischen Weltbild des *Timaios* die Erde umkreisen (38c–d). Sie werden vom Demiurgen in ihre Kreisbahn gesetzt, obwohl von ihrer Erschaffung erst danach die Rede ist – ein weiteres Beispiel für das widersprüchliche «Vorher» und «Nachher» im *Timaios*. Platon wendet sich nämlich erst nach der Erzeugung der Zeit der Erschaffung der Lebewesen im Kosmos zu, die er in vier Gattungen aufteilt: «die eine der Götter himmlisches Geschlecht, die andere das geflügelte, die Lüfte durchschneidende [Geschlecht], die dritte die im Wasser hausende Art, die vierte die dahinwandelnde und auf dem Festlande lebende [Art]» (39e–40a). Man sollte meinen, dass diese vier Gattungen in der Folge ausführlich behandelt werden, doch das ist nicht der Fall. Zunächst geht es um die Götter und dann um den Menschen, das heißt, Platon ist primär am gestirnten Himmel interessiert und an dem Verhältnis des Menschen zu ihm; Tiere und Pflanzen spielen keine besondere Rolle.[31]

Die sichtbaren und entstandenen Götter

Das himmlische Geschlecht der Götter, die erste Gattung, sind die aus Feuer geschaffenen Planeten (mit Sonne und Mond), die ihre Position ständig verändern, und die Fixsterne, die stets dieselbe Position zueinander einnehmen. Sie sind die *sichtbaren und entstandenen* Götter. Die Erde, die «sich um die durch das Weltall hindurchgehende Weltachse herumdreht», ist die «erste und ehrwürdigste aller Götter, die innerhalb des Himmels geworden sind» (40b–c).

In diese Beschreibung der Entstehung der sichtbaren Götter und ihrer Aufgaben schiebt Platon plötzlich einen kurzen Abschnitt über die traditionellen olympischen Götter ein. Er sagt ausdrücklich, dass er seine Ausführungen über die sichtbaren und entstandenen Götter abgeschlossen hat und sich nun den «übrigen Gottheiten» zuwendet, bei denen es sich nur um die traditionellen Götter handeln kann (40d). Dabei zieht er sich darauf zurück, dass wir von ihnen keine gesicherte Kenntnis haben und uns nichts anderes übrigbleibt, als denen Glauben zu schenken, die sich als Abkömmlinge dieser Götter bezeichnen und daher sozusagen von «Familienangelegenheiten» berichten (40df.). Da er genau an dieser Stelle einen extrem kurzen Abriss der klassischen Theogonie bietet, der auf Hesiod basiert,[32] kann man den Passus nur als Ironie verstehen: Platon macht sich hier über Hesiod und seine gläubige Gefolgschaft lustig und erklärt hinsichtlich des Pantheons der traditionellen griechischen Götter seine Unzuständigkeit. Aussagen über sie gehörten in die Kategorie des Glaubens, die er zu Anfang von der Kategorie der Wahrheit abgegrenzt hat. Mit anderen Worten: Platon bekennt sich hier zwar nicht als Atheist, aber doch als Agnostiker.

Nach diesem kurzen Exkurs wendet sich Platon wieder den sichtbaren und entstandenen Göttern zu. Zunächst erklärt er, dass sie als gewordene Wesen zwar nicht unsterblich und nicht unauflösbar sind, dass aber ihre Auflösung und ihr Tod nur mit Zustimmung des Demiurgen erfolgen kann, die dieser jedoch niemals geben wird. Kraft der Autorität des Demiurgen sind diese Götter also faktisch unsterblich (41a–b). Was ist die Aufgabe dieser Götter? Es fehlen ja noch drei Gattungen der sterblichen Geschlechter auf der Erde, die Vögel, Fische, Menschen und Tiere, und diese kann der Demiurg nur mit Hilfe der von ihm hervorgebrachten Götter erschaffen:

> Noch sind drei sterbliche Geschlechter unerzeugt übrig, ohne deren Entstehen der Himmel unvollendet bleiben wird, indem er nicht alle Gattungen der Lebewesen in sich haben wird; das muss er aber, soll er genügend vollendet sein. Gelangten nun diese durch mich [den Demiurgen] zur Entstehung und zum Leben, dann würden sie den Göttern gleichgestellt; damit diese aber sterblich und das Weltall in Wahrheit ein All sei, so wendet ihr euch, euerm Wesen nach, zur Hervorbringung der Lebewesen, indem ihr die von mir bei eurer Erzeugung bewiesene Schöpferkraft nachahmt.[33]

Würde der Demiurg selbst die noch übrigen Gattungen der Lebewesen erschaffen, wären diese göttlich, wie die sichtbaren und entstandenen Götter, und die Welt bestünde nur aus Göttern. Dies aber ist nicht der Sinn eines allumfassenden Kosmos, zu dem auch sterbliche Lebewesen gehören. Auch dies ist in sich widersprüchlich: Nicht nur hat der in sich vollkommene Demiurg mit den sichtbaren und gewordenen Göttern etwas hervorgebracht, das offensichtlich unvollkommen ist – sind diese

Götter doch sterblich und werden nur durch den Willen des Demiurgen am Leben erhalten –, nun erschaffen diese Götter der zweiten Kategorie ihrerseits mit den sterblichen Lebewesen auf der Erde etwas noch weniger Vollkommenes. Immer wieder stolpert der Leser über die Übergänge von den Kategorien des Seins zu denen des Werdens in einer körperlichen und sterblichen Welt. Der Demiurg macht nun also die Götter der minderen Kategorie zu zweitrangigen Demiurgen, die seine Schöpfung vervollständigen. Allerdings können diese Götter nur den sterblichen Teil der Lebewesen hervorbringen, genauer gesagt der Menschen, denn die anderen irdischen Lebewesen interessieren Platon nur am Rande. Die Erschaffung ihrer unsterblichen Seele muss der Demiurg sich selbst vorbehalten. Dies geschieht wieder durch denselben Mischkrug, den er schon für die Erschaffung der Weltseele benutzt hat. Das Ergebnis, die Menschenseele, ist in ihrer Reinheit aber geringer als die Weltseele, eine «Reinheit zweiten und dritten Grades» (41c–d). Hier ist völlig unklar, woher diese abgestufte Reinheit kommen soll.

Die Erschaffung des Menschen

Damit sind wir bei der Erschaffung des Menschen. Die vom Demiurgen erzeugten unsterblichen Seelen der Menschen haben alle einen Stern oder Planeten zur Heimat. Die Zahl der Seelen ist also begrenzt und entspricht der Anzahl der Sterne. Zweck der Seelen ist es, ein gottgefälliges Leben in den ihnen zugeteilten Menschenkörpern zu führen. Am Ende der ihnen bestimmten Zeit sterben die Körper, und die Seelen kehren an ihren Ursprungsort (die Sterne) zurück, um dort ein glückseliges und ewiges Leben zu führen. Das gottgefällige Leben in den materiellen Körpern gelingt aber nur den wenigsten Seelen auf Anhieb. Die weniger erfolgreichen müssen in einem anderen Körper erneut inkarniert werden und ihr irdisches Leben so lange in unterschiedlichen Körpern fortsetzen, bis sie frei von aller «Schlechtigkeit» sind und endgültig zu ihrem Heimatstern zurückkehren können. Dieser Kreislauf der Seelen bis zu ihrer endgültigen Befreiung aus dem, wie es sonst heißt, «Gefängnis des Körpers» wird gemeinhin als Platons Lehre von der Seelenwanderung bezeichnet (41d–42e).

In diese Darstellung der Seelen flicht Platon eher beiläufig zwei bedeutsame Gesichtspunkte ein. Zum einen lässt er einfließen, dass «die Natur des Menschen eine doppelte» ist, nämlich Mann und Frau, und dass das «überlegene Geschlecht» das des Mannes ist (42a). Die höchstmögliche Form der Inkarnation der Seele ist daher die in den Körper eines Mannes. Wenn dieser Mann zu seiner Lebzeit das Ziel eines vernunftgeleiteten und gottgefälligen Lebens nicht erreicht hat, wird er «bei seiner zweiten Geburt in die Natur eines Weibes übergehen» (42c). Behält auch dann die Schlechtigkeit die Oberhand, findet sich die Seele im Körper eines Tieres wieder, und zwar eines solchen Tieres, das der Schlechtigkeit entspricht. Dies wiederholt sich so lange, bis die Vernunft die Oberhand gewinnt und die Seele in ihrer ursprünglichen Form an ihren Ursprungsort zurückkehren kann (42d). Dabei bleibt unklar, ob derjenige, der sich im weiblichen Körper bewährt hat, sogleich die Rückkehr zu seinem Heimatstern antreten darf, oder ob er noch einmal in einem männlichen Körper versuchen muss, mit seiner Seele in die Gefilde der ewigen Sterne aufzusteigen. Aber wie auch immer: Platons Anthropologie kennt eine klare ontologische Unterordnung der Frau unter den Mann. Diese Einordnung der Frauen gehört zu den bizarrsten Teilen des *Timaios*, denn die Frauen spielen vor allem deswegen eine Rolle, weil Platon für seine Lehre der Seelenwanderung menschliche Körper brauchte, die unter denen der Männer stehen. Dass es auch unterschiedliche Hierarchien des männlichen Körpers geben könnte – etwa aufgrund der Hautfarbe –, kam Platon glücklicherweise nicht in den Sinn.

Der zweite Gesichtspunkt, den Platon zunächst beiläufig eingeflochten hat, die Schlechtigkeit des Menschen, wird im Folgenden direkt angesprochen:

> Nachdem er [der Demiurg] alle diese Gesetze, damit nicht ihn die Schuld der späteren Schlechtigkeit der einzelnen [Menschen] treffe, vollständig für sie [die Seelen] festgesetzt hatte, säte er die einen [Seelen] in die Erde, die anderen in den Mond und noch andere in die übrigen Werkzeuge der Zeit [die Sterne]. Nach dieser Aussaat aber überließ er es den jungen Göttern, die sterblichen Leiber zu gestalten und im Übrigen das, was von der menschlichen Seele noch hinzukommen musste, und alles damit Zusammenhän-

gende herzustellen und dann zu herrschen und nach Kräften möglichst schön und gut das sterbliche Lebewesen fortwährend zu leiten, soweit es nicht selbst Urheber der es selbst betreffenden Übel würde.[34]

Hier exkulpiert sich der Demiurg, der ja für die Erschaffung der Seelen zuständig ist, von aller möglichen Schlechtigkeit der Geschöpfe, die durch die Verbindung der Seelen mit den von den jungen Göttern zu erschaffenden Körpern entstehen könnte. Dann überlässt er es den sichtbaren und entstandenen Göttern, die sterblichen Körper mit den unsterblichen Seelen und dem, «was von der menschlichen Seele noch hinzukommen musste», zu verbinden. Damit erfahren wir wieder ganz nebenbei, dass die menschliche Seele nicht nur einen unsterblichen, vom Demiurgen erschaffenen Teil hat, sondern auch mit sterblichen Teilen ausgestattet ist und dass es Aufgabe der jungen Götter ist, diese sterblichen Teile zu erzeugen. Erst viel später wird dies weiter ausgeführt, indem Platon den sterblichen Seelenteilen einen eigenen Bereich im Körper zuteilt, nämlich die Brust, um die sterblichen Seelenteile von den unsterblichen zu trennen (69c–e). Über dieses aus unsterblichen und sterblichen Seelenteilen zusammengesetzte Menschenwesen sollen die jungen Götter herrschen – und es zu einem vernunftgeleiteten und gottgefälligen Leben anleiten. Wenn letzteres nicht gelingt, sind allein die Menschen dafür verantwortlich. Auch die jungen Götter werden von allen negativen Folgen ihres Werkes exkulpiert. Alles Übel, alles Schlechte, alles Böse in der Welt liegt in der Verantwortung des Menschen, der sich der göttlichen Leitung entzieht. Erst nach diesen Vorkehrungen und Vorschriften des Demiurgen beschreibt Platon die konkrete Ausführung durch die jungen Götter:

> Er [der Demiurg] aber verharrte, nachdem er dieses alles angeordnet, in seinem ihm gewohnten Wesen. Und während er so verharrte, gehorchten seine Kinder [die jungen Götter], die die Anordnung ihres Vaters [des Demiurgen] begriffen hatten, dieser und nahmen des sterblichen Lebewesens Anfang [den vom Demiurgen geschaffenen unsterblichen Teil der Seele], ahmten ihren eigenen Schöpfer [den Demiurgen] nach ... und leimten, was sie hatten, zu einer Einheit zusammen, nicht mit den unauflösbaren Banden, durch welche sie selbst zusammengehalten wurden, sondern indem sie die-

selben durch zahlreiche, ihrer Kleinheit wegen unsichtbare Stiftchen zusammennieteten und jeden einzelnen Körper zu einer Einheit aus allen Bestandteilen gestalteten.[35]

Während der Demiurg vornehm in seinem «ihm gewohnten Wesen» ruht, ahmen also die jungen Götter die Schöpfertätigkeit ihres eigenen Schöpfers nach, aber ihr Werk ist gegenüber dem des Demiurgen eindeutig – und gewollt! – zweitrangig, ja defektiv. Durch die handwerklich primitive, um nicht zu sagen lächerliche Zusammenfügung der unsterblichen mit den sterblichen Seelenteilen sowie dieses Seelenkompositums mit dem materiellen Körper entsteht ein Lebewesen, das erst einmal in «ordnungs- und vernunftlose» chaotische Bewegung gerät (43b). Erst wenn die zunächst «unverständige» Seele langsam lernt, ihre Kreise richtig auszurichten, kann sie dafür sorgen, dass ihr Besitzer zur Vernunft kommt und ein gesundes Leben führt (44b). Abgeschlossen wird dieser Abschnitt mit der Erschaffung des menschlichen Körpers. Der wichtigste Teil dieses Körpers ist der Kopf, den die jungen Götter – in Analogie zum Weltall – in Form einer Kugel gestalteten; und der wichtigste Teil des Kopfes ist das Auge mit seinem Sehvermögen, die Grundvoraussetzung der Erkenntnis und damit auch der Philosophie (45b–c).

Die notwendig vorhandene Materie

Damit ist der erste große Teil des *Timaios* abgeschlossen. Zur Überraschung des unvorbereiteten Lesers beginnt jetzt ein zweiter, noch umfangreicherer Teil, der Platons Naturlehre gewidmet ist und der im Grunde die Beschreibung und Entschlüsselung des Schöpfungsvorgangs in einem zweiten Durchgang mit Blick auf die Elemente wiederholt. Was nämlich im ersten Durchgang nur angedeutet, aber eigentlich ausgeklammert war, ist die Materialität des Kosmos, das heißt die bisher nur als Chaos beschriebenen Elemente, in die der Demiurg Ordnung brachte. Diese chaotische Materie war, wie wir gesehen haben, einfach da, und der Demiurg hat sie benutzt und die Welt somit *nicht* aus dem Nichts erschaffen; aber wir wissen noch nicht, *wie* sie entstand. Um diesen Prozess zu erklären, führt Platon neben der bisher vorherrschenden göttlichen Vernunft als Urgrund der Welt eine zweite Kategorie ein, die Notwendigkeit (*anangkē*), also das, was notwendig bereits vorhanden war und das im Zusammenwirken mit der Vernunft die Welt hervorgebracht hat:

> Das bis hierher Vorgetragene nun hat mit wenigen Ausnahmen das durch die Vernunft Hervorgebrachte aufgezeigt; wir müssen aber auch unserer Rede das durch Notwendigkeit Entstehende (*ta di' anangkēs gignomena*) hinzufügen. Denn das Werden dieser Weltordnung entstand als aus einer Vereinigung von Notwendigkeit und Vernunft gemischt. Indem aber die Vernunft durch die Notwendigkeit dadurch herrschte, dass sie sie überredete, das meiste des im Entstehen Begriffenen dem Besten entgegenzuführen, so bildete sich auf diese Weise und indem die Notwendigkeit durch besonnene Überredung besiegt wurde, am Anfang dieses All. Will nun jemand wahrhaft erklären, wie es in solcher Weise entstand, so muss er auch die Art der umherschweifenden Ursache beimischen, in welcher Weise sie [die umherschweifende Ursache] ihrer Natur nach [etwas] bewegt.[36]

Das Notwendige ist seinem Wesen nach eine widerständige, chaotische Kategorie, das einen ungeordneten und zufälligen Faktor in das Schöpfungsgeschehen einbringt und durch die Vernunft «überredet» werden muss, gegen seine Natur an der Entstehung des geordneten und vernünftigen Kosmos mitzuwirken. Platon nennt das Notwendige deswegen hier eine «umherschweifende Ursache», eine «notwendige», aber eben ungeordnete «Ursache» neben der «göttlichen Ursache» der Vernunft (68e). Diese Überredung ist kein einmaliger Akt, sondern ein Prozess, bei dem die beiden gegensätzlichen Ursachen der Vernunft und der Notwendigkeit ständig im Widerstreit liegen. Auch dies ist wieder schwer, gedanklich nachzuvollziehen, denn wie kann die hierarchisch höhere, göttliche Ursache die hierarchisch niedrigere für sich einspannen, zumal letztere ja auch noch notwendig ist?

Doch damit nicht genug. Das notwendig vorhandene Chaos als die materielle Grundlage alles Werdenden bringt Platon dazu, die ontologischen Kategorien des seienden Urbilds (das nur der Vernunft zugänglich ist) und des werdenden Abbilds (das sich der Sinneswahrnehmung erschließt) um eine «dritte Gattung» zu erweitern, die er nach einer erneuten Anrufung der Götter ins Spiel bringt und die er «schwierig und dunkel» nennt (48d–49a). Denn die chaotischen Elemente als Grundlage des Werdenden bewegen sich nicht im Nichts, sondern brauchen einen Ort, in dem sie sich bewegen können. Einen Namen für diesen Ort zu finden, fällt Platon schwer. Er umschreibt ihn zunächst als die «Mutter und Aufnehmerin (*hypodochē*) des gewordenen Sichtbaren und ganz und gar sinnlich Wahrnehmbaren» (51a) und nennt ihn schließlich den «Raum». Dieser Raum ist neben dem Sein und dem Werden eine dritte ontologische Gattung:

> Eine dritte Gattung sei ferner die des Raumes (*chōra*), immer seiend,[37] Vergehen nicht annehmend, allem, was ein Entstehen zukommt, einen Platz gewährend, selbst aber ohne Sinneswahrnehmung durch ein gewisses Bastard-Denken erfassbar, kaum glaubhaft erscheinend.[38]

Wie das Sein ist der Raum also ewig und dem Werden nicht unterworfen, gibt aber dem Werdenden seinen Ort. Ich übergehe die Schwierigkeiten, die mit dieser Definition der Kategorie des Raumes verbunden sind – sowohl hinsichtlich der Ideenlehre als auch hinsichtlich des Verhältnisses der Materialität der Elemente zum aufnehmenden Raum[39] –, und betone nur, dass Platon diese dritte Gattung nur unter Vorbehalten einführt und ihr im Unterschied zum durch die Vernunft zu erfassenden Seienden und durch die Sinneswahrnehmung zu erkennenden Werden eine Zwischenstellung einräumt: Der Raum kann weder durch die Vernunft noch durch die Sinneswahrnehmung erfasst werden, sondern nur durch ein «Bastard-Denken». Er «nimmt auf eine irgendwie höchst unerklärliche Weise am Denkbaren teil und ist äußerst schwierig zu erfassen» (51b).

Mit der dritten Gattung des Raumes, der jetzt auch «Amme des Werdens» (52d) genannt wird, sind wir wieder ganz am Anfang des Schöpfungsvorgangs. Die vier Elemente Feuer, Luft, Wasser und Erde befinden sich in einem ständig bewegten, unordentlichen, chaotischen Zustand: Sie sind instabil, verändern sich und gehen ineinander über. Sie sind nichts Beständiges und immer Gleichbleibendes, dem die eindeutige Charakterisierung «dieses» und «das» zukäme, sondern sie sind ein «so-» oder «irgendwie-Beschaffenes». Im Unterschied dazu ist der Raum etwas Beständiges, ein «dieses», nämlich «dasjenige, worin jeweils entstehend jedes von ihnen [den Elementen] erscheint und woraus es wieder entschwindet, allein jenes müssen wir dagegen bezeichnen, indem wir uns der Bezeichnung ‹dieses› und ‹das› dabei bedienen» (48d–50a). In moderner Terminologie sind die Elemente also keine Substanzen, sondern unterschiedliche Qualitäten oder Aggregatszustände, und ist der Raum der aufnehmende Behälter oder das Substrat für die Elemente. Damit wendet Platon sich gegen die vorsokratischen Naturphilosophen, die die Elemente als Substanzen betrachteten und daher von sich ständig bewegenden, aber unveränderlichen Substanzen ausgingen.[40]

Doch auch der beständige Raum ist in seinem Urzustand, vor dem ordnenden Eingriff des Demiurgen, keineswegs bewegungslos. Als «Amme des Werdens» (52d) und als Gefäß, das die vier Elemente aufnimmt, wird er durch die Bewegung der Elemente erschüttert und erschüttert seinerseits, selbst in Bewegung geraten, die Elemente (52e): «Ebenso seien damals die vier Arten [Elemente] von der Aufnehmenden [Amme des Werdens] geschüttelt worden, die selbst bewegt worden sei und wie ein Rüttelgerät für Erschütterung gesorgt habe» (53a). Diese unkontrollierte Bewegung von Elementen und Raum konnte erst durch den gestaltenden Demiurgen in die Ordnung des Weltganzen gebracht werden, und er tat dies, wie im Folgenden ausgeführt wird, durch Formen und Zahlen.

*Die Entstehung der Elemente und
die Entfaltung der Sinneswahrnehmungen*

Wir sind bisher noch in einem sehr kruden Verständnis vom Raum als einem Schüttelgerät und von den Elementen als den noch amorphen Rohstoffen, aus denen der Demiurg zuerst die dreidimensionalen Elemente im eigentlichen Sinne hervorbringt (53c). Grundprinzip für seine Tätigkeit ist die Schönheit, und so beginnt er mit dem Dreieck als der schönsten und einfachsten geometrischen Figur. Drei der vier Elemente sind in der Fläche ein Dreieck, aus dem der Demiurg dann dreidimensionale Figuren in Form von Polyedern («Vielflächnern») gestaltet, also unterschiedlichen Konfigurationen ihres dreidimensionalen

Raumes, die immer von gleichartigen Flächen begrenzt sind, die sogenannten Platonischen Körper. Diese ersten drei sind der Tetraeder («Vierflächner»), konstruiert aus vier gleichseitigen Dreiecken, aus dem das Feuer entsteht; der Oktaeder («Achtflächner»), konstruiert aus acht gleichseitigen Dreiecken, aus dem die Luft entsteht; und der Ikosaeder («Zwanzigflächner»), konstruiert aus zwanzig gleichseitigen Dreiecken, aus dem das Wasser entsteht. Allein das vierte Element, die Erde, entsteht aus einem Würfel, dem Hexaeder («Sechsflächner»), zusammengesetzt aus sechs Quadraten, die jeweils aus vier gleichschenklig-rechtwinkligen Dreiecken konstruiert sind. Für den gesamten Kosmos verwendet der Demiurg schließlich noch einen Dodekaeder («Zwölfflächner») aus zwölf regelmäßigen Fünfecken, wohl weil dieser der Kugelgestalt des Kosmos am nächsten kommt (55a–56c). Diese fünf Platonischen Körper sind die einzigen regulären Polyeder, die die Geometrie bereithält.

Die ersten vier Elementarteile des Kosmos (von dem fünften Element, dem Dodekaeder, hören wir nicht mehr viel) sind in ständiger Bewegung. Dadurch wirken sie auch aufeinander ein und können sich durch Spaltung trennen und zu anderen Elementarteilen zusammenschließen. Dies gilt aber nur für das Feuer, die Luft und das Wasser, wobei das Feuer das beweglichste und das Wasser das trägste Element ist: Das Wasser kann durch das Feuer oder die Luft zerteilt werden und sich dann zu einem feurigen und zwei luftigen Körpern wieder vereinigen. Wenn dagegen das Feuer «in den herumwirbelnden Massen in Bewegung, kämpfend und besiegt zertrümmert wird, dann treten zwei Körper von Feuer gemeinsam zu einer Form von Luft zusammen» (56e). Auf diese Weise zerspalten sich diese drei Elemente ständig und schließen sich zu neuen Konfigurationen zusammen. Nur das vierte, aus Hexaedern konfigurierte Element, die Erde, kann nicht in andere Elemente umgewandelt werden. Erdelemente können durch die Einwirkungen der anderen drei Elemente zwar gespalten werden, sie fügen sich aber nie mit den Teilen anderer Elemente zusammen, sondern immer nur mit ihren eigenen Erdteilen (56d). Da alle Elemente aus unterschiedlich großen Dreiecken aufgebaut sind, sind die Möglichkeiten ihrer Konfigurationen unendlich (57d). Die durch die unterschiedliche Größe der Elementarteile bewirkte ständige Veränderung der Ortslage – denn ähnliche Elemente streben zu ihnen ähnlichen, die dann wiederum gespalten werden – hält die Elemente ewig in Bewegung: «So bewirkt demnach das fortwährend bewahrte Entstehen der Ungleichartigkeit immer die immer-seiende und ununterbrochen-sein-werdende Bewegung dieser Körper» (57c). Die unterschiedliche Größe der Elemente und ihrer Teile erklärt auch, warum es unterschiedliche Arten von Feuer, Luft, Wasser und Erde gibt. Besonders ausführlich werden dabei nur die unterschiedlichen Arten von Wasser (58d–60b: flüssiges, erstarrtes, schmelzbares Wasser) und Erde vorgestellt (60b-61c: Stein, Steingut, Lava, Soda, Salz, Glas, Wachs).

Der nächste folgerichtige Schritt ist die Entfaltung der Sinneswahrnehmungen: Die unterschiedlich großen regulären Polyeder der vier Elemente sowie ihre unendlichen Mischungen sind das Objekt unserer Sinneswahrnehmung (obwohl es «uns», den Menschen, noch gar nicht gibt). Sie können als die entgegengesetzten Empfindungen «warm und kalt», «hart und weich» sowie «schwer und leicht» bezeichnet werden (61c-62c). Allerdings sollte uns die Unterscheidung von «schwer und leicht» nicht zu dem Missverständnis verführen, dass das Schwere «oben» im Weltall anzusiedeln sei und das Leichte «unten»: «Denn es ist keineswegs richtig anzunehmen, dass es von Natur zwei entgegengesetzte Räume gebe, welche das All in zwei Teile scheiden, den einen unten, nach welchem alles, was irgendwie körperliche Masse hat, hingetragen wird, und den anderen oben, zu welchem alles nur unter Zwang geht» (62c). Der Kosmos ist, wie wir wissen, kugelförmig und dreht sich ständig um sich selbst. Schon deswegen kann man ihn nicht in ein «oben» und «unten» unterteilen.

Im nächsten Schritt werden die Sinneswahrnehmungen behandelt, die das Subjekt der Wahrnehmung betreffen, also den menschlichen Körper. Hier geht Platon hierarchisch vor und beginnt mit den Sinneswahrnehmungen, die auf den Körper im Ganzen bezogen sind, den Lust- und Schmerzempfindungen (64a–65b). Es folgen die Empfindungen, die jeweils Teilen des Körpers zugeordnet sind: zunächst der Geschmack mit den Varianten streng, herb, scharf, salzig, stechend, sauer und süß (65b–66c), gefolgt von Geruch (66d–67a) und Gehör (67b–c) sowie schließlich dem Gesichtssinn als höchster Form der Sinneswahrnehmungen mit dem Sehen der Farben (67c–68d).

Den zweiten Hauptteil seines *Timaios* schließt Platon mit einer Zusammenfassung ab, die noch einmal auf den grundlegenden Unterschied zwischen den göttlichen und den notwendigen Ursachen der Entstehung der Welt rekurriert und die göttlichen Ursachen als Quelle und Zielpunkt eines glückseligen Lebens in Erinnerung ruft:

> Dieses alles nun, das auf Grund der Notwendigkeit von Natur so beschaffen ist, übernahm damals der Werkmeister [der Demiurg] des Schönsten und Besten im Bereich des Werdenden, als er den sich selbst genügenden und vollkommensten Gott (*ton autarkē te kai ton teleōtaton theon*) erzeugte, indem er die in diesem Bereich vorhandenen [notwendigen] Ursachen als dienende benutzte, selbst jedoch die Wohlgeratenheit bei allem Werdenden zustande brachte. Demnach muss man zwei Arten von Ursachen unterscheiden, die notwendige und die göttliche; die göttliche aber muss man, um zu einem glückseligen Leben zu gelangen, in allen Dingen suchen, soweit unsere Natur es gestattet, die notwendige aber um jener göttlichen willen, indem man überlegt, dass es ohne diese [die notwendige Ursache] nicht möglich ist, eben jene, um deretwillen wir uns ernstlich bemühen [die göttliche Ursache], für sich allein zu verstehen, noch auch sie zu erfassen, noch ihrer sonst irgendwie teilhaftig zu werden.[41]

Indem er die vorhandenen notwendigen Ursachen mit den nur ihm zur Verfügung stehenden göttlichen Ursachen verband, schuf der Demiurg den Kosmos, der hier in nicht mehr überbietbarer Zuspitzung als der «sich selbst genügende und vollkommenste Gott» bezeichnet wird. Aufgabe des Menschen ist es, auf immer nach der göttlichen, nur durch die Vernunft zu erfassenden Ursache seiner Existenz zu suchen, wobei er aber wissen muss, dass er dieses Ziel nur durch/über die seiner Sinneswahrnehmung zugänglichen notwendigen Ursachen erreichen kann.

Das aus Vernunft und Notwendigkeit zusammen Erzeugte: der Körper

Nachdem in den ersten beiden Hauptteilen das nach der Vernunft *Geschaffene* und das aus Notwendigkeit *Vorhandene* vorgestellt wurde, folgt im dritten und letzten Hauptteil das, was aus Vernunft und Notwendigkeit zusammen entstand. Hier geht es im Wesentlichen um den Körper des Menschen; die Pflanzen und Tiere werden nur kurz abgehandelt. Platons Kosmologie ist anthropozentrisch auf den Menschen als Höhe- und Zielpunkt der Schöpfung ausgerichtet.[42] Wir wissen bereits, dass der Mensch aus Körper und Seele besteht und dass seine unsterbliche Seele nur vom Demiurgen erschaffen werden konnte; und wir wissen ferner, dass dem Menschen auch sterbliche Seelenteile beigegeben wurden, die wiederum nur von den sichtbaren und entstandenen, also den jungen Göttern erschaffen werden konnten. Diese Seelen bzw. Seelenteile werden nun in verschiedenen Regionen des Körpers angesiedelt: Die unsterbliche Seele ist im Kopf lokalisiert (69c), während die in zwei Seelenteile getrennte sterbliche Seele im Rumpf wohnt. Weil die Götter nämlich «Scheu trugen, die göttliche Art zu verunreinigen, ... siedelten sie die sterbliche [Seele], von jener [der unsterblichen] getrennt, in einem anderen Wohnbereich im Körper an; dabei errichteten sie zwischen dem Kopf und der Brust durch die Zwischenfügung des Halses eine Landenge und Grenze, damit sie getrennt seien» (69d–e). Noch genauer setzen sie den mutigen und kämpferischen Teil der sterblichen Seele in die Brust (näher am Kopf: 70a) und den begehrlichen in den Bauch. Beiden dient das die Brust- von der Bauchhöhle trennende Zwerchfell als Grenze zwischen oben und unten (70a, e). Die Anordnung der sterblichen Seelenteile im Körper ist somit hierarchisch und richtet sich allein danach, wie nahe sie der vernunftbegabten unsterblichen Seele im Kopf stehen.

Die nachfolgende physische Beschreibung des menschlichen Körpers beginnt mit den Gedärmen in der unteren Leibeshöhle und wendet sich dann zurück nach oben: vom Mark über das Gehirn, das Knochenmark, die Knochen und die Wirbelsäule zu den Sehnen und dem Fleisch bis hin zum Kopf. Letzterer wird als Sitz der unsterblichen Seele und des Denkens besonders detailliert beschrieben (75b–76d).

An dieser Stelle unterbricht Platon kurz die Beschreibung der physischen Anthropologie und schiebt die Entstehung der Pflanzen ein (Bäume, Gewächse, Samen), denn diese sind für die Erhaltung des menschlichen Lebens notwendig. Die Pflanzen sind ebenfalls beseelte Lebewesen, ausgestattet mit der niedrigeren Kategorie der beim Menschen zwischen Zwerchfell und Nabel angesiedelten sterblichen Seele. Ihre Besonderheit ist, dass sie «unbeweglich und eingewurzelt» feststehen, da ihnen die «Selbstbewegung versagt ist» (77a–c). Hauptaufgabe der Pflanzen ist es, der Ernährung der Menschen zu dienen, damit diese nicht durch Krankheiten einen vorschnellen Tod erleiden. Deswegen folgt jetzt die Beschreibung des menschlichen Organismus mit seiner Ernährung (die Adern als «Bewässerungskanäle»), Atmung (77c–79e) und Durchblutung (80d–81e). Von Herz und Lunge ist hier so gut wie nicht die Rede. Insgesamt bleibt der Mensch, trotz aller Vorsichtsmaßnahmen der Götter, ein hinfälliges und den Krankheiten ausgeliefertes Wesen, das unaufhaltsam auf den Tod zugeht.

Krankheiten des Körpers und der Seele

Die letzten Kapitel des dritten Hauptteils sind den Krankheiten des Körpers und der Seele sowie den Möglichkeiten ihrer Verhütung gewidmet (81e–90d). Verantwortlich für die Entstehung der Krankheiten ist die Anordnung und das Gleichgewicht der vier Elemente im Körper. So ergibt sich ein erster Typ von Krankheiten, wenn die Elemente nicht ihrer Bestimmung gemäß ausgewogen, sondern von manchen zu viele («Überfluss») oder zu wenige («Mangel») vorhanden sind, oder auch, wenn sie sich am falschen Platz im Körper befinden (82a–b). Ein zweiter Typ von Krankheiten entsteht auf der Ebene der organischen Stoffe, die sich aus den Elementen bilden: Mark, Knochen, Fleisch, Sehnen, Blut. Ihre korrekte Zusammensetzung fördert Gesundheit, das Gegenteil verursacht Krankheiten (82c–84c). Der dritte Typ von Krankheiten entsteht durch den Atem, den Schleim und die Galle (84d–86a). Daran schließen sich nahtlos die Krankheiten der Seele an, denn diese sind Folgen körperlicher Einwirkungen auf die Seele und eines unharmonischen Verhältnisses von Körper und Seele. Hauptursache ist die

«Unvernunft» (*anoia*), die sich entweder in «Wahnsinn» oder in «Unwissenheit» äußern kann; die schlimmsten seelischen Krankheiten sind «übermäßige Lust- und Schmerzgefühle» (86b–87b). Es folgen Mittel zur Heilung und Pflege des Körpers – besonders hilfreich sind Leibesübungen – und der Seele (87c–89d; 89d–90d). Ein körperlich und seelisch ausgeglichenes Leben führt nur derjenige, der sich statt auf «Begierden und Ehrgeiz» auf «wahre Einsichten» ausrichtet:

> Wer sich dagegen um Erweiterung seiner Kenntnisse und wahre Einsichten ernstlich bemüht hat, diese Bereiche seiner selbst vorzüglich ausgebildet hat, der muss mit unbedingter Notwendigkeit, wenn er die Wahrheit berührt, unsterbliche und göttliche Gedanken haben, und, soweit es der menschlichen Natur möglich ist, der Unsterblichkeit teilhaftig zu werden, kann er es daran in keiner Weise fehlen lassen, und muss, da er ständig das Göttliche in sich pflegt und den ihm innewohnenden Schutzgeist in hohen Ehren hält, überaus glücklich sein.[43]

Dies wäre ein passendes Schlusswort gewesen, aber Platon schließt noch ein letztes Kapitel an (90e–92c). Danach sind, wie er schon vorher gesagt hat, alle Menschen ursprünglich als Männer entstanden; nur diejenigen Männer, die sich als Feiglinge entpuppten und ein ungerechtes Leben führten, werden als Frauen wiedergeboren. Ähnliches gilt für die Tiere: Die harmlosen und leichtsinnigen Männer werden zu Vögeln; die Männer, die sich weder um Philosophie noch um Astronomie bemühten, werden zu Landtieren; die Unverständigen unter ihnen werden zu Kriechtieren; und die «Allerunverständigsten und Unwissendsten» werden zu Fischen. Die Platon-Exegeten sind in ihrer Interpretation dieses merkwürdigen Kapitels weitgehend ratlos und schwanken in ihrer Deutung zwischen einer Persiflage auf die Seelenwanderung, die zu Platons Zeit niemand mehr ernst nahm, einer Burleske auf Stammtischniveau und einer Karikatur der menschlichen (männlichen) Gesellschaft, die sich der göttlichen Vormundschaft verweigert und letztlich auf die Stufe der Tiere hinabsinkt.[44] Ich möchte jedoch bezweifeln, dass wir es hier mit einer komisch gemeinten Einlage zu tun haben, die dem ganzen Traktat etwas von seiner Schwere nehmen soll, sondern fürchte, dass auch dieser Teil todernst gemeint ist. Denn er bildet den Abschluss des *Timaios*, auf dem nur noch ein Lobpreis des so entstandenen Kosmos folgt, dem größten, besten, schönsten und vollkommensten Abbild des «nur denkbaren Lebewesens», des Seins:

> Und so wollen wir nun sagen, dass unsere Untersuchung über das All nun schon ihr Ziel erreicht hat. Denn indem diese unsere Welt sterbliche und unsterbliche Lebewesen erhielt und derart mit ihnen erfüllt ward, ist sie ein sichtbares Lebewesen, das die sichtbaren Lebewesen umgibt, als Abbild des nur denkbaren Lebewesens, ein wahrnehmbarer Gott, der größte und beste, schönste und vollkommenste [Gott] geworden – dieser unser einziger und einzigartiger Himmel.[45]

Platons Kosmotheologie

Platon beginnt den *Timaios* mit einer kurzen Rekapitulation seiner Ontologie, des Verhältnisses der Welt der Ideen, des Seins, zur Welt der materiellen Erscheinung, des Werdens: Das Sein ist eines, ewig, nicht geworden, unveränderlich, das Werden nicht seiend, sondern werdend, vergehend, vielfach; ersteres ist nur dem von der Vernunft geleiteten Denken zugänglich, letzteres dem von den Sinnen geleiteten Meinen und Glauben. Im *Timaios* geht es Platon aber nicht darum, das Verhältnis dieser beiden Welten philosophisch zu beschreiben, sondern er will erklären, *wie* die Welt der materiellen Erscheinung entstanden ist.

Der Demiurg ist derjenige, der die Welt erzeugt oder hervorbringt, also, nach jüdischer Terminologie, erschafft. Als solcher wird er mit allen möglichen Namen bezeichnet, die seine praktische Schöpfertätigkeit beschreiben, die aber nichts über seine Stellung in der ontologischen Hierarchie aussagen. Dafür steht eher seine Bezeichnung als Gott, die im *Timaios* schon früh einsetzt (30a) und meist beiläufig verwendet wird. Der Demiurg kann nicht mit dem Sein identisch sein, denn er blickt auf das Sein der Ideen, vor allem die Idee des Schönen und des Guten, um den Kosmos zu erschaffen (28a–b).[46] Wenn Platon den Demiurg aber andererseits auch unverblümt einen «immer seienden Gott» nennt (34a–b), scheint er mit der Möglichkeit zu spielen, den Demiurgen und das Sein in eins fallen zu lassen. Die Schwierigkeit, den genauen Status des Demiurgen zu bestimmen, gipfelt in Platons Eingeständnis, dass es schwer sei, ihn als «Vater und Urheber dieses Weltalls aufzufinden», und vollends unmöglich, wenn man ihn denn gefunden hat – was Platon für sich in Anspruch nimmt –, ihn für alle verständlich zu machen (28c).[47]

Auf der Seite des Werdens steht neben dem Demiurgen-Gott «der Götter himmlisches Geschlecht» (40a). Dieses wird als «sichtbare und entstandene Götter» (40d), auch «junge Götter» (42d), vom Demiurgen erschaffen und ist in der Hierarchie unter dem Demiurgen angesiedelt. Als geschaffene Götter können sie nicht ewig sein, aber sie werden es faktisch durch den Willen des Demiurgen (41b). Sie wurden aus dem Element des Feuers geschaffen und sind die am Himmel sichtbaren Planeten und Fixsterne (40a–d), darunter auch die Erde als «erste und ehrwürdigste aller Götter» (40c), denn im geozentrischen platonischen Weltbild drehen sich die Planeten um die Erde als Mittelpunkt des Weltalls. Die Aufgabe der sichtbaren Götter ist es, in Nachahmung der Schöpfertätigkeit des Demiurgen, die sterblichen Lebewesen zu erschaffen, genauer, den Körper des Menschen und seine sterblichen Seelenteile. Sie sind also zweitrangige Demiurgen. Zu ihnen werden die unsterblichen Seelen der Menschen zurückkehren, wenn diese ihre Aufgabe im Körper erfüllt haben (42b).

Aber was ist mit den traditionellen Göttern des griechischen Pantheons? Platon verweist sie in den Bereich des Glaubens. Anders als die als Sterne und Planeten immer sichtbaren Götter erscheinen sie, «soweit sie es wollen». Wenn der Demiurg aber gleichzeitig von beiden Gattungen als «Götter, die geboren waren» spricht und sich selbst als ihren «Urheber und Vater» (*dēmiourgos patēr*) bezeichnet (41a), müsste man daraus folgern, dass der Demiurg auch der Schöpfer der traditionellen Götter ist.[48] Dies ist aber keinesfalls sicher. Mir scheint eher, dass Platon diese nicht ungefährliche Frage bewusst im Unklaren und Vagen lässt und sich hier nicht festlegen will. Schließlich musste sein großer Mentor Sokrates 399 v. Chr. den Giftbecher wegen Gottlosigkeit und Verführung der Jugend trinken. Sicher ist nur, dass der Demiurg nicht zur Klasse der traditionellen Götter gehört; ob er über oder unter ihnen steht, bleibt offen.

Schließlich gehört auch der vom Demiurgen geschaffene Kosmos zur Kategorie der Götter. Nachdem der Demiurg den Weltkörper mit der Weltseele verbunden hatte und der «Gott, der einmal sein sollte» somit zum (fertigen) Gott geworden war, nennt Platon den so entstandenen Kosmos einen «glückseligen Gott» (34b). Als solcher wird er in den Kreis der «ewigen Götter» aufgenommen (37c). Am Ende des zweiten Teils wird er sogar in unüberbietbarer Steigerung als «sich selbst genügender und vollkommenster Gott» bezeichnet (68e). Das kann aber kaum wörtlich genommen werden, denn schließlich ist der Kosmos aus Weltkörper und Weltseele zusammengesetzt und steht damit in der Hierarchie nicht nur unter seinem Schöpfer, sondern auch unter den ebenfalls vom Demiurgen geschaffenen sichtbaren und jungen Göttern. Über dieser Götterwelt der von ihm erzeugten Götter schwebt der Demiurg als der immer seiende Gott, der das alles nach seinem Willen und in seiner Ähnlichkeit erschaffen hat. Mit guten Gründen kann man daher in Platons Kosmotheologie den Versuch einer Wiedervergöttlichung der Welt sehen, nachdem die Naturphilosophen und vor allem die Atomisten dem Kosmos die göttliche Seele ausgetrieben hatten. Die beiden Begründer des Atomismus, Leukipp (zweite Hälfte des fünften Jahrhunderts v. Chr.) und sein Schüler Demokrit (460/59–370 v. Chr.), gehörten denn auch zu Platons erklärten Gegnern. Aber Platon sollte es nicht gelingen, die Atomisten aus der Kosmologie zu vertreiben: Ihren eigentlichen Höhepunkt erreichten sie mit dem kurz nach Platons Tod geborenen Epikur (341–271/70 v. Chr.) und dessen sprachgewaltigem lateinischen Epigonen Lukrez (99/94–55/53 v. Chr.).[49]

Die Erschaffung des Kosmos durch den Demiurgen erfolgt in mehreren Schritten, wobei mit jedem Schritt immer dieselben Inkohärenzen und Widersprüche sichtbar werden. Denn die grundlegende Voraussetzung des ganzen abgestuften Schöpfungsprozesses ist, dass der Demiurg in seiner Vollkommenheit etwas schafft, das als Abbild des Seins ihm möglichst ähnlich sein soll (29e), so schön und gut wie er, der bestmögliche Kosmos. Nun ist der Kosmos aber, wie sich bei allen Schritten immer deutlicher zeigt, alles andere als dem Demiurgen ähnlich, ja er könnte in allen wichtigen Punkten kaum verschiedener sein. Rainer Enskat hat diese Unähnlichkeitsrelation für die Kategorie der Zeit aufgezeigt, doch gilt sie auch für alle anderen Schnittstellen. Die Rede über diesen so gestalteten Kosmos ist deswegen auch notwendigerweise die des Meinens und Glaubens, nicht die des sicheren und wahren Wissens.

Die Unähnlichkeit von Demiurg und Kosmos beginnt mit der Erschaffung des Weltkörpers, denn dieser entsteht aus der präkosmischen, chaotischen Materie der vier Elemente, die der Demiurg vorfindet, also nicht geschaffen hat, sondern nur ordnet und gestaltet.

Diese Materie wird im zweiten Teil des *Timaios* genauer als «notwendig vorhanden» bezeichnet. Sie ist notwendig, damit der Demiurg sie mit der Weltseele als Ausdruck der übergeordneten Vernunft zusammenführen kann. Diese Vereinigung ist aber eigentlich unmöglich, denn Materie und Vernunft passen nicht zusammen. Deswegen muss der Demiurg die widerständige Materie zur Vereinigung mit der vernünftigen Seele zwingen – ein eigentlich absurder Vorgang, der gewiss nicht unter der Kategorie der Ähnlichkeit abzuhandeln ist. Diese Absurdität wird noch dadurch gesteigert, dass die Materie sich in einem Raum bewegt, den Platon zu einer dritten ontologischen Gattung erhebt, neben den beiden klassischen Kategorien des Seins und des Werdens (52a–b). Und dieser Raum ist dann auch noch ewig, wie das Sein, obwohl er eigentlich einen Anfang haben müsste. Es sei denn, er wäre wie die Materie neben dem Sein und dem Werden eine kategoriale Entität, die immer schon existierte. Genau dies scheint der zusammenfassende Satz zu meinen: «Es gebe Seiendes, Raum und Werden, drei verschiedene Dinge, *sogar noch bevor der Himmel [der Kosmos] entstand*» (52d). Den gedanklichen Zugang zu dieser ontologischen Wirklichkeit nennt Platon nicht von ungefähr «Bastarddenken,[50] kaum zuverlässig» (52b).

Aus der gewaltsamen Vereinigung von Weltkörper und Weltseele entsteht eine Mischform des Seins, die nur schwer mit der älteren Ideenlehre zu vereinbaren ist, eben der Kosmos. Er teilt mit der Kategorie des Seins die Ewigkeit (obwohl er einen Anfang hat) und die Vernunftbegabung und mit der Kategorie des Werdens die Verschiedenheit und Veränderbarkeit. Ähnliches gilt für die Zeit: Sie ist gleichzeitig ein bewegliches, in Zahlen fortschreitendes, und ein ewiges Abbild der Ewigkeit. Auch das ist nur schwer nachzuvollziehen, denn das ewige Sein, von dem die Zeit ein Abbild sein soll, ist in seinem Wesen unveränderlich und kann deswegen nicht beweglich sein. Platon zwingt hier wieder zusammen, was nicht zusammengehört. Rainer Enskat fragt sich mit Recht, was Sokrates zu dieser gedanklichen Konstruktion zu sagen bzw. zu fragen hätte und warum er dies nicht getan hat. Dass ihn sein Status als Gast daran hinderte, ist sicher eine mögliche Erklärung, scheint mir als Antwort aber nicht auszureichen. Ich denke, wir müssen stärker berücksichtigen, dass der *Timaios* in die Spätphase der platonischen Dialoge gehört und kein Dialog im eigentlichen Sinne mehr ist, sondern ein Lehrvortrag. In diese literarische Gattung passt kein Dialog mit dem hermeneutischen sokratischen Verfahren der klassischen platonischen Dialoge. Sokrates kann hier gar nicht seine gewohnt kritischen und ironischen Fragen stellen, denn diese hätten das ganze Gebäude der dort entwickelten Kosmologie *ad absurdum* geführt. Deswegen muss der arme Sokrates sich notgedrungen zurückhalten.

Wie der Kosmos aus Weltkörper und Weltseele besteht, so besteht auch der Mensch aus dem vergänglichen Körper und der unvergänglichen Seele, die ebenfalls mit Gewalt zusammengezwungen werden. Dabei ist der Kosmos als Ganzer ewig, während beim Menschen der Körper vergeht und nur die Seele in die ewigen Gefilde zurückkehrt. Während der Körper des Kosmos vom Demiurgen erschaffen wurde, muss dieser die Erschaffung des menschlichen Körpers seinen entstandenen und sichtbaren Göttern überlassen. Auch dazu hätte Sokrates sicher einiges zu fragen. Um die sich daraus ergebenden Schwierigkeiten noch zu steigern, ist die an sich unteilbare und unsterbliche Seele des Menschen gleichwohl teilbar, denn sie besteht aus unsterblichen und sterblichen Seelenteilen; mit letzteren kann der vollkommene Demiurg sich ebenfalls nicht beschäftigen, sondern muss auch ihre Erschaffung den nachgeordneten sichtbaren Göttern überlassen.

Aufgabe des Menschen (Mannes) ist es, ein vernunftgeleitetes und gottgefälliges Leben zu führen. Alle Menschen sind mit denselben Sinneswahrnehmungen ausgestattet und allen stehen dieselben Empfindungen von Liebe, Furcht und Zorn sowie ihre jeweiligen Gegensätze zur Verfügung. Nur wem es gelingt, diese zu beherrschen, wird in Gerechtigkeit leben und am Ende zu seinem Ursprungsstern zurückkehren. Allerdings sind die Menschen nicht nur auf sich allein gestellt: Den jungen Göttern, die den menschlichen Körper und seine sterblichen Seelenteile erschaffen haben, trägt der Demiurg auf, über sie zu herrschen und sie zu leiten. Wer sich der Leitung der Götter entzieht, ist selbst der Urheber seiner Schlechtigkeit und der sich daraus ergebenden üblen Folgen (42e). Mit anderen Worten: Der ideale Mensch ist der vernunftgeleitete Mensch, der seine Empfindungen beherrscht und sich auf den Kreislauf der Sterne ausrichtet; der von seinen Empfindungen und Sinneseindrücken geleitete Mensch verfällt der Schlechtigkeit und verfehlt seinen Schöpfungsauftrag. Dies bedeutet aber auch, dass der Mensch gar keine andere Wahl hat, als sich der Leitung und dem ewigen Kreislauf der göttlichen Sterne zu ergeben.[51] Aufgabe des Menschen ist es letztlich, nach dem Vorbild der Sterne zu Göttern zu werden.

Die Vermischung von philosophischer Argumentation mit mythischer Erzählung und die dadurch offensichtliche Inkohärenz und Widersprüchlichkeit der im *Timaios* entwickelten Kosmogonie hat schon in der Antike zu teilweise scharfer Kritik geführt. Die einen versuchten, beide Aspekte gewaltsam zu harmonisieren,[52] die anderen zogen es vor, mal den einen (Philosophie) und mal den anderen Aspekt (Mythos) in den Vordergrund zu rücken. Da Platon selbst immer wieder betont, dass seine Rede über die Entstehung des Kosmos keine absolute Wahrheit beanspruchen kann, sondern nur ein «wahrscheinlicher Mythos» sei (29d), sollten wir ihn beim Wort nehmen: Platon entwickelt im *Timaios* einen Mythos über die Kosmogonie, und dieser Mythos ist mit den Mitteln der philosophischen Vernunft nicht zu erfassen. Dies hat schon der klassische Philologe Ulrich von Wilamowitz-Moellendorff (1848–1931) erkannt, der neue Wege der griechischen Textkritik und Textinterpretation beschritt und als Professor an der Berliner Universität und später Präsident der Preußischen Akademie der Wissenschaften großen Einfluss auch über die Grenzen seines Faches hinaus ausübte. In seiner Platon-Monographie schrieb er ebenso knapp wie eindeutig: «Die Dichtung des Schöpfungsmythos ist also der Kern des Timaios, ein Mythos, den zu erfinden gerade für Platon ein Wagnis war, das ihn Überwindung kostete, denn er hielt ja die Welt für ungeschaffen, ungeworden, ewig.»[53] Deutlicher könnte man das sich aus dem *Timaios* ergebende Dilemma nicht formulieren: Platon entwickelte in diesem Spätwerk einen Mythos, der zu seinem philosophischen Hauptwerk in einer unauflösbaren Spannung steht, oder schärfer formuliert: der sich mit seinen philosophischen Grundgedanken und Ansprüchen nicht vereinbaren lässt. Alle Versuche, diese

Spannung auszugleichen und den philosophischen mit dem mythologischen Platon zu harmonisieren, müssen misslingen.[54]

Platons kosmologischer Mythos ist eine Kosmotheologie, mit der er den Göttern gegen die vorsokratischen Naturphilosophen und gegen die aufgeklärten Sophisten wieder ihren angestammten Platz im Kosmos geben wollte. Indem er dies aber mit den Mitteln seiner Philosophie versuchte, konnte er nur scheitern, und es entstand letztlich eine Missgeburt, die weder den Ansprüchen seiner Philosophie noch des Mythos genügt. Dabei wollte Platon keineswegs einfach nur zur alten Kosmotheologie zurückkehren.[55] Vielmehr wollte er die alte Kosmotheologie mit seiner Philosophie versöhnen, indem er die Kosmologie auf eine völlig neue, nämlich seine philosophische Grundlage stellte. Dies ist das Paradox und die Tragik des *Timaios*.

Biblische Schöpfungstheologie und platonische Kosmologie

Platon scheiterte auf grandiose Weise, denn kaum ein «Dialog» sollte in der Folge so großen Einfluss ausüben wie der *Timaios*. Die philosophischen Schulen – nicht zuletzt auch die Schulen, die sich als Mittel- und Neuplatoniker in der Nachfolge Platons sahen – arbeiteten sich an ihm ab und versuchten, ihn ihrer eigenen Zeit anzupassen.[56] Judentum und Christentum sahen sich bald gezwungen, ihre eigenen Vorstellungen und Ideen im Lichte der platonischen Philosophie zu überprüfen und neu zu formulieren. Die Weisheitstheologie der späteren Schriften der Hebräischen Bibel, die den Menschen als Teil einer umfassenden und sinnvoll strukturierten kosmischen Ordnung versteht (Proverbien, Jesus Sirach, Weisheit Salomos), ist ohne den Einfluss Platons nicht zu verstehen. In den Proverbien ist die Weisheit (griech. *sophia*, hebr. *chokhmah*) von Anfang an bei Gott. Sie ist seine «Vertraute» beim Schöpfungsvorgang, sie ist diejenige, die ihm hilft, seiner Schöpfung Struktur und Ordnung zu geben (Prov. 8,22–31). Im Buch Jesus Sirach preist sie sich selbst als das der Welt zugrundeliegende Prinzip, das den Weltschöpfer leitete (Sir. 24,3–7) und das zu erkennen und nach dem sich zu richten den Menschen aufgetragen ist (24,13–22). Indem der Verfasser des Jesus Sirach diese Weisheit mit der Torah identifizierte, bereitete er ihr den Weg in das Zentrum des nachbiblischen Judentums. In der (nichtkanonischen) Weisheit Salomos hat Gott der Weisheit «untrügliche Kenntnis der Dinge» verliehen, die Fähigkeit, den «Aufbau des Kosmos und das Wirken der Elemente zu verstehen» (Weish. 7,17), «Anfang und Ende und Mitte der Zeiten, die Abfolge der Sonnenwenden und den Wandel der Jahreszeiten, den Kreislauf der Jahre und die Stellungen der Sterne» (7,18 f.). Sie ist, ähnlich dem Demiurgen im *Timaios*, die «Werkmeisterin (*technitis*) aller Dinge» (7,21).

Jüdischen und christlichen Theologen fiel es daher nicht schwer, Platons Demiurgen mit dem Schöpfergott zu identifizieren und Platons *Timaios* als ein nicht allzu fernes Echo des biblischen Schöpfungsberichtes zu deuten. Nichts anderes besagt der berühmte Ausspruch des Mittelplatonikers Numenios (Mitte des zweiten Jahrhunderts): «Denn was ist Platon anderes als ein attisch sprechender Moses?»[57] Theoretisch könnte Platon die beiden biblischen Schöpfungserzählungen zwar gekannt haben (wenn man für die ältere zweite Erzählung den Anfang des ersten Jahrtausends v. Chr. annimmt und für die jüngere erste die erste oder auch die zweite Hälfte des sechsten Jahrhunderts v. Chr.); praktisch ist dies aber höchst unwahrscheinlich, denn die erste vollständige griechische Übersetzung der Hebräischen Bibel, die Septuaginta, entstand erst ab dem dritten Jahrhundert v. Chr. in Ägypten, und dass Platon Zugang zum hebräischen Text der Bibel hatte, ist so gut wie ausgeschlossen.

Wenn man dennoch einen kühnen Vergleich des *Timaios* mit der Hebräischen Bibel wagt, so fallen einige Gemeinsamkeiten und Unterschiede ins Auge. Zunächst ist eine deutliche Ähnlichkeit des biblischen Schöpfergottes mit dem Demiurgen offensichtlich: Beide sind für die Erschaffung des gesamten Kosmos zuständig, mit allem, was dazugehört. Beide benutzen für ihr Schöpfungswerk die ungeordnete und chaotische Materie, die sie als solche vorfinden und nicht selbst erschaffen haben. Beider Schöpfungswerk ist also keine *creatio ex nihilo*, denn beiden ist dieser Gedanke fremd. Gleichwohl betont der biblische Bericht die Allmacht und Einzigartigkeit seines Schöpfergottes. Der Demiurg des *Timaios* ist dagegen einer von mehreren Göttern, wobei seine Stellung in der Hierarchie der Götter unklar bleibt, obwohl er auch «junge Götter» erschafft, die Teile seiner Aufgabe übernehmen. Was das Inventar des Kosmos betrifft, ist die Bibel sehr viel detaillierter als der *Timaios* und beschreibt ausführlich die stufenweise Erschaffung aller Bewohner dieses Kosmos – Sterne, Menschen, Tiere, Pflanzen. Trotzdem nimmt bei beiden der Mensch eine Sonderstellung als Höhe- und Zielpunkt der Schöpfung ein. Diesen Menschen erschafft der Gott der Bibel nach seinem Bild und Gleichnis, ihm ähnlich (Gen. 1,26), und genau dies tut auch der Demiurg – beide mit denselben schwerwiegenden Folgen, denn der Mensch handelt nicht so, wie der biblische Gott und der platonische Demiurg sich dies vorgestellt haben. Und bei beiden ist dieser Mensch zunächst ein Mann, dem dann in einem weiteren Schritt eine Frau zugesellt wird.

Allerdings scheiden sich bei der Frau dann auch die Geister. In der Bibel wird die Frau zwar aus der Rippe des Mannes erschaffen, dann aber als seine gleichberechtigte Helferin eingeführt, die für ihn notwendig ist, ihn erst «vervollständigt», und für die er deswegen auch seine Familie verlässt – entgegen der Gesellschaftsordnung der biblischen Zeit. Erst nach dem Auszug aus dem Paradies wird sie ihm untertan und nimmt die hierarchische Stellung ein, die ihr nach der antiken Gesellschaftsordnung gebührt. Davon kann im *Timaios* keine Rede sein. Die Frau ist dem Mann von Anfang an ontologisch unterlegen; sie ist ein Geschöpf minderer Gattung und auf einer niedrigeren Seinsstufe. Das eigentliche, dem Menschen zukommende Geschlecht ist das des Mannes; deswegen hat es zuerst auch nur Männer gegeben. Erst wenn der Mann sich in seinem irdischen Dasein nicht bewährt hat und in einem anderen Körper wiedergeboren werden muss, geschieht dies – gewissermaßen als Strafe – in einem weiblichen Körper. Die Tiere stehen auf einer noch niedrigeren Seinsstufe: Wenn die Seele auch im Körper einer Frau scheitert, wird sie im Körper eines Tieres wiedergeboren. Die Tiere ihrerseits sind wieder hierarchisch gestuft. Ganz anders die biblische Schöpfungserzählung. Der Mensch soll zwar über die Tiere herrschen, aber diese sind ihm zunächst fast ebenbürtig; beide teilen sich einträchtig die von der Erde gebotene pflanzliche Nahrung. Erst nach der Sintflut, nachdem Gott das gesamte Menschengeschlecht mit Ausnahme der Familie des gerechten Noach vernichtet hat, werden die Tiere in die Gewalt des Menschen gegeben – bis zur letzten Konsequenz, dass sie ihm auch zur Nahrung dienen (Gen. 9,3).

Schließlich der letzte und wichtigste Unterschied: Aufgabe und Ziel des Menschen auf der Erde ist es im *Timaios*, ein vernunftgeleitetes und gottgefälliges Leben zu führen, indem er sich der Führung der Sternengötter anvertraut. Wer dieses Ziel erreicht, dessen unsterbliche Seele wird nach dem Hinscheiden des sterblichen Körpers zu ihrem Stern zurückkehren und in ewigem Gleichklang mit der Bewegung der Sterne die höchste Stufe der Glückseligkeit genießen. Wer dagegen seinen Sinnen und Begierden nachgibt und Schuld auf sich lädt, der muss in den Zyklus der Wiedergeburt(en) eintreten. Der Demiurg und die nachgeordneten Götter haben mit dieser menschlichen Schuld nichts mehr zu tun.

In ihren spätesten Ausläufern kennt auch die Hebräische Bibel die Vorstellung vom ewigen Fortleben der Seelen der vernunft- und rechtgeleiteten Menschen als Sterne am Himmel, wie es das Buch Daniel in der ersten Hälfte des zweiten Jahrhunderts v. Chr. unmissverständlich ausdrückt: «Die Verständigen werden glänzen wie der Glanz der Himmelsfeste und die Männer, die viele zum rechten Tun geführt haben, wie die Sterne für immer und ewig» (Dan. 12,3). Diese offensichtlich von Platons *Timaios* inspirierte Verheißung markiert paradoxerweise den Beginn der Auferstehungserwartung im Judentum, und zwar eindeutig einer Auferstehung der Seele ohne den sterblichen Körper. Die Hoffnung auf eine Auferstehung auch des Körpers hat sich im Judentum erst später entwickelt. Aber diese Verheißung sagt wenig darüber, wessen Seele die Auferstehung erlangen wird: Ist es nur derjenige, der sich von der Vernunft («die Verständigen») und von der Gerechtigkeit leiten ließ («die Viele zum rechten Tun geführt haben»)? Vor allem sagt die Verheißung wenig darüber, wie die Schuldfähigkeit des Menschen genauer beurteilt wird. Im *Timaios* hat der Mensch eigentlich keine andere Wahl, als sich der Lenkung der Sternengötter anheimzugeben; wer sich dieser Lenkung entzieht, ist selbst für sein trauriges Schicksal verantwortlich.

Ganz anders wieder die Hebräische Bibel in ihrem zweiten Schöpfungsbericht. Dort soll der Mensch zwar auch dem Gebot Gottes gehorchen – nämlich nicht vom Baum der Erkenntnis von Gut und Böse essen –, aber als er dieses Gebot übertritt, wird er nicht nur *nicht* bestraft, sondern in seine eigentliche Aufgabe entlassen, die Erde unter Mühen und Schmerzen zu kultivieren und am Ende seines Lebens zu sterben. Die Übertretung des Verbots, vom Baum der Erkenntnis zu essen, ist das, was den Menschen erst zu einem Individuum, zu einem freien und selbstbestimmten Menschen werden lässt, der in eigener Verantwortung über sein Schicksal entscheidet. Als der so aus dem Paradies entlassene Mensch zeigt, dass er sich immer wieder für die Schlechtigkeit und das Böse entscheidet, bereut Gott seine Erschaffung des Menschengeschlechts und beschließt dessen Untergang durch die alles vernichtende Flut. Aber auch hier lässt er eine Türe offen und rettet den gerechten Noach mit seiner Familie, den Stammvater des neuen Menschengeschlechts. Im vollen Bewusstsein, dass «das Trachten des menschlichen Herzens böse ist von Jugend an» (Gen. 8,21), schließt er einen ewigen Bund mit Noach, dass er nie wieder eine Sintflut über die Menschen und die Erde bringen wird (Gen. 9,8–19). Gravierender könnte der Unterschied zwischen der Kosmotheologie Platons und der Hebräischen Bibel nicht sein. Der Gott der Hebräischen Bibel weiß von Anfang an um die schlechte Seite des Menschen, und es ist genau dieser Mensch, der frei zwischen gut und böse entscheiden kann, den er trotz aller Bedenken und Enttäuschungen wollte. Die Möglichkeit der Wahl zwischen gut und böse ist das, was den Menschen zum Menschen macht, und dazu gehört eben auch, dass der Mensch sich immer wieder falsch entscheidet. Beide, der biblische Schöpfungsbericht und der *Timaios*, sind auf den Menschen als Zielpunkt der Schöpfung ausgerichtet; in ihrem Menschenbild aber, in der Bestimmung des Verhältnisses von Gott und Mensch, und in ihrer Definition der Aufgabe des Menschen in seiner Welt, könnten sie unterschiedlicher nicht sein.

4.

ARISTOTELES:
DIE ENTGÖTTLICHUNG
DES KOSMOS

*Wirkungen in der islamischen, christlichen
und jüdischen Philosophie*

Aristoteles, der große Schüler und keineswegs treue Gefolgsmann Platons, hat keinen weiteren Schöpfungsmythos vorgelegt – im Gegenteil, er hat Platons Kosmotheologie dekonstruiert. Man könnte das Fresko Raffaels in der Stanza della Segnatura im Vatikan mit den beiden Antipoden im Zentrum auch so interpretieren: Platon weist mit seinem nach oben gerichteten Zeigefinger auf den göttlichen Ursprung des Kosmos, während Aristoteles' nach vorne gerichteter Zeigefinger auf die irdische Realität der Welt hindeutet, auf ihre Unabhängigkeit von einem alles beherrschenden Schöpfergott. Ich werde die Kosmologie des Aristoteles daher nur als ein kurzes «Zwischenspiel» behandeln, als Gegenstück zu Platon und zum jüdischen Platoniker Philon im nächsten Kapitel.

Aristoteles (384–322 v. Chr.) stammte aus der Stadt Stageira (daher der Beiname «der Stagirit») an der Ostküste der Halbinsel Chalkidike. Er trat 367 in jungen Jahren in Platons Akademie in Athen ein und verließ diese erst 347 nach Platons Tod. Die Gründe dafür waren politischer Natur, denn seine Heimatstadt war 348 von Philipp II., dem Vater Alexanders des Großen, erobert und mit der Halbinsel Chalkidike in das agressiv wachsende makedonische Reich eingegliedert worden. Als Bürger Makedoniens war Aristoteles in Athen politisch gefährdet, zumal seine Familie eng mit dem makedonischen Königshaus verbunden war. 343/42 folgte er einer Einladung Philipps und übernahm für kurze Zeit die Erziehung des jungen Alexander, des späteren Thronfolgers. Als mit den weiteren militärischen Erfolgen Philipps der offene Widerstand gegen die Makedonen aussichtslos wurde, kehrte Aristoteles 335/34 nach Athen zurück und lehrte im Lykeion, einem öffentlichen Gymnasium. Dort begründete er eine eigene Schule, die nach dem Ort des philosophischen Diskurses «Peripatos» («Wandelhalle») genannt wurde. Angehörige und Anhänger der Schule werden daher «Peripatetiker» genannt. Mit dem Tod Alexanders des Großen 323 nahmen die antimakedonischen Kräfte wieder zu, und Aristoteles sah sich ein zweites Mal gezwungen, Athen zu verlassen. Er starb 322 v. Chr. in Chalkis auf der Insel Euboia im Haus seiner Mutter.

Aristoteles hinterließ ein immenses Corpus von Schriften, bei dem heute zwischen exoterischen und esoterischen Schriften unterschieden wird – erstere für ein breiteres Publikum bestimmt und weitgehend verloren, letztere (auch «Pragmatien» genannt) für den internen Schulgebrauch und größtenteils erhalten. Die überlieferten Schriften lassen sich in keine verlässliche chronologische Reihenfolge ordnen, und noch viel weniger bilden sie ein zusammenhängendes und durchkomponiertes philosophisches System. Charakteristisch für sie ist vielmehr der Wechsel zwischen Brüchen, Sprüngen, Unebenheiten, Auslassungen oder auch Dubletten und stilistisch offensichtlich überarbeiteten Passagen. Sie dienten eindeutig dem Lehrbetrieb, wobei in den überarbeiteten Passagen Ansätze für eine geplante Veröffentlichung vermutet werden. Die verwickelte Geschichte der Bibliothek und der Manuskripte des Aristoteles führte im ersten Jahrhundert v. Chr. zur systematischen Sichtung der erhaltenen Texte und ersten Ausgabe des *Corpus Aristotelicum* durch Andronikos von Rhodos, auf die alle weiteren Ausgaben zurückgehen. Den Erstdruck besorgte 1495–98 der Venezianische Buchdrucker Aldus Manutius, der eine wichtige Rolle bei der Wiederaneignung der griechischen und lateinischen Literatur der Antike spielte.

Die Rezeption und Nachwirkung der aristotelischen Schriften war zunächst weniger erfolgreich als die des allseits verehrten Platon. Am einflussreichsten war die Logik des Aristoteles, die zusammen mit seiner Naturphilosophie und Ethik sein philosophisches Denken beherrscht und die auch in neuplatonische Systeme integriert werden konnte. Für die entstehende christliche Theologie war sein Insistieren auf der Ewigkeit der Welt (gegen Platon) und damit seine Ablehnung jeder Schöpfungstheologie ebenso unannehmbar wie die Tatsache, dass er die Unsterblichkeit der Seele (ebenfalls gegen Platon) in Frage stellte.

Ganz anders war die Aristoteles-Rezeption bei muslimischen Autoren, denen seine Werke schon früh durch arabische Übersetzungen bekannt wurden (über das Zwischenglied syrischer Übersetzungen). Allerdings wurden aristotelische und neuplatonische Vorstellungen oft vermischt und in ein gemeinsames System gezwängt, zusammengehalten durch die zentrale Stellung der Logik. Der wohl ausgeprägteste Aristoteliker war im zwölften Jahrhundert Ibn Ruschd, latinisiert Averroes, dessen arabische Aristoteles-Kommentare ins Lateinische übersetzt wurden und großen Einfluss auf die christliche Theologie ausübten.

Im dreizehnten Jahrhundert wurden Aristoteles' Schriften, vor allem die Logik, Naturphilosophie und Ethik, zur Grundlage der bald die Philosophie und Theologie beherrschenden Scholastik. Als Zentren des Aristotelismus im Gewande der Scholastik galten die Universitäten Paris und Oxford. Wegbereiter dieser von Aristoteles geprägten Hochscholastik waren Albertus Magnus (um 1200–1280), der vor allem an der später zur Universität erhobenen Ordenshochschule der Dominikaner in Köln lehrte, und sein Schüler Thomas von Aquin (1225–1274), der unter anderem in Paris lehrte und als *Doctor Angelicus* der römisch-katholischen Kirche in die Geschichte einging.

Wichtigster Vertreter des Aristotelismus im Judentum war Moses Maimonides (1235/38–1304), der mit seinem ursprünglich judaeo-arabisch geschriebenen *Moreh Nevukhim* («Lehrer der Unschlüssigen / Verwirrten») die Grundsätze der Offenbarungsreligion mit der aristotelischen Logik und Metaphysik zu vereinbaren suchte. Dabei kämpfte er mit ähnlichen Problemen wie sein christlicher Kollege Thomas von Aquin (Schöpfergott versus Ewigkeit der Welt, Unsterblichkeit der Seele, Körperlichkeit Gottes).

Der Unbewegte Beweger in Aristoteles' Kosmophilosophie

Aristoteles hat seine Kosmologie in verschiedenen Schriften und unterschiedlichen Ansätzen entwickelt, vor allem in *De caelo* («Vom Himmel»), in *De generatione et corruptione* («Vom Entstehen und Vergehen»), in seiner «Physik» und schließlich in der «Metaphysik». Sein Weltbild ist wie bei Platon geozentrisch, das heißt, die Erde steht im Mittelpunkt seiner Welt. Diese Welt ist zeitlich ohne Anfang und Ende, ewig. Damit stellt Aristoteles sich in einen direkten und unauflösbaren Gegensatz zu Platons Lehre vom Demiurgen im *Timaios*. Die Erde ist von «Sphären» umgeben, ineinander geschachtelten Hohlkugeln, die sich in das Weltall ausdehnen. Äußerste Grenze der sinnlich wahrnehmbaren Welt der Menschen, Pflanzen und Tiere, die aus den vier Elementen Erde, Wasser, Luft und Feuer besteht, ist die Sphäre des Mondes. Jenseits dieser lunaren Sphäre liegen zahlreiche weitere Sphären (beginnend mit der Sonne und den Planeten), die nicht mehr durch die vier Elemente konstituiert werden, sondern durch ein von Aristoteles postuliertes fünftes Element, die auch als Äther bezeichnete sogenannte Quintessenz, das fünfte Seiende oder die fünfte Wesenheit / Substanz (*ousia*, lat. *essentia*). Sie ist ihrem Wesen nach masselos, unveränderlich und ewig. Die oberste Sphäre des Äthers (der oberste Himmel) ist die der ewigen und bewegten Himmelskörper, der Fixsterne.[1]

Der Höhepunkt und die Summe von Aristoteles' Überlegungen zum Kosmos und seiner Entstehung und Struktur findet sich im 12. Buch (Lambda) der Metaphysik,[2] wobei Aristoteles unter Metaphysik wörtlich das versteht, was nach der Physik kommt (*ta meta ta physika*): Die Physik befasst sich mit der sinnlich erfassbaren Welt, die Platon und Philon den *kosmos aisthētos* nennen, die Metaphysik mit dem, was danach kommt bzw. was darüber hinausweist und gleichzeitig der sinnlich erfassbaren Welt zugrundeliegt und nur durch das Denken erfasst werden kann, dem *kosmos noētos* bei Platon und Philon. Grundlegend für Physik und Metaphysik sind die kategorialen Bedingungen der *ousia* (das «Wesen», die «Substanz», auch das «Sein» schlechthin) und der *kinēsis* («Bewegung» bzw. genauer «Veränderung»), denn alles, was sichtbar ist, strebt nach Veränderung und ist deswegen immer in einer Bewegung von etwas zu etwas. Der Übergang von der einen Seinsweise in die andere heißt «Wechsel» oder auch «Umschlag» (*metabolē*). Aristoteles spricht vom Wechsel *von* der einen *zu* der anderen Seinsweise.

Im 12. Buch der Metaphysik entfaltet Aristoteles seinen Gedankengang bis hin zum Unbewegten Beweger in mehreren Schritten: Er beginnt mit einer knappen Definition der Substanzen oder Seinsarten (1. Kapitel), behandelt dann die Substanzen bzw. Seinsarten der sinnlich wahrnehmbaren Welt (2.–5. Kapitel) und gelangt schließlich zum Höhepunkt seiner Überlegungen, der nur durch das Denken erfassbaren «ersten Substanz», dem «Seienden an sich», dem Sein des Unbewegten Bewegers (6.–10. Kapitel).[3] Nach einigen Vorklärungen beginnt Aristoteles mit einer zusammenfassenden Definition der drei Seinsarten:

> Es gibt aber dreierlei Sein (*ousiai*), nämlich einmal das sinnlich wahrnehmbare (*aisthētē*) – von dem das eine ewig (*aïdios*) und das andere vergänglich (*phtartē*) ist, wobei in Bezug auf letzteres alle übereinstimmen, z. B. (gehören dazu) Pflanzen und Tiere. Von ihm [dem sinnlich wahrnehmbaren Sein] muss man die Elemente (*stoicheia*) zu erfassen suchen, ob sie eines oder vieles sind. Dann gibt es aber noch (drittens) ein unbewegliches (*akinētos*) (Sein), von dem einige sagen, dass es abgetrennt / für sich selbständig (*chōristē*) existiere – wobei die einen die Formen / Ideen (*ta eidē*) und das mathematische Sein (*ta mathēmatika*) als zweierlei unterscheiden, während andere beides als ein und dieselbe Natur (*physis*) ansetzen und wieder andere allein das mathematische Sein (als unbewegliches Sein) akzeptieren. Jene (ersten beiden Seinsarten) sind Sache der Physik, denn sie sind mit Bewegung / Veränderung (*kinēsis*) verbunden, letztere (Seinsart) aber ist Sache einer anderen Wissenschaft [der Metaphysik], wenn sie nicht über einen mit diesen gemeinsamen Ursprung verfügt.[4]

Aristoteles komprimiert hier in wenigen Sätzen einen überaus komplexen Sachverhalt, den er an verschiedenen Stellen vor allem in der Physik ausführlich erörtert hat. Der von ihm durchgängig verwendete Begriff *ousia* (lateinisch *substantia*) ist mehrdeutig. Er bedeutet sowohl «Wesen / Wesenheit» als auch «Substanz» und ist letztlich mit dem «Sein» bzw. «Seienden» (*to on*) Platons und damit auch mit den platonischen Ideen identisch. Aristoteles unterscheidet grundsätzlich drei Arten oder Weisen des Seins. Die erste Seinsart ist das der sinnlich wahrnehmbaren Welt zugrundeliegende Sein, das seinerseits in das *ewige* und das *vergängliche* sinnlich wahrnehmbare Sein zerfällt. Nur das vergängliche Sein wird kurz von ihm erläutert: Hier sind sich alle einig, behauptet er, dass es sich um das Sein der sublunaren, das heißt der irdischen Sphäre handelt, als deren Charakteristika er nur die Pflanzen und Tiere erwähnt. Zum sinnlich wahrnehmbaren ewigen Sein, der zweiten Seinsart, sagt er nichts, doch ist klar, dass es sich dabei nur um die translunare Sphäre des obersten Himmels handeln kann, also die Sphären von den Planeten aufwärts bis zu den Fixsternen, die zwar ebenfalls sichtbar, aber – im Unterschied zur vergänglichen sublunaren Sphäre – unvergänglich sind.

Dann kommt er zu der Seinsart, auf die er eigentlich hinauswill, die dritte und oberste Kategorie des Seins. Als ihre Hauptcharakteristika hebt er hervor, dass sie unbeweglich ist (*akinētos*) und für sich alleine steht (*chōristē*), also abgesondert und unabhängig von den anderen beiden Kategorien. Letztere Eigenschaft behaupten nur «einige (Philosophen)», doch kann kein Zweifel bestehen, dass er zu denen gehört. Dass dieses Sein auch ewig ist, ist selbstverständlich und muss nicht eigens betont werden. Mit dem Hinweis auf die Formen bzw. Ideen dieser Seinskategorie und ihre mögliche Gleichsetzung mit der Mathematik gibt Aristoteles sich ganz offen als Parteigänger einer platonisch geprägten Ontologie zu erkennen. Was die Bestimmung dieses obersten Seins als Sein der «Formen / Ideen» und / oder der «Mathematik» betrifft, differenziert er zwischen drei Möglichkeiten: «Formen / Ideen» und «Mathematik» können als zwei verschiedene Seinsarten des ersten Seins verstanden werden, und sie können als eine einzige, identische Seinsart gelten; es gibt aber auch Philosophen, die nur das mathematische Sein als unbewegliches erstes Sein akzeptieren.

Da für die erstgenannten beiden Seinsarten die Bewegung / Veränderung charakteristisch ist, gehören sie zur Physik (der Naturwissenschaft), während nur das unbewegliche Sein zu einer «anderen Wissenschaft» gehört – die er zwar nicht ausdrücklich benennt, bei der es sich aber nur um die Metaphysik handeln kann, von der er hier ja auch spricht.

Nachdem Aristoteles die Seinsarten der sinnlich wahrnehmbaren Welt dargelegt hat (Kap. 2–5), nähert er sich im 6. Kapitel dem ersten

Beweger. Er tut dies in mehreren Schritten. Zunächst stellt er die bereits bekannte Prämisse auf, dass es ein ewiges und selbst unbewegtes Sein geben muss, den unbewegten Beweger:

> Da es nun dreierlei Seinsarten / Substanzen (*ousiai*) geben sollte, zwei davon die Natur ausmachend (*physikai*) und eines das unbewegte Sein (*akinētos*), so muss über dies letztere gesagt werden, dass es notwendig solch ein ewiges, unbewegtes Sein (*aïdion tina ousian akinēton*) geben muss. Denn die Seinsarten / Substanzen sind die ersten von dem, was ist, und wenn dies in seiner Gesamtheit vergänglich wäre, so wäre alles insgesamt vergänglich.[5]

Diese Prämisse wiederholt, was wir am Anfang von Buch Lambda gehört haben. Dann wendet er sich abrupt der Bewegung als seiner zweiten grundlegenden Prämisse zu und behauptet schlicht, ohne nähere Begründung (sie wird ausführlich in der Physik geführt), dass diese ewig ist:

> Nun ist es aber unmöglich, dass die Bewegung entstünde oder verginge (denn sie war immer), und ebensowenig die Zeit. Denn es ist unmöglich, dass es ein Früher oder Später gibt, wenn es keine Zeit gibt. Folglich ist also die Bewegung ebenso beständig andauernd / aufeinander folgend (*synechēs*) wie die Zeit. Denn diese [die Zeit] ist entweder dasselbe (wie die Bewegung) oder eine Bestimmung / Affektion (*pathos*) der Bewegung. Beständig anhaltende Bewegung kann es aber nur als Ortsbewegung geben und von dieser nur die Kreisbewegung.[6]

Auch hier ist vieles vorausgesetzt und nicht erläutert:[7] Bewegung ist ewig, ebenso wie die Zeit. Zeit und Bewegung sind identisch oder aber die Zeit ist ein *pathos*, eine genauere Bestimmung oder Affektion der Bewegung. Was nicht ausdrücklich gesagt, aber ebenfalls vorausgesetzt wird, ist Folgendes: So wie die Zeit als genauere Bestimmung der Bewegung keine Substanz ist, kann auch die Bewegung keine Substanz oder Seinsart, sondern nur eine genauere Bestimmung von etwas sein – sie bedarf eines Substrats, etwas, das ihr zugrundeliegt, und dies ist die ewige Substanz, die sich in ewiger Bewegung befindet. Aristoteles schließt hier also aus der ewigen Bewegung auf eine zugrundeliegende ewige Substanz / Seinsart.

Daraus folgt der letzte Schritt in diesem Gedankengang: Die ewige

Bewegung, die von der sich in ewiger Bewegung befindenden Substanz in Gang gesetzt wird, kann nur eine lokale Bewegung und muss zugleich die perfekteste aller Bewegungen sein, die Kreisbewegung. Im Unterschied zur unvollkommenen Kreisbewegung der Planeten ist dies nur die Bewegung der Fixsterne, die sich in einer vollkommen gleichförmigen Bahn bewegen. Der logische Gedankengang, der zu dieser Erkenntnis führt, wird von Aristoteles in der Physik ausführlich erläutert und hier vorausgesetzt. An dieser Stelle genügt ihm die sinnliche Evidenz der kreisförmigen Bewegung der Himmelskörper.

Mit der kreisförmigen Bewegung der Sphäre der Fixsterne befinden wir uns im ersten Himmel, das heißt den translunaren Sphären zwischen dem Mond und den Fixsternen. Es geht also (noch) nicht um das Sein des unbewegten Bewegers, sondern um die zweite der zu Anfang benannten Seinskategorien, das ewige, aber sinnlich wahrnehmbare Sein des ersten Himmels, das zwar bewegt, aber selbst keineswegs unbewegt ist – ein Beweger der zweiten Ordnung.[8] Im nächsten Schritt kommt Aristoteles folgerichtig zum unbewegten Beweger: Über dem Beweger der zweiten Ordnung muss ein Beweger der ersten Ordnung existieren, der als Ursache der ewigen Bewegung den bewegten Beweger des ersten Himmels in Bewegung versetzt. Aristoteles sagt dies nicht direkt, sondern setzt auch hier wieder die Kenntnis eines in der Physik entwickelten Grundsatzes voraus, nämlich dass alles, was bewegt ist, von etwas bewegt wird, also eine Ursache haben muss.[9] Explizit beruft er sich stattdessen auf die Unterscheidung zwischen Aktualität und Potenz:

> Wenn es nun aber etwas gäbe, das die Fähigkeit hat, zu bewegen (*kinētikon*) oder zu bewirken (*poiētikon*), es aber tatsächlich nicht ausführt (*mē energoun*), dann braucht es keine Bewegung zu geben. Denn das, was über die Möglichkeit (zu etwas) verfügt, kann auch nicht tätig sein. Es ist uns also nicht geholfen, selbst wenn wir ewige Seinsweisen (*ousias aïdious*) annehmen, wie die Vertreter der Ideenlehre, wenn nicht in ihnen [den Ideen] ein Ursprung des Wechseln-Könnens / der möglichen Veränderung (*archē metaballein*) angelegt ist. Dieses (Sein der Ideen) also ist nicht einmal ausreichend, noch auch irgendein anderes Sein neben den Ideen. Denn wenn es nicht verwirklicht / in die Aktualität überführt (*mē energēsei*), kann es auch keine Bewegung geben.[10]

Das erste Sein, das Aristoteles sucht, kann nicht ein Sein sein, das die Möglichkeit hat, etwas zu bewegen oder zu bewirken (das also die Wahl hat zwischen Aktualität und Potenz), denn diese schließt immer auch die Möglichkeit ein, genau dies nicht zu tun. Ein solches Sein ist unzureichend, denn wenn es seine Möglichkeit nicht verwirklicht, gibt es keine Bewegung. Deswegen, führt er ganz nebenbei mit einem Seitenhieb auf Platon aus, genügen auch nicht die platonischen Ideen oder die Idealzahlen der Mathematik (das «andere Sein neben den Ideen»). Sie erklären nicht die ununterbrochene Zwangsläufigkeit der Bewegung, die in ihrer Ewigkeit angelegt ist. Das gesuchte ursprüngliche Sein ist also immer tätig und bewegend, es ist *seinem Wesen nach* Tätigkeit und Verursachung der Bewegung:

> Ferner (kann es dies) auch dann nicht (geben), wenn es [dieses Sein] zwar tätig sein wird / verwirklicht (*energēsei*), aber sein eigenes Sein Vermögen (*dynamis*) ist; denn auch dann wird es keine ewige Bewegung geben können. Denn das der Möglichkeit nach Seiende kann auch nicht sein (*mē einai*). Es muss also ein solcher Ursprung sein, dessen Wesen Tätigkeit / Verwirklichung (*energeia*) ist. Ferner muss ein solches Sein ohne Stoff (*hylē*) sein, denn es muss ewig sein, wenn es überhaupt etwas Ewiges geben soll. Es muss also Tätigkeit / Verwirklichung (*energeia*) sein.[11]

Abschließend bekräftigt Aristoteles also, dass das gesuchte erste Sein nicht Aktualität und Potenz in sich enthalten kann, denn die bloße Möglichkeit schließt auch das Nicht-Sein mit ein. Es muss vielmehr die reine Aktualität sein. Daraus ergibt sich – ohne dass Aristoteles sich wieder die Mühe macht, dies genauer auszuführen –, dass dieses Sein immer tätig und bewegend ist, *ohne aber selbst bewegt zu sein*. Denn Bewegung ist nichts anderes als der Übergang von potentiell Seiendem zu aktuell Seiendem. Wenn aber die erste Ursache der Bewegung reine Aktualität ohne jede Potenzialität ist, kann sie selbst nur unbewegt sein. Die unendliche Kette der ewigen Bewegung hat somit ihren Ausgangspunkt in einem unbewegten ewigen Beweger. Dass dieses ewige erste Sein auch nicht stofflich sein kann, versteht sich von selbst, denn wenn es stofflich wäre, hätte es die Möglichkeit, nicht zu sein, das heißt zu vergehen.

Im nächsten Schritt geht es um die Seinsweise des ersten Bewegers und den Nachweis, dass diese die des denkenden Geistes (*nous*) ist. Dies ist eigentlich das Thema des siebten Kapitels, doch ist gerade dieses Kapitel ein Musterbeispiel für Aristoteles' Auslassungen und Gedankensprünge sowie für die unscharfe Vermischung von unterschiedlichen Ebenen der Interpretation. Hier vermischt er an entscheidender Stelle das Denken des göttlichen und des menschlichen Geistes, so dass man nicht immer sicher sein kann, wovon er gerade redet. Nachdem er zunächst von der Vollkommenheit des ersten Himmels gesprochen und dessen Tätigkeit als reine Freude beschrieben hat, schwenkt er über zum Menschen, der diesen Zustand nur für kurze Zeit erreichen kann (1072b 15–18). Doch dann bezieht er sich offensichtlich auf das Denken des Ersten Bewegers und nicht des Menschen, wenn er sagt: «Das Denken an sich geht auf das was an sich das Beste ist; und das, was im *vollsten Sinne Denken* ist, geht auf das, was im *vollsten Sinne das Beste* ist» (1072b 18–20).[12] Man sollte erwarten, dass darauf nun die entscheidende Konsequenz folgt: «Daher denkt der Erste Beweger sich selbst»,[13] doch Aristoteles tut nichts dergleichen, sondern beschreibt nun die Struktur des selbstreflexiven Denkens:

> Nun denkt das Denken / der denkende Geist (*nous*) sich selbst, insofern es am Gedachten (*tou noētou*) Anteil hat. Es wird nämlich selbst Gedachtes (*noētos*), indem es Gedachtes [das Objekt des Denkens] berührt und (dieses) denkt, so dass Denken / denkender Geist und Gedachtes dasselbe sind. Denn das, was fähig ist, das Gedachte und (sein) Sein aufzunehmen, ist das Denken / der denkende Geist. Es ist aber nur aktiv tätig (*energei*), wenn es dieses [das Gedachte / das Objekt seines Denkens] (bereits) besitzt.[14]

Dieser komplizierte Gedankengang besagt nicht mehr und nicht weniger, als dass der denkende Geist / das Denken und das Gedachte im Vollzug des Denkens identisch sind. Der einzige Nous aber, der das Gedachte (das Objekt seines Denkens) bereits besitzt, ohne es sich erst durch das Denken zu erschließen, so muss man aus dem letzten Satz folgern, ist der, dessen Wesen reine Aktualität ist, also der Unbewegte Beweger. Doch auch hier schwenkt Aristoteles sofort wieder zum Vergleich mit dem menschlichen Nous um, der eben nicht im Zustand der reinen Aktualität verbleiben kann:

> Daher ist dieses [der ständige Besitz des Gedachten] in höherem Maße göttlich als jenes, (nämlich) das, was man am denkenden Geist für göttlich hält [der nur mögliche Besitz des Gedachten], und die Schau (*theōria*) ist das Erfreuendste und Beste. Wenn sich aber der Gott immer so wohl befindet (*eu echei*), wie wir uns nur zuweilen (befinden), so ist dies etwas Wunderbares; wenn (er) sich aber in noch höherem Maße wohl befindet, so ist dies noch wunderbarer. So aber befindet er sich. Und auch Leben kommt ihm [Gott] zu. Denn die Tätigkeit des denkenden Geistes ist Leben, und jener ist die Tätigkeit. Seine Tätigkeit ist aber an sich vollkommenes und ewiges Leben. Wir behaupten also, dass der Gott ein lebendiges Wesen ist, ewig und vollkommen, so dass Leben und beständiges, ewiges Dasein dem Gott zukommen. Denn dies ist eben der Gott.[15]

Nur der Unbewegte Beweger, der hier ohne Umschweife mit Gott gleichgesetzt wird, ist kraft seiner wesenhaften Aktualität im ständigen Besitz des Gedachten. Dem denkenden Geist des Menschen dagegen ist es möglich, zeitweise in den Besitz des Gedachten zu gelangen, und zwar in der Gottesschau (*theōria*). Diese Gottesschau ist das «Erfreuendste und Beste», das dem Menschen passieren kann. Der wunderbare Zustand, den der Besitz des Gedachten vermittelt, ist «Wohlbefinden» – beim denkenden Geist Gottes immer, beim denkenden Geist des Menschen nur zeitweise. Denn schließlich bedeutet die Einheit von denkendem Geist und Gedachtem Leben: Da die Tätigkeit Gottes reine Aktualität ist, kommt nur Gott das vollkommene und ewige Leben zu. Unausgesprochen mitgedacht ist, dass das menschliche Leben nur unvollkommen und zeitlich begrenzt sein kann.

Einen weiteren Anlauf zum Denken des Unbewegten Bewegers macht Aristoteles im 9. Kapitel von Buch XII seiner Metaphysik. Er geht hier teilweise wieder hinter das zurück, was er bereits bewiesen hat. Er beginnt noch einmal mit der Feststellung, dass das Wesen des denkenden Geistes nicht nur potentielles Denken sein kann, sondern aktuelles Denken sein muss; denn wenn es nur die bloße Möglichkeit wäre, wäre es nicht das vollkommenste Sein (1074b 15 ff.). Diese Feststellung wird nun in mehreren Schritten erläutert bzw. mehrfach hinterfragt:

> Was ist es denn nun, was er [der Unbewegte Beweger] denkt? Doch entweder sich selbst oder etwas anderes; und wenn etwas anderes, so entweder

immer dasselbe oder je etwas anderes. Macht es nun einen Unterschied aus oder keinen, ob er das Schöne denkt oder das erste Beste [das, was ihm gerade in den Sinn kommt]? Ist es nicht bei einigem geradezu absurd, darauf das Nachdenken zu richten? Es ist also klar, dass er nur das Göttlichste und Allerwürdigste denken darf und zwar, ohne dass er (im Denken) wechselt (*metaballei*). Denn der Wechsel / die Veränderung (*metabolē*) könnte ja zum Geringeren führen – und so etwas wäre schon eine Art Bewegung.[16]

Dies wissen wir eigentlich schon: Wenn der Unbewegte Beweger auch etwas anderes als sich selbst denken würde, dann fände in seinem Denken ein Wechsel oder eine Veränderung von etwas zu etwas statt, die sich potentiell auch dem Geringeren zuwenden könnte. Dies ist aber ausgeschlossen, weil das Denken des Unbewegten Bewegers keiner Bewegung unterworfen ist und sich nur auf das richten kann, was das «Göttlichste» und «Allerwürdigste» ist – er selbst. Weiter (1074b 27–33): Wenn das Denken des Ersten Bewegers nur die Aktualisierung der Möglichkeit seines Denkens wäre, dann müsste diese für ihn anstrengend sein, was allen bisher aufgestellten Grundsätzen widerspricht. Außerdem kann Aktualisierung in zwei Richtungen gehen – zum Höheren und zum Niedrigeren, aber das Gedachte kann weder einen höheren noch einen niedrigeren ontologischen Status haben als der Unbewegte Beweger selbst, denkt er doch, wie wir gehört haben, «das Göttlichste und Allerwürdigste»:

> Folglich denkt er sich selbst (*auton noei*), wenn anders er das Beste ist, und im Grunde ist dann Denken das Denken des Denkens (*estin hē noēsis noēseōs noēsis*).[17]

Diese Grunderkenntnis, dass der Unbewegte Beweger nur sich selbst und nichts anderes denken kann, bedeutet, dass sein Denken das Denken denkt, dass das Objekt seines Denkens auf ihn selbst gerichtet, dass er selbst als denkendes Subjekt mit seinem Objekt identisch ist. Aber auch diese Erkenntnis, zweifellos der Höhepunkt der Ausführungen des Aristoteles in der Metaphysik, wird noch weiter hinterfragt und damit präzisiert. Die eine Präzisierung betrifft die Identität von «Denkendsein» und «Gedachtsein», denn diese gilt nur immateriellen Seinsweisen:

> Da das Sein des Gedachten (*nooumenos*) und das des denkenden Geistes (*nous*) bei allem, das keinen Stoff hat, nicht voneinander verschieden ist, wird es also doch dasselbe sein und das Denken (*noēsis*) mit dem Gedachten (*nooumenos*) eins.[18]

Damit ist die Identität des denkenden Unbewegten Bewegers mit dem Objekt seines Denkens noch einmal bekräftigt und gleichzeitig für den aus Materie und Geist bestehenden Menschen ausgeschlossen. Die zweite und letzte Präzisierung betrifft die Frage, ob das Objekt des göttlichen Denkens zusammengesetzt ist. Auch hier sollte die Antwort klar sein und die Frage sich eigentlich erübrigen:

> Ferner bleibt noch die Schwierigkeit, ob das Gedachte zusammengesetzt ist; dann nämlich würde es sich in den Teilen des Ganzen [von einem Teil des Ganzen zum anderen hin] verändern können. Aber alles, was keinen Stoff hat, ist doch wohl unteilbar. Denn so wie der menschliche Geist und (das) was am Zusammengesetzten teilhat, sich in einer begrenzten Zeit (*chronos*) befindet, so verhält sich das Denken, das ganz nur sich selbst denkt, die ganze Ewigkeit (*ton hapanta aiōna*) hindurch.[19]

Wieder schärft der Vergleich mit dem Menschen den Blick: Der menschliche Geist ist aufgrund seiner Verbindung mit der Materie dadurch charakterisiert, dass er zusammengesetzte Dinge denkt und innerhalb der Zeit verbleibt. Im Unterschied dazu denkt der göttliche Geist ein und dasselbe – nämlich sich selbst – und dies in alle Ewigkeit.

Mit der zentralen Aussage von Buch Lambda seiner Metaphysik, dass der Unbewegte Beweger immer und ewig sich selbst denkt und Subjekt und Objekt seines Denkens somit zusammenfallen – eine Erkenntnis, die der menschlichen Vernunft eben nicht zukommt, denn sie ist endlich und unterscheidet zwischen Subjekt und Objekt des Denkens –, hat Aristoteles letztlich eine «leere» Aussage gemacht. Klaus Oehler spricht hier mit Recht von einem «*blanket term*, der in der beschriebenen Form eine Leerstelle abdeckt»,[20] denn Aristoteles vermeidet jede *inhaltliche* Aussage über das, was der Unbewegte Beweger denkt – er denkt sich selbst, aber was genau heißt das? Die meisten Interpreten des Aristoteles durch die Geschichte der Philosophie hindurch bis heute waren damit nicht zufrieden und haben versucht zu begründen, dass Gottes Sich-Selbst-Denken notwendigerweise auch die Kenntnis der Welt mit einschließt: Wenn der Erste Beweger die Ursache der Welt ist und alles weiß, so wird argumentiert, muss seine Selbst-Erkenntnis auch die Erkenntnis der Welt einschließen.[21] Dies aber, so insistiert Oehler, ist ein Fehlschluss, weil es «für Aristoteles eine Art von Denken gibt, welches sich nicht mit den Dingen in der Welt oder mit deren Wesen beschäftigt und welches doch nicht ‹objektlos› ist …».[22] Aristoteles entwickelt seine Vorstellung vom sich selbst denkenden Unbewegten Beweger ausschließlich aus seinen logischen Prämissen heraus. Welche Konsequenzen dies für die Ontologie oder gar Theologie und das Verhältnis der irdischen Welt zu den himmlischen Sphären hat, interessiert ihn – zugespitzt gesagt – in seiner Metaphysik nicht. Er ist und bleibt Philosoph und nicht Theologe. Das Denken seines Unbewegten Bewegers ist die reine Selbstreflexivität und Selbstbezüglichkeit. Was das für uns arme Menschen bedeutet, ist in der streng logischen aristotelischen Philosophie irrelevant. Daher ist es auch nicht überraschend, dass der Begriff der göttlichen Fürsorge (Providenz) in Aristoteles' Metaphysik keine Rolle spielt. Das war bei Platon anders, obwohl auch er die Fürsorge des Demiurgen für die Welt des Menschen nicht gerade in den Mittelpunkt seines *Timaios* stellt.

Aristoteles' Unbewegter Beweger ist kein Schöpfergott – mit allen in diesem Begriff liegenden Konsequenzen – und will es auch nicht sein. Dies ist der entscheidende Unterschied zu Platons Demiurgen. Durch sein ewiges selbstbezogenes Denken bewegt der Unbewegte Beweger auf ewig eine Welt ohne Anfang und ohne Ende. Sie kreist ewig um sich selbst und hat, in hierarchisch abgestuften Sphären, Anteil am Wohlbefinden ihrer ersten Ursache. Durch die Betätigung seiner auf das Ewige und Unveränderliche gerichteten Vernunft kann der Mensch am Denken des Unbewegten Bewegers teilhaben und, wenn ihm dies gelingt, Eudaimonie («Glückseligkeit») als höchstes Ziel der aristotelischen Ethik erreichen. Aber nirgendwo gibt Aristoteles zu erkennen, dass der Unbewegte Beweger die Welt *zu dem Zweck* in Bewegung hält, *um* den Seinsstufen der verschiedenen Sphären (und insbesondere dem Menschen als der Krone der sublunaren Sphäre) Anteil an seiner Glückseligkeit zu geben. Die göttliche Glückseligkeit bleibt letzten Endes selbstgenügsam und selbstbezogen – wie auch die höchste Tugend der menschlichen Glückseligkeit die Selbstgenügsamkeit ist. Hatte Platon die Göttlichkeit des Kosmos philosophisch begründen und untermauern wollen, zieht sich der Gott des Aristoteles zugunsten einer reinen Kosmo-Philosophie vollständig aus dem Kosmos zurück.

5.

PHILON:
DER JÜDISCHE PLATON

Ein hellenistisch-römischer Theologe

Philon (ca. 20/10 v. Chr. – 40/50 n. Chr.)[1] wird mit Recht als der einzige große Philosoph des antiken Judentums gewürdigt. Er lebte und lehrte im ägyptischen Alexandria, dem Zentrum des hellenistischen Judentums. In seinen zahlreichen Schriften schuf er eine Synthese zwischen dem traditionellen Judentum und der griechischen Philosophie, wobei er sich ausgiebig der in der griechischen Literatur erprobten hermeneutischen Methode der Allegorese bediente. Das griechische Wort *allēgoria* heißt wörtlich «andere / verborgene Sprache» (von *allos agorein*, «auf andere Weise sprechen»). Wer einen Text allegorisch deutet, unterstellt, dass er nicht das meint, was er im wörtlichen Sinne sagt, sondern einem übertragenen Sinn folgt, der vom Ausleger erschlossen werden muss. Im Judentum ist der auf diese Weise ausgelegte Text die Hebräische Bibel, dem so ganz andere Aussagen entnommen werden können, als ein wörtliches Verständnis nahelegt. Als klassischer Vertreter des griechisch geprägten Judentums konnte Philon wahrscheinlich kein Hebräisch, sondern stützte sich auf die griechische Übersetzung der Hebräischen Bibel, die Septuaginta, die in einem längeren Prozess in Ägypten entstanden war.

Über Philons Jugend wissen wir so gut wie nichts. Er gehörte zu einer vornehmen und reichen jüdischen Familie in Alexandria und war der ältere Bruder des Alabarchen Alexander, der für das Steuerwesen in Alexandria verantwortlich war und beste Kontakte sowohl zum jüdischen als auch zum römischen Adel pflegte. Alexanders jüngerer Sohn Marcus Julius Alexander war mit einer Tochter Agrippas I. verheiratet, eines Enkels von Herodes dem Großen. Sein ältester Sohn Tiberius Julius Alexander war römischer Prokurator der Provinz Judaea (46–48) und wurde später (66–69) Präfekt von Ägypten. Im Jahr 70 nahm er in hoher militärischer Funktion an der Belagerung und Eroberung Jerusalems teil. Die engste familiäre Umgebung Philons war also zutiefst akkulturiert, integraler Teil ihrer kulturellen Umwelt – bis hin zur Aufgabe des traditionellen Judentums, denn als torahtreuer Jude konnte man kaum Prokurator Judaeas werden und noch viel weniger an der Zerstörung Jerusalems und des Tempels mitwirken.

Philon hat diese extrem assimilatorische Richtung der Familie seines Bruders wohl kaum geteilt. Alle seine Schriften versuchen im Gegenteil, einen Weg aufzuzeigen, wie sich ein torahtreues jüdisches Leben mit den neusten philosophischen Erkenntnissen seiner Zeit vereinbaren lässt. Das zeigt auch das einzige sichere historische Datum seines Lebens: Im Winter 39/40 nahm er als Delegationsleiter der Gesandtschaft der jüdischen Gemeinde von Alexandria nach Rom zu Kaiser Caligula teil, bei der es vor allem um das jüdische Bürgerrecht in Alexandria ging, und schrieb darüber die beiden Traktate *Legatio ad Gaium* («Gesandtschaft zu Gaius [Caligula]») und *In Flaccum* («Gegen Flaccus», den römischen Präfekten Ägyptens).

Diese beiden historischen Traktate sind die einzigen Schriften Philons, die mit einiger Genauigkeit datiert werden können, nämlich nach den Pogromen in Alexandria von 38, entstanden also in der letzten Lebensphase Philons. Maren Niehoff hat versucht, die anderen Schriften Philons anhand interner Kriterien und in Relation zu den historischen Traktaten in eine relative Chronologie einzuordnen.[2] Demnach entstanden die zahlreichen allegorischen Kommentare zwischen den Jahren 10 und 35, während seine philosophischen Traktate im eigentlichen Sinne – also die Schriften, die nicht als Bibelkommentare konzipiert sind – auf die Gesandtschaft nach Rom (Herbst 38–40) als Schlüsselerlebnis seines Lebens[3] und damit auf die beiden historischen Traktate folgen. Den Auftakt der allegorischen Kommentare aus der Frühzeit bildet der umfangreiche Kommentar zum zweiten Schöpfungsbericht (bei Philon die kompletten Kapitel Gen. 2 und 3) in drei Bänden.

In die späteste Phase seiner schriftstellerischen Tätigkeit fallen mehrere wieder auf den Bibeltext bezogene Schriften. Es handelt sich dabei um freie Nacherzählungen, die sich als eine umfassende «Exposition des Gesetzes» verstehen. Zu ihnen gehören der Traktat «Über die Weltschöpfung» (*De opificio mundi*), drei Traktate über die Leben der Patriarchen Abraham, Josef und Moses, jeweils ein Traktat über den Dekalog und über die Einzelgesetze (letztere in vier Büchern), sowie je ein Traktat über die Tugenden und über Belohnungen und Strafen.[4] Der einleitende Traktat «Über die Weltschöpfung» befasst sich im Wesentlichen mit dem ersten Schöpfungsbericht Gen. 1,1–2,3, bezieht aber nach langen Ausführungen über die Zahl 7 den zweiten Schöpfungsbericht kursorisch mit ein.[5] Ich werde im Folgenden den Traktat «Über die Weltschöpfung» (*De opificio mundi*, abgekürzt Opif.) in das Zentrum meiner Analyse der Kosmologie Philons stellen, als Traktat des reifen Philon, der ein breiteres Publikum ansprechen will.[6]

Ganz anders als die klassischen Werke des griechischen und römischen Kanons, die im Gefolge der Revolution des Christentums und der politischen Umbrüche untergingen, um dann erst in der Renaissance und im Humanismus wiederentdeckt zu werden, ist Philon ohne Unterbrechung im kulturellen Gedächtnis des Westens präsent geblieben. Allerdings weniger unter den Juden als vielmehr primär bei den Christen – was nur auf den ersten Blick verwundert. Das ägyptische Judentum mit seinem Mittelpunkt im hellenistisch-römischen Alexandria wurde während der Diasporaaufstände der Jahre 115–117 weitgehend ausgelöscht. Die von ihm begründete und mit Philon zu ihrem geistigen Höhepunkt gebrachte Denktradition des Judentums ging unter. Geblieben sind nur einige spärliche Erinnerungen an Philon im rabbinischen Judentum Palästinas, aber direkte Zitate von ihm fehlen hier. Dafür entfaltete Philon eine umso größere Wirkung im Christentum. Seine Werke wurden von christlichen Autoren geschätzt, zitiert und tradiert. Einer der Gründe dafür war seine Logos-Theologie, die sich leicht mit der dogmatischen Struktur von Jesus Christus als Logos (Joh. 1,1–5) und zweite Person der göttlichen Trinität, die im Christentum immer größeres Gewicht bekam, verbinden ließ. Christliche Autoren ernannten Philon kurzerhand zum Bischof oder nahmen ihn sogar in die ehrwürdige Reihe der Kirchenväter auf.[7]

Erst die christliche Wiederentdeckung der klassischen griechisch-römischen und der jüdischen Literatur in der Renaissance und im Humanismus eröffnete auch dem Judentum wieder einen – allerdings kritischen – Zugang zu Philon: Azarja de' Rossi (ca. 1511–1578), einer der bedeutendsten jüdischen Wissenschaftler der italienischen Renaissance, befasst sich in 'Imre Binah («Worte des Verstehens/der Erkenntnis»), dem dritten Teil seines Hauptwerkes Me'or 'Enajim («Leuchte der Augen») von 1575 ausführlich auch mit der jüdisch-hellenistischen Literatur und mit Philon, den er ins Lateinische übersetzte.

Philons Traktat über die Weltschöpfung

Einleitung

Philons Traktat «Über die Weltschöpfung» ist kein Vers-für-Vers-Kommentar des ersten Schöpfungsberichts, sondern eine frei formulierte Nacherzählung, die sich am Bibeltext orientiert. Er beginnt mit verschiedenen Vorbemerkungen zu zentralen Themen, bis er sich dann enger an der Abfolge der Bibelverse ausrichtet. Dies erinnert an die Proömien in Platons Dialogen, aber auch an die sogenannten homiletischen Midraschim der Rabbinen, die der eigentlichen Vers-für-Vers-Auslegung Proömien voranstellen, in denen besonders wichtige Themen hervorgehoben werden. Mit dem Midrasch Bereschit bzw. Genesis Rabba werden wir den für die Schöpfungstheologie zentralen rabbinischen Text kennenlernen. Schon in dieser Einleitung wird klar, dass Philons Abhandlung über die Kosmologie zu großen Teilen ganz wesentlich auf der Philosophie Platons aufbaut, und zwar sowohl auf der Ontologie als auch auf der Anwendung der ontologischen Prämissen auf die Entstehung der Welt. Die Überschrift in der Edition der Loeb Classical Library, die möglicherweise auf Philon selbst zurückgeht,[8] lautet wörtlich übersetzt: «Des Philon (Traktat) über das Kosmosmachen (kosmopoiia) nach Moses».

Philon eröffnet mit diesem Traktat die «Exposition des Gesetzes» in seiner ganzen Breite – beginnend mit der Weltschöpfung –, dessen Autor nach der Tradition niemand anderes als Moses ist. Entsprechend singt Philon zunächst auch des Loblied des Moses, der die Gesetze weder einfach nur schlicht und ungeschminkt auflistet noch sie in die Form des Mythos kleidet (vielleicht ein kleiner Seitenhieb auf den *Timaios*), sondern mit der Weltschöpfung verbindet und damit klarstellt, «dass sowohl die Welt mit dem Gesetz als auch das Gesetz mit der Welt im Einklang steht» (Opif., §3). Folglich ist der «gesetzestreue Mann ein Weltbürger, da er seine Handlungsweise nach dem Willen der Natur regelt, nach dem auch die ganze Welt gelenkt wird» (ibid.). Die Kommentatoren möchten hier einen Hinweis auf die Lehren der Stoa sehen. Das trifft sicher zu, doch sollte man den Zusammenhang mit dem *Timaios* nicht ignorieren, für den sich das gottgefällige Leben aus dem Einklang mit der Harmonie des Kosmos ergibt. Dem entspricht auch die Betonung der «Schönheit der Gedanken dieser Weltschöpfung», die mit den «Organen eines Sterblichen» nicht erfasst werden können (§ 4). Und dennoch: «Wie auch das kleinste Siegel, wenn es geprägt wird, die Abbilder kolossaler Größen aufnimmt, so werden vielleicht auch die außerordentlichen Schönheiten der in den Gesetzen beschriebenen Weltschöpfung, wenn sie mit ihren Strahlen die Seelen der Leser treffen, auch bei schwächerer Darstellung offenbar werden» (§ 6). Auch hier liegen die Vorgaben Platons auf der Hand.

Es folgen zwei Themen, die Philon besonders wichtig sind, die Frage nach der Ewigkeit der Welt (§§ 7–9) und nach der göttlichen Vorsehung (§§ 9–11). Zum ersten Thema stellt er klar:

> Es haben nämlich manche, weil sie die Welt mehr als den Weltschöpfer (*ton kosmopoion*, wörtlich «Weltmacher») bewunderten, jene [die Welt] für unerschaffen und ewig erklärt, diesem aber, Gott nämlich, in unfrommer Weise völlige Untätigkeit angedichtet, während sie im Gegenteil dessen Kräfte (*tas dynameis*) als die eines Schöpfers / Machers und Vaters anstaunen müssten und nicht die Welt über alles Maß verherrlichen dürften.[9]

Seit langem streiten die Kommentatoren darüber, gegen wen Philon hier so vehement argumentiert, doch bleibt Aristoteles trotz gegenteiliger Bemühungen der Hauptverdächtige. Philon schrieb in der Reihe seiner philosophischen Schriften einen ganzen Traktat gegen die Annahme von der Ewigkeit der Welt (*De aeternitate mundi*), in dem er Aristoteles' Sicht ausdrücklich ablehnt. Das Markenzeichen des Aristoteles ist nicht von ungefähr die Vorstellung von Gott als dem «unbewegten Beweger», gegen die Philons Moses im Folgenden polemisiert. Indem er sich auf die «Kräfte» Gottes als die eines «Schöpfers und Vaters» beruft, bezieht er sich auf Platons Ideenlehre und nimmt vorweg, was er in Kürze genauer ausführen wird. Aristoteles' «Dogma» von der Ewigkeit der Welt steht nicht nur gegen den biblischen Schöpfungsglauben, sondern auch gegen Platons Konzept der Weltschöpfung im *Timaios*. Allerdings kann Philon schwerlich Platons problematischem «Kompromiss» im *Timaios* von einer Welt zustimmen, die einerseits geworden, das heißt in der Zeit entstanden ist, der aber gleichwohl die Qualität der Ewigkeit zukommt.[10]

Gegen Aristoteles' Grundannahme eines unbewegten, in passiver Selbstgenügsamkeit verharrenden Bewegers setzt Philon die Weisheit und Einsicht des Moses, der nicht nur den Gipfelpunkt der Philosophie erreicht habe, sondern auch durch die göttliche Offenbarung eines Besseren belehrt worden sei. Moses habe erkannt, dass man zwischen der «wirkenden / aktivierenden Ursache» (*drastērion aition*) und dem «passiven Objekt» (*to de pathēton*) unterscheiden müsse und dass «jene wirkende / aktivierende Ursache der Geist (*nous*) des Weltganzen ist, der ganz reine und lautere, der besser ist als Tugend, besser als Wissen, besser als das Gute an sich und das Schöne an sich» (§ 8), also in der Terminologie des Moses «Gott» und des Platon das reine «Sein». Das passive Objekt (wörtlich «das Leidende») ist im Gegensatz dazu unbeseelt und unbeweglich, wird erst vom «Geist» bewegt, gestaltet und beseelt und verwandelt sich dadurch in das «vollendetste Werk, in diese (sichtbare) Welt» (ibid.). Für Philon fallen daher – durchaus im Geist der platonischen Philosophie, aber im Unterschied zum *Timaios* – das reine Sein und der Schöpfergott zusammen. Deswegen übersetzt die Septuaginta, die Philon benutzte, den berühmten Vers von der Selbstoffenbarung Gottes «Ich bin, der ich bin» (Ex. 3,14) auch mit dem personalen «Ich bin *der* Seiende» (*ho ōn*),[11] während Platon von *to on* spricht («das, was ist, *das* Seiende») oder auch von dem «Ungewordenen / Ungeschaffenen» (*ho agenētos*). Daher ist für Philon selbstverständlich Moses ganz unangefochten der Anfang und Ursprung jeder Philosophie und Platon von ihm abhängig.

Der zweite gravierende Mangel der aristotelischen Prämisse vom in sich selbst ruhenden Beweger ist für Philon die Missachtung der Vorsehung: «Die aber von der Welt behaupten, dass sie unerschaffen sei, merken nicht, das sie das nützlichste und notwendigste der zur Gottesverehrung führenden Dinge beseitigen, nämlich die Vorsehung (*pronoia*)» (§ 9). Ohne Vorsehung, ohne die Zuversicht, «dass der Vater und Schöpfer sich um das Geschaffene kümmert», ist die Welt sinnlos. Auch dieser Gedanke, dass Gott als Urheber des Kosmos notwendigerweise auch um dessen Wohlergehen und um die Erfüllung seines Zwecks besorgt ist, spielt eine wichtige Rolle im *Timaios* – bis hinein in die Terminologie, denn auch Platon spricht hier ständig vom «Vater und Macher / Urheber» des Kosmos. Geradezu vernichtend oder sogar zynisch ist Philons Satz: «Zwischen dem, das nicht geworden ist (*to mē gegonos*), und dem, der es nicht gemacht hat (*tō mē pepoiēkoti*), besteht keine Beziehung» (§ 10). Eine Welt, die nicht erschaffen wurde, sondern immer schon da war, und ein Gott, der sie nicht erschaffen hat, haben nichts miteinander zu tun.[12]

Am Ende von Philons Einleitung steht ein Passus, der das Proömium des *Timaios* zu Beginn von dessen eigentlicher Rede zusammenfasst.[13] Platon betont in diesem Proömium den grundlegenden Unterschied zwischen dem «stets Seienden», das kein «Entstehen» hat, und dem «stets Werdenden», aber «niemals Seienden»; ersteres ist nur durch «verstandesmäßiges Denken» zu erfassen, letzteres durch «vernunftlose Sinneswahrnehmung» und bloßes «Meinen». Da nichts ohne Ursache entstehen kann, muss das (unsichtbare) stets Seiende die Ursache des (sichtbaren) stets Werdenden sein, das der «Erzeuger» (der Demiurg) als Vorbild benutzt, um danach das stets Werdende (den Kosmos) zu gestalten. Und da das Werdende grundsätzlich «sichtbar, betastbar und im Besitz eines Körpers» und entsprechend «durch die Sinne wahrnehmbar» ist, kann es nicht ewig sein, sondern muss einen Anfang haben. Genauso argumentiert Philons Gesetzgeber Moses. Er wusste um die grundlegende und gegensätzliche Konstitution des Seins und des Werdens und erkannte:

dass das Ungewordene zu dem Sichtbaren ganz und gar nicht passt; denn alles mit den Sinnen Wahrnehmbare ist im Werden und in Veränderung und bleibt niemals in demselben Zustand. Er schrieb daher dem Unsichtbaren und nur durch den Verstand Erfassbaren als verwandte Eigenschaft die Ewigkeit zu, während er dem sinnlich Wahrnehmbaren den ihm angemessenen Namen «Werden» zuerkannte.[14]

Philon führt hier erstmals die für ihn grundlegende und eminent platonische Unterscheidung zwischen der durch den Verstand erfassbaren Welt Gottes, der Welt der Ideen (*kosmos noētos*), und der durch die Sinne wahrnehmbaren irdischen Welt (*kosmos aisthētos*) ein, auf die er immer wieder zurückkommen wird. Erstere ist die des Ungewordenen, letztere die des Werdens. Auch die Schlussfolgerung ist dieselbe wie im *Timaios*: «Da nun diese Welt sichtbar und sinnlich wahrnehmbar ist, so ist sie notwendigerweise auch geschaffen. Deshalb hat Moses mit Recht auch die Erschaffung der Welt beschrieben und in sehr würdiger Weise diese göttlichen Dinge behandelt.»[15] Als sichtbare und sinnlich wahrnehmbare Welt muss unsere irdische Welt notwendigerweise geschaffen und kann sie nicht ewig sein. Deswegen beginnt Moses seine Exposition der göttlichen Gesetze, die unser irdisches Leben regulieren, auch mit dem biblischen Buch «Genesis», das von der Erschaffung und dem Werden der Welt handelt.

Nach dieser «Einleitung» folgt der Kommentar Philons zum göttlichen Schöpfungswerk. Auch hier ist ihm eine Vorbemerkung wichtig: Wenn Moses in der Bibel sagt, dass die Welt in sechs Tagen erschaffen wurde, bedeute dies keineswegs, dass Gott als der «Macher» der Welt diese innerhalb eines bestimmten Zeitraumes, das heißt in der Zeit, erschaffen habe. Der ewige und zeitlose Gott kann sich nicht in die Zeit begeben, sondern bewirkt alles zur selben Zeit, «nicht nur durch seinen Befehl, sondern schon durch sein Denken» (§ 13). Die Zahl 6 soll nur die Ordnung ausdrücken, die für die Entstehung der Welt notwendig war, denn die 6 ist die erste vollkommene Zahl, nämlich identisch mit dem Produkt ihrer Teiler ($1 \times 2 \times 3$) sowie das Ergebnis von deren Summe ($1 + 2 + 3$); ihre Hälfte ist 3, ihr Drittel 2 und ihr Sechstel 1. Außerdem ist die Sechs nach der Lehre der Pythagoräer die erste gerade-ungerade Zahl, das heißt die erste Zahl, die durch eine gerade Zahl geteilt eine ungerade ergibt (6 : 2 = 3) und umgekehrt (6 : 3 = 2), wobei die ungeraden Zahlen als männlich und die geraden Zahlen als weiblich verstanden werden (§ 14).[16]

Der erste Schöpfungstag:
Die Erschaffung der intelligiblen Welt der Ideen

Philons Erklärung des ersten Schöpfungstages hat nur wenig mit den Einzelheiten des biblischen Schöpfungsberichts zu tun – der Abfolge von Himmel und Erde, den Urelementen Tohu, Bohu, Finsternis, Urflut, dem Licht und der Scheidung zwischen Licht und Finsternis. Schon gar nicht befasst sich Philon mit der dornigen Frage, ob die Materie von Gott geschaffen oder von ihm bereits vorgefunden wurde, also der *creatio ex nihilo* oder *ex hylis*, die die späteren (vor allem christlichen) Exegeten so umtreiben sollte. Stattdessen greift er eine Besonderheit des Bibeltextes heraus, die später auch die Rabbinen beschäftigen wird, nämlich die auffallende Tatsache, dass es am Ende des ersten Tages nicht wie zu erwarten heißt «erster Tag», sondern «ein Tag», dass hier also die Kardinalzahl «eins» gebraucht wird,[17] während alle folgenden Tage des Schöpfungswerkes mit den Ordinalzahlen abschließen («zweiter», «dritter», etc.).[18] Diese Besonderheit nimmt Philon in einer kühnen und ganz singulären Exegese zum Anlass, um diesem Tag eins die Erschaffung der idealen Welt der Ideen vorzubehalten, des *kosmos noētos*, der intelligiblen Welt, die nur durch den Verstand erkannt werden kann, im Unterschied zum *kosmos aisthētos*, der sinnlich wahrnehmbaren Welt:

> Er [der erste Schöpfungstag] ist nämlich vor allen (anderen Tagen) bevorzugt und umfasst die Schöpfung der gedachten / intelligiblen Welt, wie der Bericht [der Bibel] über ihn besagt. Da Gott nämlich bei seiner Göttlichkeit im Voraus wusste, dass eine schöne Nachahmung niemals ohne ein schönes Vorbild entstehen kann und dass keines von den sinnlich wahrnehmbaren Dingen, das nicht einem Urbild (*archetypon*) und einer geistigen Idee nachgebildet wäre, ohne Makel sein würde, bildete er, als er diese sichtbare Welt schaffen wollte, vorher die gedachte, um dann mit Benutzung eines unkörperlichen und gottähnlichen Vorbilds die körperliche – das jüngere Abbild

eines älteren – herzustellen, die ebenso viele sinnlich wahrnehmbare Arten enthalten sollte, wie in jener gedachten vorhanden waren.[19]

Eine stärker platonische Deutung des biblischen Textes ist kaum vorstellbar – und dazu noch eine platonische Deutung, die sich am *Timaios* orientiert: Es existieren zwei ontologisch grundsätzlich verschiedene Welten, die intelligible Welt Gottes und der Ideen und die sinnlich erfahrbare körperliche Welt, in der wir leben. Diese beiden Welten verhalten sich zueinander wie ein Urbild oder auch Vorbild und ein Abbild. Genau dies sagt auch Platon im *Timaios* und fügt hinzu, dass der Demiurg auf das Urbild blickte, um das Abbild zu erschaffen.[20] Platon äußert sich hier also nicht darüber, wie das Urbild entstand – es ist schon da, und im Sinne der platonischen Philosophie wurde es gewiss nicht vom Demiurgen erschaffen –, während Gott bei Philon «zuerst» die unkörperliche Welt «bildete»[21] und «dann» die körperliche Welt «fertigstellte», das heißt, Philons Gott ist auch der Schöpfer der Welt der Ideen. Allerdings sollten wir nicht, so Philon, dem Missverständnis erliegen, dass die Welt der Ideen irgendwo physisch lokalisiert werden kann; allenfalls können wir nachvollziehen, wie sie zusammengesetzt und wie sie, in einer unphysischen Genesis, entstanden ist (§ 17). Philon verdeutlicht dies in einem berühmten Gleichnis, das in ähnlicher Form auch in der rabbinischen Literatur überliefert ist (§§ 17–20).[22]

Wie bei den Rabbinen besteht auch Philons Gleichnis aus einer Bild- (§§ 17 f.) und einer Sachhälfte (§§ 19 f.).[23] Die Bildhälfte erzählt von einem mächtigen König, der eine große Stadt bauen will und sich dafür eines «geschulten Architekten» bedient. Dieser denkt sich «in seiner Seele» die Formen aller Gegenstände aus, die er in seiner Stadt verwirklichen will. Dann beginnt er «als tüchtiger Meister» (*dēmiourgos agathos*), fortwährend auf das Musterbild in seinem Geist blickend, mit dem Bau der realen Stadt, «indem er die körperlichen Gegenstände den einzelnen unkörperlichen Ideen vollkommen ähnlich bildet». Hierauf folgt die Erläuterung in der Sachhälfte:

> Ähnlich haben wir uns die Sache auch bei Gott zu denken, dass er also in der Absicht, die «Großstadt» [die irdische Welt] zu bauen, zuerst im Geiste ihre Formen (*typous*) konzipierte, aus denen er dann eine gedachte Welt zusam-

mensetzte und dann mit Hilfe jenes Musterbildes (*paradeigma*) die sinnlich wahrnehmbare [Welt] herstellte.[24]

Vorher (in § 16) haben wir gehört, dass Gott die gedachte Welt «bildete», jetzt setzt er sie zusammen. Die gedachte Welt, der *kosmos noētos*, ist also sowohl die in Gottes Verstand «gedachte» und dann «komponierte» Welt der Ideen als auch die intelligible Welt, die dem menschlichen Verstand zugänglich ist. Alle die verschiedenen Verben, die für die Herstellung der gedachten Welt verwendet werden, deuten darauf hin, dass für Philon der biblische Schöpfergott der alleinige Urheber der sinnlich wahrnehmbaren Welt sowie der Welt der Ideen ist. In diesem Punkt konnte Philon seinem Vorbild in Platons *Timaios* nicht folgen.

Anschließend betont Philon noch einmal den Ursprung der Welt der Ideen im göttlichen Verstand oder, wie es in platonischer Terminologie auch heißt, in der göttlichen Vernunft oder im göttlichen Geist (*nous*). Statt vom *nous* spricht Philon hier aber erstmals in diesem Traktat vom «göttlichen Wort / Logos», vom *theion logon*, «das alle diese (Ideen) geordnet hat» (§ 20), ein Begriff, der eine große Rolle in Philons Ontologie spielt. Die deutsche Übersetzung (Cohn et al.) übersetzt *theion logon* hier zutreffend im Sinne Platons mit «göttliche Vernunft», aber dies trifft Philons eigentliches Anliegen nur begrenzt. Der Logos ist nämlich für ihn der Aspekt Gottes, der sich der Schöpfung zuwendet, und damit steht Philon der biblischen Theologie näher als der Philosophie Platons. Er ist, wie übrigens auch die Weisheit, ein Aspekt des transzendenten Gottes, überbrückt aber gleichzeitig die eigentlich unüberbrückbare Kluft zwischen Gott als dem ideellen Sein und der körperlichen Welt,[25] er ist also sowohl (philosophisch) transzendent als auch (biblisch) immanent. In der Hebräischen Bibel finden wir diesen Gedanken in der späteren, platonisch beeinflussten Weisheitsliteratur ausgeführt.[26] Philon wird diese Logos-Theologie bald noch näher erläutern (§ 24). An dieser Stelle macht er erst einmal klar, dass der Logos nicht der einzige Aspekt des transzendenten Gottes ist, sondern dass dieser sich in verschiedenen Aspekten entfaltet. Diese Aspekte nennt er die göttlichen «Kräfte» (*dynameis*), und eine von diesen Kräften ist der Logos:

Eine göttliche Kraft aber ist auch die weltschöpferische (*kosmopoiētikē*),[27] die als Quelle das wahrhaft Gute hat. Denn wenn einer die Ursache erforschen will, warum eigentlich dieses All geschaffen wurde, so scheint er mir das Ziel nicht zu verfehlen, wenn er behauptet – was übrigens auch schon einer der Alten gesagt hat –, dass der Vater und Macher gut sei.[28]

Mit seinem Logos wendet Gott sich der Schöpfung zu, und der alleinige Grund dafür ist seine Güte. Auch Platon spricht im *Timaios* häufig von dem Demiurgen als dem «Vater und Macher» (28a u. ö.) und sagt ausdrücklich, dass er «gut» ist und wollte, dass die von ihm erschaffene Welt «ihm möglichst ähnlich werde» (29e). Ohne Zweifel ist Platons *Timaios* «einer der Alten», der das schon erkannt hat. Damit kommt Philon nicht umhin, auch die Frage der Entstehung der Materie anzusprechen, aus der die irdische Welt hervorgeht. Weil Gott wollte, dass letztere gut und ihm möglichst ähnlich sei,

> hat er seine vollkommene Natur nicht der Materie vorenthalten, die aus sich selbst nichts Edles hat, aber die Fähigkeit besitzt, alles zu werden. Denn von selbst war sie ungeordnet, eigenschaftslos, leblos, ungleich, voll Verschiedenartigkeit, Disharmonie und Missklang; sie empfing aber ihre Veränderung und Umwandlung in die vorzüglichen Gegensätze, in Ordnung, Beschaffenheit, Beseeltsein, Gleichheit und Gleichartigkeit, Harmonie und Wohlklang und alle anderen Eigenschaften der besseren Art.[29]

Obwohl wir eigentlich immer noch beim «Tag eins» sind, der Entstehung der intelligiblen Welt der Ideen, sieht Philon sich beim Übergang von der Welt der Ideen zur irdischen Welt doch genötigt, auf die chaotische Materie einzugehen, von der Gen. 1,2 schließlich handelt. Die Art und Weise, in der er die Materie beschreibt (Chaos versus Ordnung), orientiert sich wieder am *Timaios* (30a). Philon sagt allerdings nicht, woher diese chaotische Materie kommt, in die der gute Gott Ordnung bringt. Während bei Platon vorausgesetzt ist, dass der Kosmokrator diese Materie vorfand, scheiden sich bei Philon die Geister der Kommentatoren. Unverkennbar unter dem Eindruck der späteren christlichen Theologie möchte man gerne auch Philon für die Lehre von der *creatio ex nihilo* in Anspruch nehmen und von einer ganz hohen Warte aus argumentieren, dass Gott, wenn er der Schöpfer der Welt der Ideen und der irdischen Welt ist, auch die Materie erschaffen haben muss.³⁰ Aber Philon sagt weder hier noch an anderer Stelle etwas dergleichen. Es ist also sehr wahrscheinlich, dass ihn die später so in den Vordergrund gerückte Lehre von der *creatio ex nihilo* überhaupt nicht interessiert und er es auch in diesem Punkt eher mit Platon hält. Nicht von ungefähr wurde ihm bei seiner Wiederentdeckung in der Renaissance von Azarja de' Rossi vorgeworfen, dass er an eine Urmaterie glaubte, die Gott bei der Erschaffung der Welt schon vorfand.

Seine Ausführungen über die göttlichen Kräfte veranlassen Philon, die Einheit und Einzigkeit Gottes zu betonen, ganz im Sinne des biblischen *Schema'* (Deut. 6,4): «Höre Israel (*Schema' Jisrael*), der Herr, unser Gott, ist ein einziger Gott.» Er allein ist, wie dies ja auch der erste Schöpfungsbericht betont, der Schöpfergott und hatte keine anderen Götter und keine «Helfer» neben sich, die an der Schöpfung beteiligt waren (§ 23). Damit wendet sich Philon gegen den vom absolut transzendenten Sein unterschiedenen Demiurgen Platons und vielleicht auch gegen die Unterscheidung zwischen einem obersten und einem zweiten Gott des Mittelplatonismus. In der rabbinischen Theologie wird diese Vorstellung dadurch abgewehrt, dass nicht einmal die Engel Gott als Helfer zur Verfügung standen; alles, was Gott tat, schuf er «nicht durch einen Engel und nicht durch einen Boten / Vermittler».³¹ Dann kehrt Philon wieder zum Logos und seiner Stellung im Schöpfungsvorgang zurück:

> Will nun jemand einfachere Ausdrücke anwenden, so kann er wohl sagen, dass die gedachte / intelligible Welt nichts anderes ist als das Wort / der Logos des mit dem Akt des Kosmos-Machens befassten Gottes; denn auch die gedachte Stadt ist ja nichts anderes als der Gedanke des den Bau einer Stadt planenden Baumeisters. Das ist Moses' Meinung, nicht etwa die meinige; sagt er doch im Folgenden bei der Beschreibung der Schöpfung des Menschen ausdrücklich, dass dieser nach dem Ebenbild Gottes gebildet wurde (Gen. 1,27). Wenn aber schon der Teil [der Mensch] Abbild eines Bildes ist (*eikōn eikonos*), gilt dies notwendigerweise auch für das Ganze. Und wenn dieser ganze durch die Sinne wahrnehmbare Kosmos, der ja größer ist als das menschliche Abbild, eine Nachahmung des göttlichen Bildes (*mimēma theias eikonos*) ist, so ist klar, dass das archetypische Siegel, wie wir die intelligible Welt nennen, das Musterbild und die archetypische Idee der Ideen ist – das Wort / der Logos Gottes.³²

Dies ist eine der zentralen Stellen des Traktats. Philon behauptet hier nichts weniger, als dass die intelligible Welt der Ideen der Logos Gottes in dem Moment ist, in dem dieser (Gott) sich daranmacht, die mit den Sinnen wahrnehmbare irdische Welt zu erschaffen. Der Logos ist also die der Schöpfung zugewandte Kraft Gottes. Auf der einen Seite ist der Logos Gott, und auf dieser Ebene Gottes ist er das archetypische Siegel und als solches das Musterbild (die archetypische Idee) der Ideen, der Inbegriff der durch die Ideen konstituierten intelligiblen Welt. Auf der anderen – und für uns Menschen entscheidenden – Seite ist der Logos aber auch das Abbild Gottes, der sich durch den Logos der Erschaffung der irdischen Welt zuwendet und mit dem Menschen als Krone der Schöpfung ein Abbild seines Abbilds erschafft. Philon versucht hier also, mit dem Instrument der platonischen Philosophie den Übergang vom absoluten Sein Gottes zur Welt der Ideen und dann zur sinnlich erfassbaren Welt zu beschreiben – eine eigentlich unlösbare Aufgabe, die er letztlich theologisch, mit Verweis auf Moses und die Hebräische Bibel löst.

An dieser Stelle ist leicht nachzuvollziehen, wie der Jude Philon zu einem Vordenker des Christentums werden konnte. Schon der unbekannte Verfasser des kurz nach 100 entstandenen Johannesevangeliums eröffnet sein Evangelium mit dem feierlichen Prolog:

> (1) Am Anfang war das Wort (*logos*) und das Wort war bei Gott und das Wort war Gott. (2) Dieses war im Anfang bei Gott. (3) Alles ist durch das Wort geworden und ohne es wurde nichts, was geworden ist. (4) In ihm war Leben, und das Leben war das Licht der Menschen. (5) Und das Licht leuchtet in der Finsternis, und die Finsternis hat es nicht erfasst.[33]

Liest man diesen Text mit den Augen Philons, so war der Logos seit Anbeginn und vor aller Schöpfung bei Gott, das heißt er war und ist Gott. Er ist nicht Teil der Schöpfung, sondern die Kraft Gottes, durch die die Schöpfung entstand; er ist also in Philons Worten der mit dem «Kosmos-Machen» befasste Gott. Die christliche Deutung dieser jüdisch-philonischen Grundaussage besteht «nur» darin, dass dieser Logos mit Jesus Christus, dem menschgewordenen Gott, identifiziert wird. Damit bereitet das Johannesevangelium den Weg für den entscheidenden Schritt der Christologie: Jesus, der Sohn Gottes, wird die zweite göttliche Person neben Gott-Vater. In den ersten christlichen Jahrhunderten bis zum Konzil von Nizäa (325) ging es genau darum, die Göttlichkeit Jesu und die Hinwendung Gottes in der Person seines Sohnes zur Schöpfung und Welt der Menschen. Es versteht sich, dass der Schlussteil des Prologs (Verse 4 und 5) nicht mehr mit den Augen Philons gelesen werden kann. Hier offenbart sich der Verfasser des Johannesevangeliums als Vertreter eines kosmischen Dualismus von Licht und Finsternis, in dem die Mächte der Finsternis das Licht bekämpfen, wobei Jesus und seine Anhänger das Licht repräsentieren und die Juden die Finsternis.

Nachdem er die Grundlagen für seine philosophisch-theologische Interpretation der Genesis gelegt hat, wendet sich Philon den einzelnen Versen zu. Er beginnt mit Gen. 1,1 in der Übersetzung der Septuaginta: «Am Anfang (*en archē*) schuf (*epoiēsen*, eigentlich ‹machte›) Gott den Himmel und die Erde» und hakt gleich beim ersten Wort («am Anfang») ein: Damit ist keine Erschaffung in der Zeit gemeint, «denn die Zeit existierte nicht vor der Welt, sie ist vielmehr entweder mit ihr oder nach ihr ins Dasein getreten» (§ 26). Genau dies sagt auch Platon im *Timaios*: «Die Zeit entstand also mit dem Himmel [Kosmos].»[34] Auch die Definition der Zeit ist fast identisch: Während Platon sie ein «bewegliches Abbild der Ewigkeit» nennt, ist sie für Philon die «Ausdehnung (*diastēma*) der Bewegung des Kosmos».[35]

Wenn der Anfang also nicht zeitlich zu verstehen ist, könne sich dieser nur auf die relative Ordnung der erschaffenen Dinge beziehen: «Denn wenn der Schöpfer auch alles zugleich erschuf, so war doch nichtsdestoweniger Ordnung in der schönen Schöpfung ... Ordnung aber ist die Aufeinanderfolge und Verbindung vorangehender und nachfolgender Dinge, wenn auch nicht immer in der Ausführung, so doch in den Gedanken der Verfertiger.»[36] Genau so hat Philon schon oben (§ 13) argumentiert.

Damit kommt Philon zur genaueren Auslegung von Gen. 1,1–5, dem Inhalt des ersten Schöpfungstages. Wir wissen bereits, dass Gott an diesem ersten Tag die unkörperliche Welt der Ideen erschuf, den *kosmos noētos* in seiner Terminologie. Ohne jede Rücksicht auf den biblischen Wortsinn, der von der vorweltlichen Materie handelt und das Licht als den ersten Schöpfungsakt Gottes ansieht, hat Philon keinerlei Probleme damit, die einzelnen Objekte oder Elemente dieses ersten Tages in die intelligible Welt der Ideen einzubinden:

> Zuerst also erschuf der Schöpfer (griech. *ho poiōn* – «der Macher») einen unkörperlichen *Himmel* (1) und eine unsichtbare *Erde* (2) und die Idee der Luft und die des leeren Raumes; von den beiden letzteren nannte er die eine «*Finsternis*» (3), da der Luftraum seiner Natur nach dunkel ist,[37] die andere «*Abgrund*» (*abyssos*)[38] (4), denn der leere Raum ist sehr tief und weit ausgedehnt. Dann schuf er die unkörperliche Substanz des *Wassers* (5) und die des *Lebenshauches* (*pneuma*) (6) und zu allen (diesen Dingen) als siebentes (die Idee) des *Lichtes* (7), das gleichfalls unkörperlich war, das nur durch den Verstand erfassbare Musterbild der Sonne und aller lichtspendenden Gestirne, die am Himmel entstehen sollten.[39]

Philon entnimmt hier alle einzelnen Elemente der unkörperlichen Welt der Ideen der biblischen Vorlage, wobei er die Ideen der Luft und des leeren Raumes, die ihm auf der Basis der griechischen Philosophie wichtig sind und die sich so nicht im Bibeltext finden, mit den biblischen Elementen Finsternis und Abgrund gleichsetzt. Mit diesem Kunstgriff gelingt es ihm, die beiden Begriffe «wüst und leer» (*tohu wa-vohu*) elegant zu ignorieren, die am treffendsten das Wesen der Materie ausdrücken und die besonders schlecht zu seiner geordneten Welt der Ideen passen. Besonderes Augenmerk möchte er stattdessen auf den Lebenshauch und das Licht lenken. Der Lebenshauch ist der «Geist / Wind Gottes» der biblischen Vorlage, die hier im Sinne der stoischen Philosophie als Lebensprinzip und Lebenskraft verstanden wird. Das Licht ist das Urbild der irdischen Sonne, die erst im nächsten Schritt entsteht, «denn das intelligible / gedachte Licht ist um so viel glänzender und strahlender als das sichtbare» (§ 30): Das intelligible Licht

> entstand als ein Abbild des göttlichen Logos, der seine Entstehung verdeutlicht / erklärt. Es ist ein überhimmlisches [die himmlische = irdische Sphäre übersteigendes][40] Gestirn, die Quelle der sinnlich wahrnehmbaren Sterne, die man treffend «Allglanz» nennen könnte, aus dem Sonne und Mond und die übrigen Planeten und Fixsterne je nach ihrer Kraft die angemessenen Lichtquellen schöpfen. Aber jener unvermischte und reine Glanz trübt sich,

sobald er anfängt, sich beim Übergang aus dem Gedachten in das sinnlich Wahrnehmbare zu verwandeln; denn keines der Elemente in der sinnlich erfahrbaren Welt ist ganz und gar rein.[41]

Das am ersten Schöpfungstag entstandene Licht von Gen. 1,3 nenne ich hier «Urlicht», im Unterschied zum Licht der himmlischen Gestirne als Teil der sinnlich erfassbaren, irdischen Welt. Es ist Teil der Welt der Ideen, des *kosmos noētos* als Inbegriff Gottes. Hier wird es aber als «Abbild des Logos» bezeichnet, was sich schwer damit vereinbaren lässt, dass der Logos und der intelligible Kosmos sonst gleichgesetzt werden: Der Logos gehört zur Welt der Ideen und ist – für Philon als biblischem Theologen – mit «Gott» identisch; er agiert nur als die der Schöpfung zugewandte Seite Gottes. Dann kann das Urlicht aber kaum ein Abbild des Logos sein. Die Kommentatoren vermuten eine Textkorruption, was ich für wenig wahrscheinlich halte. Mir scheint eher, dass Philon sich hier in seiner Urbild-Abbild-Relation verheddert: die Sonne und Gestirne als Abbild des Urlichts und das Urlicht als Abbild des Logos. In diesem Zusammenhang kommt es ihm vor allem auf ersteres an, denn letzteres hatte er ja schon oben ausführlich behandelt. Was die Gestirne als Abbild des Urlichts betrifft, versucht Philon erstmals anhand der Lichtmetapher den Übergang von der Welt der Ideen zur irdischen Welt zu beschreiben: Das reine Licht des Urlichts muss sich notwendigerweise in seinem Abbild eintrüben, denn das Abbild ist nur ein Abglanz des Urbilds. Auch dies deckt sich mit der Sicht Platons im *Timaios*, wo der Demiurg zwar auf die Welt der Ideen blickt und etwas schaffen will, das ihm möglichst ähnlich ist (29e), aber letztlich nur eine unvollkommene Kopie zustande bringen kann.

Von den in Gen. 1,1–5 genannten Elementen als Teilen des Ideenkosmos interessiert Philon neben dem Licht nur noch die Finsternis als Gegenbegriff des Lichts. Abend und Morgen sind nichts anderes als «Grenzmauern» oder «Barrieren», die die beiden Antagonisten trennen und dafür sorgen, dass sie sich niemals in die Quere kommen:

> Auch diese beiden, nämlich Morgen und Abend, sind unter die unkörperlichen und gedachten Dinge einzureihen. Gibt es doch bei diesen durchaus nichts sinnlich Wahrnehmbares; sie sind vielmehr ganz und gar Ideen,

Masse, Formen und Siegel, unkörperliche Dinge zur Erzeugung anderer, die Körper sind.[42]

Morgen und Abend, die Trennmarken zwischen Licht und Finsternis, gehören noch zur Welt der unkörperlichen und intelligiblen Ideen, aus der unsere sinnlich wahrnehmbare, irdische Welt entstehen wird. Dieser Welt wendet sich Philon jetzt zu: «Nun, da die unkörperliche Welt vollendet und im göttlichen Logos aufgebaut war, wurde die sinnlich wahrnehmbare (Welt) nach dem Muster jener [der unkörperlichen Welt] in vollkommener Gestalt hervorgebracht.»[43] Die irdische Welt ist also, wie wir schon gehört haben, ein vollkommenes Abbild der Welt der Ideen. Dass letztere dabei im göttlichen Logos aufgebaut, das heißt gebündelt, war, soll gewiss nicht den Logos von der Welt der Ideen separieren, sondern im Gegenteil den Logos als Inbegriff dieser intelligiblen Welt hervorheben und seine Rolle als Schöpfungsmittler betonen.

Die weiteren Schöpfungstage:
Die sinnlich wahrnehmbare irdische Welt

Bei der Behandlung des zweiten Schöpfungstags als Beginn der irdischen Welt betont Philon, dass der Schöpfergott (*dēmiourgos*) von allen erschaffenen Dingen dieses Tages zuerst den Himmel «machte» (*epoiei*). Er verwendet hier also erstmals in diesem Traktat den platonischen Begriff «Demiurg» und verknüpft diesen – wie Platon – mit dem griechischen Verb für «machen». Da auch die Septuaginta das viel spezifischere hebräische Verb *bara'* («erschaffen» im theologischen Sinne) mit «machen» wiedergibt, kann man ihm daraus keinen Vorwurf machen: Er folgt Platon und passenderweise eben auch der Septuaginta. Die Tatsache, dass die Bibel den Himmel «Feste / Firmament» (griech. *stereōma*) nennt, kommentiert er damit, dass dieses (seltene) griechische Wort die Körperlichkeit des Himmels betonen möchte: Im Unterschied zum «gedachten und unkörperlichen Himmel» der Ideenwelt zeichnet sich der irdische Himmel durch seine massive Körperlichkeit aus.

Nach dem Himmel folgt am dritten Tag die Erschaffung der Erde, die nichts anderes ist als das Festland, das sich nach dem Rückzug der

Wasser des Ozeans aus diesem erhoben hat. Zur Erde gehören die Pflanzen, die deswegen noch vor der Erschaffung der Gestirne entstehen. Diese auffallende Reihenfolge erklärt Philon damit, dass Gott auf diese Weise seine Allmacht dokumentieren und den bald zu erschaffenden Menschen vor Augen führen wollte, dass die Fruchtbarkeit der Erde nicht vom Kreislauf der himmlischen Gestirne abhängt, sondern von Gottes vorausschauendem Willen (§§ 45 f.). Nach langen offensichtlich pythagoreisch beeinflussten Ausführungen über die Besonderheit und Vollkommenheit der Zahl 4 (§§ 47 ff.) preist Philon den vierten Tag als den Tag, an dem die Gestirne erschaffen wurden, und hebt – ganz im Sinne Platons und seiner Nachfolger – ihre wohlgeordneten und harmonischen Bewegungen hervor (§ 54); aber auch ihre biblische Bestimmung (Lichtquellen, Unterscheidung von Tag und Nacht, Einteilung der Jahreszeiten) wird gewürdigt (§§ 55 ff.). Daran schließen sich am fünften und sechsten Tag die verschiedenen Arten der sterblichen Lebewesen an, beginnend mit den Wassertieren und den Vögeln (§§ 62 f.) und gefolgt von den Landtieren (Vieh, Wildtiere und Kriechtiere) und dem Menschen (§§ 64 f.). Auch im *Timaios* repräsentieren die Fische als die «Allerunverständigsten und Unwissendsten» die niedrigste Kategorie aller Lebewesen (§ 92b); Philon dreht nur die Reihenfolge um, indem er – wie die Bibel – mit den Fischen beginnt und mit den Menschen als den höchsten Lebewesen endet.[44]

Der Mensch im irdischen Kosmos

Die Erschaffung und Bedeutung des Menschen im irdischen Kosmos ist einer der Höhepunkte in Philons Traktat von der Weltschöpfung. Philon beginnt mit einer Paraphrase von Gen. 1,26, wonach der Mensch «nach dem Bilde Gottes und nach seiner Ähnlichkeit» erschaffen wurde, ignoriert also (zunächst) die wörtliche Rede Gottes und den Plural «wir»: «Wir wollen (jetzt) einen Menschen machen nach unserem Bild und nach (unserer) Ähnlichkeit» (Gen. 1,26, griechischer Text). Dann stellt er schnell klar, dass die Ähnlichkeit von Mensch und Gott sich nicht aus der Körperlichkeit ergibt, denn «weder hat Gott menschliche Gestalt noch ist der menschliche Körper gottähnlich».[45] Philon will damit jede Form von Anthropomorphismus ausschließen und steht auch hier wieder ganz in der griechisch-philosophischen Tradition seit Platon.[46] Vielmehr gilt:

> Jene Ebenbildlichkeit bezieht sich nur auf den Führer der Seele, den Geist/Intellekt. Denn nach dem einzigen Intellekt des Weltalls als Urbild wurde der Geist/Intellekt in jedem einzelnen Menschen gebildet, der also gewissermaßen der Gott des Körpers ist, der es als göttliches Bild in sich trägt. Denn was der große Herrscher im Weltall ist, das ist wohl der menschliche Geist/Intellekt im Menschen.[47]

Der menschliche Geist oder Intellekt als «Führer der Seele», der imstande ist, die intelligible Welt der Ideen zu erkennen, ist das Abbild Gottes, der als Geist/Intellekt des gesamten Weltalls vorgestellt wird. Auch damit folgt Philon Platon, wobei dieser im *Timaios* den Demiurgen nur die unsterbliche Seele erschaffen lässt, während den jüngeren Göttern die Aufgabe zukommt, die sterblichen Seelenteile hinzuzufügen. Auf diese Unterscheidung kann Philon sich selbstverständlich nicht einlassen. Als Abbild des göttlichen Intellekts/Geistes im Menschen ist der menschliche Intellekt/Geist also der «Gott des Körpers». Im *Timaios* besteht die Fähigkeit des Menschen zur Unsterblichkeit darin, dass er «ständig das Göttliche in sich pflegt und den ihm innewohnenden Schutzgeist (*daimōn*) in hohen Ehren hält» (89c). Philon kann diesen göttlichen Schutzgeist nur Gott nennen, den «großen Herrscher im Weltall».

Nachdem er das Verhältnis von göttlichem und menschlichem Geist geklärt hat, wendet Philon sich einem Thema zu, das eine große Rolle in seiner Philosophie spielt. Da der menschliche Geist ein Abbild des göttlichen Geistes ist, muss es sein Bestreben und seine Aufgabe sein, einen Weg zurück zu seinem Urbild zu finden. Im *Timaios* sind die Sterne der Ursprung und die Heimat der menschlichen Seelen, und der Sinn des irdischen Lebens besteht nur darin, dass die Seele nach ihrer Bewährung im Körper zu ihrem Ursprung zurückkehrt. Bei Philon ist Gott der Ursprung und die Heimat der menschlichen Seelen, die keinen anderen Wunsch und kein anderes Ziel haben, als zu Gott als ihrem Schöpfer zurückzukehren. Einigen wenigen Menschen ist diese Erfahrung sogar schon zu ihren Lebzeiten vergönnt; die meisten müssen aber auf die Vollendung ihres irdischen Lebens im Tode warten. Ausnahmen sind die Propheten und unter ihnen ganz besonders Moses, der größte aller Propheten. Es lohnt sich, hier auf einige andere Texte Philons zurückzugreifen, bevor wir uns seiner Aussage im Traktat von der Weltschöpfung zuwenden.[48] In seinem Kommentar zu Ex. 24,2 schreibt er:

> O vorzüglichste, gotteswürdige Anordnung: allein der prophetische Geist naht sich Gott. ... Denn der prophetische Geist ist, wenn er die göttlichen Weihen erhalten hat und Gottesträger (*deifer*) geworden ist, der Einheit ähnlich, mit niemand von denen gemischt, die Gemeinschaft mit der Zweiheit aufweisen. Von dem aber, welcher der Natur der Einheit anhängt, heißt es, er sei Gott genaht in einer gewissen verwandtschaftlichen Vertrautheit; denn nachdem er alle sterblichen Arten verlassen hat, wird er in das Göttliche verwandelt (*transmutatur in divinum*), so dass er Gott verwandt wird und wahrhaft göttlich.[49]

Leider sind die *Quaestiones et solutiones in Exodum* nur in armenischer Übersetzung erhalten, die ihrerseits ins Lateinische übersetzt wurde, und es ist schwierig, hinter dem armenischen bzw. lateinischen Text das griechische Original zu rekonstruieren. Aufgrund von Parallelen[50] lässt sich aber vermuten, dass hinter der «Zweiheit» (von griech. *dyas*) die Zweiheit von Leib und Seele steht, die in der ungetrennten und vollkommenen «Einheit» (von griech. *monas*) der Seele aufgehoben wird. Indem er die Sterblichkeit des Körpers hinter sich gelassen hat, wird Moses «reiner Geist», kann sich Gott «annähern», wird ihm «anverwandt» und damit «wahrhaft göttlich». Nirgendwo sonst wird die Vergöttlichung des Menschen bzw. genauer die Rückkehr des Menschen in seine ursprüngliche Göttlichkeit so deutlich ausgesprochen wie hier.

Der Aufstieg der Seele zu Gott muss das Ziel aller Menschen sein, gelingt den wenigsten aber zu ihren Lebzeiten. Philon beschreibt den Zustand, in dem der Mensch sich dabei befindet, oft in einer Terminologie, die an Trunkenheit erinnert. Als die biblische Hannah im Ersten Buch Samuel im Tempel ihr Herz vor Gott ausschüttet und um einen männlichen Nachkommen bittet, hält der Priester Eli sie für betrunken und fordert sie in harschen Worten auf, ihren Rausch auszuschlafen

(1 Sam. 1,13 f.). Aber Hannah besteht darauf, dass sie nur ihre Seele vor Gott ausgeschüttet hat (1,15), was Philon mit Hilfe seiner allegorischen Methode so interpretiert:

> Was hießen denn die Worte: «Ausschütten will ich meine Seele vor dem Herrn», anderes als: «Ich will sie ihm in ihrer Gänze weihen, will ihre Fesseln, die sie früher einschnürten und die um sie [die Seele] das eitle Streben des sterblichen Leibes geknüpft hatte, alle lösen, will sie [die Seele] weit hinausführen und so weit erstrecken und ausgießen, dass sie auch die Grenzen des Alls berühre und zu der wunderschönen und gepriesenen Schau des Ungewordenen sich dränge»?[51]

Die menschliche Seele ist in den Fesseln ihres sterblichen Leibes gefangen und hat kein anderes Bestreben, als sich davon zu befreien; in anderen Texten Philons ist sie auch im Gefängnis des Körpers eingekerkert. Wenn ihr dies gelingt, begibt sie sich auf eine weite Reise, die sie schließlich an die «Grenzen des Alls» führt. Philon sagt nicht genau, was er mit den «Grenzen des Alls» meint, aber da die Seele diese «berührt» und damit zur «Schau des Ungewordenen» gelangt, kann man annehmen, dass sie bis zum äußersten «Rand» des *kosmos aisthētos*, der irdischen Welt, vordringt und in den *kosmos noētos*, die Welt der Ideen, blickt. Dort sieht sie den «Ungewordenen», und dieser Ungewordene ist niemand anders als Gott. Was genau dieses Sehen bedeutet und was es mit der Seele macht, wird hier nicht thematisiert. Davon erfahren wir mehr im Traktat von der Weltschöpfung. Durch die Künste und Wissenschaften erschließt der menschliche Geist sich die ganze Erde und das Meer; aber dies ist nicht genug, er strebt darüber hinaus:

> Und dann erhebt er [der Geist] sich im Fluge und betrachtet die Luft und ihre Veränderungen und schwingt sich immer höher hinauf zum Aether und in die Himmelskreise und dreht sich mit den Reigentänzen der Planeten und Fixsterne nach den Gesetzen der vollkommenen Musik; indem er der Liebe zur Weisheit als Führerin folgt, schreitet er über die ganze sinnlich wahrnehmbare Wirklichkeit (*ousia*) hinaus und strebt nach der rein geistigen. Und wenn er hier die Urbilder und die Ideen der sinnlich wahrnehmbaren Dinge, die er dort [in der irdischen Welt] gesehen, in ihrer außerordentlichen Schönheit betrachtet, ist er von einer nüchternen Trunkenheit eingenommen und gerät in Verzückung wie die korybantisch Begeisterten;

und erfüllt von anderer Sehnsucht und besserem Verlangen, wird er durch dieses zum höchsten Gipfel der rein geistigen (Dinge) emporgetragen und glaubt, bis zum großen König selbst vorzudringen. Wenn er nun begierig ist, (ihn) zu schauen, ergießen sich über ihn stromweise reine und ungetrübte Strahlen vollen Lichtes, so dass durch ihren Glanz überwältigt das geistige Auge schwindlig wird.[52]

Der Geist – gemeint ist hier immer die geistige Seele – schwingt sich durch die Luft (den Lebensraum der irdischen Welt) hinauf zum Aether, der Sphäre der Planeten und Fixsterne, und überschreitet damit die Grenze vom *kosmos aisthētos* zum *kosmos noētos*, der Welt der Ideen. Dort betrachtet er die Urbilder und Ideen seiner irdischen Welt und gerät angesichts ihrer außerordentlichen Schönheit in Verzückung. Diese Verzückung vergleicht Philon mit der Raserei der Korybanten, der Kulttänzer der Kybele, der kleinasiatischen Fruchtbarkeitsgöttin, die auch bei Platon erwähnt werden. Im Unterschied zur «bacchantischen Verzückung» der Korybanten ist aber die Trunkenheit der Seele alles andere als eine gewöhnliche Trunkenheit in den Bacchanalia, den dionysischen Mysterien und Orgien – sie ist eine «nüchterne Trunkenheit» allein des Geistes und nicht des Körpers. Diese nüchterne Trunkenheit trägt ihn zum Gipfel der rein geistigen Welt der Ideen, und dieser Gipfel ist niemand anders als der «große König» persönlich, Gott. Indem Philon Gott den Titel Großkönig verleiht statt des philosophischen *to on*, «das Sein», verlässt er den Bereich der platonisch-philosophischen Spekulation und verlagert diese plötzlich wieder in den biblisch-theologischen und personalen Kontext.

Was sieht der Geist beim großen König? Philon ist hier vorsichtig: Er «glaubt», bis zu ihm vorzudringen, bzw., wie es im griechischen Text wörtlich übersetzt heißt, «es kommt ihm so vor / es scheint ihm (*dokei*), bei dem großen König selbst zu sein». Er ist es, und er ist es nicht! Denn auf dem Höhepunkt seiner Schau angelangt, überwältigt ihn der Glanz des göttlichen Lichtes und ihm wird schwindlig. Das seltene griechische Verb *skotodiniaō* verbindet Elemente der Dunkelheit und des Schwindels,[53] das heißt, das konzentrierte, ungeminderte göttliche Licht bewirkt das Gegenteil von Erleuchtung – Dunkelheit und Schwindel. Sehen und Erkennen ist also offensichtlich nicht die Erfahrung, die die zu Gott aufgestiegene Seele erwartet. Was diese Erfahrung wirklich ist, führt Philon hier nicht weiter aus, aber man darf annehmen, dass die «zurückgekehrte» Seele in einen Zustand überführt wird, der ihre bisherige Existenz bei weitem übersteigt, in eine unvorstellbare und nicht verstehbare Einheit mit dem göttlichen Geist.

Nachdem Philon oben vollmundig behauptet hatte, dass Gott bei der Erschaffung der Welt keinen Helfer brauchte,[54] muss er sich jetzt dem Wortlaut von Gen. 1,26 stellen und kann den Plural nicht mehr ignorieren: «Lasst uns einen Menschen machen nach unserem Bild und unserer Ähnlichkeit» (Septuaginta):

> Er, dem alles untertan ist, sollte ich meinen, hat doch nicht irgendeine Hilfe nötig? Damals, als er den Himmel und die Erde und das Meer schuf, brauchte er keinen Mitarbeiter; den Menschen aber, ein so unbedeutendes und hinfälliges Lebewesen, war er nicht imstande, ohne die Mithilfe anderer aus eigener Kraft selbst zu schaffen?[55]

Philon beantwortet seine Frage mit einer generellen Kategorisierung der von Gott erschaffenen Lebewesen. Zur ersten Gruppe gehören die Pflanzen und die Tiere, die beide keine Möglichkeit haben, zwischen gut und böse zu unterscheiden, die Pflanzen, weil sie unbeseelt sind, die Tiere, weil sie zwar eine Seele haben, aber nicht mit Geist und Vernunft begabt sind. Die zweite Gruppe bilden die Gestirne, die zwar als vernünftige Lebewesen gelten bzw. genauer, in ihrem Wesen vernünftig sind, die aber deswegen nur gut und nicht böse sein können. Und die dritte Gruppe ist die der Menschen, Mischwesen, die alle Gegensätze in sich vereinigen und deswegen sowohl gut als auch böse sein können. Auf die drei Gruppen von Lebewesen angewandt bedeutet dies, dass Gott ohne jeden Vorbehalt sowohl die Pflanzen und Tiere erschaffen konnte – «da diese an der ihm verhassten Schlechtigkeit keinen Anteil haben» – als auch die Gestirne – «weil sie ihm selbst verwandt sind» –, aber nicht die Menschen:

> Dagegen war die Schöpfung der gemischten Wesen teils passend teils unpassend für ihn, passend wegen der ihnen beigemischten besseren Idee, unpassend wegen der entgegengesetzten schlechteren. Deshalb heißt es nur bei der Schöpfung des Menschen, dass Gott sprach: «Lasst uns machen», was die

Hinzuziehung anderer als Mitarbeiter andeutet, damit bei den tadellosen Entschlüssen und Taten des richtig handelnden Menschen Gott, der Lenker aller Dinge, als Urheber gelte, andere Wesen dagegen, die seine Untergebenen sind, bei den entgegengesetzten; denn nicht durfte der Vater Urheber des Bösen für seine Kinder sein; ein Böses aber sind das Laster und die lasterhaften Handlungen.[56]

Auch hier ist die Abhängigkeit Philons von Platons *Timaios* unverkennbar. Bei beiden sind die Menschen Mischwesen, die im *Timaios* in einem komplizierten Verfahren im «Mischkrug» erschaffen werden. Bei Platon kümmert sich der Demiurg nur um die unsterblichen Seelen der Menschen und überlässt die sterblichen Seelenteile und die Körper der Menschen den vorher von ihm erschaffenen jungen Göttern; damit kann und will er nichts zu tun haben, weil er nicht der Urheber des vom Menschen allein zu verantwortenden Bösen sein darf (*Timaios*, 42e). Bei Philon sind es anonyme «Mitarbeiter», die Gott – gegen die Hauptströmung der biblischen und nachbiblischen jüdischen Tradition – bei der Erschaffung des Menschen unterstützen. Wer genau diese Mitarbeiter sind, lässt er hier offen. Wir erfahren nur, dass sie seine Untergebenen sind, und wir erfahren den Grund für diese Zurückhaltung Gottes: Auch Philons Gott kann und will nicht der Urheber des Bösen sein, und auch dies lässt sich nicht ohne weiteres mit der biblischen und nachbiblischen jüdischen Tradition vereinbaren.[57] In seinem früheren allegorischen Kommentar «Über die Flucht und das Finden» (*De fuga et inventione*) lässt Philon dagegen keinen Zweifel daran, an wen sich der Plural von Gen. 1,26 richtet:

> Der Vater des Alls redet also mit seinen Kräften, denen er den sterblichen Teil unserer Seele zu bilden überließ, in Nachahmung der Kunst, die er selbst ausübte, als er den vernünftigen Seelenteil in uns formte; denn er hielt es für recht, dass der herrschende Teil der Seele vom Herrscher, der untergeordnete (Teil) von untergeordneten Kräften geschaffen würde.[58]

Bei den Rabbinen sind es, wie wir sehen werden, die Engel, mit denen Gott sich bei der Erschaffung des Menschen berät, hier sind es die «Kräfte» – allen voran der Logos und die Weisheit –, die die intelligible Welt der Ideen konstituieren. Aber Philons Kräfte beraten Gott eben nicht nur, sondern nehmen auch teil an der Erschaffung des Menschen, indem er ihnen erlaubt, den sterblichen Teil der menschlichen Seele zu erschaffen, während er selbst sich den rationalen und damit unsterblichen Teil vorbehält. Auch dies ist wieder ganz im Sinne von Platons *Timaios*. Und auch der Grund, den Philon im Traktat von der Weltschöpfung angibt, ist der gleiche wie bei Platon:

> Gott verwandte aber die mit ihm gemeinsam tätigen Kräfte nicht nur aus dem angegebenen Grunde, sondern auch, weil die menschliche Seele als einzige bestimmt war, die Begriffe zugleich des Guten und des Schlechten zu fassen, um die einen oder die anderen davon, wenn schon nicht beide, zur Anwendung zu bringen. Er hielt es daher für notwendig, die Erschaffung des Schlechten anderen Schöpfern (*dēmiourgois*) zuzuweisen, die des Guten dagegen allein sich selbst vorzubehalten.[59]

Allein der Mensch kann zwischen gut und böse unterscheiden – und er muss sich immer wieder für eines von beiden entscheiden, denn er kann nicht gleichzeitig gut und böse sein. Dass er sich für Böses und Gutes entscheiden *kann*, liegt daran, dass böse und gute «Dinge» erschaffen wurden. Die Möglichkeit der Entscheidung zwischen gut und böse ist also gottgewollt, und auch die Voraussetzung für diese Entscheidung – dass es böse und gute Dinge gibt –, ist gottgewollt, aber die konkrete Erschaffung der bösen Dinge überließ Gott seinen Kräften. Diese Delegation der wenig erfreulichen Aspekte der Schöpfung an die Kräfte zwingt Philon zu einer scharfen Trennung zwischen Gott und seinen Kräften, die sich schwer bzw. gar nicht mit dem Wesen der Kräfte als Inbegriff der Welt der Ideen vereinbaren lässt.[60] Philon liefert sich letztlich also, im Gefolge seines Vorbilds Platon, ganz ähnlichen Problemen aus wie dieser – ganz zu schweigen von der Unvereinbarkeit seiner Überlegungen mit dem biblischen Schöpfungsglauben.

Verschärft wird diese Inkonsequenz Philons noch dadurch, dass er direkt im Anschluss daran vorgibt, hier von der Gattung Mensch zu sprechen, die noch keine konkrete Gestalt erhielt (§ 76), und dies erst später genauer erläutert, nämlich bei seiner Interpretation der Erschaffung des Menschen nach dem zweiten Schöpfungsbericht (Gen. 2,7). Dort behauptet er plötzlich, dass es sich bei dem Menschen nach Gen. 1,26 um den idealen Menschen der Ideenwelt handelt und beim

Menschen nach Gen. 2,7 um den konkreten Menschen der irdischen Welt. Zuvor aber folgt er weiter dem ersten Schöpfungsbericht und lässt sich zunächst darüber aus, warum der Mensch nach der biblischen Erzählung das letzte der an den sechs Tagen erschaffenen Geschöpfe ist: Er ist als einziges Wesen mit Vernunft begabt und darin Gott selbst «verwandt», das «ihm verwandteste und liebste Geschöpf» (§§ 77 f.); er muss einen harmonischen Ausgleich zwischen Körper und Seele finden und darf sich weder von «unvernünftigen Gelüsten» noch von «Ruhm- und Hab- und Herrschsucht» noch von «Furcht» noch von «Unverstand, Feigheit, Ungerechtigkeit» beherrschen lassen, sondern muss dafür sorgen, dass die Tugend das Übergewicht in seinem Leben erhält (§§ 79–81). So wie der Himmel «das vollkommenste der unvergänglichen Dinge in der Sinnenwelt (ist), (ist) der Mensch das vorzüglichste der erdgeborenen und vergänglichen (Geschöpfe)» (§ 82). Schließlich wurde der Mensch nach Gen. 1,26 f. ausdrücklich zum Herrscher über alle anderen irdischen Lebewesen eingesetzt. Auch dieses Ideal des Equilibriums von Körper und Seele und der vernunftgeleiteten Existenz des Menschen ist eng mit Platons *Timaios* verwandt.

Das Schöpfungswerk Gottes wird in der Bibel mit dem siebten Tag abgeschlossen, dem göttlichen Ruhetag (Gen. 2,1–3). Philon ergeht sich stattdessen, ganz im Sinne seiner philosophischen Gewährsleute, in langen Ausführungen über die Besonderheit der Zahl 7 (§§ 89–127); diese Besonderheit sei es, die Moses dazu veranlasste, seinen Anhängern aufzutragen, den siebten Tag heilig zu halten (§ 128). Besonders auffällig sind hier die Einflüsse der pythagoräischen Zahlensymbolik. Vermutet wird darüber hinaus, dass Philon den verlorengegangenen Kommentar des Stoikers Poseidonios (135–51 v. Chr.) zu Platons *Timaios* benutzte.[61]

Entgegen dem Wortsinn des Bibeltextes, wonach mit Gen. 2,4 oder spätestens Gen. 2,5 der zweite Schöpfungsbericht beginnt,[62] möchte Philon diese beiden Verse als Abschluss des ersten Schöpfungsberichts verstehen. Er folgt der griechischen Übersetzung: «Dies ist das Buch der Schöpfung des Himmels und der Erde, als sie geschaffen wurden, an dem Tag, an dem Gott den Himmel und die Erde machte und alles grüne Gras (*chlōron*) des Feldes, *bevor* es auf der Erde entstand, und alles Kraut (*chorton*) des Feldes, *bevor* es gewachsen war.» Dies ist ein

Missverständnis oder eine Umdeutung des hebräischen Bibeltextes. Entgegen der wörtlichen Übersetzung («Als Gott Himmel und Erde machte – das ganze Gesträuch des Feldes war *noch nicht* [*terem*] auf der Erde, und das ganze Kraut des Feldes sprosste *noch nicht* [*terem*], denn ..., – da formte Gott den Menschen») regiert für die Septuaginta und Philon das Verb «machte» den ganzen Satz: Gott machte den Himmel und die Erde und das grüne Gras und das Kraut, *bevor* das Gras entstand und *bevor* das Kraut wuchs. Daraus ergibt sich für Philon, dass Gott *vor* den irdischen Gräsern und Kräutern des ersten Schöpfungsberichts (Gen. 1,11–12) andere Gräser und Kräuter erschuf, und bei diesen kann es sich im Sinne seiner philosophischen Maxime nur um die idealen Gewächse der Ideenwelt im Unterschied zu den Gewächsen der Sinneswelt handeln (§ 129). Philon nimmt jede Gelegenheit wahr, zwischen der platonischen Welt der Ideen und der korrespondierenden irdischen Welt zu unterscheiden – und er tut dies hier wieder ohne jede Rücksicht auf den Kontext. Denn nach dieser Deutung wären nur die Gräser und Kräuter von Gen. 1,11–12 Teil der irdischen Welt, und die Gräser und Kräuter von Gen. 2,5 würden darauf verweisen, dass Gott vorher ihre Ideen erschaffen musste bzw. wären, wenn man den Text streng wörtlich nimmt, erst *nach* den Gräsern und Kräutern der irdischen Welt erschaffen worden. Philon ist so sehr von seiner Mission durchdrungen, die Bibel im Lichte der platonischen Ideenlehre zu lesen und dieses neue Verständnis seinem jüdischen Publikum in Alexandria zu vermitteln, dass er keinerlei Rücksicht auf sich daraus ergebende Inkonsequenzen und Widersprüche nimmt.

Der Mensch als Ebenbild Gottes

Das zeigt sich nun in besonderer Deutlichkeit bei seiner Interpretation der Erschaffung des Menschen nach dem zweiten Schöpfungsbericht (Gen. 2,7). Als er nämlich darauf zu sprechen kommt, thematisiert er endlich seine bisher nur angedeutete Unterscheidung zwischen dem Menschen als Gattungsbegriff (der Idee des Menschen) und dem konkreten irdischen Menschen:

Hierauf sagte er [Moses]: «Gott bildete den Menschen, indem er Staub von der Erde nahm, und er blies in sein Angesicht den Hauch des Lebens» (Gen. 2,7). Hiermit zeigt er ganz klar, dass ein großer Unterschied besteht zwischen dem Menschen, der jetzt gebildet wurde, und dem, der früher nach dem Ebenbild Gottes geschaffen war. Denn der jetzt gebildete Mensch war sinnlich wahrnehmbar, hatte schon eine bestimmte Beschaffenheit, bestand aus Körper und Seele, war Mann oder Frau und von Natur sterblich; dagegen war der nach dem Ebenbild Gottes geschaffene (Mensch) eine Idee oder ein Gattungsbegriff oder ein Siegel, nur gedacht, unkörperlich, weder Mann noch Frau, von Natur unvergänglich.[63]

Hier befinden wir uns in den beiden Welten des *kosmos noētos* und des *kosmos aisthētos*: Der Mensch nach dem Ebenbild Gottes von Gen. 1,26 f. (§§ 72–75) gehört zur Welt der Ideen, und der Mensch von Gen. 2,7 (§§ 134 f.) gehört zur sinnlich wahrnehmbaren irdischen Welt. Damit verwickelt Philon sich in einen doppelten Widerspruch, der ihn aber in keiner Weise anficht.[64] Im ersten Schöpfungsbericht (Gen. 1) hatte er nur die ersten Verse Gen. 1,1–5 auf den *kosmos noētos* gedeutet und alles Weitere auf den *kosmos aisthētos* bezogen, doch jetzt nimmt er unter dem Einfluss des zweiten Schöpfungsberichts den im Bilde Gottes erschaffenen Menschen von Gen. 1,26 f. aus diesem Zusammenhang heraus und weist ihn der Welt der Ideen zu. Diese Unterscheidung zwingt ihn aber dazu, seine eigene Aussage, dass Gott bei seinem Schöpfungswerk keine Helfer in Anspruch nahm, zu ignorieren. Schon zu Beginn der Erschaffung der Welt der Ideen hatte Philon völlig konsequent erklärt, dass dazu keine Helfer nötig waren (§ 23), während er bei der Erschaffung des ersten Menschen nach Gen. 1,26 aus dem biblischen Plural «Lasst uns einen Menschen machen» schließt bzw. nicht umhinkann zu schließen, dass Gott andere Wesen als Mitarbeiter hinzuzog (§ 75); danach müsste man annehmen, dass es sich hier um den Menschen der irdischen Welt handelt. Indem Philon aber den Menschen von Gen. 1,26 in die Ideenwelt versetzt, um ihm den Menschen der sinnlich wahrnehmbaren Welt von Gen. 2,7 gegenüberzustellen (§ 135), müsste er die «Helfer» oder «Mitarbeiter» in § 75 eigentlich streichen bzw. nach § 135 verlagern. Er tut aber angesichts der eindeutigen Formulierung der Bibelverse Gen. 1,27 («Lasst uns») und 2,7 (Gott persönlich nimmt Staub von der Erde und bläst dem Menschen seinen Lebensodem ein) nichts dergleichen und nimmt den eklatanten Widerspruch in Kauf.

Der Grund dafür ist offensichtlich: Zum einen schreit die doppelte Erschaffung des Menschen in den beiden biblischen Schöpfungsberichten im Sinne von Philons platonischer Philosophie geradezu nach der Unterscheidung zwischen Ideenwelt und irdischer Welt. Philon konnte sich diese Deutung wie schon beim Urlicht und den Gestirnen sowie zuletzt auch bei den Gräsern und Kräutern nicht entgehen lassen. Zum anderen ist der Einfluss des *Timaios* so übermächtig, dass er dafür keine Widersprüche scheut. Nachdem er in § 75 den ersten Menschen nach Gen. 1,26 nicht nur unter Hinzuziehung von Mitarbeitern entstehen ließ, sondern ausdrücklich auch als Mischwesen charakterisierte, was sich beides nicht mit einem Wesen der Ideenwelt vereinbaren lässt, führt er diesen Gedanken des Mischwesens jetzt weiter aus:

> Er [Moses] sagt aber, das Gebilde des sinnlich wahrnehmbaren Einzelmenschen sei aus irdischer Substanz und göttlichem Hauche zusammengesetzt. Der Körper sei dadurch entstanden, dass der Meister (*technitēs*) Erdenstaub nahm und eine menschliche Gestalt daraus bildete, die Seele aber stamme nicht von einem geschaffenen Wesen her, sondern vom Vater und Lenker des Alls; denn was er einblies, war nichts anderes als ein göttlicher Hauch, der von jenem glückseligen Wesen zum Heile unseres Geschlechts herniederkam, damit dieses, wenn es auch hinsichtlich seines sichtbaren Teiles sterblich ist, doch wenigstens in seinem unsichtbaren Teile die Unsterblichkeit besitze. Darum kann man eigentlich sagen, dass der Mensch auf der Grenze steht zwischen der sterblichen und unsterblichen Natur, da er an beiden, soviel wie nötig ist, teilhat, und dass er zugleich sterblich und unsterblich erschaffen ist, sterblich in Bezug auf seinen Körper, unsterblich hinsichtlich seines Geistes.[65]

Jetzt ist also nicht der ideale Mensch als Teil des *kosmos noētos* ein Mischwesen (wie von Philon rückblickend in § 74 f. hineingelesen), sondern der irdische Mensch als Teil des *kosmos aisthētos*, zusammengesetzt aus Körper und Seele. Dieser Gedanke des Mischwesens passt sehr viel besser zum irdischen als zum idealen Menschen und wird deswegen hier auch genauer ausgeführt: Nur die Seele dieses irdischen Menschen stammt von Gott als dem «Vater und Lenker des Alls», der Körper dagegen stammt vom «Meister». Damit unterscheidet Philon überraschend zwischen dem «Meister», der den Körper des irdischen Menschen bildet, und dem «Vater und Lenker des Alls», der für die unsterbliche Seele zuständig ist.[66] Durch den Zusatz, dass die Seele «*nicht* von einem geschaffenen Wesen herstamme», insinuiert er zusätzlich, dass der Bildner des Körpers ein geschaffenes Wesen und somit von Gott unterschieden ist.[67] Damit wendet sich Philon, unter dem Einfluss des *Timaios*, geradezu spektakulär gegen seine biblische Grundlage, die keine Unterscheidung zwischen zwei «Schöpfergöttern» auch verschiedenen Ranges zulässt. Denn es sind im *Timaios* ja genau die vom Demiurgen geschaffenen sichtbaren und jüngeren Götter, die für den Körper des Menschen und den sterblichen Teil seiner Seele verantwortlich sind.[68]

Dieser erste (irdische) Mensch, der Stammvater des Menschengeschlechts, ist zwar «erdgeboren», doch der «vorzüglichste Mensch», der alle seine Nachkommen «in hohem Grade übertraf» (§ 136). Philon überschlägt sich jetzt geradezu in Lobpreisungen des Paradiesmenschen, wie er dies schon beim Menschen nach Gen. 1,27 getan hat, der rückblickend nun als der ideelle Mensch erscheint. Von der Erde, aus der er gebildet wurde, nahm Gott nicht die «ersten besten Stücke», sondern nur «das Beste, vom reinen Urstoff das Reinste und Allerfeinste» (§ 137), und zur Bildung seiner Seele nahm er nicht irgendetwas Erschaffenes zum Vorbild, sondern «einzig und allein seine eigene Vernunft» (§ 139). Alle folgenden Menschengenerationen bleiben hinter ihm zurück, «da sie mit jeder Generation immer mattere Fähigkeiten und Eigenschaften sowohl des Körpers als auch der Seele erhalten» (§ 141). Dieser erste Mensch, der «einzige Weltbürger», folgte nur seiner Vernunft und lebte sündenlos (§§ 142–144). Hinsichtlich seines Geistes der göttlichen Vernunft (wörtlich: «dem göttlichen Logos») verwandt, ist sein Körper eine Mischung aus den vier Elementen Erde, Wasser, Luft und Feuer, «indem jedes Element seinen Teil beitrug zur vollständigen Herstellung des hinreichenden Stoffes (*hylē*), den der Schöpfer (*dēmiourgos*) nehmen musste, um dieses sichtbare Abbild (seiner selbst) zu formen» (§ 146). Auch hier ist der Zusammenhang mit dem *Timaios* mit Händen zu greifen. So groß war die Vollkommenheit des ersten Menschen in seinem paradiesischen Zustand, dass er «bis hart an das Endziel menschlicher Glückseligkeit gelangte» (§ 150).

Aber nichts Irdisches ist vollkommen, und auch der erste Mensch sollte durch die Folgen einer schlechten Tat zu Fall kommen. Schuld daran ist für Philon niemand anders als die Frau (in Cohns Übersetzung «das Weib»: § 151) in Kooperation mit der Schlange. Die biblische Begründung vom Baum der Erkenntnis von Gut und Böse, von dessen Früchten das Menschenpaar nicht essen solle, sei allerdings allegorisch zu verstehen. Die Schlange als «Sinnbild der Wollust» (§ 157) habe zuerst die Frau verführt und durch diese den Mann: «Die Lust wagt aber nicht, ihre listigen Verführungskünste dem Manne gegenüber anzuwenden, sondern sie verführt die Frau und durch sie den Mann; sehr geschickt und treffend, denn der Geist in uns ist das männliche Prinzip, die Sinnlichkeit das weibliche» (§ 165). Diese durchweg negative Darstellung der Frau wird dem Bibeltext in keiner Weise gerecht, erinnert aber wieder an den *Timaios*. Platon kann zwar nicht mit einem von der Frau zu verantwortenden Sündenfall dienen, aber auch seine Einschätzung der Frau könnte negativer nicht sein.[69] Der «Lohn für ihre Lust» war die Vertreibung des Menschenpaares aus dem Paradies mit den ihnen gebührenden Strafen: Schmerzen bei der Geburt und ständige Sorgen um ihre Kinder für die Frau und ein Leben in Arbeit und Mühsal für den Mann (§ 167). Eigentlich hätte das Menschengeschlecht zur Strafe für Adams und Evas Fehltritt ganz und gar vernichtet werden müssen (§ 169), aber Gott gewährte ihm eine neue Existenz in der Welt außerhalb des Paradieses.

«So war», beschließt Philon seinen Traktat von der Weltschöpfung, «das Leben der ersten Menschen, die anfangs in Unschuld und Einfalt lebten, später aber die Schlechtigkeit der Tugend vorzogen» (§ 170). Fünf Lehren können wir daraus ziehen, nämlich dass Gott existiert (1), dass er ein einziger Gott ist (2), dass die Welt geschaffen ist und nicht unerschaffen und ewig (3), dass es nur eine einzige Welt gibt und nicht unendlich viele Welten, weil Gott «den ganzen Urstoff zur Erschaffung des (einen) Weltalls verwandte» (4), und dass «Gott der Welt seine Fürsorge angedeihen lässt» (5). Der erste Grundsatz wurde von vielen verschiedenen philosophischen Strömungen seiner Zeit geteilt. Der zweite spielt im Durchgang des Traktates keine besondere Rolle[70] und ist für den Juden Philon eher selbstverständlich, fand aber auch zunehmend Anklang bei Philons römischen Zeitgenossen.[71] Die Ablehnung der

Ewigkeit der Welt ist im Einklang mit Platons *Timaios* und dürfte sich gezielt gegen Aristoteles richten. Die Einzigkeit der Welt und die Ablehnung vieler Welten stimmt ebenfalls mit dem *Timaios* überein, wird aber hier erstmals thematisiert.[72] Und die Fürsorge / Vorsehung (*pronoia*) Gottes für seine erschaffene Welt, die als Folge der Erschaffenheit der Welt zu Beginn des Traktates erstmals erwähnt wird,[73] ist eine fest in der Bibel verankerte Grundvoraussetzung für Philon und gilt auch für den *Timaios*. Allerdings hört die Fürsorge der jungen Götter für das Wohlergehen der Menschen im *Timaios* dann auf, wenn die Schlechtigkeit und Bosheit des Menschen ins Spiel kommt (42e), und auch Philons Gott will mit der menschlichen Bosheit nichts zu tun haben (§§ 74 f.).

Philon und Platon:
Die Bibel gegen den Strich gebürstet

Es ist in der Forschung unbestritten, dass der späte Philon in seinem Traktat von der Weltschöpfung stark vom *Timaios* des späten Platon beeinflusst ist. Beide machen sich in der Spätphase ihres Lebens und auf dem Höhepunkt ihrer philosophischen bzw. philosophisch-theologischen Entwicklung daran, ihre Philosophie auf die Kosmologie bzw. die biblische Schöpfungslehre anzuwenden. Platon möchte der aus seiner Sicht zu lange vernachlässigten Kosmologie den ihr gebührenden Platz im philosophischen Spektrum zuweisen. Philon möchte die biblische Schöpfungstheologie als Grundlage seiner jüdischen Existenz im Lichte seiner Platon entlehnten philosophischen Prämissen deuten.

Maren Niehoff hat darüber hinaus die These vertreten, dass der jüngere Philon in seinem allegorischen Kommentar zum zweiten Schöpfungsbericht von Genesis 2 und 3 im Gefolge der frühen und mittleren Dialoge Platons einen stärker transzendenten Gottesbegriff vertrat, während der späte Philon zwar vom *Timaios* abhängig war, seinen stärker immanenten Gottesbegriff aber vor allem unter dem Eindruck der stoischen Philosophie entwickelt habe, die er während seines Aufenthaltes in Rom kennengelernt hatte.[74]

Der Einfluss der Stoa auf Philon ist unverkennbar und wurde von

Niehoff ausführlich dokumentiert. Ich denke aber, die Abhängigkeit Philons vom bzw. seine Distanz zum *Timaios* darf nicht vernachlässigt werden und lässt sich noch genauer fassen. Für Philon wurde nicht nur die mit den Sinnen erfassbare irdische Welt von dem einen Schöpfergott erschaffen, sondern auch die intelligible Welt der Ideen. In diesem wichtigen Punkt kann er seinem Vorbild Platon nicht folgen, der zwischen dem Sein, der Welt der Ideen und dem Demiurgen unterscheidet, wobei sowohl das Verhältnis des Seins zur Welt der Ideen unklar bleibt als auch die genaue Stellung des Demiurgen. Sicher scheint nur zu sein, dass der Demiurg nicht mit dem Sein identisch ist und als Vermittler zwischen der Welt der Ideen und der irdischen Welt wirkt. Dieser Demiurg erschafft sichtbare und jüngere Götter, die er an dem Schöpfungsprozess beteiligt. Für Philon fallen alle diese Funktionen in der Person des biblischen Schöpfergottes zusammen. Allenfalls könnte man im philonischen Logos als der sich der irdischen Welt zuwendenden göttlichen Schöpferkraft eine Analogie zum platonischen Demiurgen sehen. Der Schöpfungsprozess selbst jedoch, wie er von Philon geschildert wird, könnte der Schöpfung in Platons *Timaios* kaum ähnlicher sein: Der Demiurg/Schöpfergott benutzt das «stets Seiende», den Inbegriff der Welt der Ideen, als Ur- oder Vorbild für das «stets Werdende», die sinnlich wahrnehmbare Welt. Dabei ist aber weder bei Platon noch bei Philon das Abbild mit dem Urbild identisch; bei beiden besteht selbstverständlich eine unüberbrückbare Kluft zwischen den beiden Welten. Hier einen grundsätzlichen Unterschied zwischen Platon und Philon konstruieren zu wollen,[75] ist problematisch.

Bedeutsam sind nach meiner Analyse vor allem die Gemeinsamkeiten zwischen Platons und Philons Traktaten, und zwar besonders da, wo sie Philon in Schwierigkeiten mit seinem Bibeltext bringen. Da ist zunächst die Frage nach der Ewigkeit der Welt und der Entstehung der Zeit, die Platon, Aristoteles und die ganze nachfolgende Philosophie und Theologie umtreibt. Sie ist für die Bibel kein Thema bzw. durch die gerade im ersten Schöpfungsbericht betonte Erschaffung der Welt durch den einzigen Schöpfergott erledigt: Eine Welt, die in Raum und Zeit erschaffen wurde, kann nicht ewig sein. Philon belässt es aber nicht bei dieser biblischen Selbstverständlichkeit, sondern folgt der philosophischen Begründung Platons.

Wie sehr Philon im Gefolge Platons sogar bereit ist, den biblischen Text gegen seinen Strich zu bürsten, wird bei seiner Interpretation von Gen. 1,2 deutlich. Ausgerechnet diese Verse als Inbegriff der Welt der Ideen zu deuten, bedarf schon einiger Phantasie – und Treue zu den philosophischen Vorgaben Platons. Besonders eklatant ist Philons Deutung des biblischen Chaos, der Urmaterie, die der Schöpfergott als «Vorwelt» vorgefunden hat und die auch Platons Demiurg nicht erschuf, sondern benutzte. Dieses Chaos war nach dem *Timaios* als das «Notwendige» immer vorhanden; erst indem er ihm die Vernunft einpflanzte, brachte der Demiurg Ordnung in das Chaos und begann den Prozess der Weltschöpfung. Genau das meint auch Philon, wenn er sagt, dass Gott «seine vollkommene Natur nicht der Materie[76] vorenthalten hat». Indem er die Materie an seiner Vernunft teilhaben ließ, «empfing sie ihre Veränderung und Umwandlung».[77] Platon und Philon sind sich also einig, dass ihr Schöpfergott die Welt *nicht* aus dem Nichts erschaffen hat, wobei ich nicht davon ausgehe, dass Philon diese Erkenntnis aus seiner eigenen Analyse des Bibeltextes gewonnen hat, sondern vielmehr annehme, dass er hier seinem Vorbild Platon folgt. Damit gelangt er aber in einen gefährlichen Widerspruch zur biblischen Prämisse von der uneingeschränkten Allmacht und Schöpfergewalt Gottes, die für ihn sicher bindender war als für Platon. Dagegen ist Philons Interpretation des Lichtes von Gen. 1,3–5 als der Welt der Ideen zugehöriges «Urlicht» im Unterschied zu den Gestirnen der irdischen Welt von Gen. 1,14–16 ein genialer Schachzug, der sowohl der platonischen Philosophie als auch einem biblischen Problem gerecht wird, das die Exegeten bis heute beschäftigt.

Ähnlich liegt der Fall beim grünen Gras und den Kräutern von Gen. 2,4–5. Davon war auch schon im ersten Schöpfungsbericht die Rede (Gen. 1,11–12); hier befinden wir uns aber im zweiten Schöpfungsbericht, und es besteht biblisch überhaupt kein Grund, beide Teile unterschiedlich zu interpretieren. Für Philon aber, der an einer Unterscheidung zwischen zwei Schöpfungsberichten nicht interessiert war, ist dies ein willkommener Anlass, das Grünzeug von Gen. 2,4–5 der Ideenwelt und das Grünzeug von Gen. 1,11–12 der irdischen Welt zuzuordnen. Die sich daraus ergebende wenig sinnvolle Reihenfolge ficht ihn nicht weiter an. Die Tatsache, dass die Pflanzen im ersten Schöpfungsbericht am dritten Tag und damit *vor* den Gestirnen des vierten Tages erschaffen wurden, erklärt er im Sinne der biblischen Theologie: Damit wollte Gott klarstellen, dass die beständige Fruchtbarkeit der Erde vom Willen des göttlichen Vaters abhängig ist und nicht etwa, wie manche annehmen, vom wohlgeordneten Kreislauf der Gestirne.[78] Darin kann man eine gewisse Distanzierung vom *Timaios* sehen, der ja alles Wohlergehen des irdischen Kosmos auf eben diesen Kreislauf der Gestirne zurückführt. Dasselbe gilt für die Rückkehr der menschlichen Seele zu ihrem Ursprung: Bei Platon sind es die (geschaffenen) Planeten und Sterne, die der Ursprungs- und Zielpunkt der menschlichen Seele sind;[79] bei Philon ist es in seinen zahlreichen Beschreibungen des Aufstiegs der Seele immer der persönliche Gott der Bibel – den er aber gerade auch in diesem Zusammenhang ganz platonisch als die ungeteilte «Einheit» des Seins und den «Ungewordenen» bezeichnen kann.

Wie bei den Gräsern und Kräutern muss Philon sich auch bei der Erschaffung des Menschen der Tatsache stellen, dass sie in beiden Schöpfungsberichten vorkommt. Getreu seiner platonischen Prämisse ordnet er jetzt den Menschen des zweiten Schöpfungsbericht der irdischen und den des ersten Berichts der Ideenwelt zu, also genau umgekehrt wie bei den Gräsern und Kräutern. Dabei nimmt er in Kauf, dass er Gott ausgerechnet bei der Erschaffung des idealen Menschen von Gen. 1,26 f. (§ 75) Helfer zugestand, während er dieses Thema bei der Erschaffung des irdischen Menschen von Gen. 2,7 (§ 135) vermeidet – gleichwohl aber zwischen der von Gott allein erschaffenen Seele des irdischen Menschen und seinem vom «Meister» geformten Körper unterscheidet. Hier folgt Philon unverblümt der im *Timaios* ausführlich begründeten Vorstellung vom Menschen als «Mischwesen». Sogar die für den *Timaios* so charakteristische Unterscheidung zwischen den unsterblichen und den sterblichen Seelenteilen, die Philon im Traktat über die Weltschöpfung vermeidet, findet sich in seinem der früheren Periode zugehörigen allegorischen Kommentar «Über die Flucht und das Finden». Das lässt sich nicht mit der Idee des biblischen Schöpfergottes vereinbaren, der selbstverständlich für Seele und Körper des Menschen in seiner Gesamtheit verantwortlich ist. Philon stellt sich hier unter dem Einfluss des *Timaios* gegen einen elementaren Grundgedanken der biblischen Theologie.

Dies wird besonders deutlich, wenn man die Frage der Entstehung des Bösen mit einbezieht. Auch hier sind Platon und Philon nahezu deckungsgleich: Im *Timaios* weist der Demiurg jede Verantwortung für die später zu Tage tretende «Schlechtigkeit» und «Bosheit» des Menschen von sich, indem er sich auf die Erschaffung der unsterblichen Seele beschränkt und die Entstehung der sterblichen Seelenteile und des Körpers – als Sitz des Bösen – den jungen Göttern überlässt;[80] bei Philon sind es die «Mitarbeiter», «Kräfte», «andere Wesen» oder «andere Demiurgen», die dafür verantwortlich sind. Aber auch für die jungen Götter findet Platon noch ein Schlupfloch: Ihre Verantwortung für die Menschen beschränkt sich darauf, dass sie diese zu einem vernunftgeleiteten Leben anhalten sollen. Wenn dies nicht gelingt, liegt die Schuld allein beim Menschen und nicht bei den Göttern.[81] Philon sieht von seinem Gottesverständnis her keine Notwendigkeit, die «Mitarbeiter» Gottes eigens zu exkulpieren, wie bei Platon haben Gott und seine Helfer letztlich mit dem schuldhaften Versagen des Menschen nichts zu tun. Auch damit stellt sich Philon im Gefolge Platons kühn gegen die biblische und nachbiblische jüdische Tradition. Schon im Schöpfungsbericht selbst ist die Schuld des ersten Menschenpaares, die zu seiner Vertreibung aus dem Paradies führt, viel komplexer, als es auf den ersten Blick den Anschein hat – ganz zu schweigen von der nachbiblischen Überlieferung, in der immer der Grundsatz des Propheten Jesaja galt: «Der das Licht formt und die Dunkelheit erschafft, der das Heil macht und das Böse erschafft – ich bin der Herr, der all dies macht» (Jes. 45,7). Der biblische und nachbiblische Gott entzieht sich nicht seiner Verantwortung auch für das Schlechte und Böse in der Welt. Philons philosophischer Gott kann und will das nicht akzeptieren, ja muss sich davon befreien.

Ein weiterer Schlüsselbegriff der philonischen Theosophie ist die Fürsorge. Philon hebt Gottes Fürsorge für die von ihm geschaffene Welt besonders hervor und liegt damit ganz auf der Linie der biblischen Theologie.[82] Allerdings sollte auch hier der Unterschied zu Platon nicht überbetont werden, denn Philon schenkt dem Gedanken der göttlichen Fürsorge keineswegs so viel Aufmerksamkeit, wie man nach Niehoff meinen sollte. Er erwähnt sie nur zu Beginn seines Traktates als Grund dafür, dass die Welt nicht unerschaffen und ewig sein kann (§§ 9–11), und dann erst wieder ganz am Schluss als eine der fünf Lehren, die sich aus seinem Traktat ergeben (§§ 171 f.). Ganz ähnlich argumentiert auch Platon im *Timaios*: Die Welt ist von Gott als Abbild des göttlichen Urbilds erschaffen. Das Mittel, das Gott dieser Welt in seiner «Fürsorge» gegeben hat, um sein vollkommenes Abbild zu werden, ist die Vernunft (30c). Durch die Teilhabe an der göttlichen Vernunft wird die irdische Welt das sichtbare Gegenstück zu ihrem unsichtbaren und nur durch die Vernunft zu erfassenden Schöpfer. Der Mensch muss hier nicht eigens erwähnt werden, denn der ganze Zweck des menschlichen Daseins besteht auch für Platon darin, ein vernunftgeleitetes Leben zu führen, um dann in die ewige Glückseligkeit einzutreten (42b). Vor diesem Hintergrund wird man schwerlich sagen können, dass Platon den «Gedanken der göttlichen Fürsorge für die Menschheit» nicht kennt.[83] Eine ganz andere Frage ist, wie es bei dieser allumfassenden göttlichen Fürsorge um die Freiheit des menschlichen Willens bestellt ist. Bei Platon hat der Mensch keine andere Wahl, als sich bedingungslos der göttlichen Fürsorge anzuvertrauen und ein vernunftgeleitetes Leben zu führen, um dem erniedrigenden Zyklus der Wiedergeburten zu entgehen. Dasselbe gilt letztlich auch für Philon. Philon folgt Platon zwar nicht in seiner Lehre von der Wiedergeburt, aber auch bei ihm ist das vernunftgeleitete Leben das oberste Ziel des Menschen und führt am Ende zur Befreiung vom Körper und zur Rückkehr der Seele zu ihrem göttlichen Ursprung. Eine wirkliche Wahl hat auch Philons Mensch nicht, der damit in keiner Weise der Komplexität der Bibel und der nachbiblischen rabbinischen Literatur in dieser Frage gerecht wird.

Es wären noch manche Einzelheiten zu nennen, bei denen die Abhängigkeit Philons von Platon offenkundig ist, wie etwa die betonte Mischung des menschlichen Körpers aus den vier Elementen des Urstoffs (§ 146) oder auch die extreme Unterordnung der Frau unter den Mann (§§ 151 ff.). Sie unterstreichen den dominierenden Eindruck einer weitreichenden Abhängigkeit Philons von Platons *Timaios*, ungeachtet anderer Einflüsse, insbesondere der Stoa. Beide, Platon wie Philon, versuchten, in kühnen und weit über ihre eigene Zeit hinausreichenden Entwürfen, zwei Welten miteinander zu versöhnen, die sich nur schwer vereinbaren lassen. Platon hatte sich zum Ziel gesetzt, die alte und in Verruf geratene Kosmologie mittels seiner Philosophie wiederzubeleben. Er verwickelte sich dadurch in zahlreiche Widersprüche, die weder seinen philosophischen Prinzipien noch letztlich auch der Kosmologie gerecht wurden. Philon wollte die biblische Schöpfungstheologie im Lichte der platonischen Ideenlehre neu verstehen und für ein gebildetes jüdisches Publikum zugänglich machen. Auch er geriet dadurch in Widersprüche zu seiner biblischen Grundlage, die sich in wichtigen Punkten seinen philosophischen Prämissen entzog. Platons *Timaios* sollte seine größten Erfolge später in einem christlich geprägten Umfeld feiern. Philon sollte im Judentum verdrängt und vergessen werden, bis er in der Frühen Neuzeit als jüdischer «Häretiker» wiedererstand, während seine philosophische Interpretation des biblischen Schöpfungsberichts im Lichte des *Timaios* ebenfalls in der christlichen Theologie überlebte.

6.

VON DEMOKRIT ZU LUKREZ: NATUR OHNE GÖTTER

Platons Kampf gegen die Naturphilosophen und vor allem gegen ihre radikalsten Vertreter, die Atomisten, und sein Versuch, Gott wieder in die Kosmologie zurückzuholen, waren wenig erfolgreich. Schon bei seinem Schüler Aristoteles sollte er nichts fruchten, denn dessen kompromisslose Betonung der Vorrangstellung einer von Logik und Physik geprägten Philosophie mit ihrer erneuten Entgöttlichung des Kosmos stand den Naturphilosophen sehr viel näher als Platons *Timaios*. Nicht lange nach Platons Tod (348/47) und Aristoteles' Tod (322) kam es mit Epikur (341–271/70) und seinem lateinischen Epigonen Lukrez (99/94–55/53) zur Blütezeit des Atomismus.

Die Väter der atomistischen Philosophie waren Leukipp (zweite Hälfte des fünften Jahrhunderts v. Chr.) und Demokrit (460/59–370 v. Chr.), sein Schüler. Über Leukipp ist wenig bekannt. Als sein Geburtsort werden Elea, Abdera und Milet genannt, wobei Milet der wahrscheinlichere ist. Leukipp hat, wenn überhaupt, nur eine einzige Schrift verfasst, die verloren ist. Seine Lehren sind nur aus Zitaten anderer Autoren bekannt, darunter auch Aristoteles. Sein Schüler Demokrit war ungleich produktiver; sein Schriftenverzeichnis aus dem frühen ersten Jahrhundert umfasst 57 Titel, die aber wahrscheinlich nicht alle von ihm stammen. Die Spärlichkeit der Nachrichten über Leukipp und die Gemeinsamkeiten in der Lehre der beiden Vorsokratiker haben zu der Annahme geführt, dass Demokrit und Leukipp in Wirklichkeit identisch sind und es den Lehrer Demokrits niemals gegeben habe. Diese Annahme hat sich nicht durchgesetzt, aber es kann kein Zweifel bestehen, dass Leukipp im Schatten seines Schülers Demokrit steht. Die Heimatstadt Demokrits war Abdera in Thrakien. Er stammte aus einer wohlhabenden Familie und konnte sich zahlreiche Reisen leisten. Auch sein Werk ist nur in Zitaten erhalten.

Demokrit: Ewige Atome und unzählige Welten

Die Zitate Demokrits bei anderen Autoren sind in verschiedenen Sammlungen zugänglich.[1] Der Bio- und Doxograph Diogenes Laertius aus dem dritten Jahrhundert hinterließ in seinem Werk «Über Leben und Lehren berühmter Philosophen» ein erstes Kompendium der wichtigsten griechischen Philosophen. Dieses lexikonartige, nach Autoren geordnete Werk war weit verbreitet und diente als eine Einführung in die griechische Philosophie. Es besteht hauptsächlich aus Exzerpten und Zitaten aus den Schriften dieser Philosophen, oft aus späteren Abschriften, durchsetzt mit zahlreichen (nicht verifizierbaren) Anekdoten aus dem Leben der philosophischen Helden. Sein Erfolg und seine bis heute geltende Bedeutung beruht darauf, dass die meisten der zitierten Schriften nicht mehr existieren und Diogenes' Exzerpte – bei aller Unzuverlässigkeit – die einzigen erhaltenen Quellen sind. Friedrich Nietzsche sagte über ihn: «Was ist uns La[ertius] Di[ogenes]? Es würde niemand über die philiströse Physiognomie dieses Schreibers ein Wort verlieren, wenn er nicht zufällig der tölpelhafte Wächter wäre, der Schätze hütet, ohne ihren Wert zu kennen. Er ist der Nachtwächter der griechisch[en] Philosophiegeschichte, man kann nicht in sie hinein, ohne daß einem nicht von ihm der Schlüssel gegeben wird.»[2]

Demokrit kommt ausführlich im neunten Buch von Diogenes' Kompendium zu Wort. Zu Beginn der berühmten, von dem Mittelplatoniker Thrasyllos (gest. 36 n. Chr.) zusammengestellten Liste der Werke Demokrits, fasst Diogenes dessen Lehre prägnant zusammen:

> Er [Demokrit] vertritt folgende Lehren: Die Anfänge / Prinzipien (*archai*) des Weltganzen seien die Atome (*atomoi*) und das Leere / der leere Raum (*kenon*); von allem übrigen wird nur angenommen, dass es existiere. Es gebe unend-

lich viele Welten; sie entstehen und sie vergehen. Nichts entstehe aus dem Nichtseienden / Nichts, nichts löse sich in Nichts auf. Die Atome aber seien unendlich viele nach (ihrer) Größe und Menge; sie bewegten sich in Wirbelbewegungen im All. Und dadurch bildeten sie alle Zusammensetzungen – Feuer, Wasser, Luft und Erde, denn auch diese seien Zusammenballungen bestimmter Atome. Wegen ihrer Festigkeit seien diese [die Atome] teilnahmslos / keinen Einwirkungen von außen ausgeliefert (*apathē*) und unveränderlich (*analloiōta*). Sonne und Mond setzten sich aus solchen glatten, runden Masseteilchen [Atomen] zusammen, desgleichen die Seele, die mit dem Geist (*nous*) identisch sei. Sehen könnten wir aufgrund des Einfalls von Abbildern (auf unsere Augen).

(45) Alles geschehe mit Notwendigkeit, wobei der Wirbel (*dinē*) Ursache der Entstehung aller Dinge sei; ihn nennt er Notwendigkeit. Das Seinsziel / Lebensziel (des Menschen) sei die Wohlgemutheit / Heiterkeit / Unbeschwertheit (*euthymia*), die nicht mit dem Vergnügen / der Lust (*hēdonē*) identisch sei, wie manche das aufgrund eines Missverständnisses auffassten. Vielmehr sei sie [die Wohlgemutheit] dasjenige, durch das die Seele sich in einem Zustand der Ruhe und Ausgewogenheit befindet, in dem sie durch keine Furcht, keinen Aberglauben (*deisidaimonia*) und keinerlei andere Leidenschaft beunruhigt wird. Er nennt sie auch Wohlbefinden und belegt sie mit vielen anderen Namen. Qualitative Eigenschaften (*poiotētas*) [der Dinge] gebe es nur per Konvention (*nomō*), in Wirklichkeit aber / von Natur aus (gibt es nichts anderes als) Atome und Leere (*kenon*). Dies also sind seine Ansichten.[3]

Diese knappe Zusammenfassung des Diogenes Laertius kann als die klassische Summe der atomistischen Theorie nicht nur des Demokrit bezeichnet werden. Danach gibt es keine Entstehung des Kosmos und schon gar keinen Schöpfergott, der die Welt in Gang gebracht oder erschaffen hätte. Das, was wir Welt oder Kosmos nennen, ist ewig und besteht aus nichts anderem als einer unendlichen Anzahl von Atomen, die sich ewig in einem leeren Raum bewegen. Das Atom ist, wie der griechische Begriff sagt, die kleinste, unteilbare Einheit, die existiert. Oft spricht Demokrit und sprechen die Atomisten auch einfach von «Körpern» (*sōmata*). Da es diese Atome / Körper immer gegeben hat und immer geben wird, ist eine Entstehung aus dem Nichts ebenso ausgeschlossen wie die Annahme, dass irgendetwas irgendwann vergeht. Die Atome sind ständig im leeren Raum des Weltalls in Bewegung und konfigurieren sich in unterschiedlichen Zusammensetzungen immer wieder neu. Dabei verändern sie sich aber nicht, sondern bleiben in ihrer Substanz immer erhalten.

Etwas ausführlicher erläutert das Simplikius, der spätantike griechische Philosoph und neuplatonische Kommentator der Schriften des Aristoteles (ca. 480 / 90-nach 550 n. Chr.), in seinem Kommentar zu Aristoteles' Traktat *De caelo* mit einem Zitat aus «Über Demokrit», einer angeblichen Schrift des Aristoteles:

> Demokrit glaubt, dass die Natur der ewigen (Wesenheiten) (*tōn aïdiōn*) kleine, der Zahl nach unbeschränkt viele Substanzen (*ousias*) sind. Für sie nimmt er als Ort etwas anderes an, und zwar etwas, das der Ausdehnung nach unbeschränkt (*apeiron*) ist. Er nennt diesen Ort mit folgenden Namen: «das Leere» (*tō te kenō*) und «das Nichts» (*tō oudeni*) und «das Unbeschränkte / Unendliche «(*tō apeirō*), und jede der Substanzen (benennt er mit den folgenden Namen): «das Etwas» (*tō te deni*)[4] und «das Feste» (*tō nastō*) und «das Seiende» (*tō onti*). Er nimmt an, dass die Substanzen so klein sind, dass sie sich unseren Sinnen entziehen, und es kämen ihnen allerlei Gestalten und allerlei Formen und Größenunterschiede zu. Diese verwendet er nun als Elemente, und aus ihnen lässt er die den Augen erscheinenden und wahrnehmbaren Massen entstehen. Sie lägen im Streit und bewegten sich im Leeren wegen ihrer Ungleichförmigkeit und der übrigen angegebenen Unterschiede. Indem sie sich bewegten, stießen sie zusammen und verflöchten sich, doch diese Verflechtung sei derart, dass sie dadurch nur in Berührung und dicht aneinander gerieten; nie werde eine wirklich einheitliche Substanz dadurch hervorgebracht. Denn es sei völlig unsinnig (zu glauben), dass zwei oder mehr jemals eins werden könnten. Dass die Substanzen aber eine, sei es auch beschränkte, Zeit zusammenbleiben, erklärt er durch das wechselseitige Ineinanderpassen und Sichanfassen der Körper. Denn die einen dieser (Körper) seien eckig, die anderen mit einem Haken ausgestattet, die einen konkav, die anderen konvex, und so weiter: Die Unterschiede seien unzählig. Er nimmt nun an, dass sie so lange aneinander festhalten und zusammenbleiben, bis eine stärkere, aus ihrer Umgebung kommende Notwendigkeit sie völlig erschüttert, trennt und zerstreut.[5]

Die Atome sind also klein und unveränderlich, haben aber unterschiedliche Gestalten und Formen, die es ihnen gestatten, sich an andere, passende Atome anzudocken und dadurch neue Atomverbindungen zu bilden – eine geradezu unheimliche Vorahnung der modernen Virustheorie. Anders als in der modernen Physik können die Atome aber nicht miteinander verschmelzen und ganz neue Atome bilden: Der Kern der Atome bleibt immer erhalten und verändert sich nicht. Die Atomverbindungen aber können sich wieder auflösen und neue Konfigurationen eingehen, und diese Auflösung wie auch die Verbindung geschieht durch eine äußere Kraft, die Diogenes Laertius zufolge bei Demokrit durch die Wirbelbewegung im leeren Raum hervorgebracht wird. Diese äußere Kraft ist die Notwendigkeit, d. h. alles, was im leeren Raum mit den Atomen geschieht, beruht auf einer zwangsläufigen Bewegung, die weder in den Atomen wohnt noch von einer übergeordneten und zielgerichteten Hand gesteuert wird. Die Bewegung der Atome hat weder ein Ziel (Telos) noch erlaubt sie einen freien Willen des Bewegten. Und schließlich, so Diogenes Laertius über Demokrits Lehre: Es gibt keine hierarchische Abstufung der Atome, sondern alles besteht aus denselben Atomen – die Gestirne ebenso wie die Menschen, Tiere und Pflanzen und nicht zuletzt auch die Seele und der Geist, die ebenfalls aus purer Materie zusammengesetzt sind.

Angesichts dieser Bedingtheit seines Daseins bleibt dem Menschen nichts anderes übrig, als sich um die von Demokrit betonte *euthymia* als Inbegriff eines ausgeglichenen Seelenzustands zu bemühen, der sich als wohlgemute und unbeschwerte Heiterkeit äußert. Ein von Furcht, Aberglauben und Leidenschaften beherrschtes Leben ist kontraproduktiv und führt nur ins Unglück. Dieser Zustand darf nicht mit einem vergnügungssüchtigen und lustbetonten Leben verwechselt werden – ein Missverständnis, mit dem sich später vor allem Epikur herumschlagen musste, was Diogenes sicher bekannt war. Wer die Gegner waren, die Demokrit und seiner Schule ein von Vergnügungen und Lustbefriedigung getriebenes Leben unterstellten, erfahren wir hier nicht.

Auch die bei Diogenes Laertius nur beiläufig erwähnte Theorie des Demokrit, dass es neben unserer Welt unendlich viele Welten gibt, ist anderweitig ausführlicher bezeugt. Der frühchristliche Autor Hippolyt von Rom (ca. 170–235 n. Chr.), der sich vor allem durch die Bekämpfung vermeintlicher und echter Häresien einen Namen gemacht hat, schreibt sie in seiner *Refutatio omnium haeresium* («Widerlegung aller Häresien») dem älteren Naturphilosophen Anaximander (ca. 610–546 v. Chr.) zu,[6] wird dann aber bei Demokrit viel detaillierter:

> Er [Demokrit] schilderte, wie die seienden Dinge sich ewig im Leeren bewegten. Es gebe unbeschränkt viele Welten, und zwar von unterschiedlicher Ausdehnung. In manchen gebe es weder Sonne noch Mond, in manchen größere (Sonnen und Monde), in manchen mehr Sonnen und Monde als bei uns. Die Räume zwischen den Welten seien ungleich, und es gebe hier mehr, dort weniger (Welten), und die einen seien noch im Wachstum begriffen, andere seien in der Blüte ihres Lebens, wieder andere seien im Schwinden; an einer Stelle entstünden (welche), an anderer hörten sie auf zu sein. Wenn sie aufeinanderstießen, würden sie vernichtet. Es gebe einige Welten, in denen keine Lebewesen vorkämen und überhaupt keine Feuchtigkeit.[7]

Auch dieses Zeugnis ist jedem modernen Leser vertraut. Heute sind die Menschen immerhin so weit gekommen, dass sie zum Mond und zum Mars fliegen können, um dort nach genau dem zu suchen, was schon ihre Vorfahren in der Antike als den Ursprung des Lebens erkannten – Feuchtigkeit. Und nicht nur das Entstehen, sondern auch das Verschwinden von Sternenwelten gehört heute mit den Schwarzen Löchern schon zur Allgemeinbildung.

Epikur: Seelenfriede durch Naturphilosophie

Der nächste Schritt und eigentliche Höhepunkt der atomistischen Naturphilosophie wurde mit Epikur erreicht, dem Begründer der epikureischen Schule. Nach dem «Garten», griechisch *kēpos*, in dem die Anhänger sich trafen, wird sie auch «Kepos» genannt. Epikur wurde um 341 v. Chr. auf der dem kleinasiatischen Festland vorgelagerten griechischen Insel Samos geboren und in Athen ausgebildet. Wie sein großer Vorgänger Aristoteles, bei dessen Tod er etwa neunzehn Jahre alt war, geriet er in die politischen Spannungen zwischen Athen und Makedonien. Er musste Athen verlassen, lehrte in Kleinasien und kehrte erst 306 v. Chr. mit seinen treuesten Schülern, darunter Metrodoros und Hermarchos, nach Athen zurück. Nun erwarb er seinen berühmt gewordenen Garten und gründete seine Schule, die, anders als sonst üblich, Schülern aus allen Gesellschaftsschichten offenstand, auch Frauen und Sklaven. Nach Epikurs Tod (271/70) übernahm sein Schüler Hermarchos die Leitung des Kepos.

Epikurs Lehre breitete sich mit großem Erfolg in der griechischrömischen Welt aus und soll bis ins dritte Jahrhundert n. Chr. existiert haben. Ihren erfolgreichsten Gegner fand sie im aufkommenden Christentum mit seiner Lehre von der Unsterblichkeit der Seele, vom Leben nach dem Tode, der göttlichen Providenz und vor allem auch mit seiner Ethik.

Epikur war ein noch sehr viel produktiverer Autor als Demokrit. Der unermüdliche Diogenes Laertius listet im 10. Band seines Werks «Leben und Lehren berühmter Philosophen» nicht nur 40 Titel der angeblich rund 300 Buchrollen auf, die Epikur verfasst haben soll, sondern überliefert auch einige wichtige Texte: Der «Brief an Herodotos» fasst die Naturphilosophie Epikurs zusammen; der «Brief an Pythokles» enthält seine Astronomie und Meteorologie, die vielleicht von einem Schüler aus dem verlorengegangenen Hauptwerk «Über die Natur» zusammengestellt wurde; der «Brief an Menoikeus» ist eine populäre Darstellung seiner Ethik. Eine Sammlung von vierzig Sprüchen zur Ethik und Erkenntnistheorie mit dem Titel «Hauptlehrsätze» geht mit Sicherheit auf Epikur selbst zurück und bildete die Grundlage für den Lehrbetrieb. Eine weitere Sammlung von 81 Sprüchen wurde 1888 in der Vatikanischen Bibliothek entdeckt; einige der Sprüche sind mit den «Hauptlehrsätzen» identisch. Epikurs umfangreichstes Werk in 37 Büchern «Über die Natur» galt als verloren, bis Teile davon Mitte des achtzehnten Jahrhunderts bei Ausgrabungen in Herculaneum in den Resten einer Bibliothek entdeckt wurden;[8] die Auswertung der beim Ausbruch des Vesuvs im Jahr 79 verbrannten Papyrusrollen und die philologische Rekonstruktion der Fragmente ist bis heute noch nicht abgeschlossen.

Grundlage von Epikurs Denken ist die Betrachtung und Erkenntnis der Natur, eine über die Naturwissenschaft im modernen Verständnis hinausgehende Naturphilosophie (Physiologie). Wie bei Demokrit besteht die Welt aus dem Zusammenspiel der ungeschaffenen und ewigen Materie als dem Grundstoff und dem ebenfalls ewigen leeren Raum. Epikurs Weltbild ist also konsequent materialistisch und schließt jede Transzendenz und Metaphysik aus. Im Brief an Herodotos fasst er dieses Zusammenspiel von Leere und Körpern so zusammen:

Die Körper sind nun entweder Zusammensetzungen / Zusammenballungen (*synkriseis*) oder deren Bestandteile. (41) Letztere sind unteilbar (*atoma*) und unveränderlich (*ametablēta*), wenn nicht alles ins Nichtseiende (*eis to mē on*) vergehen, sondern bei der Auflösung der Zusammenballungen von Bestand sein soll, weil es von solider Natur ist und sich gar nicht auflösen kann. So müssen die Grundbestandteile aller Körper zwangsläufig unteilbar sein.

Nun ist aber auch das All (*to pan*) unendlich (*apeiron*), denn das Begrenzte hat ein Äußerstes (*akron*). Das Äußerste ist aber nur im Vergleich mit einem anderen [Äußersten] (als solches) zu erkennen. [Das All aber kann nicht im Vergleich mit einem anderen betrachtet werden;]^9 also hat es kein Äußerstes und infolgedessen auch keine Grenze. Was aber keine Grenze hat, dürfte unendlich und unbegrenzt (*peperasmenon*) sein. Auch ist das All unendlich hinsichtlich der Menge der Körper und der Größe des leeren Raumes. (42) Wenn der leere Raum unendlich wäre, die Körper aber von beschränkter Anzahl, so würden sie nirgends beharren, sondern zerstreut durch die unendliche Leere sausen, weil nichts da wäre, was sie abstützt und zurückstößt. Wenn andererseits das Leere begrenzt wäre, so hätten die unendlich vielen Körper keine Möglichkeit zu existieren.^{10}

Vorausgesetzt ist hier, dass nichts aus nichts entstehen kann und dass es daher einen ewigen und unveränderlichen Grundstoff geben muss, kleinste materielle Elementarteile, aus denen alles hervorgeht. Diese kleinsten materiellen Einheiten, die Epikur meist «Körper», aber wegen ihrer Unteilbarkeit auch «Atome» nennt, sind von absolut fester Beschaffenheit, unveränderlich und, was hier nicht ausdrücklich gesagt wird, unsichtbar. Sie können sich jedoch mit anderen Atomen zusammenballen und Konglomerate bilden, die sich wiederum auflösen und zu anderen Formationen zusammenfinden können. Die Anzahl der Atome im leeren Raum ist unendlich. Dies wird im Wesentlichen aus der Unendlichkeit und Grenzenlosigkeit des leeren Raumes abgeleitet. Unendliche Anzahl von Atomen und Unendlichkeit des leeren Raumes, in dem diese existieren, bedingen sich gegenseitig.

Nun ist zwar die Anzahl der Atome im leeren Raum unendlich, nicht aber die Anzahl der «Eigenschaften», die sie annehmen. Die Atome unterscheiden sich nämlich hinsichtlich ihrer Größe, Form und Schwere, und die Anzahl dieser möglichen Formen ist groß, aber nicht unendlich:

Der Schöpfungsbericht in der Sarajevo Haggadah, die um 1350 wahrscheinlich in Barcelona entstand. Die Seite zeigt die ersten drei Tage:
Oben rechts: Der Geist Gottes schwebt über den Wassern.
Oben links: Die Scheidung zwischen Licht und Finsternis am ersten Tag.
Unten rechts: Am zweiten Tag schafft Gott, symbolisiert durch die Strahlen, das Firmament über den unteren Wassern.
Unten links: Am dritten Tag erschafft Gott die Pflanzen.

II

Eine Mosaikenreihe aus dem späten 12. Jahrhundert (1180–1190) im Dom von Monreale auf Sizilien zeigt die Schöpfungsgeschichte, hier die Scheidung der oberen von den unteren Wassern am zweiten Tag: Gott erscheint mit Heiligenschein, also wohl als die zweite göttliche Person Jesus Christus. Er sitzt auf einer Sphäre und hält in der linken Hand eine Schriftrolle, möglicherweise das Buch Genesis.

Der vierte Schöpfungstag auf einem Mosaik in der Cappella Palatina in Palermo (1140–1170): Gott mit Heiligenschein, eine Schriftrolle in der linken Hand haltend, erschafft Sonne, Mond und Sterne.

IV

Die Beseelung Adams nach Genesis 2,7 in der Cappella Palatina in Palermo:
Gott bläst Adam den Lebensatem in die Nase ein.
Der zitierte Vers oberhalb des Bildes ist aber Genesis 1, 27 (Vulgata).

Die Erschaffung Evas nach Genesis 2,21 in der Cappella Palatina in Palermo: Während Adam schläft, lässt Gott Eva seiner rechten Seite entsteigen.

Antike christliche Fresken aus der Mitte des 5. Jahrhunderts zeigten in San Paolo fuori le mura in Rom die Schöpfungsgeschichte. Die Fresken wurden 1823 durch einen Brand zerstört. Erhalten sind nur noch Aquarellkopien aus dem 17. Jahrhundert.
Oben: Die Erschaffung Adams nach Genesis 2,7. Gott (mit Heiligenschein) sitzt auf einer Sphäre, Adam streckt seine Hand nach ihm aus.
Die Erde ist noch kärglich bewachsen.
Unten: Die Erschaffung Evas nach Genesis 2,21: Gott sitzt auf einer Sphäre, während Eva mit betend erhobenen Händen neben dem noch schlafenden Adam steht.

VII

Zuführung Evas zu Adam durch Gottvater nach Genesis 2,22 f.:
Adam nimmt seine «ebenbürtige Hilfe» begeistert in Empfang.
Relief an der Bronzetür des Hildesheimer Doms, die Bischof Bernward
im Jahr 1015 in Auftrag gab.

VIII

Seite aus der Sarajevo Haggadah (siehe Tafel 1) mit vier Szenen aus der Schöpfungsgeschichte:
Oben rechts: Die Erschaffung Evas aus Adam.
Oben links: Der Baum der Erkenntnis mit der Schlange.
Unten rechts: Adam und Eva bedecken sich mit Feigenblättern.
Unten links: Adam bearbeitet die Erde nach der Vertreibung, Eva spinnt; unten kriecht die Schlange auf ihrem Bauch.

Adam und Eva bedecken sich beschämt mit Feigenblättern, nachdem sie vom Baum der Erkenntnis gegessen haben. Fresko nach Genesis 3,7 in der Katakombe Santi Pietro e Marcellino, Rom, frühes 4. Jahrhundert.

Die Vertreibung aus dem Paradies nach Genesis 3,23–24:
Adam und Eva wurden von Gott in Felle gekleidet. Der über ihnen schwebende Cherub ist nicht nur mit dem Schwert, sondern auch mit der Hacke ausgerüstet, die Adam bei der Bearbeitung der Erde benutzen soll und nach der dieser seine Hand ausstreckt. Relief an der Bronzetür des Doms von Monreale, die 1186 von Bonanus in Pisa geschaffen wurde.

X

Mosaik in der Vorhalle von San Marco in Venedig, 1215–1225.
Die Bilder ähneln der Miniaturdarstellung in der Cotton-Genesis,
einer weitgehend verbrannten Handschrift, die wahrscheinlich im 5. Jahrhundert
in Alexandria entstand.
Oben links: Sintflut mit der Regenwand der Wasser von oben und den in den
Wassern der Urflut treibenden Leichen der Menschen und Tiere.
Oben rechts: Aussendung des Raben und der Taube.
Mitte links: Rückkehr der Taube mit dem Ölzweig im Schnabel.
Mitte rechts: Noach mit seiner Familie und die Tiere verlassen die Arche.
Unten links: Noach bringt das Brandopfer dar.
Unten rechts: Die neu bevölkerte Erde.

XI

Sintflut mit Arche Noach in der Wiener Genesis, einer illuminierten Handschrift, die wahrscheinlich in der ersten Hälfte des 6. Jahrhunderts in Syrien entstand. Die auf dem Wasser treibende Arche ist von schwimmenden oder bereits ertrunkenen Menschen umgeben.

Sintflut und Arche Noach im Ashburnham Pentateuch, einer illuminierten Bibelhandschrift aus Nordafrika oder Spanien, frühes 7. Jahrhundert. Vor der hermetisch verschlossenen Arche treiben tote Menschen und Tiere auf dem Wasser.

XII

Mesopotamisches Terrakotta Relief, ca. 2255–2219 v. Chr., mit einer Szene aus dem Gilgamesch-Epos (VI: 141–146): Ein emblematischer Held, der auch als Gilgamesch oder Gott der Unterwelt gedeutet wird, kämpft mit dem Himmelsstier. Möglicherweise handelt es sich auch um Enkidu, der den Himmelsstier zu Boden ringt, damit Gilgamesch ihn töten kann.

Szene aus dem Gilgamesch-Epos (V: 263–267) auf einem babylonischen Relief des 17./18. Jahrhunderts v. Chr.: Enkidu (links) zückt sein Schwert, Gilgamesch (rechts) durchbohrt den Nacken Humbabas, des mächtigen Wächters des Zedernwaldes.

Szene aus dem Gilgamesch-Epos (VI: 142–146) auf einem neuassyrischen Rollsiegel aus blauem Mondstein: Gilgamesch und Enkidu töten den Himmelsstier.

Szene aus dem Gilgamesch-Epos auf einem Neuassyrischen Rollsiegel: Der Kampf zwischen Marduk und Tiamat (Tiamtu).

XIV

Raffael, Die Schule von Athen, Fresko in der Stanza della Segnatura, Vatikan, 1510/11. In der Mitte stehen Platon *(links)* und Aristoteles *(rechts)*. Platon hält unter dem linken Arm den *Timaios*, sein rechter Arm weist mit ausgestrecktem Zeigefinger nach oben. Aristoteles hält in der linken Hand seine Ethik, sein rechter Arm ist nach vorne ausgestreckt. Beide sind von den bedeutendsten Philosophen ihrer Schulen umgeben.

Anfang der für Papst Sixtus IV. 1483 geschriebenen Handschrift von Lukrez'
De rerum natura.

Hinzu kommt nun, dass die soliden Atomkörper, aus denen die Zusammenballungen entstehen und in die sie sich wieder auflösen, unfassbar viele verschiedene Formen haben. Denn es ist unmöglich, dass eine so große Mannigfaltigkeit in der Natur aus immer derselben eng begrenzten Anzahl von Atomformen entsteht. Während aber die Anzahl der Atome von ein und derselben Form[11] schlechthin unbegrenzt ist, ist die Anzahl der verschiedenen Atomformen nicht schlechthin unbegrenzt, sondern nur unfassbar (*aperilēptoi*), denn sonst müsste man auch Atome von unendlicher Größenordnung annehmen.[12]

Etwas später im Brief macht Epikur dies deutlicher:

Ferner muss man annehmen, dass den Atomen die Eigenschaften der sinnlich wahrnehmbaren Dinge nicht zukommen, abgesehen von Gestalt / Form (*schēma*), Schwere (*baros*), Größe (*megetos*) und was sonst noch notwendig zur Gestalt gehört. Denn jede Eigenschaft verändert sich, die Atome hingegen verändern sich nicht, da ja, wenn die Dinge sich auflösen, etwas Festes und Unauflösbares bleiben muss, welches garantiert, dass Veränderungen nicht ins Nichtseiende oder aus dem Nichtseienden geschehen, sondern meistens durch Umschichtungen, aber auch durch Zu- und Abgang von Atomen. Deshalb muss das, was sich umschichtet, unvergänglich (*aphtarta*) sein und nicht die Natur des Veränderlichen haben; vielmehr muss es seine Masseneinheiten (*onkous*) und (dazugehörigen) spezifischen Formungen / Strukturen (*schēmatismous*) besitzen, denn diese [kleinsten Masseneinheiten] müssen zwangsläufig bleiben.[13]

Mit den kleinsten Masseneinheiten im letzten Satz, auf die die Atome reduziert werden können, spricht Epikur ein Problem an, das seit Demokrit diskutiert wurde: Für Demokrit waren die Atome nicht nur praktisch (physisch), sondern auch theoretisch (mathematisch) unteilbar, was mathematisch unhaltbar ist.[14] Mit der Einführung von etwas «Kleinstem» (*elachiston*) im Atom, dem sog. Minimum[15] – der absolut letzten und unteilbaren Massen- und Maßeinheit im Atom –, möchte Epikur sicherstellen, dass sein kleinstes Atom nicht nur physisch, sondern auch mathematisch unteilbar ist. Dass er damit den Nachweis der Unteilbarkeit des Atoms nicht erbracht, sondern das Problem nur vom undifferenzierten «Atom» zur postulierten absolut kleinsten Einheit im Atom (noch unterhalb der physikalischen Nachweisbarkeit) verschoben hat, dürfte ihm bewusst gewesen sein.

Die ewige Bewegung der Atome im leeren Raum ist eine weitere Grundannahme der Atomisten. Epikurs Ausführungen dazu im Brief an Herodotos scheinen verkürzt oder auch in der Überlieferung leicht beeinträchtigt zu sein:

> (43) Auch befinden sich die Atome immer in kontinuierlicher Bewegung; teils entfernen sie sich sehr weit voneinander, teils vibrieren sie an ein und demselben Ort, wenn sie gerade in einer Verflechtung selbst eingeschlossen oder von einer solchen umschlossen sind. (44) Das geschieht infolge des leeren Raumes, der die einzelnen Atome voneinander trennt und ihnen keine Stütze sein kann. Doch bewirkt die den Atomen eigene Härte beim Zusammenstoß (*synkrousis*) einen Rückprall (*apopalmon*), dessen Ausmaß von der Art der Verflechtung abhängt, die aus dem Zusammenstoß entstanden ist. Eine Ursache von alledem gibt es nicht, weil die Atome und das Leere ewig sind.[16]

Hier spricht Epikur von der Bewegung der Atome, die durch den leeren Raum rasen. Durch die unendliche Ausdehnung und absolute Leere des Raumes kann dies ungehindert und in immer gleicher Geschwindigkeit sein.[17] Manchmal allerdings kollidieren die Atome oder Atomkonglomerate miteinander, und dann kommt es entweder zu einer Verflechtung oder Trennung. Im ersten Fall reduziert sich die Bewegungsenergie auf eine permanente Schwingung, deren Stärke von der Schwere der Körper abhängig ist; im zweiten Fall fliegen die Atome wieder auseinander in den leeren Raum. Abschließend dazu betont Epikur noch einmal, dass es für alle diese Bewegungen keine äußere Ursache gibt: Sie sind wie die Atome und das Leere ewig und haben keinen Urheber – und schon gar keinen Unbewegten Beweger wie bei Aristoteles.

Wahrscheinlich fehlt hier im Brief an Herodotos ein wichtiger Teil, der bei Lukrez ausführlich entfaltet wird: die Lehre von der «Deklination» (griech. *parenklisis*, «Abweichung, Schlenker», lat. *clinamen*, «Neigung, Schlenker»). Eigentlich müsse man davon ausgehen, dass die natürliche Bewegung der Atome der senkrechte freie Fall von oben nach unten ist, der «Atomregen» bei Lukrez.[18] Alle Atome, unabhängig von ihrem Gewicht und ihrer Größe, bewegen sich «ursprünglich» gleich schnell, weil die Leere des Raumes ihnen keinen Widerstand bietet. Dabei versteht sich, dass die Richtung von oben nach unten nicht wörtlich zu nehmen ist, da es im leeren Raum keine Richtungen geben kann.[19] Durch ihre immer gleiche Geschwindigkeit könnten die unterschiedlich schweren und großen Atome sich «eigentlich» nie einholen und damit auch nie zusammenstoßen, wenn es keine Deklination gäbe. Erst durch die zufälligen Abweichungen der Atome von der Senkrechten um ein «Minimum» – das im Einzelfall nichts, in der Häufung aber sehr viel bewirkt – kann es zum Zusammenprall der Atome mit den daraus resultierenden Abstoßungen oder auch Verflechtungen kommen. Unklar bleibt – und umstritten in der Forschung ist –, ob Epikur im Übergang vom geordneten linearen Fall der Atome zu ihrem durch die Deklination bewirkten chaotischen Herumsausen im leeren Raum mit den sich daraus ergebenden Folgen eine zeitliche Entwicklung des Kosmos von einem «ursprünglichen» zu einem «endgültigen» Zustand sehen wollte oder nur die logische Ausdifferenzierung eines in zeitlichen Begriffen nicht zu fassenden Phänomens. Wahrscheinlicher ist letzteres.[20] Jedenfalls ist die Entstehung nicht nur eines Kosmos, sondern unendlich vieler Welten das konsequente Ergebnis seiner Theorie von der Deklination:

> Nun gibt es aber auch unendlich viele Welten, die der unsrigen teils ähnlich, teils unähnlich sind. Denn die Atome, deren Zahl unendlich groß ist, wie gerade dargelegt wurde, bewegen sich ja in die unendlichen Weiten, und solche Atome, aus denen eine Welt entstehen oder von denen sie gebildet werden kann, gehen weder in eine einzige noch in eine endliche Zahl von Welten auf, seien sie nun beschaffen wie unsere oder nicht. So steht denn nichts der Annahme unendlich vieler Welten entgegen.[21]

Nach ausführlicher Diskussion der Sinneswahrnehmungen kommt Epikur auch auf die Beschaffenheit der Seele zu sprechen. Hier versteht es sich nun von selbst, «dass die Seele etwas Körperliches ist, dessen feine Teilchen durch den ganzen Leib verstreut sind» (Kap. 63). Damit wird jede Unterscheidung zwischen Körper und Seele hinfällig, denn beide bestehen aus demselben Stoff. Allerdings ist es die Seele, die im Zusammenwirken mit dem Körper die entscheidende Rolle bei der Sinneswahrnehmung spielt; (64) das könnte sie freilich nicht, wenn sie nicht vom übrigen Körper sozusagen zusammengehalten würde, der der Seele erst zu dieser Rolle verhilft und dann auch selbst durch sie an dieser Rolle teilhat, nicht aber an allem, was die Seele auszeichnet.[22]

Solange die Seele existiert, «empfindet» sie, ist dabei aber auf den Körper angewiesen:

Wenn sich freilich der ganze Körper auflöst, zerstreut sich auch die Seele, hat nicht mehr diese Vermögen [der Sinneswahrnehmung] und wird auch nicht mehr in Erregung versetzt, so dass sie kein Empfindungsvermögen besitzt. (66) Denn man kann sich nicht vorstellen, dass dieses Etwas [die Seele] noch empfinden kann, ohne im körperlichen Verband zu sein.[23]

Die Frage nach der Existenz und dem Wirken der Götter, die sich angesichts der atomistischen Kosmologie zwangsläufig stellt – der eigentliche Elefant im leeren Raum Epikurs –, wird im Brief an Herodotos nicht ausdrücklich behandelt, dafür später umso ausführlicher bei Lukrez und seinem Zeitgenossen Cicero. Stattdessen kommt Epikur auf die Gestirne zu sprechen:

Hinsichtlich der Himmelserscheinungen gilt nun, dass die Gestirnbewegung, Wende, Finsternis, Auf- und Untergang und Ähnliches nicht von einem Wesen besorgt werden, das alles ordnet oder (einmal) geordnet hat und das zugleich völlige Glückseligkeit verbunden mit Unsterblichkeit besitzt.[24]

Das ist ein Seitenhieb gegen Platon und vielleicht auch gegen Aristoteles: Weder sind die Gestirne göttlich noch werden ihre Bewegungen von einem göttlichen Wesen gelenkt, das sich durch völlige Glückseligkeit und Unsterblichkeit auszeichnet.[25] Von diesem Missverständnis befreit uns einzig und allein, so führt er weiter aus, die Naturphilosophie (*physiologia*). Metaphysik oder gar Theologie sind irrelevant. Wer die durch die Naturphilosophie vermittelten Wesenheiten und grundlegenden Ursachen nicht kennt, der lebt in einem permanenten Zustand der Unruhe und Angst und wird niemals den Zustand erreichen, der «für unseren Seelenfrieden (*pros to atarachon*) und unser Glück (*makarion*) unerlässlich ist» (78–80). Die Schlussfolgerung lautet:

Bei alledem ist aber ernstlich zu bedenken, dass die größte Beunruhigung für das menschliche Gemüt einmal aus der Überzeugung entsteht, dass die Sterne Glückseligkeit und Unvergänglichkeit besitzen, zugleich aber auch, was dem widerspricht, Absichten (*bouleseis*), Wirkungsmacht (*praxeis*) und Schöpferkraft (*aitias*); zum zweiten entsteht sie aus der Befürchtung, dass uns, wenn wir tot sind, entweder, wie die Mythen erzählen, eine ewige Pein erwartet oder aber jene Empfindungslosigkeit droht, als ob diese empfunden werden könnte; schließlich kommt sie daher, dass die Leute solche Angst nicht auf Grund klarer Urteile, sondern auf Grund unklarer Erregung erleiden, so dass sie, da sie eigentlich gar nicht genau den Gegenstand ihrer Furcht kennen, dieselbe oder gar eine noch schlimmere Unruhe erleiden, als wenn sie ihn kennten. (82) Der Seelenfriede (*ataraxia*) aber liegt im Freisein von all diesen Irrtümern und in der beständigen Vergegenwärtigung der umfassenden und grundlegenden Lehren.[26]

Tiefverwurzelte Unkenntnis über die wahren Ursachen des Seins und der Strukturen und Mechanismen der Natur sind die eigentlichen Gründe für den permanenten Angstzustand, in dem sich das menschliche Gemüt befindet. Am schädlichsten und gefährlichsten ist dabei die platonische Grundüberzeugung im *Timaios*, dass der ewige Kreislauf der Sterne auf der einen Seite Ausdruck vollkommener Glückseligkeit ist, auf der anderen Seite aber gleichzeitig auch unser irdisches Schicksal lenkt, und dass menschliche Glückseligkeit nur dadurch zu erreichen ist, dass der Mensch sich in den Kreislauf der Sterne und damit in ihre Vollkommenheit einklinkt – zumal den Sternen, wie wir gerade gehört haben, ewige Glückseligkeit gar nicht zukommt, sondern nur den Göttern. Ewige Glückseligkeit und Eingriffe in das Schicksal der Menschen widersprechen sich jedoch, denn was in ewiger Vollkommenheit und Glückseligkeit verharrt, kann sich nicht mit etwas außer sich selbst beschäftigen.[27] Das ist ein Seitenhieb gegen die traditionelle Auffassung von den Göttern, wonach diese sich in das Schicksal der Menschen einmischen. Erst wenn der Mensch den eigentlichen Grund seiner Ängste kennt, kann er sich von diesen freimachen und damit den erstrebten Zustand des wahren Seelenfriedens erreichen. Ohne seine Ethik im Brief an Herodotos ausführlich zu erörtern, bringt Epikur sie am Schluss des Briefes auf den entscheidenden Punkt: Seelenfriede / heitere Gelassenheit (*ataraxia*) und innere Ruhe (*galenismos*)[28] sind das Lebensziel des von Epikurs Naturphilosophie geprägten Menschen.

Eine Zusammenfassung der Ethik Epikurs finden wir in seinem Brief an Menoikeus, einen uns sonst nicht bekannten Schüler. Epikur beginnt, womit er im Brief an Herodotos geendet hat, mit den Göttern. Die Götter existieren als unvergängliche und ewig glückselige Wesen, aber sie sind ganz anders, als die unbedarfte Menge sie sich vorstellt: «Denn sie [die Menge] bewahren die Götter nicht in der Gestalt, wie sie sie im Geiste wahrnehmen. Unfromm ist nicht, wer die Götter der Menge beseitigt, sondern wer die Anschauungen der Menge auf die Götter überträgt.»[29] Der im Sinne von Epikurs Naturphilosophie aufgeklärte Mensch hält zwar daran fest, dass es Götter gibt, hat aber keine Angst vor ihnen, weil er weiß, dass sie mit ihm nichts zu tun haben und schon gar nicht sein Schicksal bestimmen. Deswegen braucht ein im Einklang mit der Natur lebender Mensch auch nicht den Tod zu fürchten, denn der Tod gehört zwar zum Leben dazu, ist aber nicht Teil unseres Lebens und sollte schon gar nicht unsere Lebensführung beeinflussen oder gar beeinträchtigen, im Gegenteil:

> Das (angeblich) schauerlichste Übel, der Tod, geht uns also nichts an. Denn solange wir sind, ist der Tod nicht da, und sobald er da ist, sind wir nicht mehr. Folglich geht er weder die Lebenden an noch die Toten, denn die einen betrifft er nicht, und die anderen sind nicht mehr.[30]

Dies ist einer der meistzitierten Sätze aus Epikurs Ethik: Erst wenn wir uns einmal klargemacht haben, dass der Tod für unser Leben irrelevant ist, haben wir das irrationale Verlangen nach Unsterblichkeit überwunden und können unser sterbliches Leben genießen.

Die Einsicht, dass erst das Wissen um die Begrenztheit des Lebens das Leben lebenswert macht, ist der Kern der epikureischen Ethik, aus dem sich alles andere ableitet. «Der Weise verschmäht weder das Leben, noch fürchtet er das Nichtleben» (126). Einfältig ist es, einem jungen Menschen ein schönes Leben zu wünschen und einem alten Menschen einen schönen Tod; und noch schlimmer ist der Wunsch, nicht geboren zu sein oder, da man nun einmal geboren ist, möglichst bald zu sterben: «Denn sagt er dies aus Überzeugung, warum scheidet er dann nicht aus dem Leben?» Das zu tun, steht ihm ja frei, wenn er wirklich zu einer festen «Überzeugung gelangt ist» (126 f.). Ein erfülltes Leben ist auf die Gesundheit des Körpers und die Ruhe der Seele ausgerichtet, und diese sind das Ergebnis der richtigen Balance zwischen Lust und Schmerz:

> Deshalb nennen wir die Lust (*hēdonē*) Anfang und Ende des glückseligen Lebens. (129) Denn sie haben wir als das erste und angeborene Gut erkannt, von ihr gehen wir aus bei jedem Wählen und Meiden, und auf sie gehen wir zurück, indem wir jedes Gut nach der Empfindung als Maßstab beurteilen. Und eben weil sie das erste und angeborene Gut ist, deshalb wählen wir auch nicht jede Lust, sondern lassen bisweilen viele Lustempfindungen aus, wenn sich aus ihnen ein größeres Unbehagen für uns ergibt. Ja, viele Schmerzen halten wir sogar für besser als die Lustempfindungen, wenn sich nämlich bei uns eine größere Lust als Folge davon einstellt, dass wir eine lange Zeit Schmerzen ertragen haben. Jede Lust ist also, weil sie eine (uns) angemessene Natur hat, ein Gut, aber nicht jede (Lust) ist zu wählen, wie jeder Schmerz ein Übel ist und doch nicht immer solcherart, dass er vermieden werden muss.[31]

Die Befriedigung des Lustempfindens oder sogar seine unbegrenzte Steigerung ist also keineswegs, wie oft unterstellt wurde und wird, das Ziel der epikureischen Ethik. Die Lust ist zwar die dem Menschen angemessene Natur und ihre Erfüllung daher naturgemäß, aber sie ist kein Selbstzweck, sondern Ergebnis eines vernunftgeleiteten Abmessens und Abwägens. Deswegen ist auch die Selbstgenügsamkeit ein großes Gut – aber wieder nicht als Selbstzweck, sondern um nach Möglichkeit den Genuss zu optimieren, denn nur diejenigen haben «den größten Genuss am Luxus, die seiner am wenigsten bedürfen» (130). Auch beim Genuss kommt es auf die richtige Mischung an: Die einfache Lebensweise ist es, die dem Menschen volle Gesundheit und Tatkraft verschafft, aber wir vertragen sie am besten, «wenn wir uns hin und wieder den Gütern des Luxus zuwenden» (131). Wenn wir also akzeptieren, dass die Lust das Endziel eines glückseligen Lebens ist, so meinen wir nicht die ungezügelten «Lüste der Schlemmer» oder sexuelle Ausschweifungen, sondern das «Freisein von körperlichem Schmerz und seelischer Unruhe» (131). Hier wendet Epikur sich ganz offensichtlich schon gegen zeitgenössische Kritiker, die seine Philosophie und seine Ethik damit zu diskreditieren suchten, dass sie ihm einen ungehemmten Hedonismus als höchstes Lebensideal unterstellten.

Ein Lob der Vernunft als des höchsten Gutes des Menschen und eine Verteidigung der selbstbestimmten Entscheidungsfreiheit gegen das blinde Walten des Schicksals beschließen den Brief: «Denn es ist besser, wenn bei unserem Tun eine gute Entscheidung nicht zum Erfolg führt, als wenn einer schlechten Entscheidung durch den Zufall Erfolg beschieden ist.» Wenn Menoikeus diese Lehren Epikurs befolgt, wird er «wie ein Gott leben unter den Menschen. Denn in keiner Weise gleicht einem sterblichen Wesen ein Mensch, der im Besitz unvergänglicher Güter lebt.» (135)

Zu den einflussreichsten Gegnern Epikurs sollten sich im Laufe der Zeit vor allem die Christen entwickeln, für die die Leugnung des Schöpfergottes, der Unsterblichkeit und der göttlichen Vorsehung sowie der angeblich ungehemmte Hedonismus seiner Ethik unerträglich waren. So war es denn auch der Sieg des Christentums, der seiner Philosophenschule das Ende bereitete. Der Name Epikurs wurde zum Schimpfwort, und vor allem die immer stärker werdende asketische Richtung des Christentums verkürzte die Ethik Epikurs erfolgreich auf Lustbefriedigung und Ausschweifungen. Das lateinische Mittelalter kannte Epikur nur durch wenige Zitate und Berichte, insbesondere aus Ciceros *De natura deorum* («Über die Natur der Götter»). Lukrez' großes Epos *De rerum natura* («Über die Natur der Dinge») war verlorengegangen und wurde erst in der Renaissance wiederentdeckt. Dante versetzt Epikur und seine Anhänger in seiner *Divina Commedia* in den sechsten Kreis der Hölle, der den Häretikern vorbehalten ist, weil sie lehren, dass die Seele zusammen mit dem Körper den Tod erleiden wird.[32]

Von besonderem Interesse ist die Rezeption Epikurs im antiken Judentum. Platon spielte zwar bei dem alexandrinischen jüdischen Philosophen Philon eine große Rolle, aber Epikur ist der einzige griechische Philosoph, der in der rabbinischen Literatur mit Namen genannt wird. Sein Name wird jedoch nicht als Eigenname verwendet, sondern steht für den Inbegriff des Häretikers und Skeptikers. Dies bezeugt schon die Mischna, das früheste Werk des rabbinischen Judentums:

> Ganz Israel hat Anteil an der zukünftigen Welt [an einem Leben nach dem Tode] ..., und diese sind es, die *keinen* Anteil an der zukünftigen Welt haben: Der da sagt, die Auferstehung der Toten lasse sich nicht aus der Torah beweisen; es gäbe keine Torah vom Himmel [die vom Himmel auf uns herabgekommen ist]; und der Epikureer (*apikoros*).[33]

Das Judentum ist eine Religion der Praxis und nicht der dogmatischen Lehrsätze, an die unbedingt geglaubt werden muss. Aber dieser frühe Mischnasatz nennt einige wenige inhaltliche Grundsätze des Judentums, auf die nicht verzichtet werden kann; wer sie nicht akzeptiert, ist vom ewigen Leben ausgeschlossen, das eigentlich alle Juden erwartet. Diese Grundsätze sind nicht etwa der Glaube an Gott oder an den Messias, sondern zu allererst der Glaube an die Auferstehung der Toten, das heißt die Überzeugung, dass es ein Leben nach dem Tode geben wird, bzw. genauer, dass die Auferstehung der Toten sich aus der Torah beweisen lässt. Diese Überzeugung setzt voraus, dass zumindest die Seele unsterblich ist. Hier begibt sich die Mischna in schwierige Gewässer, denn dieser Beweis aus der Torah ist nicht leicht zu führen. Der früheste Beleg für die Erwartung eines Fortlebens der Seele ganz im platonischen Sinne findet sich im Danielbuch aus der ersten Hälfte des zweiten Jahrhunderts v. Chr.,[34] dessen Kanonisierung lange umstritten war. Wann sich die Erwartung auch der leiblichen Auferstehung durchgesetzt hat, ist unsicher, wahrscheinlich erst unter den Pharisäern etwa ein Jahrhundert später. Jedenfalls kann von einer klaren Beweislage in der Hebräischen Bibel keine Rede sein.

Der zweite Grundsatz zielt auf die Anerkennung der Torah als der verbindlichen heiligen Schrift, die Moses von Gott auf dem Sinai offenbart wurde und in der die Regeln für ein gottgefälliges Leben festgelegt sind. Der dritte Grundsatz wird nicht erläutert, sondern schlicht durch das Stichwort «Epikureer» definiert. Über die Bedeutung ist viel diskutiert worden, aber im Kontext des Mischnasatzes kann ein Epikureer nur jemand sein, der die Unsterblichkeit der Seele aus philosophischen Gründen ablehnt und damit den Schöpfergott ebenso leugnet wie die göttliche Vorsehung. Das Stichwort «Epikureer» richtet sich nach Ansicht der Rabbinen also gegen die Feinde einer geoffenbarten Religion mit einer Offenbarungsschrift und Richtlinien für die Praxis, deren Befolgung zum ewigen Leben führt. Das bedeutet selbstverständlich auch die Anerkennung der göttlichen Vorsehung, das heißt der fürsorglichen Anteilnahme Gottes am Fortgang und Erfolg des menschlichen Lebens. Von der epikureischen Ethik ist hier überhaupt nicht die Rede. Die Ablehnung dessen, wofür die «Epikureer» stehen, reicht bei den Rabbinen also viel weiter als die Ablehnung ihrer Ethik – ganz zu schweigen von den polemischen Verzerrungen durch die Christen –, nämlich bis in den Kern der jüdischen Religion.

Lukrez: Materialistische Welterklärung

Der Philosoph und sein Lehrgedicht

Über Titus Lucretius Carus, den letzten großen Epikureer, der das weitgehend verlorene Werk seines längst gestorbenen Meisters in ihre bis heute gültige Form gegossen hat, ist so gut wie nichts bekannt. Er lebte in der ersten Hälfte des ersten Jahrhunderts v. Chr., geboren wahrscheinlich zwischen 99 und 94 und gestorben zwischen 55 und 53 v. Chr. Wir wissen nichts über seinen familiären Hintergrund; die Vermutungen der Forschung schwanken zwischen einer niedrigen Herkunft und der Abstammung aus einem angesehenen römischen Adelsgeschlecht. Sicher ist jedenfalls, dass alles, wofür er stand, den Idealen der römischen Republik mit ihrer Vaterlandsliebe, ihren politischen Ämtern, ihren Sitten und Gebräuchen, ihrer Verehrung der Götter und dem damit verbundenen Kult und nicht zuletzt auch ihrem Streben nach Ruhm und Reichtum diametral entgegengesetzt war.

Entsprechend verhalten war die Rezeption seiner Zeitgenossen. Cicero zitiert zwar ausgiebig Epikur, erwähnt aber Lukrez nicht. Es ist auch weniger der philosophische Inhalt seines Lehrgedichts *De rerum natura* («Über die Natur der Dinge»), der in der lateinischen Literatur Eindruck gemacht hat, als vielmehr seine literarische Form. Da es in vielen Fällen für die weiter entwickelte philosophische Terminologie in griechischer Sprache noch keine Entsprechungen im Lateinischen gab, musste Lukrez die adäquaten lateinischen Begriffe oft erst erfinden und diese dann in die neue Form des Lehrgedichts in Hexametern gießen, das sich an den altgriechischen Epen orientierte. Mit dieser neuen literarischen Form sollte Lukrez großen Einfluss auf die römische Lehrdichtung der augusteischen Zeit und darüber hinaus haben. Man denke etwa an Vergils *Georgica* («Vom Landbau») und sein Heldenepos *Aeneis* oder an Ovids *Ars Amatoria* («Liebeskunst») und seine *Remedia Amoris* («Heilmittel gegen die Liebe»).

Die frühen Christen betrachteten Lukrez, wie schon Epikur, als einen ihrer gefährlichsten Antipoden. Obwohl sie seinen politischen und sozialen Grundanschauungen in manchen Punkten nahestanden, verhinderte die christlich-theologische Lehre von dem einen Schöpfergott und vom Leben nach dem Tode jede Annäherung. Je mächtiger das Christentum politisch wurde, desto stärker wurde der Lukrez'sche Epikureismus herabgesetzt, polemisch verzerrt und schließlich erfolgreich marginalisiert. Den einzigen Hinweis auf Lukrez' Leben und Rezeption finden wir ausgerechnet in einer Notiz des radikal-asketischen Kirchenvaters Hieronymus (347–420 n. Chr.), unter dessen geistlicher Aufsicht die junge Witwe Blaesilla in Rom ihren asketischen Übungen erlag – woraufhin Hieronymus zusammen mit seinen verbliebenen Bewunderinnen nach Palästina fliehen musste, um dort ein gottgeweihtes Leben zu führen.[35] Hieronymus übersetzte unter anderem die griechische Kirchengeschichte des christlichen Geschichtsschreibers Eusebius von Caesarea (260/64–339/40) ins Lateinische und ergänzte sie aufgrund verschiedener neuer Quellen bis ins Jahr 378. Zum Jahr 94 v. Chr. schreibt er:

> Der Dichter Titus Lucretius wurde geboren, der sich mit eigener Hand in seinem vierundvierzigsten Lebensjahr tötete, nachdem ihn ein Liebestrank in Wahnsinn gestürzt und er in den Pausen seines Wahns mehrere Bücher geschrieben hatte, die später Cicero durchsah/herausgab (*emendavit*).[36]

Beide Informationen über das Leben und Werk des Lukrez sind äußerst zweifelhaft. Dass er sich selbst aus Liebeskummer umgebracht hätte, ist unwahrscheinlich und vermutlich eine christliche Legende, die ihn diskreditieren sollte. Und dass Cicero Lukrez' Werke *emendavit* – was immer das heißt: die Bandbreite reicht von «kritisch durchsehen», «verbessern», «kommentieren», bis hin zu «herausgeben» –, gründet wahrscheinlich in der Tatsache, dass Cicero in seinem Traktat *De natura deorum* Epikurs Lehre ausführlich zitiert und kommentiert. Ein Hinweis auf Lukrez' *De rerum natura* findet sich bei Cicero aber nur an einer Stelle in einem Brief an seinen Bruder Quintus vom Februar 54 v. Chr.[37] Seine wahre, aber unterdrückte Liebe zu Cicero offenbart der asketische Christ Hieronymus in einem Brief an seine treue Anhängerin Eustochium, in dem er von einer Vision berichtet, in der der göttliche Richter ihn auspeitschen lässt, weil er trotz allem ein Anhänger Ciceros geblieben sei. Erst als er sich für alle Zeiten von den «weltlichen Handschriften» lossagt, wird er verschont und bekennt: «Und nachher habe ich mich mit einem solchen Eifer den göttlichen Schriften zugewandt, wie ich ihn bei der Beschäftigung mit den profanen nie gekannt hatte.»[38]

Wie viele Schriften der griechisch-römischen Antike geriet Lukrez' Werk nach den politischen, kulturellen und religiösen Umbrüchen der Spätantike im Mittelalter weitgehend in Vergessenheit. Die verwickelte Geschichte seiner Wiederentdeckung ist in jüngster Zeit durch den Bestseller *Die Wende. Wie die Renaissance begann* des amerikanischen Literaturwissenschaftlers Stephen Greenblatt[39] in das Bewusstsein einer breiteren Öffentlichkeit gerückt worden. Greenblatt zeichnet in einer gelungenen Mischung aus Fiktion und nachprüfbaren Daten ein plastisches Bild von der Bedeutung von Lukrez' Lehrgedicht, seinem Verschwinden und seiner Wiederentdeckung. Die Hauptrolle in dieser Detektivgeschichte spielt der Humanist und päpstliche Sekretär Poggio Bracciolini (1380–1459), der einer langen Reihe von Päpsten als Sekretär diente und den Gegenpapst Johannes XXIII. zum Konzil von Konstanz begleitete, auf dem dieser 1415 abgesetzt wurde. Poggio, der schon länger seine freie Zeit der Suche nach antiken Texten in Klosterbibliotheken gewidmet hatte und nun ohne Kurienamt war, nutzte die Gelegenheit und suchte in Schweizer und Schwäbischen Bibliotheken nach verschollenen oder vergessenen Handschriften. Wahrscheinlich im Januar 1417 stieß er in einer nicht genannten Klosterbibliothek (möglicherweise der Benediktinerabtei Fulda) auf das einzige damals «bekannte» Manuskript von *De rerum natura*, das er sofort kopieren ließ und das als Grundlage für alle weiteren Ausgaben diente.

Damit begann die rasante Verbreitung von Lukrez' Meisterwerk in gelehrten Kreisen der Renaissance-Humanisten, die trotz des schnellen

Eingreifens der Kirche nicht mehr zu stoppen war. 1473 erschien die erste gedruckte Ausgabe in Brescia in der Lombardei. Marsilio Ficino (1433–1499), der Propagandist eines humanistischen Christentums, verfasste einen Kommentar, den er aber nicht veröffentlichte. Der große Staatsphilosoph Niccolo Machiavelli (1469–1527) besaß eine eigenhändig kopierte und annotierte Abschrift, bekannte sich aber niemals öffentlich zu Lukrez und zitierte ihn nur selten.[40] Und der als Ketzer verurteilte Dominikaner Giordano Bruno (1548–1600) stand Lukrez sehr viel näher als Aristoteles und bezahlte diese Nähe mit dem Tod auf dem Scheiterhaufen.[41] Dagegen konnte der Jurist und Humanist Scipione Capece (1480–1551) mit seinen *De principiis rerum* («Über die Anfänge der Dinge») 1546 ungestraft ein Lehrgedicht im Stile des Lukrez veröffentlichen. Michel de Montaigne (1533–1592), der Jurist, Philosoph und Wegbereiter der Essayistik, war ein genauer Leser von *De rerum natura*, wie sich an der von ihm benutzten Ausgabe erkennen lässt, und er zitiert häufig daraus. In seiner letzten Lebensphase soll er sogar ein Anhänger der Epikureer geworden sein. Dennoch gab er seinen katholischen Glauben nie auf und wurde auch von offizieller kirchlicher Seite nicht angegriffen. Dieser Versuch des Ausgleichs fand seinen Höhepunkt mit dem Theologen und Naturwissenschaftler Pierre Gassendi (1592–1655), der mehrere Werke zu Epikur schrieb, darunter 1647 *De vita et moribus Epicuri* («Über das Leben und die Sitten Epikurs») sowie unter dem Titel *Philosophiae Epicuri Syntagma* eine systematische Zusammenfassung von Epikurs Philosophie, die u. a. auch auf Lukrez basiert.

Die positive Rezeption Epikurs und Lukrez' reicht bis in die materialistische Philosophie. Karl Marx wurde 1841 mit einer Dissertation über die Differenz der demokritischen und epikureischen Naturphilosophie promoviert, die natürlich auch Lukrez berücksichtigt. Die moderne Naturwissenschaft – von Isaac Newton bis zu Albert Einstein, Niels Bohr und anderen – weist überraschende Parallelen zur antiken Atomistik auf.

Erstes Buch: Venus, Epikur und die Urelemente

Das Lehrgedicht *De rerum natura* ist, wie bei antiken Texten üblich, ohne erkennbare Gliederung, ohne Überschriften und ohne Absätze geschrieben. Auch der Titel ist in den ältesten Handschriften nicht genannt. Sicher scheint dagegen die Aufteilung in sechs Bücher zu sein, da jedes Buch mit einer Vorrede (*Prooemium*) beginnt und einem Schluss (*Finalia*) endet. Klar zu erkennen ist auch, dass die sechs Bücher paarweise zu thematischen Einheiten angeordnet sind: Die ersten beiden Bücher behandeln die Grundlagen der Naturphilosophie (die Atome und die Leere, die Bewegung der Atome, ihre Gestalt und Form, die unzähligen Welten, Vergehen der Welten). Das dritte und vierte Buch handeln vom Menschen und seiner Seele (Vergänglichkeit der Seele, Sinneswahrnehmungen, Sexualität und Liebe). Im fünften und sechsten Buch geht es um kosmologische Phänomene einschließlich der Natur- und Menschengeschichte und der Phänomene, die uns Menschen in Angst und Schrecken versetzen. Der Schluss des sechsten Buches beschreibt das Wüten der Pest von Athen 430–428 v. Chr.[42]

Trotz der fehlenden Gliederung lässt der Traktat – bei allen Wiederholungen und Neuansätzen – einen klaren Duktus erkennen. Ich orientiere mich, wie auch bei den anderen behandelten Autoren, an der Struktur des Werkes und erliege nicht der Versuchung, dessen Inhalt nachträglich zu systematisieren.[43] Sehr hilfreich ist dabei die detaillierte Gliederung, die Klaus Binder vorgenommen hat und der ich im Wesentlichen folge.[44]

Das Proömium des ersten Buches beginnt – auf den ersten Blick überraschend – mit einem Loblied auf die Göttin Venus:

> Mutter der Aeneaden, der Menschen und der Götter Wonne, Venus, Spenderin des Lebens, du bist es, die unter den ruhig gleitenden Zeichen des Himmels das schiffetragende Meer, das fruchttragende Land belebt. Dir verdankt alles Belebte Empfängnis, den ersten Blick auf der Sonne Licht. …
>
> Kaum nämlich ist die Pforte des Frühlings aufgesprungen und der Westwind befreit, da bläst frisch sein befruchtender Hauch – und zuerst unter dem Himmel künden die Vögel dich an, von deiner Kraft, Göttin, ins Herz

getroffen. Dann toben Wild und Vieh über wuchernde Weiden, schwimmen durch schwellende Ströme: Alle folgen sie dir, von deinem Zauber gefangen, begierig folgen sie dir, willig, wohin du sie führst. Ob in Meeren und Bergen, in fließenden Strömen, im von Vögeln belebten Dickicht, auf grünenden Fluren – wo immer sie leben, allen Kreaturen treibst du verführende Liebe ins Herz, senkst in sie den leidenschaftlichen Trieb, nach ihrer Art sich zu mehren.[45]

Lukrez beschwört hier im Stil eines klassischen Heldenepos das Bild einer im traditionellen Götterglauben geborgenen Welt: Venus, die Mutter Roms[46] und Göttin der Liebe, belebt jedes Jahr aufs Neue die Welt. Allein ihrem Beispiel folgend nehmen alle Kreaturen am immerwährenden Zyklus der Natur teil. Deswegen, so sollte man meinen, ist sie der Urgrund aller Dinge, wie es auch gleich anschließend heißt:

> So lenkst du allein die Natur der Dinge (*rerum naturam*), nichts vermag emporzuwachsen zu den strahlenden Küsten des Lichts ohne dich, nichts zu entstehen, was Freude und Liebreiz schenkt. Darum bist du es, die ich mir zur Gefährtin wünsche, nun, da ich es wage, diese Verse über die Natur der Dinge (*de rerum natura*) zu schreiben.[47]

Venus ist es, die die Natur der Dinge beherrscht, und deswegen soll sie Lukrez auch begleiten, wenn er sich nun daranmacht, über die Natur der Dinge zu schreiben. Allerdings dürfen wir uns nicht täuschen. Im Vorgriff auf seine späteren Ausführungen stellt Lukrez schon im ersten Proömium klar, was es mit den Göttern nach seiner Lehre wirklich auf sich hat und was die Huldigung an Venus als eine fast ironische *captatio benevolentiae* entlarvt:

> Liegt es nicht im Wesen der Götter, dass sie sich ihres unsterblichen Lebens in völligem Frieden erfreuen, weitab und unseren Dingen entrückt? Sie leben frei von allem Schmerz, frei auch von jeder Gefahr, stark aus eigener Kraft bedürfen sie unser nicht, lassen sich nicht rühren durch verdienstvolle Taten und werden auch von Zorn nicht bewegt.[48]

Das widerspricht eklatant dem, was Lukrez gerade in seinem Loblied auf Venus gesagt hat: Venus, die angeblich die «Natur der Dinge» lenkt, hat mit der wahren «Natur der Dinge», die Lukrez im Folgenden beschreiben wird, nichts zu tun. Der Widerspruch ist so offensichtlich, dass einige Ausleger diesen Passus als spätere Ergänzung eines Kommentators ausscheiden wollen, der den Traktat weitergelesen hat. Denn später wird klar, dass die Götter nach Lukrez nicht in unserer irdischen Welt leben, sondern in «Intermundien», Zwischenwelten, die sie von der Welt der Menschen abschirmen und jedem Einfluss auf die «Natur der Dinge» entziehen.[49] Es ist aber, so möchte ich behaupten, genau die Kunst des Dichters Lukrez, in seinem spannungsreichen ersten Proömium auf diese dialektische Weise seine Naturphilosophie gegen den überkommenen Götterglauben in Stellung zu bringen. Unmittelbar auf diese Klarstellung folgt nämlich in wenigen Sätzen ein knapper, aber prägnanter Einblick in das Thema seines Lehrgedichts:

> Denn nun will ich darlegen, nach welchem Gesetz (*ratio*) der hohe Himmel bewegt wird, was das Wesen der Götter ausmacht, will die Uranfänge der Dinge / Urelemente / Atome (*rerum primordia*) nennen, aus denen die Natur alle Dinge ständig erschafft, vermehrt und ernährt, und worin die Natur (das Geschaffene), wenn es vergeht, auch wieder auflöst. Wir nennen sie [die Dinge], wenn wir unsere Lehre entfalten, auch «Materie», auch «Ursprungskörper der Dinge» (*genitalia corpora rebus*), «Samen der Dinge» (*semina rerum*), die «ersten Körper» (*corpora prima*), weil aus ihnen als den Uranfängen alle (Dinge) sind.[50]

Hier ist der Kerngedanke plastisch zusammengefasst: Nicht Venus oder irgendwelche Götter und schon gar nicht ein Schöpfergott erschaffen die Dinge, sondern die Natur. Alle diese «Dinge» lassen sich auf Elemente zurückführen, die Lukrez mit verschiedenen Begriffen bezeichnet. Er vermeidet den in der griechischen Literatur gängigen Begriff «Atom» und spricht stattdessen von Uranfängen, Urelementen, Ursprungskörpern, ersten Körpern, Samen und Materie oder einfach nur von Dingen, legt den Akzent also auf etwas, das schon immer da war und immer bleibt. Diese körperlichen Urelemente benutzte die Natur, um daraus alles, was es gibt, zu erschaffen, am Leben zu erhalten und immer wieder neu zusammenzufügen. Sie sind unvergänglich, denn was vergeht und wieder aufgelöst wird, sind nicht die Urelemente, sondern ihre wechselnden Konfigurationen.

Darauf folgt, als kühner Kontrast zum Loblied auf die Göttin

Venus, ein Loblied auf Epikur, den Griechen, der es gewagt hat, gegen die Last des traditionellen Aberglaubens vorzugehen, «der aus erhabenen himmlischen Regionen das Haupt herabreckt und mit schreckender Fratze den Sterblichen droht» (I, 63–65). Kein Zweifel, der die Menschheit in Angst und Schrecken versetzende Aberglaube nimmt von den Regionen der Götter seinen Ausgang. Die Götter sind es, die uns im Aberglauben gefangen halten, und Epikur war der Erste, «der die festen Riegel zu den Toren der Natur aufzubrechen begehrte» (I, 70 f.). Die meisten Menschen sind bis heute diesem Aberglauben verfallen, fürchten sich vor der Rache der Götter, «fürchten mit dem Tod endlose Strafe» (I, 111). Der Grund dafür ist – und damit lenkt Lukrez am Ende des Proömiums auf einen weiteren Grundgedanken seines Gedichtes über –, dass die Menschen nichts von der wahren Natur der Seele (anima) wissen: «Vergeht auch sie, wenn der Tod alles auflöst, mit uns oder schaut sie doch die Düsternis des Orkus, schlüpft sie vielleicht sogar, auf göttliches Geheiß, in andre Kreaturen?» (I, 114–116). Stirbt die Seele also mit dem Körper oder lebt sie nach dem Tode weiter und wandert gar durch andere Körper? Letzteres bezieht sich auf den Glauben an die Seelenwanderung, der in Platons *Timaios* eine zentrale Rolle spielt, aber auch sonst verbreitet war, etwa bei den Pythagoräern. Lukrez belässt es hier nur bei einem Hinweis und wird seine Seelenlehre im dritten Buch ausführlich erörtern. Zum Abschluss des Proömiums verweist er darauf, dass die lateinische Sprache arm an vielen philosophischen Begriffen ist, «so dass ich zu alledem auch noch neue Worte prägen muss» (I, 139).

Der erste Teil des ersten Buches lässt sich in vier Leitsätze[51] unterteilen, von denen der erste die Grundlage und Voraussetzung aller weiteren Überlegungen ist:

> Nicht die Strahlen der Sonne, nicht am Tage die Pfeile des Lichts vertreiben, was dunkel schreckend den Geist umfangen hält – dies gelingt nur dann, wenn wir den Blick auf die Erscheinungen der Natur richten und auf ihr inneres Gesetz (*ratio*). Ihr [der Naturerkenntnis] Beginn muss von da seinen Ausgang nehmen: Kein Ding entspringt jemals aus dem Nichts auf göttliche Weise. ... Haben wir aber einmal begriffen, dass aus Nichts nichts entspringen kann, dann tritt schon deutlicher hervor, wonach wir suchen: Dasjenige

nämlich, *woraus* ausnahmslos jedes Ding entstehen kann und auch, *wie* jedes geschieht, ganz ohne göttliches Wirken.[52]

Nichts entsteht aus nichts, sondern alles entsteht aus etwas, das bereits vorhanden ist: Dieser Grundsatz fast der gesamten griechischen Philosophie wird zum alles bestimmenden Ausgangspunkt auch der Naturphilosophie Epikurs im Lukrez'schen Gewande. Damit ist gleichzeitig jeder Religion, die die Idee eines Schöpfergottes mit der Vorstellung von der Schöpfung aus dem Nichts gekrönt hat, ein Stolperstein in den Weg gelegt worden, der sich als unüberwindbar erweisen sollte. Eine Reihe möglicher philosophischer Einwände gegen diesen ersten Lehrsatz wird mit der festen Überzeugung abgeschlossen: «Also: Wir können nicht anders, müssen zugeben, dass nichts aus Nichts entstehen kann. Eines eigenen Keims (*semen*) bedarf es, aus dem ein jedes Ding hervorgetrieben werden kann, hinaus in die sanften Brisen der Luft» (I, 205–207).

Das zwingende Pendant zu dem Grundsatz, dass nichts aus Nichts entsteht, ist die Folgerung, dass auch nichts im Nichts verschwinden kann:

> Hinzu kommt, dass die Natur jedes Ding wieder in seine Ursprungskörper auflöst, keines lässt sie zu Nichts vergehen. Denn wären die Dinge mit all ihren Teilen sterblich, dann könnte alles unserem Blick entschwinden, im Augenblick würde es vergehen. Auch bräuchte es dann keine Kraft, die Teile voneinander zu trennen und ihrer Verbindung Gefüge zu lösen. Da aber alle Dinge aus unvergänglichen Keimen gebildet sind, lässt uns die Natur völlige Zerstörung erst dann erleben, bis etwas von einer äußeren Kraft getroffen wird, die es entweder mit einem Schlag (in Partikel) zersprengt oder aber durch leere Stellen (*per inania*) den Weg hinein findet und das Ding von innen her auflöst.[53]

Die Urelemente oder Keime aller Dinge (allen Seins) sind immer schon da und unzerstörbar, das heißt unvergänglich. Sie sind, ohne dass dies hier ausdrücklich gesagt wird, die kleinsten Teile der Elemente. Allerdings sind sie gewöhnlich nicht in «Reinkultur», d. h. in ihrem Urzustand, vorhanden, sondern in allen möglichen Verbindungen oder Konfigurationen. Aus diesen Verbindungen werden sie entweder durch eine äußere Kraft (die hier noch nicht näher bestimmt wird) herausgelöst, die sie mit Gewalt sprengt, oder aber durch eine Kraft, die durch die «leeren Stellen», d. h. durch die Zwischenräume innerhalb der Verbindungen, in sie eindringt und diese damit zerteilt. Diese Sprengung der Dinge von außen oder ihre Auflösung von innen betrifft also «nur» ihre Konfigurationen, niemals aber die Urelemente selbst, die immer erhalten bleiben. Lukez' Fazit dazu lautet: «Kein (zusammengesetztes) Ding kehrt zurück ins Nichts, sondern alle (Dinge) kehren durch Trennung zurück in die Ursprungskörper der Materie.»[54]

Der zweite Lehrsatz hebt ausdrücklich hervor, was im ersten schon angeklungen ist: Wir sehen nur Konfigurationen von Elementen, die Urelemente aber, die nicht mehr reduzierbaren Teile, sind so klein, dass sie unserem Blick verborgen bleiben (I, 268–70). Hochpoetisch erläutert Lukrez dies durch den Wind, dessen kleinste Partikel wir nicht sehen, durch Düfte, die wir riechen, aber deren Partikel wir nicht sehen, durch Hitze, Kälte oder Geräusche – «alles das ist notwendigerweise von körperlicher Natur, da es vermag, unsere Sinne zu treffen. Denn nichts, was nicht körperlich ist, kann berührt werden oder seinerseits berühren» (I, 303 f.).

Der dritte Lehrsatz betrifft das Verhältnis von Körper/Ding und Leere:

> Doch sind die Dinge nicht allseits zusammengepresst zu einer kompakten Masse, denn es gibt in den Dingen Leere/leeren Raum (*inane*). ... Es gibt ihn, den immateriellen/unberührten Raum (*locus intactus*), leer (*inane*) und frei/leer/unbesetzt (*vacans*). Andernfalls könnte sich kein Ding irgendwie bewegen. Denn den Körpern ist eigen, dass sie entgegenhalten, anderen entgegenstehen. Würde diese Eigenart an allen Dingen stets gleichzeitig wirksam – nichts mehr könnte sich bewegen, weil kein Ding den Anfang machen, dem anderen Raum geben wollte. ... Gäbe es aber keine Leere, würden die Dinge nicht nur an rastloser Bewegung gehindert, es hätte auch überhaupt nichts entstehen können, denn die Materie würde, ringsum von allen Seiten zusammengepresst, in (ewiger) Ruhe verharren.[55]

Der Komplementärbegriff zu den Elementen/Dingen ist die Leere. Allerdings verwendet Lukrez den Begriff der Leere in zweifacher Hinsicht: Einmal ist es die *Leere in den Dingen*, das heißt der Abstand/Raum zwischen den Partikeln, aus denen die Körper zusammengesetzt sind; und zum anderen gibt es den *leeren Raum*, in dem sich die Dinge bewegen. Ohne die Leere des Raumes – gemeint ist hier der kosmische Raum, das Weltall – könnte es keine Bewegung der Elemente geben, würde die Materie zu einem bewegungslosen Klumpen zusammengepresst in ewiger Ruhe verharren. Fazit: «Das Universum, wie es durch sich selbst als Ganzes besteht, ist aus zweierlei zusammengesetzt: aus Körpern und Leere.» Ein drittes Element außer Körper und Leere kann es nicht geben (I, 430–32).

Im vierten Lehrsatz geht es um die näheren Bestimmungen der Körper/Urelemente, die sich im freien Raum bewegen. Sie haben Eigenschaften und formieren sich, wenn sie sich in bestimmter Weise konfigurieren, zu Ereignissen (*eventa*). Primäre Eigenschaften sind untrennbar mit dem Körper verbunden und können nicht von ihm gelöst werden: «Eigenschaft ist das, was unter keinen Umständen von einem Körper gelöst und abgetrennt werden kann, ohne sofort zu dessen Zerstörung zu führen. Derart untrennbar verbunden sind Schwere und Felssteine, Hitze und Feuer, Nässe und Wasser, Berührbarkeit und alle Körper, Unberührbarkeit und Leere» (I, 451–54). Ereignis oder Geschehenes dagegen ist etwas, das «zu den Dingen hinzukommen kann oder eben nicht, ohne dass es deren Natur grundsätzlich verändert» (I, 157 f.). Beide, Eigenschaften und Ereignisse, existieren nicht für sich, sondern immer nur in Verbindung mit dem Körper, wobei diese Verbindung im Falle der Eigenschaften unauflöslich und im Falle der Ereignisse kontingent und veränderlich ist. Mit Ereignissen meint Lukrez konkret Zustände wie Sklaverei, Armut oder Reichtum, aber auch historische Ereignisse wie die Eroberung Trojas. Alle diese Geschehnisse sind keine Seinszustände, sondern existieren nur als unterschiedliche Ausformungen der ihnen zugrundeliegenden Materie: «Ohne Ausnahme alle, keines der je vollbrachten Dinge / alle Geschichte (*res gestas*) besteht wie die Körper für sich und hat ein eigenes Sein, und ebenso wenig lässt sich von ihnen sagen, sie existierten aus sich wie das Leere» (I, 478–480).

Schließlich hat auch die Zeit wie die Eigenschaften und Ereignisse der Dinge keine unabhängige Existenz: «Erst aus den Dingen selbst erfahren wir, was in der Vergangenheit getan und abgeschlossen wurde, was gegenwärtig ist, und auch, was später darauf folgen wird» (I, 459–61).

Im zweiten Teil des ersten Buches vertieft Lukrez seine Aussagen über die Urelemente:

Es gibt zwei Arten von Körpern, nämlich die Urelemente der Dinge, und die Dinge, die aus der Verbindung der Urelemente / Anfangskörper entstehen. Die Urelemente oder auch Keime (*semina*) sind von unzerstörbarer, ewiger Festigkeit (I, 483–86, 501 f.).

Die Massivität der Urelemente / ersten Körper bedeutet, dass sie in sich ohne jede Leere sind. Diese festen Körper schließen sich aber zu zusammengesetzten Körpern zusammen. Lukrez nennt sie wörtlich «entstandene Dinge» (*genitis in rebus*). Solche Konfigurationen enthalten in sich und umschließen mit ihrer massiven Festigkeit die Leere *in den zusammengesetzten Dingen* (im Unterschied zur Leere des Raumes, in dem die Körper sich bewegen). Die Urelemente verschmelzen nicht, sondern bleiben durch Abstände voneinander getrennt, werden aber auch ihrerseits wieder von massiven Urelementen umgeben. Diese Konfiguration der massiven Urelemente nennt Lukrez «der Materie Versammlung» (*materiai concilium*), die die Leere der Dinge umschließt[56] und ihrerseits aus festen Körpern besteht, die ewig sind (I, 510–19).

Gäbe es keine Leere, dann wäre alles fest, dann gäbe es nur die massiven Urelemente. Und umgekehrt: Ohne bestimmte Körper wäre alles nichts als leerer Raum und Leere. Körper und Leere wechseln sich ab, «denn weder ist das All völlig gefüllt noch vollständig leer».

Die festen oder bestimmten Körper sind so massiv, dass sie weder durch Schläge von außen zertrümmert noch von innen her aufgelöst werden können. Nur zusammengesetzte Körper, die durch Leere voneinander getrennt sind, können in ihre Einzelteile zerlegt werden. Urelemente, per definitionem feste Körper ohne Leere, sind daher notwendigerweise unteilbar und ewig (I, 520–39, 548–50).

Die Teilbarkeit der Elemente ist somit begrenzt, bis hin zu den nicht mehr teilbaren kleinsten Urelemeten. Wenn die Natur der Teilbarkeit der Körper keine Grenze gesetzt hätte, dann «hätten die zerstörenden Kräfte der vergangenen Zeit die Materiepartikel bereits derart zerkleinert, dass aus ihnen in einer bestimmten Spanne Zeit nichts mehr hätte gezeugt werden können und zur Blüte des Lebens gelangen». Entstehung, Wachsen und Reifen der Dinge oder Lebewesen sind ein kontinuierlicher Prozess, der der Zuführung immer neuer Urelemente bedarf (I, 551–64). Alles ist aus den Urelementen zusammengesetzt, «auch die Leiber lebendiger Dinge sind aus unveränderlicher Materie gebildet» (I, 591).

Und schließlich die berühmten *minima*, die kleinsten Teile der Urelemente. Epikur nennt sie auch die «äußerste Spitze» (*extremum cacumen*) eines jeden Urelements (I, 599). Sie sind mit den Sinnen nicht mehr wahrnehmbar, von «kleinster Natur» (*minima natura*) und können nicht mehr geteilt werden – ein Problem, das schon Demokrit und Epikur beschäftigt hat. Diese Minima bestanden niemals für sich, sondern immer nur als Teil der Urelemente. Die Urelemente / Ursprungskörper sind von «festester Einfachheit», die «in kleinsten Teilchen (*minimis partibus*) gedrängt eng zusammenhalten». Sie wurden nämlich nicht durch die Vereinigung der Minima zusammengefügt, sondern erhalten ihre Beständigkeit aus ihrer «ewigen Einfachheit». Dieser paradoxe Gedankengang lässt sich auch so ausdrücken: Die selbst schon unsichtbaren Urelemente / Atome bestehen aus kleinsten Teilen (den Minima), die natürlich unsichtbar und unteilbar sind, aber auch nicht von diesen abgetrennt werden können. Die Urelemente sind also aus Teilen zusammengesetzt und dadurch ausgedehnt, lassen sich aber nicht in ihre Einzelteile zerlegen. Mit dieser Zusammensetzung der Urelemente aus Minima ermöglicht Lukrez ihre unterschiedliche Größe und Gestalt und damit auch ihre Vielfalt, die später noch genauer behandelt werden (I, 599–614).

Den dritten Teil des ersten Buches widmet Lukrez der Kritik rivalisierender Lehren (Heraklit, Empedokles, Anaxagoras) und beschließt ihn mit einem Lob des Dichters (I, 921–950). Im anschließenden vierten und letzten Teil thematisiert er die Unendlichkeit der Materie und des leeren Raums (I, 951 ff.). Lukrez lehnt hier ausdrücklich jede teleologische Auffassung ab. Das Zusammenspiel von Urelementen und Leere ist zufällig und folgt keinerlei Plan: «Denn gewiss nicht vorausschauend, nicht nach einem Plan haben sich die Urelemente der Dinge in eine bestimmte Lage und Ordnung gebracht, haben auch nicht verabredet, mit welcher Bewegung nun jedes beginne» (I, 1021–23). Im Laufe «unvordenklicher Zeiten» wurden die endlos vielen Elemente «auf vielerlei Weise Stößen und Schlägen ausgesetzt» – wie es dazu kam, wird hier nicht erläutert –, so dass sich alle möglichen Konfigurationen ergaben, darunter schließlich auch unsere Welt (I, 1025 ff.). Während die Materie und der leere Raum ewig sind, gilt dies keineswegs für die daraus entstandenen Konfigurationen und damit auch für unsere Welt. Diese zerfallen und vergehen irgendwann, weil ihnen die Zufuhr frischer Urelemente fehlt oder Elemente von innerhalb der Konfiguration nach außen entweichen und schließlich das fragile Gleichgewicht der Konfiguration zerstört wird (I, 1035 ff.). Dies ist nicht weniger als eine Zusammenfassung der Lukrez'schen Kosmologie *in nuce*.

Abgeschlossen wird das erste Buch mit einem Angriff auf die geo- und anthropozentrische Philosophie der Stoa, die unsere endliche Welt im Zentrum des unendlichen Kosmos verortet, also davon ausgeht, dass alle Kräfte zu unserer Welt als der «Mitte des Ganzen» streben und drängen (I, 1052 ff.). Lukrez' Gegenargument läuft darauf hinaus, dass der leere Raum unendlich ist und deswegen keine Mitte haben kann (I, 1070 f.).

Zweites Buch: Bewegung, Schlenker und Zusammenprall

Nach einem Proömium zum Lob der Philosophie Epikurs, die allein der Welt ihren Schrecken nimmt (II, 1–60), vertieft der erste Teil des zweiten Buches das bisher über die Bewegung der Urelemente Gesagte: Die Urelemente bleiben in ihrer Summe immer erhalten; was sich verändert, sind nur ihre Konfigurationen, die altern und vergehen können. Die Bewegung der Urelemente im leeren Raum ist unaufhörlich, da dieser ihnen kein Hindernis in den Weg stellt. Allerdings können sie aufeinandertreffen und damit voneinander abprallen oder auch Verbindungen miteinander eingehen. Die Urelemente bewegen sich rasend schnell, schneller als das Licht der Sonne, werden aber in ihren unterschiedlichen Konfigurationen abgebremst. Ausdrücklich betont Lukrez hier noch einmal, dass die Welt weder von einem göttlichen Schöpfer noch auch für die Menschen gemacht wurde: «Es ist die Natur der Welt, so wie sie ist, keineswegs durch göttliches Wirken für uns geschaffen – zu viele, zu groß sind die Fehler, mit denen sie behaftet ist» (II, 180 f.).

Hierauf folgt die Erklärung für den Zusammenprall der Urelemente im leeren Raum, der ja erst die verschiedenen Konfigurationen entstehen lässt. Lukrez beginnt mit einem weiteren Leitsatz: «Kein Körper kann aus eigener Kraft aufwärts steigen und sich nach oben bewegen» (II, 185 f.), «aber von diesem [dem Körper], soweit es an ihm liegt / soweit er (die Kraft) in sich hat, denke ich, zweifeln wir doch nicht, dass durch den leeren Raum nach unten (alles) sich stürzt» (II, 201 f.). Das bedeutet, dass dem Atom selbst («soweit es an ihm liegt») eine Kraft innewohnt, die seine Bewegung ermöglicht, und diese Kraft ist vermutlich die den Urelementen innewohnende Schwerkraft. Damit spräche Lukrez sich gegen einen mechanischen Materialismus im modernen Sinne aus.[57] Die von der inneren Kraft der Urelemente angetriebene – und durch den leeren Raum begünstigte – Bewegung vollzieht sich nur abwärts und niemals aufwärts. Dass es im leeren Raum kein oben und unten geben kann, interessiert Lukrez hier nicht;[58] er geht offensichtlich von der alltäglichen Sinneswahrnehmung aus, dass fallende Körper immer direkt nach unten fallen (II, 249).

Aber mit der Kraft der Urelemente, die ihren Sturz im freien Fall «nach unten» bewirkt, ist es allein nicht getan. Es bedarf noch einer weiteren «eigensinnigen» Kraft der Atome, die sie von ihrem gradlinigen Fall abweichen lässt, und dies ist die berühmte Lehre vom *clinamen*, «Abweichung, Schlenker»,[59] oder der *declinatio*,[60] die bei Epikur nicht eigens behandelt wird, aber wohl vorausgesetzt werden kann. Lukrez erläutert sie mit für seine Verhältnisse relativ schlichten Worten:

> Die Urelemente werden von der ihnen eigenen Schwere in gerader Linie durchs Leere nach unten bewegt, und doch: Zu völlig unvorhersehbarer Zeit, an ebenso unvorhersehbaren Orten weichen sie um ein Weniges vom Kurs ab, gerade so viel, dass du von einer Änderung ihrer Bewegung sprechen kannst. Wären sie nicht gewohnt abzuweichen (*declinare*), alles würde wie Regentropfen (unausweichlich) durchs bodenlos Leere nach unten fallen: Niemals käme es dann zum Zusammenprall (von Urelementen), kein Stoß würde bewirkt, und nichts hätte die Natur je hervorgebracht.[61]

Die Urelemente haben offenbar so etwas wie einen eigenen «Willen» und halten sich nicht an den ihnen vorgegebenen Weg: Völlig unvorhersehbar weichen sie manchmal minimal von der geraden Linie ab. Täten sie dies nicht, würden die Atome auf ewig brav nach unten fallen, würden niemals einander berühren oder zusammenstoßen und niemals unterschiedliche Konfigurationen von Atomen eingehen, hätten niemals unsere Welt und andere Welten hervorgebracht. Allein der durch ihre zunächst minimale und dann sich akkumulierende Richtungsänderung bewirkte Zusammenprall der Atome ist es, der ihre Abstoßung und Anziehung ermöglicht und damit den Prozess des Werdens und Vergehens der Natur in Gang setzt. Epikur und Lukrez versuchen mit diesem (angreifbaren)[62] Konzept, den rigorosen Determinismus etwa Demokrits auszuhebeln und dem Zufall, wenn nicht gar dem freien Willen, Raum zu geben.[63] Dass es ihm tatsächlich um den freien Willen auch des Menschen geht, macht Lukrez im Folgenden klar:

> Gäbe es keinerlei Abweichung der Urelemente, die durch neu gerichtete Bewegung das Gesetz des vorbestimmten Schicksals sprengt, dann wäre seit unendlicher Zeit in endloser Kette Ursache auf Ursache gefolgt. Woher aber, frage ich, hätten dann lebende Wesen überall auf der Erde den freien, dem Schicksal entrissenen Willen?[64]

Der freie Wille der Lebewesen ist bereits in der Bewegung der Atome angelegt, und zwar in der durch *clinamen* bewirkten Abweichung von der vorgegebenen Norm. *Clinamen* ist Lukrez' Zauberwort, das im schöpferischen Prozess der Natur von den Urelementen zum freien Willen des Menschen führt:

> Dass der (menschliche) Geist in all seinem Tun keine innere Notwendigkeit verspürt, dass er ebensowenig, als sei er völlig besiegt, verdammt ist, alles hinzunehmen und zu ertragen – das bewirkt *clinamen*, die kleine Abweichung der Urelemente (vom lotrechten Fall), die weder bestimmt ist in Ort und Richtung noch nach der Zeit, in der sie erfolgt.[65]

Es ist Sache des Menschen, sich in eigener Verantwortung und ohne Einmischung anderer Instanzen wie der Götter – weder durch Zwang noch durch Vorschriften – für das Richtige und Falsche, Gute und Böse zu entscheiden. Dass ihm diese Möglichkeit gegeben ist, ist im *clinamen* der Urelemente begründet.

Gestalt und Form der Urelemente werden im zweiten Teil des zweiten Buches erörtert (II, 333 ff.). Wir wissen bereits, dass die Urelemente in ihrem «Kern» unveränderlich, zahllos und ewig sind. Ihre Unterschiede erhalten sie nur durch ihre jeweiligen Formen und Gestalten: Harte Dinge müssen aus Urelementen gebildet sein, «die eng ineinander verhakt sind und so, tief verzweigt, ein festeres Gefüge ausbilden». Dinge von feuchter und flüssiger Substanz «müssen aus glatteren, runderen Urelementen gebildet sein», und Dinge, «die im Nu auseinanderfliehen, Rauch etwa, Wolken und Flammen: Sie dürfen, wenn sie nicht ganz aus runden Partikeln gebildet sind, zumindest kein eng verknüpftes Gefüge haben, das sie hindert, sowohl die Sinne zu reizen als auch in Felsen zu dringen, ohne dass eines am anderen klebt» (II, 444–461). Während also die Urelemente unendlich viele sind,

> ist die Zahl ihrer Gestalten begrenzt. Wäre dies anders, dann müssten zumindest manche von ihnen unendlich groß sein.[66] ... Unausweichlich also führt die Vermehrung der Formen zur Vergrößerung des Ganzen. Insofern kannst du unmöglich annehmen, die Urelemente könnten unendlich viele Formen haben – es sei denn, du zwingst einige, immer weiter ins Riesengroße zu wachsen, was aber, dies habe ich schon gezeigt, unmöglich ist.[67]

Dieser grundlegende Unterschied zwischen den unendlich vielen Urelementen und der begrenzten Anzahl ihrer Gestalten und Formen ist Lukrez so wichtig, dass er ihn dem Leser noch einmal einhämmert: «Denn nur, wenn sie unendlich viele sind, können Materiepartikel das Ganze der Dinge kontinuierlich erhalten, bewirkt durch die ununterbrochene Folge allseitigen Zusammenpralls im unendlichen Raum» (II, 529–31). Die auf ihren kleinsten Kern reduzierten Urelemente halten den ewigen Prozess der schöpferischen Natur durch ihre – dank Clinamen – immer wieder neuen Konfigurationen in Gang.

Nichts in der sichtbaren Welt besteht nur aus «reinen» Urelementen einer «einzigen Art», alles, was wir sehen, ist aus «gemischten Keimen» zusammengesetzt (II, 584 f.). Das gilt auch für die von uns bewohnte Erde, in der Mythologie die «Große Mutter» oder die «Göttliche Mutter» genannt, die Göttin Kybele. Aber wir sollten nicht glauben, dass unsere Erde mit ihrer Fruchtbarkeit das Werk der Kybele ist:

Indes, so schön und rühmenswert es erzählt wird, ist all das keineswegs richtig und wahr. Denn es leben die Götter, ihrer Natur gemäß, in vollkommenem Frieden ihr unsterbliches Leben, weitab und unserer Welt entrückt. Frei von aller Not und jeder Gefahr, sich selbst genug, bedürfen sie unser nicht, lassen weder sich beeinflussen durch würdige Opfer noch von Zorn bewegen. Und auch die Erde, zu allen Zeiten frei von Sinn und Fühlen, bringt nur darum so vieles vielfältig ans Licht der Sonne, weil sie in sich die Urelemente vieler Dinge birgt. Wenn es jemandem danach ist, zum Meer Neptun zu sagen, das Korn Ceres zu nennen und auch Bacchus' Namen zu missbrauchen, statt den Saft der Reben beim eigenen Namen zu nennen, so möge er das tun, auch kann er durchaus die Erde als Göttermutter betrachten – so er sich nur hütet, mit schändlichem Aberglauben (*religione ... turpi*)[68] Geist und Seele zu beflecken.[69]

Eine schärfere und konsequentere Absage an den traditionellen Götterglauben ist kaum denkbar. Die Götter gibt es zwar (noch), aber sie sind irgendwo – in einer Art Zwischenreich (den Intermundien) – in ihrer selbstgenügsamen Herrlichkeit, weder von unserer Verehrung beeinflusst, noch auch in unser Schicksal eingreifend. Unsere Erde – ohne jeden Zweck und ohne jedes Ziel – wird nur durch das Wirken der Urelemente am Leben erhalten. Wer den Phänomenen der Erde Götternamen geben möchte, mag dies tun, solange er dadurch nicht in «unwürdigen Aberglauben» fällt.

In ihren verschiedenen Konfigurationen vermischen sich die Urelemente auf unterschiedliche Weise, und so entstehen zum Beispiel die unterschiedlichen Tiere. Alle der Erde entsprossenen Dinge enthalten «in ihrem Körper die Keime vieler Dinge, Urelemente verschiedener Gestalt» (II, 677 f.). «Das Menschengeschlecht, die Feldfrüchte, die üppigen Bäume bestehen aus Urelementen unterschiedlicher Art» (II, 698 f.). Im Umkehrschluss heißt dies, dass die Urelemente sich keineswegs auf jede beliebige Weise verbinden können, denn dann würden auch Monster entstehen und Chimären oder Äste aus beseelten Körpern sprießen, Land- und Meerestiere sich kombinieren (II, 700–705). Dass dies unmöglich ist, lehrt uns unsere sinnliche Wahrnehmung: «Nichts dergleichen aber geschieht, wir beobachten vielmehr, wie alles aus bestimmten Keimen und von einer bestimmten Erzeugerin geschaffen wird, und auch im Wachsen erhält sich seine Art» (II, 707–709). Dieses Naturgesetz gilt nicht nur für lebende Körper, sondern auch für alle «Dinge», die wir auf der Erde finden (II, 718 f.).

Da die Urelemente – bis auf ihre unterschiedliche Gestalt, Größe und Schwere – absolut unveränderlich sind,[70] kommen ihnen auch keine Farben zu: «Es ist nämlich überhaupt keine Farbe (gegeben) den Urelementen / der Urmaterie» (II, 737 f.). Die Farben ergeben sich nur aus der Zusammensetzung mit anderen Urelementen, und auch diese können sich, je nach Lichteinfall und Komposition, verändern, wie Lukrez an vielen Beispielen aus der Natur zu belegen versucht. Entscheidend ist für ihn nur, dass den Urelementen selbst keinerlei Farbe anhaftet:

> Wenn du einen Fetzen Purpurstoff in winzige Teile zerfaserst, ihn zuletzt auftrennst Faden um Faden: Zuletzt wird nichts geblieben sein von dem so überaus strahlenden Ton, vom tiefen Purpur oder Scharlachrot. Dem kannst du entnehmen, wenn du Dinge zerlegst, haben die kleinen, gerade noch sichtbaren Teile ihre Farbe bereits verhaucht, lange bevor du bei den Urelementen angelangt bist.[71]

Dieses Grundprinzip gilt nicht nur für Farben, sondern den Urelementen fehlen auch alle anderen sekundären Eigenschaften wie Wärme und Kälte, Geräusche, Geschmack oder Geruch, weil alle diese Eigenschaften veränderbar und vergänglich sind (II, 842–864).

Und schließlich: Urelemente selbst sind empfindungslos; alle Dinge, die empfinden können, «sind aus empfindungslosen Urelementen zusammengesetzt» (II, 865–867). Lukrez verwendet viel Energie darauf, die Zweifler davon zu überzeugen, dass «aus empfindungslosen Urelementen lebende Wesen mit Empfindung entstehen können» (II, 888). Sein Hauptargument ist, dass die Urelemente lebende Wesen und damit auch vergänglich wären, wenn sie empfinden könnten, denn «immer sind lebende Dinge auch sterblich» (II, 918). Aber weil sie unsterblich sind, garantieren die Urelemente den Fortbestand des Kosmos:

> Und nicht so vernichtet die Dinge der Tod, dass er die Körper der Materie / die Urelemente tilgte, nur deren Zusammenhalt löst er. Lässt auch, indem er alles löst, alles sich mit allem neu verbinden, sorgt dafür, dass alle

Dinge ihre Gestalt wechseln, neue Farben erhalten, Empfindungen aufnehmen – und in kürzester Zeit alles neu erschaffen.[72]

Im letzten Teil des zweiten Buches weitet Lukrez den Blick auf die zahllosen anderen Welten neben unserer bekannten irdischen Welt. Da der leere Raum, in dem die Urelemente herumsausen, unendlich ist,[73] muss es zwangsläufig auch mehrere Welten geben, «dann ist (nämlich) unvorstellbar und nicht zu denken, allein dieser eine Erdkreis und sein Himmel wären entstanden, und nichts über unsere Welt hinaus hätten alle die anderen Keime entstehen lassen» (II, 1056 f.). Vielmehr ist nichts in der «Gesamtheit aller geschaffenen Dinge» singulär. «Auch Himmel und Erde und Sonne und Mond, das Meer und das Übrige (sind) nicht einzigartig, sondern (existieren) in ungezählter Zahl» (II, 1085 f.). Diese zahllosen Welten sind viel zu großartig und mächtig, als dass sie – wieder ein Seitenhieb gegen den traditionellen Götterglauben – von der lenkenden Hand der Götter regiert werden könnten. Allerdings sollten wir nicht dem Irrtum erliegen und glauben, dass das Weltall im weitesten Sinne, die Summe aller Welten, immer so erhalten bleibt, wie es einmal geworden ist, das heißt immer zu- und niemals abnimmt. Schauen wir auf unsere Welt, so sehen wir, dass sie sich zunächst in einem ständigen Wachstumsprozess befand:

> Seit jener Zeit, da diese Welt entstand, seit dem ersten Tag von Meer und Land, seit die Sonne zum ersten Mal emporgestiegen, seither wurden dieser Welt von außen reichlich Partikel zugeführt, Keime von überall her; aus dem unermesslichen All wurden sie durch stete Bewegung zueinander gebracht und miteinander verbunden. Wachsen ließen sie Meer und Erde, durch sie dehnte sich auch des Äthers Haus weiter hinaus in den Raum ... Von allüberall nämlich wurden, stets bewirkt durch Prall und Stoß, Urelemente verteilt.[74]

Aber dieses Wachstum setzt sich nicht in alle Ewigkeit fort. Wie irdische Geschöpfe sind auch die Welten einem Prozess unterworfen, der sich bis zur Reife steigert und dann umkippt und wieder abnimmt; so wie lebendige Geschöpfe gehen auch die Welten zugrunde: Der Fortgang des Wachsens vollzieht sich

> so lange, bis die allschaffende Natur schließlich ihr Werk vollendet hat und alles zu Zenith und Grenze des Wachstums kommt. Erreicht ist dieser Punkt, wenn das, was zufließt durch die Adern des Lebens, das wiederum, was durch Abfluss (von den Partikeln) schwindet, um kein Winziges mehr übersteigt. Hier muss die Lebenszeit (*aetas*) in allen Dingen zum Stillstand kommen. Hier hält die Natur durch eigene Kraft die Vermehrung zurück.[75]

Dies liest sich wie der perfekte atomistische Gegenentwurf zum biblischen Schöpfungsbericht: Nicht ein Gott hat die Entstehung der Welt in Gang gesetzt und sorgt für ihren Erhalt, sondern die Atome konfigurieren nach dem Zufallsprinzip nicht nur die eine Welt, sondern viele Welten. Allein der kontinuierliche Zufluss der Atome lässt die Welt wachsen; nimmt dieser ab und geraten Zufluss und Abfluss aus dem Gleichgewicht, tritt die Welt in ihre Endphase und wird vergehen. Das ist aber nicht das Ende des gesamten Kosmos, denn die unvergänglichen Atome werden dafür sorgen, dass immer wieder neue Welten entstehen. Der Schluss des zweiten Buches wirft einen pessimistischen Blick auf die Welt des Autors, die sich in ihrer Spätphase befindet: Der Landmann, der die kümmerliche Ernte beklagt und vergangene, fruchtbarere Zeiten beschwört – «Ach, er begreift nicht, wie alles Stück um Stück vergeht und dem Grabe zuwankt, erschöpft vom Alter und vom Gang der Zeiten» (II, 1173 f.).

Drittes Buch: Die Seele

Thema des dritten Buches ist die Seele. Es beginnt mit einem Loblied auf Epikur als «Vater» und «Entdecker der Dinge» (III,9), dem wir die Erkenntnis der wahren Natur der Dinge verdanken. Damit stellt Lukrez gleich zu Anfang klar, was der Sinn und Zweck dieses Buches ist: dem Menschen die Furcht vor dem Tod zu nehmen. Dabei spielt das richtige Verständnis der Seele eine wichtige Rolle: «Jetzt müssen meine Verse die Natur von Geist (*animus*) und Seele (*anima*) enthüllen und damit die Furcht vor Acheron[76] vertreiben. Denn sie wirbelt die Schwärze des Todes auf vom tiefsten Grund, sie trübt das Leben der Menschen» (III, 35–39). … «Dieser Schrecken darum, der den Geist gefangen hält, muss zerstreut werden, zerschmettert. Das aber vollbringen nicht wie von selbst die Strahlen der Sonne, sondern allein der Blick auf die Natur, auf ihre Erscheinung und ihr inneres Gesetz» (III, 91–93).

Lukrez unterscheidet durchgängig zwischen *animus* und *anima*. Beides ist im Deutschen schwer zu übersetzen und wird hier mit «Geist» und «Seele» wiedergegeben. Komplementär zu *animus* verwendet er auch *mens*, «Verstand».[77] Geist und Seele sind eng miteinander verbunden und haben ihren Sitz im Körper – der Geist in der «mittleren Region der Brust» (III, 140) und die Seele (bzw. genauer «der übrige Teil der Seele», denn Geist und Seele gehören zusammen) «im ganzen Leib verstreut» (III, 143). Dies erinnert an Platon, der die Seele im *Timaios* ebenfalls im Körper lokalisiert, aber zwischen unsterblichen und sterblichen Seelenteilen unterscheidet. Während die sterblichen Seelenteile mit dem Körper vergehen, kehren die unsterblichen Teile nach einem gelungenen Leben zu den Sternen als ihrem Ursprungsort zurück. Im Gegensatz dazu sind Geist und Seele bei Lukrez *körperlich*, aus denselben Atomen zusammengesetzt wie alles andere: «Was aus dem Gesagten folgt, zeige ich nun, dass nämlich die Natur des Geistes und der Seele körperlich ist».[78]

Die Seele ist aus allerfeinsten und kleinsten Atompartikeln gebaut, bei denen man drei Elemente unterscheiden kann, nämlich Wärme, Luft und Wind. Dazu kommt noch ein viertes namenloses Element, das die Schwingungen und Bewegungen der Seele im Körper initiiert und an die drei anderen Elemente weitergibt (III, 231 ff.). Die Seele als Ursache des Lebens ist vom Körper nicht zu trennen, empfindet nichts ohne den Leib (III, 350 ff.). Im Verhältnis von Seele und Geist ist es allerdings der Geist, der der Seele übergeordnet ist, «mehr noch als die Kraft der Seele ist er Herr des Lebens» (III, 396 f.). Ein großer Teil des Buches ist folgerichtig der Sterblichkeit von Geist und Seele gewidmet (III, 417 ff.). Beide sind ein Ganzes – wenn Lukrez von der Seele spricht, meint er damit auch immer den Geist –, und beide bilden eine untrennbare Einheit mit dem Körper: Leib und Seele entstehen, wachsen und vergehen miteinander. Krankheiten oder auch Trunkenheit bedrohen den Zusammenhalt (III, 459 ff.), Arzneien können ihn wiederherstellen (III, 509 ff.). Der Leib bildet das Gefäß für Seele und Geist, das eine kann ohne das andere nicht sein (III, 554–557). Körperlos lebende Seelen kennen nur Dichter und Maler (III, 629 f.). Deswegen ist die Lehre von der Präexistenz der Seele (III, 670 ff.) ebenso unsinnig wie die von der Seelenwanderung (III, 748 ff.).

Da die Seele ihrer Natur nach sterblich ist, kann Lukrez, wie mit einem Paukenschlag, deklarieren: «Darum ist der Tod uns nichts, geht nicht das Geringste uns an» (III, 830).[79] So, wie wir uns an lange Vergangenes (bevor wir waren) nicht erinnern können, «so wird es auch sein, wenn wir nicht mehr sind, wenn nämlich Körper und Seele auseinandergerissen wurden, durch deren Einheit wir ein Ganzes sind» (III, 838 f.). Sogar wenn die Atome unseres Körpers nach unserem Tode sich zufällig noch einmal in derselben Konfiguration wieder zusammenfügten, in der wir vorher gelebt haben, «ginge uns dies nicht das Geringste an, da die Kette der Erinnerung an uns einmal gerissen ist» (III, 851 f.). Der Tod ist das unausweichliche Schicksal alles Lebenden. Wer ihn beklagt, beklagt eigentlich nur ein falsches und unerfüllt gelebtes Leben (III, 955 ff.). Wir sind Teil einer unendlichen Reihe immer wieder neuer Konfigurationen der Materie, in der es kein ewiges Leben geben kann:

> Nein, es bedarf der Materie, dass kommende Generationen wachsen, und wenn deren Leben vorüber ist, folgen auch sie dir nach; und so sind auch Generationen vor dir vergangen, nicht anders als du, und auch in Zukunft werden sie so vergehen. Stets wird ein Ding aus anderen (Dingen) entstehen, keines besitzt Leben zum Eigentum, auf Zeit nur ist alles zu nutzen gewährt.[80]

Deswegen sind auch die Mythen der Unterwelt nichts anderes als Hirngespinste, Projektionen eines auf der Erde falsch gelebten Lebens: «Alle Dinge, von denen erzählt wird, sie trügen sich in Acherons Unterwelt zu – sie sind (in Wirklichkeit) aus unserem Leben genommen» (III, 978 f.). Die Furcht des in die Unterwelt verdammten Tantalus vor dem über ihm hängenden Felsblock ist nichts weiter als die grundlose Furcht der Sterblichen vor den Göttern. Tityos, dem Geier in der Unterwelt die immer wieder nachwachsenden inneren Organe aus dem Körper reißen und auffressen, ist Sinnbild eines von Liebe, Angst und Sorgen verzehrten Menschen. Und Sisyphus, der dritte große Sünder der griechischen Mythologie, der auf ewig in der Unterwelt einen Felsblock einen Berg hinaufrollen muss, steht für einen Menschen, der unablässig nach Ämtern und Macht giert, ohne jemals das Ziel seiner Wünsche zu erreichen (III, 978–1002). Ja die Unterwelt selbst mit all ihren Schrecken ist die Projektion unserer irdischen Ängste: «Auch Zerberus [der Höllenhund] noch, die Furien [die Rachegöttinnen], endlose Finsternis, Tartarus' Rachen furchtbare Flammen speiend, das alles sind Schrecken, die es so nirgendwo gibt, nicht geben kann. Nein, Furcht herrscht *in diesem Leben*, die Furcht vor Strafe für alle Untaten, grässliche Angst vor grässlichen Strafen für ebensolche Frevel ... Dem Toren darum wird bereits das Leben hier zum Orkus» (III, 1011–1023).

Das Fazit im Schlusswort des dritten Buches lautet daher: Wer vor dem Tod flieht, flieht in Wirklichkeit vor sich selbst und vor der einzigen Erkenntnis, die sein Leben lebenswert macht, der Einsicht in die wahre «Natur der Dinge»:

> So versucht jedermann, vor sich selbst zu fliehen, gegen seinen Willen klebt er an sich selbst, wird sich so natürlich nicht los, und er hasst sich; ein Kranker ist er, der den Grund seiner Krankheit nicht kennt. Würde er nur klarer sehen, gewiss würde er alles andere hinter sich lassen und sich mühen, die Natur der Dinge zu begreifen, denn nicht um nur eine Stunde geht es hier, verhandelt wird hier über seinen Status für alle Zeiten, über den Zustand, den alle Sterblichen jederzeit erwarten müssen und der nach dem Tod sich nicht mehr ändert.[81]

Viertes Buch: Die sinnliche Wahrnehmung

Das vierte Buch handelt von der sinnlichen Wahrnehmung: Wie können unsere körperlichen Sinnesorgane etwas wahrnehmen, das nicht Teil unseres Körpers ist? Für den strengen Materialisten kann dies – anders als bei der Bild-Abbild-Relation Platons – nur durch einen körperlichen Kontakt geschehen. Schon im Proömium zum vierten Buch entwickelt Lukrez den Kern seiner Theorie: «Es gibt etwas, das wir der Dinge Bildchen (*simulacra*) nennen. Eine Art Haut (*membrana*) sind sie, die sich von den Dingen löst, dann umherfliegt in der Luft. ... Abbilder (*effigia*) von ihrer Oberfläche und hauchdünne Gestalten, sage ich, senden die Dinge aus» (IV, 30–32, 42 f.). Anschließend verwendet Lukrez viel Mühe darauf klarzustellen, dass die Bilder und Häute, die sich von den Dingen lösen und mit unseren Sinnesorganen direkten körperlichen Kontakt aufnehmen, kleinste materielle Partikel sind, die das «Wesen» der Dinge an uns weitergeben.[82] Sie sind extrem fein, werden spontan gebildet und bewegen sich rasend schnell.

Dieser Grundsatz wird zunächst ausführlich am Sehen und dann am Hören, Schmecken, Riechen und schließlich am Denken exemplifiziert. Letzteres ist brisant, denn es geht um nichts anderes als um das konsequent materialistische Verständnis des Geistes auch im Vollzug des Denkens. Das Denken geschieht danach, wie das Sehen, Hören, Riechen und Schmecken, durch die körperliche Aufnahme der umherschwirrenden Bildchen. Nur sind diese Bildchen von noch viel feinerer Struktur:

> Tatsächlich sind sie von weitaus feinerem Gefüge als jene Bildchen, die das Auge besetzen und den Sehsinn wecken, denn sie dringen durch des Leibes Poren[83] ein und reizen von innen die zarte Natur des Geistes, erregen sein Sinnen und Vorstellen.[84]

Das Denken geschieht also nicht nur durch die direkte körperliche Aufnahme der superfeinen «Bildchen», sondern der Geist scheint dafür besondere Rezeptoren zu haben, andere als die Sinnesorgane. Leider geht Lukrez auf diesen wichtigen Schritt nicht weiter ein, sondern erläutert im Folgenden, wie es zu der Wahrnehmung von Kentauren und anderen Fabelgestalten durch den Geist kommt: Die Bildchen der Kentauren können nicht von «echten» Kentauren stammen, «denn niemals hat ein Ding solcher Natur existiert»; sie müssen vielmehr durch das *zufällige* Zusammentreffen von Menschen- und Pferdebildchen entstehen, die von unserem Geist aufgenommen werden (IV, 739 ff.). Entscheidend für Lukrez ist, dass die Sinnesorgane und der Geist die umherschwirrenden Bildchen durch jeweils eigene Rezeptoren absorbieren und dass nicht etwa die durch die Sinnesorgane erfassten Bildchen an den Geist weitergegeben werden. Einen Löwen etwa sehe ich durch «Bildchen, die meiner Augen Sinn erregen». Genauso verhält es sich mit dem Geist: «Dem aber können wir entnehmen, dass in gleicher Weise auch der Geist von Löwenbildchen erregt wird – und so von allem anderen, was er wahrnimmt, und dies nicht mehr und nicht weniger als die Augen, nur dass der Geist durch noch feinere Bildchen in Bewegung gerät» (IV, 752–756).

In einem daran anschließenden kurzen Einschub demontiert Lukrez aus seiner strikt atomistisch-materialistischen Grundeinstellung heraus jede teleologische Weltsicht, wie sie zu seiner Zeit vor allem die Stoiker vertraten. Ihr zufolge wurde unsere Welt zu einem bestimmten Zweck und Ziel (*telos*) erschaffen, was zwangsläufig einen Schöpfer voraussetzt – philosophisch gesprochen einen Demiurgen, theologisch einen Schöpfergott:

> Diese und andere Erklärungen, wie sie manche äußern, stellen alles auf den Kopf, indem sie Ursache und Wirkung verwechseln. Denn nichts an unserem Körper ist zu unserem Gebrauch erschaffen, sondern das, was zunächst entstanden ist, schafft sich seinen Gebrauch dann auch. ... Kurz, alle Organe und Glieder existierten vor ihrem Gebrauch. Sie können uns nicht gewachsen sein, um einen Nutzen zu erfüllen.[85]

Die völlig zwecklose Entstehung aller Dinge, einschließlich der Sinnesorgane, ist das Werk der Natur. Der Mensch lernte durch seine Bedürfnisse und die Praxis im Laufe der Zeit (IV, 852), sich bestimmte Dinge zunutze zu machen, etwa den Schild zum Kämpfen, das Bett zum Schlafen, den Becher zum Trinken. Dieser Grundsatz gilt nach Lukrez nicht nur für vom Menschen erfundene Objekte, sondern auch für unsere Sinnesorgane (Augen, Ohren, Zunge) und Glieder (Arme und Beine). Die Natur kennt keinen Zweck. Dieser ergibt sich erst aus dem menschlichen Gebrauch.

Im Folgenden diskutiert Lukrez verschiedene Zustände des Leibes und schiebt dabei am Beispiel des Gehens einen Exkurs über den Willen ein: Wenn die Bildchen des Gehens im Geist angekommen sind, reizen sie diesen zum Gehen, doch dazu bedarf es auch des Willens, dem Reiz zu folgen:

> Dann erst entsteht der Wille. Niemand kann irgendetwas beginnen, ohne dass der Geist zuvor gesehen hat, was er denn will. Was er planend voraus-

sieht, davon muss auch ein Bildchen (*imago*) (im Geist) gegenwärtig sein. Wenn sich der Geist nun so bewegt, dass er gehen und umherschreiten will, dann gibt er diese Bewegung sogleich weiter, indem er die Kraft der in Leib und allen Gliedern verteilten Seele weckt. Dies ist nicht schwer zu erreichen, denn beide [Geist und Seele] stehen ja in enger Verbindung.[86]

Diese nicht leicht zu verstehenden Sätze, die ich so wörtlich wie möglich übersetzt habe, wollen wohl sagen, dass sich die Bewegung des Gehens nicht automatisch vollzieht. Das Sehen des Bildchens im Geist alleine reicht nicht; der Geist muss den Reiz, den das Bildchen in ihm auslöst, auch vollziehen *wollen,* damit es Bewegung gibt.

Das vierte Buch schließt mit Ausführungen über die Freuden, Gefahren und vor allem die Vergeblichkeit der körperlichen Liebe. Die folgenden Verse gehören zu den schönsten – und gleichzeitig verstörendsten – Versen von Lukrez' Lehrgedicht:

> Noch zuletzt, wenn Liebende mit ineinander verschlungenen Gliedern, im ersten Gefühl keimender Wonne die Blüte des Lebens kosten und Venus bereit ist, das weibliche Feld zu besamen, noch zuletzt pressen sie gierig Körper an Körper, Mund auf Mund mischt sich ihr Speichel, tief saugen den Atem sie ein, noch immer bleiben Zähne auf Lippen gepresst. Umsonst. Nichts können sie dem geliebten Leib entreißen, nie vollends eindringen in ihn, mit ihm nicht verschmelzen. ... Mag für den Augenblick, wenn sich die gestaute Lust aus ihren Gliedern befreit hat, schwinden die gewaltige Glut – das gleiche Rasen kehrt wieder, packt sie erneut: Wieder wollen sie halten, was sie begehren, wollen greifen, was ihnen fehlt. Und wieder vergeblich, kein Mittel finden sie, ihre Leiden zu stillen, ratlos verstört erliegen sie der unerkannt schwärenden Wunde.[87]

Fünftes Buch: Unsere Welt und die vielen Welten

Das fünfte Buch handelt von der Entstehung der Welten und unserer Welt, der damit verbundenen Geschichte der Menschen und der Vergänglichkeit der Welt. Es beginnt im Proömium wieder mit einem Lobpreis auf Epikur, der als Erster den Plan des Lebens entdeckte, den man nun Philosophie (*sapientia*) nennt. Er, der durch seine Kunst, durch sein Wissen, unser Leben aus wildstürmenden Wellen, aus tiefer Dunkelheit gerettet, in so heitere Ruhe und so helles Licht gestellt hat. ... Ein Gott war er, ein Gott.[88]

Mit dieser emphatischen Aussage über Epikur ist ein Höhepunkt dessen erreicht, was Lukrez über die Götter zu sagen hat: Wie schon im ersten Proömium tritt in Wahrheit Epikur an die Stelle der überkommenen Götter. Ein Leben «wie ein Gott» hatte Epikur schon seinem Schüler Menoikeus verheißen, wenn er nämlich als wahrer Philosoph konsequent «im Besitz unvergänglicher Güter lebt».[89]

Das fünfte Buch will zeigen, dass die Welten so wie die Seelen vergänglich sind und ihre Entstehung, ihr Wachsen und Werden keinem vorgegebenen göttlichen Plan folgt (V, 81). Himmel und Erde sind weder aus göttlichen Körpern, die ewig bestehen, noch sind die Wohnstätten der Götter «irgendwo in der Welt» (V, 146 f.). Auch wurde die Welt nicht um des Menschen willen erschaffen. Welchen Vorteil hätten die seligen und unsterblichen Götter davon, «dass sie um unsretwillen sich mühten, dies Werk (der Schöpfung) zu beginnen» (V, 167)? Selbst wenn sie diese Absicht gehabt hätten, hätten die Götter niemals die Möglichkeit gehabt, dieses «aus sich heraus» zu verwirklichen, «hätte nicht die Natur selbst ihnen das Muster der Schöpfung geboten» (V, 185 f.). Fazit: «Die Natur der Dinge wurde keineswegs durch göttliches Wirken für uns geschaffen – zu viele, zu groß sind die Fehler, mit denen sie behaftet ist» (V, 198 f.).[90]

Wie bei Epikur besteht auch bei Lukrez unsere Welt aus den vier Elementen Erde, Wasser, Luft und Feuer, die ihrerseits aus Atomen zusammengesetzt und daher vergänglich sind. Folglich ist auch unsere Welt vergänglich, hat einen Anfang und ein Ende (V, 237 ff.). Diese – offensichtlich gegen Aristoteles gerichtete – Grundaussage von der Vergänglichkeit der Welt wird in immer neuen Ansätzen wiederholt, begründet und schließlich poetisch bekräftigt: «Weder dem Himmel noch Sonne und Erde noch den tiefen Wassern der Meere ist die Pforte des Todes verschlossen, weit offen steht sie, lauert mit gewaltig aufgerissenem Rachen» (V, 373–375).

Es folgt eine eindrückliche Schilderung der Entstehung unserer

Welt, die sich wie eine Gegenerzählung zum biblischen Schöpfungsbericht liest: Himmel und Erde entstanden nicht «nach einem bewusst und vorausschauend gewählten Plan» (V, 419–421). Zahllose Urelemente haben sich seit undenklichen Zeiten im leeren Raum herumgetrieben und alle möglichen Arten von Verbindungen erprobt, bis «unversehens Urelemente auf solche andere stießen, mit denen zusammen sie zu ersten Geweben großer Dinge wurden» (V, 429 f.). Bis dahin war nichts, «nur ein gerade entstandener Wirbel, eine formlose Masse, entstanden aus Urelementen jedweder Art, aneinander prallend, sich abstoßend in stetem Durcheinander und Kampf» (V, 436 f.). Dies ist eine kongeniale Beschreibung des anfänglichen Chaos, wie wir es auch aus dem biblischen Schöpfungsbericht kennen. Aber dieses Chaos bedarf nicht eines göttlichen Schöpfungsaktes, um daraus die Welt entstehen zu lassen, sondern die Welt konfiguriert sich nach zahlreichen Variationen schließlich gewissermaßen von selbst:

> Dann begannen aus dieser Masse gewisse Teile hierhin und dorthin zu fliegen, gleiche Dinge sich mit Gleichen zu verbinden und so unsere Welt abzutrennen, Elemente (*membra*) zu sondern, auch größere Teile zu arrangieren. Will sagen: Es schied der hohe Himmel sich von der Erde, es trennte das Meer sich ab und breitete sein Wasser aus, so gesondert auch die Feuer des Äthers, unvermischt und für sich fanden seine Partikel Bestand.[91]

Der umfangreiche zweite Teil des fünften Buches befasst sich mit den Himmelskörpern und ihrer Bewegung. Die Erde befindet sich in der Mitte unserer Welt und bewegt sich nicht (V, 534 ff.). Es liegt nahe, dass Lukrez sich deswegen die Erde nicht als Kugel, sondern als Scheibe vorgestellt hat. Weitere Themen sind die Größe der Gestirne, Licht und Wärme der Sonne, die unterschiedlich schnelle Bewegung der Gestirne, Tag und Nacht, längere und kürzere Tage, Ab- und Zunahme des Mondes, Sonnen- und Mondfinsternisse. Grundlage aller dieser Beschreibungen ist die Wahrnehmung unserer Sinne: Nichts darf dieser widersprechen. Wenn wir keine direkte Sinneswahrnehmung haben, dürfen unsere Erklärungen den bekannten Sinneswahrnehmungen nicht zuwiderlaufen.

Es folgt ein weiterer ausführlicher Teil über die Natur- und Kulturgeschichte der Menschheit, «zu der Zeit, in der unsere Welt noch jung war» (V, 780). Die irdische Schöpfung beginnt, wie in der Bibel, mit den Gräsern, Kräutern und Bäumen; dann erst kommen die Tiere an die Reihe, beginnend mit den Vögeln, und am Schluss die Menschen (V, 925 ff.). Die damit initiierte Kulturgeschichte ergibt sich aus den zunächst zufälligen, dann zunehmend von den Menschen gesteuerten Prozessen der Natur, nicht aus einem Plan der Götter. Auch hier steht Lukrez modernen Vorstellungen näher als seinen antiken Vorbildern. Ausführlich schildert er, wie sich die Zivilisation entwickelte: erste Freundschaftsbünde, die Entstehung der Sprache, die Entdeckung des Feuers, erste Gesellschaften (Königtum), die Entdeckung der Metalle, die Kriegstechnik, die Landwirtschaft, die Musik.

Darin eingeschaltet ist ein erneuter Exkurs über den Götterglauben (V, 1161 ff.), der verhaltener ausfällt als die von Lukrez gewohnten Ausfälle. Lukrez akzeptiert, dass Generationen von Völkern und Menschen annehmen, Götter gesehen zu haben. Er akzeptiert auch die daraus entstandenen Vorstellungen von den Göttern – ihre Schönheit, Stärke, ihre Glückseligkeit, ihr ewiges Leben –, solange dies auf authentischen Sinneswahrnehmungen beruht. Was er nicht akzeptieren kann, ist der Glaube, dass die Bewegung des Himmels und die Ordnung der Jahreszeiten mit Sonnenlicht, Wolken und Regen, Schnee, Blitz, Hagel und Donner – dass all dies das Werk der im Himmel wohnenden Götter sein soll. Diese Konsequenz ist nicht nur irregeleitet, sondern die Quelle all unseres Unglücks:

> O unglückseliges Menschengeschlecht! Dass du all dies den Göttern zuschriebst, und bitteren Zorn gleich dazu! Wieviel Betrübnis hast du dir selbst geschaffen, welche Wunden für uns, wieviel Tränen unseren Nachkommen! Respekt und Ehrfurcht (*pietas*) beweist nicht, wer sich wieder und wieder mit verhülltem Haupt zeigt, wenn er einem Stein sich zuwendet und jedem Altar sich nähert, auch nicht, wer sich bäuchlings zu Boden wirft, nicht, wer die offene Hand zu den Schreinen der Götter erhebt, die Altäre mit Strömen von Opferblut besprengt, dort Gelübde an Gelübde reiht – nein, wahre Ehrfurcht zeigt, wer fähig ist, alle Dinge mit ruhigem Geist zu betrachten.[92]

Die von den Menschen gelenkte Kultur entfaltet sich in langen Zeiträumen. Sie wurde zunächst von praktischen Notwendigkeiten wie Kleidung, Wirtschaft oder Verträgen mit anderen Staaten diktiert, bis die Menschen schließlich auch die notwendige Muße für Dichtung und bildende Künste fanden:

> All dies lernten die Menschen durch den Gebrauch und durch die Erfahrung des rastlosen Geistes, Schritt um Schritt gingen sie vor. ... Und die Menschen sahen, wie ihnen eines aus dem anderen klar wurde in Vorstellung und Geist, bis sie die höchsten Gipfel der Künste erreichten.[93]

Sechstes Buch: Naturphänomene und die Attische Seuche

Das Proömium des sechsten und letzten Buches singt wieder das Loblied Epikurs, der, im Vorgriff auf den Schluss, als Bürger Athens vorgestellt wird, der Stadt, die alle anderen Städte in ihren Errungenschaften überstrahlte (VI, 1 ff.). Er war es, der mit seiner rationalen Begründung der wahren Natur der Dinge auch die Phänomene erklärte, die sich am Himmel und auf der Erde abspielen – und damit einmal mehr die Götter in ihre Schranken wies. Die Phänomene des Himmels sind Donner, Blitz und Gewittersturm – weder kommen sie von den Göttern noch sind sie göttliche Zeichen –, Windhosen, Wolken, Regen und Wolkenbrüche. Erklärungsbedürftige Phänomene auf der Erde sind Erdbeben, die Gezeiten, Vulkane, die Nilschwemme, giftige Quellen und Seen, heiße und kalte Quellen, Süßwasserquellen im Salzmeer, Magnetsteine und Magnetismus sowie Krankheiten und Seuchen.

Dieser Teil leitet zum berühmten Schluss des sechsten Buches über, der Schilderung vom schrecklichen Wüten der Pest in Athen während des Peloponnesischen Krieges (430–427 v. Chr.).[94] Als Quelle dafür diente Lukrez der zeitgenössische Bericht des Thukydides – der selbst an der Seuche erkrankte, diese aber überlebte – in seiner Geschichte des Peloponnesischen Krieges.[95] Die Frage, um welche Seuche es sich wirklich handelte, ist bis heute umstritten; als neutraler Begriff hat sich deswegen die «Attische Seuche» eingebürgert.

Lukrez beschreibt ausführlich den Verlauf der, wie er sagt, aus Ägypten stammenden Seuche von Blutungen, schwärenden Wunden und stinkendem Atem über Hitzewallungen, unstillbaren Durst und zunehmendes Frösteln bis hin zum Tod, der in der Regel nach acht oder neun Tagen eintritt. Die wenigen Überlebenden litten ihr restliches erbärmliches Leben an den Folgen der Krankheit. Auf dem Lande und in der Stadt Athen häuften sich die Leichen, deren Bestattung immer schwieriger wurde. Tiere, die von ihnen fraßen, verendeten elendig. Auch die «heiligen Schreine und Tempel der Götter» waren mit Leichen gefüllt:

> Die altehrwürdigen Riten der Bestattung blieben der Stadt nicht erhalten, nicht länger wurden die Sitten beachtet, denen das Volk seit langem gefolgt war, wenn sie ihre Toten zu Grabe trugen. Denn alle liefen sie umher voller Verwirrung und Schrecken, jeder brachte, so gut er vermochte, die Seinigen unter die Erde. Plötzliche Not und Armut trieben sie zu schrecklichen Taten. Mit lautem Geheul legten sie die Leichen ihrer Verwandten auf Scheiterhaufen, die für andere aufgeschichtet waren, entzündeten sie mit Fackeln. Und riskierten oft genug eher blutigen Streit, als dass sie ihre Toten unbegraben ließen.[96]

Damit endet das sechste Buch und das gesamte Lehrgedicht. Welch ein Kontrast zum optimistischen Proömium des ersten Buches, in dem die lebenspendende Schöpferin Venus besungen und in Wirklichkeit von Epikur, dem Künder der wahren Schöpfung der Natur, abgelöst wurde. Welch ein schreckliches und destruktives Ende, nachdem die produktive Kraft der Natur in sechs Büchern in allen Details beschrieben wurde und man eigentlich einen positiveren Ausblick erwarten könnte.

Generationen von Lukrez-Exegeten waren mit dem plötzlichen und düsteren Schluss des Buches unzufrieden.[97] Manche vermuteten, dass der erhaltene Schluss niemals so geplant war, dass Lukrez aber verstarb, bevor er *De rerum natura* vollenden konnte. Die Vertreter dieser These verweisen auf eine Stelle im fünften Buch (V, 155), an der Lukrez über die Wohnung der Götter sagt: «Die Heimat der Götter ist darum von unseren Wohnstätten verschieden, fein wie ihr göttlicher Leib muss sie sein. Das will ich dir später in breiter Rede erläutern.» Zwar hat Lukrez sich mehrfach über die Wohnstätte der Götter ausgelassen, doch kann man bezweifeln, dass es sich dabei um die «breite Rede» handelt, die er hier ankündigt. Daher, so die These, fehlt diese im Gedicht und war ursprünglich als Schlusskapitel vorgesehen. Lukrez habe entweder diesen Plan aufgegeben und vergessen, die Ankündigung zu streichen, oder er sei eben vor Vollendung des Werkes verstorben.

Diese These ist jedoch noch viel unbefriedigender als der vorliegende Schluss: Warum sollte Lukrez sein Lehrgedicht ausgerechnet mit einer Abhandlung über das Wesen der Götter und ihren Wohnsitz beenden, wo doch das ganze Buch darauf abzielt, die Götter als Schöpfer und Erhalter der Welt zu entthronen? Ein verheißungsvoller Schluss mit den Göttern, in welcher Form auch immer, widerspräche diametral allen Intentionen des Lehrgedichts. Eher könnte man vermuten, dass auf die schreckliche Seuche ein Ausblick auf das naturkonforme und angstfreie Leben folgen sollte, das den Anhängern der Lehre Epikurs verheißen ist. Aber auch dies ist überflüssig: Jeder, der *De rerum natura* gelesen und verstanden hat, weiß, dass auch eine noch so schlimme Seuche nicht das Ende «der Dinge» ist – wie die Attische Seuche es ja auch nicht war!

In diesem Sinne ist kaum ein überzeugenderer Schluss des Lehrgedichts denkbar als der vorhandene. Wir müssen immer, so lautet die Botschaft, mit furchtbaren Seuchen und anderen Schicksalsschlägen rechnen, aber sie sind nicht zwangsläufig das Ende der Welt. Die Erkenntnis der «Natur der Dinge» hilft uns, auch solche Schrecken zu überstehen, mehr jedenfalls als der irrationale Glaube an das willkürliche und zerstörerische Wirken der Götter. Sicher, auch unsere Welt wird irgendwann vergehen, aber wir wissen nicht, wie genau und wann dies geschehen wird. Zwar werden wir nicht am Ende unseres Lebens und am Ende des Lebens unserer Welt in die Gefilde der seligen Götter eingehen – die auch so erstrebenswert gar nicht sind –, aber wir können sicher sein, dass unsere Atome, die Bausteine unseres Lebens und unserer Welt, in anderen Konfigurationen weiterleben werden.

Der heutige Leser steht staunend und in Bewunderung vor diesem nüchternen und konsequenten Entwurf einer materialistischen und atomistischen Welterklärung. Nachdem Platon versucht hatte, mit Hilfe seiner Philosophie die Götter wieder in den Kosmos zurückzuholen und den Mythos damit philosophisch zu begründen, nachdem Aristoteles im Gegenzug dazu darangegangen war, den Primat der Philosophie gegenüber dem Mythos durchzusetzen und den Kosmos radikal zu entgöttlichen, nachdem der jüdische Platoniker Philon die platonische Ideenlehre auf den biblischen Schöpfungsbericht angewandt und gleichwohl versucht hatte, dessen theologische Grundlagen zu bewahren, bereiteten die griechischen Atomisten von Demokrit über Epikur bis zu Lukrez als ihrem Höhe- und Endpunkt dem Mythos eines von den Göttern durchwalteten Kosmos ein radikales Ende.

Die epikureische Philosophie konnte sich in Rom in der ihr von Lukrez gegebenen Gestalt nicht durchsetzen, wurde von ihren Gegnern karikiert und schließlich so erfolgreich vom Christentum bekämpft, dass ihre Anhänger bis in die Neuzeit hinein als Hedonisten und Häretiker verfolgt wurden. Doch mit den Humanisten der Renaissance und dem Aufkommen der modernen Naturwissenschaft setzte ein Umschwung in der Rezeption von Epikur und Lukrez ein: Der Epikureismus mit seinem entmythologisierten Kosmos wurde zum Antipoden jeder theologischen und teleologischen Weltsicht und damit zu einem erstaunlich modernen Wegbereiter neuzeitlicher Physik und Astronomie.

7.

DAS RABBINISCHE JUDENTUM: VOM MYTHOS ZUR GESCHICHTE

Die Rabbinen und ihre Werke

Mit dem rabbinischen Judentum vom Ende des ersten Jahrhunderts bis zur arabischen Eroberung Palästinas in der ersten Hälfte des siebten Jahrhunderts betreten wir eine neue Epoche mit großen politischen, kulturellen und religiösen Umwälzungen. Die römische Provinz Judaea verlor mit der Zerstörung des Tempels und der Eroberung Jerusalems durch die Römer im Jahr 70 ihr religiöses Zentrum und die letzten Reste ihrer politischen Selbständigkeit. In der ersten Hälfte des zweiten Jahrhunderts wurde sie in Syria Palaestina umbenannt und später in die drei Provinzen Palaestina Prima, Secunda und Tertia aufgeteilt. Die Provinz war Teil des Imperium Romanum, für das sie wegen ihrer Lage an der Ostgrenze des Reichs geopolitisch nicht unbedeutend war. Wegen ihrer religiösen Besonderheiten stellte sie aber auch eine ständige Bedrohung für den Zusammenhalt des Reichs dar. Mit der zunehmenden Christianisierung des Römischen Reichs und seiner Herrscher gerieten ihre jüdischen Bewohner in einen sich immer mehr verschärfenden Konflikt mit dem Christentum. Was zunächst als Konkurrenz zweier unterschiedlicher Strömungen *im* Judentum begann, in der beide ihre religiösen Vorstellungen mit- und aneinander konkretisierten und präzisierten, endete als Gegensatz zweier Religionen, die sich schließlich bekämpften. Dabei lag die politische Macht eindeutig und einseitig auf Seiten der Christen, während die Juden zu einer verhassten und verfolgten Minderheit wurden. Der nächste große Epochenwechsel wurde mit der Eroberung Jerusalems 637 durch die Araber und die Eingliederung Palästinas in das entstehende islamische Großreich eingeleitet.

Die Rabbinen,[1] nach denen die Epoche des rabbinischen Judentums benannt ist, kristallisierten sich in einem längeren Prozess als die maßgebenden Autoritäten des Judentums heraus, und dies im politischen wie auch im religiösen Sinne. Die Autorität der Priester mit dem Hohen Priester an der Spitze nahm nach der Tempelzerstörung schnell ab, und die Rabbinen mit dem Patriarchen an der Spitze – der sie auch gegenüber dem römischen Staat vertrat – setzten alles daran, sich gegenüber dem jüdischen Volk als die legitimen Nachfolger der Priester zu inszenieren. Zwar erwartete man den Wiederaufbau des Tempels und betete dafür, aber je länger dieser in eine ferne Zukunft rückte, desto offensichtlicher wurde, dass der Tempel mit seinen Schlachtopfern verzichtbar war – und dies umso mehr, als das konkurrierende Christentum das Tempelopfer für obsolet erklärt hatte. Für das Christentum war die Kreuzigung ihres Erlösers Jesus Christus das letzte blutige Opfer, und für das rabbinische Judentum trat an die Stelle des Tempels das heilige Buch der Torah, die Hebräische Bibel, in deren Geboten, Handlungsanweisungen und Erzählungen die gesamte Lebenswirklichkeit der Juden abgebildet war. Aufgabe eines jeden Juden und einer jeden Jüdin war es, den in der Torah geäußerten Willen Gottes zu erfüllen und damit ein gottgefälliges Leben zu führen, das am Ende der Zeiten in der individuellen und kollektiven Auferstehung in einem messianischen Friedensreich kulminierte.

Die Rabbinen verstanden es, sich an die Spitze dieses neuen Judentums zu setzen, indem sie die Lehre vom doppelten Gesicht der Torah, einer schriftlichen und einer mündlichen Torah, verbreiteten. Die schriftliche Torah (*torah sche-bikhtav*) ist die Torah, die Moses am Berg Sinai empfing und die schließlich in einem längeren Prozess schriftlich niedergelegt wurde. Sie umfasst die gesamte Hebräische Bibel mit den Fünf Büchern Moses als Kern, so wie wir sie heute noch besitzen. Aber diese schriftliche Torah, so behaupteten die Rabbinen, existierte nie für sich allein, sie wurde von Anfang an, seit der Offenbarung am Sinai, von der mündlichen Torah (*torah sche-be'al peh*) begleitet. Schriftliche und mündliche Torah sind danach zwei Seiten derselben Medaille und immer aufeinander angewiesen. Und was ist diese mündliche Torah als der ewige Begleiter der schriftlichen Torah? Nichts anderes als die sachgerechte Auslegung der schriftlichen Torah, die Moses zusammen mit dieser am Berg Sinai gegeben wurde. Auch die Auslegung der Torah ist damit Bestandteil des einmaligen göttlichen Offenbarungsaktes.

Der besondere Kunstgriff der Rabbinen bestand nun darin, dass sie sich selbst zu den Garanten der sachgerechten, dem Willen Gottes entsprechenden Auslegung der Torah erklärten. Sie stellten also nicht nur die Torah anstelle des Opfers der Priester im Tempel in das Zentrum des Judentums, sondern machten auch sich selbst zu den neuen Priestern dieses neuen Torahjudentums. Damit gelang es ihnen, in das Verständnis der Torah eine Flexibilität einzubauen, die diese den sich ständig verändernden Lebensumständen immer wieder von neuem anpasste. Ohne diese Flexibilität der mündlichen Auslegung, die zum Prinzip erhoben wurde, wäre die schriftliche Torah schnell zu einem versteinerten Fossil geworden. Während diese nämlich eine gewisse Flexibilität nur dadurch erreichen konnte, dass sie neuen Zeitumständen geschuldete Veränderungen *in den* Text aufnahm und damit interne Spannungen und auch Widersprüche kreierte, hatte die mündliche Torah der Rabbinen den Vorteil, dass sie die Flexibilität und Variabilität des Textes ohne direkte Eingriffe in diesen gewährleistete. Alles, was die Rabbinen in ihren unterschiedlichen Schulen und ihren verschiedenen Generationen von Torahlehrern vortrugen, galt als «Lehre des Moses vom Sinai», in der schriftlichen Torah enthalten, ohne Rücksicht darauf, ob diese Auslegungen übereinstimmten oder sich widersprachen. Abweichende Auslegungen galten gar als Beweis für die unerschöpfliche Fülle der schriftlichen Torah. Allenfalls am Ende der irdischen Zeit durfte man erwarten, dass die Widersprüche aufgeklärt oder obsolet würden.

Mit dieser Lehre schufen sich die Rabbinen ein Machtinstrument, das die Geschichte des Judentums bis in die Gegenwart hinein bestimmt. Eine geradezu kanonisch gewordene Erzählung im babylonischen Talmud (*Bavli*) verdeutlicht dieses Grundprinzip in der für die Rabbinen typischen Diktion:

> Als Moses in die Höhe stieg, traf er den Heiligen, er sei gepriesen [Gott], wie er dasaß und Krönchen für die Buchstaben (der Torah) flocht. Er sagte zu ihm: «Herr der Welt, wer lässt dich zögern?». (Gott) erwiderte: «Es ist ein Mann, der nach vielen Generationen sein wird, und Aqiva ben Josef ist sein Name; er wird dereinst über jedes einzelne Häkchen Haufen über Haufen von Lehren vortragen.» Da sagte (Moses) zu ihm: «Herr der Welt, zeig ihn mir!» (Gott) erwiderte: «Dreh dich um!» Da ging (Moses) hin und fand sich am Ende der achten Reihe (des Lehrhauses von Rabbi Aqiva) wieder; er verstand aber nicht, worüber sie [Aqiva und seine Schüler] sprachen und war darüber bestürzt. Als (Aqiva) zu einer (bestimmten) Sache gelangte und seine Schüler ihn fragten: «Rabbi, woher weißt du dies», erwiderte er ihnen: «Dies ist eine dem Moses am Sinai überlieferte Lehre.» Da wurde (Moses) beruhigt.
>
> Darauf kehrte (Moses) um, trat (wieder) vor den Heiligen, er sei gepriesen, und sagte zu ihm: «Herr der Welt, da hast du einen solchen Mann und verleihst die Torah durch mich?!» (Gott) erwiderte: «Schweig, so ist es mir in den Sinn gekommen!» Da sagte (Moses) zu ihm: «Herr der Welt, du hast mir seine Torahauslegung gezeigt, zeig mir nun auch seinen Lohn!» (Gott) sprach: «Dreh dich um!» Da wandte (Moses) sich um und sah, wie sie sein [Aqivas] Fleisch auf der Fleischbank wogen. Da sagte er zu (Gott): «Herr der Welt, dies ist die Torah und dies ihr Lohn?!» (Gott) erwiderte: «Schweig, so ist es mir in den Sinn gekommen!»[2]

Moses sieht Gott im Himmel sitzen, wie er dabei ist, einzelne Buchstaben der Torah mit Krönchen zu verzieren, den sogenannten *tagin*, eine spätere Sitte der Torahschreiber, und wundert sich, was Gott dazu bewogen hat und manchmal innehalten lässt. Gott antwortet, dass lange nachdem Moses die Torah empfangen hat, einer der Rabbinen nicht nur über jedes Wort und über jeden Buchstaben, sondern auch über jedes einzelne dieser Krönchen, die Gott da einträgt, unendlich viele Lehren vortragen wird. Und dieser Rabbi ist nicht irgendwer, sondern Rabbi Aqiva, einer der bedeutendsten Torahlehrer des rabbinischen Judentums.

Rabbi Aqiva wird unzählige Male in der rabbinischen Literatur zitiert. Sein Hauptgegner war der nicht minder bedeutende Rabbi Jischmael. Er lebte in der ersten Hälfte des zweiten Jahrhunderts und soll als Märtyrer des Bar Kokhba-Aufstandes gestorben sein, darauf spielt die Fortsetzung mit seinem Martyrium an. Moses möchte ihn gerne sehen, und Gott versetzt ihn in das Lehrhaus Aqivas, in dem dieser einen großen Schülerkreis um sich versammelt hat. Mit der Ironie, die für den *Bavli* typisch ist, sitzt Moses – offenbar unerkannt – nicht irgendwo im Lehrhaus, sondern am Rande der achten Reihe, in der die schlechtesten Schüler platziert sind. Und so verhält er sich auch: Er kapiert schlechterdings nichts von den subtilen Torahdiskussionen und -interpretationen Aqivas und seiner Schüler. Als einer der Schüler den Rabbi schließlich fragt, woher er eine bestimmte Auslegung hat, antwortet dieser: von Moses! Moses versteht zwar weiterhin nichts, aber er ist beruhigt, denn er weiß, dass Aqivas Interpretation sich in einer langen Kette von Torahlehrern letztlich von seiner Torah ableitet.

Der Schluss der Erzählung gilt vermutlich der eigenen Klasse der Rabbinen mehr als Moses, dem ersten Träger der Offenbarung. Als Moses sich darüber wundert, dass Gott ihm die Torah offenbart hat und nicht dem so viel klügeren und, wie er meint, daher auch würdigeren Rabbi Aqiva, bescheidet Gott ihm brüsk: Das habe ich so gewollt – und dich geht es überhaupt nichts an! Auch hier ist die Ironie offensichtlich, wenn man bedenkt, dass Moses nach dem biblischen Buch Exodus «sprachbehindert» war (*'arel sefatajim*, wörtlich: «von unbeschnittenen Lippen», in der Einheitsübersetzung: «ungeschickt im Reden») und seinen Bruder Aaron als Dolmetscher brauchte (Ex. 6,30 ff.). Aaron war zwar viel eloquenter, aber das war für Gott nicht entscheidend: Moses allein ist der göttliche Prophet und Empfänger der Offenbarung, trotz seiner Sprachbehinderung. Ähnliches gilt für die verbindliche Auslegung der Torah: Nachfolgende Torahlehrer mögen darin besser und klüger sein als Moses, aber alle ihre Auslegungen gehen auf Moses zurück. Deswegen ist es auch falsch anzunehmen, die Rabbinen würden am Ende für ihre Tätigkeit belohnt, und je besser ihre Auslegungen sind, desto mehr. Das genaue Gegenteil ist der Fall: Aqivas «Belohnung» bestand darin, dass er auf eine der grausamsten Weisen als Märtyrer hingerichtet wurde: Sein Fleisch wurde mit eisernen Kämmen von seinem Körper gerissen und auf dem Markt verkauft.[3]

Die mündliche Auslegung der mündlichen Torah im strikten Wortsinn erwies sich jedoch als wenig praktikabel. Zu viel mündlicher «Text» musste memoriert werden, zu viele Missverständnisse und Ungenauigkeiten konnten sich einschleichen, die angesichts der immer stärker anwachsenden Materialfülle immer weniger zu kontrollieren waren. Und so gelang den Rabbinen schließlich auch die Umstellung von der Mündlichkeit der mündlichen Torah zu ihrer Verschriftlichung. Ihre umfangreichen Auslegungen aller Teile der Hebräischen Bibel wurden schriftlich niedergelegt und sind bis heute in voluminösen Bänden in Hebräisch und Aramäisch zugänglich. Grundprinzip dieser rabbinischen Auslegungen ist, dass sie alle auf den Text der Bibel bezogen sind, auch wenn dies formal nicht immer sichtbar ist. Die wichtigsten Werke der rabbinischen Auslegungsliteratur sind in zeitlicher Reihenfolge:

(1) Die *Mischna*, ein Kompendium aller gesetzlichen Bestimmungen, die das Alltagsleben der Juden begleiten und regeln. Formal orientiert sich die Mischna nicht am Bibeltext, sondern an einer praxisbezogenen Systematik der behandelten Gesetze, aber ihr Bezug zu den zugrundeliegenden biblischen Vorschriften kann fast immer sichtbar gemacht werden. Ihre Endredaktion wird um 200 angesetzt. Es ist die Lehrtradition Rabbi Aqivas, die zum Grundstock der Mischna wurde.

(2) Die *Tosefta*, eine etwas später redigierte Ergänzung zur Mischna, die genauso aufgebaut ist wie diese, aber Teile enthält, die älter sind.

(3) Die große Gruppe der *Midraschim*,[4] Exegesen biblischer Bücher, die alle am Bibeltext ausgerichtet sind. Sie entstammen verschiedenen Schulen und Zeiten vom dritten Jahrhundert bis in das frühe Mittelalter und sind durchgängig, ungeachtet babylonischer Überarbeitungen, ein Produkt des palästinischen Judentums. Man unterscheidet zwischen zwei Grundtypen des Midrasch, dem Auslegungsmidrasch und dem homiletischen Midrasch. Ersterer folgt dem Text der Hebräischen Bibel Vers für Vers und Wort für Wort; letzterer entwickelt kompliziertere Formen der Exegese, die in der Regel in der Kombination verschiedener Bibelverse bestehen.

(4) Der *Talmud* ist ein Kommentar zur Mischna, der uns in zweifacher Form vorliegt: Der ältere von beiden ist der Palästinische oder Jerusalemer Talmud (*Jeruschalmi*), der im Judentum Palästinas entstand und nie einer Endredaktion unterzogen wurde. Die aktive Arbeit daran kam im fünften Jahrhundert zum Stillstand, vermutlich aufgrund der immer stärker werdenden christlichen Eingriffe in das Leben der Juden. Der jüngere der beiden ist der Babylonische Talmud (*Bavli*). Er entstand im Milieu der babylonischen Juden im persischen Reich der Sassaniden, die nach dem Babylonischen Exil in Babylonien geblieben oder auch aus Palästina nach Babylonien eingewandert waren und sich zunehmend als Konkurrenten des palästinischen Judentums verstanden. Seine Endredaktion wird meist ins sechste oder siebte Jahr-

hundert datiert. Es ist der Babylonische und nicht der Palästinische Talmud, der sich im Judentum behaupten konnte und bis heute als der Talmud schlechthin gilt. Beide Talmude sind umfangreiche Kompendien der Lehren und der narrativen Traditionen des rabbinischen Judentums. Sie enthalten auch Parallelen zu zahlreichen Auslegungen, die in den Midrasch-Sammlungen niedergelegt sind.

Polemik und Vereinnahmung: Die christliche Rezeption

Die Literatur der griechisch-römischen Klassik, die in unterschiedlicher Weise den Untergang des Römischen Reiches überdauerte, wurde von den christlichen Humanisten der Renaissance wiederentdeckt und -belebt und sollte das kulturelle Selbstverständnis des sogenannten christlichen Abendlandes bis in die Neuzeit hinein beeinflussen. Ganz anders die Literatur des rabbinischen Judentums: Sie verblieb weitgehend innerhalb der teils selbst auferlegten, teils von außen aufgezwungenen Grenzen des Judentums. Man kann dies exemplarisch am Babylonischen Talmud nachverfolgen, der stellvertretend für die gesamte rabbinische Literatur Gegenstand des christlichen Interesses, vor allem aber der christlichen Angriffe auf das Judentum wurde.

Dazu trug bei, dass der Talmud sprachlich und inhaltlich nur schwer zugänglich ist. Er ist in einem schwierigen aramäischen Dialekt mit hebräischen Einsprengseln verfasst und in seiner inhaltlichen Struktur ohne kundige Anleitung nicht zu verstehen. Erst 1244/45 entstanden mit den *Extractiones de Talmud* lateinische Übersetzungen von fast 2000 talmudischen Passagen ins Lateinische.[5] Christliche Gelehrte unterstellten, der Talmud enthalte von den Juden bewusst geheim gehaltene Polemiken gegen das Christentum, Verunglimpfungen Jesu und der Gottesmutter, Verfluchungen der Christen bis zur Aufforderung an alle Juden, wo immer möglich, «die Besten der Christen» zu töten. Nachdem der Konvertit Nikolaus Donin in einer für Papst Gregor IX. verfassten Anklageschrift gegen den Talmud 35 kritische Punkte aufgelistet hatte, kam es 1240 zur sogenannten Disputation von Paris zwischen Nikolaus Donin und Rabbi Jechiel ben Josef und 1242 zur Verbrennung ganzer Wagenladungen konfiszierter hebräischer Schriften in Paris. Da wenn überhaupt nur sehr wenige Christen den Talmud lesen konnten, suchten und sammelten christliche Gelehrte mit Hilfe jüdischer Konvertiten «anstößige» Stellen, um sie aus den Handschriften zu eliminieren. In vielen Talmudhandschriften kann man an den rasierten Stellen im Text sehen, wo die Zensur eingegriffen hat. In den ersten Druckausgaben wurden solche Stellen oft ausgelassen, um der Zensur zuvorzukommen, etwa im Erstdruck, der 1520–1523 durch den christlichen Drucker Daniel Bomberg in Venedig erfolgte. In der Baseler Ausgabe von 1578–1580 fehlt sogar der komplette Traktat *Avodah Zarah*, der sich mit den Nichtjuden befasst.

Auf der anderen Seite versuchten die christlichen Gelehrten, den Talmud als eine verborgene Quelle für die christliche Wahrheit zu benutzen, je mehr sie die rabbinische Literatur kennenlernten. Die Juden, so hieß es, würden nicht nur die Hebräische Bibel, das Alte Testament der Christen, falsch lesen oder sogar absichtlich verfälschen, sondern auch die zahlreichen Hinweise in ihren biblischen und nachbiblischen Schriften auf das Christentum als das wahre Judentum ignorieren oder verheimlichen.

Von diesem Bestreben ist etwa die Disputation von Barcelona (1263) zwischen dem jüdischen Apostaten Pablo Christiani und dem auch über das Judentum hinaus bekannten Bibelkommentator, Philosophen und Arzt Moses ben Nachman (Nachmanides) geprägt. Sie fand in Anwesenheit Jakobs I., des Königs von Aragon, und des gesamten königlichen Hofes statt und drehte sich vor allem um die grundlegende Frage des Messias: Ist er bereits gekommen oder warten wir noch auf ihn, und ist er ein göttliches oder ein rein menschliches Wesen? Ziel der christlichen bzw. neu-christlichen Disputanten war dabei immer, ihren jüdischen Gegnern die Gültigkeit des christlichen Verständnisses der Überlieferung aus ihren eigenen Schriften – Bibel, Talmud und Midrasch – zu beweisen. Obwohl der Sieg der Christen von vornherein feststand, war der König von den Argumenten der Juden beeindruckt, die in der Regel dem Wortsinn der Bibel näher standen als die Christen, die in klassischer christlich-theologischer Manier überall Vorhersagen nicht nur auf den Messias, sondern eben auch auf den Messias Jesus

Christus zu finden glaubten. Das hinderte Jakob I. aber nicht daran, noch im selben Jahr den Talmud durchgängig zensieren und die beanstandeten Stellen aus den Handschriften entfernen zu lassen.

Die Spannung zwischen dem Kampf gegen die Schriften der Juden auf der einen Seite und dem Versuch einer – allerdings nie gleichberechtigten – gelehrten Diskussion auf der anderen Seite prägte auch in der Folgezeit die christliche Beschäftigung mit der jüdischen Literatur. Das kurz nach der Disputation von Barcelona entstandene Werk *Pugio Fidei* («Dolch des Glaubens») des Dominikaners Raymund Martini steht genau für diesen Zwiespalt: Es ist zwar angetreten, den Vorrang des Christentums gegenüber dem Judentum zu beweisen und die jüdische Literatur zu bekämpfen, zitiert dabei aber ausgiebig aus der rabbinischen Literatur und legt eine erstaunliche Kenntnis der rabbinischen Quellen an den Tag.[6] Talmudverurteilungen, Talmudverbrennungen und Zensur waren weiterhin an der Tagesordnung.

In der frühen Neuzeit begann sich das Bild zu ändern. Als zu Beginn des sechzehnten Jahrhunderts der jüdische Apostat Johannes Pfefferkorn den Kampf gegen den Talmud wieder neu anfachte, bekam er es mit keinem geringeren Gegner als dem angesehenen Humanisten Johannes Reuchlin zu tun. Reuchlin, von Kaiser Maximilian I. mit der Prüfung der hebräischen Schriften beauftragt, setzte sich energisch für deren Erhalt ein – gewiss nicht aus religiöser Überzeugung und dem Bestreben, das Judentum als eine gleichberechtigte Religion neben dem Christentum anzuerkennen. Aber Reuchlin steht doch für einen neuen Anfang im Verhältnis von Christentum und Judentum: Die gelehrten christlichen Hebraisten wollten nun die jüdischen Schriften als solche und vor allem auch im Original kennenlernen, ohne die Brille einer permanenten Auseinandersetzung zwischen zwei konkurrierenden Religionen. Reuchlin bezahlte sein Eintreten für die rabbinische Literatur mit einem langen Verfahren vor der Inquisition und entging nur knapp einer Verurteilung als Häretiker.

Im siebzehnten Jahrhundert begannen die christlichen Hebraisten sich schließlich auch für die rabbinische Literatur als Quelle für die Auslegung des Neuen Testaments zu interessieren. Den Anfang machte John Lightfoot mit seinen *Horae Hebraicae et Talmudicae*, die von 1658 bis 1674 erschienen. Den Endpunkt dieser Entwicklung markiert der berühmt-berüchtigte *Kommentar zum Neuen Testament aus Talmud und Midrasch*, herausgegeben von Hermann Leberecht Strack und Paul Billerbeck, der von dem evangelischen Theologen und Orientalisten Strack angeregt und von dem bis dahin unbekannten evangelischen Pfarrer Billerbeck zusammengestellt wurde.[7] Nicht von ungefähr machte sich Strack auch einen Namen als Kämpfer gegen den wachsenden Antisemitismus des Deutschen Kaiserreichs, etwa gegen den Hofprediger Adolf Stoecker, gegen den militanten Antisemiten August Rohling und als Gutachter in Ritualmordprozessen.

Den Höhe- oder besser Tiefpunkt der christlichen Literatur gegen den Talmud markiert das 1700 in zwei Bänden erschienene Werk *Entdecktes Judenthum* des Heidelberger Orientalisten Andreas Eisenmenger. Eisenmenger geht es ausschließlich um Munition gegen angebliche jüdische Hetze gegen das Christentum. Dieses Machwerk war auch deswegen besonders erfolgreich, weil es die hebräischen Quellen zusammen mit einer deutschen Übersetzung zitiert und so den Anspruch unanfechtbarer Wissenschaftlichkeit erhebt, den aber kaum jemand nachprüfen konnte. Seine Gefährlichkeit liegt nicht nur in den zahlreichen Übersetzungsfehlern, sondern vor allem auch in der fehlenden Kontextualisierung der meist aus dem Zusammenhang gerissenen Zitate, die für das Verständnis der rabbinischen Diskurse unerlässlich ist.

Während sich der Einfluss von Eisenmengers Werk auf gelehrte Orientalisten- und Theologenkreise beschränkte, sollte ein Pamphlet, das es in weiten Teilen popularisierte und plagiierte, ungeheuren Erfolg auch beim breiten Publikum haben und zu einem Bestseller werden. Es handelt sich um die Schrift *Der Talmudjude. Zur Beherzigung für Juden und Christen aller Stände* des katholischen Theologieprofessors August Rohling. Sie erschien 1871, erlebte bis 1890 neunzehn Auflagen und blieb weit darüber hinaus wirksam.[8] Rohlings Pamphlet ist ein Sammelsurium teils missverstandener teils bewusst verfälschter Talmudzitate, in denen ein breitgefächertes Panorama des religiös fundierten kaiserzeitlichen Antisemitismus entfaltet wird. Kritische Stimmen protestantischer Theologen wie Hermann Strack und Franz Delitzsch konnten nichts bewirken, ja erreichten eher das Gegenteil und trugen ungewollt zu Rohlings Erfolg bei.

In der Folgezeit überwog bei weitem die negative christliche Sicht auf das jüdische Schrifttum. Dank zunehmender Kenntnisse der einschlägigen Sprachen – vor allem des rabbinischen Hebräisch und des palästinischen und babylonischen Aramäisch – und auch der Spielregeln der rabbinischen Diskurse entwickelte sich langsam ein sachgerechtes und wissenschaftlichen Kriterien verpflichtetes Interesse an der rabbinischen Literatur. Dieses beschränkt sich aber weitgehend auf die Theologie und die Orientalistik und war in der Theologie primär an den Zwecken der Judenmission ausgerichtet. Charakteristisch dafür ist die Gründung spezieller *Instituta Judaica* an Protestantisch-Theologischen Fakultäten, die von den beiden wichtigsten Vertretern einer christlich inspirierten Bekämpfung des Antisemitismus ins Leben gerufen wurden: 1883 gründete Hermann L. Strack in Berlin das *Institutum Judaicum Berolinense*, und 1886 folgte das von dem Alttestamentler und Semitisten Franz Delitzsch gegründete *Institutum Judaicum* in Leipzig, das nach Delitzschs Tod in *Institutum Judaicum Delitzschianum* umbenannt wurde. Das Berliner Institut überlebte zwar das Dritte Reich, wurde aber 1956 geschlossen.[9] Das Leipziger Institut erstand 1948 neu im Rahmen der Evangelisch-Theologischen Fakultät der Universität Münster. Zweck der ursprünglichen *Instituta Judaica* war durchweg die dreifache Aufgabe der Judenmission, der besseren Kenntnis der jüdischen Quellen und der Bekämpfung des Antisemitismus.

Die Ende des neunzehnten Jahrhunderts mit dem Neutestamentler Adolf Schlatter an der Evangelisch-Theologischen Fakultät der Universität Tübingen begonnene Beschäftigung mit dem Judentum war von Anfang an durch judenfeindliche Äußerungen Schlatters belastet und endete mit der Verstrickung seines Nachfolgers Gerhard Kittel in die Ideologie des Nationalsozialismus. 1957 gründete der Neutestamentler Otto Michel, der selbst durch Mitgliedschaft in der NSDAP vorbelastet war, in Tübingen ein neues *Institutum Judaicum*, das sich komplett von der Aufgabe der Judenmission emanzipierte und nach der Katastrophe der Schoah um die Zusammenarbeit christlicher und jüdischer Wissenschaftler bemühte.

Eine sachbezogene historisch-kritische und von den Prämissen der christlichen Theologie freie Beschäftigung mit der jüdischen Literatur von der Antike bis zur Gegenwart konnte sich in Deutschland erst nach dem Zweiten Weltkrieg mit der Etablierung des neuen Faches Judaistik / Jüdische Studien an den Universitäten entwickeln. Im europäischen Ausland und in den USA geschah dies teilweise schon früher. Allerdings geriet das Fach sehr bald in eine Identitätsdebatte, in deren Verlauf seinen christlichen Vertretern unterstellt wurde, dass sie – wie die Geschichte eindringlich gelehrt habe – als Nichtjuden niemals von christlichen Prämissen und Vorurteilen frei sein könnten und das Fach daher besser jüdischen Gelehrten überlassen sollten. Diese Diskussion dehnte sich innerhalb der Universität bald auch auf die Islamwissenschaft aus und hat heute weite Bereiche des wissenschaftlichen und kulturellen Diskurses ergriffen.

Die Schöpfungsgeschichte im rabbinischen Judentum

Auslegungen zu den beiden biblischen Schöpfungserzählungen sind in der gesamten rabbinischen Literatur verstreut, konzentrieren sich aber in einem umfangreichen Midrasch zum biblischen Buch Genesis, der nach dem ersten Wort des Bibeltextes *bereschit* («am Anfang») *Bereschit Rabba* oder auch *Genesis Rabba* genannt wird, wörtlich «der Große (Midrasch) zu Bereschit / Genesis». Es handelt sich bei diesem Midrasch um einen der ältesten Auslegungsmidraschim. Seine Endredaktion wird in die erste Hälfte des fünften Jahrhunderts datiert, also etwa in die Zeit, in der auch der Überlieferungsprozess des *Jeruschalmi* an sein Ende kam. Beide Werke weisen nicht von ungefähr auch zahlreiche inhaltliche Parallelen auf. *Bereschit Rabba* ist in etwa 100 Kapitel (*paraschot / paraschijot*, Singular *paraschah*) eingeteilt; die genaue Anzahl schwankt in den Handschriften und Drucken. Es ist eine besondere Eigenart dieses Midraschs, dass an den Anfang fast aller Kapitel Proömien (*petichot*, Singular *petichah*) gestellt sind, ähnlich wie in einigen Werken der klassischen griechisch-römischen Philosophie. Im Unterschied zum formal schlichteren Auslegungsmidrasch folgen diese Proömien nicht nur einer eigenen literarischen Struktur, sondern blicken oft von einer umfassenderen Warte auf das behandelte Material.

Dies gilt in besonderer Weise vom ersten Kapitel des Midraschs. Dieses Kapitel ist, wie ich im Folgenden zeigen will, eine klar strukturierte Einheit, die gezielt von einem Redaktor zusammengestellt und bearbeitet wurde, der damit eine klare Botschaft verband. Kurz zusammengefasst lautet diese: Wir Rabbinen sind mit den mythischen und kosmologischen Zügen vor allem des zweiten Schöpfungsberichts der Bibel vertraut, aber wir wissen auch um die damit verbundenen Gefahren. Deswegen stellen wir gegen das mythisch-kosmologische Weltbild in Teilen der biblischen Schöpfungstheologie ein radikal heilsgeschichtliches Weltbild. Gott tritt darin nicht als der (entfernte) Schöpfer des Universums auf, dem das weitere Schicksal der von ihm geschaffenen Welt relativ gleichgültig ist, sondern als ein Gott, der die Welt *mit dem Menschen zusammen* zu ihrem von Anfang an intendierten Ziel bringt. Damit führen wir, ganz bewusst und gegen jede punktuelle und atomistische Bibelauslegung, die in der Hebräischen Bibel *in ihrer Gesamtheit* angelegten Linien weiter.

Meine Textgrundlage ist die kritische Ausgabe des Midraschs von Theodor-Albeck.[10] Ich folge auch der dort gebotenen Abfolge und Nummerierung der Untereinheiten der ersten Paraschah von *Bereschit Rabba*,[11] die unterschiedliche Themen behandeln. Die Übersetzungen ins Deutsche sind meine eigenen.[12] Zur Frage der Struktur und Interpretation der Paraschah habe ich mich vor einigen Jahren in einem ausführlichen Aufsatz geäußert, an dem ich mich hier orientiere.[13]

Die Torah als Bauplan der Welt

Die erste Untereinheit (*Bereschit Rabba* 1,1) ist ein Proömium (*petichah*), das den Vers Gen. 1,1 mit einem anderen Vers aus der Hebräischen Bibel verknüpft, der – das ist die Kunst der Auslegung – auf den ersten Blick mit dem Grundvers Gen. 1,1 nichts zu tun hat: Sprüche / Proverbia 8,30, ein Vers aus den sogenannten «Schriften» (*Ketuvim*) der Bibel; man nennt ihn Petichah- oder Proömiumvers. Der Grund- oder Sedervers Gen. 1,1 ist durch die fortlaufende Lesung (*lectio continua*) der Hebräischen Bibel (in Palästina im Verlauf von etwa dreieinhalb Jahren) vorgegeben. Der Proömiumvers Spr. 8,30 ist vom Ausleger frei gewählt. Als Tradent bzw. Autor ist ein Rabbi Oschaja / Hoschaja genannt, der in der ersten Hälfte des dritten Jahrhunderts in Sepphoris in Galiläa lebte und später eine Schule in Caesarea leitete. Die Angaben zu den Tradenten rabbinischer Auslegungen – sie waren keine «Autoren» im modernen Sinne, sondern überlieferten bestimmte Traditionen in ihrem Namen – und vor allem die daraus abgeleiteten Datierungen sind immer unter Vorbehalt zu verwenden. Sie etablieren ein Netzwerk von Rabbinen und Schulen, das für eine relative Chronologie nützlich ist, sich aber schwer in absolute Daten umsetzen lässt. Das Netz der in der ersten Paraschah genannten Rabbinen und ihrer Schulen ist eindeutig in Palästina lokalisiert und erstreckt sich vom Ende des zweiten bis zum Anfang des vierten Jahrhunderts.

In einem ersten Teil erklärt der Midrasch den Petichahvers Spr. 8,30: «Ich war bei ihm [Gott] als sein *amon*; ich war seine Freude Tag für Tag, spielte vor ihm allezeit.» Das «Ich» ist die Weisheit, die als sein *amon* immer schon bei Gott war und, als er die Welt erschuf, auf dem «Erdenrund» vor Gott spielte. Das Wort *amon* kommt nur einmal in der Hebräischen Bibel vor, über seine Bedeutung streiten sich die Gelehrten seit Jahrhunderten. Der Midrasch spielt alle Möglichkeiten der Exegese durch und entscheidet sich schließlich für die Bedeutung «Werkmeister, Handwerker, Architekt, Künstler». Dies erinnert sofort an den platonischen Demiurgen, aber unser Midrasch kommt dabei zu einem ganz anderen Ergebnis:

> *Amon* bedeutet Werkmeister / Architekt (*uman*).[14] Die Torah sagt (nämlich): Ich war das Werkzeug der Kunstfertigkeit (*umanuto*)[15] des Heiligen, er sei gepriesen. Nach der Weise der Welt, wenn ein König aus Fleisch und Blut einen Palast baut, dann baut er ihn nicht aus seiner eigenen Kenntnis heraus, sondern auf der Grundlage der Kenntnis eines Architekten, und der Architekt baut ihn (ebenfalls) nicht aus seiner eigenen Kenntnis heraus, sondern er hat Lederrollen und Notizbücher, um zu erkennen, wie er die Zimmer und Pforten macht. So blickte auch der Heilige, er sei gepriesen, in die Torah und erschuf die Welt. Und (wenn) die Torah sagt: «Am Anfang (*bereschit*) erschuf Gott [den Himmel und die Erde]», so bedeutet (das Wort) *reschit* (hier) nichts anderes als Torah, so wie du sagst [an einer anderen Stelle in der Bibel geschrieben findest]: «Der Herr hat mich [die Weisheit] erschaffen als *reschit* seines Weges [vor seinen Werken in der Urzeit] (Spr. 8,22).»[16]

Die Schöpfungsgeschichte im rabbinischen Judentum

Der komplexe Midrasch setzt einige Kenntnis der rabbinischen Exegese voraus. Zunächst sollte klar sein, dass «der Heilige, er sei gepriesen» Gott ist; der Terminus ist eine der häufigsten rabbinischen Umschreibungen für die Gottesnamen JHWH oder Elohim. Der Midrasch verwendet zur Verdeutlichung ein Gleichnis – auch das ein klassisches Verfahren in der rabbinischen Literatur –, in dem er Gottes Handeln (die Sachhälfte des Gleichnisses) dem Handeln eines irdischen Königs (die Bildhälfte) gegenüberstellt: So wie ein irdischer König für den Bau seines Palastes einen Architekten hinzuzieht, der sich seinerseits auf genaue Baupläne stützt, genauso hatte auch Gott für die Erschaffung der Welt einen Bauplan zur Verfügung, und dieser Bauplan ist die Torah.[17] Eben dieses Gleichnis nahm auch bei Philon einen prominenten Platz ein, allerdings mit einem höchst charakteristischen Unterschied: Während bei Philon der Plan sowohl des Architekten als auch Gottes nur in ihrem Kopf existiert und in der Konfiguration der geistigen Urbilder / Formen / Ideen besteht, die dann in der realen Welt abgebildet und umgesetzt werden, ist der Plan im Midrasch ein sehr konkreter Bauplan (beim Architekten seine Bauzeichnungen, bei Gott die Torah). Ganz im Sinne der platonischen Ideenlehre ist der Bauplan bei Philon die Welt der Ideen (*kosmos noētos*), den die sinnlich wahrnehmbare irdische Welt (*kosmos aisthētos*) abbildet. Es ist nicht auszuschließen, ja sogar wahrscheinlich, dass der Redaktor des Midraschs das Gleichnis bei Philon kannte und radikal rabbinisch umgedeutet hat.

Den Beweis, dass es die Torah ist, die Gott als Bauplan für seine Welt benutzt, führt der Midrasch durch den Vers Spr. 8,22, also einen Vers aus dem Kontext des Proömiumverses Spr. 8,30. Dort sagt die Weisheit, von der wir ja inzwischen wissen, dass sie in Gestalt der Torah als Gottes Bauplan für die Schöpfung diente, dass sie vor allen anderen Schöpfungswerken von Gott erschaffen wurde. Davon erfahren wir in der Genesis nichts, denn dort ist das Licht das erste Schöpfungswerk. Ein späterer Abschnitt in unserer Paraschah wird ausdrücklich die Frage nach der Erschaffung der Torah stellen. Der Brückenschlag zu Vers Gen. 1,1, um dessen Auslegung es ja eigentlich geht, gelingt dem Redaktor, indem er darauf hinweist, dass die Weisheit in Spr. 8,22 ausdrücklich sagt, sie sei von Gott als *reschit* («Anfang») seines Weges – das heißt seines Schöpfungshandelns – erschaffen worden. Er kann nun mit Hilfe von Spr. 8,22 behaupten, dass sich das *reschit* in Gen. 1,1 *(bereschit)* in Wirklichkeit auf die Weisheit bezieht, die schon in der nachbiblischen jüdischen Tradition mit der Torah gleichgesetzt wurde.[18] Folglich wäre Gen. 1,1 jetzt im Lichte von Spr. 8,22 zu übersetzen: «Mittels[19] des *reschit* – und das ist die am Anfang erschaffene Weisheit = Torah – erschuf Gott den Himmel und die Erde.» Das heißt, Gott erschuf nicht am Anfang Himmel und Erde, wie Gen. 1,1 meist verstanden wird, sondern er erschuf zuerst die Torah – denn sie ist der eigentliche «Anfang» *(reschit)* – und dann erst, mit Hilfe der Torah als Bauplan, Himmel und Erde, also die Welt.

Diese Interpretation der Rabbinen ist das genaue Gegenteil von dem, was Philon und Platon vertreten. Die Torah ist nicht nur der Masterplan Gottes für die Schöpfung, sondern enthält auch *in nuce* alles das, was sich nach der Schöpfung in der menschlichen Geschichte entfalten wird. Ohne Zweifel ist hier mit der Torah nicht irgendein Ideal gemeint und schon gar nicht eine «Idee» im platonischen Sinne, sondern das *Buch* der Torah, wie es den Rabbinen bekannt war und wie es bis heute gültig ist. Welt und Torah sind engstens miteinander verwoben; es gibt keine Welt ohne Torah und keine Torah ohne Welt. Allein die Torah hält die Welt zusammen; in ihr ist alles enthalten, was die Welt ausmacht. Wenn man die Welt verstehen und richtig deuten will, benötigt man die richtige Auslegung der Torah – und diese können allein die Rabbinen garantieren. Wir haben hier eine der zentralen und wirkungsmächtigsten Maximen des rabbinischen Judentums vor uns, die Fortführung des biblischen Mythos in seiner radikalsten Historisierung und Rabbinisierung: Gottes Schöpfung ist von Anfang an auf die Geschichte mit einem Ziel angelegt, und den richtigen Weg zu diesem Ziel finden wir in unserer alltäglichen Lebenspraxis nur in der Torah und mit Hilfe der Rabbinen.

Präexistente Materie

Die nächste Untereinheit der ersten Paraschah (*Bereschit Rabba* 1,5) ist ebenfalls ein Proömium. Nun wird der Grundvers Gen 1,1 (mit seiner Fortsetzung Gen. 1,2) zu Psalm 31,19 als Proömiumvers in Beziehung gesetzt: «Die Lügenlippen mögen verstummen, die frech gegen den Gerechten reden, hochmütig und verächtlich.» Auch dieser vom Redaktor wieder frei gewählte Proömiumvers gehört zu dem «Schriften» (*Ketuvim*) genannten Teil der Hebräischen Bibel. Wie in der ersten Untereinheit wird zunächst der Proömiumvers Ps. 31,19 Stück für Stück ausgelegt: Das seltene hebräische Wort für «verstummen» wird mit Hilfe dreier analoger aramäischer Termini verdeutlicht (es meint wirklich «verstummen / schweigen / den Mund halten»). Auch das hebräische Wort für «frech» ist selten und bezeichnet nichts anderes als «freche / ungehörige Rede» (*'ataq*). Der «Gerechte» ist nicht ein menschlicher Gerechter, sondern niemand anders als Gott selbst, so dass die «Lügenlippen» freche Rede über Gott verbreiten, die dieser lieber vor den Menschen verborgen hätte.[20] Sie tun dies auch noch «hochmütig», um sich damit zu brüsten, dass sie sich im göttlichen Schöpfungswerk auskennen, und «verächtlich», indem sie absichtlich über Gottes Herrlichkeit und Ehre Schande bringen. Wenn schon jemand, der sich selbst dadurch erhöht, dass er seinen Nächsten herabwürdigt, keinen Anteil am ewigen Leben der zukünftigen Welt haben wird, um wie viel mehr gilt dies für jemanden, der dies auf Kosten der Ehre Gottes tut?

Mit dem Hinweis auf das göttliche «Schöpfungswerk» (*ma'aseh bereschit*) berührt der Redaktor des Midraschs einen neuralgischen Punkt, der bei jedem Kenner der Materie die Alarmglocken läuten lässt. Er spielt hier auf eine wohlbekannte Mischna im Traktat *Chagiga* an, die lautet:

> Verbotene sexuelle Beziehungen (*'arajot*) dürfen nicht ausgelegt werden von / vor dreien,[21] das Werk der Schöpfung (*ma'aseh bereschit*) nicht von / vor zweien, und die Merkavah nicht von / vor einem einzelnen, es sei denn, er wäre ein Weiser [Gelehrter], der aus eigener (Erkenntnis) versteht.»[22]

Das «Werk der Schöpfung» (Gen. 1–3) gehört zu den drei Themen, deren Auslegung die Mischna einschränken möchte, und nimmt zwischen den beiden anderen Themen eine Mittelstellung ein. Die Auslegung der Bibeltexte, in denen von verbotenen sexuellen Beziehungen die Rede ist (sie dürfen von / vor insgesamt zwei Beteiligten ausgelegt werden),[23] wird am wenigsten restriktiv behandelt. Die «Merkavah» bzw. genauer das «Werk der Merkavah» (*ma'aseh merkavah*) meint die Auslegung von Ez. 1, wo der göttliche Thronwagen beschrieben wird. Diese Stelle, die zum zentralen Bezugspunkt für einen ersten großen Zweig der jüdischen Mystik geworden ist, darf nicht einmal vor einem einzigen Schüler ausgelegt werden, es sei denn, er wäre so fortgeschritten, dass er von sich aus begriffen hätte, worum es hier geht. Das «Werk der Schöpfung» schließlich darf nur vor einem einzigen Schüler interpretiert werden. Durch die Anspielung auf den Mischnavers will das Proömium sagen, dass jeder, der öffentlich über die Schöpfung spricht, etwas tut, das Gott nicht vor einem breiten Publikum ausgebreitet sehen möchte, weil er damit Gottes Ehre verächtlich macht.

Wie in der ersten Untereinheit folgt darauf ein Gleichnis, das erklären soll, warum hier Gottes Ehre auf dem Spiel steht:

> Nach der Weise der Welt, wenn ein König aus Fleisch und Blut einen Palast an einer Stelle von Kloaken, Misthaufen und stinkendem Abfall baut, jeder der dann daherkommt und sagt: «Dieser Palast ist an einer Stelle von Kloaken, Misthaufen und stinkendem Abfall gebaut!», diffamiert der nicht (den König)?! So auch, jeder der daherkommt und sagt: «Diese Welt ist aus *tohu* und *bohu* und Finsternis geschaffen!», diffamiert der nicht (Gott)?!
>
> Rabbi Huna sagte im Namen von Bar Qappara: Wäre dies nicht so (in der Torah) geschrieben, wäre es unmöglich, es zu sagen! Nämlich: «Gott erschuf den Himmel und die Erde» (Gen. 1,1) – aus was? Aus: «Und die Erde war *tohu*, usw. [und *bohu*, und Finsternis lag über der Urflut]» (Gen. 1,2).[24]

Dies ist eine ungewöhnlich deutliche und kühne Auslegung: Gott hat sich nicht nur einen abscheulichen Platz für seine Schöpfung ausgesucht, sondern die Welt auch noch aus besonders abscheulichen Materialien erschaffen; in diesem Punkt geht die Sachhälfte des Gleichnisses über die Bildhälfte hinaus. Der Schriftbeweis dafür ist nach Rabbi Huna – der diese Tradition im Namen Bar Qapparas (Ende des zweiten Jahrhunderts) überliefert – eben der Vers Gen. 1,2, in dem von der chaotischen und ungeformten Materie (Tohu, Bohu, Urflut, Wasser) die Rede ist, die Gott vorgefunden hat. Mit anderen Worten: Gott hat seine Welt nicht aus dem Nichts erschaffen (*creatio ex nihilo*), sondern aus präexistenter Materie (*creatio ex hylis*), die schon vorher (und immer) da war. Der entscheidende Punkt ist, dass nicht die Auslegung strittig ist –

genau so war es, behauptet Bar Qappara: Es gibt etwas, das dem Schöpfungshandeln Gottes entzogen war, nämlich die chaotische Materie –, sondern dass diese richtige Einsicht nicht für die öffentliche Weitergabe bestimmt ist. Das Wissen darum ist wenigen Rabbinen vorbehalten und darf nur unter sehr restriktiven Vorsichtsmaßnahmen diskutiert werden.

Mit der Annahme einer Erschaffung der Welt aus präexistenter Materie ist der Midrasch Bar Qapparas keineswegs die Erfindung eines aufmüpfigen oder gar häretischen Rabbis, sondern führt eine Tradition fort, die bereits im Text von Gen. 1,1–4 der Hebräischen Bibel angelegt ist. Die *creatio ex nihilo* war ganz sicher nicht die allgemein gültige und unangefochtene Grundeinstellung des Judentums, ganz im Gegenteil. Als erster unstrittiger Beleg für den Glauben an eine Schöpfung aus dem Nichts im Judentum gilt das 2. Makkabäerbuch aus der zweiten Hälfte des ersten Jahrhunderts v. Chr., das von Katholiken und Orthodoxen als kanonisch angesehen wird, von Juden und Protestanten nicht. Dort überredet eine Mutter von sieben Söhnen ihren jüngsten Sohn mit den folgenden Worten zum Martyrium: «Ich bitte dich mein Kind, schau dir den Himmel und die Erde an; sieh alles, was es da gibt und erkenne: Gott hat das aus dem Nichts (*ex ouk ontōn*, wörtl. ‹aus dem nicht Seienden›) erschaffen und so entstehen auch die Menschen» (2 Makk. 7,28). Weniger eindeutig ist im Neuen Testament der Hebräerbrief, in dem es wörtlich aus dem Griechischen übersetzt heißt: «Durch den Glauben erkennen wir, dass die Welt durch Gottes Wort geschaffen wurde, so dass Dinge, die gesehen werden [das Sichtbare] aus Dingen entstanden sind, die nicht erscheinen [nicht sichtbar sind]» (Hebr. 11,3). Hier ist keineswegs sicher, dass das, was nicht erscheint, also unsichtbar ist, das Nichts sein muss. Man könnte im Gegenteil auch annehmen, dass es sich dabei um die präexistente Urmaterie handelt, die Gott als Material für seine sichtbare Schöpfung benutzt hätte. Dann wäre diese rätselhafte Stelle aus dem Hebräerbrief gerade kein Beleg für die *creatio ex nihilo*. Wie wir gesehen haben, verstand noch der mittelalterliche Bibelkommentator Raschi den Bibeltext Gen. 1,1–3 mit plausiblen philologischen Gründen als eine Schöpfung aus der Urmaterie.

Damit steht die zweite Untereinheit der ersten Paraschah von *Bereschit Rabba* in einem diametralen Gegensatz zur ersten Untereinheit;

beide verhalten sich zueinander wie These und Antithese: Während die Welt in der ersten Einheit mittels der Torah erschaffen wurde, wurde sie in der zweiten aus präexistenter Materie erschaffen. Die These repräsentiert Zentrum und Wesen der rabbinischen Theologie, die Antithese entspricht im Kern der Ansicht der meisten griechisch-römischen Philosophen. Für das Weltbild der Rabbinen versteht sich von selbst, dass beide, These und Antithese, ihren Ursprung in der Hebräischen Bibel haben müssen, aber dieser Umstand verstärkt nur noch die fast unerträgliche Spannung zwischen beiden. Sie werden vom Redaktor der Paraschah kommentarlos hintereinander gestellt, doch der Kenner der rabbinischen Theologie wird ahnen, dass er die in der ersten Unterabteilung formulierte These favorisiert. Nachfolgende Unterabteilungen werden diese Ahnung bestätigen, aber die Leser müssen bis *Bereschit Rabba* 1,9 warten, bis sie Gewissheit erhalten.

Ziel und Stoff der Schöpfung

Es folgt eine thematisch zweigeteilte Untereinheit (*Bereschit Rabba* 1,6), ebenfalls ein Proömium, in der es zunächst um das Endziel der Schöpfung geht. Diesmal wird Gen. 1,1 der Vers Dan. 2,22 als Proömiumvers zur Seite gestellt, also wiederum ein Vers aus den «Schriften» (*Ketuvim*): «Er [Gott] enthüllt das *Tiefe* und *Verborgene*; er weiß, was im *Dunkeln* ist, und das *Licht* wohnt bei ihm.» Der Midrasch erklärt mit Hilfe von Spr. 9,18 zunächst das «Tiefe» als Gehinnom,[25] also als «Unterwelt, Hölle»: «Und er [der Mensch] weiß nicht, dass Totengeister dort hausen, in den *Tiefen* der Scheol[26] («Unterwelt»)» (Spr. 9,18). Das «Verborgene» verweise auf den Garten Eden, also das Paradies, wie es bei Jesaja beschrieben ist: «Und eine Hütte wird bei Tag Schatten spenden vor der Hitze, und sie dient als Zuflucht und *Versteck*[27] vor Unwetter und Regen» (Jes. 4,6). Um den Bezug auf die Endzeit zu verstärken, verweist der Redaktor noch auf eine weitere Deutungsmöglichkeit: Das «Tiefe und Verborgene» kann man auch auf die Frevler beziehen, wenn man Jes. 29,15 berücksichtigt: «Wehe denen, die einen Plan *tief unten* vor dem Herrn *verborgen* halten»; hier liegen im Hebräischen dieselben Wurzeln zugrunde wie bei dem «Tiefen und Verborgenen». Passenderweise erläutert auch die Fortsetzung das Verses («damit ihre Taten in der *Dunkelheit* bleiben») das «Dunkle» in Dan. 2,22: dies beziehe sich ebenfalls auf die Taten der Frevler. Bleibt noch als letzter Teil des Verses Dan. 2,22 «und das *Licht* wohnt bei ihm»: dies verweise auf die Gerechten, von denen es heißt: «*Licht* wird ausgesät für die *Gerechten*» (Ps. 97,11).

Damit ist in einem sorgfältig geknüpften Netzwerk weit verstreuter Bibelverse der Bogen von der Urzeit zur Endzeit geschlagen. Die Urzeit der Schöpfung findet ihren Zielpunkt in der Endzeit. Sie ist ein Schlusspunkt in Zeit und Raum der Schöpfung und wird durch das Verhalten der Menschen in der Geschichte bestimmt: Die Frevler, die sich ständig und willentlich falsch entschieden haben, werden in der Unterwelt / Hölle landen; die Gerechten, die zumindest überwiegend richtige Entscheidungen getroffen haben, werden im Paradies enden. Um das Bild der Endzeit vollständig zu machen, bezieht der Midrasch am Schluss auch noch den Messias ein. Der Redaktor begnügt sich hier mit der einfachen Feststellung: «Und das Licht wohnt bei ihm: Das ist der König Messias», und verzichtet auf einen Schriftbeweis – weil es diesen in der Schlüssigkeit der anderen Schriftbeweise schlicht und einfach nicht gibt. Aber die Intention ist klar: Der Redaktor bezieht sich auf das Licht des ersten Schöpfungstages als Ergebnis des ersten göttlichen Schöpfungsaktes, das bekanntlich vom Licht der am vierten Tag erschaffenen Gestirne zu unterscheiden ist und das Philon als Inbegriff der Ideenwelt verstand. Unser Midrasch unterstellt, dass dieses Licht der König Messias ist, der danach also seit Beginn der Schöpfung bei Gott im Himmel «wohnt» und auf den Zeitpunkt wartet, an dem er in Erscheinung treten kann. Dies ist ein weiterer Hinweis auf die rabbinische «Historisierung» der Schöpfung im Unterschied zur «Philosophierung» im Sinne der platonischen Ideenlehre. Entsprechend fragt ein Auslegungsmidrasch zu Gen. 1,3: «Wo ist es [das Licht] denn (geblieben)?»,[28] und antwortet: «Es wurde verborgen für die Gerechten der zukünftigen Welt», das heißt, es bleibt versteckt bei Gott im Himmel bis zum Kommen des Messias, das den Beginn der zukünftigen Welt signalisiert.[29]

Der zweite Teil dieser Untereinheit stellt die Verbindung zwischen Proömiumvers (Dan. 2,22) und Grundvers (Gen. 1,1–3) her. Das «Tiefe», «Verborgene» und im «Dunkeln» liegende wird jetzt nicht auf die

Frevler und die Gerechten bezogen, sondern auf alles, was in den *Tiefen der Hebräischen Bibel* verborgen ist: Dies alles hat Gott von Anfang an offenbar gemacht; er hat immer mit offenen Karten gespielt. Der Grundvers stellt danach nur das bloße Faktum fest, *dass* Gott den Himmel und die Erde erschaffen hat, aber um zu begreifen, *wie* er dies getan hat, müssen wir wieder andere Verse der Hebräischen Bibel hinzuziehen. Wie also hat Gott den Himmel erschaffen? Das sagt uns Jes. 40,22: «Er breitet den Himmel aus *wie ein feines Tuch*, er spannt ihn aus *wie ein Zelt*, darin zu wohnen.» Der Himmel besteht demnach aus einem feinen, gewebten Material, das Gott über dem Erdenkreis ausgespannt hat. Und die Erde? Das erfahren wir aus Hiob 37,6: «Dem Schnee befiehlt er [Gott]: Werde Erde!» Die Erde entstand demzufolge aus Schnee. Was dieses Bild genau vermitteln soll, ist strittig. Man kann an gefrorenen Schnee, also Eis denken, aus dem in einem langen Prozess die Erde wurde. Andere sehen in dem Schnee ein Bild für Samen, aus dem die Erde spross. Und schließlich das Licht. Hier hilft Ps. 104,2 weiter: «Du [Gott] hüllst dich in Licht wie in ein Gewand, spannst den Himmel aus wie ein Zelt.» Gott hat sich demnach in Licht gekleidet und dann befohlen: «Es werde Licht!» (Gen. 6,3) Das geheimnisvolle Urlicht, das vor den Gestirnen erschaffen wurde, die die Erde erleuchten, stammt direkt von dem Licht, mit dem Gott bei seinem Schöpfungsakt umhüllt war, ist ein göttliches Licht.

Wie Himmel und Erde *ent*standen und *woraus* sie *be*standen, erfahren wir somit nur, wenn wir die ganze Hebräische Bibel im Blick haben, denn die Bibel ist eine Einheit, die immer als Ganze zu sehen ist. Genau dies meint auch das häufig zitierte rabbinische Diktum «Es gibt kein ‹Früher / Vorher› und ‹Später / Nachher› in der Torah», die 32. und letzte Regel der hermeneutischen Regeln, die den rabbinischen Auslegungen zugrunde liegen. Natürlich wussten die Rabbinen, dass es im Verlauf der Geschichte frühere und spätere Ereignisse gibt, aber an einer solchen Geschichtsschreibung waren sie nicht interessiert.[30] Für sie galt immer die hermeneutische Einheit ihrer Bibel, in der man alle Teile kennen musste, um zu einem vollständigen Bild zu gelangen. Es versteht sich von selbst, dass auch in diesem Punkt allein die Rabbinen die wahren Meister der Torah waren, die den Laien den richtigen Weg weisen konnten. Die Torah im Sinne der Gesamtheit der kanonischen

Schriften, enthält, sachgerecht von den Rabbinen erklärt, alles, was für das Verständnis der Welt nötig ist. Missverstandene kosmologische Informationen innerhalb der Torah oder gar kosmologische Theorien außerhalb der Torah sind irrelevant. Nichts in der Welt entgeht der Kontrolle Gottes und damit eben auch der Kontrolle der Rabbinen. Indirekt unterstützt und verstärkt unser Midrasch somit die «These» der ersten Untereinheit: Die Torah in der Auslegung der Rabbinen ist der Weltenplan.

Gott der alleinige Schöpfer

Ein weiteres Proömium (*Bereschit Rabba* 1,7) ordnet Ps. 119,160 als Proömiumvers dem Grundvers Gen. 1,1 zu: «Der Anfang (*rosch*) deines [Gottes] Wortes ist Wahrheit, [jeder Entscheid deiner Gerechtigkeit gilt auf ewig].» Das bedeutet, erläutert der Midrasch, dass Gott seit Beginn der Weltschöpfung die Wahrheit gesprochen hat, und ergibt sich (wieder) aus der sprachlichen Analogie zwischen Grundvers und Proömiumvers: Das erste Wort der göttlichen Offenbarung ist das Wort *bereschit* («im Anfang»), in dem das Wort *rosch* («Anfang») enthalten ist. Wenn also Ps. 119,160 sagt, dass der Anfang (*rosch*) aller Worte Gottes Wahrheit ist, ergibt sich daraus, dass Gott vom Anfang seiner Bibel an (*be-reschit*) immer die Wahrheit gesprochen hat. Was diese Wahrheit ist, wird nicht ausdrücklich gesagt, ergibt sich aber aus der Fortsetzung von Gen. 1,1: «Am Anfang schuf *Gott* den Himmel und die Erde.» Gott allein ist somit der eine und einzige Schöpfer der Welt; dies ist die Wahrheit, die Gott schon am Anfang der Bibel verkündet hat. Diese Wahrheit gilt nach dem Proömiumvers «für immer und ewig (*le-ʿolam*)». Das hebräische *le-ʿolam* bedeutet zeitlich «für immer», aber auch räumlich «für die (ganze) Welt». Die Wahrheit gilt somit für die Welt mit all ihren Bewohnern, nicht nur für Israel. Deswegen spricht der Midrasch im Folgenden auch ausdrücklich von «allen Geschöpfen», denen aufgetragen ist, seine «gerechten Entscheidungen» anzuerkennen.

Allerdings weiß der Midrasch um ein Problem, auf das die Rabbinen immer wieder gestoßen werden und das er hier nicht mehr ignorieren kann: Der «Gott», der nach Gen. 1,1 Himmel und Erde erschuf, heißt Hebräisch *Elohim*, und dieses Wort ist formal ein Plural («Götter»), woraus man schließen könnte, dass mehrere Götter die Welt erschaffen hätten. Gegen diese scheinbare «Wahrheit» stellt Gott seine wirkliche Wahrheit:

> Jede einzelne Entscheidung, die du [Gott] über deine Geschöpfe verhängst, akzeptieren sie und nehmen sie vertrauensvoll an. Kein einziges Geschöpf wird (dir) widersprechen und sagen: «Zwei Mächte gaben die Torah, zwei Mächte erschufen die Welt!» Es steht hier [in der Bibel] nämlich nicht geschrieben: «Und die Götter (*Elohim*) sprachen», sondern «Und Gott (*Elohim*) *sprach*» (Ex. 20,1), und es steht auch nicht geschrieben: «Am Anfang schufen [die Götter (*Elohim*)], sondern «Am Anfang *schuf* [Gott (*Elohim*)]» (Gen. 1,1).[31]

Allen Menschen auf der Welt, nicht nur dem Volk Israel, ist aufgetragen, die göttliche Wahrheit zu akzeptieren, dass ein einziger Gott, der Gott Israels, die Welt erschaffen hat, nicht zwei oder mehrere Götter.[32] Diese Aussage reagiert auf den Einwand, dass es in Wirklichkeit wenigstens zwei Götter waren, die die Welt erschufen (Gen. 1,1) und Israel die Torah gaben (Ex. 20,1).[33] Dagegen führten die Rabbinen ins Feld, dass das Verb, das dem Nomen *Elohim* (formal ein Plural) zugeordnet ist, im Singular steht (*Elohim schuf* oder *sprach*), dass also von «Göttern» im Sinne des paganen Pantheons keine Rede sein kann. Philologisch haben die Rabbinen hier zweifellos recht,[34] aber die zahlreichen Stellen in der rabbinischen Literatur, in denen dieses Problem vorgetragen und diskutiert wird, bezeugen, dass der Gottesname im Plural ständig ein Stein des Anstoßes war.[35]

Wer die Gegner waren, gegen die Rabbinen sich hier wehren, wird in der Forschung seit langem diskutiert. Die Bandbreite reicht von paganen Philosophen über Anhänger der Gnosis oder Christen bis hin zu Kreisen innerhalb des rabbinischen Judentums. Favorit war lange die Gnosis mit ihrer Unterscheidung zwischen einem obersten guten und einem untergeordneten bösen Gott (Demiurgen), der für die Erschaffung der Materie zuständig war. Inzwischen beginnt sich die Ansicht durchzusetzen, dass es wenig sinnvoll ist, sich auf die eine oder andere Richtung festzulegen, weil die Grenzen zwischen den verschiedenen Strömungen gerade auch im Judentum lange fließend waren und man weder von *der* Gnosis noch von *dem* Christentum noch von *dem* Judentum sprechen kann.³⁶ Gegen alle möglichen widerstrebenden Tendenzen innerhalb dessen, was sich später zu «Judentum» und «Christentum» ausdifferenzieren sollte, besteht unser Midrasch darauf, dass Gott als der alleinige Weltschöpfer anzuerkennen ist und dass er diese Anerkennung nicht nur von seinem Volk Israel, sondern von allen Menschen auf der Welt verlangt.

Das Land Israel

Auch die nächste Untereinheit (*Bereschit Rabba* 1,2) ist als Proömium gestaltet. In ihr geht es darum, dass die Bibel *von Anfang an* ein Buch der Geschichte ist, und zwar nicht irgendwelcher Geschichten oder auch der Geschichtsschreibung, sondern der sich entfaltenden Geschichte Gottes mit seinem Volk Israel. Vor dem Hintergrund der vorangegangenen Diskussionen lässt sich vermuten, dass die Rabbinen damit vor allem Fragen der Kosmogonie, der Entstehung der Welt, abwehren wollen. Durch die Wahl des Proömiumverses Ps. 111,6 geraten jetzt zum ersten Mal die anderen Völker neben Israel in den Blick:

> «Die Macht seiner Werke verkündete er [Gott] seinem Volk [Israel], um ihnen [Israel] das Erbe der Völker zu geben» (Ps. 111,6). Was ist der Grund, dass der Heilige, er sei gepriesen, Israel offenbarte, was am ersten und am zweiten Tage usw. erschaffen wurde? Wegen der Völker der Welt [der Heidenvölker], dass sie Israel nicht schmähen und zu ihnen sagen können: Ihr seid doch nichts anderes als ein Räubervolk! Denn Israel kann ihnen antworten: Ihr seid doch die, die ihr die Beute in euren Händen haltet, heißt es doch: «Die Kaftoriter, die aus Kaftor gekommen waren, vernichteten sie, usw. [und setzten sich an ihre Stelle]» (Deut. 2,23). Die Welt und alles, was sie erfüllt, gehört dem Heiligen, er sei gepriesen. Wenn er wollte, gab er sie euch [den Völkern], und wenn er wollte, nahm er sie euch weg und gab sie uns [Israel]! Das ist es, was geschrieben steht: «Die Macht seiner Werke verkündete er [Gott] seinem Volk [Israel], um ihnen [Israel] das Erbe der Völker zu geben» (Ps. 111,6). Er verkündete ihnen [Israel] den Anfang: «Am Anfang schuf Gott, usw. [den Himmel und die Erde]».³⁷

Das Proömium fragt, warum Gott in den ersten Versen der Bibel so genau aufschlüsselt, was er im Einzelnen erschaffen hat. Antwort: Eben nicht, weil er Israel erklären wollte, in welcher Reihenfolge und wie genau die Welt erschaffen wurde, sondern weil er von Anfang an die weitere Geschichte Israels mit den es umgebenden Völkern bedachte. Gott wusste schon bei der Erschaffung der Welt, dass die anderen Völker Israel schmähen und als ein Volk von Räubern anklagen würden. Der Midrasch lässt offen, worauf sich die Behauptung, Israel sei ein Räubervolk, gründet, aber der Kontext des zitierten Verses Deut. 2,23 stellt dies klar. Die rabbinische Exegese eines Bibelverses beruht oft auf einer subtilen Deutung unter Einschluss des ihn umgebenden biblischen Textes, die sie keineswegs immer explizit macht.

In Deuteronomium 2 geht es um die Eroberung des Ostjordanlandes nach dem Zug Israels durch die Wüste, das heißt um die sog. Landnahme. Ein Stammeskönigtum nach dem anderen fällt den Israeliten zum Opfer; die Bewohner werden ausnahmslos getötet, als Beute wird nur der bewegliche Besitz mitgenommen: «Damals eroberten wir alle seine Städte. Wir vollzogen an ihrer ganzen Bevölkerung den Bann, auch an den Frauen samt Kindern und Alten. Keinen ließen wir überleben. Als Beute behielten wir nur das Vieh und das, was wir in den eroberten Städten geplündert hatten» (Deut. 2,34 f.). Das vernichtende – und, wie dieser Kontext zeigt, zutreffende – Urteil der Heidenvölker kontert Israel mit Deut. 2,23: «Die Kaftoriter, die aus Kaftor gekommen waren, vernichteten sie [die Awiter].» Hier ist im Kontext der israelitischen Landnahme von den Raubzügen verschiedener Völker die Rede, die andere Volksstämme eroberten. Als Beispiel werden im Midrasch die Kaftoriter genannt, die die in der Gegend von Gaza lebenden Awiter erobert und vernichtet hatten. Dies ist noch relativ harmlos und will sagen: Die Landnahme ist keine Besonderheit der Israeliten, auch andere Völker haben Volksstämme erobert und sich an ihre Stelle gesetzt. Allerdings werden im Bibeltext unmittelbar vor den von den Kaftoritern eroberten Awitern ausgerechnet die Nachkommen Esaus erwähnt, denen Gott erlaubte, die Horiter zu unterwerfen: «Das war das Gleiche, was der Herr für die Nachkommen Esaus getan hat, die in Seïr sitzen. Als sie vordrangen, vernichtete er [Gott] die Horiter. Die Nachkommen Esaus übernahmen ihren Besitz und setzten sich an ihre Stelle» (Deut. 2,22). Die von den Nachkommen Esaus vollständig und für alle Zeiten vernichteten Horiter lebten in dem Seïr genannten Gebirgszug im Ostjordanland, nordöstlich vom Golf von Aqaba.[38] Da das Seïr-Gebirge auch Teil des zwischen dem dreizehnten und dem achten Jahrhundert v. Chr. blühenden Königreichs Edom war, macht die Bibel Esau auch zum Stammvater der Edomiter (Gen. 36,1.43). Diese Gleichsetzung wurde dadurch erleichtert, dass «Edom» auf die hebräische Wurzel *adom* («rot») zurückgeht – vermutlich aufgrund der rötlichen Farbe des Gebirges – und dass Esau bei seiner Geburt als «rötlich» (*admoni*) bezeichnet wird (Gen. 25,25): Der «rötliche» Esau – entweder von rötlicher Haut oder mit roten Haaren – wird so zum Stammvater der Edomiter.

Mit diesem impliziten Hinweis auf Esau geht der Midrasch weit über das hinaus, was durch den biblischen Kontext abgedeckt ist. Im Kontext von Deut. 2 wird eigentlich nur gesagt, dass die Nachkommen Esaus, genauso wie die Israeliten, andere Volksstämme eroberten und ihren Besitz erbeuteten, und zwar mit der ausdrücklichen Billigung Gottes. Mit dem Stichwort «Esau» und «Edom» öffnet der Midrasch aber eine Büchse der Pandora, die viel weiterreichende Assoziationen freisetzt. Dazu muss man wissen, wie die Rabbinen Esau und seine weitere Geschichte beurteilten. Esau war bekanntlich der älteste Sohn Isaaks und Enkel Abrahams, genau genommen der Zwillingsbruder Jakobs, der unmittelbar vor diesem geboren wurde (Gen. 25,24–26). Schon kurz vor der Geburt der Zwillinge hatte Gott Rebekka, der Frau Isaaks, verkündet:

> Zwei Völker sind in deinem Leib,
> zwei Stimmen trennen sich schon in deinem Schoß.
> Ein Stamm ist dem anderen überlegen,
> der ältere muss dem jüngeren dienen.[39]

Diese Verheißung sollte sich, wie vorhergesagt, erfüllen: Der ältere Bruder Esau kam erschöpft von der Jagd zurück und gierte nach dem Linsengericht seines Bruders, das passenderweise auch von roter Farbe war (*adom*), und Jakob erfüllte ihm seinen Wunsch nur unter der Bedingung, dass Esau ihm dafür sein Erstgeburtsrecht verkaufte (Gen. 25,29–34). Damit begann die Geschichte einer langen Feindschaft zwischen den beiden Brüdern, die noch dadurch verschärft wurde, dass Jakob seinem Bruder Esau durch einen schäbigen Trick auch noch den Erstgeburtssegen ihres Vaters Isaak stahl (Gen. 27). Als Esau dies begriff, erklärte sein Vater Isaak ihm, dass er den Erstgeburtssegen nicht mehr von Jakob zurücknehmen könne; immerhin hatte er aber den folgenden Segen als Ersatz für den doppelt düpierten Esau bereit:

> Siehe, deine Wohnung wird sein ohne das Fett der Erde
> und ohne den Tau des Himmels oben.
> Von deinem Schwert wirst du leben,
> und deinem Bruder wirst du dienen!
> Doch wenn du dich losreißt,
> wirst du sein Joch von deinem Nacken brechen.[40]

Dies ist ein zweischneidiger «Segen», denn er besagt letztlich, dass Esaus Lebensgrundlage nicht der Ackerbau und die Viehzucht sein wird, sondern das «Schwert», also das, was er durch Mord, Totschlag und Raub erbeuten kann.[41] Er wird für immer seinem Bruder Jakob untergeordnet sein, wie Gott es schon ihrer Mutter verkündet hatte, denn Jakob wird der Stammvater Israels. Esau dagegen wird nach rabbinischer Deutung nicht nur der Stammvater der Edomiter, sondern am Ende auch Roms. Auch diese Identifikation beruht sich auf die rote Farbe, diesmal vermutlich als die Farbe des Blutes und damit der römischen Gewaltherrschaft, und auf die Verheißung seines Vaters Isaak, dass Esau von seinem Schwert leben wird: Mit seiner brutalen Gewaltherrschaft über alle eroberten Völker und nicht zuletzt auch über das Volk Israel hat sich Esau, wie im letzten Satz des «Segens» verheißen, endgültig von seinem Bruder Jakob emanzipiert. Jakob/Israel und Esau/Rom sind die letzten großen Gegenspieler der jüdischen Geschichte geworden. Nach der Unterdrückung Israels durch die Großreiche der Babylonier und Assyrer, die als ein Reich gezählt werden, der Perser und der Griechen wird Israel nun von dem vierten Großreich Rom beherrscht und versklavt, paradoxerweise der Inkarnation Esaus, des Bruders Jakobs.

Der Midrasch entstand spätestens am Anfang des fünften Jahrhunderts, als die Christianisierung des Römischen Reiches auf ihren Höhepunkt zustrebte. Damit stehen «Esau» und «Edom» nicht mehr nur für «Rom» im Sinne des Imperiums, sondern auch im Sinne von «Christentum». Die Herrschaft Roms war für die Rabbinen doch noch nicht der Endpunkt der Geschichte, mit dem die ersehnte Erlösung eintreten würde; «Rom» wurde durch das «Christentum» abgelöst, und dieses Christentum sollte das Judentum noch für viele Jahrhunderte beherrschen und unterdrücken. Dadurch gewinnt das Land, um dessen Besitz Israel und die anderen Völker sich in der Bibel und im Midrasch streiten, noch eine zusätzliche Bedeutung. Als Teil des römischen und später des oströmischen Reiches war das Land der Juden eine römische Provinz, aber mit dem Christentum wurde es auch zum «Heiligen Land» der Christen, das Kaiser Konstantin und seine Mutter Helena nun begannen, mit prächtigen Kirchen zu schmücken und zum Zentrum eines florierenden christlichen Pilgerwesens zu machen. Jetzt ging es nicht mehr allein um den politischen Besitz des Landes, sondern auch um den geistigen Besitz. Das Land wurde zu einer spirituellen Größe, zum Sehnsuchtsort und zur Heimat aller Christen. Auch gegen diesen immer stärker werdenden Anspruch kämpft der Midrasch an, indem er erst den Römern und dann den Christen seiner eigenen Zeit sagt: Es mag euch so scheinen, dass dieses Land euch gehört. Aber es gehört letztlich nur Gott, und Gott nimmt es, von wem er will, und er gibt es, wem er will, im Auf und Ab der Geschichte. Doch eines bleibt klar, weil Gott es von Anfang an, schon bei der Erschaffung der Welt, so festgelegt hat: Am Ende gehört das Land dem Volk Israel und wird denen weggenommen, die sich seiner so sicher gefühlt hatten. Gott ist der Schöpfer und Herr der Welt und hat in seiner souveränen Allmacht bestimmt, dass das Land Israel nach allen Irrungen und Wirrungen der Geschichte seinem geliebten Volk gehören wird.

Gott hatte keine Helfer

In der nächsten Unterabteilung (*Bereschit Rabba* 1,3), ebenfalls einem Proömium, wählt der Redaktor als Proömiumvers Ps. 86,10: «Denn groß bist du und tust wunderbare Dinge, [du Gott allein].»[42] Dieser Vers wird erstmals in dieser Paraschah nicht durch biblische Themen oder Ereignisse erläutert, sondern durch eine Naturbeobachtung:

> Diese Lederhaut,[43] wenn sie ein Loch (so klein) wie ein Nadelöhr hat, alle darin enthaltene Luft entweicht (sofort). Dieser Mensch aber, der aus lauter Hohlräumen und Körperöffnungen besteht, dessen Luft entweicht keineswegs durch diese! Wer hat dies bewirkt?: «Du Gott allein!» (Ps. 86,10)[44]

Hier haben wir den in der rabbinischen Literatur seltenen Fall einer durch die Natur gewonnenen Erfahrung, die aber nicht naturwissenschaftlich erklärt wird, sondern durch den Verweis auf den allmächtigen und alleinigen Gott, der dieses menschliche Wunderwerk erschaffen hat.

Im nächsten Abschnitt werden die Engel thematisiert, um auszuschließen, dass sie Gottes Helfer bei der Schöpfung gewesen sein könnten. Die Rabbinen hängen diese Frage daran, an welchem Tag des göttlichen Schöpfungswerkes die Engel erschaffen wurden. Von den Engeln ist dort nämlich nirgendwo ausdrücklich die Rede, aber sie gehören für die Rabbinen ganz selbstverständlich zum himmlischen Inventar, und deswegen muss diese Frage aufgeworfen werden. Die Engel sind schon in der Hebräischen Bibel ein nicht unproblematisches Thema: Sie werden dort häufig erwähnt und spielen als göttlicher Hofstaat und Gottes Boten / Gesandte für seinen Kontakt mit den Menschen eine wichtige Rolle. Religionsgeschichtlich sind sie wahrscheinlich depotenzierte Götter, das heißt Mitglieder des kanaanäischen Pantheons, die von den Autoren und Redaktoren der Bibel schrittweise entthront und in Engel umgewandelt wurden. Weil sie unterschwellig immer in Konkurrenz zum alleinigen biblischen Gott JHWH / Elohim standen, mussten die Rabbinen betonen, dass die Engel selbstverständlich von Gott erschaffen wurden, wie jedes andere Geschöpf, und Gott immer untergeordnet waren. Umstritten war lediglich, an welchem Tag des Sechstagewerks Gott seine Engel erschuf.

In typisch rabbinischer Manier kann diese Frage nur mit Hilfe von Bibelversen aus anderen Teilen der Hebräischen Bibel geklärt werden. Der erste zitierte Rabbi schlägt vor, dass sie am zweiten Schöpfungstag erschaffen wurden und schließt das aus dem Psalmvers 104,3: «Du [Gott] verankerst die Balken deiner himmlischen Wohnung [des Himmels] im Wasser.» Dieser Vers bezieht sich, so die Interpretation des Rabbi, auf die Scheidung der oberen und unteren Wasser durch ein Firmament, wobei oberhalb des Firmaments der Himmel liegt und unterhalb die Erde, so wie es in Gen. 1,4 beschrieben ist. Und was hat das mit den Engeln zu tun? Antwort: Wir wissen aus der Bibel, dass die Scheidung der Wasser am zweiten Schöpfungstag stattfand, und nun folgt im zitierten biblischen Kontext von Ps. 104,3 – für die rabbinische Denkweise keineswegs so, wie es der Zufall will, sondern ganz im Gegenteil, wie Gott es uns durch seine Bibel offenbaren will – auf die Scheidung der Wasser ausgerechnet ein Hinweis auf die Engel: «Du machst die Winde zu deinen Boten» (Ps. 104,4), und diese «Boten» sind natürlich die Engel. Daraus ergibt sich der für den Rabbi schlüssige Beweis: So wie die Scheidung der Wasser am zweiten Schöpfungstag stattfand, muss auch die unmittelbar darauf erwähnte Erschaffung der Engel («du *machst* ...») am zweiten Schöpfungstag erfolgt sein.

Ein weiterer Rabbi schlägt stattdessen den fünften Schöpfungstag als Tag der Erschaffung der Engel vor und erschließt das aus Gen. 1,20 und Jes. 10,2. In Gen. 1,20 heißt es: «Und Vögel sollen über der Erde fliegen.» Das ist im Hebräischen ein Wortspiel mit derselben Wurzel und bedeutet wörtlich: «Und Geflügel (*'of*) fliege (*je'ofef*) über der Erde.» Und in Jes. 10,2 heißt es: «Und mit zwei [Flügeln] flog (*je'ofef*) er» (gemeint ist der Seraf beim Thron Gottes im Tempel). So können wir vom Erschaffungstag der Vögel auf den der Engel schließen: Die geflügelten Vögel wurden nach dem Schöpfungsbericht am fünften Tag erschaffen; folglich müssen auch die geflügelten Serafen, die feurigen Engel beim göttlichen Thron im irdischen und im himmlischen Tempel, am fünften Tag erschaffen worden sein. Man kann nach überwiegender rabbinischer Meinung gerne darüber streiten, ob die Engel am zweiten oder fünften erschaffen wurden, solange der eine entscheidende Punkt unstritten bleibt:

> Egal, ob man sich der Meinung von Rabbi X [zweiter Tag] oder von Rabbi Y [fünfter Tag] anschließt, alle sind sich einig, dass keiner (von den Engeln) am ersten Tag erschaffen wurde, damit man nicht sagen kann: Michael spannte (die Welt) im Süden aus und Gabriel im Norden, während der Heilige, er sei gepriesen, sie in der Mitte ausmaß. Vielmehr: «Ich bin der Herr, der alles gemacht hat, der allein den Himmel ausgespannt, der aus eigener Kraft (*me'itti*) die Erde ausgebreitet hat» (Jes. 44,24) – *mi 'itti* («wer mit mir?») steht im Bibeltext geschrieben:[45] Wer war zusammen mit mir mein Teilhaber bei der Erschaffung der Welt?!

> Nach der Weise der Welt, ein König aus Fleisch und Blut wird in seinem Land geehrt, und die Granden seines Reiches werden zusammen mit ihm geehrt. Warum? Damit sie die Last (des Staates) mit ihm zusammen tragen! Aber der Heilige, er sei gepriesen, ist nicht so. Vielmehr: Er allein schuf seine Welt, er allein wird in seiner Welt verherrlicht! Rabbi Tanchuma sagte: «Denn groß bist du und tust wunderbare Dinge» (Ps. 86,10). Warum? «Du Gott bist allein» (ibid.):[46] Du allein erschufst die Welt: «Am Anfang erschuf Gott [den Himmel und die Erde].» (Gen. 1,1)[47]

In der Wahrung der göttlichen Allmacht als alleinigem Schöpfergott gehen die Rabbinen keinerlei Risiko ein. Es muss alles vermieden werden, was diese Prärogative beeinträchtigen könnte, und deswegen dürfen die Engel auf keinen Fall am ersten Tag erschaffen worden sein. Denn dann könnte der aus rabbinischer Sicht ebenso falsche wie gefährliche Eindruck entstehen, sie wären an der Erschaffung der Welt beteiligt gewesen. Wenn dies so wäre, wären sie Gottes Mit-Schöpfer und folgerichtig auch seine Mit-Götter, und damit wäre jedes Bollwerk, das die Rabbinen gegen die Vorstellung von mehreren Göttern im himmlischen Pantheon errichtet haben, zunichte gemacht. Das abschließende Gleichnis setzt diesen theologischen Grundgedanken in Beziehung zu der Lebenswirklichkeit der Rabbinen in der römischen Provinz Palaestina: Der «König aus Fleisch und Blut» ist hier der von Rom entsandte Provinzstatthalter, der zusammen mit den Granden seiner Provinz herrscht und darauf angewiesen ist, diese an den ihm erwiesenen Ehrenbezeugungen teilhaben zu lassen. Gott aber ist kein Provinzstatthalter, sondern der Herr der Welt, die er ganz alleine regiert, weil er sie auch ganz alleine erschaffen hat.

Die Rabbinen folgen damit konsequent der ihrer Meinung nach in der Hebräischen Bibel vorgegebenen Linie. Aber diese Linie war keineswegs so unumstritten, wie sie uns glauben machen wollen. In dem apokryphen, spätestens im frühen zweiten Jahrhundert v. Chr. entstandenen Jubiläenbuch klingt es noch ganz anders:

> Am ersten Tag schuf er [Gott] die Himmel droben, die Erde und die Gewässer,
> ebenso alle Geister, die vor ihm dienen.
> Die Engel des Angesichts und die Engel der Heiligung,

ferner die Engel (des Feuergeistes und die Engel) des Windgeistes,
die Engel des Wolkengeistes, des Geistes der Finsternis, des Schnees
und des Reifes,
die Engel der Stimmen, des Donners und des Blitzes,
die Engel der Geister der Kälte und der Hitze,
des Winters, des Frühlings, der Ernte und des Sommers
und aller Geister seiner Werke in den Himmeln und auf Erden,
in den Abgründen und in der Finsternis,
des Abends, des Lichts, der Morgenröte und des Morgens,
alles dessen, was er mit seines Herzens Wissen bereitet hat.[48]

Im Jubiläenbuch diktiert der «Engel des Angesichts» – das heißt der Engel, der vor dem göttlichen Angesicht im Himmel steht, einer der höchsten Engel – Moses die Geschichte Israels von der Erschaffung der Welt bis zu der vorausgesetzten Gegenwart, der Gabe der Torah auf dem Berg Sinai. Demnach beginnt die Weltschöpfung mit dem Himmel, der Erde und den Wassern, also den oberen und unteren Wassern, und dann den Engeln. Diese Reihenfolge ist offensichtlich aus dem «Geist/Wind/Hauch Gottes» (*ruach Elohim*) in Gen. 1,2 herausgelesen, wobei der «Geist» als «Geister» (im Plural) verstanden ist: In Wirklichkeit sind es die Engel Gottes, die, gerade erschaffen, über den Wassern schweben. Aufgabe aller Engel ist es, Gott zu «dienen» – daher der rabbinische Begriff «Dienstengel» –, indem sie Gottes Aufträge im Himmel und auf der Erde erfüllen.

Die thematische Spannbreite des Jubiläenbuchs von der Weltschöpfung bis zur Gabe der Torah am Sinai wirft ein anderes heikles Thema auf, die Beteiligung der Engel an der Offenbarung. Die höchsten Engel in der Engelhierarchie sind die «Engel des Angesichts», deren Anführer als Medium der göttlichen Offenbarung auftritt. Damit ist zwar die Stellung Gottes als des Urhebers der Offenbarung nicht aufgegeben, aber sie ist doch deutlich relativiert, indem zwischen Gott und Moses der Engel des Angesichts als unverzichtbarer Mittler eingeschoben wird. Es ist sicher kein Zufall, dass es genau diese Linie ist, die im hellenistischen Judentum und dann, als Höhepunkt, im Neuen Testament weitergeführt wird. Bei dem platonisierenden jüdischen Philosophen Philon haben wir gesehen, dass er, ganz anders als die Rabbinen, keine Probleme damit hatte, Gott schon bei der Erschaffung des Menschen

«Helfer» zuzugestehen, «Kräfte», denen Gott die Aufgabe zuweist, den sterblichen Teil der menschlichen Seele zu erschaffen, während er sich selbst den rationalen und damit unsterblichen Teil vorbehielt – ganz im Sinne von Platons *Timaios*.

Philons jüngerer Zeitgenosse, der Historiker Josephus Flavius, geht sogar so weit, ohne jede Einschränkung und jedes Bedenken zu erklären: «Wir haben die vornehmsten unserer Lehren und die heiligsten unserer Gesetze von den Engeln gelernt, die (uns) Gott geschickt hat.»[49] Der Völkerapostel Paulus, der es sich zur Lebensaufgabe gemacht hatte, das Judentum für Nichtjuden ohne vorherige Beschneidung zu öffnen, rekurriert genau auf diese Vermittlung der göttlichen Offenbarung durch die Engel, um zu beweisen, dass das jüdische «Gesetz» zweitrangig ist:

> Warum gibt es denn das Gesetz? Wegen der Übertretungen wurde es hinzugefügt, bis der Same käme, dem die Verheißung gilt. Es wurde durch Engel erlassen und durch einen Mittler bekanntgegeben.[50]

Für Paulus ist das «Gesetz» vorläufig, nämlich dazu bestimmt, den Zeitraum zwischen dem (alten) Bund mit Abraham und dessen «Samen» bis zur Ankunft des eigentlichen «Samens», Jesus Christus (so Gal. 3,16), zu überbrücken. Dieses vorläufige Gesetz war «durch Engel erlassen» und nicht direkt durch Gott, und deswegen ist es nicht nur vorläufig, sondern auch minderwertig, in jeder Hinsicht dem neuen Gesetz unterlegen, das den neuen Bund in der Person Jesu Christi inauguriert. Es ist allein dieses neue Gesetz des neuen Bundes, das, anders als das alte Gesetz, direkt durch Gott erlassen wurde und nicht durch seine Boten. Deswegen liegt dem Verfasser des Hebräerbriefes auch so viel daran zu betonen, dass Jesus den Engeln überlegen ist (Hebr. 1,4) und dass die von Jesus verheißene Erlösung um Vieles wirksamer und verpflichtender ist als das von den Engeln vermittelte Gesetz (Hebr. 2,2 f.). Genau auf dieser Linie verkündet auch der hellenistische Jude Stephanus, der Diakon der Jerusalemer Urgemeinde und erste Märtyrer des entstehenden Christentums, in seiner großen Rede vor dem Hohen Rat der Ältesten, Schriftgelehrten und Hohenpriester:

Ihr Halsstarrigen, unbeschnitten an Herzen und Ohren! Immerzu widersetzt ihr euch dem Heiligen Geist, eure Väter schon und nun auch ihr. Welchen der Propheten haben eure Väter nicht verfolgt? Sie haben die getötet, die die Ankunft des Gerechten [Jesu] geweissagt haben, dessen Verräter und Mörder ihr jetzt geworden seid. Ihr seid diejenigen, die das Gesetz durch die Anordnung von Engeln empfangen, es aber nicht gehalten habt![51]

Als die Juden dies hörten, «waren sie in ihrem Herzen aufs Äußerste über ihn empört und knirschten mit den Zähnen gegen ihn» (Apg. 7,54). Dieser Wutausbruch galt weniger dem Hinweis, dass sie die Torah auf Geheiß der Engel empfangen hatten, das war für das hellenistische Judentum fast schon selbstverständlich. Es war vielmehr der Vorwurf der Halsstarrigkeit, die Unterstellung, dass sie zwar großen Wert auf die Beschneidung als das entscheidende Kennzeichen der Zugehörigkeit zum Judentum legten, aber an ihrem Herzen und ihren Ohren unbeschnitten geblieben waren, und dass sie deswegen auch die Torah nie in ihrem eigentlichen Sinne erfüllten. Dieser Generalverdacht löste den ungezügelten Ausbruch der Wut und des Hasses der Juden aus und führte sofort anschließend zur Steinigung des Stephanus.

Wahrscheinlich richteten sich die Autoren dieses Proömiums im Midrasch *Bereschit Rabba* mit ihrem kompromisslosen Beharren auf der alleinigen Schöpfermacht Gottes, ohne Beteiligung der Engel, gegen Strömungen zunächst im hellenistischen Judentum und dann auch im Christentum, die den Engeln aus ihrer Sicht zu viel Macht und Einfluss zugestehen wollten – weil diese Strömungen am Ende dem Christentum mit seinem über die Engel erhobenen Erlöser Jesus Christus den Weg bereiteten.

Schöpfung und Geschichte

Mit dieser Untereinheit (*Bereschit Rabba* 1,4) verlässt die Paraschah die literarische Form der Proömien und leitet zum exegetischen Midrasch im engeren Sinne über, der Vers-für-Vers- und Wort-für-Wort-Auslegung des biblischen Textes. Es geht immer noch um den Anfang von Gen. 1,1: «Am Anfang schuf Gott». Der Midrasch beginnt mit der lapidaren, keinem Tradenten zugewiesenen Feststellung: «Sechs Dinge gingen der Erschaffung der Welt voraus. Einige von ihnen wurden (tatsächlich sofort) erschaffen, andere von ihnen stiegen (zunächst nur) in (Gottes) Gedanken auf, (mit der Absicht) erschaffen zu werden.» Dieser vieldiskutierte Midrasch wird an verschiedenen Stellen in der rabbinischen Literatur überliefert.[52]

In der ersten Kategorie der tatsächlich vor der Erschaffung der Welt erschaffenen Dinge nennt der Midrasch nur zwei, die Torah und den Thron der Herrlichkeit (den göttlichen Thron). In beiden Fällen wird der Beweis wie üblich über einen Bibelvers geführt: «Die Torah, wie geschrieben steht: ‹Der Herr erschuf mich [die Weisheit] als Anfang [seines Weges, vor seinen Werken von jeher (*me-'az*)]»› (Spr. 8,22). Das bedeutet, dass die Weisheit, die mit der Torah identisch ist, am Anfang von Gottes Schöpfungshandeln, vor allen anderen Schöpfungswerken, erschaffen wurde. Dasselbe gilt auch für den göttlichen Thron, von dem bisher noch nicht die Rede war: «Der Thron der Herrlichkeit, wie geschrieben steht: ‹Dein Thron ist fest gegründet von jeher (*me-'az*), usw. [seit Ewigkeit bist du]»› (Ps. 93,2). So wie die Torah «von jeher» existiert, besteht auch der göttliche Thron «von jeher» und «seit Ewigkeit», seit undenklichen Zeiten.[53] Das heißt allerdings nicht, dass Torah und Thron für den Midrasch im philosophischen Sinne präexistent, also ewig wären: Für den rabbinischen Autor kann kein Zweifel daran bestehen, dass auch sie erschaffen wurden – aber eben vor dem eigentlichen Schöpfungswerk.

Der Grund für die Sonderstellung der Torah ist klar: Sie ist Gottes Bauplan für seine Schöpfung, musste also vor allem anderen erschaffen worden sein. Warum auch dem Thron dieselbe Vorzugsbehandlung zuteil wird, erläutert der Midrasch nicht, lässt sich aber leicht erschließen: Wir befinden uns hier noch in grauer Vorzeit, vor dem Beginn jeglicher Schöpfung. Gott war noch nicht einmal im Himmel, denn den Himmel hatte er noch nicht erschaffen. Er war aber immer schon Gott und musste seine Schöpfung von irgendwo im nirgendwo beginnen, und welcher Ort böte sich dafür besser an als sein Thron: Gott saß im Nichts auf seinem soeben erschaffenen Thron, hielt die ebenfalls gerade erschaffene Torah als Bauplan in seiner Hand, und erschuf die Welt. Wer mit der rabbinischen Denkweise vertraut ist, wird schon ahnen, dass die Rabbinen auch damit noch nicht zufrieden waren, sondern nachbohrten: Wer aber wurde denn nun zuerst erschaffen – der Thron oder die Torah?

Bevor diese Frage erörtert wird, werden noch die vier Dinge der zweiten Kategorie erläutert, die nicht sofort von Gott erschaffen, sondern erst einmal nur in Gottes Gedanken als schöpfungsnotwendig erfasst wurden. Diese sind, wie der Midrasch nun ausführt und mit Bibelversen unterlegt, die Väter, Israel, der Tempel und der Name des Messias. Ein Rabbi fügt noch als fünftes Element die Umkehr hinzu, was die Anzahl der vor der Erschaffung der Welt erschaffenen sechs Dinge auf sieben erhöht. Die herangezogenen Bibelverse sollen belegen, dass diese vier bzw. fünf Dinge vor allen anderen Schöpfungswerken in Gottes Geist konzipiert wurden.

Die Väter: Gemeint sind die Patriarchen Abraham, Isaak und Jakob, die Stammväter des Volkes Israel. Unter ihnen nimmt Jakob eine Vorzugsstellung ein, weil er auch «Israel» genannt wird, obwohl er sich sein Erstgeburtsrecht erschlichen hat. Sein Zwillingsbruder Esau wird, wie wir bereits wissen, der Stammvater Roms. Als passender Bibelvers wird Hos. 9,10 herangezogen: «Wie die *erste* Frucht am Feigenbaum *ganz zu Anfang*, so *sah* ich eure Väter.» Damit ist belegt, dass die Erzväter «ganz am Anfang», vor aller anderen Schöpfung, stehen; und aus der Tatsache, dass Gott (der hier spricht) die Väter «sah», folgt für den Midrasch zwingend, dass Gott diese nicht sofort erschuf, sondern ihre Erschaffung erst einmal in Gedanken konzipierte.

Israel: Der Belegvers ist Ps. 74,2: «*Gedenke* deiner Gemeinde [Israel], die du [Gott] *vorzeiten* erworben / erschaffen hast.» Hier ergibt sich das Erschaffen in grauer Vorzeit, vor allem anderen, aus dem «vorzeiten», und das «gedenke» ist wörtlich zu nehmen: Gott erschuf Israel nicht sofort, sondern dachte erst einmal daran, es in Zukunft zu erschaffen.

Der Tempel ergibt sich aus Jer. 17,12: «Thron der Herrlichkeit, erhaben *von Anbeginn*, Stätte unseres Heiligtums.» Dieser Beleg ist etwas weniger schlüssig. Zunächst identifiziert der Autor den Thron der Herrlichkeit unbekümmert und ganz selbstverständlich mit dem Tempel, denn im Allerheiligsten des irdischen Tempels steht der Thron, auf dem Gott sich niederlässt, um unter den Menschen zu wohnen, während er zugleich einen Thron im Himmel hat. Anders als der Thron, der wirklich erschaffen wurde, ist der Tempel mit seinem irdischen Thron «von Anbeginn» nur im göttlichen Geist konzipiert worden, doch für diese Unterscheidung fehlt ein passendes Stichwort im Bibelvers.

Der Name des Messias: Hier wagt der Midrasch eine kühne Deutung des Bibelverses Ps. 72,17. Der Vers steht im Kontext der Verheißungen für die davidische Dynastie und lautet in wörtlicher Übersetzung: «Sein Name bestehe auf ewig, *vor der Sonne sprosse sein Name*. Mit ihm [dem Messias] wird man sich segnen, ihn werden seligpreisen alle Völker.» Dass der Midrasch den Angesprochenen auf den Messias bezieht, ist noch nicht überraschend, denn der Messias kommt aus der davidischen Dynastie. Schwieriger und kühner ist das Verständnis vom Namen des Messias, der *vor* der Sonne *sprosst*. Dieser Passus wird in den üblichen Übersetzungen so gedeutet, dass der Name des Messias sprosst / blüht, *solange* es die Sonne gibt, das heißt, solange die Welt besteht. Gegen das räumliche Verständnis der Präposition «vor» setzt der Midrasch ein zeitliches: Der Name des Messias sprosst, *bevor* es die Sonne gibt. Damit hat der Verfasser sein Ziel erreicht: Der Name des Messias – aber eben noch nicht der Messias selbst – keimt in Gottes Gedanken auf, noch bevor er die Sonne erschaffen wird.

Die Umkehr: Auch dies ergibt sich aus einer eigenwilligen Deutung des Bibeltextes. In Ps. 90,2 heißt es: «Ehe die Berge geboren wurden, ehe du [Gott] unter Wehen hervorbrachtest Erde und Erdkreis», und der Vers schließt: «bist du Gott von Ewigkeit zu Ewigkeit». Der Midrasch ignoriert allerdings diesen Schluss und fährt mit dem nächsten Vers fort: «lässt du den Menschen sich zur Zerknirschung / Reue hinwenden (*taschev*) und sprichst: Kehret um (*schuvu*), ihr Menschenkinder!» (Ps. 90,3). Damit erreicht der Autor, dass Gott noch vor der Erschaffung der Welt an das Schicksal der Menschen dachte und in seiner Schöpfung, noch bevor er den Menschen schuf, die Umkehr (*teschuvah*) einplante.[54] Mit «Umkehr» ist im Hebräischen das gemeint, was im Christentum als «Buße» bezeichnet wird, das Bemühen, ein Vergehen im Verhältnis zwischen Mensch und Gott wieder gutzumachen und den ursprünglichen Zustand wiederherzustellen. Im Christentum ist dies oft mit Strafen verbunden, die sich an der Größe des Vergehens orientieren. Der ursprünglichere Begriff der «Umkehr» verlangt vom

Menschen, auf dem falschen Weg innezuhalten und umzukehren, um an der Weggabelung den richtigen Weg einzuschlagen. Die Umkehr ist also ein *Korrektiv* im Verhalten des Menschen, und der Midrasch will sagen, dass dieses Korrektiv von Anfang an, noch vor der Erschaffung der Welt und des Menschen, von Gott in seine Schöpfung eingebaut wurde. Gott hatte immer schon vorausgesehen, dass die Menschen oft die falsche Entscheidung zwischen «gut» und «böse», «richtig» und «falsch» treffen werden, so wie sich schon Adam und Eva falsch entschieden, weil dies wesentlich zum Menschsein dazugehört. Deswegen hat er an die Möglichkeit der Umkehr «gedacht». Aber er konnte diese natürlich noch nicht erschaffen, denn sie gehört zum Menschen und bedarf der Akzeptanz durch den Menschen.

In der Unterscheidung zwischen den «Dingen», die vor der Erschaffung der Welt tatsächlich erschaffen, und denen, die nur geplant wurden, versucht der Midrasch, das Verhältnis zwischen Schöpfung und Geschichte zu erfassen. Die Patriarchen Abraham, Isaak und Jakob, das Volk Israel, der Tempel und der (Name des) Messias sind für ihn keine statischen, von Gott ein für allemal gesetzten Entitäten, die er fertig in die Welt entlassen konnte. Gott ist hier auf die Kooperation mit den Menschen angewiesen, auf menschliche Mitwirkung in Raum und Zeit der Geschichte. Schöpfung und Geschichte sind daher untrennbar miteinander verbunden; Geschichte gibt es nicht ohne Schöpfung, aber die Schöpfung erhält erst durch die Geschichte ihren Sinn, die aus der Kooperation Gottes mit den Menschen entsteht. In diesem Sinne liegt die «Umkehr» nicht auf derselben Ebene wie die anderen vier «Dinge»: Sie existiert nicht für sich, sondern immer nur im Zusammenspiel mit den Menschen und ist das unverzichtbare Mittel, die Geschichte zu korrigieren, sei es die des Individuums oder die der kollektiven Gemeinschaft des Volkes Israel.

Im nächsten Schritt stellt der Midrasch die bereits erwartete Frage, welches von den beiden tatsächlich erschaffenen Dingen, Torah oder Thron der Herrlichkeit, zuerst erschaffen wurde:

> Ich weiß aber (noch) nicht, welches von beiden dem anderen vorausgeht, die Torah dem Thron der Herrlichkeit oder der Thron der Herrlichkeit der Torah! Rabbi Abba bar Kahana sagte: Die Torah ging dem Thron der Herr-

lichkeit voraus, wie es heißt: «Der Herr erschuf mich [die Weisheit] als Anfang [seines Weges, vor (*qedem*) seinen Werken von jeher (*me-'az*)]» (Spr. 8,22)[55] – vor (*qedem*) dem, von dem geschrieben steht: «Dein Thron ist fest gegründet von jeher (*me-'az*)» (Ps. 93,2).[56]

Sowohl von der Torah als auch vom Thron der Herrlichkeit sagt die Bibel, dass sie «von jeher» (*me-'az*) erschaffen wurden – in dem Punkt sind sie sich gleich –, aber nur in Bezug auf die Torah heißt es, dass sie «vor (*qedem*) seinen Werken» entstand, nämlich *vor allen* seinen Werken, auch vor dem Thron der Herrlichkeit.

Nachdem dies geklärt ist, bleibt noch die Frage, welches von den nur vorläufig konzipierten vier bzw. fünf Dingen zuerst erschaffen wurde. Auch diese Frage ist alles andere als ein müßiges Gedankenspiel. Mehrere Rabbinen beantworten sie einhellig und eindeutig zugunsten Israels: «Der Gedanke an Israel ging allem anderen voraus!» Diese Aussage wird so absolut und keinen Widerspruch duldend vorgetragen, dass man sogar überlegen könnte, ob sie nicht nur auf die in Gedanken konzipierten Dinge bezogen werden will, sondern auf alle, auch die tatsächlich erschaffenen: Der Gedanke an sein Volk Israel war Gott so wichtig, dass er alle anderen Überlegungen zur Schöpfung übertraf. Der Midrasch verdeutlicht dies wieder mit einem Gleichnis, ein weiteres Indiz für das Gewicht der Aussage:

> (Das gleicht) einem König, der mit einer (vornehmen) Matrone verheiratet war und der (noch) keinen Sohn von ihr hatte. Eines Tages sah man den König, wie er auf dem Markt einherging und (seinem Gefolge) den Befehl gab: Nehmt diese Tinte, dieses Tintenfass und diese Schreibfeder mit für meinen Sohn! Doch sein Gefolge sagte (zueinander): Er hat doch gar keinen Sohn. Was will er mit Tinte und Schreibfeder?! Sonderbar! Darauf kamen sie zu dem Schluss: Ist der König etwa ein Astrologe und hat vorausgesehen, dass er demnächst einen Sohn zeugen wird? Sonderbar!
>
> So auch der Heilige, er sei gepriesen: Hätte er nicht vorausgesehen, dass Israel dereinst nach 26 Generationen die Torah annehmen würde, hätte er nicht in ihr geschrieben: «Gebiete den Söhnen Israels!» (Num. 28,2 u. ö.). Sonderbar![57]

Bildhälfte und Sachhälfte des Gleichnisses sind wie oft in der rabbinischen Literatur nicht vollständig deckungsgleich. In der Bildhälfte geht es um den Sohn des Königs, und das Pendant dazu wäre Israel: So wie der König voraussah, dass er dereinst einen Sohn haben würde, wusste Gott, dass er bald das Volk Israel sein eigen nennen würde. Aber das genügt dem Midrasch nicht, zumal wir es ja auch längst schon wissen. Das Gleichnis soll darüber hinaus die enge und untrennbare Verbindung von Israel und der Torah dokumentieren: Gewiss, die Torah ist der Bauplan der Welt und als solche unverzichtbar. Aber auch eine ganze Welt – und damit auch die Torah – ist sinnlos, wenn sie nicht einem Zweck unterliegt, und dieser Zweck ist Israel! Diese Torah kann Israel deswegen auch nicht aufgezwungen, sondern muss von den Israeliten in eigener freier Entscheidung akzeptiert werden. Dies geschah, wie der Midrasch nach traditioneller Berechnung feststellt, genau nach 26 Generationen.[58] Israel und die Torah sind untrennbar miteinander verbunden; ebenso wie die Torah ohne Israel eine leere Hülle für unverständliche Worte ist, ist Israel ohne die Torah ein Volk wie jedes andere und eben nicht das Volk Gottes. Die Torah als Bauplan der Welt kann nur durch Israel in einem langen geschichtlichen Prozess mit einem Ziel- und Endpunkt erfüllt werden. Genau auf der Basis dieser Erkenntnis fügt der Redaktor noch einen weiteren Gedankenschritt hinzu: «Die Welt und alles, was sie erfüllt, wurde ausschließlich um der Torah willen erschaffen, (wie es heißt): ‹Um der Weisheit willen hat der Herr die Erde gegründet›» (Spr. 3,19). Da wir längst wissen, dass die Weisheit mit der Torah identisch ist, betont dieser Midrasch noch einmal den für die Rabbinen grundlegenden Dreiklang Torah – Welt – Israel.[59]

Baumaterialien und die Torah

Die nächste Untereinheit (*Bereschit Rabba* 1,8) schlägt die Brücke zurück zu den ersten beiden Proömien (*Bereschit Rabba* 1,1 und 1,5) und zur folgenden Unterabteilung (*Bereschit Rabba* 1,9):

> Ein Bauherr benötigt sechs Dinge (um seinen Bau durchführen zu können): (1) Wasser, (2) Erde, (3) Hölzer, (4) Steine, (5) Schilfrohr und (6) Eisen. Wenn du aber einwendest, dass er wohlhabend ist und kein Schilfrohr braucht, so benötigt er (doch auf jeden Fall) eine Messlatte, wie es heißt: «Er hatte eine Messlatte in der Hand» (Ez. 40,3).[60]

Die sechs genannten Dinge sind Baumaterialien für den Bau eines gewöhnlichen Hauses, wobei nur das Schilfrohr strittig ist. Es galt als preiswertes Baumaterial des einfachen Mannes. Der Autor denkt hier wahrscheinlich an aus Schilfrohr geflochtene Hütten, wie sie vor allem in wasserreichen Gegenden üblich waren, vielleicht auch an mit Schilfrohr gedeckte Häuser. Wenn aber kein Schilfrohr für den Bau benötigt wird, so greift er einen möglichen Einwand auf, braucht der Bauherr immer noch eine Messlatte, die oft aus Schilfrohr gefertigt wurde. Da es aber kaum nur um praktische Anleitungen zum Hausbau gehen wird, verbirgt sich hinter diesem auf den ersten Blick schlichten Midrasch ein Problem, das wie so oft in der rabbinischen Literatur nicht ausdrücklich thematisiert wird, sondern nur erschlossen werden kann, und dies ergibt sich erst aus dem unmittelbar folgenden Schlusssatz des Midraschs: «Die Torah ging diesen (oben genannten) sechs Dingen [Baumaterialien] voraus, (und dies folgt aus): (1) ‹vor› (*qedem*), (2) ‹von jeher› (*me-'az*), (3) ‹seit Ewigkeit› (*me-'olam*), (4) ‹vom Anfang an› (*me-rosch*) und (5+6) ‹von den Ursprüngen her› (*mi-leqadmin*), das doppelt zählt.»

Es geht also noch einmal um die Torah, die als Bauplan der Schöpfung vor der Erschaffung der Welt erschaffen wurde: So wie ein irdischer Baumeister sechs Materialien braucht, um ein Haus zu bauen, so braucht auch Gott Materialien, um die Welt zu erschaffen, aber diese Materialien interessieren den Redaktor hier nicht; um sie geht es in der nächsten Untereinheit. Hier geht es nur darum, dass die Torah das entscheidende Instrument war, das Gott benutzte. Die einzige Analogie zu den sechs Materialien des irdischen Bauherrn ist, so der Midrasch, die Tatsache, dass die Vor-Weltlichkeit der Torah in dem häufig zitierten Vers Spr. 8,22 f. in sechs verschiedenen Begriffen erfasst wird: «Der Herr erschuf mich [die Weisheit = Torah] als Anfang seines Weges, (1) vor (*qedem*) seinen Werken (2) von jeher (*me-'az*); (3) seit Ewigkeit (*me-'olam*) wurde ich gebildet, (4) vom Anfang an (*me-rosch*), (5 + 6) von den Ursprüngen der Erde her (*mi-leqadmin*).»[61] Um auf die gewünschte Zahl sechs zu kommen, zählt der Midrasch, ebenfalls in typisch rabbinischer Manier, *mi-leqadmin* doppelt, weil das Wort der Form nach ein Plural ist.

Keine präexistente Urmaterie

Die Unterabteilung *Bereschit Rabba* 1,9 bildet den Höhepunkt der ersten Paraschah von *Bereschit Rabba*, in gewisser Weise die Synthese aus der These von *Bereschit Rabba* 1,1, wonach die Torah Erstling der Schöpfung und Bauplan der Welt ist, und ihrer Antithese in *Bereschit Rabba* 1,5, wonach die Materie nicht erschaffen wurde, sondern präexistent war. Der Midrasch ist in die Form einer Philosophenfrage an einen bekannten Rabbi gekleidet, ein häufiger Topos in der rabbinischen Literatur:

> Ein gewisser Philosoph fragte Rabban Gamliel und sagte zu ihm: Euer Gott war gewiss ein großer Künstler, aber er hat auch passende Stoffe / Materialien[62] vorgefunden, die ihm (bei der Erschaffung der Welt) behilflich waren. Er [der Rabbi] fragte ihn [den Philosophen]: Und welche wären das? Der antwortete: Tohu und Bohu und Finsternis und Wasser und Wind und Urflut. Worauf [der Rabbi] zu [dem Philosophen] sagte: Dein Geist möge sofort ausfahren![63] Alle diese (Dinge), von denen steht doch geschrieben, dass sie erschaffen wurden! Tohu und Bohu: «(Ich, Gott, bin der,) der das Heil macht und das Böse / Unheil erschafft, [ich bin der Herr, der all dies macht]» (Jes. 45,7). Die Finsternis: «(Ich, Gott, bin der,) der das Licht formt und die Finsternis erschafft» (ibid.). Das Wasser: «Preiset ihn, die Himmel der Himmel, und die Wasser, usw. [die oberhalb der Himmel sind]» (Ps. 148,4). Wieso (ergibt sich daraus, dass die Wasser erschaffen wurden)?: «Denn er gebot, und sie wurden erschaffen» (Ps. 148,5). Der Wind: «Denn siehe, er formt die Berge und erschafft den Wind» (Amos 4,13). Die Urflut: «Als die Urflut noch nicht war, wurde ich [die Weisheit] geboren» (Spr. 8,24).[64]

Der Philosoph ist wie meist in der rabbinischen Literatur anonym, aber die mögliche Bandbreite deckt einen großen Teil der griechischen und lateinischen Philosophen ab, nicht zuletzt auch die, die in diesem Buch besprochen wurden. Eine Ausnahme von dieser Anonymität ist der vieldiskutierte Text in der Mischna über das Bad der Aphrodite in Akko, in dem ein Philosoph namens Proklos einen Rabban Gamliel in eine Diskussion über das Baden von Juden in heidnischen Badehäusern verwickelt.[65] Der Neuplatoniker Proklos war einer der letzten großen Philosophen der klassischen Antike. Es kann sich aber bei dem anonymen Philosophen in unserem Midrasch schwerlich um diesen Proklos handeln, der mit unserem Rabban Gamliel diskutierte, denn Proklos lebte im fünften Jahrhundert (gest. 485) lange nach dem Abschluss der Mischna, und mit Rabban Gamliel ist vermutlich der Patriarch Gamliel III. gemeint, der Sohn des Rabbi Jehuda ha-Nasi, des Redaktors der Mischna und dessen Nachfolger im Patriarchenamt.[66] Es liegt daher die Vermutung nahe, dass der Rabbi in beiden Fällen der Patriarch Gamliel III. ist und sein Gesprächspartner ein unbekannter Philosoph, der in der Mischna mit einem sonst unbekannten Proklos identifiziert wurde.

Der «Philosoph» kennt die Hebräische Bibel jedenfalls sehr gut, denn er beruft sich auf genau die Exegese, die die eigentliche Erschaffung der Welt erst mit dem Licht von Gen. 1,3 beginnen lassen will und in der chaotischen Materie von Gen. 1,2 den vorweltlichen Urstoff sah, den Gott vorfand, aber nicht selbst erschaffen hatte. Er vertritt hier also genau die Interpretation einer *creatio ex hylis* als Antithese einer *creatio ex nihilo*, die in *Bereschit Rabba* 1,5 als zutreffend, aber nicht für die breitere Öffentlichkeit bestimmt, vorgetragen wurde. Der kundige Philosoph bezieht sich damit geschickterweise auf eine *innerhalb* des rabbinischen Judentums diskutierte und von manchen Rabbinen akzeptierte Meinung, die von Rabban Gamliel genau deswegen mit äußerster Schärfe zurückgewiesen wird: Wer diese Ansicht vertritt, ist verflucht und soll sofort tot umfallen. Damit meint er nicht nur den Philosophen, sondern implizit auch seine rabbinischen Gegner! Die Bibelverse, mit denen das Erschaffensein der «vorweltlichen» Materialien untermauert werden soll, sind von unterschiedlicher Stringenz:

Jes. 45,7 ist als Beleg für Tohu und Bohu problematisch, während der erste Teil dieses Verses als Beleg für die Finsternis unmittelbar einleuchtet, denn die eigentliche Reihenfolge im Text lautet: «(Ich, Gott, bin der,) der das Licht formt und die Finsternis erschafft, der das Heil macht und das Böse erschafft, ich bin der Herr, der all dies macht.» Damit hat nur die Finsternis im Belegvers ihr Pendant in den chaotischen Elementen der Urmaterie im Schöpfungsbericht Gen. 1,2, denn das Licht gehört nicht zur Urmaterie, sondern ist das erste Ergebnis der Schöpfung durch das göttliche Wort (Gen. 1,3). Anders liegt der Fall bei den chaotischen Elementen Tohu und Bohu in Gen. 1,2, denen im Belegvers Jes. 45,7 das Heil und das Unheil zugeordnet sind. Das «Heil» hängt also in der Luft – es sei denn, man wollte «Tohu» und «Bohu» als positives und negatives Gegensatzpaar verstehen, was aber wenig sinnvoll ist. Wahrscheinlich will der Midrasch also sagen, dass der Schöpfergott – so, wie er die Finsternis als Gegner des Lichts erschaffen hat –, auch Tohu und Bohu als Inbegriff des Bösen und des Unheils und Widerpart des Heils und des Guten in die Welt gebracht hat. Auch das Böse und das Unheil sind keine präexistente Urmaterie, die Gott zu seinem Leidwesen schon vorfand, und sie sind schon gar nicht irgendwelche widergöttliche Mächte – wie manche, nämlich vor allem die Gnostiker, behaupten –, sondern Geschöpfe Gottes und als solche Teil des göttlichen Schöpfungs- und Heilsplans.

Die Belege für das Wasser, den Wind und die Urflut sprechen für sich selbst. Bei der Urflut ist wieder die Gleichsetzung der Weisheit mit der Torah vorausgesetzt. Die Weisheit, von der im biblischen Buch der Sprüche immer wieder betont wird, dass sie vor aller anderen Schöpfung schon bei Gott war, wurde folglich auch vor der Urflut von Gen. 1,2 «geboren», wie es in Spr. 8,24 wörtlich heißt. Damit wird ein weiteres Mal klargestellt, dass nicht nur die Urflut erschaffen wurde, sondern auch die Torah.

Die Untereinheit unterstreicht einmal mehr, dass jede Erkenntnis und Weltdeutung nur aus der Bibel als einem einheitlichen und sinnvollen Ganzen gewonnen werden kann. Deswegen genügt es nicht, sich auf das erste Kapitel der Genesis oder gar nur wenige Verse dieses Kapitels zu beziehen. Die ganze Bibel mit ihrem verwickelten, aber eben auch erhellenden Netzwerk von Bezügen ist der Referenzrahmen, innerhalb dessen und aus dem heraus die Welt zu erklären ist. Es versteht sich dabei von selbst, dass die Rabbinen diejenigen sind, die dies am besten beherrschen und denen man darin folgen soll. Die Quintessenz ist hier: Was die Frage der möglichen, nicht von Gott geschaffenen und somit präexistenten Materie betrifft, die uns gewisse heidnische Philosophen gerne andienen möchten und die sich sogar manche unserer rabbinischen Kollegen zu eigen machen, wie *Bereschit Rabba* 1,5 beklagenswerterweise verdeutlicht, so ist diese gefährliche Weltsicht durch keinen Geringeren als den Patriarchen Gamliel III. ein für allemal erledigt.

Kosmologie

Mit der Unterabteilung *Bereschit Rabba* 1,10 beginnt der Redaktor eine Reihe von Alphabet-Midraschim, die sich auf die Form und Funktion einzelner hebräischer Buchstaben beziehen. Der erste diskutierte Buchstabe ist natürlich das *Beth* (ב), mit dem der erste Vers der Hebräischen Bibel beginnt: (*be*-reschit):

> Warum wurde die Welt mit einem *Beth* erschaffen?[67] (Antwort:) So wie der Buchstabe *Beth* von (allen) seinen Seiten geschlossen und (nur) von vorne geöffnet ist, so ist dir auch nicht erlaubt auszulegen, was oben und was unten ist, was vorne und was hinten ist. Bar Qappara sagte: «Denn erforsche doch die früheren Zeiten,[68] die vor dir waren, (nämlich) von dem Tag an, [an dem Gott den Menschen auf der Erde erschuf]» (Deut. 4,32). Du darfst auslegen/erforschen von dem Tag an, da Tage erschaffen wurden, aber du darfst nicht das auslegen/erforschen, was davor war! «Und vom (einen) Ende des Himmels bis zum (anderen) Ende des Himmels» (ibid.) darfst du erforschen, aber du darfst nicht erforschen, was davor war!
> Rabbi Jehuda ben Pazzi trug über das Werk der Schöpfung im Einklang (mit der Auslegung) Bar Qapparas vor.[69]

Der Midrasch nimmt seinen Ausgangspunkt von der Form des Buchstabens *Beth*, der nach allen Seiten geschlossen und nur nach vorne hin offen ist. Er zitiert, ohne dies zu sagen, einen älteren Text in der Mischna: «Jeder der auf (folgende) vier Dinge blickt, für den wäre es besser, er wäre erst gar nicht in die Welt gekommen [gar nicht geboren worden]: Was oben und was unten ist, was vorne und was hinten ist.»[70] In beiden Versionen besteht eine deutliche Spannung zwischen einer räumlichen und einer temporalen Interpretation: Während «oben» und «unten» räumlich zu verstehen ist (oberhalb und unterhalb des kosmischen Raumes), kann vorne und hinten beides bedeuten, nämlich räumlich *vor* und *hinter* dem kosmischen Raum oder zeitlich vor Beginn und nach dem Ende der Schöpfung. Die Analogie mit dem Buchstaben *Beth* hinkt etwas, denn er ist nur oben und unten sowie rechts komplett geschlossen, aber nach links offen. Dies entspricht der Deutung Bar Qapparas mit Hilfe von Deut. 4,32, die offensichtlich die zeitliche Interpretation favorisiert: Vom ersten Schöpfungstag an bis zum sechsten Tag, als Gott den Menschen erschuf, darf man sich mit dem Schöpfungswerk beschäftigen, aber eben nicht mit der Zeit davor. Das heißt auch, dass die Frage nach den vor-weltlichen Schöpfungsmaterialien verboten ist; wer sie dennoch aufwirft, wäre besser gar nicht geboren worden, denn er stellt sich damit außerhalb des rabbinischen Referenzsystems. Dasselbe gilt für den zweiten Teil von Deut. 4,32, der eindeutig räumlich verstanden wird: Der menschliche Forschergeist darf sich nur innerhalb des durch den Himmel abgesteckten Rahmens bewegen, und das heißt – da die Erde als eine Scheibe vorgestellt wird, die vom Himmel überwölbt ist – innerhalb des durch Himmel und Erde definierten kosmischen Raumes. Alle anderen kosmologischen Spekulationen sind unerwünscht und verboten. Es versteht sich, dass damit auch alles verworfen wird, was die griechischen Naturphilosophen oder Platon mit seinem *Timaios* anzubieten haben. Damit polemisiert die Untereinheit gegen jede Form der Kosmologie, die den räumlichen und zeitlichen Bezugsrahmen des sichtbaren Kosmos verlässt. Was zählt, ist allein die Schöpfung Gottes und die dadurch in Gang gesetzte Geschichte.

Genau diesen soteriologischen Aspekt der Schöpfung betonen alle weiteren Auslegungen zum Buchstaben *Beth* in dieser Untereinheit. Ein erster Block orientiert sich an der graphischen Form des *Beth*:

– Die Welt wurde mittels des Buchstabens *Beth* erschaffen, weil dieser den Zahlenwert «zwei» hat und deswegen auf die zwei Welten verweist, in die die Rabbinen die Zeit einteilen: «diese Welt», in der wir bis zur Erlösung leben, und «die zukünftige Welt», die Welt der ewigen Glückseligkeit, die nur den Gerechten zuteilwird.

– Die Welt wurde mit dem Buchstaben *Beth* erschaffen, weil dieser auch der Buchstabe ist, mit dem das Wort «Segen» (*berakhah*) beginnt, denn die Welt soll unter dem Zeichen des göttlichen Segens stehen. Der Buchstabe *Aleph*, den man als ersten Buchstaben des hebräischen Alphabets eigentlich erwarten würde, wurde von Gott bewusst übergangen, denn mit ihm beginnt das Wort «Verfluchung» (*'arirah*).

– Der Buchstabe *Beth* hat zwei Häkchen, nämlich eines oben und eines hinten (ב).[71] Wenn man den Buchstaben fragt, wer sein

Schöpfer ist, verweist er auf den oberen Haken und sagt: «Der, der oben [im Himmel] ist, hat mich erschaffen.» Und wenn man ihn fragt, wie heißt er, verweist er auf den nach hinten weisenden Haken und sagt: «*Adonai* ist sein Name.» Das unaussprechliche Tetragramm JHWH wird im Hebräischen als *Adonai* («Herr») ausgesprochen. Da Hebräisch von rechts nach links gelesen wird, deutet der nach rechts weisende Haken des *Beth* auf den im Alphabet *vor* dem *Beth* stehenden Buchstaben, das *Aleph*, das im Wort *Adonai* als Ersatz für den Gottesnamen dient.

Damit kann der Midrasch der Frage nicht mehr ausweichen, was denn der wirkliche Grund dafür ist, dass die Welt nicht mit dem *Aleph* erschaffen wurde. Die oben versuchte Erklärung – weil auch das Wort «Verfluchung» mit einem *Aleph* beginnt und die Welt nicht von Anfang an unter dem Vorzeichen des Fluches stehen solle – kann nicht ernsthaft als stichhaltige Antwort durchgehen, weil auch positivere Worte mit einem *Aleph* beginnen:

> Sechsundzwanzig Generationen lang beklagte sich das *Aleph* vor dem Heiligen, er sei gepriesen und sagte zu ihm: Herr der Welt, ich bin der erste unter den Buchstaben – und du hast deine Welt nicht durch mich erschaffen?! Sonderbar! Der Heilige, er sei gepriesen, antwortete ihm: Die Welt und alles, was sie erfüllt, wurde nur um der Torah willen erschaffen! Morgen werde ich hingehen und meine Torah am Sinai offenbaren, und ich werde sie mit keinem anderen [Buchstaben] eröffnen als mit dir: «Ich (*anokhi*) bin der Herr, dein Gott» (Ex. 20,2).
>
> Bar Chutah sagte: Warum heißt [der Buchstabe] *Aleph*? Weil (das *Aleph*) sich bis auf die Summe von Tausend (*Eleph*)[72] addiert: «Das Wort, das er [Gott] gebot für tausend (*Eleph*) Generationen» (Ps. 105,8).[73]

Nach rabbinischer Tradition wurde die Torah dem Volk Israel am Sinai nach 26 Generationen offenbart. Genauso lange hat der Buchstabe *Aleph* nicht aufgehört, sich bei Gott über die «Ungerechtigkeit» zu beklagen, dass er die Welt nicht mit ihm, sondern mit dem zweiten Buchstaben des Alphabets erschaffen hat. Doch erst jetzt macht Gott sich die Mühe, dem unglücklichen *Aleph* zu erklären, dass er keineswegs willkürlich und ungerecht gehandelt hat, sondern dass dies genau so von ihm geplant war, denn erst mit der Offenbarung der Torah an Israel hatte der göttliche Schöpfungsplan seinen Zielpunkt erreicht: Gott übergab den Bauplan der Schöpfung seinem Volk und offenbarte ihm damit alles, was die Schöpfung in Vergangenheit, Gegenwart und Zukunft – im Laufe ihrer Geschichte – enthalten würde, die Welt in ihrer ganzen Fülle. Indem der Dekalog als Inbegriff der Torah in Ex. 20,2 mit dem *Aleph* beginnt, erweist sich erst jetzt, 26 Generationen nach der Erschaffung der Welt, dass der Buchstabe *Aleph* von Gott in Wirklichkeit bevorzugt behandelt wurde. Und es erweist sich ein weiteres Mal, dass im Schöpfungsplan Gottes die Welt, Israel und die Torah untrennbar zusammengehören. Die Ergänzung von Bar Chutah am Ende des Midraschs deutet auf den Endpunkt dieses Schöpfungsdramas hin: Der Dekalog und mit ihm die ganze Torah wird für mindestens tausend Generationen in Kraft bleiben.

Die direkt anschließende Untereinheit (*Bereschit Rabba* 1,11) führt das Thema der Buchstaben weiter: Bestimmte Buchstaben des hebräischen Alphabets nehmen eine unterschiedliche graphische Form an, wenn sie am Ende eines Wortes stehen, nämlich die Buchstaben *Mem*, *Nun*, *Tzade*, *Peh* und *Kaf*.[74] Auch diese besondere Schreibweise ist eine «Halakhah für Moses am Sinai», das heißt eine Moses am Sinai offenbarte Vorschrift, die direkt vom Mund Gottes in die Hand des Moses diktiert wurde. Dies soll bedeuten, dass alles, was in der Torah geschrieben steht, sogar das kleinste und auf den ersten Blick unwichtigste Detail, Teil der göttlichen Offenbarung und als solcher in seiner ganzen Fülle auszuschöpfen ist.

Göttliche Vorsehung

Die Exegese von Gen. 1 in der ersten Paraschah von *Bereschit Rabba* wendet sich nun dem Wort «Gott» in Gen. 1,1 zu (*Bereschit Rabba* 1,12): «Am Anfang erschuf *Gott*»). Beide Auslegungen in dieser Untereinheit werden in den Mund von Tannaiten gelegt, also von frühen Rabbinen des zweiten Jahrhunderts, und beide verwenden wieder ein Gleichnis zur Illustration:

Dem [Gott, der in Gen. 1,1 erwähnt wird], ziemt es, Gott genannt zu werden. Nach der Weise der Welt (ist es üblich), dass ein König aus Fleisch und Blut in seinem Land gerühmt wird, noch bevor er (seinen Untertanen) öffentliche Bäder gebaut oder ihnen großzügige Geschenke gemacht hat.[75] ...
[Ein König] aus Fleisch und Blut erwähnt zuerst seinen Namen und danach das, was ihn auszeichnet [seinen Titel]: NN, Augustalios [Präfekt des Augustus], NN, ich, der Allererste. Aber der Heilige, er sei gepriesen, ist nicht so, sondern er erwähnte seinen Namen erst, nachdem er die Bedürfnisse seiner Welt erschaffen hatte: «Am Anfang schuf», und danach «Gott» (Gen. 1,1).[76]

Mit dem «König aus Fleisch und Blut» ist hier, wie meist in den rabbinischen Gleichnissen, ein Provinzstatthalter gemeint: Provinzstatthalter lassen sich von den Bewohnern ihrer Provinz huldigen, und das schon alleine deswegen, weil sie sich als Repräsentant der überlegenen Großmacht Rom in der Provinz aufhalten – und dies meist auch nur für begrenzte Zeit und weniger, um für die Provinz zu sorgen, als vielmehr um diese finanziell auszubeuten. Ebenso ist es üblich, dass der Provinzstatthalter wie sein «Vorgesetzter», der Imperator, auf Inschriften seinen Namen vor seine Titel setzt, während Gott genau das Gegenteil tut: Er hat nicht nur die Welt erschaffen, sondern gleichzeitig mit diesem Schöpfungsakt dafür gesorgt, dass sie auch bestehen kann. Deswegen setzt er im biblischen Schöpfungsbericht seinen Namen («Gott») erst hinter den Vollzug der Schöpfung. Anders als irdische Herrscher kümmert sich Gott von Anfang an auch um den Bestand und das Wohlergehen seines Herrschaftsgebietes. Der Gott Israels ist der Gott der Fürsorge für sein Volk und unterscheidet sich darin nicht nur von anderen weltlichen Herrschern, sondern auch von den Göttern der griechischen und römischen Philosophen, die sich herzlich wenig um die Welt kümmern, die sie in Gang gesetzt hatten.

Auch die zukünftige Welt ist Teil der Schöpfung

Die folgende Untereinheit (*Bereschit Rabba* 1,13) führt zunächst den Gedanken der göttlichen Bescheidenheit fort: Sogar wenn die Bibel Opfer erwähnt, die Gott dargebracht werden, steht der Name Gottes immer hinter dem Opfer. Es heißt also nicht: «für Gott ein Brandopfer», sondern: «ein Brandopfer für Gott». Im Unterschied zu den irdischen Herrschern und den heidnischen Göttern hat Gott es nicht nötig, sich in den Vordergrund zu spielen.

Dann fährt die Auslegung von Gen. 1,1 mit den nächsten Worten des Verses fort: «Im Anfang schuf Gott *den* Himmel und *die* Erde.» Sogar der Artikel (*ha-*) vor «Himmel» und «Erde» ist auslegungsbedürftig und -würdig, wieder mit Hilfe eines Gleichnisses:

> [Ein Mensch] aus Fleisch und Blut, wenn er ein Gebäude erbaut – wenn das Gebäude (entsprechend seinem Bauplan) gelingt, kann er es (noch) erweitern, während es emporwächst; wenn aber nicht, wird er es unten verbreitern und oben verkürzen (um die Statik zu verbessern). Der Heilige, er sei gepriesen, aber verfährt nicht so. Vielmehr, er (baut) «*den* Himmel»: so, wie er ihn vorher konzipiert hatte, und «*die* Erde»: so, wie er sie vorher konzipiert hatte.[77]

Gott hatte seinen Bauplan der Welt so gestaltet, dass er diesen ohne nachträgliche Korrekturen ausführen konnte. Dies ergibt sich wie immer aus einer genauen Lektüre des Bibeltextes, denn der Artikel vor «Himmel» und «Erde» lehrt uns, dass Gott eben *den* Himmel und *die* Erde erschuf, den bzw. die er geplant hatte. Ein weiterer Rabbi bezieht auch noch die neue Welt der Erlösung in den ursprünglichen Schöpfungsplan mit ein:

> Sogar die, von denen geschrieben steht: «Denn siehe, ich erschaffe einen neuen Himmel [und eine neue Erde]» (Jes. 65,17), sogar die sind seit den sechs Schöpfungstagen erschaffen worden. Das ist es, was geschrieben steht: «Denn wie *der* neue Himmel [und *die* neue Erde, die ich mache, vor mir stehen, ... so bleibt eure Nachkommenschaft und euer Name bestehen]» (Jes. 65,22) – «neue Himmel [und neue Erde]» steht hier nicht geschrieben, sondern «*der* neue Himmel [und *die* neue Erde]».[78]

Auch diese Auslegung ergibt sich aus einem Detail des Textes, das uns auf etwas hinweist, das wir dem Schöpfungsbericht alleine nicht entnehmen können, dass nämlich der neue Himmel und die neue Erde der zukünftigen Welt schon während der Erschaffung der irdischen Welt von Gott konzipiert wurden. Maßgeblich für das Verständnis eines Bibeltextes ist erneut nicht dieser alleine, sondern das gesamte Textgefüge der Bibel.

Gott der alleinige Schöpfer

Wie sehr es auf jedes einzelne Wort des Bibeltextes ankommt, erläutert die nächste Untereinheit (*Bereschit Rabba* 1,14) an einem noch unscheinbareren Wort, der Partikel *'et*, die im Hebräischen vor einem Akkusativ steht: «Am Anfang erschuf Gott *den* Himmel (*'et* ha-schamajim) und *die* Erde (*'et* ha-'aretz).» Rabbi Jischmael fragt Rabbi Aqiva:

> Weil du 22 Jahre lang unter Nachum aus Gimzo[79] gedient hast, (der die Regel aufgestellt hat,) dass die Worte *'akh* («ausgenommen») und *raq* («nur») Einschränkungen bedeuten und die Worte *'et* (Akkusativpartikel) und *gam* («auch») Erweiterungen, (so sage mir): Was ist mit dem *'et*, das hier (in Gen. 1,1) steht? Er antwortete ihm: Hieße es, «am Anfang schuf(en) Gott, Himmel und Erde» (ohne Akkusativpartikel, also im Nominativ), könnten wir annehmen, dass auch Himmel und Erde Götter sind.[80]

Der Sinn des Akkusativpartikels *'et* ist also, dass man «Gott, Himmel und Erde» nicht als drei aufeinanderfolgende Nominative liest und dadurch Himmel und Erde, neben Gott, zu Schöpfern macht. Dass das Verb «schuf» (*bara'*) im Singular nicht zu dieser Auslegung passt, stört den Autor ebenso wenig wie der Umstand, dass der Satz mit dieser Deutung in der Luft hängt, weil das Objekt der Schöpfung fehlt. Dem Autor geht es nur darum, mit allen Mitteln zu verhindern, dass auch Himmel und Erde als Götter verstanden werden und damit die Allmacht des einen Gottes Israels einschränken. Folgt man der Regel des Nachum aus Gimzo, fährt die Auslegung fort, und versteht die Akkusativpartikel *'et* vor «Himmel» und «Erde» als eine exegetische Erweiterung, so ergibt sich, dass die Erschaffung des «Himmels» Sonne, Mond, Sterne und Planeten mit einschließt und die der «Erde» auch Bäume, Sträucher sowie das Paradies.

Himmel und Erde

Die letzte Unterabteilung der Paraschah (*Bereschit Rabba* 1,15) konzentriert sich auf die letzten beiden Worte von Gen. 1,1 und fragt, was denn zuerst von Gott erschaffen wurde, der Himmel oder die Erde. Folgt man der Reihenfolge im biblischen Text, kann die Antwort nur sein: der Himmel, und dies ist auch die Meinung der Rabbinen, die zum «Hause Schammai» gehören. Das Haus Schammai ist eine Schule, die sich um Schammai, einen der frühesten rabbinischen Torahlehrer gebildet hatte. Die Gegner dieser Schule waren die Anhänger der Schule Hillels, des Antipoden Schammais. Die unterschiedlichen Lehrmeinungen Hillels und Schammais, die um die Zeitenwende lebten, und ihrer beiden Schulen sind von den Rabbinen sorgfältig registriert worden. Es ist daher bekannt, dass in den meisten Fällen Hillel und seine Schule obsiegten.

Hier ist der Sachverhalt aber komplizierter, denn die Schule Hillels widerspricht in der Paraschah sofort und behauptet gegen den Wortlaut des biblischen Textes, dass die Erde *vor* dem Himmel erschaffen wurde. Beide Schulen fahren passende Bibelverse auf, von denen einer so einleuchtend ist wie der andere. Die Rabbinen laufen also Gefahr, sich mit ihren Hauptwaffen – unterschiedlichen Bibelversen als Beweismittel – gegenseitig lahmzulegen. Schließlich werden von anderen Rabbinen, die zu keiner der beiden Schulen gehören, zwei Kompromissvorschläge gemacht. Der erste Rabbi schlägt vor, zwischen der Erschaffung von Himmel und Erde und ihrer jeweiligen Ausgestaltung zu unterscheiden: Der Himmel wurde zwar zuerst erschaffen, aber die Erde zuerst ausgestaltet. Doch die eigentlich salomonische Lösung, auf die sich alle verständigen können, ist die zweite: Himmel und Erde wurden wie ein Topf und sein dazugehöriger Deckel gleichzeitig erschaffen, und auch dafür findet sich ein passender Bibelvers. Diese Meinung wird durch die Beobachtung ergänzt, dass die Sequenz von Wörtern oder Sätzen in der Bibel ohnehin keine chronologische Reihenfolge oder gar hierarchische Abstufung bedeutet, sondern dass die genannten Objekte oder Personen als gleichwertig angesehen werden. Folglich sind Himmel und Erde gleichwertig und wurden auch gleichzeitig erschaffen. Entscheidend ist für den Redaktor nur, dass sie von ein und demselben Gott erschaffen wurden und dass ihnen keine präexistente Materie vorausgeht, die sich der Schöpfermacht und Kontrolle Gottes entzieht.

Rabbinische Schöpfungstheologie

Die erste Paraschah des Midraschs *Bereschit Rabba* bietet eine für die rabbinische Auslegung ganz ungewöhnlich umfassende und sorgfältig konzipierte Theologie der Schöpfung *in nuce*. Sie führt die im Bibeltext angelegten Linien ebenso konsequent wie kreativ fort und liest sich in ihrer Gesamtheit wie der perfekte und radikalste Gegenentwurf zur Kosmologie der klassischen Philosophen der griechischen und lateinischen Antike. Wenn ihre Redaktoren Philon von Alexandria gekannt haben, das Musterbeispiel der hellenistisch-jüdischen Philosophie – was möglich, aber keineswegs sicher ist –, so widerlegen sie ihn implizit in wichtigen Teilen seiner Interpretation der Hebräischen Bibel in Gestalt ihrer griechischen Übersetzung. Ich fasse abschließend einige zentrale Gedanken der Paraschah zusammen:

Gott ist der einzige und ein einzigartiger Gott, so wie Israel es zweimal täglich in seinem *Schemaʿ*-Gebet verkündet, das mit dem Zitat aus Deut. 6,4 beginnt: «Höre Israel (*Schemaʿ Jisrael*), der Herr, unser Gott, ist ein einziger Gott.» Die Einzigartigkeit Gottes besteht darin, dass er der einzige Gott ist, der keine anderen Götter neben sich duldet – im Unterschied zu den Göttern des griechisch-römischen Pantheons – und dass er auch in seiner Besonderheit mit keinem anderen Gott zu vergleichen ist. Er ist unsichtbar, sein Name ist unaussprechbar, und er kann auch nicht durch Statuen repräsentiert werden. Ganz besonders ist er auch in dem Sinne «einer», dass in ihm nicht mehrere Personen unterschieden werden können, wie dies die aus dem Judentum entstehende Christengemeinde unter dem Einfluss des Mittel- und Neuplatonismus behauptet.

Als einziger Gott ist er der alleinige Schöpfer des Kosmos, der Welt, in der wir leben. Diese Welt ist die einzige existierende Welt, die erst am Ende der Zeiten durch die zukünftige Welt des Jenseits abgelöst wird.

Für den Akt der Schöpfung benötigte Gott weder «Helfer» im Sinne der platonischen Philosophie noch im Sinne einer jüdischen Engellehre, in der die Engel gefährlich nahe an den Schöpfergott heranrückten. Solche Ansätze, die zunehmend auch Anhänger in bestimmten rabbinischen Kreisen und dann auch im Christentum fanden, mussten im Keim erstickt werden.

Alles, was diese Welt ausmacht, wurde von Gott erschaffen. Ohne das Thema der *creatio ex nihilo* beim Namen zu nennen, stellt der Redaktor der Paraschah die beiden Optionen einer Erschaffung der Welt aus präexistenter, von Gott bereits vorgefundener Materie (*creatio ex hylis*) und einer Erschaffung der Welt aus dem Nichts (*creatio ex nihilo*) zunächst unkommentiert nebeneinander (*Bereschit Rabba* 1,1 versus *Bereschit Rabba* 1,5), um dann um so eindeutiger und kompromissloser festzuhalten, dass auch die angeblich vor-weltliche Materie in all ihren Bestandteilen von Gott erschaffen wurde (*Bereschit Rabba* 1,9). In diesem Punkt verweigert er sich ostentativ einer möglichen Auslegung des biblischen Grundtextes, die im antiken Judentum auch von Philon und noch im Mittelalter von einem so angesehenen Bibelkommentator wie Raschi vertreten wurde. Die Kompromisslosigkeit und Schärfe, mit der diese Auslegung abgelehnt wird, hat ihren Grund sicher auch darin, dass sie sogar im rabbinischen Judentum ihre Anhänger gefunden hat.

Als Bauplan der Welt benutzte Gott die Torah, die er zu diesem Zweck vor der Erschaffung der Welt erschuf. Die Torah ist aber viel mehr als nur ein Bauplan: Sie enthält in sich die ganze Welt. Wer sie «besitzt», besitzt im wörtlichen Sinne auch die Welt. Der erste Besitzer der Torah ist Gott, aber er hat nicht die Absicht, sie für sich zu behalten. Er plante schon bei ihrer Erschaffung, sie 26 Generationen nach der Weltschöpfung bei der Offenbarung am Sinai seinem Volk Israel als ewigen Besitz bis zum Ende der Zeiten zu übergeben. Gott, die Torah und Israel bilden eine untrennbare Einheit. Zahlreiche Midraschim an anderer Stelle im Korpus der rabbinischen Literatur schildern, dass auch die anderen Völker gerne die Torah haben wollten, doch so, wie Gott den Engeln klarmachte, dass sie als sündenlose Geschöpfe mit der Torah nichts anfangen können, demonstrierte er den Heidenvölkern, dass sie als durch und durch sündige Geschöpfe an den Ansprüchen der Torah kläglich scheitern würden.[81]

Allein Israel ist das besondere Volk Gottes, und Gott ist nur der Gott Israels. Wer Anteil an diesem Gott haben möchte, muss sich zu ihm bekennen – mit allen sich daraus ergebenden Konsequenzen. Diese enge Verbindung zwischen Gott und seinem Volk geht so weit, dass Gott seine Gottesherrschaft über die Welt auch von der Anerkennung durch Israel abhängig macht. Ein Midrasch, der nicht in *Bereschit Rabba* zitiert wird, aber ausdrücklich den Bogen zur Schöpfung schlägt, verdeutlicht dies:[82] Gott war von Anfang an der Gott Israels, und sein Thron war «fest gegründet von jeher (*me-'az*)» (Ps. 93,2).[83] Aber, so fügt dieser Midrasch hinzu, das reichte nicht: Gottes Herrschaft war erst von dem Augenblick an wirklich «fest gegründet», in dem Gott sich als Gott Israels in der Welt bekannt gemacht hatte und von Israel als sein Gott endgültig anerkannt worden war. Das geschah, als Gott sein Volk Israel nach dem Exodus aus Ägypten sicher durch das Schilfmeer gebracht hatte und Israel zum Dank für die Rettung das Meerlied sang: «Damals (*'az*) sang Moses zusammen mit den Israeliten dem Herrn dieses Lied ... [Ich singe dem Herrn ein Lied, denn er ist hoch und erhaben. Ross und Reiter (der Ägypter) warf er ins Meer]» (Ex. 15,1).[84] Die Herrschaft Gottes über Israel wird nicht einfach von Gott dekretiert und ausgeübt, sondern bedarf der Partnerschaft Israels mit seinem Gott. Israel hätte nach dem Durchzug durch das Rote Meer auch die Anerkennung Gottes als seinen Retter verweigern können, aber indem sie das Meerlied sangen, akzeptierten die Israeliten Gott als ihren Gott und Retter, und seitdem ist er endgültig ihr Gott.

Als Volk Gottes gehört Israel auch das Land Israel in seiner ganzen Fülle, wie sie durch die Landnahme nach der Wüstenwanderung abgesteckt wurde. Auch das Verhältnis Israels zu den anderen Völkern, die in der rabbinischen Literatur meist als «Völker der Welt» bezeichnet werden, und die sich daraus ergebende Geschichte Israels mit diesen Völkern ist bereits in der Schöpfung enthalten – und zwar von den Anfängen bis zur Gegenwart der Rabbinen. Für die Gegenwart der Paraschah in *Bereschit Rabba* bedeutet das die Herrschaft Roms, des letzten heidnischen Großreiches, über Israel, das in seiner christlichen Variante eine ganz neue Bedrohung für Israel angenommen hatte. Genau mit dieser Bedrohung leben die Autoren und Redaktoren von *Bereschit Rabba*. Mit der Christianisierung des Römischen Reichs war eine neue und für Israel lebensgefährliche «Landnahme» verbunden, denn die Christen verstanden sich nicht nur als die politischen, sondern auch als die spirituellen Besitzer und Herrscher des Landes, mit unheilvollen Folgen für die Lebensumstände der Juden in diesem Land. Dagegen setzen die Rabbinen das fast schon verzweifelte Ansinnen, dass ihr Gott ihnen das Land «von Anfang an» versprochen hat und dass er – entgegen allem politischem Anschein – dieses Versprechen auch halten wird.

Die Torah ist somit nicht nur der Masterplan der Schöpfung, sondern auch das Instrument, das Schöpfung und Geschichte miteinander verbindet. Sie gibt dem göttlichen Schöpfungsakt seine historische Dimension. Für die Weltsicht der Rabbinen ist die Schöpfung kein einmaliger und autonomer Akt, der alleine von Gott verhängt und vollzogen wurde, sondern ein Akt, der die Geschichte in Bewegung setzt, der Beginn eines langen dynamischen Prozesses mit Gott und Israel als den beiden Hauptakteuren. So wie der göttliche Status Gottes von der Anerkennung durch sein Volk abhängig ist, bedarf die Geschichte der Kooperation Israels mit Gott. Der Verlauf der Geschichte wird nicht allein durch Gott bestimmt, sondern auch dadurch, wie Israel den Ansprüchen nachkommt, die ihnen die Torah auferlegt. Aber auch diese Ansprüche sind nicht mechanisch vorgegeben und verlangen keinen sklavischen Gehorsam, sondern werden immer wieder neu zwischen Gott und Israel «verhandelt». Gott «kümmert» sich um Israel, er ist, anders als der Gott der Philosophen, ein fürsorglicher Gott, so wie sich Israel um Gott «kümmert». Die Geschichte Israels ist also ihrem Wesen nach Heilsgeschichte und zeitlich limitiert, denn ihr Endpunkt ist die durch den Messias eingeleitete Erlösung, die ebenfalls schon in der Schöpfung angelegt ist.

Alles, was der Kenntnis der Welt dient, ist in der Torah enthalten; andere Quellen der Erkenntnis gibt es nicht. Was andere Völker «Natur» oder «Physik» nennen würden, finden die Rabbinen besser und vollständiger in der Torah. Damit setzen sie gegen alle Ansprüche eines wissenschaftlichen oder kosmologischen Weltbildes ihre konsequent geschichtstheologische Weltsicht. Der Mythos wird endgültig zur Geschichte. Jede Form der Kosmologie war den Rabbinen suspekt; allein der zeitliche und räumliche Rahmen des biblischen Schöpfungsberichts definiert, was wir über die Natur und den Kosmos wissen können und müssen. Alle Versuche, diesen Rahmen zu überschreiten, führen in die Irre und ins Verderben.

Der hermeneutische Rahmen, in dem die Rabbinen sich bewegen, ist durch die Hebräische Bibel *in ihrer Ganzheit* abgesteckt. Das bedeutet nicht nur, dass man über diesen Rahmen nicht hinausgehen darf, sondern auch, dass man ihn in seiner ganzen Fülle ausschöpfen muss. Alle nur denkbaren Fragen beantworten sich durch das von der Bibel gesponnene Netz. Die Hebräische Bibel in ihren drei Teilen der Torah im engeren Sinne, der Propheten und der Schriften ist das «world wide web» des antiken Judentums. Wer in diesem Netz richtig navigieren kann, hat Zugang zu allen Geheimnissen der Welt. Dabei versteht sich von selbst, dass man sich keinen besseren Reiseführer durch dieses Netz wünschen könnte als die Rabbinen. Und schließlich: Man sollte sich nicht der Illusion hingeben, dass das Netz der Bibel jemals erschöpft werden kann. Wie das «world wide web» ist es unerschöpflich, weil ständig daran gewebt wird und ständig, je tiefer man darin eindringt, neue Erkenntnisse gewonnen werden.

8.

O FELIX CULPA: FLUCH UND SEGEN DER VERTREIBUNG AUS DEM PARADIES

Vor allem der zweite Schöpfungsbericht der Hebräischen Bibel, den ich deswegen auch den «mythischen» Schöpfungsbericht genannt habe, ist reich an mythischen Elementen, die in der jüdischen und christlichen Auslegungstradition weiterlebten. Als besonders wirkmächtig sollte sich das Mythologoumenon von der Vertreibung aus dem Paradies erweisen, das in der christlichen Theologie bald eine Dynamik entwickelte, die das Denken des sogenannten christlichen Abendlandes bis heute maßgebend und in ungeahnter Weise beeinflusst hat. Die Vertreibung aus dem Paradies wurde so zu einem alttestamentlich-biblischen Gründungsdokument des Christentums, das das Christentum in der Hebräischen Bibel verankerte und gleichzeitig aus dieser herauslöste, indem es einen fundamentalen Unterschied oder besser Gegensatz zwischen Christentum und Judentum generierte.[1]

Kein christlicher Text könnte dies besser illustrieren als das um 500 entstandene, *Exsultet* («es juble, jauchze») genannte Osterlob, in dem der auferstandene Christus gepriesen wird. Das *Exsultet* verknüpft die Erlösung durch Jesus Christus mit der Heilsgeschichte Israels, beginnend mit der angeblichen Sünde Adams im Paradies über die Befreiung des Volkes Israel aus Ägypten bis hin zum Sieg Christi über den Tod. Die *Felix Culpa*, die «glückliche Schuld / Sünde», die seit Augustinus zu einer Kernbotschaft des Christentums werden sollte, ist ein Höhepunkt des *Exsultet*. Auf einige Passagen, die jeweils mit «Dies ist die Nacht» beginnen, folgen fünf mit «O» eingeleitete Sätze:

> O wunderbare Auszeichnung deiner [Gottes] sanftmütigen Fürsorge für uns!
> O unfassbare Wonne der Liebe, dass du deinen Sohn dahingegeben hast, um den Knecht zu erlösen!
> O wahrhaft notwendige Sünde (*necessarium peccatum*) Adams, die durch den Tod Christi ausgelöscht wurde!
> O glückliche Schuld (*felix culpa*), die eines so großen Erlösers gewürdigt wurde!
> O wahrhaft selige Nacht, der allein es vergönnt war, die Zeit und die Stunde zu kennen, in der Christus aus der Unterwelt auferstand!²

Danach gibt es also eine Sünde Adams, die absolut notwendig war, aber gleichwohl durch den Tod Jesu getilgt wurde. Sie ist eine glückliche Schuld, weil sie unser aller Erlösung durch den Messias und Gottessohn Jesus Christus ermöglicht hat. Es versteht sich von selbst, ohne dass dies ausdrücklich gesagt wird, dass die Sünde Adams auf die Urgeschichte im Paradies Bezug nimmt. Nun habe ich oben in meiner Auslegung des zweiten Schöpfungsberichts gezeigt, dass die Hebräische Bibel eine ganz andere Geschichte erzählt, als die christliche Auslegungstradition voraussetzt:

Das erste Menschenpaar wurde nicht aus dem Paradies vertrieben, sondern nach dem Essen der verbotenen Frucht vom Baum der Unterscheidung zwischen gut / richtig und falsch / böse / schlecht in die reale irdische Welt entlassen, mit der dieser zweite Schöpfungsbericht beginnt und endet. Diese Entlassung, die erst ganz am Ende der Erzählung als Vertreibung interpretiert wird, war von Anfang an von Gott so geplant. Der Aufenthalt im Paradiesgarten war nur ein Zwischenstadium auf dem Weg des Menschen zur Menschwerdung. Das, was als Ur- oder gar Erbsünde und als Vertreibung aus dem Paradies in unser kulturelles Gedächtnis eingegangen ist, entspricht in keiner Weise der ursprünglichen Intention der Hebräischen Bibel, sondern ist das Ergebnis einer späteren theologischen Deutung. Von Sünde ist in der Paradiesgeschichte nirgendwo die Rede, und schon gar nicht von einer durch Adam an alle weiteren Generationen vererbten Ur- oder Erbsünde. Daher verlangte das Verbot, von der Frucht zu essen, keinen sklavischen Gehorsam, sondern im Gegenteil die freie Entscheidung des Menschenpaares, deren Vollzug dieses erst zu Menschen machte. Wären Adam und Eva mit Gott im Paradiesgarten geblieben, wären sie keine Menschen im eigentlichen Sinne geworden und hätten sich vermutlich auch nicht vermehrt.

Die Ermunterung der Schlange, von der Frucht des Baumes zu essen, ist nicht die diabolische Verführung einer außergöttlichen Gewalt, sondern die kluge Einsicht in Gottes eigentlichen Plan. Daher ist die Schlange in Wirklichkeit Gottes Instrument. Ebenso ist Evas Aufforderung an Adam, es ihr nachzutun und von der Frucht zu essen, keine weibliche Verführung des Mannes, schon gar nicht mit sexuellen Konnotationen, sondern ebenfalls Ausdruck ihrer größeren Klugheit. Die erste Erkenntnis des Menschenpaares nach dem Essen der Frucht, dass sie nackt sind, ist nicht die Erkenntnis ihrer Sexualität und eines damit verbundenen Schuldbewusstseins, sondern die Einsicht in ihre geschlechterspezifische und damit auch hierarchische Differenzierung. Gott bestätigt letztere durch die ausdrückliche Unterordnung der Frau unter den Mann, von der im Paradies keine Rede war, und dadurch, dass er beiden vor ihrem Auszug aus dem Paradies persönlich Fellkleider anfertigt. Schließlich ist die angebliche Strafe, mit der das Menschenpaar und die Schlange bestraft werden, keine Strafe, sondern genau das, was das Leben auf der realen Erde ausmacht: Menschen und Tiere werden nach einem langen und mühevollen Leben sterben. Der Mann wird die Erde bearbeiten und damit für menschliche Nahrung sorgen; die Frau wird unter Schmerzen ihre Kinder gebären; und die Schlange wird für immer auf dem Bauch kriechen und der schlimmste Feind des ackerbauenden Menschen sein: Sie wird alles daransetzen, den Menschen in die Ferse zu beißen und zu vergiften, und der Mensch wird alles daransetzen, ihr den Kopf zu zertreten.

Die Folgen der Übertretung des göttlichen Gebots durch die beiden ersten Menschen im Paradies wurden sowohl im nachbiblischen Judentum als auch im Christentum diskutiert, aber mit sehr unterschiedlichen Akzenten.[3]

Die «Ursünde» im nachbiblischen Judentum

Man kann davon ausgehen, dass sich alle wesentlichen Elemente des biblischen Judentums, also des Judentums, das sich in der Hebräischen Bibel manifestiert, bis zum Ende des Babylonischen Exils in der zweiten Hälfte des sechsten Jahrhunderts v. Chr. herausgebildet hatten. Für die Zeit danach spricht man vom nachexilischen oder auch nachbiblischen Judentum, wobei der letztere Begriff sehr vage ist, denn der dreiteilige Kanon dessen, was zur Hebräischen Bibel gehört («Torah», «Propheten», «Schriften»), fand erst im frühen zweiten Jahrhundert n. Chr. seinen Abschluss; die letzten Schriften, die Eingang in den biblischen Kanon fanden, waren Kohelet («Prediger») und das Buch Daniel. Alle jüdischen Schriften nach dem Exil, die nicht in den normativ gewordenen Kanon aufgenommen wurden, nennt man Apokryphen oder Pseudepigraphen. Schaut man sich die Gesamtheit der kanonischen und außerkanonischen Schriften an, so fällt auf, dass die Erzählung von der Vertreibung aus dem Paradies mit all ihren Folgen weder in den späteren Büchern der Hebräischen Bibel wiederaufgenommen wurde noch auch in den außerkanonischen Schriften der nachexilischen jüdischen Literatur eine signifikante Rolle spielt. Der Tod als direkte Folge der Entscheidung, von der Frucht des Baumes der Erkenntnis zu essen, wird zwar beklagt, aber gleichzeitig immer als konstitutiv für das Menschsein anerkannt. Er trifft alle Menschen nach Adam und Eva, aber eben deswegen, weil sie Menschen sind, und nicht, weil Adam und Eva den Keim für eine erbliche Korruption des Menschengeschlechts gelegt hätten, die weit über ihre unmittelbare Verfehlung hinausreichte.

Jüdische Weisheit: Jesus Sirach und die Weisheit Salomos

Erst in der späteren Weisheitsliteratur wird das Thema vom Essen der verbotenen Frucht wieder aufgegriffen, und dies in einer Weise, die dem ursprünglichen biblischen Text sehr viel näher steht als die spätere christliche Auslegung. Den Anfang macht das am Ende des dritten / Anfang des zweiten Jahrhunderts v. Chr. ursprünglich hebräisch geschriebene Buch Jesus Sirach, das nach 132 v. Chr. vom Enkel des Verfassers ins Griechische übersetzt wurde und so Eingang in die Septuaginta gefunden hat. In der griechischen Tradition wird es «Weisheit Jesu, des Sohnes Sirachs» genannt. Es gehört nicht zum jüdischen Kanon der Hebräischen Bibel, gelangte aber durch die Septuaginta als «Ecclesiasticus» oder «Siracides» in den alttestamentlichen Kanon der Katholischen Kirche. Die Kirchen der Reformation schieden es aus ihrem Kanon aus. Das hebräische Original ist nur in Teilen erhalten; die folgenden Zitate stammen alle aus dem griechischen Text.

Adam wird im gesamten Buch Jesus Sirach überaus positiv dargestellt. Von einer unverzeihlichen und fortwirkenden Schuld oder überhaupt von einer Vertreibung aus dem Paradies ist nirgendwo die Rede. Charakteristisch dafür ist die Zusammenfassung der Schöpfungsgeschichte:

> Der Herr hat aus Erde den Menschen geschaffen
> und zu ihr lässt er ihn wieder zurückkehren.
>
> Eine Anzahl von Tagen und eine bestimmte Zeit hat er ihnen
> [den Menschen] gegeben
> und Macht über das, was auf ihr [der Erde] ist.
>
> Ihnen entsprechend hat er sie mit Kraft bekleidet
> und nach seinem Bild hat er sie gemacht.
>
> Er hat die Furcht vor ihm [dem Menschen] auf alle Lebewesen gelegt
> und Macht zu gebieten über wilde Tiere und Vögel. ...
>
> Entscheidungsfähigkeit, Sprache und Augen,
> Ohren und Herz hat er ihnen gegeben, um zu denken.
>
> Er füllte sie mit Wissen und Einsicht,
> Gutes und Böses hat er ihnen gezeigt.[4]

Das Buch Jesus Sirach lässt Gott den «Menschen» (*'adam, anthrōpos*) wie im Buch Genesis ohne generische Differenzierung erschaffen und spricht dann aber im Plural von den Menschen, womit offensichtlich Adam und Eva gemeint sind. Die dem Menschen bestimmte «Anzahl an Tagen», seine Lebenszeit, ist ihm von Gott gegeben, von einer Schuld Adams und Evas als Ursünde, die zu dieser Begrenzung geführt hätte, ist keine Rede.⁵ Im Gegenteil ist das Menschenpaar, im Bilde Gottes geschaffen, eine kraftvolle Erscheinung, weit herausgehoben über die Tierwelt. Und schließlich: Nicht eine Gebotsübertretung, sondern Gott selbst hat das Menschenpaar – und damit alle Menschen – mit «Wissen und Einsicht» erfüllt und ihnen die Fähigkeit gegeben, zwischen «gut und böse» zu unterscheiden. Das Essen vom Baum der Erkenntnis mit den sich daraus ergebenden Folgen war also Gottes Wille! In der unmittelbaren Fortsetzung behauptet der Verfasser sogar, dass Gott schon mit Adam und Eva einen Bund geschlossen hat, lange vor dem Bund mit Noach und mit Abraham:

> Er hat die Furcht vor ihm [Gott] in ihre Herzen gelegt,
> um ihnen die Größe seiner Werke zu zeigen.
>
> Und sie werden seinen heiligen Namen preisen,
> damit sie von der Größe seiner Werke erzählen.
>
> Er hat ihnen Erkenntnis geschenkt
> und das Gesetz des Lebens gab er ihnen zum Erbe.
>
> Einen ewigen Bund hat er mit ihnen geschlossen
> und seine Entscheidungen hat er ihnen gezeigt.⁶

Auch hier ist ganz unbefangen von der «Erkenntnis» die Rede, die Gott den Menschen geschenkt hat, und dazu noch vom «Gesetz des Lebens», das er ihnen zum Erbe gegeben hat. Im Hintergrund steht offensichtlich die Erzählung vom «Baum der Erkenntnis» und vom «Baum des Lebens», wobei die Erkenntnis eindeutig positiv gedeutet und beim «Gesetz des Lebens» ganz selbstverständlich – und ebenfalls im positiven Sinne – an das begrenzte irdische Leben gedacht ist (17,1 f.). Das Streben nach ewigem Leben wird dagegen ausgeblendet. In diesem Interpretationszusammenhang ist ein «ewiger Bund» Gottes mit Adam und Eva nur folgerichtig.

Dieses positive Bild wird nur durch einen einzigen Vers gestört, den manche Forscher gerne als Beleg für die verhängnisvolle Sünde Evas, die den Tod in die Welt gebracht habe, anführen: «Von einer Frau kommt der Anfang der Sünde, und durch sie sterben wir alle.»⁷ Ein genauerer Blick auf den Kontext zeigt aber, dass dieser Vers mit Eva und dem Sündenfall überhaupt nichts zu tun hat, sondern in einer langen Reihe misogyner Verse steht, in denen die Frau schlechtgemacht wird.

So ist es denn auch nicht überraschend, dass der ganze Tenor von Jesus Sirach auf den freien Willen des Menschen zielt, der ihm von Gott geschenkt wurde und den der Mensch akzeptieren muss:

> Sag nicht: Wegen des Herrn bin ich abtrünnig geworden!
>   Denn was er hasst, wird er nicht tun.
>
> Sag nicht: Er hat mich in die Irre geführt!
>   Denn er hat keinen Nutzen von einem sündigen Mann.
>
> Jeden Gräuel hasst der Herr,
>   und wer den Herrn fürchtet, kann den Gräuel nicht lieben.
>
> Er selbst [Gott] hat am Anfang den Menschen gemacht
>   und hat ihn der Macht seiner (eigenen) Entscheidung überlassen.
>
> Wenn du willst, wirst du die Gebote bewahren
>   und die Treue, um wohlgefällig zu handeln.
>
> Er hat dir Feuer und Wasser vorgelegt,
>   was immer du erstrebst, danach wirst du deine Hand ausstrecken.
>
> Vor den Menschen liegen Leben und Tod,
>   was immer ihm gefällt, wird ihm gegeben.[8]

Auch diese Ermahnung an den Menschen ist im Lichte der Paradiesgeschichte bemerkenswert: Der Mensch soll die Schuld für seine Übertretungen nicht etwa auf Gott schieben, denn Gott hasst die Sünde. Die Schlange als Verführerin zur Sünde ist komplett ausgeblendet – eher kommt noch Gott selbst in Frage! Aber Gott hat den Menschen eben von Anfang an so erschaffen, dass er die Wahl hat und selbst entscheiden muss. Die richtige Entscheidung führt zum Leben, die falsche zum Tod. Der Tod wurde als Conditio humana von Gott über die Menschen verhängt, weil er die notwendige Folge der falschen Entscheidung ist. Dieses unausweichliche Schicksal beginnt zwar mit dem ersten Menschenpaar, aber jeder Mensch aller folgenden Generationen ist für seine Entscheidungen und damit auch seinen Tod selbst verantwortlich:

> Scheue nicht vor der Bestimmung zum Tod zurück!
> Bedenke: Es trifft die vor dir und auch die Letzten nach dir!
>
> Dies ist die Bestimmung des Herrn über alles Lebende.
> Warum weist du zurück, was dem Höchsten gefällt?[9]

Vor diesem Hintergrund ist der Preis Adams im Loblied auf die Väter am Ende des Buches nur folgerichtig (Sir. 44 ff.). Zum Schluss lässt der Verfasser die großen Heroen der Geschichte Israels Revue passieren und orientiert sich dabei an einer merkwürdigen und sehr selektiven Genealogie. Nach einem allgemeinen Lobpreis vorab beginnt er mit Henoch und Noach und folgt dann in groben Zügen der Geschichte bis zu Nehemia, der für den Wiederaufbau Jerusalems nach dem Exil gepriesen wird. Danach wird plötzlich erneut Henoch erwähnt (49,14):

> Niemand wurde auf Erden erschaffen so wie Henoch,
> denn er wurde von der Erde hinweggenommen.

Direkt anschließend wird Josef gepriesen, als ob er im chronologischen Überblick vergessen worden wäre (49,15):

> Und kein Mann war wie Josef,
> ein Anführer der Brüder, eine Stütze des Volkes.

Erst der letzte Vers des Loblieds gilt Adam und hebt ihn damit ganz besonders hervor (49,16):

> Sem[10] und Set[11] wurden unter den Menschen gerühmt
> und über allen anderen Lebewesen in der Schöpfung steht
> Adam.

Der zweite herausragende Repräsentant der späteren Weisheitsliteratur ist die «Weisheit Salomos», die gegen Ende des ersten Jahrhunderts v. Chr. oder zu Beginn des ersten Jahrhunderts n. Chr. möglicherweise im ägyptischen Alexandria entstanden ist. Wie Jesus Sirach war das Buch Teil des christlichen Kanons des Alten Testaments, ist es bis heute in der Katholischen Kirche, wurde aber in der Reformation aus dem Kanon der protestantischen Kirchen ausgeschieden. Nach einem Hym-

Die «Ursünde» im nachbiblischen Judentum

nus auf die Weisheit und einem Bittgebet Salomos um Weisheit folgt wie in Jesus Sirach ein Gang durch die Geschichte Israels, die nun aber chronologisch korrekt mit Adam beginnt:

> Sie [die Weisheit] hat den Urvater der Welt [Adam]
>   nach seiner Erschaffung behütet, als er noch allein war;
> sie hat ihn aus seiner Verfehlung befreit
>   und ihm die Kraft gegeben, über alles zu herrschen.
> Ein Ungerechter aber [Kain], der durch seinen Zorn von ihr [der Weisheit] abfiel,
>   ging durch seine Leidenschaften zugrunde, die ihn zum Brudermord trieben.[12]

Auch hier fehlt jeder Hinweis auf eine «Ursünde» Adams. Im Gegenteil war Adam ein vorbildlicher Mensch, der sich vom Ideal der Weisheit leiten ließ, der erste von sieben Helden der Geschichte Israels, die von der Weisheit beschützt und vor Verfehlungen bewahrt wurden. Das Gegenbild zu Adam ist sein Sohn Kain, der von der Weisheit abfiel und mit der Ermordung seines Bruders Abel ein schreckliches Verbrechen beging. Es ist also Kain, nicht Adam, der für das Böse in der Welt verantwortlich ist. Die Sintflut und die nur durch den Gerechten Noach vermiedene Ausrottung des Menschengeschlechts ist Kains Schuld. Die jüdische Weisheitsliteratur, so wie sie in Jesus Sirach und in der Weisheit Salomos vorliegt, kennt keine Theologie des «Falls» Adams und einer «Ursünde», die zur Vertreibung aus dem Paradies führt und zum Tod als Strafe für diese Sünde. Der Tod ist das von Anfang an von Gott intendierte natürliche Schicksal jedes einzelnen Menschen.

Apokalyptik nach der Zerstörung des Tempels

Die Erzählung von der Vertreibung aus dem Paradies wird auch in anderen literarischen Gattungen des nachbiblischen Judentums erwähnt, aber nur sporadisch und ohne weiterführende Erkenntnisse und schon gar nicht im Sinne einer verhängnisvollen «Ursünde».[13] Das nächste literarische Korpus, in dem die Paradieserzählung eine herausgehobene

Rolle spielt, bilden die späteren apokalyptischen Schriften, die nach der Zerstörung des Zweiten Tempels im Jahr 70 entstanden. Der bisher sehr zuversichtliche Ton, der ganz dem Duktus der Paradieserzählung entspricht, beginnt sich hier zu ändern.[14] Charakteristisch dafür sind das Vierte Buch Esra und die Zweite (Syrische) Apokalypse des Baruch. Der Schock der Tempelzerstörung mit seinen gewaltigen Folgen für das Judentum machte die Frage nach dem Sinn des Lebens, von Schuld und Sünde und der Verantwortung für das Schicksal Israels immer dringlicher.

Das Vierte Esrabuch[15] entstand gegen Ende des ersten Jahrhunderts unter dem Eindruck der radikalen religiösen und politischen Umwälzungen nach der Zerstörung des Tempels: Wie konnte Gott zulassen, dass sein Wohnsitz auf Erden verbrannt, seine Gegenwart unter seinem erwählten Volk beendet und das tägliche Opfer unterbrochen wurde? In ihrem Kern präsentiert sich die Apokalypse als ein Zwiegespräch zwischen dem Seher Esra und dem Erzengel Uriel, in dem Esra dem Engel alle diese drängenden Fragen stellt, darunter auch die nach Adams Schuld:

> (4) Ich sprach: Herr Gott, bist du es nicht, der im Anfang, als du die Erde bildetest, gesprochen, du ganz allein, und dem Staube befohlen hast, (5) dass er dir Adam hervorbrachte als leblosen Körper; aber auch der war ein Gebilde deiner Hände. Du hauchtest ihm den Odem des Lebens ein, dass er vor dir lebendig ward. (6) Dann führtest du ihn ins Paradies, das deine Rechte gepflanzt hatte, ehe die Erde ward, (7) und legtest ihm ein einziges Gebot von dir auf; er aber übertrat es. Alsbald verordnetest du über ihn den Tod, wie über seine Nachkommen. – Aus ihm wurden geboren Völker und Stämme, Nationen und Geschlechter ohne Zahl. (8) Aber jedes Geschlecht wandelte nach seinem eigenen Willen; sie handelten gottlos vor dir und fielen ab: *du aber hast sie nicht gehindert!*[16]

Die Verse beschreiben den bekannten Kausalzusammenhang von Gebotsübertretung und Tod, aber das heißt keineswegs, dass Adam auch für die Fehler aller anderen Generationen verantwortlich wäre, denn «jedes Geschlecht wandelte nach seinem eigenen Willen». Der nachgeschobene Satz «du aber hast sie nicht gehindert!» scheint sogar Gott selbst für die Frevel der Nachkommen Adams verantwortlich zu machen: Es hätte in Gottes Macht gelegen, die Gebotsübertretung Adams und damit auch deren Folgen zu verhindern, aber Gott hat sich anders entschieden. Das kann nur heißen, dass er Adam und seinen Nachkommen einen selbstbestimmten freien Willen geben wollte. Damit hat er aber Adam und allen folgenden Generationen ganz bewusst die Möglichkeit der Sünde freigestellt und ist somit für diese auch mitverantwortlich. Die Möglichkeit zur Sünde ist das, was der Verfasser im Folgenden das «böse Herz» nennt, mit dem Gott Adam und seine Nachkommen geschaffen hat und dem die Menschen immer wieder erliegen. Das Musterbeispiel dafür ist die Sintflutgeschichte. Schließlich gab Gott Israel die Torah, die ihnen zu den richtigen Entscheidungen verhelfen sollte (3,17–19), aber er versäumte es, ihnen das «böse Herz» wegzunehmen:

> (20) Aber du nahmst das böse Herz nicht von ihnen, dass dein Gesetz in ihnen Frucht trüge. (21) Denn um seines bösen Herzens willen geriet der erste Adam in Sünde und Schuld, und ebenso alle, die von ihm geboren sind. (22) So ward die Krankheit dauernd: das Gesetz war zwar im Herzen des Volks, aber zusammen mit dem schlimmen Keim (der Sünde). So schwand, was gut ist; aber das Böse blieb. – (23) Als aber die Zeiten um waren und die Jahre zu Ende, da erwecktest du dir einen Knecht namens David. (24) Du befahlst ihm, die Stadt, die nach dir heißt, zu bauen und dir darin von deinem Eigentum Opfer zu bringen; (25) und so geschah es lange Jahre. – Die Bürger der Stadt aber sündigten (26) und handelten in Allem wie Adam und alle seine Nachkommen, denn sie hatten ja selber das böse Herz.[17]

Die von Gott über den Menschen verhängte Wahlmöglichkeit zwischen gut und böse ist also letztlich die Ursache allen Unheils. Wenn dies Gottes Wille sein sollte, dann wäre es besser, er hätte Adam (und damit auch uns) gar nicht erst erschaffen:

> (116) Ich antwortete und sprach: Dies bleibt mein erstes und letztes Wort: Besser wäre es, die Erde hätte Adam nie hervorgebracht, oder sie hätte ihn wenigstens von der Sünde ferngehalten. (117) Denn was hilft es uns allen, dass wir jetzt in Trübsal leben müssen und nach dem Tode noch auf Strafe zu warten haben? (118) *Ach Adam, was hast du getan!* Als *du* sündigtest, kam dein Fall (*casus*) nicht nur auf dich, sondern *auch auf uns*, deine Nachkom-

men! (119) Denn *was hilft es uns, dass uns die Ewigkeit versprochen ist, wenn wir Werke des Todes getan haben?* ... (126) Denn ach, wir haben im Leben, da wir Sünde taten, der Leiden nicht gedacht, die uns nach dem Tode bevorstehen![18]

Der Seher Esra fasst seine Ansicht über Adam und seine Sünde zusammen: Gott hat uns mit der Sünde erschaffen, und die Folge ist, jedenfalls für die allermeisten von uns, Trübsal in unserem irdischen Leben und ewige Verdammnis nach dem Tode. Doch auch seine Klage darüber bedeutet nicht, dass Esra Adam für den «Sündenfall»[19] aller nachfolgenden Generationen verantwortlich machen will. Wie der nächste Satz klarstellt, haben «wir», die nachfolgenden Generationen, die «Werke des Todes getan», das heißt gesündigt, und sind daher auch selbst für unser beklagenswertes Schicksal verantwortlich. Den Grundsatz, dass jeder für sich selbst verantwortlich ist, trotz der Schuld Adams, bestätigt schließlich auch der Engel (7,127 f.):

> Er antwortete und sprach: *Das ist der Sinn des Kampfes, den jeder kämpfen muss*, der auf Erden als Mensch geboren ist, dass er, wenn besiegt, zu erleiden hat, wovon du gesprochen; siegt er aber, so empfängt er, was ich dir verkündet.

Der beständige Kampf der Wahl zwischen gut und böse und der freien Entscheidung für das Gute ist das von Gott allen Menschen auferlegte Schicksal, ganz unabhängig von der Zahl derer, die am Ende den Kampf gewinnen oder verlieren:

> (55) So forsche nicht weiter nach der großen Zahl derer, die ins Verderben gehen; (56) denn sie haben aus eigenem freiem Entschluss den Höchsten verachtet, sein Gesetz verworfen, seine Wege verlassen, (57) dazu seine Frommen zertreten; (58) und haben in ihren Herzen gesprochen, es sei kein Gott; und alles dies, obwohl sie sehr wohl wussten, dass sie sterben müssten. (59) Deshalb, wie auf euch die Verheißungen warten, so (warten) auf sie Durst und Pein, die ihnen bereitet sind. (60) Denn *nicht der Höchste hat gewollt, dass Menschen verloren gehen*; vielmehr die Geschöpfe selber haben den Namen dessen, der sie doch *geschaffen*, verunehrt und Undankbarkeit bewiesen gegen den, der ihnen doch das Leben bereitet hat. (61) Deshalb naht mein Gericht jetzt bald heran.[20]

Auch die Zweite (Syrische) Apokalypse des Baruch setzt die Zerstörung des Tempels voraus und entstand um die Jahrhundertwende. Sie gehört ebenfalls zu den jüdischen Pseudepigraphen und fand weder in den jüdischen noch in den christlichen Kanon Eingang. Einige wenige griechische Fragmente lassen vermuten, dass sie ursprünglich in Griechisch verfasst wurde; komplett ist sie nur in einer syrischen Übersetzung erhalten.[21]

Die für das Vierte Buch Esra maßgebende Grundeinstellung gilt in gleicher Weise für die Zweite Baruchapokalypse: Mit Adam kam der Tod in die Welt, und auch Eva ist mit dafür verantwortlich, aber die nachfolgenden Generationen entschieden sich selbst immer wieder für die «Finsternis Adams» und folgten nicht dem durch Moses angezündeten Licht der Torah.[22] Daher wird die große Masse der Menschen dem Verderben anheimfallen:

> (42) Ich [der Seher Baruch] sprach: Was hast du, Adam, allen angetan, die von dir abstammen? Was soll man denn zur ersten Eva sagen, dass sie ihr Ohr der Schlange lieh?
> (43) Die ganze große Masse fällt ja dem Verderben zu; Unzählige sind's, die das Feuer frisst.
> (44) Ich sag vor dir [Gott] noch Folgendes:
> (45) Du, Herr, mein Herr! Du weißt es, was an deiner Schöpfung ist.
> (46) Denn du gebotest ehedem dem Staub, dass er den Adam hervorbrächte! Du weißt ja auch die Zahl all derer, die aus ihm entstammen, und wie die, (die) bisher waren, vor dir gesündigt und dich als ihren Schöpfer nicht bekannt haben.
> (47) Darob bezichtigt sie ihr Ende, und es bestraft sie dein Gesetz, das jene übertraten.[23]

Die Klage über Adams (und Evas) Tat wird dadurch abgemildert, dass ihre Nachkommen trotz allem sich immer wieder für die Übertretung von Gottes Geboten entschieden haben und somit selbst für ihr Schicksal verantwortlich sind. So kann sich Baruch mit der Erkenntnis trösten:

> (15) Wenn Adam auch zuerst gesündigt und über alle den vorzeitigen Tod gebracht, so zog doch auch von den Kindern ein jedes selber auch die künftige Pein sich zu; es wählte jedes einzelne davon die künftige Herrlichkeit sich aus.

...

(19) Sonach trägt Adam einzig und allein für sich die Schuld; wir alle aber wurden jeder für sich selbst zum Adam.[24]

Klarer kann die nachbiblische jüdische Einstellung zur Schuld Adams, gerade auch im Blick auf die unmittelbar anschließende Entwicklung im Christentum, kaum formuliert werden: Adam war nur für sich selbst verantwortlich, und so sind auch die Menschen aller nachfolgenden Generationen ihr eigener Adam.

Von der Sünde zur Erbsünde

Paulus: Der alte und der neue Adam

Paulus hat im Rahmen seines apokalyptischen Weltbildes eine umfassende Sündenlehre entwickelt, in der auch die Sünde Adams ihren Ort hat. Er steht noch ganz in der Tradition der jüdischen Apokalyptik und gibt Adam eine besondere Verantwortung für die Herrschaft der Sünde in der menschlichen Geschichte und ihre notwendige Folge, den Tod, hält aber ebenfalls an der individuellen Entscheidung jedes einzelnen Menschen für oder gegen die Sünde fest und betont den freien Willen.

Der jüdische Theologe Paulus bringt in seinen Briefen allerdings einen ganz neuen Gedanken in die Diskussion um die Gebotsübertretung Adams im Paradies,[25] indem er sie mit der Auferstehung Jesu von den Toten verknüpft. Auf diese Weise macht er Adam und Jesus zu den beiden großen Antipoden der jüdischen Unheils- und Heilsgeschichte. Im 1. Korintherbrief, der zwischen 53 und 54 geschrieben wurde, stellt er diese Relation zwischen Adam und Jesus erstmals her (1 Kor. 15,21 f.):[26]

> Da nämlich durch einen Menschen [Adam] der Tod gekommen ist, kommt durch einen Menschen [Jesus] auch die Auferstehung der Toten. Denn wie in Adam (*en tō Adam*) alle sterben, so werden in Christus (*en tō Christō*) alle lebendig gemacht werden.

Adam hat den Tod in die Welt gebracht – wie dies passiert ist, wird als bekannt vorausgesetzt – und Jesus Christus das Leben, nämlich die Auferstehung von den Toten. Erst die Erlösungstat des Messias Jesus hat den durch Adam über alle Menschen verhängten Tod ein für allemal besiegt und ermöglicht allen Menschen das ewige Leben.

Der *locus classicus* für Paulus' theologische Auseinandersetzung mit Adams Tod ist der etwas später, zwischen 55 und 57, in Korinth geschriebene Brief an die jüdische Gemeinde in Rom. Jetzt macht Paulus sich die Mühe, das Verhältnis zwischen den beiden Antipoden Adam und Jesus genauer zu bestimmen. Der komplizierte Gedankengang beginnt mit der grundsätzlichen Feststellung:

> Deshalb: Wie durch einen einzigen Menschen die Sünde in die Welt kam und durch die Sünde der Tod, auf diese Weise gelangte auch der Tod zu allen Menschen, weil (*eph' hō*) alle sündigten (Röm. 5,12).[27]

Hier ist wie schon in den jüdischen Apokalypsen klar festgehalten, dass Adam zwar mit seiner Sünde den Tod in die Welt brachte, dass aber das aus ihm hervorgegangene Menschengeschlecht ihm nicht deswegen in der Sünde nachfolgte, weil es durch ihn vorgeprägt gewesen wäre und deswegen zwangsläufig gesündigt hätte, sondern weil alle Menschen selbst – aus eigener freier Entscheidung – sündigten.[28] Damit ist jeder Gedanke an eine Erbsünde auch bei Paulus ausgeschlossen.

Nach einem kurzen Einschub über die Zeit zwischen Adam und der Gabe der Torah am Sinai, in der es noch keine Gebotsübertretung im eigentlichen Sinne gab, weil das Gesetz noch nicht offenbart war (5,13 f.), folgt die entscheidende Aussage dieses Passus im Römerbrief, der Vergleich des Menschen Adam mit dem Menschen Jesus Christus (5,15.17–19):

> (15) Doch anders als mit der Übertretung verhält es sich mit der Gnade (*charisma*): Sind durch die Übertretung des einen [Adam] die vielen dem Tod anheimgefallen, um wieviel mehr ist die Gnade (*charis*) Gottes und die Gabe, die durch die Gnadentat (*en chariti*) des einen Menschen Jesus Christus bewirkt worden ist, den vielen reichlich zuteil geworden. ...
>
> (17) Denn ist durch die Übertretung des einen der Tod zur Herrschaft gekommen durch diesen einen [Adam], um wieviel mehr werden diejeni-

gen, denen die Gnade und die Gabe der Gerechtigkeit reichlich zuteil wurde, im Leben herrschen durch den einen, Jesus Christus.

(18) Wie es also durch die Übertretung eines Einzigen für alle Menschen zur Verurteilung kam, so kommt es auch durch die gerechte Tat eines Einzigen für alle Menschen zur Gerechtsprechung, die Leben schenkt.

(19) Denn wie durch den Ungehorsam des einen Menschen [Adam] die vielen zu Sündern gemacht worden sind, so werden auch durch den Gehorsam des einen [Jesus] die vielen zu Gerechten gemacht werden.

Paulus formuliert hier in immer wieder neuen Wendungen denselben Gedanken: Durch die Übertretung oder den Ungehorsam des einen Menschen Adam kam die Sünde und damit der Tod in die Welt; durch den Gehorsam des anderen Menschen Jesus Christus werden die Sünder begnadigt, zu Gerechten gemacht und den Tod besiegen, das heißt ewig leben. Mit seinem Gehorsam gegenüber seinem göttlichen Vater hat Jesus den Ungehorsam Adams aufgehoben und durch seinen Opfertod die Herrschaft des Todes über alle Menschen beendet. Nur darum geht es Paulus, nicht um einen durch die Geburt erworbenen, ontologischen *Zustand* der Sünde. Von einer Erbsünde kann bei Paulus keine Rede sein,[29] aber seine Theologie des alten und neuen Adam ist und bleibt völlig singulär im Judentum. Nirgendwo im vor- oder auch im nachpaulinischen Judentum wird eine Erlösungstat des Messias propagiert, die das Menschengeschlecht in seiner Gesamtheit vom Tode befreit. Die Frage, ob der Mensch Anteil am Leben der «zukünftigen Welt» hat, entscheidet sich immer und ausschließlich daran, was er aus seinem Leben in «dieser Welt» gemacht hat, das heißt an seinen eigenen Taten, nicht an der Tat des Messias.

Kirchenlehrer des Ostens: Origenes und Johannes Chrysostomus

Mit Paulus begann eine lange Auslegungstradition von Gen. 3 im Christentum. Wie die neuere Forschung gezeigt hat, ist Augustinus nach wie vor der erste Kirchenvater, der erstmals das Konzept einer erblichen, durch die Geburt erworbenen Ursünde jedes einzelnen Menschen vertreten hat. Allerdings sehen wir heute genauer, dass dieses Konzept

Von der Sünde zur Erbsünde 343

lange von anderen Kirchenlehrern vorbereitet wurde.[30] Die griechischen Väter des Ostens waren noch durchweg frei davon. Sie vertraten die traditionelle jüdische und frühchristliche Ansicht, dass die nachfolgenden Generationen zwar den Tod als Folge von Adams Sünde erbten, nicht aber die Sünde oder Schuld. Dafür blieb jeder Mensch selbst verantwortlich. Die beiden großen Antipoden, die sich als wichtigste Repräsentanten der griechischen und lateinischen Kirche gegenüberstehen, sind Origenes im Osten und Augustinus im Westen.

Origenes (185/86–251/54) begann seine Karriere als Lehrer und Prediger in Alexandria und setzte seine umfangreiche wissenschaftliche Tätigkeit als Laie – seine Priesterwürde wurde ihm aberkannt – und oft im Konflikt mit der Ortskirche ab 231/32 in Caesarea Maritima in der römischen Provinz Palaestina fort. Er gründete dort eine Hausgemeinde, der er die Bibel fortlaufend auslegte, und später auch eine private Schule, in der er den paganen mit dem christlichen Bildungskanon kombinierte. Er starb als Märtyrer an den Folgen der Folter, weil er sich geweigert hatte, am Opfer für den Kaiser teilzunehmen. Sein Hauptwerk ist «Über die Grundlehren der Glaubenswissenschaft» (*De principiis*), der erste umfassende Versuch einer systematischen christlichen Theologie.

Origenes erklärt die Paradiesgeschichte in Gen. 3 ganz im Sinne der platonischen Philosophie als eine allegorische Erzählung nicht über den Fall Adams, sondern den kollektiven Fall der ganzen Menschheit:[31] Vor unserer irdischen Welt gab es eine transzendentale, die von rationalen Wesen erfüllt war – den prämundanen Seelen sowie den übernatürlichen Kräften der Engel und den Gestirnen. Dies erinnert an die ideale Welt des *kosmos noētos* Philons, den Gott vor der irdischen Welt des *kosmos aisthētos* erschuf. Alle diese Geschöpfe hatten einen immateriellen, ewigen «Körper», der sie voneinander unterschied und damit zu Individuen machte, und alle hatten die Freiheit der Wahl zwischen gut und böse. Im Unterschied zu Gott hatten sie aber die Möglichkeit, sich zu verändern. Diese Möglichkeit war ihnen von Natur aus gegeben und als solche nur «natürlich», aber im Laufe der Zeit bewirkte sie, gewollt oder ungewollt, eine graduelle Abwendung von Gott.[32] Diese graduelle Abwendung war immer noch «natürlich» und deswegen auch nicht «strafbar», aber – und dies ist der entscheidende Punkt – die Seelen und anderen prämundanen Geschöpfe hätten ihren freien Willen benutzen sollen, diese Abwendung von Gott aufzuhalten. Die fortschreitende und bei den einzelnen Seelen unterschiedlich realisierte Abwendung – manche stoppten sie früher, andere später – ist der kosmische Fall, der in der Bibel als «Fall» Adams beschrieben wird. Die einzige Ausnahme von diesen Seelen, die sich von Gott abwandten, um dann irgendwann die Konsequenzen ihres Tuns zu erkennen und ihren Fall aufzuhalten, war das Geschöpf, das Gott in absoluter Liebe verbunden war, das an diesem allgemeinen «Fall» nicht teilnahm, das deswegen auch nicht «sündigte» und später als Jesus Christus in die irdische Welt eingehen sollte.

Nach diesem allgemeinen «Fall» der Seelen und aller anderen prämundanen Geschöpfe erschuf Gott aus dem Nichts unsere irdische Welt, in die die ursprünglich immateriellen Seelen mit ihrem materiellen Körper hineingeboren werden und dort den Platz einnehmen, der ihnen je nach dem Grad ihrer Abkehr von Gott und dem Zeitpunkt, an dem sie diese Abkehr aufhielten, zukommt. Der gnädige Gott hat aber auch diese materielle Schöpfung darauf angelegt, dass sie am Ende – durch Jesus Christus – erlöst wird: Alle Geschöpfe, auch der Satan, werden, von ihrem materiellen Körper befreit und wieder mit ihrem ursprünglichen geistigen «Körper» vereinigt, in die transzendentale Welt zurückkehren. Die Materie dagegen wird wieder im Nichts verschwinden.

Der «Abfall» von Gott geschah in der transzendentalen Welt der prämundanen Geschöpfe und besteht darin, dass diese dem immer stärker werdenden graduellen «Abweichen» von Gott nicht oder zu spät Einhalt geboten. Alle diese Geschöpfe, einschließlich der Seelen, hatten die Möglichkeit, die «Abweichung» rechtzeitig zu stoppen. Es ist diese «Ursünde» aller Seelen, nicht des einen Adam, die die transzendentale Welt ins Verderben stürzte und dazu führte, dass Gott die materielle irdische Welt mit den in ihren fleischlichen Körpern inkorporierten Seelen schuf. Auch in dieser materiellen Welt sind die mit einem Körper versehenen Seelen jede für sich dafür verantwortlich, dass sie – mit Hilfe des von Gott gesandten Erlösers – von ihrem fleischlichen Körper befreit werden und in die immaterielle Welt zurückkehren können. Von einer «Erbsünde» des erstgeborenen Menschen Adam kann also bei Origenes keine Rede sein.

Diese Linie wird im Wesentlichen auch von allen nachfolgenden griechischen Kirchenlehrern vertreten, insbesondere der Schule von Antiochia mit ihrem Hauptvertreter Johannes von Antiochia (349/44–407), der aufgrund seiner hochgeschätzten Predigten Johannes Chrysostomus («Goldmund») genannt wurde. 397 stieg er in das wichtigste Amt auf, das die Ostkirche zu vergeben hatte, und wurde Patriarch von Konstantinopel. Seine Auslegung von Röm. 5,12 darf als charakteristisch für die Väter der Ostkirche gelten:

> Was bedeutet: «um dessentwillen / weswegen / worauf alle sündigten» (Röm. 5,12)? Nachdem jener [Adam] zu Fall gekommen war, sind auch jene, die nicht von dem Baum gegessen hatten [alle Menschen der nachfolgenden Generationen], durch jenen [Adam] alle sterblich geworden.[33]

Adam hat gesündigt und ist deswegen sterblich geworden, und da alle Menschen so wie Adam sündigen, sind auch sie wie er sterblich. Adam hat somit die Sterblichkeit vererbt, aber nicht die Sünde; die Sünde liegt nach wie vor in der Verantwortung jedes einzelnen Menschen.

Diese Grundeinstellung änderte sich bei den lateinischen Vätern, die sich auf den Weg zu einer erblichen Sünde («Erbsünde») im ontologischen Sinne begaben, obwohl sie gleichzeitig noch versuchten, am freien Willen des Menschen festzuhalten. Maßgebend dafür sind Ambrosius (339–397), der Bischof von Mailand, und Ambrosiaster oder Pseudo-Ambrosius, ein weitgehend unbekannter Kommentator der Paulusbriefe aus der zweiten Hälfte des vierten Jahrhunderts.

Augustinus und die Erfindung der Erbsünde

Dem großen lateinischen Kirchenvater Augustinus (354–430) war es vorbehalten, dem Konzept von der Erbsünde endgültig zum Durchbruch zu verhelfen.[34] Augustinus war geradezu besessen von seiner Erbsündenlehre und begann schon bald nach seiner Erhebung zum Bischof von Hippo in Nordafrika im Jahr 396, diese in zahlreichen Schriften zu verbreiten. Dabei entwickelte er keine gezielte Theologie der Erbsünde – wie er überhaupt kein systematischer Theologe war –, sondern reagierte in immer wieder neuen Anläufen auf äußere Anlässe. Der wichtigste Katalysator seines sich steigernden Furors war der gelehrte britische Mönch Pelagius (354/60–418), der um 380 nach Rom kam und nach der Plünderung Roms durch die Visigoten (410) nach Karthago floh und damit in Augustinus' direkten «Bannkreis» geriet. Pelagius vertrat eine ausgeprägte Theologie der Willensfreiheit jedes einzelnen Menschen, der aufgrund seiner eigenen Entscheidung zum Gehorsam gegenüber den göttlichen Geboten gelangen könne und nicht von Natur aus von einer ewigen Sünde korrumpiert sei. Stärker noch als Pelagius selbst (der um 415 nach Jerusalem floh) gerieten dessen Reisegefährte Caelestius und Pelagius' etwas jüngerer Anhänger Julian von Eclanum (um 386–455) in Augustinus' Visier. Vor allem Julian und Augustinus führten einen regelrechten öffentlichen Kampf um Willensfreiheit und Erbsünde mit allen ihnen zur Verfügung stehenden literarischen Mitteln.

Augustinus war der Erste, der den Begriff *peccatum originale*, «Erbsünde», verwandte. Daneben gebrauchte er die Begriffe *originalis reatus*, «Erbschuld» oder «Urschuld», und *peccatum ex traduce*, wörtlich «Sünde aus dem Weinstock» (*tradux*). Damit ist im übertragenen Sinne die angeborene Sünde jeder einzelnen menschlichen Seele gemeint, die bei der Geburt des Menschen von den elterlichen Seelen vererbt wurde und die ihrerseits auf Adam und Eva zurückgeht. Schon in seinen «Bekenntnissen» (*Confessiones*), die zwischen 397 und 400 entstanden, noch bevor er die Theologie der Erbsünde ausformulierte, erkennt Augustinus, dass er selbst auch als vermeintlich unschuldiges Kind nicht frei von Sünde war: «Ist doch niemand vor dir [Gott] frei von Sünde, nicht einmal das Kind, das erst einen Tag auf der Erde lebt.»[35] Obwohl die Mutterbrust reichlich Milch spendet, neide schon der Säugling seinem «Milchbruder» die Milch der Mutter. Und so gelte für ihn wie für uns alle das Wort des Psalmisten:

> «In Ungerechtigkeit bin ich empfangen (*conceptus sum*), und in Sünden hat meine Mutter mich in ihrem Schoße genährt (*in utero aluit*)» (Ps. 50/51,7)[36] – wo, ich flehe dich an, mein Gott, wo, o Herr, bin ich, dein Sklave, wo oder wann bin ich (jemals) ohne Schuld gewesen?[37]

In seinem zwischen 413 und 426 entstandenen Hauptwerk «Vom Gottesstaat» (*De civitate Dei*) legt Augustinus den Grundstein für seine Theologie der Erbsünde. Adam und Eva sind der «Weinstock», aus dem wir alle hervorgehen; sie sind durch ihre einzigartige Sünde dem Tod verfallen, und deswegen sollte auch alles, «was aus ihrem Stamm hervorsprossen würde», dieselbe Strafe erleiden, denn «nur Wesensgleiches sollte aus ihnen hervorgehen».[38] Dies setzt voraus, was Augustinus auch sonst immer wieder betont, dass

> das ganze Menschengeschlecht, das durch die Frau hervorgebracht werden sollte, im ersten Menschen vorhanden (war), als jenes Ehepaar [Adam und Eva] von dem Strafurteil Gottes getroffen wurde; und was der Mensch [Adam] geworden ist, nicht bei der Schöpfung, sondern infolge von Sünde und Strafe, das ist auch (seine Nachkommenschaft) geworden, wenigstens soweit der Ursprung von Sünde und Tod in Betracht kommt.[39]

Alle auf Adam folgenden Generationen sind im ganz wörtlichen Sinne biologisch in seinem Samen enthalten und unterliegen daher demselben Geschick:

> Noch war uns im Einzelnen zwar die Form nicht erschaffen und zugeteilt, in der wir als Einzelwesen leben sollten; aber das Stammwesen[40] war da, aus dem wir durch Fortpflanzung hervorgehen sollten. Und weil jenes wegen der Sünde dem Verderben anheimgefallen und mit Todesbanden umstrickt und gerechterweise verdammt war, so sollte auf dem Weg der Zeugung von Mensch zu Mensch das gleiche Los den Nachkommen zuteil werden.[41]

Die gesamte Menscheit war an ihrer Wurzel krank geworden (*radice corrupta*) und von Anfang an verderbt (*origine depravata*),[42] und diese Verderbnis ist nicht etwas, das der Mensch heilen könnte, sondern liegt in der seit Adams Sünde grundlegend veränderten Natur des Menschen:

> Ihre [Adams und Evas] Natur eben ward gemäß der Größe der Schuld durch das Strafurteil verschlechtert, und so sollte bei ihrer gesamten Nachkommenschaft schon von Natur aus erfolgen, was bei ihnen [Adam und Eva] zuerst eingetreten war als Strafe.[43]

Diese Strafe ist eben nicht nur der Tod, sondern auch die vererbte Sündhaftigkeit. Es versteht sich von selbst, was hier nicht weiter ausgeführt wird, dass die Heilung nur durch die Erlösungstat des menschgewordenen Erlösers erfolgen konnte.

Einer der Streitpunkte zwischen Augustinus und Pelagius mit seinen Anhängern war auch die schon in der Alten Kirche praktizierte Säuglingstaufe. Augustinus sah in seiner Erbsündenlehre ein starkes Argument für die Säuglingstaufe, befreite die Taufe doch die Säuglinge von der ererbten Schuld Adams und überließ sie nur ihren eigenen Sünden. In seinem 420 geschriebenen Handbuch der christlichen Frömmigkeit, *Enchiridion* oder auch «Glaube, Hoffnung, Liebe» genannt, tritt Augustinus vehement für die Säuglingstaufe ein. Zunächst betont er, dass in der einen Sünde Adams, die Tod und Verderben in die Welt brachte und die

> auf alle Menschen überging, ... eine Mehrzahl von Sünden unterschieden werden kann, wenn man diese eine Sünde sozusagen in ihre einzelnen Bestandteile zerlegt.[44]

Die Sünde Adams enthielt in sich alle weiteren Sünden aller nachfolgenden Generationen. Das bedeutet aber auch, dass die neugeborenen Kinder mit der Sünde Adams auch die Sünden ihrer Eltern und aller ihrer Vorfahren erbten:

> Dabei ist auch die Behauptung nicht unwahrscheinlich, dass den Kindern auch noch die (persönlichen) Sünden ihrer Eltern nachhängen, das heißt also nicht bloß die Sünden der ersten Menschen [Adams und Evas], sondern auch die der eigenen Eltern, von denen sie geboren sind. ... Denn zu dem Zweck wird jeder wiedergeboren, damit er von jeder angeborenen Sünde befreit werde. Diejenigen Sünden nämlich, die erst später durch (eigenes) böses Tun begangen werden, können ja auch durch Buße wiedergutgemacht werden, wie wir es auch tatsächlich nach der Taufe geschehen sehen. Und somit ist folglich die Wiedergeburt nur deshalb angeordnet, weil unsere Geburt eine verderbte (*vitiosa*) ist. ... Denn auch in jener einen Sünde [Adams], die auf alle Menschen überging und die so groß ist, dass durch ihre Schuld die menschliche Natur ganz umgestaltet und der Notwendigkeit des Sterbens unterworfen wurde, findet sich, wie ich weiter oben ausgeführt habe, eine Mehrheit von Sünden. Zudem teilen auch die anderen (persönlichen)

Sünden der Eltern, wenn sie auch keine ähnliche Umgestaltung der Natur bewirken können, den Kindern doch eine gewisse Verschuldung mit.[45]

Es fällt schwer, den eigensinnigen Gedankengängen dieses großen Lehrers der lateinischen Kirche zu folgen, ohne versucht zu sein, Partei für Pelagius zu ergreifen: Die wie eine tödliche Lawine durch Adam ausgelöste und sich immer weiter akkumulierende Sündenlast aller Generationen seit Adam trifft mit aller Wucht auch die neugeborenen Kinder. Diese müssen nicht nur die Erbsünde ertragen, sondern auch alle weiteren Sünden, die in dieser bereits enthalten sind. Von dieser Last kann sie nur die Taufe befreien, die deswegen so früh wie möglich erfolgen muss. Danach sind sie nur noch für ihre eigenen Sünden verantwortlich, wobei sie die Erbsünde selbstverständlich an ihre Nachkommen vererben.

Augustinus bemüht für seine Erbsündenlehre zahlreiche Beweise aus dem Alten und Neuen Testament. Der wichtigste ist, wie zu erwarten, das Diktum des Paulus im Römerbrief, das er, wie Augustinus-Spezialisten festgestellt haben, mehr als 60 Mal zitiert:

> Deshalb: Wie durch einen einzigen Menschen die Sünde in die Welt kam und durch die Sünde der Tod, auf diese Weise gelangte auch der Tod zu allen Menschen, weil / um dessentwillen / weswegen (*eph' hō*) alle sündigten (Röm. 5,12).

Augustinus konnte kein Griechisch und benutzte die lateinische Übersetzung (Vetus Latina oder Vulgata),[46] die in einem entscheidenden Punkt vom griechischen Original abweicht. Sie übersetzt das grammatikalisch schwierige *eph' hō* fälschlich bzw. missverständlich mit «in dem» (*in quo*) und bezieht den Nebensatz damit auf den «einen einzigen Menschen», nämlich Adam: «*in dem* alle [Menschen] sündigten». Die Behauptung mancher Exegeten, dass die Erbsündenlehre des lateinischen Kirchenvaters auf eine Fehlübersetzung aus dem Griechischen zurückgeht, führt zu weit und ist zu schlicht. Augustinus verwendet auch andere biblische Belege, wenn auch keineswegs bessere, und vor allem: Er war so sehr von seiner Erbsündenlehre besessen, dass ihn solche philologischen Feinheiten kaum interessierten. Es mag ihm sogar bewusst gewesen sein, dass es keine tragfähige biblische Basis für die Erbsünde gibt, aber das, so fürchte ich, war ihm letztlich egal.

Die eigentliche Ironie der Geschichte ist vielmehr eine andere: Ausgerechnet der Kirchenlehrer, der sein ganzes Leben erfolglos gegen die Gelüste seines Fleisches ankämpfte und keinen anderen Ausweg sah, als diese auf eine vererbte Ursünde zurückzuführen, ausgerechnet er setzte sich damit gegen seine Gegner, die Pelagianer, durch. Der Pelagianismus wurde schon 418 auf dem lokalen Konzil von Karthago verurteilt, und das Konzil von Ephesus erklärte 431 Pelagius und Caelestius zu Häretikern, während das zweite (lokale) Konzil von Orange in Südfrankreich 529 große Teile von Augustinus' Lehren bestätigte. Augustinus wurde der bedeutendste Kirchenlehrer des westlichen Christentums und bald allgemein als Heiliger verehrt.

Felix Culpa im rabbinischen Judentum

Wie auch immer man das Verhältnis der beiden Schwesterreligionen Judentum und Christentum bestimmen möchte, in der Frage der Erbsündenlehre könnte der Befund nicht eindeutiger sein: Indem das rabbinische Judentum die ursprüngliche Linie der Hebräischen Bibel fortsetzt und diese noch weiter verstärkt, distanziert es sich von der Entwicklung im Christentum, die mit Augustinus ihren unbiblischen und deswegen theologisch höchst problematischen Höhepunkt erreicht hatte.[47]

Das rabbinische Judentum hat eine extensive Kommentarliteratur zur Hebräischen Bibel und damit auch zum Buch Genesis hervorgebracht, in der sich so ziemlich alles findet, was man finden möchte. Es ist aber wenig hilfreich, alle Kommentare zur Paradieserzählung Punkt für Punkt durchzugehen, denn das Thema ist viel grundsätzlicher: Es geht im Kern darum, dass in der rabbinischen Theologie der Mensch ganz wesentlich im Zentrum steht, dass wir es mit einer Anthropologie zu tun haben, in der sich alles um das Verhältnis zwischen den Menschen – und das bedeutet für die Rabbinen primär das Volk Israel – und ihrem Gott dreht.

Das zeigt sich am deutlichsten an den zahlreichen Texten, die die Menschen bzw. das Volk Israel in Beziehung zu den Engeln setzen.[48] Der durchgehende Tenor ist, dass im direkten Vergleich der Menschen mit den Engeln in nahezu allen Fällen die Engel den Kürzeren ziehen. Ich beschränke mich auf einige wenige für unser Thema besonders relevante Texte. Ein klassischer Midrasch zum umstrittenen Vers Gen. 1,26 versteht den Plural in dem Satz «Wir wollen / lasst uns einen Menschen schaffen» als Frage Gottes an seine Engel:

> In der Stunde, da er [Gott] den ersten Menschen erschaffen wollte, beriet er sich mit den Dienstengeln und sprach zu ihnen: «Wollen wir einen Menschen schaffen»? (Gen. 1,26). Sie antworteten ihm: Wie ist seine Beschaffenheit? Er sagte: Gerechte werden von ihm erstehen, wie geschrieben steht: «Denn Gott kennt den Weg der Gerechten» (Ps. 1,6). Gott tat den Dienstengeln nämlich den Weg der Gerechten kund, aber: «Der Weg der Frevler geht zugrunde» (Ps. 1,6) – er verheimlichte ihn [den Weg der Frevler] vor ihnen.[49] D. h., er offenbarte ihnen, dass die Gerechten von ihm [Adam] erstehen würden, er offenbarte ihnen aber nicht, dass (auch) die Frevler von ihm erstehen würden. ...[50]

Gott lässt seine Engel, die er ja schließlich um ihre Meinung gefragt hat, ganz bewusst im Unklaren über die Sündhaftigkeit des Menschengeschlechts, er belügt sie. Ein anderer Rabbi erläutert dieses «gestörte» Verhältnis Gottes zu seinen Engeln in typisch rabbinischer Manier mit Hilfe von Bibelversen:

> Rabbi Simon sagte: Als der Heilige, er sei gepriesen, den ersten Menschen erschaffen wollte, spalteten sich die Dienstengel in Gruppen und Abteilungen. Einige sagten: Er möge erschaffen werden, andere sagten: Er möge nicht erschaffen werden. Das ist es, was geschrieben steht: «Huld und Wahrheit treffen aufeinander, Gerechtigkeit und Friede bekriegen sich» (Ps. 85,11).[51] Die Huld sagte (nämlich), er werde erschaffen, denn er wird Liebeswerke vollbringen; die Wahrheit sagte, er werde nicht erschaffen, denn er ist voll Lüge; die Gerechtigkeit sagte, er werde erschaffen, denn er wird Gerechtigkeit walten lassen; der Friede sagte, er werde nicht erschaffen, denn er ist streitsüchtig. Was tat der Heilige, er sei gepriesen? Er nahm die Wahrheit und warf sie auf die Erde. Da sprachen die Dienstengel vor dem Heiligen, er sei gepriesen: Herr der Welt, wie missachtest du deine Wahrheit, lass die

> Wahrheit von der Erde aufsteigen, wie geschrieben steht: «Die Wahrheit entsprießt dem Erdboden» (Ps. 85,12).
> ...
> Rabbi Huna Rabba von Sepphoris sagt: Während die Dienstengel noch miteinander rechteten und miteinander beschäftigt waren, schuf ihn der Heilige, er sei gepriesen. Er sprach zu ihnen: Was müht ihr euch noch ab, der Mensch ist schon erschaffen![52]

Plastischer und ironischer könnte man Gottes Missachtung seiner Engel und ihrer berechtigten Argumente kaum ausdrücken: Er wirft die Advokaten der Wahrheit wütend aus dem Himmel und schmeißt sie auf die Erde. Und dann setzt er allem die Krone auf, indem er klarstellt, dass ihn das kleinliche Gezeter der Engel überhaupt nicht interessiert und seine Ausgangsfrage an sie eigentlich überflüssig war: In souveräner Machtvollkommenheit erschafft er den Menschen, *obwohl oder gerade weil er weiß, dass die Gegner des Menschen eigentlich recht haben*. Eine Parallele im Talmud macht dies noch brutaler deutlich. Dort duldet Gott nicht einmal Widerspruch, sondern verbrennt sofort die Engel, die ihm zu widersprechen wagen, mit seinem kleinen Finger. Die letzte Engelgruppe schließlich antwortet ihm, klüger geworden: «Herr der Welt, was nützte es den ersten, dass sie vor dir geredet (und ihre Meinung gesagt) haben. Dein ist die ganze Welt, tu das, was dir auf deiner Welt zu tun beliebt!»[53] Da fällt den Engeln nichts anderes mehr ein, als ihren Zorn gegen den neugeschaffenen Menschen zu richten, so dass Gott ihn vor seinen Engeln schützen muss:

> Als der Heilige, er sei gepriesen, den ersten Menschen erschuf, umschloss er ihn von vorne und hinten, wie es heißt: «Vorne und hinten umschließest du mich und legst auf mich deine Hand» (Ps. 139,5). Die Dienstengel stiegen nämlich hinab, um ihn zu verbrennen. Darum nahm Gott ihn und barg ihn unter seine Flügel, wie es heißt: «Du legst auf mich deine Hand» (Ps. 139,5).[54]

Der Grund für diesen Zorn der Engel ist, dass sie in Wirklichkeit auf den Menschen neidisch sind und ihm die göttliche Vorzugsbehandlung nicht gönnen. Zahlreiche Midraschim führen diesen Aspekt weiter aus und machen Gottes Gabe der Torah an die Menschen, das heißt an das

Volk Israel, dafür verantwortlich. Die Torah ist, wie wir gesehen haben, das größte Geschenk, das Gott machen kann, und die Engel, als die vollkommensten Geschöpfe Gottes, beanspruchen die Torah ganz selbstverständlich für sich. Aber Gott weist sie zurück:

> So sprach auch der Heilige, er sei gepriesen, zu (den Engeln): ... Sie [die Torah] kann nicht bei euch bleiben! – Warum? – Es steht in ihr geschrieben: «Ich bin der Herr, dein Gott» (Ex. 20,2). Leugnet ihr etwa (jemals) mein Königtum?! Seid ihr nicht bei mir und seht ihr nicht das Bild meiner Herrlichkeit jeden Tag?! Und weiter steht in ihr geschrieben: «Stirbt jemand in einem Zelt ...» (Num. 19,14). Sterbt ihr denn? (Ferner) steht in ihr geschrieben: «Dies dürft ihr essen» (Lev. 11,9), und: «Dies dürft ihr nicht essen» (Lev. 11,4). Esst und trinkt ihr denn, dass ihr darum bittet, euch meine Torah zu geben?! Was tat der Heilige, er sei gepriesen? Nichts anderes, als dass er sie wegschickte und die Torah Israel gab.[55]

Die Torah gibt Handlungsanweisungen und Gebote, die man befolgen kann oder auch nicht, sie eröffnet Spielräume der Entscheidung. Die armen Engel aber haben keinen freien Willen und können deswegen auch nicht zwischen richtig und falsch, gut und böse wählen, wie ursprünglich Adam und Eva im Paradies. Sie sehen Gott immerzu im Himmel und huldigen ihm, sie sind unsterblich und brauchen auch keine Speisegebote. Dies ist allein den Menschen vorbehalten, die immer neu zwischen richtig und falsch, gut und böse wählen müssen. So kehrt sich der Vorzug der Engel gegen sie selbst: Da ihnen die Gabe des freien Willens vorenthalten ist, sind sie letztlich todlangweilig und taugen nur dazu, Gott zu preisen und seinen Willen auszuführen.

Damit sind wir beim Kern der rabbinischen Anthropologie angelangt. Gott erschafft den Menschen nicht, *obwohl*, sondern *weil* er sündhaft ist, und genau darin ist er den Engeln überlegen. Ein früher Midrasch bringt dies auf den Punkt:

> Rabbi Pappos legte (den Vers) aus: «Siehe, der Mensch war wie einer von uns [im Erkennen von gut und böse]» (Gen. 3,22) – wie einer von den Dienstengeln. Da sagte Rabbi Aqiva: Genug, Pappos! Da entgegnete Pappos: Und wie legst du den Vers aus: ... (Gen. 3,22)? Vielmehr (antwortete Rabbi Aqiva): Der Heilige, er sei gepriesen, gab ihm [Adam] zwei Wege zur Auswahl,

einen (Weg) des Lebens und einen (Weg) des Todes. Er aber wählte den Weg des Todes.[56]

Der Midrasch überliefert insgesamt vier stilistisch gleich aufgebaute Kontroversen zwischen Aqiva, dem großen Heroen des rabbinischen Judentums, und seinem Widersacher Pappos. Pappos bezieht das «wie einer *von uns*», nicht, wie im Bibelvers vorausgesetzt, auf Gott (als Pluralis majestatis), sondern auf die Engel: In der Fähigkeit der Erkenntnis von Gut und Böse war der Mensch ursprünglich, vor dem Sündenfall, wie einer von den Dienstengeln. Aqiva widerspricht dieser These von Pappos mit aller Schärfe, denn gerade die Fortsetzung des Verses («im Erkennen von Gut und Böse») schließt für Aqiva – und mit Sicherheit für die Mehrheit der Rabbinen – diese Erklärung aus. Wäre der Mensch vor dem Sündenfall den Engeln gleich gewesen, hätte er gar nicht sündigen können, denn wir wissen ja, dass die Engel sündenlos sind und deswegen auch nicht zwischen gut und böse wählen können. Die freie Wahl ist das herausragende Kennzeichen des Menschen, das ihn von den Engeln unterscheidet.

Diesen Grundsatz der freien Willensentscheidung sieht Aqiva gefährdet, wenn ein engelgleicher Status des Menschen vor dem Sündenfall angenommen wird. Dagegen stellt er seine etwas gewagte Erklärung der Formulierung «wie einer von uns (*ke-achad mimmenu*)». Er versteht nämlich *mimmenu* nicht wie üblich als Plural («von uns»), sondern als Singular («von sich aus, von sich selbst»), trennt es syntaktisch von *ke-achad* («wie einer») und kommt damit zu der Bedeutung: wie einer, der *von sich aus* zwischen gut und böse wählte und sich für *einen* Weg, nämlich den Weg des Bösen, entschied. Fazit: Nachdem der Mensch vom Baum der Erkenntnis gegessen hat, ist er gerade nicht wie einer von den Engeln geworden, denen jede Fähigkeit zur selbstbestimmten Entscheidung fehlt. Er hat, in eigener freier Machtvollkommenheit, den auf den ersten Blick falschen Weg gewählt – aber eben diese Entscheidung hat ihn zum Menschen gemacht.

Genau deswegen sagt auch ein archaischer und bis heute rätselhafter Midrasch in *Bereschit Rabba*: «In der Torah des Rabbi Meir fanden wir geschrieben: ‹Und siehe, es war sehr gut (*tov me'od*)!› – ‹Und siehe, der Tod ist gut (*tov mawet*)!›»[57] Gott sagt danach am Ende des sechsten

Schöpfungstages nicht, dass sein Schöpfungswerk sehr gut war, sondern dass der von Adam inaugurierte Tod gut war.[58] Stärker könnte man die Bedeutung der freien Willensentscheidung des Menschen kaum betonen. Dass diese Rabbi Meir zugeschriebene Auslegung keineswegs singulär war, zeigt ein Midrasch im Babylonischen Talmud:

> Rabbi Schimon ben Laqisch sagt: Wir wollen unseren Vorfahren dankbar sein, denn hätten sie nicht gesündigt, wären wir nicht auf die Welt gekommen, wie es heißt: «Ich sprach, Götter seid ihr, Söhne des Höchsten allesamt» (Ps. 82,6). Doch ihr habt eure Werke verdorben, «deswegen werdet ihr wie Adam sterben» usw. (Ps. 82,7). Das heißt: Hätten sie nicht gesündigt, wären sie nicht gestorben und hätten sie keine Kinder gezeugt![59]

Auch Resch Laqisch (ein Akronym für Rabbi Schimon ben Laqisch), der um 250 in Tiberias lebte, war in einer nahezu paradoxen Formulierung der Meinung, dass die Sündhaftigkeit wesentlich zum Menschen gehört. Der Tod als Folge der Sünde erweist sich damit in Wirklichkeit als das Movens der Geschichte: Ohne den Tod gäbe es keine Geschichte und damit auch keine Geschichte Israels mit seinem Gott.

Diese rabbinische Deutung der Sünde des ersten Menschenpaares im Paradies ist das Gegenteil der augustinischen Erbsündenlehre. Man könnte meinen, Augustinus hätte sein berühmtes Diktum in seinem *Enchiridion* als direkte Antwort auf die rabbinische Theologie von der Überlegenheit des Menschen über die Engel formuliert: «Doch auch eine solche Ordnung der Dinge war notwendig, in der Gott zeigen wollte, wie gut ein vernunftbegabtes Wesen ist, das *auch* nicht sündigen kann (*non peccare posse*), wenngleich ein Wesen, das *überhaupt* nicht sündigen kann (*peccare non posse*), an sich besser ist.»[60] Für Augustinus ist ein Wesen, das überhaupt nicht sündigen kann und damit dem Stand der Engel gleichkommt, der Idealzustand. Für die Rabbinen ist es ersteres, die freie Wahl zwischen «sündigen» und «nicht sündigen», was die Menschen zum Menschen macht und vor den Engeln auszeichnet.

Damit schließt sich der Kreis. Schon der Text der Hebräischen Bibel versteht die Übertretung des göttlichen Gebots durch Adam und Eva im Paradies nicht als «Sünde» und schon gar nicht als «Erbsünde», sondern als notwendige und von Gott nicht nur vorausgesehene, sondern geduldete, wenn nicht sogar beabsichtigte Handlung des ersten Menschenpaares: Gott wusste und wollte, dass der Mensch erst mit der Ausübung des freien Willens zum Menschen im eigentlichen Sinne wurde. Die Literatur des nachbiblischen Judentums unterstreicht die Bedeutung der freien Wahl zwischen gut und böse als Kern des Menschseins, und das rabbinische Judentum spitzt dieses Verständnis des «Sündenfalls» in fast unerträglicher Weise zu: Erst die freie Wahl mit der immer präsenten Möglichkeit der falschen Entscheidung und damit dem Tod als Folge der falschen Entscheidung überführt den als «Idealzustand» missverstandenen Aufenthalt im Paradies in die wirkliche – und von Gott von Anfang an geplante – Welt des Menschen und entlässt diesen damit in die Geschichte. Nur der Tod ermöglicht eine Abfolge der Generationen und setzt die Geschichte in Gang, die mit ihrem immer wieder neu austarierten Verhältnis zwischen dem Volk Israel und seinem Gott auf ihren – ebenfalls von Gott seit der Schöpfung intendierten – Zielpunkt zusteuert: die Erlösung. Für die Rabbinen ist die angebliche «Schuld» Adams und Evas deswegen kein Fluch, sondern ein Segen.

Eine extreme Gegenposition dagegen hat das Christentum entwickelt. Paulus war von der Schuld des ersten Menschenpaares überzeugt, deutete diese aber in einem genialen Schachzug in eine *felix culpa* um, weil erst sie die Erlösung durch Jesus Christus möglich machte. Nicht die Eigenverantwortung des Menschen mit der ständig neu geforderten Entscheidung zwischen richtig und falsch, gut und böse, führt am Ende zur von Gott gewährten Erlösung, sondern einzig und allein die Erlösungstat des Messias und Gottessohnes Jesus. Die Torah als Hilfsmittel und Richtschnur reicht für Paulus nicht aus; nur der Tod des neuen Adam konnte den durch die Schuld des alten Adam in die Welt gebrachten Tod besiegen und damit den verhängnisvollen Ablauf der Geschichte mit den immer wieder falschen Entscheidungen der Menschen beenden.

Augustinus treibt dieses im Kern pessimistische Welt- und Menschenbild des Christentums auf die Spitze, indem er die Schuld Adams zu einer biologisch vererbten «Ursünde» erhebt, die allen Menschen aller nachfolgenden Generationen angeboren ist und nur durch die individuelle Taufe neutralisiert werden kann. Damit versteht sich auch von selbst, dass nur der durch die Taufe wiedergeborene Christ mit der endgültigen Befreiung aus seinem verderbten Menschsein rechnen kann.

Pointiert formuliert kann man also sagen, dass das Judentum versucht, zwischen dem Gebot Gottes und dem Willen des Menschen eine Balance zu halten und diese Balance, entsprechend den sich wandelnden historischen Gegebenheiten, immer wieder neu auszutarieren – bis hin zur endgültigen Erlösung. Das Christentum hat diesen Versuch als hoffnungslos aufgegeben zugunsten der einmaligen und weiterwirkenden Erlösungstat des menschgewordenen Gottessohnes, die nur im Zusammenspiel von menschlichem Glauben und göttlicher Gnade wirksam werden kann.

Das rabbinische Verständnis der *felix culpa* als Segen ist bis heute für das Judentum gültig: Der Mensch soll zwar nicht sündigen, aber er *kann* es, und die Entscheidung liegt alleine bei ihm. Gott gibt ihm mit der Torah zwar Gebote und Verbote an die Hand, aber er nimmt ihm die Wahl zwischen gut und böse, richtig und falsch, nicht ab. Gott verlangt, anders gesagt, keinen unbedingten und ungeprüften sklavischen Gehorsam.

Im Christentum hat sich die pessimistische Auffassung des Paulus und des Augustinus in so gut wie allen Denominationen durchgesetzt, nicht zuletzt auch in der protestantischen Rechtfertigungslehre mit ihrer radikalen Ausrichtung auf die Erlösung vom sündigen Menschsein allein durch die Gnade Gottes (*sola gratia*) und durch den unbedingten Glauben des Menschen (*sola fide*). In der katholischen Kirche wurde die Erbsündenlehre, die Augustinus ohne jede wirkliche Basis in der Bibel entwickelt hatte, auf dem Konzil von Trient (1545–1563) zum Dogma erhoben.

EPILOG

Die Dogmatisierung der Erbsünde

Das Konzil von Trient, einberufen als katholische Reaktion auf die Reformation, verkündigte seinen Beschluss von der Erbsünde am 17. Juni 1546, dem Todesjahr Martin Luthers.[1] In einer kurzen Einleitung wird die Schlange von Gen. 3,1, «jene alte Schlange, dem menschlichen Geschlechte auf ewig feind», als Urheberin allen Übels ausgemacht. Mit ihr ist natürlich der Teufel gemeint. Darauf folgen fünf auf die Erbsünde bezogene und jeweils mit dem Anathema, dem «Kirchenbann», belegte Irrlehren:

1. Der erste Mensch Adam fiel durch die Übertretung des göttlichen Gebots im Paradies nicht nur dem vorher angedrohten Tod anheim, sondern auch der Gewalt dessen, der nach Hebr. 2,15 die Herrschaft über den Tod innehat, dem Teufel. Wer dies nicht akzeptiert, der sei gebannt (*anathema sit*), das heißt von den Segnungen der Kirche ausgeschlossen. Man beachte, dass vom Teufel in den biblischen Schöpfungsgeschichten keine Rede ist und sich der Hinweis auf ihn nur aus dem Neuen Testament ergibt.[2]
2. Wer behauptet, die Übertretung Adams habe nur ihm und nicht auch seiner Nachkommenschaft geschadet, Adam habe seine ursprüngliche Heiligkeit und Gerechtigkeit «allein für sich und nicht auch für uns» verloren und er habe mit der Sünde des Ungehorsams «nur den Tod und die Strafen des Körpers in das ganze menschliche Geschlecht hinübergegossen, nicht aber auch die Sünde», der sei gebannt.[3]

Hier wird die durch Adam auf die ganze Menschheit übertragene

Sünde im Sinne der augustinischen Erbsündenlehre als verbindliches Dogma promulgiert. Der Schriftbeweis, den die Konzilsväter ausdrücklich zitieren, ist kein anderer als der Vers aus dem Römerbrief in der Fassung der Vulgata, der auch bei Augustinus eine hervorgehobene Rolle spielt: «Durch einen Menschen kam die Sünde in die Welt und durch die Sünde der Tod, und so ging der Tod in alle Menschen über, (weil) alle in ihm (*in quo omnes*) gesündigt haben» (Röm. 5,12). Das *in quo* des syntaktisch holprigen letzten Nebensatzes kann sich nur auf den «einen Menschen» (*homo*), also Adam, beziehen, denn ein Rückbezug auf den Tod (*mors*) ist grammatisch nicht möglich (*mors* ist ein Femininum) und ergäbe auch inhaltlich keinen Sinn. Dass diese Interpretation des Römerbrief-Verses den griechischen Originaltext in einer Weise deutet, die der Intention des Paulus widerspricht, kümmert die Konzilsväter ebenso wenig wie den heiligen Augustinus, obwohl man ihnen schwerlich unterstellen kann, dass sie kein Griechisch konnten. Im Gegenteil, sie wussten genau, was sie taten, hatten sie doch passenderweise kurz vorher im «Dekret über die kanonischen Schriften» vom 8. April 1546 die «in der alten lateinischen Vulgata-Ausgabe» enthaltenen Bücher des Alten und Neuen Testaments für «heilig und kanonisch» erklärt und jeden, der diesen Konzilsbeschluss nicht akzeptiert, mit dem Bann belegt.[4]

3. Dass es sich bei der Sünde Adams wirklich um eine im biologisch-genealogischen Sinne vererbte Sünde handelt, stellt der nächste Beschluss klar: Die Sünde Adams ist «in ihrem Ursprung eine» und «wohnt – durch Fortpflanzung, nicht durch Nachahmung übertragen – allen (Nachkommen Adams), und zwar jedem einzelnen für sich, inne». Wer dies nicht akzeptiert, sei gebannt.[5]

4. Dasselbe gilt, ebenfalls ganz in der Tradition des heiligen Augustinus, für die neugeborenen Kinder: Wer glaubt, dass diese «nichts Erbsündliches aus Adam mitschleppen», sei gebannt. Erst durch die Wiedergeburt der Taufe wird in ihnen das gereinigt, was sie sich durch ihre Geburt zugezogen haben.[6]

5. Wer leugnet, dass «die Schuld der Erbsünde» durch die in der Taufe erworbene «Gnade unseres Herrn Jesus Christus» nachgelassen wird, sei gebannt.[7]

Ohne dass die gelehrten Väter des Konzils dies sagen, geben die Beschlüsse des Konzils zur Erbsünde in jeder Hinsicht die Lehre des heiligen Augustinus wieder. Die zum Dogma erhobene Lehre von der Erbsünde ist der endgültige und nicht überbietbare Triumph des lateinischen Kirchenvaters. Jeder Katholik, der nicht riskieren will, aus der Gemeinschaft der Kirche ausgeschlossen zu werden, muss dieses Dogma akzeptieren, unabhängig davon, was die Bibelexegeten und die Religionshistoriker dazu sagen. Als Historiker der Religion des Judentums und des Christentums kann ich nicht umhin zu bemerken, dass weder das Alte noch das Neue Testament eine genetisch bedingte und deswegen biologisch vererbte, unentrinnbare Sündhaftigkeit verkündet. Die Ostkirche hat eine solche Vorstellung immer vermieden. Allein die Westkirche hat, inspiriert durch Augustinus, eine Erbsündenlehre entwickelt und zur Dogmenreife gebracht. Das geschah unter ausdrücklicher Berufung auf die Paradiesgeschichte des Alten Testaments und eines, vorsichtig formuliert, problematischen Verständnisses von Röm. 5,12.

Die moderne katholische Dogmatik versucht, das tridentinische Dogma aus seinem historischen Kontext herauszulösen und statt «Erbsünde» harmlosere Begriffe zu finden. Sie spricht etwa von einer «allgemeinen Sündenverfallenheit», die jedem Menschen seit seiner Geburt eigen ist.[8] Das ließe sich problemlos sowohl mit der Hebräischen Bibel als auch mit dem Neuen Testament begründen. Nur leider haben es weder Augustinus noch das tridentinische Dogma so formuliert und gemeint.

Kant, Schiller, Fichte und die «Philosophierung» der Paradiesgeschichte

Immanuel Kant

Die christlich-theologische Deutung des Sündenfalls war bis in die Neuzeit der alles bestimmende Ursprungsmythos des abendländischen Denkens über die Entstehung der Sünde und des Bösen. Trotz erster Ansätze zur Befreiung von den Fesseln dieser Denkfigur dauerte es bis zu Immanuel Kant – dem ersten großen Vertreter einer von den Grundsätzen der Aufklärung geleiteten modernen Philosophie in Deutschland, der mit seiner *Kritik der reinen Vernunft* von 1781 einen Umschwung im Denken ermöglichte und eine neue Epoche der Philosophiegeschichte einleitete –, dass das christliche Verständnis des «Sündenfalls» radikal in Frage gestellt wurde.[9] 1786 erschien seine kleine Schrift *Muthmaßlicher Anfang der Menschengeschichte*. Dieser kurze Text ist die erste philosophische Lektüre der Paradiesgeschichte, die völlig frei von den traditionellen christlich-theologischen Voraussetzungen ist und die biblische Erzählung mit einer bis dahin ganz undenkbaren Kühnheit neu deutet – und damit wieder bis in ihre alten Ursprünge vorstößt.[10] Kant sagt ausdrücklich, dass er sich bei seiner «Luftreise» einer «heiligen Urkunde» als Karte bedient, benennt diese Karte als «1. Mose Kap. II–VI» und ruft den Leser auf, die «Blätter jener Urkunde ... auf(zu)schlagen und Schritt vor Schritt nach(zu)sehen, ob der Weg, den Philosophie nach Begriffen nimmt, mit dem (Weg), welchen die Geschichte angiebt, zusammentreffe».[11]

Er beginnt mit der Existenz des Menschen, ohne sich Gedanken darüber zu machen, wie dieser entstanden ist: Von einer Erschaffung des Menschen ist ebenso wenig die Rede wie von einer Erschaffung der Welt oder gar von einem Schöpfergott. An die Stelle Gottes tritt die Natur, denn sie ist es, die das Dasein des Menschen (zunächst) bestimmt. Kant versetzt seinen bereits erwachsenen Menschen bzw. das Menschenpaar an einen vor Raubtieren geschützten Platz, «also gleichsam in einen Garten», wo ihn die Natur reichlich mit Nahrung versorgt. Dieser erste Mensch kann bereits stehen, gehen und sprechen und folglich auch denken. Alle diese Fähigkeiten musste er sich selbst erwerben. Wäre dem nicht so, würde auch das Denken vererbt werden, was aber der Erfahrung widerspricht. Geleitet wurde dieser Mensch durch den «Instinct», die «Stimme Gottes», dem auch die Tiere gehorchen. Dies ist eine der ganz wenigen Stellen, an der in Kants Nacherzählung der Paradiesgeschichte Gott erwähnt wird.

Solange der Mensch dem «Rufe der Natur gehorchte», ging es ihm gut. Doch die Vernunft verleitete ihn, sich nicht nur auf den Instinkt zu verlassen, sondern ihr zu folgen und «seine Kenntniß der Nahrungsmittel über Schranken des Instincts zu erweitern» (III, 6), was im Klartext

Die «Philosophierung» der Paradiesgeschichte

heißt: Die Entscheidung Evas, von der verbotenen Frucht der Erkenntnis zu essen (Gen. 3,6), war die Folge des selbstbestimmten Gebrauchs ihrer eigenen Vernunft jenseits des von Gott bzw. der Natur vorgegebenen Instinkts. Der Mensch wurde vom «Naturtriebe» abtrünnig und machte, trotz des Widerspruchs der Natur – biblisch: Gottes – den «ersten Versuch von einer freien Wahl».[12] Damit war die Büchse der Pandora der Wahlmöglichkeiten geöffnet: Dem Menschen gingen die Augen auf (Gen. 3,7), und «er entdeckte in sich das Vermögen, sich selbst eine Lebensweise auszuwählen und nicht gleich anderen Thieren an eine einzige gebunden zu sein». Im Begriff, sich vom «Instinct» zu befreien, sah der Mensch sich auf sich selbst zurückgeworfen:

> Er stand gleichsam am Rande eines Abgrundes; denn aus einzelnen Gegenständen seiner Begierde, die ihm bisher der Instinct angewiesen hatte, war ihm eine Unendlichkeit derselben eröffnet, in deren Wahl er sich noch gar nicht zu finden wußte; und aus diesem einmal gekosteten Stande der Freiheit war es ihm gleichwohl jetzt unmöglich, in den (Stand) der Dienstbarkeit (unter der Herrschaft des Instincts) wieder zurück zu kehren.[13]

Nachdem der Mensch sich durch den Gebrauch seiner Vernunft vom vorgegebenen «Instinct zur Nahrung» befreit hatte, emanzipierte er sich auch von den naturgegebenen Regeln des «Instincts zum Geschlecht». Danach, der dritte Schritt der Vernunft, eröffnete diese ihm die «Erwartung des Künftigen» – ein entscheidendes Merkmal des Menschseins, worin die Menschen sich ebenfalls von den Tieren unterscheiden. Und diese Erwartung des Künftigen ist das Wissen um den Tod. Schließlich erkennt der Mensch, dass er als Mensch der eigentliche «Zweck der Natur» und nicht nur den Tieren überlegen ist, sondern dass er durch den Gebrauch seiner Vernunft «in eine Gleichheit mit allen vernünftigen Wesen, von welchem Range sie auch sein mögen, getreten (war)». Der Verweis an dieser Stelle auf Gen. 3,22 zeigt, dass sich hinter diesem harmlosen Satz die Gleichsetzung des Menschen mit Gott in philosophischem Gewande verbirgt: Durch den Gebrauch seiner Vernunft war der Mensch endgültig dem Gott der Theologen gleich geworden bzw. an seine Stelle getreten.[14] In einer «Anmerkung» fasst Kant den Gang seiner Überlegungen noch einmal zusammen:

> Aus dieser Darstellung der ersten Menschengeschichte ergiebt sich: daß der Ausgang des Menschen aus dem ihm durch die Vernunft als erster Aufenthalt seiner Gattung vorgestellten Paradiese nicht anders, als der Übergang aus der Rohigkeit eines bloß thierischen Geschöpfes in die Menschheit, aus dem Gängelwagen des Instincts zur Leitung der Vernunft, mit einem Worte, aus der Vormundschaft der Natur in den Stand der Freiheit gewesen sei.[15]

Schärfer konnte Kant das Ergebnis seiner philosophischen *Relecture* der biblischen Sündenfallgeschichte kaum formulieren. Damit hat der denkende Mensch sich von der Vorherrschaft der Theologie emanzipiert. Von einer «Sünde» oder gar von einem «Sündenfall» kann keine Rede sein.

Im Folgenden präzisiert Kant, dass der durch den Gebrauch der Vernunft erreichte «Fortschritt vom Schlechteren zum Besseren» zunächst nur ein Fortschritt für die Gattung Mensch war, nicht aber zwangsläufig für das menschliche Individuum. Die Vernunft bedurfte nämlich noch eines längeren Prozesses der Kultivierung. Deswegen könne man den ersten Schritt in die Vernunft «auf der sittlichen Seite» durchaus einen «Fall» nennen, und auf der physischen Seite «waren eine Menge nie gekannter Übel des Lebens die Folge dieses Falls».[16] Aber dieser Fall hat mit einem Sündenfall im theologischen Sinne absolut nichts zu tun. Ganz am Schluss seines kleinen Traktats lässt Kant denn auch erkennen, dass ihm die augustinische (Miss-)Deutung der Ur- und Erbsünde sehr wohl bekannt ist: Der heutige Mensch solle sich Kants «Darstellung seiner Geschichte» zu Herzen nehmen und nicht das erste Menschenpaar für seine alltäglichen Übel verantwortlich machen oder gar «seine eigene Vergehung ... einem ursprünglichen Verbrechen seiner Stammeltern» zuschreiben, «wodurch etwa ein Hang zu ähnlichen Übertretungen in der Nachkommenschaft erblich geworden wäre».[17] Der Gebrauch der Vernunft als Grundlage der Entscheidung zwischen gut und böse charakterisiert den Menschen, und so muss sich jeder Mensch die Folgen selbst anlasten, die sich aus dem Missbrauch der Vernunft ergeben, wie er sich auch klarmachen muss, dass er «unter denselben Umständen» ebenso gehandelt hätte wie der erste Mensch und den «ersten Gebrauch der Vernunft» wie dieser damit gemacht hätte, «sie (selbst wider den Wink der Natur) zu mißbrauchen».[18]

Friedrich Schiller

Nur wenige Jahre nach Kants Schrift *Muthmaßlicher Anfang der Menschengeschichte* veröffentlichte Friedrich Schiller 1791 seine Vorlesung *Etwas über die erste Menschengesellschaft nach dem Leitfaden der Mosaischen Urkunde*.[19] Nach unglücklichen Jahren als Regimentsarzt im Dienst des Herzogs Carl Eugen von Württemberg hatte Schiller 1789 eine zunächst unbezahlte und ab 1790 mäßig besoldete Außerordentliche Professur für Geschichte in Jena angetreten. Weniger als Historiker, aber umso mehr als Dichter, Dramatiker und Autor der *Räuber* berühmt, hielt er im Mai 1789 seine Antrittsvorlesung *Was heißt und zu welchem Ende studiert man Universalgeschichte?*, die die Zuhörer zu Begeisterungsstürmen hinriss.[20] *Etwas über die erste Menschengesellschaft* war die zweite, kurz nach der Antrittsvorlesung veröffentlichte Vorlesung Schillers.

Gleich der erste Satz macht deutlich, dass Schiller von Kants Traktat über den Anfang der Menschengeschichte beeinflusst ist:

> An dem Leitbande des Instinkts, woran sie noch jetzt das vernunftlose Thier leitet, mußte die Vorsehung den Menschen in das Leben einführen und, da seine Vernunft noch unentwickelt war, gleich einer wachsamen Amme hinter ihm stehen.[21]

Der «Instinct», dem Menschen wie Tiere folgen, war als «Stimme Gottes» ein Schlüsselwort Kants. Bei Kant war er der «Gängelwagen», bei Schiller ist er etwas weniger respektlos zwar nicht das «Gängelband», aber doch das «Leitband» der «Vorsehung», also ebenfalls Gottes. In seinem Urzustand war der Mensch ein vollkommenes Wesen, auf derselben Stufe wie die Pflanzen und Tiere, beaufsichtigt von der «wachsamen Amme» des Instinkts und abhängig von der «Natur». Wäre der Mensch auf dieser Stufe stehengeblieben,

> so wäre aus dem Menschen das glücklichste und geistreichste aller Tiere geworden – aber aus der Vormundschaft des Naturtriebs wär er niemals getreten, frei und also moralisch wären seine Handlungen niemals geworden, über die Grenze der Tierheit wär er niemals gestiegen. In einer wollüstigen Ruhe hätte er eine ewige Kindheit verlebt – und der Kreis, in welchem er

sich bewegt hätte, wäre der kleinstmöglichste gewesen, von der Begierde zum Genuß, vom Genuß zu der Ruhe, und von der Ruhe wieder zur Begierde.[22]

Dies ist nach Schiller, und ganz im Sinne Kants, der «Idealzustand» des Menschen im Paradies – der aber eben alles andere als ideal war, da abhängig von der «Vormundschaft» der Natur (und damit Gottes!), unfrei, ein ewiges Kind in «wollüstiger Ruhe». Die eigentliche Bestimmung des Menschen war eine ganz andere:

> Aber der Mensch war zu ganz etwas anderm bestimmt, und die Kräfte, die in ihm lagen, riefen ihn zu einer ganz andern Glückseligkeit. Was die Natur in seiner Wiegenzeit für ihn übernommen hatte, sollte er jetzt selbst für sich übernehmen, sobald er mündig war. Er selbst sollte der Schöpfer seiner Glückseligkeit werden, und nur der Anteil, den er daran hätte, sollte den Grad dieser Glückseligkeit bestimmen. Er sollte den Stand der Unschuld, den er jetzt verlor, wieder aufsuchen lernen durch *seine Vernunft* und als ein freier, vernünftiger Geist dahin zurückkommen, wovon er als *Pflanze* und als eine Kreatur des Instinkts ausgegangen war; aus einem Paradies der Unwissenheit und Knechtschaft sollte er sich, wär es auch nach späten Jahrtausenden, zu einem Paradies der Erkenntnis und der Freiheit hinaufarbeiten, einem solchen nämlich, wo er dem moralischen Gesetze in seiner Brust eben so unwandelbar gehorchen würde, als er anfangs dem Instinkte gedient hatte, als die Pflanze und die Tiere diesem noch dienen.[23]

Der erste Satz dieses Paragraphen bleibt seltsam vage: Auf der einen Seite ist die Befreiung aus der Vormundschaft der Natur dem Menschen «bestimmt», auf der anderen Seite sind es aber «die Kräfte, die in ihm lagen», die dafür sorgten. Schiller lässt also (bewusst?) offen, was denn die «Vorsehung», die «Natur» und der «Instinkt» – also letztlich Gott – davon hielten, dass der Mensch jetzt der «Schöpfer seiner Glückseligkeit werden (sollte)» und sich daranmachte, sich sein eigenes «Paradies der Erkenntnis und der Freiheit» zu schaffen statt des «Paradies(es) der Unwissenheit und der Knechtschaft», in dem er in seliger Unschuld und Unkenntnis gefangen war. Der letzte Satz des Zitats aber macht klar, wohin die Reise geht: Der Mensch stellt jetzt «das moralische Gesetz in seiner Brust» über die Abhängigkeit vom «Instinkt». Die Folge ist, was die Bibel die «Vertreibung aus dem Paradies» nennt:

Sobald seine Vernunft ihre ersten Kräfte nur geprüft hatte, verstieß ihn die Natur aus ihren pflegenden Armen, oder richtiger gesagt, er selbst, von einem Triebe gereizt, den er selbst noch nicht kannte, und unwissend, was er in diesem Augenblicke Großes tat, er selbst riß ab von dem leitenden Bande, und mit seiner noch schwachen Vernunft, von dem Instinkte nur von ferne begleitet, warf er sich in das wilde Spiel des Lebens, machte er sich auf den gefährlichen Weg zur moralischen Freiheit. Wenn wir also jene Stimme Gottes in Eden, die ihm den Baum der Erkenntnis verbot, in eine Stimme seines Instinktes verwandeln, der ihn von diesem Baume zurückzog, so ist sein vermeintlicher Ungehorsam gegen jenes göttliche Gebot nichts anders, als – ein Abfall von seinem Instinkte – also, erste Äußerung seiner Selbsttätigkeit, erstes Wagestück seiner Vernunft, erster Anfang seines moralischen Daseins. Dieser Abfall des Menschen vom Instinkte, der das moralische Übel zwar in die Schöpfung brachte, aber nur um das moralische Gute darin möglich zu machen, ist ohne Widerspruch die glücklichste und größte Begebenheit in der Menschengeschichte, von diesem Augenblick her schreibt sich seine Freiheit, hier wurde zu seiner Moralität der erste entfernte Grundstein geleget.[24]

Dies ist der Höhepunkt von Schillers *Relecture* des Bibeltextes. Philosophisch eindeutig von Kant abhängig, aber viel sprachgewaltiger als dieser beschreibt Schiller die Loslösung des Menschen vom «leitenden Band» der «Natur», der «Vorsehung», des «Instinkts» als einen Akt der menschlichen Selbstbefreiung, als den Eintritt in das «wilde Spiel des Lebens» und den Aufbruch zur selbstbestimmten «moralischen Freiheit». Ohne jede Doppeldeutigkeit stellt Schiller jetzt klar, dass dies ein rebellischer Akt ist – gegen die Stimme des Instinkts, die Schiller wie Kant mit der Stimme Gottes im Paradies gleichsetzt, gegen das biblische Verbot. Indem der Mensch sich entschied, von der Frucht des Baumes der Erkenntnis von Gut und Böse zu essen, brachte er zwar das Böse – bei Schiller das «moralische Übel» – in die Welt, ermöglichte aber gleichzeitig das «moralische Gute». Dieser rebellische Akt – biblisch der Ungehorsam gegen Gottes Gebot! – ist die «glücklichste und größte Begebenheit in der Menschengeschichte», denn er macht den Menschen vom instinktgebundenen Tier zum moralischen Menschen.

Kant und Schiller waren sicher nicht zu einer selbständigen und im modernen Sinne wissenschaftlichen Exegese des Bibeltextes fähig – ebenso wenig wie die Fachgelehrten ihrer Zeit – und konnten die lange christliche Deutungsgeschichte gewiss nicht hinterfragen, aber ihre kühne Interpretation kommt dem mutmaßlich ursprünglichen Sinn der Paradieserzählung sehr nahe: Auch ihre «Rebellion» des Menschen ist eine notwendige Rebellion, von der «Natur» geduldet, wenn nicht sogar letztlich von dieser intendiert. So stellt denn Schiller noch einmal ausdrücklich den «Volkslehrer» (damit meint er offensichtlich den Theologen) und den «Philosophen» einander gegenüber:

> Der Volkslehrer hat ganz recht, wenn er diese Begebenheit als einen *Fall* des ersten Menschen behandelt, und wo es sich tun läßt, nützliche moralische Lehren daraus zieht ... Der Philosoph hat recht, es einen Riesenschritt der Menschheit zu nennen, denn der Mensch wurde dadurch aus einem Sklaven des Naturtriebes ein freihandelndes Geschöpf, aus einem Automat ein sittliches Wesen, und mit diesem Schritt trat er zuerst auf die Leiter, die ihn nach Verlauf von vielen Jahrtausenden zur Selbstherrschaft führen wird.[25]

Schärfer könnte man den Unterschied zwischen dem traditionellen christlichen Verständnis des Bibeltextes und der radikalen Neudeutung des Philosophen kaum formulieren. Im Folgenden zeichnet Schiller in groben Strichen den Weg des Menschen in die neue Freiheit der «Selbstherrschaft» nach: vom «häuslichen Leben» in Ehe und Familie über die unterschiedliche Lebensweise der Ackerbauer und Hirten und die beginnende soziale Schichtung der Gesellschaft bis hin zur Herrschaft der Könige. Schon sehr früh auf diesem jahrtausendelangen Weg des Menschen in die Freiheit musste dieser einsehen, dass eine Rückkehr in das Paradies weder möglich noch erstrebenswert war:

> Jetzt war er für das Paradies schon zu edel, und er kannte sich selbst nicht, wenn er im Drange der Not und unter der Last der Sorgen sich in dasselbe zurückwünschte. Ein innerer ungeduldiger Trieb, der erwachte Trieb seiner Selbsttätigkeit, hätte ihn bald in seiner müßigen Glückseligkeit verfolgt, und ihm die Freuden verekelt, die er sich nicht selbst geschaffen hatte.[26]

Johann Gottlieb Fichte

Der Dritte im Bunde ist Johann Gottlieb Fichte, einer der Hauptvertreter des deutschen Idealismus und der Philosoph des deutschen Nationalismus. Auch Fichte ist in seiner Deutung der Paradiesgeschichte von Kant abhängig. Während seiner Tätigkeit als Hauslehrer der Familie von Krockow an der pommerellischen Ostseeküste besuchte er 1791 Kant in Königsberg. Kant verhalf ihm zur Veröffentlichung seiner Schrift *Versuch einer Kritik aller Offenbarung*, die 1792 anonym erschien, zunächst als Werk Kants angesehen wurde und Fichte sofort berühmt machte, nachdem Kant den Irrtum aufgeklärt hatte.[27] 1794 erhielt Fichte eine Außerordentliche Professur für Philosophie in Jena, die er 1799 wegen Atheismusvorwürfen gegen ihn aufgab. 1805 nahm er einen Lehrstuhl für Philosophie in Erlangen an und wechselte 1810 an die neugegründete Friedrich-Wilhelms-Universität Berlin, deren zweiter Rektor er 1811 wurde. Kurz nach dem Antritt der Professur in Erlangen veröffentlichte er 1806 seine *Grundzüge des gegenwärtigen Zeitalters*,[28] die dem Titelblatt zufolge auf 1804 / 05 in Berlin gehaltene Vorlesungen zurückgehen und 1808 ihre Fortsetzung in seinen berühmt gewordenen *Reden an die Deutsche Nation* fanden.[29]

In den *Grundzügen* entwickelt Fichte seine Geschichtsphilosophie als schrittweisen Fortschritt des Menschen von der Unfreiheit zur Freiheit. Er teilt die gesamte Menschheitsgeschichte in fünf Epochen ein:

(1) «Die Epoche der unbedingten Herrschaft der Vernunft durch den Instinct», die er als «Stand der *Unschuld des Menschengeschlechts*» charakterisiert.

(2) «Die Epoche, da der Vernunftinstinct in eine äusserlich zwingende Autorität verwandelt ist: das Zeitalter positiver Lehr- und Lebenssysteme, die nirgends zurückgehen bis auf die letzten Gründe», und dies ist der «Stand der *anhebenden Sünde*».

(3) «Die Epoche der Befreiung, unmittelbar von der gebietenden Autorität, mittelbar von der Botmässigkeit des Vernunftinstincts ..., das Zeitalter der absoluten Gleichgültigkeit gegen alle Wahrheit», und dies ist der «Stand der *vollendeten Sündhaftigkeit*».

(4) «Die Epoche der Vernunftwissenschaft», die dem «Stand der *anhebenden Rechtfertigung*» entspricht.

(5) «Die Epoche der Vernunftkunst», in der die Menschheit zum «Stand der *vollendeten Rechtfertigung und Heiligung*» gelangt ist.

In der zweiten Vorlesung stellt Fichte klar, in welcher Epoche er seine eigene Gegenwart sieht, nämlich ganz eindeutig in der dritten, die sich von der «Vernunft in jeglicher Gestalt» losgesagt und damit den Stand der «vollendeten Sündhaftigkeit» erreicht hat. Aber zuvor charakterisiert er noch in der ersten Vorlesung die erste Epoche, die uns hier interessiert, das Zeitalter, in dem das Menschengeschlecht im Zustand seiner ursprünglichen und vollkommenen Unschuld verharrte. Gleich im ersten Satz dieses entscheidenden Passus macht er eine bemerkenswerte Einschränkung, die ihn deutlich von seinen Vorgängern unterscheidet:

> Der gesammte Weg aber, den zufolge dieser Aufzählung die Menschheit hinieden macht, ist nichts anderes, als das Zurückgehen zu dem Puncte, auf welchem sie gleich anfangs stand, und beabsichtigt nichts, als die Rückkehr zu seinem Ursprunge.[30]

Die erste Epoche ist für Fichte zugleich der Anfang und das Ende eines langen Prozesses. Im Stand der Unschuld befand sich der Mensch schon einmal in seinem Idealzustand, nämlich im Paradies, und der ganze Prozess, der danach angestoßen wird, ist nichts weiter als die Rückkehr zu eben diesem Zustand. Allerdings ist bis dahin der lange Weg vom Urzustand durch die anderen Epochen hindurch bis hin zu seinem Ziel in der fünften Epoche zurückzulegen. Dieser Weg konnte nur vom Menschen beschritten werden:

> Nur soll die Menschheit diesen Weg auf ihren eigenen Füssen gehen; mit eigener Kraft soll sie sich wieder zu dem machen, was sie ohne alles ihr Zuthun gewesen; und *darum* musste sie aufhören es zu seyn. Könnte sie nicht selber sich machen zu sich selber, so wäre sie eben kein lebendiges Leben; und es wäre sodann überhaupt kein Leben wirklich geworden, sondern alles in todtem, unbeweglichem und starrem Seyn verharret. – Im Paradiese, – dass ich eines bekannten Bildes mich bediene – im Paradiese des Rechtthuns und Rechtseyns ohne Wissen, Mühe und Kunst, erwacht die Menschheit zum Leben. Kaum hat sie Muth gewonnen, eigenes Leben zu wagen, so kommt der Engel mit dem feurigen Schwerte des Zwanges zum Rechtseyn,

Die «Philosophierung» der Paradiesgeschichte

> und treibt sie aus dem Sitze ihrer Unschuld und ihres Friedens. Unstät und flüchtig durchirrt sie nun die leere Wüste, kaum sich getrauend, den Fuss irgendwo festzusetzen, in Angst, dass jeder Boden unter ihrem Fusstritte versinke. Kühner geworden durch die Noth, baut sie sich endlich dürftig an, und reutet im Schweisse ihres Angesichts die Dornen und Disteln der Verwilderung aus dem Boden, um die geliebte Frucht des Erkenntnisses zu erziehen [ziehen]. Vom Genusse derselben werden ihr die Augen aufgethan und die Hände stark, und sie erbaut sich selber ihr Paradies nach dem Vorbilde des verlorenen; der Baum des Lebens erwächst ihr, sie streckt aus ihre Hand nach der Frucht und isst, und lebt in Ewigkeit.[31]

Das ist eine sehr eigenwillige Deutung der Paradiesgeschichte. Wie bei Kant und Schiller muss sich der Mensch aus dem Paradies befreien, weil er nur dadurch sein eigener Mensch werden kann. Doch nur durch diesen Akt der Selbstbefreiung wird er das, was er vorher im Paradies schon gewesen ist. Der Mensch eignet sich durch seine Rebellion also nur das an, was er immer schon war – aber nicht geblieben wäre, wenn er sich nicht auf den Weg der Befreiung gemacht hätte. Sein Zustand in dem ihm auferlegten Paradies war letztlich «tot», «unbeweglich» und «starr», eine Zombie-Existenz im Paradies des unverdienten «Rechtthuns» und «Rechtseyns» – mit einem Wort: belanglos. Erst indem sie sich selbst aus diesem Zustand (er)löst, «erwacht die Menschheit zum Leben». Dieses Leben ist das des Ackerbauern auf der wirklichen Erde, aber gleichzeitig – und dies ist eine kühne Uminterpretation des Bibeltextes – erntet er als Mensch auf der Menschenerde nicht nur Boden- und Baumfrüchte, sondern auch die «geliebte Frucht des Erkenntnisses», und dadurch werden ihm die Augen wirklich aufgetan. Denn diese «Frucht des Erkenntnisses» ist seine eigene, nämlich die Frucht seiner Vernunft. Durch sie hat er sein eigenes Paradies erschaffen – zwar nach dem Vorbild des verlassenen Paradieses, aber eben seines. Von hier aus kommt Fichte zum kühnsten Schwenk seiner Deutung der Paradiesgeschichte: Im Menschenparadies wächst schließlich auch der Baum des Lebens, von dem die biblische Erzählung den Menschen für immer fernhalten wollte (Gen. 1,22). Fichtes Mensch isst von der Frucht dieses selbstgezüchteten Baumes und lebt in Ewigkeit – zwar nicht als Individuum, aber doch als Menschheit.

Alle drei besprochenen Philosophen interpretieren die Paradiesgeschichte gegen die gesamte christliche Tradition nicht als Sündenfall und Abfall von Gott, sondern als notwendigen Aufbruch des Menschen zu sich selbst. Damit stehen sie, ohne es zu wissen, im Einklang mit dem ursprünglichen Sinn des Bibeltextes, der im nachexilischen Judentum weiterentwickelt und im rabbinischen Judentum in fast unüberbietbarer Weise zugespitzt wurde.[32] Odo Marquard hat dies als eine «Positivierung des Sündenfalls» bezeichnet, die nur noch «felix» und nicht mehr «culpa» ist.[33]

Marquard zufolge setzte nach Fichte mit Friedrich Wilhelm Schelling unter dem Eindruck des Terrors der Französischen Revolution eine «Renegativierung» des Sündenfalls ein. Diese plakative Gegenüberstellung ist schwer zu halten, denn schon bei Fichte kann man schwerlich von einer generellen «Positivierung» des Sündenfalls sprechen. Während Kant und Schiller von einem ungebrochenen Fortschritt der Menschheit zum Guten und Besseren ausgingen, sind Fichtes Epochen alles andere als progressiv positiv, ganz im Gegenteil: Die «Sündhaftigkeit» – nicht im theologischen Sinne, sondern philosophisch als mangelhafter und unvollständiger Gebrauch der Vernunft – beginnt in der zweiten und findet ihren beklagenswerten Höhepunkt in der dritten Epoche, der eigenen Gegenwart. Neutraler und weniger wertend sollte man bei dem Dreigestirn Kant, Schiller und Fichte von einer kühnen Abkehr von den vorgegebenen christlich-theologischen Prämissen und daher von einer konsequenten «Philosophierung» der biblischen Paradiesgeschichte sprechen, der Befreiung der Philosophie von der Theologie. Die «Renegativierung» wäre dann die Rückkehr zur Theologie, weil man der Philosophie keine schlüssige und auch moralisch haltbare Lösung der Probleme des menschlichen Daseins mehr zutraut.

Politische Theologie und Erbsündenlehre bei Carl Schmitt

Der markanteste Antipode einer Philosophierung der Paradiesgeschichte und dadurch auch der christlichen Theologie war in neuerer Zeit der Staatsrechtler Carl Schmitt, der heute wieder eine ungeahnte Renaissance erlebt. Er lehrte als Professor in Greifswald, Bonn und an der Handelshochschule Berlin, in Köln und ab Herbst 1933 an der Universität Berlin. Der erklärte Anhänger des Nationalsozialismus war an der Ausarbeitung des Reichsstatthaltergesetzes vom 7. April 1933 beteiligt. Am 1. Mai 1933 trat er der NSDAP bei und wurde im Juni 1933 von Göring in den Preußischen Staatsrat berufen. 1936 fiel er zwar in Ungnade, blieb aber weiterhin Mitglied des Staatsrates und Unterstützer des Systems. Der notorische Antisemit[34] bezeichnete die Nürnberger Rassengesetze vom 15. September 1935 als «Verfassung der Freiheit».[35] 1945 wurde er aus dem Staatsdienst entlassen, mit Lehrverbot belegt und lebte bis zu seinem Tod 1985 als Privatier, der in seiner Heimatstadt Plettenberg Hof hielt.[36] Über seine antisemitischen Ausfälle verlor er kein Wort des Bedauerns, sondern hielt, wie das aus seinem Nachlass veröffentlichte *Glossarium* dokumentiert, immer am Antisemitismus fest.[37] Schmitt wurde und wird als der moderne Exponent einer im Katholizismus verwurzelten Politischen Theologie rezipiert, die gegen die Ansprüche eines säkularen Staatsrechts und einer säkularen Philosophie das Proprium eines wirklich und im eigentlichen Sinne souveränen Staates allein in der christlich-abendländischen Denktradition begründet sieht.

Diese Politische Theologie hat Carl Schmitt erstmals 1922 mit der kleinen, aber ungemein wirkmächtigen Schrift gleichen Namens präsentiert.[38] Das erste Kapitel «Definition der Souveränität» beginnt, wie mit einem Paukenschlag,[39] mit dem Satz: «Souverän ist, wer über den Ausnahmezustand entscheidet».[40] Schmitt macht sich nicht die Mühe klarzustellen, von welcher oder wessen Souveränität er redet, denn es sollte sich von selbst verstehen, dass er die Souveränität des Staates meint. Und er macht sich auch nicht die Mühe zu begründen, was er mit «Ausnahmezustand» meint, denn jeder Leser Schmitts weiß, dass es nur um den äußersten Extremfall von Entscheidungen über Leben und Tod gehen kann. Später nannte er dies die Entscheidung zwischen Freund und Feind. Hinter den Ausnahmezustand treten alle anderen Normen, auch die des Rechts, zurück: «Im Ausnahmefall suspendiert der Staat das Recht, kraft eines Selbsterhaltungsrechtes, wie man sagt.»[41] Allein dem Staat ist dieses Monopol der letzten Entscheidung vorbehalten:

> Darin liegt das Wesen der staatlichen Souveränität, die also richtigerweise nicht als Zwangs- oder Herrschaftsmonopol, sondern als Entscheidungsmonopol juristisch zu definieren ist. ... Der Ausnahmefall offenbart das Wesen der staatlichen Autorität am klarsten. Hier sondert sich die Entscheidung von der Rechtsnorm, und (um es paradox zu formulieren) die Autorität beweist, dass sie, um Recht zu schaffen, nicht Recht zu haben braucht.[42]

Das sind starke Worte – der Staat ist Inbegriff des Politischen, der über allem steht, auch über dem Recht –, und nicht minder stark ist, was Schmitt über das Verhältnis von Politik / Staat und Theologie zu sagen hat. Das dritte und zentrale Kapitel seines Büchleins, das mit «Politische Theologie» überschrieben ist, beginnt mit dem ebenso apodiktischen wie provokanten Satz: «Alle prägnanten Begriffe der modernen Staatslehre sind säkularisierte theologische Begriffe.»[43] Schmitt beeilt sich hinzuzufügen, dass er dies nicht etwa bloß historisch meint, – nein, ihm geht es um die «systematische Struktur» von Politik und Theologie, und er erläutert dies an dem gewagten Vergleich von «Ausnahmezustand» und «Wunder»: «Der Ausnahmezustand hat für die Jurisprudenz eine analoge Bedeutung wie das Wunder für die Theologie» (ibid.). Mit anderen Worten: So wie Gott durch das Wunder in den «normalen» Ablauf der Dinge eingreift, greift der Staat mit dem Ausnahmezustand in die «normalen» Funktionen des Rechts ein. Schon hier klingt durch, dass «Gott» und «Staat» auf derselben Ebene liegen. Wenn der eine Wunder wirkt und der andere den Ausnahmezustand verhängt, handeln beide in einzigartiger Weise souverän und autonom.

Vor diesem Hintergrund versteht sich fast von selbst, dass die Demokratie nicht die ideale Organisation des Staates sein kann. Wie so oft trägt Schmitt seine eigene Ansicht unter dem Deckmantel der Kritik an Kollegen vor, in diesem Fall an dem Staats- und Völkerrechtler

Hans Kelsen.⁴⁴ Eine längere Attacke auf Kelsen beschließt er mit den Worten:

> In der Begründung, die Kelsen seinem Bekenntnis zur Demokratie gibt, spricht sich die konstitutionell mathematisch-naturwissenschaftliche Art seines Denkens offen aus …: die Demokratie ist der Ausdruck eines politischen Relativismus und einer wunder- und dogmenbefreiten, auf den menschlichen Verstand und den Zweifel der Kritik gegründeten Wissenschaftlichkeit.⁴⁵

Eine politische Verfassung, die sich von den theologischen Vorgaben des Wunders und des Dogmas (vom Dogma war oben noch nicht die Rede) lossagt und sich nur noch auf den – naturwissenschaftlich disponierten – menschlichen Verstand stützt, ist für Schmitt Anathema und der denkbar größte Gegensatz zu seiner Politischen Theologie.

Das führt er im Folgenden weiter aus. Das ideale Jahrhundert für Schmitt war das siebzehnte Jahrhundert, in dem der «historisch-politische Bestand der Monarchie» mit der «juristischen Gestaltung der historisch-politischen Wirklichkeit» übereinstimmte, und zwar aufgrund der gemeinsamen «Struktur metaphysischer Begriffe»: «Dadurch erhielt die Monarchie für das Bewußtsein jener Zeit dieselbe Evidenz, wie für eine spätere Epoche die Demokratie.»⁴⁶ Das begann sich im achtzehnten Jahrhundert zu ändern. Der Souverän, der im deistischen Weltbild immerhin noch «als Monteur der großen Maschine geblieben war», wird nun «radikal verdrängt. Die Maschine läuft jetzt von selbst.»⁴⁷ Während im siebzehnten und auch achtzehnten Jahrhundert die «Transzendenz Gottes gegenüber der Welt» und die «Transzendenz des Souveräns gegenüber dem Staat» einander noch entsprachen, dehnten sich die Immanenzvorstellungen im neunzehnten Jahrhundert immer weiter aus:

> Die große Linie der Entwicklung geht zweifellos dahin, daß bei der Masse der Gebildeten alle Vorstellungen von Transzendenz untergehen und ihnen entweder ein mehr oder weniger klarer Immanenz-Pantheismus oder aber eine positivistische Gleichgültigkeit gegen jede Metaphysik evident wird.⁴⁸

Das alles beherrschende Unglück ist das «Ideal einer sich selbst bewußt werdenden Menschheit», das, wie Marx und Engels richtig erkannt hätten, nur «in einer anarchistischen Freiheit» enden kann.[49] Der vorläufige Höhepunkt der «Beseitigung aller theistischen und transzendenten Vorstellungen» ist die «Bildung eines neuen Legitimitätsbegriffes» – die Demokratie: «An die Stelle des monarchistischen tritt der demokratische Legitimitätsgedanke.»[50] Es kann kein Zweifel bestehen, dass dies für Schmitt der Höhepunkt einer negativen Entwicklung ist, aber auch hier versteckt er sich hinter einem Kollegen, diesmal allerdings nicht kritisch, sondern ganz offensichtlich in tiefster Überzeugung: hinter dem spanischen Diplomaten, Staatsphilosophen und bewunderten Vertreter einer Politischen Theologie Donoso Cortés (1809–1853), der in der Befreiung des selbstbestimmten Menschen von der Erbsünde seit der Französischen Revolution den Anfang allen Übels sah:

> Es ist daher ein Vorgang von unermeßlicher Bedeutung, daß einer der größten Repräsentanten dezisionistischen Denkens und ein katholischer Staatsphilosoph, der sich mit großartigem Radikalismus des metaphysischen Kernes aller Politik bewußt war, Donoso Cortés, im Anblick der Revolution von 1848 zu der Erkenntnis kam, daß die Epoche des Royalismus zu Ende ist. Es gibt keinen Royalismus mehr, weil es keine Könige mehr gibt. Es gibt daher auch keine Legitimität im überlieferten Sinne. Demnach bleibt für ihn nur ein Resultat: die Diktatur.[51]

Wie sich zeigen sollte, war das auch die Konsequenz, die Schmitt später für seine eigene Staatsrechtslehre zog.

Den nächsten und entscheidenden Schritt in der Entwicklung seiner Politischen Theologie entfaltete Schmitt in der kleinen Schrift *Der Begriff des Politischen*, die er 1927 erstmals veröffentlichte. Zunächst als Zeitschriftenbeitrag erschienen, wurde daraus eine separat gedruckte Broschüre, die zahlreiche Auflagen erlebte, wobei sich zum Leidwesen der Nachgeborenen häufig die Seitenzahlen veränderten.[52] Schmitt stellt in dieser Schrift von Anfang an klar, dass es ihm um den Staat geht und dass der Begriff des Staates den Begriff des Politischen voraussetzt. Eine genauere Begriffsbestimmung des Politischen ist nur unter der Voraussetzung möglich, dass das Politische als eigene und selbständige Größe «neben anderen, relativ selbständigen Gebieten menschlichen Denkens und Handelns» erkannt wird, etwa «neben dem Moralischen,

Aesthetischen, Oekonomischen usw.»: So wie das Moralische zwischen «Gut und Böse», das Ästhetische zwischen «Schön und Häßlich» und das Ökonomische zwischen «Nützlich und Schädlich» oder «Rentabel und Nicht-Rentabel» unterscheidet, ist die «Unterscheidung von Freund und Feind» das Proprium des Politischen.[53] Dies ist der entscheidende Grundsatz des Traktats, der im Folgenden durchdekliniert wird. Alle diese Unterscheidungskategorien bestehen prinzipiell selbständig nebeneinander und sind voneinander unabhängig. Die Tatsache, dass sie durch jeweils andere Kategorien gefärbt und beeinflusst werden können, ändert daran nichts. Und dennoch gewinnt die Fähigkeit und Macht des Politischen, in alleiniger Souveränität zwischen Freund und Feind zu unterscheiden, ein besonderes existenzielles Gewicht:

> [Der Feind] ist eben der Andere, der Fremde und es genügt zu seinem Wesen, daß er in einem besonders intensiven Sinne existenziell etwas Anderes und Fremdes ist, so daß er im Konfliktsfalle die Negation der eigenen Art von Existenz bedeutet und deshalb abgewehrt oder bekämpft wird, um die eigene, seinsmäßige Art von Leben zu bewahren.[54]

Daher sind die Begriffe Freund und Feind keine bloßen Metaphern oder Symbole, sondern konkret und existenziell, und damit unterscheiden sie sich eben doch von den anderen möglichen Unterscheidungskategorien: «Hier [bei der Unterscheidung zwischen Freund und Feind] handelt es sich nicht um Fiktionen und Normativitäten, sondern um die seinsmäßige Wirklichkeit und die reale Möglichkeit dieser Unterscheidung.»[55] Der Feind ist also nicht etwa der «Konkurrent» oder der «Gegner im Allgemeinen» oder auch der «private Gegner, den man haßt», nein, der Feind ist immer öffentlich:

> Feind ist nur eine wenigstens eventuell, d. h. der realen Möglichkeit nach *kämpfende* Gesamtheit von Menschen, die einer ebensolchen Gesamtheit gegenübersteht. Feind ist nur der öffentliche Feind, weil alles, was auf eine solche Gesamtheit von Menschen, insbesondere auf ein ganzes Volk Bezug hat, dadurch *öffentlich* wird.[56]

Der hier angesprochene «Kampf» ist ein weiteres Schlüsselwort des Traktats. Kampf bedeutet Krieg, denn «Krieg ist bewaffneter Kampf zwischen Völkern» und schließt die physische Tötung von Menschen ganz bewusst und selbstverständlich ein:

> Ebenso wie das Wort Feind, ist hier das Wort Kampf im Sinne einer seinsmäßigen Ursprünglichkeit zu verstehen. ... Die Begriffe Freund, Feind und Kampf erhalten ihren realen Sinn dadurch, daß sie insbesondere auf die reale Möglichkeit der physischen Tötung Bezug haben und behalten. Der Krieg folgt aus der Feindschaft, denn diese ist seinsmäßige Negierung eines anderen Seins. Krieg ist nur die äußerste Realisierung der Feindschaft.[57]

Krieg muss zwar nicht sein und ist den Völkern auch nicht auf ewig eingeschrieben, doch Kampf und Krieg müssen immer *möglich* sein; eine Welt ohne diese Möglichkeit wäre eine Welt ohne Politik. Das bedeutet für Schmitt in letzter Konsequenz auch – ohne dass er dies ausdrücklich so sagt –, dass der Begriff des Politischen mit seiner Unterscheidung zwischen Freund und Feind und der Möglichkeit des existenzbedrohenden Krieges den anderen Kategorien der Unterscheidung vorgeordnet ist: «Ein aus rein religiösen, rein moralischen oder rein ökonomischen Motiven geführter Krieg ist sinnwidrig.»[58] Wenn es zum Krieg kommt, «ist der maßgebende Gegensatz nicht mehr religiös, moralisch oder ökonomisch, sondern politisch. ... Nichts kann dieser Konsequenz des Politischen entgehen.»[59] Und so geht es in immer neuen Wiederholungen und Nuancierungen weiter: Religiöse, moralische und wirtschaftliche Gegensätze können versuchen, Einfluss auf das Politische zu nehmen, aber letzteres ist im Ernstfall immer entscheidend:

> Es [das Politische] ist deshalb immer die maßgebende Gruppierung, die politische Einheit infolgedessen immer ... die maßgebende Einheit und «souverän» in dem Sinne, daß die Entscheidung über den maßgebenden Fall, auch wenn das der Ausnahmefall ist, immer begriffsnotwendig bei ihr stehen muß.[60]

Dabei versteht sich von selbst, dass nur der Staat die maßgebende politische Einheit sein kann, weil nur er im eigentlichen Sinne politisch ist; entfällt diese Einheit des Staates, «so entfällt auch das Politische selbst».[61] Deswegen hat auch nur die politische Einheit des Staates «das *jus belli*, d. h. die reale Möglichkeit, im gegebenen Fall kraft eigener Entscheidung den Feind zu bestimmen und ihn zu bekämpfen», mit den sich daraus ergebenden Konsequenzen der Bereitschaft zum eigenen Tode und andere zu töten. Aufgrund dieser «Macht über das physische Leben der Menschen» unterscheidet sich die politische Gemeinschaft von allen anderen denkbaren Gemeinschaften und ist diesen übergeordnet. So kann etwa eine religiöse Gemeinschaft von ihren Anhängern verlangen, dass sie für ihren Glauben sterben (Märtyrer), aber dies betrifft immer nur das Seelenheil des Individuums, nie die religiöse Gemeinschaft als solche.[62] Dasselbe gilt für die Kategorie der Gerechtigkeit, die ebenfalls für die Kriegsentscheidung nicht maßgebend sein kann: Sie ist entweder eine Selbstverständlichkeit oder aber ihre Verwendung ist in Wirklichkeit der Versuch, das *jus belli* an eine andere Instanz als das Volk zu delegieren, denn nur das Volk als politische Einheit bestimmt über die Unterscheidung zwischen Freund und Feind:

> Hat es nicht mehr die Fähigkeit oder den Willen zu dieser Unterscheidung, so hört es auf, politisch zu existieren. Lässt es sich von einem Fremden vorschreiben, wer sein Feind ist und gegen wen es kämpfen darf oder nicht, so ist es kein politisch freies Volk mehr.[63]

Schmitt verschiebt hier ganz beiläufig und ohne dies zu thematisieren (vielleicht sogar, ohne es zu bemerken) den Begriff des Politischen vom Staat auf das Volk.[64] Diese Terminologie sollte ihm später seine Anpassung an die NS-Ideologie erleichtern.

Aus der Rückführung des Politischen auf den Staat bzw. das Volk ergibt sich notwendigerweise auch der Pluralismus der Staaten. Es wird auf der Erde immer mehrere Staaten geben; ein die ganze Erde und die ganze Menschheit umfassender «Weltstaat» wäre keine politische Einheit mehr und somit auch kein Staat. Eine «Menschheit» kann keine Kriege führen, denn der «Begriff Menschheit schließt den Begriff des Feindes aus, weil auch der Feind nicht aufhört, Mensch zu sein und damit die spezifische Unterscheidung entfällt». Ebenso wenig ist die politische Welt ein «Universum», weil es in einer universalen Gesellschaft «keine Völker als politische Einheiten und deshalb auch keinen Staat mehr geben (wird)». Folglich wäre auch die Idee eines «Völkerbundes» fehlgeleitet, wenn sie darauf angelegt wäre, universal zu sein, denn diese Universalität würde zu «völlige(r) Entpolitisierung und damit

Staatenlosigkeit» führen. Der Genfer Völkerbund ist ein «zwischenstaatliches Gebilde» und «nicht nur keine universale, sondern nicht einmal eine internationale Organisation, wenn man das Wort international ... von zwischenstaatlich unterscheidet». Er «hebt die Möglichkeit von Kriegen nicht auf, so wenig wie er die Staaten aufhebt».[65]

Nun wendet Schmitt sich einem letzten und, wie sich zeigen wird, entscheidenden Gesichtspunkt seines auf diesen Höhepunkt zustrebenden Traktats zu. Er beginnt mit der harmlos scheinenden Frage, ob Staatstheorien und politische Ideen «bewußt oder unbewußt, einen ‹von Natur bösen› oder einen ‹von Natur guten› Menschen voraussetzen. Nach einer Attacke auf den Liberalismus, seine *bête noire*, kommt er zu dem Ergebnis, «dass alle echten politischen Theorien den Menschen als ‹böse› voraussetzen, d. h. negativ bewerten».[66] Da das Politische, wie er uns *ad nauseam* eingebläut hat, «von der realen Möglichkeit eines Feindes bestimmt wird, können politische Vorstellungen und Gedankengänge nicht gut einen anthropologischen Optimismus zum Ausgangspunkt nehmen».[67] Und damit sind wir endlich bei der Theologie, von der wir in der *Politischen Theologie* schon gehört hatten, dass «[a]lle prägnanten Begriffe der modernen Staatslehre säkularisierte theologische Begriffe» sind.[68] Jetzt wird dieser Zusammenhang überdeutlich:[69]

> Der Zusammenhang politischer Theorien mit theologischen Dogmen von der Sünde, der insbesondere bei Maistre, Donoso Cortés und F. J. Stahl auffällig hervortritt,[70] erklärt sich aus der Verwandtschaft dieser notwendigen Denkvoraussetzungen.[71] Das theologische Grunddogma von der Sündhaftigkeit der Welt und der Menschen führt[72] ebenso wie die Unterscheidung von Freund und Feind zu einer Einteilung der Menschen und macht den unterschiedslosen Optimismus des Menschenbegriffes unmöglich. In einer guten Welt unter guten Menschen herrscht natürlich nur Friede und Harmonie Aller mit Allen, und die Priester und Theologen sind hier ebenso überflüssig wie die Politiker und Staatsmänner. Was die Leugnung der Erbsünde soziologisch[73] bedeutet, hat Troeltsch (in seinen «Soziallehren der christlichen Kirchen»)[74] an dem Beispiel zahlreicher Sekten[75] gezeigt. Der methodische Zusammenhang theologischer und politischer Denkvoraussetzungen ist also klar.[76]

Schmitt spricht vorsichtig nur von einem «methodische[n] Zusammenhang» politischer Theorien und theologischer Dogmen sowie der «Verwandtschaft» dieser beiden Denkvoraussetzungen, und er scheint, unmittelbar an den zitierten Text anschließend, diese gemeinsame Struktur von Politik und Theologie zu relativieren und das «Religiöse» dem «Politischen» unterzuordnen, wenn er hinzufügt: «Aber die theologische Unterstützung gefährdet immer den rein politischen Begriff, weil sie die Unterscheidung ins Religiöse meistens auch ins Moraltheologische verschiebt oder wenigstens damit vermengt.»[77] Diese «Relativierung» sollte jedoch nicht darüber hinwegtäuschen, dass Schmitt hier – an der einzigen Stelle, an der er die Erbsünde erwähnt – bei seinem eigenen «Grunddogma» angekommen ist:[78] der ontischen Bösartigkeit bzw. theologischen Sündhaftigkeit des Menschen.

Schmitt war zeitlebens ein zutiefst in der Wolle gefärbter, extrem konservativer und gegenreformatorischer Katholik. Letzteres zeigen auch seine ständigen Gewährsmänner, der antidemokratische Gegner der Aufklärung und der Französischen Revolution Joseph de Maistre (1753–1821) und der Monarchist und Antidemokrat Donoso Cortés (1809–1853). Für Schmitt stehen das «theologische Grunddogma von der Sündhaftigkeit der Welt und der Menschen» und die politische «Unterscheidung von Freund und Feind» mindestens auf derselben Stufe, wenn nicht sogar das theologische Grunddogma der politischen Unterscheidung vorgeordnet ist. In der katholischen Kirche fand dieses «Grunddogma von der Sündhaftigkeit der Welt» seine dogmatisch verbindliche Form in der Lehre von der Erbsünde, die Schmitt hier ausdrücklich hervorhebt. Es kann kein Zweifel bestehen, dass er als überzeugter Katholik im Dogma von der Erbsünde den verbindlichen und unüberbietbaren Ausdruck eines fundamentalen Glaubensgrundsatzes sah, der auch für seine Politische Theologie Gültigkeit hatte.

Der in seinem innersten Wesen böse und verderbte Mensch, der sich theologisch dem Gebot Gottes – mit der Unterscheidung zwischen richtig und falsch, gut und böse – und politisch dem staatlichen Souverän – mit der Unterscheidung von Freund und Feind – unterwerfen muss, ist das Zentrum der Schmitt'schen Anthropologie. Theologisch führt Schmitt diesen Gedanken hier nicht weiter aus, aber es ist klar, dass diese Unterordnung unter das göttliche Gebot absolut ist und nicht von der Zustimmung und Freiheit des Menschen abhängt. Politisch bedeutet er die absolute Souveränität des Staates als Gegenbegriff zur Souveränität des Menschen. Jeder Versuch, eine eigene Souveränität des Rechts einzuführen, ist nichts anderes als die angemaßte «Souveränität der Menschen ..., die das Recht setzen und anwenden» – Anathema! Allein der staatliche Souverän setzt das Recht mit allen Konsequenzen, einschließlich der Möglichkeit, «friedliche Menschen zu erschrecken» und sich dem Vorwurf «von Zynismus oder ruchloser Immoralität» auszusetzen. Schmitt beschließt seinen Traktat mit einer nochmaligen polemischen Breitseite gegen den «individualistischen Liberalismus» als der «Negation des Politischen» schlechthin, der aber letztlich «der Konsequenz des Politischen nicht zu entrinnen» vermag.[79]

Carl Schmitt ist der bisher letzte und einflussreichste Vertreter einer unbedingten und kompromisslosen staatlichen und göttlichen Souveränität, der in seiner gedanklichen Schärfe und rücksichtslosen Konsequenz, in seinem antidemokratischen Konservatismus und Revisionismus, und nicht zuletzt in seinem darauf basierenden ungerührten und uneinsichtigen Antisemitismus die einen zur Bewunderung und die anderen zum Abscheu einlädt – und manche auch zu beidem. Als theologisch strukturierter Staatsrechtler oder eben «Politischer Theologe» wird er damit zum Proponenten einer augustinischen und tridentinischen Erbsündenlehre und zum großen Gegenspieler einer Philosophie, die mit dem Anspruch der autonomen Selbstbestimmung, ja Selbstermächtigung des Menschen den Versuch unternahm, aus dem langen und übermächtigen Schatten der christlichen Deutung des «Sündenfalls» herauszutreten. Diese Philosophie steht in der Gestalt des Dreigestirns Kant, Schiller und Fichte[80] dem jüdischen Verständnis des «Sündenfalls» sehr viel näher als dem christlichen, während sich die Politische Theologie Carl Schmitts als Relikt eines reaktionären Christentums erweist.

Gerade das Interesse, das die Politische Theologie Carl Schmitts in ganz unterschiedlichen Kreisen heute wieder findet, zeigt, wie wichtig es ist, sich der Ursprünge des Mythos von Adam und Eva im Paradies zu vergewissern und den Weg nachzuzeichnen, den dieser im abendländisch-westlichen Denken genommen hat. Er prägt die Denkstrukturen des Westens vom Mythos bis hin zum radikalen Materialismus, vom Judentum bis zum Christentum und vom Christentum bis zur politischen Theologie. Grundlegend für die Einsicht in diese Denkstrukturen ist das richtige Verständnis des hebräischen Bibeltextes und seines Nachlebens im rabbinischen Judentum. Die Hebräische Bibel und ihre rabbinische Deutung erweisen sich als Schlüssel zur Beantwortung der Frage, woher wir kommen und wohin wir gehen.

ANHANG

DANK

Mein Dank gilt zuallererst der Carl Friedrich von Siemens Stiftung, die mich als Fellow für ein Jahr nach München eingeladen und es mir ermöglicht hat, dieses Buch unter idealen Bedingungen zu schreiben, allen voran Heinrich Meier, dem Geschäftsführer der Stiftung, und seinen Mitarbeiterinnen und Mitarbeitern. Sie haben unter den erschwerten Umständen der Corona-Beschränkungen alles darangesetzt, meiner Frau und mir den Aufenthalt in München so angenehm wie möglich zu machen und mir den Freiraum für produktive Arbeit zu schaffen. Besonders dankbar bin ich der Stiftung dafür, dass sie ihre ursprünglich für das Jahr 2014/15 ausgesprochene Einladung aufrechterhielt, nachdem ich diese wegen der Berufung an das Jüdische Museum Berlin abgesagt hatte – und dies mit der geradezu prophetischen Begründung, mir eine Münchener Zufluchtsstätte anzubieten, falls die Tätigkeit am Jüdischen Museum sich aus welchen Gründen auch immer als problematisch erweisen würde.

Die Corona-Pandemie hat viele Einschränkungen mit sich gebracht. Der mit dem München-Aufenthalt verbundene Zweck, alte wissenschaftliche und kulturelle Kontakte zu erneuern und neue zu knüpfen, war lange Zeit ebenso unerfüllbar wie die Teilnahme an den legendären Vorträgen der Stiftung, die immer wieder verschoben wurden und am Ende doch abgesagt werden mussten. Ein großer Lichtblick in dieser kontaktarmen Zeit war die Tatsache, dass unser Mitfellow-Ehepaar des Jahres 2020/21, Peter und Alejandra Ahrensdorf, im selben Haus in der Schellingstraße wohnten. Bis auf wenige Freunde in München waren sie die einzigen Menschen, die wir einigermaßen regelmäßig gesehen haben und mit denen uns seitdem eine enge Freundschaft verbindet.

Der Entstehungsprozess des Manuskripts wurde ständig von meiner Frau begleitet. Sie hat jedes Kapitel nach Fertigstellung des ersten

Entwurfs gelesen; die direkt anschließende Diskussion mit ihr über einzelne inhaltliche Probleme, schonungslos aufgedeckte Unklarheiten, gedankliche Schludrigkeiten und Unstimmigkeiten gehört zu den besten Momenten des München-Jahres. Mein Münchener Freund und ärztlicher Ratgeber Jürgen Richert hat ebenfalls das ganze Manuskript gelesen und viele sachkundige Beobachtungen beigesteuert; er bestärkte mich auch in der Absicht, dem Buch Abbildungen beizugeben. Und ganz am Schluss, vor der Abgabe an den Verlag, hat Heinrich Meier in freundschaftlicher Verbundenheit einen beträchtlichen Teil seiner eigenen Forschungszeit geopfert und bis auf das altorientalische Kapitel das ganze Manuskript kritisch gelesen. Ihm verdanke ich einige wichtige Richtigstellungen und erinnere mich gerne an seine Nachfragen zur *creatio ex nihilo* und zu den Engeln im rabbinischen Judentum. Ulrich Nolte vom Verlag C.H.Beck danke ich für seine das gewöhnliche Maß weit übersteigende Lektorierung des Manuskripts. Die Stiftung war so freundlich, das Buch in die Edition der Carl Friedrich von Siemens Stiftung im Verlag C.H.Beck aufzunehmen und einen großzügigen Druckkostenzuschuss zu gewähren. Auch dafür bin ich dem Vorstand der Stiftung zu Dank verpflichtet.

Zum ersten Mal in meiner langen publizistischen Karriere wurde mir die Möglichkeit eingeräumt, einen spröden wissenschaftlichen Text durch Abbildungen zu bereichern. Die Auswahl dieser Abbildungen war eine ganz neue Erfahrung für mich, die mir zunehmend Vergnügen bereitet hat. Mit Reinhold Baumstark, dem ehemaligen Generaldirektor der Bayerischen Staatsgemäldesammlungen und jetzigen Vorsitzenden des Stiftungsrats der Carl Friedrich von Siemens Stiftung, hatte ich einen Mentor, wie ich mir keinen Besseren hätte wünschen können. Der Schwerpunkt der Abbildungen konzentriert sich auf die beiden biblischen Schöpfungsberichte und dabei insbesondere auf die Erzählung vom Sündenfall. Reinhold Baumstark verdanke ich die Einsicht, dass es lohnender ist, die ältesten datierbaren Abbildungen auszuwählen – und den Lesern damit nebenbei einen (wenn auch sehr vorläufigen) Einblick in die Geschichte der christlichen und jüdischen Ikonographie des Schöpfungsberichts zu vermitteln –, statt ein Sammelsurium aller möglichen subjektiven Zufallsfunde aus dem überreichen Fundus zusammenzustellen. Das so entstandene chronologische

Gerüst geht auf ihn zurück. Eine besondere Rolle bei den Abbildungen spielt die aus Nordspanien stammende und heute in Sarajevo aufbewahrte Pessach-Haggadah, die mit großer Wahrscheinlichkeit nicht von christlichen, sondern von jüdischen Künstlern illustriert wurde und somit unschätzbare Einblicke in genuin jüdische Buchillustrationen gewährt.

ANMERKUNGEN

Einleitung

1 In der älteren Literatur meist Tiamat.
2 Dies zeigt sich sehr plastisch auch daran, dass nicht nur in theologischen, sondern gerade auch in säkular-philosophischen Forschungsbeiträgen die Hebräische Bibel oft nicht etwa in angemessener deutscher Übersetzung, sondern ausgerechnet in der Fassung der Vulgata zitiert wird.

1.
Die Hebräische Bibel:
Zwei Urgeschichten

1 Ich spreche im Folgenden in der Regel von der Hebräischen Bibel und meine damit den kanonischen Offenbarungstext des Judentums, der von den Christen «Altes Testament» genannt wird. Nur wenn ich die Besonderheit einer spezifisch christlichen Aussage betonen möchte, verwende ich die christliche Bezeichnung «Altes Testament».
2 In der Schreibweise des Namens folge ich nicht der Lutherbibel («Mose»), sondern der griechischen oder lateinischen Namensform «Moses».
3 Der beste und ausführlichste neuere Kommentar zur Urgeschichte der Genesis ist Jan Christian Gertz, *Das erste Buch Mose. Genesis: Die Urgeschichte Gen 1–11*, Göttingen: Vandenhoeck & Ruprecht, 2018, auf den ich mich weitgehend stütze; s. jetzt auch David M. Carr, *The Formation of Genesis 1–11: Biblical and Other Precursors*, Oxford: Oxford University Press, 2020; id., *Genesis 1–11*, Stuttgart: Kohlhammer, 2021. – Eine Auseinandersetzung mit der oft uferlosen Sekundärliteratur zum Bibeltext findet bis auf wenige Ausnahmen nicht statt.
4 Typisch für die Unsicherheit der alttestamentlichen Wissenschaft sind die vagen Angaben von Gertz, der P einmal ohne große Umschweife in die erste Hälfte des sechsten Jahrhunderts datiert (Gertz, *Das erste Buch Mose*,

S. 6), dann aber, ebenfalls ohne große Umschweife, «in frühnachexilischer Zeit» ansiedelt (ibid., S. 10).

5   Gertz schwankt zwischen dem siebten Jahrhundert v. Chr. und dem Umkreis der babylonischen Diaspora: Gertz, ibid., S. 14, 16.
6   Die Übersetzung der zitierten hebräischen Texte ist meine eigene, orientiert sich aber immer soweit möglich an der sog. Einheitsübersetzung: *Die Bibel: Einheitsübersetzung der Heiligen Schrift. Gesamtausgabe*, Stuttgart: Katholisches Bibelwerk, 2017.
7   Ich gehe nicht auf die Diskussion über die möglichen Übersetzungen von *tohu wa-vohu* ein.
8   So wörtlich statt «Vögel».
9   Nicht einen Menschen, sondern generisch «Menschen», unabhängig vom Geschlecht, wie der folgende Plural bzw. der Wechsel zwischen Singular und Plural (Vers 27) auch verdeutlicht.
10 Wenn im Hebräischen die beiden Gottesnamen JHWH und Elohim zusammen genannt werden («JHWH Elohim»), transkribiere ich «JHWH» (als das unaussprechliche Tetragramm für den Gottesnamen «Jahweh») und übersetze «Elohim» mit «Gott». Die Einheitsübersetzung übersetzt hier mit «Gott, der HERR», wobei «der HERR» für JHWH steht.
11 Bedellium?
12 Karneol?
13 Beim fünften Tag fehlt die Bestätigungsformel ganz.
14 Gertz, *Das erste Buch Mose*, S. 36 f.
15 Ich übernehme diesen sehr passenden Begriff von Gertz, ibid., S. 37.
16 Gertz, ibid., S. 36.
17 Wörtlich: «nicht aus dem, was war» (*ouk ex ontōn*): 2 Makk. 7,28.
18 Röm. 4,17; Hebr. 11,3..
19 Dazu ausführlich das sechste Kapitel «Von Demokrit zu Lukrez».
20 Maimonides, *Moreh Nevukhim* («Führer der Verwirrten / Unschlüssigen»), Buch 2, Kap. 16 ff.
21 Diese Constructus-Verbindung kann dadurch erleichtert werden, dass man statt *bara'*: *bero'* vokalisiert. Mit dem Verständnis als Constructus verschwindet auch das Problem, dass man bei einem selbständigen Aussagesatz statt *be-reschit* eigentlich *ba-reschit* erwarten müsste sowie die Stellung des Subjekts vor dem Verb: *ba-reschit Elohim bara'* statt *be-reschit bara' Elohim*.
22 Dies ist die Auslegung Raschis nach dem «einfachen Wortsinn» (*peschat*): «Wenn du ihn [den Vers] aber nach dem einfachen Sinn erklären willst, erkläre ihn so: Am Anfang der Erschaffung von Himmel und Erde, als die Erde noch wüst und öde und in Finsternis war, da sprach Gott, es werde Licht» (Raschi-Kommentar in der Rabbinerbibel; deutsche Übersetzung in: *Raschis Pentateuchkommentar*. Vollständig ins Deutsche übertragen und mit

einer Einleitung versehen, von Rabb. Dr. Selig Bamberger, Hamburg: George Kramer, 1922, S. 1).

23 Dass der hebräische Text hier die Kardinalzahl benutzt und sagt «ein Tag», während bei den folgenden Tagen immer die Ordinalzahl verwendet wird («zweiter Tag», «dritter Tag» usw.), führt in der späteren Exegese zu ausführlichen Diskussionen; s. dazu vor allem das Kapitel über Philon. Die Einheitsübersetzung verwischt diesen Unterschied, indem sie auch beim ersten Tag einfach die Ordinalzahl einsetzt («erster Tag»).

24 Vgl. Ex. 12,18; Lev. 23,32.

25 Gertz, *Das erste Buch Mose*, S. 55 f.

26 Die hier eingeschobene Herrschaft über die ganze Erde, die die Abfolge der Tiere unterbricht, ist möglicherweise eine frühe Textverderbnis und stattdessen ist zu lesen: «über das ganze Wild der Erde»; Gertz, ibid., S. 28 Anm. 14.

27 Diese Doppeldeutigkeit des Gattungsbegriffes im Singular und der männlich / weiblichen Ausdifferenzierung im Plural ist sehr gut auch an der sprachlichen Formulierung von Vers 27 zu erkennen: im Bilde Gottes «erschuf er *ihn*», männlich und weiblich «erschuf er *sie*».

28 Dazu ausführlich Gertz, *Das erste Buch Mose*, S. 63 ff.

29 Gertz, ibid., S. 69.

30 Gen. 2,2 f., Vers 1 ist eine sekundäre Glosse der Priesterschrift; Gertz, ibid., S. 29.

31 Ohne damit einen Gegensatz zwischen «mythisch» und «priesterlich» etablieren zu wollen. Der Mythos ist selbstverständlich auch «priesterlich» oder «kultisch» und vielleicht auch «weisheitlich», aber mir erscheint Gertz' Berufung auf die Weisheit als Hauptcharakteristikum des zweiten (mythologischen) Schöpfungsberichts nicht wirklich überzeugend (Gertz, *Das erste Buch Mose*, S. 15 f.). Die «Weisheit» scheint in der alttestamentlichen Wissenschaft eine Art *Deus ex machina* geworden zu sein, mit dem man alles erklären kann. Der zweite Schöpfungsbericht bildet, wie Gertz zu Recht sagt, «ein judäisches Pendant zu den mesopotamischen Mythen vom Uranfang» (S. 15), und genau so verstehe ich seine Charakterisierung als «mythisch».

32 So durchgängig Gertz, *Das erste Buch Mose*.

33 Dazu unten, S. 85 (Atrachasis), S. 93 (Gilgamesch); im Enuma Elisch werden die Menschen aus dem Blut eines getöteten Gottes erschaffen (unten, S. 106).

34 Das der «Feuchtigkeit» zugrundeliegende hebräische Wort *'ed* ist sehr selten, und Gertz (*Das erste Buch Mose*, S. 99 f.) möchte mit der Septuaginta und der Vulgata daraus einen ständig fließenden Wasserquell machen. Ich ziehe mit der jüdischen Tradition die Übersetzung als «Dunst», «Feuchtigkeit», «Nebel» vor, denn darum scheint es zu gehen: eine noch nicht spezifizierte Feuchtigkeit, die für das Leben auf dieser Erde noch nicht ausreicht; genau

deswegen entspringt dann im Garten Eden auch ein gewaltiger Strom (*nahar*), der sich in vier Hauptflüsse aufteilt.

35 Gertz, *Das erste Buch Mose*, S. 116.
36 Also dem bisher einzigen Menschen: Adam. Aber dieser «Mensch» (*'adam*) ist hier noch nicht der männliche Mensch (Adam), sondern der generische Mensch, der beide Geschlechter (und damit auch die sogleich zu erschaffende Eva) einschließt. Sonst hätte Eva ja von dem Verbot des Essens gar nichts wissen können.
37 Die zugrundeliegende hebräische Wendung in Vers 17 ist sehr hart und apodiktisch formuliert: «an dem Tage, da du davon isst, wirst du sofort sterben (*mot tamut*)», das heißt wirst du sofort tot umfallen.
38 So mit Recht Gertz, *Das erste Buch Mose*, S. 119.
39 Die übliche Unterscheidung zwischen *'arum* (Plural *'arumim*) = «klug» und *'arom / 'erom* (Plural *'arummim / 'erummim*) = «nackt» hängt nur an der Vokalisation *'arum* versus *'arom / 'erom* bzw. im Plural *'arumim* versus *'arummim / 'erummim*, ist also in einem unvokalisierten Text nicht zu erkennen. Der Text spielt ganz offensichtlich mit der Doppeldeutigkeit der zugrundeliegenden hebräischen Wurzel von «nackt» und «klug».
40 Weish. 2,23 («Gott hat den Menschen zur Unvergänglichkeit erschaffen») und die griechische Bibelübersetzung des Symmachos von Gen. 2,17 (der Mensch wurde durch die Gebotsübertretung «sterblich») sind von der griechischen Philosophie beeinflusst und sagen nichts über die ursprüngliche Bedeutung des hebräischen Textes. Dasselbe gilt auch für Paulus im Römerbrief (unten, Kap. 8). Die Septuaginta zu Gen. 2,17 hat «wirst du sofort sterben» und ahmt sogar die hebräische *figura etymologica* nach: *mot tamut – thanatō apothaneisthe*. Mit Recht weist deshalb Gertz, *Das erste Buch Mose*, S. 120, darauf hin, dass «die Strafsprüche den Tod nicht als Folge der Gebotsübertretung charakterisieren» und dass der Mensch im zweiten Schöpfungsbericht «von vornherein wie die Tiere als sterbliches Wesen» erschaffen wurde.
41 Wenn dieser Passus eine spätere Hinzufügung ist (s. u.), dient diese vielleicht genau dem Zweck, ein solches Missverständnis auszuschließen.
42 Gertz, *Das erste Buch Mose*, S. 126.
43 Gertz, ibid., S. 128.
44 Darin sieht Kurt Flasch (*Eva und Adam. Wandlungen eines Mythos*, München: Beck, 2004) den entscheidenden Beitrag der mittelalterlichen christlichen Exegese des biblischen Mythos. Jürgen Kaube in seiner Besprechung des Buches in der *FAZ* vom 16. 3. 2005 versieht diese mit dem ironischen Untertitel «Kurt Flasch bewirbt sich als Eva-Beauftragter der Kulturgeschichte».
45 Gertz, *Das erste Buch Mose*, S. 132 ff., erkennt sehr wohl das Positive am Gewinn des Unterscheidungsvermögens und der Erkenntnis, hält sich mit

Schlussfolgerungen daraus aber ganz zurück und hütet sich vor allem davor, eine Beziehung zur Verbotsübertretung herzustellen. Gunkel erkennt, dass die Schlange in Gen. 3,4 Recht hat und «Gott geradezu Lügen strafen darf» (Hermann Gunkel, *Genesis*, Göttingen: Vandenhoek & Ruprecht, [8]1969, S. 10; erste Auflage 1901), gewinnt aus der Erzählung aber nur die Erkenntnis, dass der Mensch eben Gott gehorchen soll. Anders Steck, der ansatzweise weitergeht, der Erzählung aber theologisch-harmonisierend ihren Stachel zieht: Der Mensch im Paradiesgarten war noch ganz in der Hand Gottes und davon befreit, selbständig zu entscheiden; erst mit dem Essen der Frucht habe er – gegen Gottes Willen – «eine Fähigkeit erworben, die bislang Gott für ihn ausgeübt hat» (Odil Hannes Steck, «Die Paradieserzählung. Eine Auslegung von Genesis 2,4b-3,24», in: id., *Wahrnehmungen Gottes im Alten Testament. Gesammelte Studien*, München: Kaiser, 1982, S. 78, 105; Erstveröffentlichung 1970). Auch der neuste Kommentar von David M. Carr (*Genesis 1–11*, Stuttgart: Kohlhammer, 2021, S. 111, 136) spielt die Brisanz der Paradiesgeschichte herunter. Die soweit ich sehe prononcierteste Stellungnahme, die gegen diesen Konsens angeht – ausdrücklich auch gegen Steck – stammt von dem Alttestamentler Rainer Albertz in seinem Beitrag «‹Ihr werdet sein wie Gott› (Gen 3,5)», in: *Was ist der Mensch ...? Beiträge zur Anthropologie des Alten Testaments*, Hans Walter Wolff zum 80. Geburtstag, hrsg. v. Frank Crüsemann, Christof Hardmeier und Rainer Kessler, München: Kaiser, 1992, S. 11–27. Ähnlich auch Barr, der als Kern der Paradiesgeschichte die «power of rational and especially ethical discrimination» ausmacht, «a coming of self-consciousness» des ersten Menschenpaares (James Barr, *The Garden of Eden and the Hope of Immortality*, Minneapolis: Fortress, 1993, S. 62, 65). Eher wieder theologisch-harmonisierend: Erhard Blum, «Von Gottesunmittelbarkeit zu Gottähnlichkeit. Überlegungen zur theologischen Anthropologie der Paradieserzählung», in: *Gottes Nähe im Alten Testament*, hrsg. v. Eberhardt Gönke und Kathrin Liess, Stuttgart: Kath. Bibelwerk, 2004, S. 9–29.

46 Das Hebräische verwendet für das Ausstrecken der Hand nach der verbotenen Frucht (*pen-jischlach*) und das Fortschicken (*wa-jeschallchehu*) aus dem Garten Eden in Gen. 3,22 und 23 dieselbe Wurzel (*sch-l-ch*), wohl um zu zeigen, dass das eine die Folge des anderen ist.

47 Gertz, *Das erste Buch Mose*, S. 218–222, hat die rekonstruierte Quellenzugehörigkeit sehr anschaulich durch unterschiedliche Drucktypen kenntlich gemacht.

48 Indem die mythische Version nur den Menschen hervorhebt – «alles, was Lebensodem in seiner Nase hat», greift auf den Schöpfungsbericht zurück (Gen 2,7) –, betont sie wieder die Einzigkeit und Besonderheit des Menschen.

49 Die hebräische Wurzel *m-ch-h*, die auch in der Fluchformel *jimach schemo* («sein Name / Andenken soll ausgelöscht werden») vorkommt, ist an Schärfe nicht zu überbieten.
50 Der anschließende Vers 24, wonach die Sintflut insgesamt 150 Tage dauerte, gibt die Berechnung der Flutdauer nach der priesterschriftlichen Fassung wieder; s. auch 8,3.
51 Dazu Gertz, *Das erste Buch Mose*, S. 267.
52 Mehr unten, S. 68 (Berossus), 99 (Gilgamesch).
53 Gertz, *Das erste Buch Mose*, S. 285.
54 David Damrosch, *The Buried Book: The Loss and Rediscovery of the Great Epic of Gilgamesh*, New York: Henry Holt, 2006, S. 11 f.
55 Ibid., S. 12.
56 «The Chaldean Account of the Deluge», *Transactions of the Society of Biblical Archaeology* 2, 1873 / 74, S. 213–234; online unter https: / / www.sacred-texts.com / ane / chad / chad.htm.
57 New York: Scribner, Armstrong & CO., 1876; online unter https: / / archive.org / details / chaldeanaccountooosmit / page / n9 / mode / 2up?q=elish. Deutsche Übersetzung: George Smith's *Chaldäische Genesis. Keilschriftliche Berichte über Schöpfung, Sündenfall, Thurmbau und Nimrod, nebst vielen anderen Fragmenten ältesten babylonisch-assyrischen Schrifttums*, übers. v. Hermann Delitzsch, Leipzig: Hinrichs, 1876.
58 Ein kurzer Verweis auch bei dem jüdischen Historiker Flavius Josephus (Ende des ersten Jahrhunderts n. Chr.) in dessen *Antiquitates* (1,93) und *Contra Apionem* (1,128–130).
59 Der griechische Text des Syncellus, zusammen mit niederländischer und deutscher Übersetzung, sowie der nur in armenischer Übersetzung aus dem sechsten Jahrhundert erhaltene Text des Eusebius in niederländischer und deutscher Übersetzung als F 4a und 4b bei: Geert Eduard Eveline De Breucker, *De Babyloniaca van Berossos van Babylon. Inleiding, editie en commentaar*, Universität Groningen, 2012, S. 238–242; online unter https: / / www.rug.nl / research / portal / . Kürzere Fassung (F 4e), ebenfalls in der armenischen Übersetzung von Eusebius' *Chronik*, ibid., S. 242–244.
60 De Breucker, ibid., S. 244.
61 Erschöpfend dazu Reinhard G. Lehmann, *Friedrich Delitzsch und der Babel-Bibel-Streit*, Freiburg / Schweiz: Universitätsverlag; Göttingen: Vandenhoeck und Ruprecht, 1994. Neuere Forschungsergebnisse jetzt in dem ausgezeichneten Band: *Der Babel-Bibel-Streit und die Wissenschaft des Judentums. Beiträge zu einer internationalen Konferenz vom 4. bis 6. November 2019 in Berlin*, hrsg. v. Eva Cancik-Kirschbaum und Thomas L. Gertzen, Münster: Zaphon, 2021. Der Band erschien nach Abgabe meines Manuskripts beim Verlag und konnte nur sporadisch berücksichtigt werden.

Anmerkungen zu Kapitel 1

62 Friedrich Delitzsch, *Babel und Bibel. Erster Vortrag* (= *Babel und Bibel I*), Leipzig: Hinrichs, ⁵1905, S. 6. Diese fünfte Auflage ist überarbeitet und durch Anmerkungen erweitert; die erste Auflage erschien 1902: Friedrich Delitzsch, *Babel und Bibel. Ein Vortrag*, Leipzig: Hinrichs, 1902 (ausführliche Dokumentation der verschiedenen Auflagen bei Lehmann, *Friedrich Delitzsch und der Babel-Bibel-Streit*, passim). – Sperrungen, Unterstreichungen und Fettdruck in allen zitierten Texten werden einheitlich durch Kursive wiedergegeben.

63 Delitzsch, *Babel und Bibel I*, S. 31.

64 Ibid., S. 41 (mit Abb.). Schon Smith, *The Chaldean Account of Genesis*, S. 90 f. (deutsche Übersetzung, S. 87) hatte den Zylinder so interpretiert.

65 Ausführlich dazu Lehmann, *Friedrich Delitzsch und der Babel-Bibel-Streit*, S. 166–169, und jetzt Rüdiger Liwak, «Der sogenannte Sündenfall-Zylinder. Ein Bespiel für theologische und religionsgeschichtliche Einfalt», in: Cancik-Kirschbaum und Gertzen, *Der Babel-Bibel-Streit*, S. 191–205. Nach Liwak (S. 197) ist nur die rechte Gestalt sicher zu deuten, nämlich eine an ihrer Hörnerkrone erkennbare Gottheit, aber die linke wohl kaum eine Göttin oder auch eine Verehrerin / ein Verehrer, sondern – weil beide sich auf Augenhöhe gegenübersitzen – vielleicht ein vergöttlichter Herrscher.

66 Delitzsch, *Babel und Bibel I*, S. 32; die erste Auflage (S. 29) hat statt «in ihrer ursprünglichen Gestalt»: «in reinerer und ursprünglicherer Form».

67 Ibid., S. 47 f.; 1. Auflage (mit Varianten), S. 44.

68 Ibid., S. 53.

69 Lehmann, *Friedrich Delitzsch und der Babel-Bibel-Streit*, S. 105, 109. Erhellend zur Rolle des Kaisers jetzt Christoph Markschies, «Der Kaiser als Hobbywissenschaftler. Wilhelm II. – Frömmigkeit – Kommunikation – Wissenschaftspolitik», in: Cancik-Kirschbaum und Gertzen, *Der Babel-Bibel-Streit*, S. 89–105; Sabine Mangold-Will, «Kaiser Wilhelm II. und der Babel-Bibel-Streit. Wissenschaft, Offenbarung, Antisemitismus und die Legitimation des Monarchen», in: ibid., S. 107–127.

70 Ibid., S. 105 f.

71 Friedrich Delitzsch, *Zweiter Vortrag über Babel und Bibel*, Stuttgart: Deutsche Verlags-Anstalt, 11. bis 15. Tausend, 1903 (neue durchgesehene Ausgabe ⁴1904).

72 Ibid., S. 18 (⁴1904, S. 21).

73 Ibid., S. 30 (⁴1904, S. 32).

74 Ibid., ⁴1904, S. 34.

75 Ibid., S. 38 (⁴1904, S. 41).

76 Ibid., S. 37 (S. 41).

77 *Der Reichsbote* 31,11 vom 14. Januar 1903, 1. Beilage: «Babel und Bibel».

78 Lehmann, *Friedrich Delitzsch und der Babel-Bibel-Streit*, S. 200. Original: Rede

Stöckers vom 23. Januar 1903 im Deutschen Reichstag, 245. Sitzung, *Stenographische Berichte über die Verhandlungen des Deutschen Reichstages*, S. 7527D, online unter https://www.reichstagsprotokolle.de/Blatt_k10_bsb00003567_00956.html.

79 Zu Harnack s. zuletzt die zahlreichen Harnackiana von Christoph Markschies, die jetzt bequem in seinem Sammelband *Berolinensia. Beiträge zur Geschichte der Berliner Universität und ihrer Theologischen Fakultät*, Berlin/Boston: de Gruyter, 2021, S. 84–282, zugänglich sind.

80 Ausführlich zum Folgenden Lehmann, *Friedrich Delitzsch und der Babel-Bibel-Streit*, S. 213 ff.

81 Houston Stewart Chamberlain, *Die Grundlagen des Neunzehnten Jahrhunderts*, München: Bruckmann, 1899 (^{3}1901). Zu Chamberlain als Antisemiten s. Peter Schäfer, *Kurze Geschichte des Antisemitismus*, München: Beck, 2020, S. 216–219.

82 Wie sich aus dem Briefwechsel zwischen Wilhelm II. und Chamberlain ergibt; ausführliche Dokumentation bei Lehmann, *Friedrich Delitzsch und der Babel-Bibel-Streit*, S. 220 ff.

83 Der Brief an Hollmann wurde in zahlreichen Zeitungen und Zeitschriften veröffentlicht (Dokumentation bei Lehmann, ibid., S. 407). Ich zitiere nach der *Allgemeine[n] Zeitung des Judenthums* 67,9, 27. Februar 1903, S. 100–102 (S. 100); online unter https://sammlungen.ub.uni-frankfurt.de/cm/periodical/titleinfo/3228537.

84 So ausdrücklich zu Beginn des Hollmann-Briefes.

85 Chamberlain, *Die Grundlagen des Neunzehnten Jahrhunderts*, S. 218 f.; dazu Schäfer, *Kurze Geschichte des Antisemitismus*, S. 218 f.

86 Unten, S. 79.

87 Friedrich Delitzsch, *Babel und Bibel. Dritter (Schluss-) Vortrag*, Stuttgart: Deutsche Verlags-Anstalt, 1905, S. 3 f.

88 Ibid., S. 11.

89 Ibid., S. 40.

90 Ibid., S. 46 f.

91 Ibid., S. 48. Der ganze Satz ist im Original gesperrt.

92 Friedrich Delitzsch, *Die grosse Täuschung. Kritische Betrachtungen zu den alttestamentlichen Berichten über Israels Eindringen in Kanaan, die Gottesoffenbarung vom Sinai und die Wirksamkeit der Propheten*, Stuttgart: Deutsche Verlags-Anstalt, 1920; Neuausgabe Stuttgart und Berlin: Deutsche Verlags-Anstalt, 1921 (zitiert als *Die grosse Täuschung* I nach der Neuausgabe); *Die Grosse Täuschung. Zweiter (Schluss-) Teil. Fortgesetzte kritische Betrachtungen zum Alten Testament, vornehmlich den Prophetenschriften und Psalmen, nebst Schlußfolgerungen*, Stuttgart und Berlin: Deutsche Verlags-Anstalt, 1921 (zitiert als *Die grosse Täuschung* II).

93 Zurückhaltender Lehmann, der vom «Auseinanderklaffen von Altem und Neuem Testament bzw. Judentum und Evangelium» spricht (*Friedrich Delitzsch und der Babel-Bibel-Streit*, S. 258).
94 Adolf von Harnack, *Marcion: Das Evangelium vom fremden Gott. Eine Monographie zur Geschichte der Grundlegung der Katholischen Kirche*, Leipzig: Hinrichs, 1921, S. 248 f.; so auch ²1924, S. 217.
95 Schäfer, *Kurze Geschichte des Antisemitismus*, S. 170 ff.
96 Harnack, *Marcion*, ²1924, S. 223 Anm. 1.
97 Delitzsch, *Die grosse Täuschung* II, S. 61.
98 Ibid., S. 62.
99 Ibid., S. 68 f.
100 Ibid., S. 69.
101 Ibid. I, S. 97.
102 Ibid. I, S. 105–107. Dazu und zu Tacitus Schäfer, *Kurze Geschichte des Antisemitismus*, S. 40–42.
103 Ibid. I, S. 107.

2.
Altorientalische Epen:
Grausame und gleichgültige Götter

1 Wolfram von Soden, «Der altbabylonische Atramchasis-Mythos», in: Otto Kaiser u. a.: *Texte aus der Umwelt des Alten Testaments*, Bd. 3: *Weisheitstexte, Mythen, Epen*, 3.1: *Weisheitstexte*, Gütersloh: Gütersloher Verlaghaus Mohn, 1990, S. 612–645 (TUAT CD-ROM Band III – Lieferung 4, Gütersloher Verlagshaus 2005). Die neuere Übersetzung von Karl Hecker («Atra-Hasis», in: *Texte aus der Umwelt des Alten Testaments*, NF, Bd. 8: *Weisheitstexte, Mythen und Epen*, hrsg. v. Bernd Janowski und Daniel Schwemer, Gütersloh: Gütersloher Verlagshaus, ²2015, S. 132–144) rekonstruiert die spätbabylonische Fassung und weicht stark von von Sodens altbabylonischem Atrachasis ab. Ich folge der Fassung von Sodens.
2 Tafel I, Z. 1–4. – Ich verzichte bei allen Zitaten aus den altorientalischen Epen auf die Kennzeichnung von Lücken und Ergänzungen.
3 Tafel I, Z. 194–197.
4 Tafel I, Z. 225 f.
5 Tafel I, Z. 223.
6 Tafel I, Z. 276.
7 Tafel I, Z. 339.
8 Tafel I, Z. 352–359.
9 Tafel III, Kol. 1, Z. 22 ff.

10 Tafel III, Kol. 2, Z. 32 ff.
11 Der Wetter- und Sturmgott.
12 Tafel III, Kol. 1, Z. 37; Kol. 4, Z. 24 f.
13 Tafel III, Kol. 3, Z. 11–17.
14 Die den Urmenschen zur Welt gebracht hatte; sie ist mit Nintu identisch.
15 Tafel III, Kol. 3, Z. 30–33; Kol. 4, Z. 12–25.
16 Tafel III, Kol. 5, Z. 34 f.
17 Der fragmentarische Text ist hier allerdings nicht eindeutig. Es gibt auch einen Hinweis darauf, dass die Muttergöttin einen neuen Urmenschen erschafft (Tafel III, Kol. 6, Z. 47 f.).
18 Dass diese sumerische Fassung eine späte Rückübersetzung ins Sumerische sein könnte, wie manchmal erwogen wird, ist wenig wahrscheinlich.
19 Deutsche Übersetzung von Willem H. Ph. Römer in *TUAT*, Bd. 3: *Weisheitstexte, Mythen, Epen*, 3.3: *Mythen und Epen in sumerischer Sprache*, A. Mythen: 10. Die Flutgeschichte, S. 448–458.
20 IV, 3–7.
21 V, 1–11.
22 VI, 6–11.
23 Römer, *TUAT* 3.3, S. 458.
24 Stefan M. Maul, *Das Gilgamesch-Epos*, neu übersetzt und kommentiert, Beck: München, ⁵2012, S. 13.
25 I, 41–44. Alle Übersetzungen nach Maul.
26 I, 48.
27 I, 201 f.
28 II, 182 f.
29 VI, 141–146.
30 VII, 146 f.
31 VIII, 59–62.
32 X, 232–248.
33 X, 278.
34 Atrachasis, «der Überaus-Weise», ist auch ein Beiname Uta-napischtis (XI, 197).
35 XI, 21–27.
36 Der Wettergott.
37 XI, 97–113.
38 XI, 134–137.
39 XI, 147–156.
40 XI, 161–163.
41 Der Gott des Todes und der Seuchen.
42 XI, 183–195.
43 XI, 199–205.

Anmerkungen zu Kapitel 2

44 Der Prozess des Alterns.
45 XI, 243–246.
46 Friedrich Delitzsch, *Das babylonische Weltschöpfungsepos*, Leipzig: Hirzel, 1897; online unter https://digital.slub-dresden.de/werkansicht/dlf/1658/104/0/.
47 *Das babylonische Weltschöpfungsmythos Enuma Elisch*, eingeleitet, neu übersetzt und kommentiert von Adrian C. Heinrich, München: Beck, 2022. Der Verlag hat mir freundlicherweise den druckfertigen Umbruch zur Verfügung gestellt.
48 W. G. Lambert, «Enuma Elisch», in: Otto Kaiser u. a., *Texte aus der Umwelt des Alten Testaments*, Bd. 3: *Weisheitstexte, Mythen, Epen*, 3.4: *Mythen und Epen II*, hrsg. v. Karl Hecker u. a., Gütersloh: Gütersloher Verlagshaus, 1994, S. 565–602.
49 Karl Hecker, «Enūma eliš», in: *Texte aus der Umwelt des Alten Testaments*, NF, Bd. 8: *Weisheitstexte, Mythen und Epen*, hrsg. v. Bernd Janowski und Daniel Schwemer, Gütersloh: Gütersloher Verlagshaus, ²2015, S. 88–132.
50 Sonst meist Tiamat.
51 I, 1–9.
52 I, 35–40.
53 I, 87–104.
54 IV, 1–26.
55 IV, 93–104.
56 IV, 135–138.
57 Heinrich nennt sie Igigu und Annunnakku; nach ihm sind die Begriffe bedeutungsgleich und bezeichnen das «anonyme Kollektiv der Götter» (S. 14).
58 VI, 1–8.
59 VI, 29–34.
60 Um die Folgen des Eidbruchs, das Durchschneiden ihrer Kehle, anzudeuten.
61 VI, 95–100.
62 VI, 107–120.
63 VII, 139–142.
64 Gertz, *Das erste Buch Mose*, S. 41 f.
65 Stefan M. Maul, «Altorientalische Schöpfungsmythen», in: *Mythos und Mythologie*, hrsg. v. Reinhard Brandt und Steffen Schmidt, Berlin: Akademie Verlag, 2004, S. 43–53 (46 f.); online unter: https://doi-org.emedien.ub.uni-muenchen.de/10.1524/9783050081533.

3.
Platon:
Die Vergöttlichung des Kosmos

1 Für Platon verwende ich die original-griechische Form seines Namens, nicht die latinisierte (Plato), die auch im Englischen üblich ist.
2 Übersichtlich zusammengefasst in einem insgesamt erstaunlich guten WIKIPEDIA-Artikel «Timaios».
3 Alle Zitate und Übersetzungen (manchmal mit kleineren Änderungen) nach der zweisprachigen Ausgabe Platon, *Werke in acht Bänden. Griechisch und Deutsch*, hrsg. v. Gunther Eigler, Sonderausgabe, Siebter Band: Platon, *Timaios – Kritias – Philebos*, bearbeitet von Klaus Widdra, griechischer Text von Albert Rivaud und Auguste Diès, deutsche Übersetzung von Hieronymus Müller und Friedrich Schleiermacher, Darmstadt: Wissenschaftliche Buchgesellschaft, ²1990. Die bis heute wichtigsten Kommentare zum *Timaios* sind Alfred Edward Taylor, *A Commentary on Plato's Timaeus*, Oxford: Clarendon, 1928; Francis Macdonald Cornford, *Plato's Cosmology. The Timaeus of Plato, translated with a running commentary*, London: Routledge & Kegan Paul, 1937, ⁴1956. Die zitierte Stelle übersetzt Cornford: «Let this suffice, then, for our invocation of the gods; but we must also call upon our own powers ...».
4 27d–28a.
5 28c.
6 41a.
7 30a; 30c; 31c u. ö.
8 28b-c.
9 29a.
10 29b-c.
11 Polit., 514a–519d.
12 29d.
13 30a.
14 30b-c.
15 Lothar Schäfer, *Das Paradigma am Himmel. Platon über Natur und Staat*, Freiburg / München: Alber, 2005, S. 97.
16 Es ist im Deutschen schwer, ein anderes Wort als «Erschaffung» zu finden, um Anklänge an die biblische Terminologie zu vermeiden. Schäfer, *Das Paradigma am Himmel*, spricht durchgehend von «Erzeugung».
17 34a–b.
18 Obwohl er im Proömium klargestellt hatte, dass der Demiurg nicht mit dem Sein identisch ist (oben, S. 125); Platon schwankt offenbar zwischen beiden Möglichkeiten.

Anmerkungen zu Kapitel 3

19 35b–36d.
20 37c.
21 Cornford, *Plato's Cosmology*, S. 99 ff.
22 Der Begriff stammt von Schäfer, *Das Paradigma am Himmel*, S. 131.
23 Cornford, ad loc., «a moving likeness of eternity».
24 37d.
25 So etwa Schäfer, *Das Paradigma am Himmel*, S. 109, 137.
26 Rainer Enskat, «Wahrheit ohne Methode? Die unsokratische Lehre von der Zeit in Platons *Timaios*», in: Gregor Damschen, Rainer Enskat und Alejandro G. Vigo, Hrsg., *Platon und Aristoteles – sub ratione veritatis*, Festschrift für Wolfgang Wieland zum 70. Geburtstag, Göttingen: Vandenhoeck & Ruprecht, 2003, S. 76–101.
27 S. auch 38b-c.
28 Enskat, «Wahrheit ohne Methode?», S. 85.
29 Ibid., S. 97 f.
30 Ibid., S, 101.
31 Die Pflanzen werden viel später erschaffen, und zwar zur Ernährung der Menschen (77a). Die Tiere sind erst ganz am Ende an der Reihe, nach der Entstehung der Frauen: Die Vögel entstehen aus den Männern, ebenso die Landtiere; das niedrigste Geschlecht sind die Wassertiere, die der Atmung von Luft nicht würdig sind (91dff.).
32 Hesiods *Theogonia* und sein Lehrgedicht *Erga kai Hemerai* («Werke und Tage»), beide entstanden um 700 v. Chr., sind neben Homer unsere wichtigste Quelle der griechischen Mythologie.
33 41b–c.
34 42d–e.
35 42e–43a.
36 47e–48a. Cornford, ad loc.: «in what manner its nature is to cause motion».
37 S. die Begründung für diese Übersetzung bei Cornford, *Plato's Cosmology*, S. 192, Anm. 2.
38 52a–b.
39 Dazu Schäfer, *Das Paradigma am Himmel*, S. 201–203.
40 Cornford, *Plato's Cosmology*, S. 178–181.
41 68e–69a.
42 Schäfer, *Das Paradigma am Himmel*, S. 275.
43 90b–c.
44 Schäfer, *Das Paradigma am Himmel*, S. 321–327.
45 92c.
46 Was Jens Halfwassen aber nicht daran hindert, ihn im Gefolge der neuplatonischen Deutung Plotins mit dem Seienden als dem Inbegriff aller Ideen (das wiederum vom Sein als dem absolut Transzendenten zu unterscheiden

sei) zu identifizieren: Jens Halfwassen, «Der Demiurg: Seine Stellung in der Philosophie Platons und seine Deutung im antiken Platonismus», in: *Le Timée de Platon. Contributions à l'histoire de sa réception*, hrsg. v. Ada Neschke-Hentschke, Louvain / Paris: Peeters, 2000, S. 42 ff., 50 ff.

47 Anders als Schäfer, *Das Paradigma am Himmel*, S. 82, glaube ich nicht, dass der «Vater des Weltalls» ein anderer ist als der Demiurg und über diesem steht.

48 So ganz ohne jeden Vorbehalt Schäfer, *Das Paradigma am Himmel*, S. 81 f.

49 Deswegen war es auch nicht erst die moderne Naturwissenschaft, die sich von Platons «Verzauberung des Kosmos» befreite, «um schliesslich jenen forschenden Blick auf den Kosmos zu richten, aus dem die neuzeitliche Naturwissenschaft stammt» (Schäfer, *Das Paradigma am Himmel*, S. 131).

50 Wörtlich «uneheliches Denken» (*logismos nothos*).

51 Sehr emphatisch Schäfer, *Das Paradigma am Himmel*, ad loc. (S. 159): «Der platonische Himmel ist der Friedhof individueller menschlicher Freiheit.»

52 Ein Musterbeispiel für die moderne Forschung ist Halfwassen, «Der Demiurg», der die Deutung des *Timaios* als «mythische Rede» schon dadurch erledigt sieht, dass sie «Platons Erkenntnistheorie fundamental widerspricht» (S. 50). Der ganze Zweck seines Beitrags besteht darin, den platonischen Mythos mit dem platonischen Logos im *Timaios* zu versöhnen.

53 Ulrich von Wilamowitz-Moellendorff, *Platon. Sein Leben und seine Werke*, Berlin: Weidmann, ^{5}1959, S. 474.

54 Ich sehe auch nicht, dass es Schäfer, *Das Paradigma am Himmel*, S. 76 ff., gelungen ist, einen dritten Weg zwischen wörtlicher und metaphorischer Deutung des *Timaios* zu finden.

55 Schäfer, *Das Paradigma am Himmel*, S. 131.

56 Ausführlich dazu Jan Opsomer, «Demiurges in Early Imperial Platonism», in: *Gott und die Götter bei Plutarch. Götterbilder – Gottesbilder – Weltbilder*, hrsg. v. Rainer Hirsch-Luipold, Berlin: De Gruyter, 2005, S. 51–99.

57 Numenios, Fragment 8, zitiert bei Clemens von Alexandria, Stromata I, 22, 150:4.

4.
Aristoteles:
Die Entgöttlichung des Kosmos

1 Die sich, entgegen ihrem Namen, durchaus auch bewegen.
2 Eine weitere zentrale und ausführliche Stelle in der Physik, Buch VII, 228b 12 ff.
3 Zum Begriff «Unbewegter Beweger», der in dieser Form bei Aristoteles

nicht vorkommt (Aristoteles spricht vom *prōton kinoun akinēton*, dem «ersten unbewegten Bewegenden»), s. Michael Bordt, «Unbewegter Beweger», in: *Aristoteles-Handbuch*, hrsg. v. Christof Rapp und Klaus Corcilius, Stuttgart: Metzler, ²2021, S. 430–434, online unter: https://doi.org/10.1007/978-3-476-05742-6_67.
4   1069a 30-b 2. Ich folge (mit Änderungen) den Übersetzungen von Hans-Georg Gadamer, *Aristoteles. Metaphysik XII*, Frankfurt a. Main: Klostermann, 1948, ⁵2004 und Franz F. Schwarz, *Aristoteles. Metaphysik*, Ditzingen: Reclam, 1970.
5   1071b 3–6.
6   1071b 6–11.
7   Begründung im Detail: Klaus Oehler, *Der Unbewegte Beweger des Aristoteles*, Frankfurt a. M.: Klostermann, 1984, S. 48 ff.
8   So überzeugend gegen die frühere Forschung, erstmals als Aufsatz und dann in einer zusammenfassenden Buchpublikation, Klaus Oehler, «Der Beweis für den Unbewegten Beweger», *Philologus* 99, 1955, S. 70–92; id., *Der Unbewegte Beweger*, S. 40 ff.
9   So markant Physik, Buch VII, 241b 34 ff.: «Alles, was sich bewegt, muss notwendigerweise von etwas bewegt werden.»
10 1071b 12–17.
11 1071b 17–22.
12 Die Übersetzung folgt hier weitgehend Schwarz, *Aristoteles. Metaphysik*, S. 314; die Übersetzung von Gadamer, *Aristoteles. Metaphysik XII*, S. 35, erschwert das Verständnis des Satzes.
13 So mit Recht Oehler, *Der Unbewegte Beweger*, S. 78.
14 1072b 20–23.
15 1072b 23–30.
16 1074b 22–27.
17 1074b 33–35.
18 1075a 3–5.
19 1075a 5–11.
20 Oehler, *Der Unbewegte Beweger*, S. 91; s. auch S. 86.
21 Oehler, ibid., S. 83.
22 Oehler, ibid., S. 84.

5.
Philon:
Der jüdische Platon

1. Wie bei Platon verwende ich für Philon die griechische und nicht die latinisierte Form seines Namens (Philo), die auch im Englischen üblich ist.
2. Maren R. Niehoff, *Philo of Alexandria. An Intellectual Biography*, New Haven & London: Yale University Press, 2018. Alle Hinweise und Zitate nach der deutschen Übersetzung: *Philon von Alexandria: Eine intellektuelle Biographie*, Tübingen: Mohr Siebeck, 2019, S. 6 ff., und Anhang 1: «Chronologie von Philons Leben und Werken», S. 291–293.
3. Nach Niehoff, *Philon von Alexandria*, S. 292, blieb Philon bis Anfang 41 in Rom, weil er «wahrscheinlich» auch die Verhandlungen mit Claudius nach der Ermordung Caligulas leitete. Dieser ausgedehnte Aufenthalt ist wichtig für ihr grundlegendes Argument, dass Philon sich unter römischem Einfluss von Platon ab- und der Stoa (und damit einem breiteren griechisch-römischen Publikum) zuwandte.
4. Damit hätte Philon nach Niehoff zwischen 40 und seinem Tod 49 n. Chr. die historischen und philosophischen Schriften sowie die «Exposition des Gesetzes» geschrieben – ebenfalls eine kühne Annahme.
5. Die Tatsache, dass die einflussreiche griechisch-englische Ausgabe der Werke Philons in der Loeb Classical Library mit «Über die Weltschöpfung» beginnt und direkt darauf unter dem Titel «Allegorical Interpretation» die allegorische Auslegung des zweiten Schöpfungsberichts anschließt (gefolgt von den anderen allegorischen Kommentaren), verschleiert den Befund Niehoffs – wenn er denn zutrifft –, dass nämlich beide ganz verschiedenen Phasen in Philons Werk angehören.
6. Griechischer Text: Philo, «On the Account of the World's Creation Given by Moses», in: Philo, Bd. 1, with an English Translation by F. H. Colson and G. H. Whitaker, Cambridge Mass. and London: Harvard University Press, 1929 (reprint 1991), S. 6–137; Kommentar: David T. Runia, *Philo of Alexandria, On the Creation of the Cosmos according to Moses*, Introduction, Translation and Commentary, Leiden etc.: Brill, 2001; id., *Philo of Alexandria and the Timaeus of Plato*, Leiden: Brill, 1986; deutsche Übersetzung: Philo, «Ueber die Weltschöpfung», in: Philo von Alexandria, *Die Werke in deutscher Übersetzung*, hrsg. v. Leopold Cohn, Isaak Heinemann, Maximilian Adler und Willy Theiler, Bd. 1, Berlin: Walter de Gruyter, ²1962. Die Zitate folgen der deutschen Übersetzung von Cohn et al. (mit leichten Anpassungen).
7. S. David Winston, *Logos and Mystical Theology in Philo of Alexandria*, Cincinnati, OH: Hebrew Union College Press, 1985, S. 10.

Anmerkungen zu Kapitel 5

8 Runia, *On the Creation of the Cosmos*, S. 96.
9 Opif., 7.
10 Davon hat sich schon Aristoteles in *De caelo I*, 10–12, 279b 17–283b 22 distanziert. Das lange Stück beginnt mit dem unmissverständlichen Satz: «Nun ist die Behauptung, (die Welt) sei entstanden und gleichwohl ewig, unmöglich» (deutsche Übersetzung: Aristoteles, *Über den Himmel*, übersetzt und erläutert von Alberto Jori, Berlin: Akademie Verlag, 2009, S. 45).
11 Mut., 11; Abr., 121.
12 Als Gegner werden die Epikureer vermutet.
13 Tim., 27d–28c; Runia, *On the Creation of the Cosmos*, S. 119.
14 Opif., 12.
15 Ibid.
16 Cohn, *Philo von Alexandria*, Bd. 1, S. 31 Anm. 1.
17 Die Einheitsübersetzung übersetzt hier, eindeutig gegen den hebräischen Text, «erster Tag».
18 So durchgehend auch in der griechischen Übersetzung der Septuaginta.
19 Opif., 15 f.
20 Tim., 28a.
21 Das zugrundeliegende griechische Wort (*proexetypou*) meint eigentlich, dass Gott die Welt der Ideen vorab in ein Siegel eingravierte, um dann mit diesem Siegel die körperliche Welt herzustellen.
22 S. dazu unten, Kapitel 7, S. 282.
23 Wie die Begriffe sagen, bezeichnet die Bildhälfte das Gleichnisbild und die Sachhälfte ihre Auslegung.
24 Es fällt auf, dass zwischen der Bild- und der Sachhälfte des Gleichnisses ein offensichtliches Ungleichgewicht besteht: In der Bildhälfte wird zwischen dem König (= Gott) und dem Architekten unterschieden, während in der Sachhälfte Gott und der Architekt zusammenfallen (so ebenfalls in dem rabbinischen Gleichnis). Es wäre aber ein Missverständnis, daraus ableiten zu wollen, dass die Bildhälfte zwischen dem König (= Gott) und dem Architekten (= Demiurg) unterscheidet.
25 So auch Runia, *On the Creation of the Cosmos*, S. 142 f.
26 Peter Schäfer, *Weibliche Gottesbilder im Judentum und Christentum*, Frankfurt a. M. und Leipzig: Verlag der Weltreligionen, 2008, S. 35–60 (englisches Original: *Mirror of His Beauty: Feminine Images of God from the Bible to the Early Kabbalah*, Princeton und Oxford: Princeton University Press, 2002).
27 Die unmittelbar zuvor mit dem Logos gleichgesetzt wurde.
28 Opif., 21.
29 Opif., 22.
30 Runia, *On the Creation of the Cosmos*, S. 152 f. Runia selbst ist zurückhaltender.

31 Peter Schäfer, *The Jewish Jesus. How Judaism and Christianity Shaped each other*, Princeton/Oxford: Princeton University Press, 2012, S. 160 ff.
32 Opif., 24 f.
33 Joh. 1,1–5.
34 Tim., 38b.
35 Opif., 26. Die deutsche Übersetzung, ad. loc., hat «Intervall der Bewegung des Weltalls», die englische Übersetzung von Colson und Whitaker «a measured space determined by the world's movement» und Runia «the extension of the cosmos' movement». Alle verweisen auf die Parallelen zur Stoa, doch sollte man Platon nicht vergessen.
36 Opif., 28.
37 Unterscheidung zwischen der neblig-trüb und finster gedachten Luft auf der einen und der im Himmel oben lokalisierten Luftschicht des Äther auf der anderen Seite.
38 Die Septuaginta-Übersetzung des hebräischen Wortes *tehom*.
39 Opif., 29.
40 Wie im *Timaios* ist der sichtbare Himmel Teil der irdischen Welt, des *kosmos aisthētos* in der Terminologie Philons.
41 Opif., 31.
42 Opif., 34.
43 Opif., 36.
44 Opif., 66, 68.
45 Opif., 69.
46 Pol., 380d–381e.
47 Opif., 69.
48 Ausführlich dazu meine Monographie *Die Ursprünge der jüdischen Mystik*, Berlin: Verlag der Weltreligionen, 2011, S. 231–244. Englisches Original: *The Origins of Jewish Mysticism*, Tübingen: Mohr Siebeck, 2009, und Princeton & Oxford: Princeton University Press, 2011.
49 Q. E., II, 29. Deutsche Übersetzung: Joseph Pascher, *Hē basilikē hodos. Der Königsweg zu Wiedergeburt und Vergottung bei Philon von Alexandrien*, Paderborn: Schöningh, 1931, S. 249 f.
50 Vor allem in *De vita Mosis* (Mos., II, 288).
51 Ebr., 152; deutsche Übersetzung: Philo, «Ueber die Trunkenheit», in: Philo von Alexandria, *Die Werke in deutscher Übersetzung*, hrsg. v. Leopold Cohn, Isaak Heinemann, Maximilian Adler und Willy Theiler, Bd. 5, Berlin: Walter de Gruyter, ²1962.
52 Opif., 70 f.
53 Runia, *On the Creation of the Cosmos*, S. 233.
54 Opif., 23 (oben, S. 189).
55 Opif., 72.

56 Opif., 74 f.
57 Der klassische Bibelvers ist Jes. 45,7: «Der das Licht formt und die Dunkelheit erschafft, der das Heil macht und das Böse erschafft – ich bin der Herr, der all dies macht.»
58 Fug., 69; deutsche Übersetzung: Philo, «Ueber die Flucht und das Finden», in: Philo von Alexandria, *Die Werke in deutscher Übersetzung*, hrsg. v. Leopold Cohn, Isaak Heinemann, Maximilian Adler und Willy Theiler, Bd. 6, Berlin: Walter de Gruyter, ²1962. Zurückhaltender Runia, *On the Creation of the Cosmos*, S. 241.
59 Ibid., 70.
60 Conf., 171 ff.
61 Cohn, *Philo von Alexandria*, Bd. 1, S. 60 Anm. 1.
62 Gen. 2,4 kann sowohl als Abschluss des ersten als auch als Überschrift des zweiten Schöpfungsberichts gelesen werden.
63 Opif., 134.
64 Und der auch Runia offenbar nicht stört.
65 Opif., 135.
66 Im *Timaios* wird auch der Demiurg als «Werkmeister» (*tektainomenos*) bezeichnet (28c). Sowohl Platon als auch Philon nennen den Demiurgen bzw. den Schöpfergott «Macher und Vater» (Tim., 28c) bzw. «Vater und Macher» (Opif., 10. 21) oder nur «Macher» (Opif., 13. 29).
67 Gegen Runia, *On the Creation of the Cosmos*, S. 326, der in seiner üblichen harmonistischen Weise zwischen dem «Vater» und dem «Meister» nicht eine Unterscheidung der Person, sondern nur eine Unterscheidung der Funktion annehmen will. Er ignoriert dabei, dass der Meister hier ein erschaffenes Wesen ist.
68 Tim., 42d–e.
69 Tim., 42c; 90e–91d.
70 Vgl. aber die Diskussion über Gottes mögliche Helfer, Opif., 23, 75, 134 f.
71 Peter Schäfer, *Judeophobia. Attitudes toward the Jews in the Ancient World*, Cambridge, Mass. / London: Harvard University Press, 1997, ²1998, S. 34 ff.; deutsche Übersetzung: *Judenhass und Judenfurcht. Die Entstehung des Antisemitismus in der Antike*, Berlin: Verlag der Weltreligionen, 2010, S. 57 ff.
72 Eine vage Andeutung nur in Opif., 151.
73 Opif., 7–11.
74 Niehoff, *Philon von Alexandria*, S. 109 ff.
75 «Platons Gott bleibt von der Welt geschieden und erfreut sich einer Vollkommenheit, die es im Bereich der Materie nicht geben kann», während Philons Schöpfergott den Menschen und der Welt erstaunlich nahekommt und diese an seinem ureigenen Wesen teilhaben lässt. Niehoff, ibid., S. 116.
76 Der griechische Begriff ist *ousia*, der hier «Substanz» nicht im aristotelischen

Sinne bedeutet, sondern «Material» oder auch «Materie». So auch Runia, *Creation of the Cosmos*, S. 145.
77 Opif., 21 f.; s. das ganze Zitat oben S. 188
78 Opif., 45 f.
79 Tim., 42b.
80 Tim., 42d–e.
81 Tim., 42e.
82 Niehoff, *Philon von Alexandria*, S. 117.
83 Ibid.

6.
Von Demokrit zu Lukrez: Natur ohne Götter

1 Ich verwende die leicht greifbaren Ausgaben von Fritz Jürß, Reimar Müller und Ernst Günther Schmidt, *Griechische Atomisten. Texte und Kommentare zum materialistischen Denken der Antike*, Leipzig: Reclam, ⁴1991; Jaap Mansfeld und Oliver Primavesi, *Die Vorsokratiker*, Griechisch / Deutsch, Stuttgart: Philipp Reclam, 2012.
2 Friedrich Nietzsche, *Frühe Schriften*, Bd. 5, *Herbst 1868–Frühjahr 1869*, München: Beck, 1994 (Nachdruck), S. 126. Das Zitat entstammt einer von Nietzsche nicht veröffentlichten Aufzeichnung («Laertius Diogenes und seine Quellen»). Ich verdanke den Hinweis und den bibliographischen Nachweis Heinrich Meier, München.
3 Diogenes Laertius, *Leben und Lehren berühmter Philosophen*, Bd. 9, Kap. 44–45; griechisches Original online unter; https: / / el.wikisource.org / wiki / Βίοι_φιλοσόφων / Θ#Δημόκριτος; deutsche Übersetzung (mit leichten Änderungen) in Jürß-Müller-Schmidt, *Griechische Atomisten*, Nr. 25, S. 109 f.
4 Ein Wortspiel, das das griechische Wort *mēden* (*mēd'* + *hen* = «nicht eins» = «nichts») absichtlich, aber sprachlich inkorrekt, als *mē* («nicht») + *den* («etwas») auflöst, um mit *den* den Gegensatz zu *mēden* zu gewinnen. Im Deutschen hat sich als Übersetzung von *den* das Kunstwort «Ichts» eingebürgert: Ichts versus NIchts.
5 Mansfeld-Primavesi, *Die Vorsokratiker*, Nr. 52, S. 696 f.
6 Mansfeld-Primavesi, *Die Vorsokratiker*, Nr. 18, S. 73 f.; ähnlich auch ein Zitat des Philosophen und Doxographen Aëtios (erstes Jahrhundert n. Chr.), das nur bei Pseudo-Plutarch überliefert ist.
7 Ibid., Nr. 60, S. 702–705.
8 In der Villa dei Papiri in Herculaneum, die wahrscheinlich dem Schwiegervater Caesars, Lucius Calpurnius Piso, gehörte. In der Bibliothek der Villa

Anmerkungen zu Kapitel 6 411

befanden sich neben Werken Epikurs auch zahlreiche Werke des Epikureers Philodemus von Gadara (ca. 110–40/35 v. Chr.). Ein sehr plastischer Bericht darüber bei Stephen Greenblatt, *The Swerve: How the World Became Modern*, New York: Norton, 2011; deutsche Übersetzung: *Die Wende. Wie die Renaissance begann*, München: Siedler, 2012, S. 65 ff.

9   Erläuternde Ergänzung durch einen antiken Kommentar (Scholion).
10 Ich folge in meiner Darstellung der Hauptpunkte von Epikurs Naturlehre diesem Brief in der Übersetzung von Jürß-Müller-Schmidt, *Griechische Atomisten*, S. 205–222 (mit einigen Änderungen); griechischer Text Diogenes Laertius, *Bioi philosophōn*, Bd. 10, Kap. 35–83 (hier Kap. 40–42), online unter: https://el.wikisource.org/wiki/%CE%92%CE%AF%CE%BF%CE%B9_%CF%86%CE%B9%C E%BB%CE%BF%CF%83%CF%8C%CF%86%CF%89%CE%BD/%CE%99.
11 Die Atome in ihrem Kern- und Grundbestand, ohne die durch die Formen bedingten Variationen.
12 Also, wie er in Kap. 56 sagt, auch sichtbare Atome. Diogenes Laertius, *Bioi philosophōn*, Bd. 10, Kap. 42.
13 Diogenes Laertius, *Bioi philosophōn*, Bd. 10, Kap. 54.
14 Auch etwas, das von noch so geringer Größe ist (größer als 0), bleibt mathematisch teilbar.
15 Mehr dazu Diogenes Laertius, *Bioi philosophōn*, Bd. 10, Kap. 58 f. Ausführlicher zum Problem der «Minima» s. die Einleitung in Jürß-Müller-Schmidt, *Griechische Atomisten*, S. 29, 73. Zu den Minima bei Lukrez s. unten, S. 246.
16 Diogenes Laertius, *Bioi philosophōn*, Bd. 10, Kap. 43 f.
17 So in aller wünschenswerten Klarheit in ibid., Kap. 61: «Ferner ist es notwendig, dass die Atome gleich schnell sind, wenn sie sich durch den leeren Raum ohne Widerstand bewegen, denn unter dieser Bedingung werden sich weder die schweren schneller als die kleinen leichten, noch diese schneller als die großen bewegen, weil alle die ihnen entsprechende freie Bahn finden, wenn nur kein Widerstand da ist.»
18 Lukrez, *De rerum natura*, II, 222.
19 Diogenes Laertius, *Bioi philosophōn*, Bd. 10, Kap. 60.
20 Knut Kleve, «Die ‹Urbewegung› der epikureischen Atome und die Ewigkeit der Götter», *Symbolae Osloenses*, 35, S. 55–62: «die Deklination der Atome (ist) ebenso ursprünglich und ewig wie ihr senkrechter Fall» (S. 60).
21 Diogenes Laertius, *Bioi philosophōn*, Bd. 10, Kap. 45.
22 Etwa an der Tätigkeit des vernünftigen Seelenteiles.
23 Im Anschluss an die Seele geht Epikur nur kurz auf die wesentlichen Eigenschaften der Dinge ein: 1. wesentliche und beständige Eigenschaften wie Gestalt, Farbe, Größe und Schwere, die nicht von ihnen zu trennen sind (Kap. 68 f.), sowie 2. Eigenschaften, die den Dingen nur zeitweise zukom-

men (Kap. 70 f.); beide sind keine selbständigen Wesenheiten. Die letzteren nennt Epikur hier *symptomata*, Lukrez später *eventa*. Der Passus über die unwesentlichen und unbeständigen Eigenschaften bei Epikur ist ohne Lukrez kaum zu verstehen.

24 Ibid., Kap. 76.
25 Epikur spricht hier von den Sternen, die nicht göttlich und daher auch nicht glücklich und ewig sind; diese Eigenschaft kommt nur den Göttern zu (was hier implizit mitgedacht, aber nicht ausgeführt wird).
26 Ibid., Kap. 81 f.
27 Hier nicht explizit ausgeführt, aber in aller Deutlichkeit als erster Hauptlehrsatz in den *Kyriai doxai* («Hauptlehrsätze»): «Das glückselige und unvergängliche Wesen hat weder selbst Sorgen noch bereitet es diese einem anderen. Daher läßt es sich weder von Zorn noch von Gunst bestimmen. Denn alles Derartige beruht auf Schwäche» (Jürß-Müller-Schmidt, *Griechische Atomisten*, Die Hauptlehrsätze, Nr. 1, S. 284).
28 So im letzten Satz des Briefes, Ende Kap. 83.
29 Diogenes Laertius, *Bioi philosophōn*, Bd. 10, Kap. 122–135 (Brief an Menoikeus); deutsche Übersetzung nach Jürß-Müller-Schmidt, *Griechische Atomisten*, S. 235–240 (hier Kap. 123).
30 Ibid., Kap. 125. S. auch Hauptlehrsätze, 2 (Jürß-Müller-Schmidt, *Griechische Atomisten*, S. 284).
31 Ibid., Kap. 128–130.
32 Dante, *Divina Commedia* X, 13–15.
33 Mischna, Sanhedrin 10,1.
34 Oben, S. 159.
35 Einzelheiten dazu in Hieronymus' Brief an Blaesillas Mutter Paula; deutsche Übersetzung in: Bibliothek der Kirchenväter, Hieronymus, *Briefe*, II.d. *Aszetische Briefe*, Nr. 39: An Paula: Zu Blesillas Tod. Online unter https://bkv.unifr.ch/works/171/versions/190/divisions/106669.
36 Hieronymus, *Chronicom*, in: Migne, *Patrologia Latina*, Bd. 27: *Eusebii Chronicorum Lib. II Interprete S. Hieronymo*, Kol. 425–26; online unter: https://archive.org/details/patrologiaecurs14saing00g/page/n191/mode/2up.
37 «Die Gedichte des Lukrez sind so, wie du sagst – mit vielen Geistesblitzen, aber doch sehr technisch» (Cicero, Q. fr. 2,9), in: Evelyn S. Shuckburgh, Cicero, *The Letters of Cicero: The whole extant correspondence in chronological order*, Bd. 1, London: Bell, 1908, Nr. CXXXI; online unter: http://www.perseus.tufts.edu/hopper/text?doc=Perseus%3Atext%3A1999.02.0022%3Atext%3DQ+FR%3Abook%3D2%3Aletter%3D9 und http://www.perseus.tufts.edu/hopper/text?doc=Perseus%3Atext%3A1999.02.0017%3Abook%3D2%3Aletter%3D9.
38 Brief an Eustochium, in: Bibliothek der Kirchenväter, Hieronymus, *Briefe*,

II.a. *Aszetische Briefe*, Nr. 30; online unter: https://bkv.unifr.ch/works/171/versions/190/divisions/106425.
39 Originaltitel: *The Swerve: How the World Became Modern*.
40 Alison Brown, *The Return of Lucretius to Renaissance Florence*, Cambridge, Mass., und London: Harvard University Press, 2010, S. 68 ff.
41 Greenblatt, *Die Wende*, S. 241 ff.
42 Alle Übersetzungen aus dem Lateinischen folgen (mit Änderungen, oft in Anlehnung an Büchner, s. u.) Lukrez, *Über die Natur der Dinge*, in deutsche Prosa übertragen und kommentiert von Klaus Binder. Mit einer Einführung von Stephen Greenblatt, München: dtv, ^{2}2017 (erste Auflage Berlin: Galiani, 2014); lateinischer Text nach: Titus Lucretius Carus, *De rerum natura. Welt aus Atomen*, Lateinisch/Deutsch, übersetzt und mit einem Nachwort herausgegeben von Karl Büchner, Ditzingen: Reclam, 2015.
43 Diesen Weg hat Greenblatt in seiner Präsentation des Inhalts von *De rerum natura* beschritten (Greenblatt, *Die Wende*, S. 191 ff.). Diese Vorgehensweise erlaubt eine in sich geschlossene und lesbare Darstellung, verzichtet aber auf den Duktus (mit allen Brüchen und Wiederholungen) des Originals. Ich ziehe es vor, wie bei allen meinen Textanalysen, das Original sprechen zu lassen. Ähnlich geht auch Diskin Clay vor: Diskin Clay, *Lucretius and Epicurus*, Ithaca, NY und London: Cornell University Press, 1983. S. auch James H. Nichols, *Epicurean Political Philosophy: The De rerum natura of Lucretius*, Ithaca, NY, und London: Cornell University Press, 1972, 1976. Der neuste fortlaufende (sehr technische) Kommentar ist von Marcus Deufert, *Kritischer Kommentar zu Lukrezens De rerum natura*, Berlin/Boston: De Gruyter, 2018. Eine eigenwillige, aber in vielen Punkten erhellende Interpretation bietet Leo Strauss, «Notes on Lucretius», in: id., *Liberalism Ancient and Modern*, Chicago und London: University of Chicago Press, 1995 (Original New York: Basic Books, 1968), S. 76–139. Ich verdanke den Hinweis Heinrich Meier, München.
44 Übersichtlich zusammengefasst in Binder, Lukrez, *Über die Natur der Dinge*, S. 387–405.
45 I, 1–20.
46 Aeneas war in der griechischen Mythologie ein Sohn des Trojanischen Prinzen Anchises und der Göttin Venus; in Vergils *Aeneis* wird er zum Stammvater der Römer.
47 I, 21–25.
48 I, 44–49.
49 III, 18 ff.; V, 148 ff. Allerdings vermeidet Lukrez, darauf weist mich Heinrich Meier hin, den von Epikur geprägten Begriff der «Intermundien» (griech. *metakosmia*, lat. *intermundia*) und spricht von «ruhigen Sitzen» (*sedes quietae*) (III, 18) und «heiligen Sitzen» (*sedes ... sanctas*) (V, 146 f.); sicher ist aber, dass

diese «Sitze» oder «Wohnstätten der Götter» nicht zu unserer Welt gehören (V, 153 f.). Bei Epikur meint der Begriff zunächst den leeren Raum zwischen den verschiedenen Welten und dann auch den Wohnsitz der Götter.
50 I, 54–61.
51 Den Begriff «Leitsatz» übernehme ich von Binders Gliederung, verwende aber auch den Begriff «Lehrsatz».
52 I, 147–159.
53 I, 215–224.
54 I, 248 f.
55 I, 329–345.
56 Das heißt, die die Dinge umgebende Leere.
57 Binder, Lukrez, *Über die Natur der Dinge*, S. 273 f.
58 Epikur hatte versucht, dies zu bedenken; s. oben, S. 227 mit Anm. 19.
59 Von lat. *clinare* («biegen, beugen, neigen»). Das Wort wurde von Lukrez geprägt; der entsprechende griechische Begriff ist *parenklisis*.
60 Das ist der von Cicero verwendete Begriff.
61 II, 216–224.
62 Cicero, De finibus bonorum et malorum («Über das höchste Gut und Übel»), nennt es «ein Stück kindischer Phantasie» und macht sich über Epikurs «zügellosen Trubel der Atome» lustig, der niemals zu der «geordneten Schönheit der Welt, die wir kennen», führen könnte (1, 19 f.). Text online unter https://penelope.uchicago.edu/Thayer/E/Roman/Texts/Cicero/de_Finibus/1*.html.
63 Binder, Lukrez, *Über die Natur der Dinge*, S. 274.
64 II, 253 f.
65 II, 289–293.
66 So auch schon Epikur; s. oben S. 225.
67 II, 481–499. Lukrez verwendet hier offensichtlich «Gestalt» (*figura*) und «Form» (*forma*) gleichbedeutend.
68 Die Übersetzung von *religio* mit «Aberglaube» stammt von Binder («mit unwürdigem Aberglauben»); Heinrich Meier weist mich darauf hin, dass diese für Lukrez ganz unpassend ist. Bei Büchner heißt es «schimpfliche Scheu».
69 II, 645–660.
70 So auch schon Epikur, oben S. 225.
71 II, 829–833.
72 II, 1002–1006.
73 Vgl. I, 958–1001.
74 II, 1107–1113.
75 II, 1116–1121.
76 Dem Totenreich der Unterwelt.

Anmerkungen zu Kapitel 6   415

77 III, 94.
78 III, 161 f.
79 Dies ist einer von Lukrez' Kernsätzen, der bis weit in die Neuzeit gewirkt hat (Binder, Lukrez, *Über die Natur der Dinge*, S. 298); s. schon Epikur, oben S. 230.
80 III, 967–971. Lukrez verwendet hier zwei juristische Begriffe: *mancipium* ist der volle und zeitlich unbegrenzte Besitz, während *usus* den zeitlich begrenzten Nießbrauch bezeichnet (Binder, Lukrez, *Über die Natur der Dinge*, S. 300).
81 III, 1068–1075.
82 Dies findet sich schon bei Epikur, Brief an Herodotos, Kap. 46–49 (Jürß-Müller-Schmidt, *Griechische Atomisten*, S. 208 f.). Epikur nennt die Lukrezschen *simulacra* «Abbilder» (*eidola*), auch «Absonderungen», das «Abströmende», und lässt ebenfalls keinen Zweifel daran, dass es sich immer um materielle «Dinge» handelt: «Man muss also annehmen, dass wir die Gestalten dadurch sehen und mit dem Verstand erfassen, dass von den äußeren Objekten etwas in uns eindringt» (ibid., Kap. 49).
83 Büchner, z. St. (Lukrez, *Über die Natur der Dinge*, S. 309): «durch das Lockre des Leibes».
84 IV, 728–731.
85 IV, 832–842.
86 IV, 883–889.
87 IV, 1105–1120; dazu Greenblatt, *Die Wende*, S. 206.
88 V, 8–12.
89 Brief an Menoikeus, Kap. 135.
90 Wörtlich: «mit solcher Schuld (*culpa*) steht sie da beladen».
91 V, 437–439, 446–448.
92 V, 1194–1203.
93 V, 1452–1457.
94 VI, 1138–1286.
95 Historiae, II, 47–54.
96 VI, 1278–1286.
97 Dazu Binder, Lukrez, *Über die Natur der Dinge*, S. 363 f.

7.
Das rabbinische Judentum:
Vom Mythos zur Geschichte

1 Abgeleitet von ihrem Titel Rabbi («mein Lehrer, mein Meister») oder Rav («Lehrer, Meister»). Der Patriarch (s. u.) trug den Titel Rabban («unser Lehrer, unser Meister»).
2 Babylonischer Talmud, Traktat Menachot, fol. 29b. Meine Übersetzung auf der Grundlage der deutschen Übersetzung von Lazarus Goldschmidt, *Der babylonische Talmud*, Bd. 10, Berlin: Jüdischer Verlag, 1967, z. St.
3 Babylonischer Talmud, Traktat Berakhot 61b.
4 Singular Midrasch. Der Begriff wird sowohl für Sammlungen von solchen Bibelauslegungen verwendet (z. B. Midrasch zum Buch Genesis oder zum Buch Exodus) als auch für die jeweils einzelne Auslegung (z. B. ein Midrasch Rabbi Aqivas).
5 S. dazu Ulisse Cecini und Eulàlia Vernet i Pons, Hrsg., *Studies on the Latin Talmud*, Bellaterra: Universitat Autònoma de Barcelona, 2017.
6 Erstdruck Paris 1651 unter dem Titel *Pugio Fidei Raymundi Martini Ordinis Prèdicatorum Adversus Mauros et Judèos*. Auch der Midrasch Bereschit Rabba wird häufig im Original zitiert und ins Lateinische übersetzt. Manche Zitate finden sich nicht in den heute bekannten Handschriften und Drucken; dazu Robert Chazan, *Daggers of Faith. Thirteenth Century Christian Missionizing and Jewish Response*, Berkeley: University of California Press, 1989, S. 115 ff.; Philippe Bobichon, «Quotations, Translations, and Uses of Jewish Texts in Ramon Martí's *Pugio Fidei*», in: *The Late Medieval Hebrew Book in the Western Mediterranean. Hebrew Manuscripts and Incunabula in Context*, hrsg. v. Javier del Barco, Leiden/Boston: Brill, 2015, S. 266–293. Ich verdanke diese Hinweise meinem Princetoner Kollegen Michael Meerson.
7 Erschienen 1922 bis 1928, bis heute im Programm des Beck Verlags, München.
8 Noch 2016 erschien im Hansebooks-Verlag in Norderstedt ein Nachdruck der Ausgabe 1876 als Druck *on demand*.
9 Im bewussten Kontrast zum *Institutum Judaicum Berolinense* entstand 1960 an der Kirchlichen Hochschule in West-Berlin das «Institut Kirche und Judentum», das sich um ein ganz neues Verhältnis von Christentum und Judentum bemühte. Es wurde 1994 in die Humboldt Universität integriert.
10 J. (Jehuda) Theodor und Ch. (Chanokh) Albeck, *Midrash Bereshit Rabba. Critical Edition with Notes and Commentary*, Bd. 1, Jerusalem: Wahrmann, ²1965 (Erstdruck Berlin 1912–36).
11 Die von Theodor-Albeck zugrundegelegte Handschrift weicht in diesem

Punkt von den Drucken ab, die die Reihenfolge in Unordnung brachten; die Nummerierung der Drucke ist in der Edition dennoch beibehalten.

12 Die Übersetzung von August Wünsche, *Bibliotheca Rabbinica. Eine Sammlung alter Midraschim, zum ersten Male ins Deutsche übertragen: Der Midrasch Bereschit Rabba. Das ist die Haggadische Auslegung der Genesis*, Leipzig: Schulze 1881 (zahlreiche Nachdrucke), ist mit Vorsicht zu benutzen. Maßgebende englische Übersetzung: *Midrash Rabbah*, translated into English ... under the editorship of H. Freedman and Maurice Simon, *Genesis*, vol. 1, translated by H. Freedman, London: Soncino, ¹1939, ³1961; s. auch Jacob Neusner, *Genesis Rabbah: The Judaic Commentary to the Book of Genesis*, a new American translation, Bd. 1, Atlanta, GA, 1985.

13 Peter Schäfer, «BERESHIT BARA ELOHIM: Bereshit Rabba, Parashah 1, Reconsidered», in: *Empsychoi Logoi – Religious Innovations in Antiquity: Studies in Honor of Pieter Willem van der Horst*, hrsg. v. Alberdina Houtman, Albert de Jong, and Magda Misset-van de Weg, Leiden and Boston: Brill, 2008, S. 267–289. S. auch Philip S. Alexander, «Pre-Emptive Exegesis: Genesis Rabbah's Reading of the Story of Creation», *JJS* 43, 1992, S. 230–245.

14 Dies ist natürlich eine Interpretation, die sich aus einer schlichten Änderung der Vokalisierung des Wortes ergibt: *amon – uman*.

15 Ein weiteres Wortspiel: *uman – umanut*.

16 Bereschit Rabba 1,1, ed. Theodor-Albeck, S. 2. Der Redaktor zitiert oft nur Teile der Belegverse – häufig gerade nicht die Teile, auf die es ankommt –, weil er davon ausgeht, dass die Hörer / Leser den Bibeltext im Kopf haben. Da diese Voraussetzung heute nur noch selten zutrifft, habe ich die fehlenden Teile in eckigen Klammern ergänzt.

17 Das Pendant zum Architekten fehlt in der Sachhälfte.

18 Sir. 24,23.

19 Das *be-* in *be-reschit* kann sowohl «am» bedeuten (also «am Anfang») als auch «mittels, mit Hilfe des Anfangs».

20 Ein schönes Wortspiel im Hebräischen: Gott hätte es vorgezogen, die freche Rede (*'ataq*), die über ihn verbreitet wird, vor den Menschen zu verbergen (*he'etiq*).

21 D. h. entweder durch insgesamt drei Anwesende, also einen Lehrer und zwei Schüler, oder insgesamt vier Beteiligte, also einen Lehrer und drei Schüler; die Handschriften schwanken hier, aber die Lesart «vor» macht am meisten Sinn.

22 Mischna Chagiga 2,1.

23 Lev. 18; vgl. auch Lev. 20.

24 Bereschit Rabba 1,5, ed. Theodor-Albeck, S. 2 f.

25 «Gehinnom» ist in biblischer Zeit die Bezeichnung einer Schlucht bei Jerusalem, in der Kinderopfer dargebracht wurden; erst im hellenistischen

Judentum wurde daraus der Ort des ausschließlich den Frevlern vorbehaltenen Totenreichs.

26 «Scheol» ist der allgemeine biblische Begriff für das Totenreich, und zwar sowohl für die Gerechten als auch für die Frevler.
27 Das «Verborgene» und das «Versteck» haben dieselbe Wurzel im Aramäischen (des Danielbuches) und im Hebräischen (bei Jesaja).
28 Wenn es nicht mit dem Licht der Gestirne identisch sein soll.
29 Bereschit Rabba 3,6, ed. Theodor-Albeck, S. 21.
30 Geschichtsschreibung im Sinne der klassischen griechischen und lateinischen Literatur war den Rabbinen fremd. Der größte jüdische Historiker der Antike war nicht von ungefähr der griechisch schreibende hellenistische Jude Josephus Flavius in der zweiten Hälfte des ersten Jahrhunderts n. Chr.
31 Bereschit Rabba 1,7, ed. Theodor-Albeck, S. 4.
32 Der Begriff «zwei Mächte» (Hebräisch *raschujjot* – «Mächte, Herrschaften») soll wohl vermeiden, im jüdischen Kontext von «zwei Göttern» zu reden.
33 Ex. 20,1 ist der Beginn der Zehn Gebote.
34 *Elohim* ist ein sog. *plurale tantum*, ein Substantiv, das nur im grammatikalischen Plural gebraucht wird, aber inhaltlich keine Mehrzahl bedeutet.
35 Peter Schäfer, *Die Geburt des Judentums aus dem Geist des Christentums. Fünf Vorlesungen zur Entstehung des rabbinischen Judentums*, Tübingen: Mohr Siebeck, 2010, S. 33 ff.; id., *The Jewish Jesus*, S. 21 ff.
36 Id., *Zwei Götter im Himmel. Gottesvorstellungen in der jüdischen Antike*, München: Beck, 2017, S. 10 ff.
37 Bereschit Rabba 1,2, ed. Theodor-Albeck, S. 4 f.
38 Gen. 14,6 ff.; Deut. 2,12.22.
39 Gen. 25,23.
40 Gen. 27,39–40.
41 Man kann den ersten Vers des Segens auch übersetzen: «Deine Wohnstatt wird (sich erfreuen) *am* Fett der Erde und *am* Tau des Himmels oben.» Dann bedeutete er im Sinne des Midraschs, dass Esau *vom* Wohlstand der anderen Menschen und Völker leben, d. h. deren Besitz rauben wird.
42 So im Sinne der folgenden Auslegung, statt «Du allein bist Gott».
43 Zum Transport von Flüssigkeiten, vielleicht auch ein Flaschenkürbis (Kalebasse).
44 Bereschit Rabba 1,3, ed. Theodor-Albeck, S. 5.
45 Ein Fall von *ketiv* (so wie es geschrieben ist) und *qere* (so wie man es lesen soll) im Bibeltext: statt *me'itti* («aus sich selbst, aus eigener Kraft») lies *mi 'itti* («wer war mit mir?»), obgleich auch ersteres schon für die intendierte Auslegung ausreicht.
46 So die wörtliche Übersetzung.

Anmerkungen zu Kapitel 7 419

47 Bereschit Rabba, ibid.
48 Jub. 2,1 (Paul Rießler, «Jubiläenbuch oder Kleine Genesis», in id., *Altjüdisches Schrifttum außerhalb der Bibel*, Augsburg: Filser, 1928).
49 Ant. 15,136. Ralph Marcus, der Herausgeber und Übersetzer von Buch XV in der Loeb Classical Library, Anm. a z. St., zieht es vor, die *anggeloi* hier als «Propheten» zu verstehen, doch ist dies zweifellos eine glättende und harmonisierende Auslegung.
50 Gal. 3,19.
51 Apg. 7,51–53.
52 Arnold Goldberg, «Schöpfung und Geschichte. Der Midrasch von den Dingen, die vor der Welt erschaffen wurden», *Judaica* 24, 1968, S. 27–44; Peter Schäfer, «Zur Geschichtsauffassung des rabbinischen Judentums», *JSJ* 6, 1975, S. 167–188 = id., *Studien zur Geschichte und Theologie des rabbinischen Judentums*, Leiden: Brill, 1978, S. 23–44.
53 Die Fortsetzung «seit Ewigkeit bist du», die sich im Psalmvers eigentlich auf Gott bezieht, wird im Midrasch auf den Thron gedeutet.
54 Die Worte *taschev*, *schuvu* und *teschuvah* gehen im Hebräischen auf dieselbe Wurzel (*sch-u-v*) zurück.
55 Den Vers kennen wir bereits; s. oben, S. 304.
56 Bereschit Rabba 1,4, ed. Theodor-Albeck, S. 6.
57 Bereschit Rabba, ibid., S. 6 f.
58 Diese Berechnung geht wie folgt: Von Adam bis Noach 10 Generationen, von Noach bis Abraham ebenfalls 10 Generationen, und dann sechs Generationen von Isaak über Jakob, Levi (Sohn Jakobs und Gründer des Stammes der Leviten), Kohath (einer der Söhne Levis und Vater von Amram) und Amram (Vater von Moses und Aaron) bis zu Moses.
59 Ein Rabbi fühlt sich bemüßigt hinzuzufügen, dass die Welt um Moses' willen erschaffen wurde (womit er die Person des Moses als Offenbarungsempfänger betonen möchte), und zwei babylonische Rabbinen gehen, ganz im Sinne des Babylonischen Talmuds, noch einen Schritt weiter ins praktische Detail: Die Welt wurde um der Erfüllung der Gebote willen erschaffen, die die Teighebe, den Zehnt und die Erstlingsfrüchte betreffen.
60 Bereschit Rabba 1,8, ed. Theodor-Albeck, S. 7.
61 Im Bibeltext steht: *miqqadme-'aretz*.
62 Lies *samemanim* statt *semanim* (s. kritischer Apparat, z. St.).
63 Das heißt im Klartext: «Fall sofort tot um!»
64 Bereschit Rabba 1,9, ed. Theodor-Albeck, S. 8.
65 Mischna Avodah Zarah 3,4.
66 Rabban («unser Lehrer/Meister») ist in der rabbinischen Literatur der Ehrentitel des Patriarchen.
67 Oder auch «mittels des Buchstabens *Beth*».

68 Wörtlich: «die ersten Tage».
69 Bereschit Rabba 1,10, ed. Theodor-Albeck, S. 8 f.
70 Mischna Chagiga 2,1.
71 Die obere Linie weist in einem kleinen Schlenker nach oben, und die untere Linie ist leicht nach hinten verlängert, um das *Beth* (ב) vom abgerundeten *Kaf* (כ) zu unterscheiden.
72 Ebenfalls mit dem Konsonanten *Aleph* (Zahlenwert «Eins») geschrieben, aber *Eleph* («Tausend») vokalisiert.
73 Bereschit Rabba 1,10, ed. Theodor-Albeck, S. 9 f.
74 Zusammengefasst in dem Akronym מנצפ"ך.
75 In beiden Fällen verwendet das Gleichnis griechische Lehnwörter (charakteristisch für *Bereschit Rabba*), wobei das Wort für «öffentliche Bäder» unstrittig ist und die Lesarten in den Handschriften für das den «großzügigen Geschenken» zugrunde liegende griechische Wort stark variieren; es könnten auch «private Bäder» gemeint sein.
76 Bereschit Rabba 1,12, ed. Theodor-Albeck, S. 10 f.
77 Bereschit Rabba 1,13, ed. Theodor-Albeck, S. 11 f.
78 Ibid., S. 12.
79 In dem Ortsnamen «Gimzo» verbirgt sich ein Wortspiel, denn er bedeutet wörtlich «auch dies» (*gam zu*) und weist somit darauf hin, dass Nachum bekannt dafür war, bei allen Gelegenheiten zu sagen «auch dies ist zum Guten».
80 Bereschit Rabba 1,14, Theodor-Albeck, S. 12.
81 Dazu Peter Schäfer, «Israel und die Völker der Welt. Zur Auslegung von Mekhilta deRabbi Yishmael ba-hodesh, Yitro 5», *Frankfurter Judaistische Beiträge* 4, 1976, S. 32–62.
82 Schemot Rabba 23,1.
83 Oben, S. 304.
84 Nach dieser Deutung ist der göttliche Thron als Ausdruck der Souveränität Gottes nicht «von *jeher* (*me-'az*)», d. h. seit der Weltschöpfung, fest gegründet, sondern erst «seit *damals* (*me-'az*)» – nämlich damals (*'az*), als Moses und die Israeliten das Meerlied sangen.

8.
O Felix Culpa:
Fluch und Segen der Vertreibung aus dem Paradies

1 Auszüge aus diesem Kapitel habe ich am 30. Juni 2021 unter demselben Titel in einem Vortrag in der Carl Friedrich von Siemens Stiftung öffentlich vorgestellt. Ich danke Heinrich Meier für die Einladung und die Moderation des Abends.
2 Lateinischer Text nach dem *Missale Romanum* von 2002; deutsche Übersetzung von mir.
3 Einen hilfreichen Überblick bietet John E. Toews, *The Story of Original Sin*, Eugene, OR: Pickwick, 2013.
4 Sir. 17,1–7.
5 S. auch Sir. 41,3 f.
6 Sir. 17,8–12.
7 Sir. 25,24.
8 Sir. 15,14–17; vgl. auch Sir. 17,6–7.
9 Sir. 41,3–4.
10 Der erste Sohn Noachs.
11 Der dritte Sohn Adams und Evas, nach Kain und Abel.
12 Weish. 10,1–3.
13 In der sog. *re-written Bible* des Jubiläenbuchs (Jub. 3,15–35), in den Schriften vom Toten Meer und in Josephus' Antiquitates (1,40–51). Dazu ausführlicher Toews, *Original Sin*, S. 21 ff.
14 In Weish. 2,23–25 kommt erstmals der Teufel als Verursacher allen Unheils ins Spiel.
15 Im Appendix der Vulgata als 4 Esdras und in der slavischen Bibel als 2 Esdras geführt. Das Buch ist nicht Teil des Kanons und gehört zu den Pseudepigraphen, die sekundär mit einem angeblich biblischen Autor verknüpft wurden, um ihr Ansehen zu erhöhen. Es war ursprünglich in Hebräisch verfasst und wurde früh ins Griechische übersetzt, aber weder die hebräische noch die griechische Fassung sind erhalten. Die wichtigste der zahlreichen Übersetzungen in andere Sprachen ist die lateinische, von der auch die deutsche Übersetzung stammt. An manchen Stellen ist deutlich zu erkennen, dass sie christlich überarbeitet wurde. Alle Zitate (mit leichten stilistischen Änderungen) folgen: Emil Kautzsch, *Die Apokryphen und Pseudepigraphen des Alten Testaments*, Bd. 2, Tübingen: Mohr Siebeck, 1900, S. 352 ff.
16 4 Esra 3,4–8.
17 4 Esra 3,20–26.
18 4 Esra 7,116–126.

19 Nur die lateinische Übersetzung verwendet den Begriff «Fall» (*casus*) und spiegelt sehr wahrscheinlich das spätere (westliche) Verständnis des «Sündenfalls» wider.
20 4 Esra 8,55–61.
21 Deutsche Übersetzung (mit kleinen stilistischen Änderungen) von Paul Rießler, *Altjüdisches Schrifttum außerhalb der Bibel*, Augsburg: Filser, 1928, S. 55 ff.
22 2 Bar. 17,2–18,2.
23 2 Bar. 48,42–47.
24 2 Bar. 54,15–19.
25 Eva spielt bei ihm nur eine untergeordnete Rolle. Sie kommt an den entscheidenden Stellen überhaupt nicht vor und wird später als die große Verführerin dargestellt, die, selbst von der Schlange verführt, Adam verführte (2 Kor. 11,3; 1 Tim 2,14).
26 Alle Übersetzungen aus dem Neuen Testament basieren auf der Einheitsübersetzung (s. oben S. 29 Anm. 6), doch erlaube ich mir manchmal Änderungen, wenn ich dies im Sinne eines besseren Verständnisses des griechischen Textes für nötig halte.
27 Das Verständnis des Nebensatzes «weil (*eph' hō*) alle sündigten» hat eine ganze Lawine von Erklärungsversuchen ausgelöst. Was hier mit «weil» übersetzt ist, bedeutet wörtlich «infolgedessen, aufgrund von dem, um dessentwillen, worauf, weswegen» und kann sich sprachlich nur auf den ‹Tod› beziehen: Wegen der Sünde kam der Tod in die Welt, und deswegen sündigen alle (weiter). Wie wir gleich sehen werden, hat Augustinus dies ganz anders verstanden.
28 Klaus Haacker, *Der Brief des Paulus an die Römer*, Leipzig: Evangelische Verlags-Anstalt, ⁴2012, S. 143: «Es blieb nicht beim *Eintritt* von Sünde und Tod in die Welt, sondern alle Menschen wurden vom Tod infiziert, weil sich auch alle an der Sünde Adams beteiligt, sie nachvollzogen haben.» In einer Anmerkung dazu sagt er allerdings vorsichtig-einschränkend: «Die Frage nach der genauen Verhältnisbestimmung zwischen Verhängnis- und Tatcharakter der Sünde bleibt offen, nicht zuletzt wegen der Schwierigkeiten, den Sinn des *eph' hō* zweifelsfrei zu bestimmen.»
29 Haacker, *Der Brief des Paulus an die Römer*, S. 142 mit Anm. 6, möchte bei Paulus durchaus schon Ansätze für einen «alles Menschsein fortan belastende[n] ‹Sündenfall›» erkennen, der zwar «noch nicht als Intention der biblischen Erzählung selbst nachweisbar» sei, aber durchaus «einer schon im Judentum verbreiteten Auslegungstradition» entspreche. Ersteres trifft sicher zu, aber die Belegstellen für Letzteres sind allesamt problematisch und ignorieren den Kontext sowie wichtige andere Stellen.
30 Toews, *Story of Original Sin*, S. 48 ff.

31 Ich folge hier im Wesentlichen der Darstellung von Paula Fredriksen, *Sin: The Early History of an Idea*, Princeton and Oxford: Princeton University Press, 2012, S. 93 ff.; s. auch Toews, *Story of Original Sin*, S. 56 ff. Zur christlichen Deutung des Sündenfalls s. auch Elaine Pagels, *Adam, Eva und die Schlange. Die Theologie der Sünde*, Reinbek: Rowohlt, 1991 (englisches Original 1988).

32 Dieses merkwürdige Konzept erinnert an die «Abweichung» oder den «Schlenker» (*clinamen, declinatio*) beim freien «Fall» der Urelemente bei Epikur und Lukrez.

33 Johannes Chrysostomus, In epistula ad Romanos commentarius, Elfte Homilie, zu Röm. 5,12 (Bibliothek der Kirchenväter).

34 Die Literatur über Augustinus' Leben und Lehre ist uferlos; ich nenne nur Peter Brown, *Augustine of Hippo: A Biography*, Berkeley: University of California Press, 2000 (Erstdruck 1967); Henry Chadwick, *Augustine of Hippo: A Life*, Oxford: Oxford University Press, 2009. Zum Mythos von Adam und Eva in der christlichen Kultur seit Augustinus s. auch Stephen Greenblatt, *The Rise and Fall of Adam and Eve*, New York / London: Norton, 2017 (deutsche Übersetzung: *Die Geschichte von Adam und Eva. Der mächtigste Mythos der Menschheit*, München: Siedler, 2018). Auch Greenblatt interpretiert diesen durchweg im Lichte der späteren christlichen Auslegung und möchte seine Entstehung in der Hebräischen Bibel als moralisierende jüdische Antwort auf die altorientalischen Epen (Enuma Elisch und vor allem Gilgamesch) mit ihrer lebens- und sexbejahenden Einstellung deuten.

35 Confessiones, I, 7. Die deutsche Übersetzung folgt, mit kleinen Änderungen, der Übersetzung in der Bibliothek der Kirchenväter.

36 Es ist unklar, welche lateinische Fassung Augustinus hier zitiert; die Vulgata liest: «Siehe, in Ungerechtigkeit (*iniquitas*) bin ich empfangen und in Sünde hat meine Mutter mich geboren (*peperit*).» Hebräische Bibel: «Siehe, in Schuld bin ich geboren, und in Sünde hat meine Mutter mich empfangen.»

37 Ibid.

38 De Civitate Dei, XIII, 3 (wörtlich: «nicht sollte etwas anderes aus ihnen hervorgehen als das, was sie selbst waren»); deutsche Übersetzung Bibliothek der Kirchenväter.

39 Ibid.

40 Wörtlich: «die Samen-Natur».

41 De Civitate Dei, XIII, 14.

42 Ibid.

43 De Civitate Dei, XIII, 3.

44 Enchiridion, XIII, 45.

45 Ibid., 46.

46 Die bis dahin vorhandenen lateinischen Übersetzungen des griechischen Neuen Testaments (unter dem Namen Vetus Latina zusammengefasst) wurden von Hieronymus ab 382 revidiert; 384 begann er in Bethlehem mit der Übersetzung des Alten Testaments. Seine Hebräischkenntnisse sind bis heute umstritten. Das Alte Testament übersetzte er entweder aus der griechischen Septuaginta oder aus der Hexapla des Origenes, einer Synopse in sechs Kolumnen des hebräischen Konsonantentextes, des hebräischen Textes in griechischer Umschrift und vier griechischer Übersetzungen (darunter die Origenes-Rezension der Septuaginta). Seine Vulgata setzte sich nur langsam durch.

47 Die große Ausnahme im Judentum ist hier wieder Philon, der in seiner Deutung des Sündenfalls (Opif., 155 ff.) dem Christentum sehr viel näher steht als den Rabbinen: Adam und Eva werden wegen ihrer «schweren, ja unheilbaren Sünden» mit Recht aus dem Paradies vertrieben; die Schlange ist die Verführerin der Frau (mit deutlichen sexuellen Implikationen), die das Prinzip der Sinnlichkeit vertritt, während der Mann für das Prinzip des Geistes steht; entsprechend ist Eva die eigentlich Schuldige.

48 Ich kehre damit zu meiner eigenen Überraschung wieder zu meiner Habilitationsschrift zurück, die ich vor fast 50 Jahren geschrieben habe: Peter Schäfer, *Rivalität zwischen Engeln und Menschen. Untersuchungen zur rabbinischen Engelvorstellung*, Berlin etc.: De Gruyter, 1975.

49 Während das «geht zugrunde» im Bibeltext bedeutet, dass der Weg der Frevler in den Abgrund führt, versteht der Midrasch dies so, dass Gott den Weg der Frevler ins Leere laufen lässt, d. h. vor den Engeln verheimlicht.

50 Bereschit Rabba 8,4 f., ed. Theodor-Albeck, S. 59 f.

51 So kann der Psalmvers auch verstanden werden; die übliche Übersetzung ist: «Huld und Wahrheit begegnen sich, Gerechtigkeit und Friede küssen sich», bedeutet also das genaue Gegenteil von der rabbinischen Interpretation im Midrasch.

52 Ibid.

53 Babylonischer Talmud, Traktat Sanhedrin 38b.

54 Avot deRabbi Nathan, ed. Schechter, Version A, Kap. 1 Ende, S. 8.

55 Pesiqta Rabbati, ed. Friedmann, fol. 128af.

56 Mechilta deRabbi Jischmael, ed. Horovitz-Rabin, S. 112.

57 Bereschit Rabba 9,5. Ein anderer Midrasch (ibid., 8,5) interpretiert *tov me'od*, mit Hilfe einer Metathese der Buchstaben *m'(a)d*, als *adam*: «Und siehe, Adam war gut.»

58 Hebr. *me'od* («sehr») wird als *mawet* («Tod») gelesen.

59 Babylonischer Talmud, Traktat Avodah Zarah 5a.

60 Augustinus, Enchiridion, XVIII, 105. Deutsche Übersetzung (mit Änderungen) nach der Bibliothek der Kirchenväter; lateinisches Original: Library of

Latin Texts – Series A; online unter http://clt.brepolis.net/llta/pages/QuickSearch.aspx.

Epilog

1 Online unter: 1545–1563-,_Concilium_Tridentinum,_Canones_et_Decreta,_LT(1).pdf. Quelle: *Conciliorum Oecumenicorum Decreta*, curantibus J. Alberigo, J. A. Dossetti, P. P. Joannou, C. Leonardi, P. Prodi, consultante H. Jedin, Bologna: Istituto per la scienze religiose, 1973, S. 660–799.
2 17. Juni 1546 (Decretum de peccato originali), ibid., S. 11.
3 Ibid.
4 Ibid., S. 9.
5 Ibid., S. 11.
6 Ibid.
7 Ibid. Abschließend erklärt das Konzil, dass nur die selige und unbefleckte Gottesgebärerin, die Jungfrau Maria, von der Last der Erbsünde befreit ist.
8 Ein schönes und prägnantes Beispiel dafür ist der Artikel des Bamberger Dogmatikers Georg Kraus, «Die Sünde in der Evolution. Überholter Begriff ‹Erbsünde›: Versuch zu einem neuen Verständnis», *Christ in der Gegenwart* 9, 2001, S. 1–4. Joseph Ratzinger, der spätere Papst Benedikt XVI., zieht es vor, von kollektiven menschlichen Verstrickungen zu sprechen, die sich aus der gemeinsamen Vergangenheit ergeben: Joseph Ratzinger, *Einführung in das Christentum. Vorlesungen über das Apostolische Glaubensbekenntnis*, München: dtv, 1971, S. 179 = München: Kösel, [14]1968, S. 233 f. («denn der Sitz der Erbsünde ist eben in diesem kollektiven Netz zu suchen, das als geistige Vorgegebenheit der einzelnen Existenz vorausgeht, nicht in irgendeiner biologischen Vererbung zwischen lauter sonst völlig getrennten Einzelnen»).
9 Dazu Georg Wieland, «Felix culpa – die philosophisch-theologische Sicht», *Deutsche Vierteljahresschrift für Literaturwissenschaft und Geistesgeschichte* 82, 2008, S. 158–167, und vor allem Odo Marquard, «Felix Culpa? – Bemerkungen zu einem Applikationsschicksal von Genesis 3», in: *Text und Applikation. Theologie, Jurisprudenz und Literaturwissenschaft im hermeneutischen Gespräch*, hrsg. v. Manfred Fuhrmann, Hans Robert Jauß und Wolfhart Pannenberg, München: Fink, 1981, S. 53–71. Wieland sieht den Beginn des Umdenkens schon bei mittelalterlichen Theologen wie Johannes Scotus Eriugena (neuntes Jahrhundert) und Nikolaus von Kues (1401–1464); Marquard macht erste Ansätze bei Leibniz aus. S. auch Wilhelm Schmidt-Biggemann, «Geschichte der Erbsünde in der Aufklärung. Philosophiegeschichtliche Mutmaßungen», in: id., *Theodizee und Tatsachen. Das philosophische Profil der deutschen Aufklärung*, Frankfurt a. M.: Suhrkamp, 1988, S. 88–116.

10 Immanuel Kant, *Muthmaßlicher Anfang der Menschengeschichte*, in: *Kant's Werke* (Akademieausgabe), Bd. 8: *Abhandlungen nach 1781*, Neudruck, Berlin und Leipzig: de Gruyter, 1923, S. 107–123.
11 Ibid., S. 110.
12 Ibid., S. 111 f.
13 Ibid., S. 112.
14 Ibid., S. 112 f.
15 Ibid., S. 115.
16 Ibid.
17 Ibid., S. 123.
18 Ibid.
19 Erstdruck: *Thalia* 3/11, 1791, S. 3–29; benutzte Druckausgabe: Friedrich Schiller, *Sämtliche Werke*, Bd. 4, *Historische Schriften*, München: Winkler, 1968, S. 721–736.
20 Separater Erstdruck: *Was heißt und zu welchem Ende studiert man Universalgeschichte? Eine Akademische Antrittsrede bey Eröfnung seiner Vorlesungen*, gehalten von Friedrich Schiller, Professor der Geschichte in Jena, Jena: Akademische Buchhandlung, 1789; Druckausgabe: Friedrich Schiller, *Sämtliche Werke*, Bd. 4, S. 703–720.
21 Ibid., S. 721.
22 Ibid., S. 721 f.
23 Ibid., S. 722. Kursivierungen sind in der Druckausgabe gesperrt. Die Druckausgabe hat zudem kleinere Anpassungen an die moderne Rechtschreibung vorgenommen.
24 Ibid.
25 Ibid., S. 223.
26 Ibid., S. 723 f.
27 Johann Gottlieb Fichte, *Versuch einer Critik aller Offenbarung*, Königsberg: Hartungsche Buchhandlung, 1792. Die zweite vermehrte und verbesserte Auflage erschien 1793 unter Fichtes Namen.
28 *Die Grundzüge des gegenwärtigen Zeitalters*, dargestellt von Johann Gottlieb Fichte, in Vorlesungen, gehalten zu Berlin, im Jahre 1804–1805, Berlin: Realschulbuchhandlung, 1806; benutzte Druckausgabe: *Johann Gottlieb Fichte's sämmtliche Werke*, hrsg. v. J. H. Fichte, Bd. 7, Berlin: Veit und Comp., 1846.
29 *Reden an die deutsche Nation* durch Johann Gottlieb Fichte, Berlin: Realschulbuchhandlung, 1808 (erste Auflage).
30 *Grundzüge*, S. 12.
31 Ibid.
32 Es versteht sich von selbst, dass die Rabbinen weder die Formulierungen noch die Konsequenzen der modernen Philosophen akzeptieren könnten

(ein solcher direkter Vergleich ist historisch unsinnig), aber in paradoxer Weise stehen beide sich näher als der christlichen Auslegung.

33 Marquard, «Felix Culpa?», S. 57 ff..

34 Raphael Gross, *Carl Schmitt und die Juden. Eine deutsche Rechtslehre*, Frankfurt a. M.: Suhrkamp, 2005.

35 Carl Schmitt, «Verfassung der Freiheit», *Deutsche Juristen-Zeitung* 40, 1935, Sp. 1133–35: «Der auf dem Reichsparteitag versammelte Reichstag war das von der nationalsozialistischen Bewegung getragene, dem Führer Adolf Hitler (im Original gesperrt) folgende deutsche Volk selbst; seine Gesetze sind seit Jahrhunderten die erste deutsche Verfassung der Freiheit» (Sp. 1133).

36 Auch Jacob Taubes gehörte zu den Wallfahrern, wie sich eindrücklich aus seinem Briefwechsel mit Schmitt ergibt: *Jacob Taubes – Carl Schmitt. Briefwechsel mit Materialien*, hrsg. v. Herbert Kopp-Oberstebrink, Thorsten Palzhoff und Martin Treml, Paderborn/München: Fink, 2012. Taubes berichtet davon auch in seinem Nachruf mit dem Titel «Carl Schmitt – Ein Apokalyptiker der Gegenrevolution» in der *taz* vom 20.7.1985, S. 10; wieder abgedruckt in Jacob Taubes, *Apokalypse und Politik. Aufsätze, Kritiken und kleinere Schriften*, hrsg. v. Herbert Kopp-Oberstebrink und Martin Treml, Paderborn/München: Fink, 2017, S. 271–285. Zu Schmitts Politischer Theologie s. Jacob Taubes, *Die Politische Theologie des Paulus. Vorträge gehalten an der Forschungsstätte der evangelischen Studiengemeinschaft in Heidelberg, 23–27. Februar 1987*, hrsg. v. Aleida und Jan Assmann u. a., München: Fink ²1995, S. 89–97.

37 Carl Schmitt, *Glossarium. Aufzeichnungen der Jahre 1947–1951*, hrsg. v. Eberhard Freiherr von Medem, Berlin: Duncker & Humblot, 1991 (2. erweiterte Ausgabe 1947–1958, Berlin 2015); dazu Heinrich Meier, «Der Philosoph als Feind. Zu Carl Schmitts ‹Glossarium›», in id., *Carl Schmitt, Leo Strauss und der «Begriff des Politischen». Zu einem Dialog unter Abwesenden*, Stuttgart/Weimar: Metzler, 1988, erweiterte Neuausgabe 1998, S. 141–152.

38 Carl Schmitt, *Politische Theologie. Vier Kapitel zur Lehre von der Souveränität*, München: Duncker & Humblot, 1922, zweite Auflage 1934, dann ab 1979 zahlreiche weitere Auflagen; ich zitiere nach der neunten Auflage (Berlin: Duncker & Humblot, 2009).

39 Lange nachdem ich dies formuliert hatte, sehe ich in Taubes, *Die Politische Theologie des Paulus*, dass auch Taubes diesen ersten Satz von Schmitt als «Paukenschlag» bezeichnet (S. 89). Eine spät entdeckte Gemeinsamkeit mit meinem Vorgänger auf dem Berliner Lehrstuhl für Judaistik.

40 Schmitt, *Politische Theologie*, S. 13.

41 Ibid., S. 18 f.

42 Ibid., S. 19.

43 Ibid., S. 43.

44 Kelsen setzte sich 1933 für Schmitts Berufung nach Köln ein. Schmitt ver-

sagte ihm aber als einziges Kölner Fakultätsmitglied seine Unterstützung, als Kelsen aufgrund des Gesetzes für die Wiederherstellung des Berufsbeamtentums erst beurlaubt und dann entlassen wurde.

45 Schmitt, *Politische Theologie*, S. 47.
46 Ibid., S. 50.
47 Ibid., S. 52.
48 Ibid., S. 54.
49 Ibid. So wie die Einsicht in den Terror der Französischen Revolution das Scheitern der menschlichen Freiheit und die Rückkehr zur Theologisierung des Sündenfalls einleitete.
50 Ibid., S. 55.
51 Ibid.
52 Carl Schmitt, «Der Begriff des Politischen», *Archiv für Sozialwissenschaft und Sozialpolitik* 58, 1927, S. 1–33. Zitiert wird meist nach der Ausgabe von 1963, aber ich nehme mir die Freiheit, nach dieser Aufsatzfassung zu zitieren, weil die späteren Erweiterungen und in den Text eingearbeiteten Fußnoten die Klarheit und Wucht des ursprünglichen Gedankengangs eher verstellen; wo für meinen Zusammenhang nötig, weise ich auf spätere Fassungen hin. – Die Schrift erschien erstmals in selbständiger Form 1932 (*Der Begriff des Politischen. Mit einer Rede über das Zeitalter der Neutralisierungen und Entpolitisierungen*, München und Leipzig: Duncker & Humblot), dann überarbeitet und in zahlreichen Punkten «gereinigt» 1933 (*Der Begriff des Politischen*, Hamburg: Hanseatische Verlagsanstalt), dann in einer von Schmitt selbst besorgten Neuausgabe mit veränderten Seitenzahlen 1963 (*Der Begriff des Politischen. Text von 1932 mit einem Vorwort und drei Corollarien*, Berlin: Duncker und Humblot). Warum Schmitt den Text von 1932 und nicht die überarbeitete Fassung von 1933 zur Grundlage der Neuausgabe machte, sagt er an keiner Stelle – ja er erwähnt nicht einmal, dass es eine Fassung von 1933 gegeben hat –, aber der Grund liegt auf der Hand; dazu Meier, *Carl Schmitt, Leo Strauss und «Der Begriff des Politischen»*, S. 14 f., Anm. 5. Von der Ausgabe 1963 erschienen 1979–2002 zahlreiche Nachdrucke. 2009 folgte auf der Basis der Ausgabe von 1963 eine Neuausgabe, und schließlich erschien die Schrift in einem Nachdruck dieser Ausgabe als 9. Auflage 2015 (*Der Begriff des Politischen. Text von 1932 mit einem Vorwort und drei Corollarien*, Berlin: Duncker & Humblot).
53 Schmitt, «Der Begriff des Politischen», 1927, S. 3 f.
54 Ibid.
55 Ibid., S. 5.
56 Ibid., S. 5 f.
57 Ibid., S. 6.
58 Ibid., S. 8.

59 Ibid., S. 9.
60 Ibid., S. 11, 13.
61 Ibid., S. 13 f.
62 Ibid., S. 16.
63 Ibid., S. 17.
64 S. auch S. 18: «Ein politisch existierendes Volk kann also nicht darauf verzichten, gegebenenfalls Freund und Feind durch eigene Bestimmung auf eigene Gefahr zu unterscheiden. Entfällt diese Unterscheidung, so entfällt das politische Leben überhaupt.»
65 Zitate in diesem Absatz ibid., S. 19–21.
66 Ibid., S. 23. In der Fassung von 1963 (^{9}2015), S. 57, heißt es deutlicher: «d. h. als keineswegs unproblematisches, sondern als ‹gefährliches› und dynamisches Wesen betrachten».
67 Ibid., S. 24.
68 Oben, S. 374.
69 Dazu ausführlich Heinrich Meier, *Carl Schmitt, Leo Strauss und «Der Begriff des Politischen»*, S. 59 ff.; id., *Die Lehre Carl Schmitts. Vier Kapitel zur Unterscheidung Politischer Theologie und Politischer Philosophie*, Stuttgart / Weimar: Metzler, ^{4}2012 (erste Auflage 1994), S. 109 ff.
70 In der Fassung von 1963 (^{9}2015), S. 59, ist diese illustre Gesellschaft durch «Bossuet» (den französischen Bischof und Geschichtsphilosophen Jacques Bénigne Bossuet, 1627–1704) und «Bonald» (den französischen Staatstheoretiker und Zeitgenossen Maistres, Louis Gabriel Ambroise de Bonald, 1754–1840) erweitert.
71 In der totgeschwiegenen Fassung von 1933 heißt es sehr viel entschiedener: «erklärt sich zunächst aus der ontologisch-existenziellen Denkart, die einem theologischen wie einem politischen Gedankengang wesensgemäß ist. Dann aber auch aus der Verwandtschaft dieser methodischen Denkvoraussetzungen» (S. 45).
72 In der Fassung von 1963 (^{9}2015), S. 60, ist hier in Parenthese eingeschoben: «solange sich die Theologie noch nicht zur bloß normativen Moral oder zur Pädagogik, das Dogma noch nicht in bloße Disziplin verflüchtigt hat».
73 Fassung von 1963 (^{9}2015), ibid.: «sozial- und individualpsychologisch».
74 In der Fassung von 1963 (^{9}2015), ibid., wird noch «Seillière» hinzugefügt, der Gegner der Romantik Ernest Seillière (1866–1955).
75 Fassung von 1963 (^{9}2015), ibid.: «zahlreicher Sekten, Häretiker, Romantiker und Anarchisten».
76 Schmitt, «Der Begriff des Politischen», 1927, S. 24.
77 Ibid., S. 24 f.
78 Ich folge hier im Kern der ausführlichen Begründung von Heinrich Meier, *Die Lehre Carl Schmitts*, S. 30: «Der Glaube an die Wahrheit von Genesis III,15

ist das Fundament, auf dem Schmitts Politische Theologie errichtet ist», S. 126 ff.; s. auch id., *Carl Schmitt, Leo Strauss und der «Begriff des Politischen»*, S. 62: die Erbsünde «ist das Herzstück seines anthropologischen Glaubensbekenntnisses»; ibid., S. 66: «Die Erbsünde ist der Dreh- und Angelpunkt seines anthropologischen Glaubens*bekenntnisses*.»

79 Zitate in diesem Absatz ibid., S. 25–28, 33.
80 Zu Heidegger als weiterem Kandidaten s. Meier, *Die Lehre Carl Schmitts*, S. 136 Anm. 48.

LITERATUR

Albertz, Rainer, «‹Ihr werdet sein wie Gott› (Gen 3,5)», in: *Was ist der Mensch ...? Beiträge zur Anthropologie des Alten Testaments*, Hans Walter Wolff zum 80. Geburtstag, hrsg. v. Frank Crüsemann, Christof Hardmeier und Rainer Kessler, München: Kaiser, 1992, S. 11–27.

Alexander, Philip S., «Pre-Emptive Exegesis: Genesis Rabbah's Reading of the Story of Creation», *JJS* 43, 1992, S. 230–245.

Aristoteles, *Über den Himmel*, übersetzt und erläutert von Alberto Jori, Berlin: Akademie Verlag, 2009.

«Babel und Bibel», in: *Der Reichsbote* 31:11 vom 14. Januar 1903, 1. Beilage.

Barr, James, *The Garden of Eden and the Hope of Immortality*, Minneapolis: Fortress, 1993.

Blum, Erhard, «Von Gottesunmittelbarkeit zu Gottähnlichkeit. Überlegungen zur theologischen Anthropologie der Paradieserzählung», in: *Gottes Nähe im Alten Testament*, hrsg. v. Gönke Eberhardt und Kathrin Liess, Stuttgart: Kath. Bibelwerk, 2004, S. 9–29.

Bobichon, Philippe, «Quotations, Translations, and Uses of Jewish Texts in Ramon Martí's *Pugio Fidei*», in: *The Late Medieval Hebrew Book in the Western Mediterranean. Hebrew Manuscripts and Incunabula in Context*, hrsg. v. Javier del Barco, Leiden / Boston: Brill, 2015, S. 266–293.

Bordt, Michael, «Unbewegter Beweger», in: *Aristoteles-Handbuch*, hrsg. v. Christof Rapp und Klaus Corcilius, Stuttgart: Metzler, ²2021, S. 430–434.

Brown, Alison, *The Return of Lucretius to Renaissance Florence*, Cambridge, Mass., und London: Harvard University Press, 2010.

Brown, Peter, *Augustine of Hippo: A Biography*, Berkeley: University of California Press, 2000 (Erstdruck 1967).

Cancik-Kirschbaum, Eva, und Thomas L. Gertzen, *Der Babel-Bibel-Streit und die Wissenschaft des Judentums. Beiträge zu einer internationalen Konferenz vom 4. bis 6. November 2019 in Berlin*, Münster: Zaphon, 2021.

Carr, David M., *The Formation of Genesis 1–11: Biblical and Other Precursors*, Oxford: Oxford University Press, 2020.

—, *Genesis 1–11*, Stuttgart: Kohlhammer, 2021.

Cecini, Ulisse, und Eulàlia Vernet i Pons, Hrsg., *Studies on the Latin Talmud*, Bellaterra: Universitat Autònoma de Barcelona, 2017.

Chadwick, Henry, *Augustine of Hippo: A Life*, Oxford: Oxford University Press, 2009.

Chamberlain, Houston Stewart, *Die Grundlagen des Neunzehnten Jahrhunderts*, München: Bruckmann, 1899 (^{3}1901).

Chazan, Robert, *Daggers of Faith. Thirteenth Century Christian Missionizing and Jewish Response*, Berkeley: University of California Press, 1989.

Clay, Diskin, *Lucretius and Epicurus*, Ithaca, NY und London: Cornell University Press, 1983.

Conciliorum Oecumenicorum Decreta, curantibus J. Alberigo, J. A. Dossetti, P. P. Joannou, C. Leonardi, P. Prodi, consultante H. Jedin, Bologna: Istituto per la scienze religiose, 1973.

Cornford, Francis Macdonald, *Plato's Cosmology. The Timaeus of Plato translated with a running commentary*, London: Routledge & Kegan Paul, 1937, ^{4}1956.

Damrosch, David, *The Buried Book: The Loss and Rediscovery of the Great Epic of Gilgamesh*, New York: Henry Holt, 2006.

De Breucker, Geert Eduard Eveline, *De Babyloniaca van Berossos van Babylon. Inleiding, editie en commentaar*, Universität Groningen, 2012.

Delitzsch, Friedrich, *Das babylonische Weltschöpfungsepos*, Leipzig: Hirzel, 1897.

—, *Babel und Bibel. Erster Vortrag* (= *Babel und Bibel I*), Leipzig: Hinrichs, ^{5}1905 (erste Auflage: *Babel und Bibel. Ein Vortrag*, Leipzig: Hinrichs, 1902).

—, *Zweiter Vortrag über Babel und Bibel*, Stuttgart: Deutsche Verlags-Anstalt, 11. bis 15. Tausend, 1903 (neue durchgesehene Ausgabe ^{4}1904).

—, *Babel und Bibel. Dritter (Schluss-) Vortrag*, Stuttgart: Deutsche Verlags-Anstalt, 1905.

—, *Die grosse Täuschung. Kritische Betrachtungen zu den alttestamentlichen Berichten über Israels Eindringen in Kanaan, die Gottesoffenbarung vom Sinai und die Wirksamkeit der Propheten*, Stuttgart: Deutsche Verlags-Anstalt, 1920 (Neuausgabe Stuttgart und Berlin: Deutsche Verlags-Anstalt, 1921).

—, *Die grosse Täuschung. Zweiter (Schluss-) Teil. Fortgesetzte kritische Betrachtungen zum Alten Testament, vornehmlich den Prophetenschriften und Psalmen, nebst Schlussfolgerungen*, Stuttgart und Berlin: Deutsche Verlags-Anstalt, 1921.

Deufert, Marcus, *Kritischer Kommentar zu Lukrezens De rerum natura*, Berlin / Boston: De Gruyter, 2018.

Die Bibel: Einheitsübersetzung der Heiligen Schrift. Gesamtausgabe, Stuttgart: Katholisches Bibelwerk, 2017.

Enskat, Rainer, «Wahrheit ohne Methode? Die unsokratische Lehre von der Zeit in Platons *Timaios*», in: *Platon und Aristoteles – sub ratione veritatis*, Festschrift für Wolfgang Wieland zum 70. Geburtstag, hrsg. v. Gregor Damschen, Rainer Enskat und Alejandro G. Vigo, Göttingen: Vandenhoeck & Ruprecht, 2003, S. 76–101.

Fichte, Johann Gottlieb, *Versuch einer Critik aller Offenbarung*, Königsberg: Hartungsche Buchhandlung, 1792 (^{2}1793).

—, *Die Grundzüge des gegenwärtigen Zeitalters*, dargestellt von Johann Gottlieb Fichte, in: Vorlesungen, gehalten zu Berlin, im Jahre 1804–1805, Berlin: Realschulbuchhandlung, 1806.

—, *Reden an die deutsche Nation* durch Johann Gottlieb Fichte, Berlin: Realschulbuchhandlung, 1808.

Fichte, J. H., Hrsg., *Johann Gottlieb Fichte's sämmtliche Werke*, Bd. 7, Berlin: Veit und Comp., 1846.

Flasch, Kurt, *Eva und Adam. Wandlungen eines Mythos*, München: Beck, 2004.

Fredriksen, Paula, *Sin: The Early History of an Idea*, Princeton and Oxford: Princeton University Press, 2012.

Freedman, H., *Midrash Rabbah*, translated into English ... under the editorship of H. Freedman and Maurice Simon, *Genesis*, vol. 1, London: Soncino, ^{1}1939, ^{3}1961.

Gadamer, Hans-Georg, *Aristoteles. Metaphysik XII*, Frankfurt a. Main: Klostermann, 1948, ^{5}2004.

Gertz, Jan Christian, *Das erste Buch Mose. Genesis: Die Urgeschichte Gen 1–11*, Göttingen: Vandenhoeck & Ruprecht, 2018.

Goldberg, Arnold, «Schöpfung und Geschichte. Der Midrasch von den Dingen, die vor der Welt erschaffen wurden», *Judaica* 24, 1968, S. 27–44.

Goldschmidt, Lazarus, *Der babylonische Talmud*, Bd. 10, Berlin: Jüdischer Verlag, 1967.

Greenblatt, Stephen, *The Swerve: How the World Became Modern*, New York: Norton, 2011; deutsche Übersetzung: *Die Wende. Wie die Renaissance begann*, München: Siedler, 2012.

—, *The Rise and Fall of Adam and Eve*, New York/London: Norton, 2017 (deutsche Übersetzung: *Die Geschichte von Adam und Eva. Der mächtigste Mythos der Menschheit*, München: Siedler, 2018).

Gross, Raphael, *Carl Schmitt und die Juden. Eine deutsche Rechtslehre*, Frankfurt a. M.: Suhrkamp, 2005.

Gunkel, Hermann, *Genesis*, Göttingen: Vandenhoek & Ruprecht, Göttingen ^{8}1969 (erste Auflage 1901).

Haacker, Klaus, *Der Brief des Paulus an die Römer*, Leipzig: Evangelische Verlags-Anstalt, ^{4}2012.

Halfwassen, Jens, «Der Demiurg: Seine Stellung in der Philosophie Platons und seine Deutung im antiken Platonismus», in: *Le Timée de Platon. Contributions à l'histoire de sa réception*, hrsg. v. Ada Neschke-Hentschke, Louvain/Paris: Peeters, 2000, S. 39–62.

Harnack, Adolf von, *Marcion: Das Evangelium vom fremden Gott. Eine Monographie zur Geschichte der Grundlegung der Katholischen Kirche*, Leipzig: Hinrichs, 1921.

Hecker, Karl, «Enūma eliš», in: *Texte aus der Umwelt des Alten Testaments*, NF, Bd. 8: *Weisheitstexte, Mythen und Epen*, hrsg. v. Bernd Janowski und Daniel Schwemer, Gütersloh: Gütersloher Verlagshaus, ²2015, S. 88–132.

—, «Atra-Hasis», in: *Texte aus der Umwelt des Alten Testaments*, NF, Bd. 8: *Weisheitstexte, Mythen und Epen*, hrsg. v. Bernd Janowski und Daniel Schwemer, Gütersloh: Gütersloher Verlagshaus, ²2015, S. 132–144.

Heinrich, Adrian C., *Das babylonische Weltschöpfungsmythos Enuma Elisch*, eingeleitet, neu übersetzt und kommentiert, München: Beck, 2022.

Jürß, Fritz, Reimar Müller und Ernst Günther Schmidt, *Griechische Atomisten. Texte und Kommentare zum materialistischen Denken der Antike*, Leipzig: Reclam, ⁴1991.

Kant, Immanuel, *Muthmaßlicher Anfang der Menschengeschichte*, in: *Kant's Werke* (Akademieausgabe), Bd. 8: *Abhandlungen nach 1781*, Neudruck, Berlin und Leipzig: de Gruyter, 1923, S. 107–123.

Kautzsch, Emil, *Die Apokryphen und Pseudepigraphen des Alten Testaments*, Bd. 2, Tübingen: Mohr Siebeck, 1900.

Kleve, Knut, «Die ‹Urbewegung› der epikureischen Atome und die Ewigkeit der Götter», *Symbolae Osloenses*, 35, S. 55–62.

Kopp-Oberstebrink, Herbert, Thorsten Palzhoff und Martin Treml, Hrsg., *Jacob Taubes – Carl Schmitt. Briefwechsel mit Materialien*, Paderborn / München: Fink, 2012.

Kraus, Georg, «Die Sünde in der Evolution. Überholter Begriff ‹Erbsünde›: Versuch zu einem neuen Verständnis», *Christ in der Gegenwart* 9, 2001, S. 1–4.

Lambert, W. G., «Enuma Elisch», in: Otto Kaiser u. a., *Texte aus der Umwelt des Alten Testaments*, Bd. 3: *Weisheitstexte, Mythen, Epen, 3.4: Mythen und Epen II*, hrsg. v. Karl Hecker u. a., Gütersloh: Gütersloher Verlagshaus, 1994, S. 565–602.

Lehmann, Reinhard G., *Friedrich Delitzsch und der Babel-Bibel-Streit*, Freiburg / Schweiz: Universitätsverlag; Göttingen: Vandenhoeck und Ruprecht, 1994.

Liwak, Rüdiger, «Der sogenannte Sündenfall-Zylinder. Ein Bespiel für theologische und religionsgeschichtliche Einfalt», in: Eva Cancik-Kirschbaum und Thomas L. Gertzen, *Der Babel-Bibel-Streit und die Wissenschaft des Judentums. Beiträge zu einer internationalen Konferenz vom 4. bis 6. November 2019 in Berlin*, Münster: Zaphon, 2021, S. 191–205.

Lukrez, *Über die Natur der Dinge*, in deutsche Prosa übertragen und kommentiert von Klaus Binder. Mit einer Einführung von Stephen Greenblatt, München: dtv, ²2017 (erste Auflage Berlin: Galiani, 2014).

Mangold-Will, Sabine, «Kaiser Wilhelm II. und der Babel-Bibel-Streit. Wissenschaft, Offenbarung, Antisemitismus und die Legitimation des Monarchen», in: Eva Cancik-Kirschbaum und Thomas L. Gertzen, *Der Babel-Bibel-Streit und die Wissenschaft des Judentums. Beiträge zu einer internationalen Konferenz vom 4. bis 6. November 2019 in Berlin*, Münster: Zaphon, 2021, S. 107–127.

Mansfeld, Jaap, und Oliver Primavesi, *Die Vorsokratiker*, Griechisch / Deutsch, Stuttgart: Philipp Reclam, 2012.

Markschies, Christoph, *Berolinensia. Beiträge zur Geschichte der Berliner Universität und ihrer Theologischen Fakultät*, Berlin / Boston: de Gruyter, 2021.

—, «Der Kaiser als Hobbywissenschaftler. Wilhelm II. – Frömmigkeit – Kommunikation – Wissenschaftspolitik», in: Eva Cancik-Kirschbaum und Thomas L. Gertzen, *Der Babel-Bibel-Streit und die Wissenschaft des Judentums. Beiträge zu einer internationalen Konferenz vom 4. bis 6. November 2019 in Berlin*, Münster: Zaphon, 2021, S. 89–105.

Marquard, Odo, «Felix Culpa? – Bemerkungen zu einem Applikationsschicksal von Genesis 3», in: *Text und Applikation. Theologie, Jurisprudenz und Literaturwissenschaft im hermeneutischen Gespräch*, hrsg. v. Manfred Fuhrmann, Hans Robert Jauß und Wolfhart Pannenberg, München: Fink, 1981, S. 53–71.

Maul, Stefan M., «Altorientalische Schöpfungsmythen», in: *Mythos und Mythologie*, hrsg. v. Reinhard Brandt und Steffen Schmidt, Berlin: Akademie Verlag, 2004, S. 43–53.

—, *Das Gilgamesch-Epos*, neu übersetzt und kommentiert, München: Beck, ⁵2012.

Meier, Heinrich, *Carl Schmitt, Leo Strauss und der «Begriff des Politischen». Zu einem Dialog unter Abwesenden*, Stuttgart / Weimar: Metzler, 1988 (erweiterte Neuausgabe 1998).

—, *Die Lehre Carl Schmitts. Vier Kapitel zur Unterscheidung Politischer Theologie und Politischer Philosophie*, Stuttgart / Weimar: Metzler, ⁴2012 (erste Auflage 1994).

Neusner, Jacob, *Genesis Rabbah: The Judaic Commentary to the Book of Genesis*, a new American translation, Bd. 1, Atlanta, GA, 1985.

Nichols, James H., *Epicurean Political Philosophy: The De rerum natura of Lucretius*, Ithaca, NY, und London: Cornell University Press, 1972, 1976.

Niehoff, Maren R., *Philo of Alexandria. An Intellectual Biography*, New Haven & London: Yale University Press, 2018; deutsche Übersetzung: *Philon von Alexandria: Eine intellektuelle Biographie*, Tübingen: Mohr Siebeck, 2019.

Nietzsche, Friedrich, *Frühe Schriften*, Bd. 5, *Herbst 1868–Frühjahr 1869*, München: Beck, 1994 (Nachdruck).

Oehler, Klaus, «Der Beweis für den Unbewegten Beweger», *Philologus* 99, 1955, S. 70–92.

—, *Der Unbewegte Beweger des Aristoteles*, Frankfurt a. M.: Klostermann, 1984.

Opsomer, Jan, «Demiurges in Early Imperial Platonism», in: *Gott und die Götter bei Plutarch. Götterbilder – Gottesbilder – Weltbilder*, hrsg. v. Rainer Hirsch-Luipold, Berlin: De Gruyter, 2005, S. 51–99.

Pagels, Elaine, *Adam, Eva und die Schlange. Die Theologie der Sünde*, Reinbek: Rowohlt, 1991.

Pascher, Joseph, *Hē basilikē hodos. Der Königsweg zu Wiedergeburt und Vergottung bei Philon von Alexandrien*, Paderborn: Schöningh, 1931.

Philon, «On the Account of the World's Creation Given by Moses», in: Philo, Bd. 1, with an English Translation by F. H. Colson and G. H. Whitaker, Cambridge, Mass. and London: Harvard University Press, 1929 (reprint 1991), S. 6–137 (Loeb Classical Library).

—, «Ueber die Weltschöpfung», in: Philo von Alexandria, Die Werke in deutscher Übersetzung, hrsg. v. Leopold Cohn, Isaak Heinemann, Maximilian Adler und Willy Theiler, Bd. 1, Berlin: Walter de Gruyter, ²1962.

—, «Ueber die Trunkenheit», in: Philo von Alexandria, Die Werke in deutscher Übersetzung, hrsg. v. Leopold Cohn, Isaak Heinemann, Maximilian Adler und Willy Theiler, Bd. 5, Berlin: Walter de Gruyter, ²1962.

—, «Ueber die Flucht und das Finden», in: Philo von Alexandria, Die Werke in deutscher Übersetzung, hrsg. v. Leopold Cohn, Isaak Heinemann, Maximilian Adler und Willy Theiler, Bd. 6, Berlin: Walter de Gruyter, ²1962.

Platon, Werke in acht Bänden. Griechisch und Deutsch, hrsg. v. Gunther Eigler, Sonderausgabe, Siebter Band: Platon, Timaios – Kritias – Philebos, bearbeitet von Klaus Widdra, griechischer Text von Albert Rivaud und Auguste Diès, deutsche Übersetzung von Hieronymus Müller und Friedrich Schleiermacher, Darmstadt: Wissenschaftliche Buchgesellschaft, ²1990.

Raschis Pentateuchkommentar. Vollständig ins Deutsche übertragen und mit einer Einleitung versehen, von Rabb. Dr. Selig Bamberger, Hamburg: George Kramer, 1922.

Ratzinger, Joseph, Einführung in das Christentum. Vorlesungen über das Apostolische Glaubensbekenntnis, München: dtv, 1971 = München: Kösel, ¹⁴1968.

Rießler, Paul, Altjüdisches Schrifttum außerhalb der Bibel, Augsburg: Filser, 1928.

Römer, Willem H. Ph., «Die Flutgeschichte», in: Texte aus der Umwelt des Alten Testaments, Bd. 3: Weisheitstexte, Mythen, Epen, 3.3: Mythen und Epen in sumerischer Sprache, A. Mythen, Gütersloh: Gütersloher Verlagshaus Mohn, 1990, S. 448–458.

Rohling, August, Der Talmudjude. Zur Beherzigung für Juden und Christen aller Stände, Münster: Russell, 1871.

Runia, David T., Philo of Alexandria and the Timaeus of Plato, Leiden: Brill, 1986.

—, Philo of Alexandria, On the Creation of the Cosmos according to Moses, Introduction, Translation and Commentary, Leiden etc.: Brill, 2001.

Schäfer, Lothar, Das Paradigma am Himmel. Platon über Natur und Staat, Freiburg / München: Alber, 2005.

Schäfer, Peter, Rivalität zwischen Engeln und Menschen. Untersuchungen zur rabbinischen Engelvorstellung, Berlin / New York: De Gruyter, 1975.

—, «Zur Geschichtsauffassung des rabbinischen Judentums», Journal for the Study of Judaism 6, 1975, S. 167–188 = id., Studien zur Geschichte und Theologie des rabbinischen Judentums, Leiden: Brill, 1978, S. 23–44.

Literatur

—, «Israel und die Völker der Welt. Zur Auslegung von Mekhilta deRabbi Yishmael ba-hodesh, Yitro 5», *Frankfurter Judaistische Beiträge* 4, 1976, S. 32–62.

—, *Judeophobia. Attitudes toward the Jews in the Ancient World*, Cambridge, Mass. / London: Harvard University Press, 1997, ²1998; deutsche Übersetzung: *Judenhass und Judenfurcht. Die Entstehung des Antisemitismus in der Antike*, Berlin: Verlag der Weltreligionen, 2010.

—, *Weibliche Gottesbilder im Judentum und Christentum*, Frankfurt a. M. und Leipzig: Verlag der Weltreligionen, 2008 (englisches Original: *Mirror of His Beauty: Feminine Images of God from the Bible to the Early Kabbalah*, Princeton und Oxford: Princeton University Press, 2002).

—, «BERESHIT BARA ELOHIM: Bereshit Rabba, Parashah 1, Reconsidered», in: *Empsychoi Logoi – Religious Innovations in Antiquity: Studies in Honor of Pieter Willem van der Horst*, hrsg. v. Alberdina Houtman, Albert de Jong und Magda Misset-van de Weg, Leiden und Boston: Brill, 2008, S. 267–289.

—, *Die Ursprünge der jüdischen Mystik*, Berlin: Verlag der Weltreligionen, 2011, S. 231–244 (englisches Original: *The Origins of Jewish Mysticism*, Tübingen: Mohr Siebeck, 2009, und Princeton & Oxford: Princeton University Press, 2011).

—, *Die Geburt des Judentums aus dem Geist des Christentums. Fünf Vorlesungen zur Entstehung des rabbinischen Judentums*, Tübingen: Mohr Siebeck, 2010.

—, *The Jewish Jesus. How Judaism and Christianity Shaped each other*, Princeton / Oxford: Princeton University Press, 2012.

—, *Zwei Götter im Himmel. Gottesvorstellungen in der jüdischen Antike*, München: Beck, 2017.

—, *Kurze Geschichte des Antisemitismus*, München: Beck, 2020.

Schiller, Friedrich, *Was heißt und zu welchem Ende studiert man Universalgeschichte? Eine Akademische Antrittsrede bey Eröfnung seiner Vorlesungen*, gehalten von Friedrich Schiller, Professor der Geschichte in Jena, Jena: Akademische Buchhandlung, 1789.

—, «Etwas über die erste Menschengesellschaft nach dem Leitfaden der Mosaischen Urkunde», *Thalia* 3 / 11, 1791, S. 3–29.

—, *Sämtliche Werke*, Bd. 4, *Historische Schriften*, München: Winkler, 1968.

Schmidt-Biggemann, Wilhelm, «Geschichte der Erbsünde in der Aufklärung. Philosophiegeschichtliche Mutmaßungen», in: id., *Theodizee und Tatsachen. Das philosophische Profil der deutschen Aufklärung*, Frankfurt a. M.: Suhrkamp, 1988, S. 88–116.

Schmitt, Carl, *Politische Theologie. Vier Kapitel zur Lehre von der Souveränität*, München: Duncker & Humblot, 1922 (²1934, ab 1979 zahlreiche weitere Auflagen, ⁹2009).

—, «Der Begriff des Politischen», *Archiv für Sozialwissenschaft und Sozialpolitik* 58, 1927, S. 1–33.

—, *Der Begriff des Politischen. Mit einer Rede über das Zeitalter der Neutralisierungen und Entpolitisierungen*, München und Leipzig: Duncker & Humblot, 1932.

—, *Der Begriff des Politischen*, Hamburg: Hanseatische Verlagsanstalt, 1933.

—, «Verfassung der Freiheit», *Deutsche Juristen-Zeitung* 40, 1935, Sp. 1133–35.

—, *Der Begriff des Politischen. Text von 1932 mit einem Vorwort und drei Corollarien*, Berlin: Duncker und Humblot, 1963 (zahlreiche Nachdrucke, ^{9}2015).

—, *Glossarium. Aufzeichnungen der Jahre 1947–1951*, hrsg. v. Eberhard Freiherr von Medem, Berlin: Duncker & Humblot, 1991 (2. erweiterte Ausgabe 1947–1958, Berlin 2015).

Schwarz, Franz F., *Aristoteles. Metaphysik*, Ditzingen: Reclam, 1970.

Shuckburgh, Evelyn S., Cicero, *The Letters of Cicero: The whole extant correspondence in chronological order*, Bd. 1, London: Bell, 1908.

Smith, George, «The Chaldean Account of the Deluge», *Transactions of the Society of Biblical Archaeology* 2, 1873/74, S. 213–234.

—, *The Chaldean Account of Genesis*, New York: Scribner, Armstrong & CO., 1876 (deutsche Übersetzung: George Smith's *Chaldäische Genesis. Keilschriftliche Berichte über Schöpfung, Sündenfall, Thurmbau und Nimrod, nebst vielen anderen Fragmenten ältesten babylonisch-assyrischen Schrifttums*, übers. v. Hermann Delitzsch, Leipzig: Hinrichs, 1876).

Soden, Wolfram von, «Der altbabylonische Atramchasis-Mythos», in: Otto Kaiser u. a., *Texte aus der Umwelt des Alten Testaments*, Bd. 3: *Weisheitstexte, Mythen, Epen*, 3.1: *Weisheitstexte*, Gütersloh: Gütersloher Verlagshaus Mohn, 1990, S. 612–645.

Steck, Odil Hannes, «Die Paradieserzählung. Eine Auslegung von Genesis 2,4b-3,24», in: id., *Wahrnehmungen Gottes im Alten Testament. Gesammelte Studien*, München: Kaiser, 1982, S. 9–116 (Erstveröffentlichung 1970).

Strauss, Leo, «Notes on Lucretius», in: id., *Liberalism Ancient and Modern*, Chicago und London: University of Chicago Press, 1995 (Original New York: Basic Books, 1968), S. 76–139.

Taubes, Jacob, «Carl Schmitt – Ein Apokalyptiker der Gegenrevolution», in: *taz* vom 20. 7. 1985, S. 10.

—, *Die Politische Theologie des Paulus. Vorträge, gehalten an der Forschungsstätte der evangelischen Studiengemeinschaft in Heidelberg, 23–27. Februar 1987*, hrsg. v. Aleida und Jan Assmann u. a., München: Fink, ^{3}2003.

—, *Apokalypse und Politik. Aufsätze, Kritiken und kleinere Schriften*, hrsg. v. Herbert Kopp-Oberstebrink und Martin Treml, Paderborn/München: Fink, 2017, S. 271–285.

Taylor, Alfred Edward, *A Commentary on Plato's Timaeus*, Oxford: Clarendon, 1928.

Theodor, J. (Jehuda), und Ch. (Chanokh) Albeck, *Midrash Bereshit Rabba. Critical Edition with Notes and Commentary*, Bd. 1, Jerusalem: Wahrmann, ^{2}1965 (Erstdruck Berlin 1912–36).

Tillich, Paul, *Die sozialistische Entscheidung*, Potsdam: Pratte, 1933, Neuauflage mit einer Vorbemerkung von Klaus Heinrich, Berlin: Medusa, 1980.

Titus Lucretius Carus, *De rerum natura. Welt aus Atomen*, Lateinisch / Deutsch, übersetzt und mit einem Nachwort hrsg. v. Karl Büchner, Ditzingen: Reclam, 2015.

Toews, John E., *The Story of Original Sin*, Eugene, OR: Pickwick, 2013.

Wieland, Georg, «Felix culpa – die philosophisch-theologische Sicht», *Deutsche Vierteljahresschrift für Literaturwissenschaft und Geistesgeschichte* 82, 2008, S. 158–167.

Wilamowitz-Moellendorff, Ulrich von, *Platon. Sein Leben und seine Werke*, Berlin: Weidmann, ⁵1959.

Winston, David, *Logos and Mystical Theology in Philo of Alexandria*, Cincinnati, OH: Hebrew Union College Press, 1985.

Wünsche, August, *Bibliotheca Rabbinica. Eine Sammlung alter Midraschim*, zum ersten Male ins Deutsche übertragen: *Der Midrasch Bereschit Rabba. Das ist die Haggadische Auslegung der Genesis*, Leipzig: Schulze 1881 (zahlreiche Nachdrucke).

BILDNACHWEIS

Tafel I: © Zev Radovan / Bridgeman Images
Tafel II–V: © Ghigo Roli / Bridgeman Images
Tafel VI: Aus: Stephan Waetzold, Die Kopien des 17. Jahrhunderts nach Mosaiken und Wandmalereien in Rom, Wien / München: Schroll, 1964, Abb. 329 und 330
Tafel VII: © Harald Brünig
Tafel VIII, oben: © Zev Radovan / Bridgeman Images
Tafel VIII, unten: © akg-images / André Held
Tafel IX: © Ghigo Roli / Bridgeman Images
Tafel X: © NPL / DeA Picture Library / Bridgeman Images
Tafel XI, oben: Cod. Theol. gr. 31, fol. 2r: Wiener Genesis: Die Sintflut, © Österreichische Nationalbibliothek
Tafel XI, unten: © Photo Josse / Bridgeman Images
Tafel XII: © akg / Bible Land Pictures
Tafel XIII, oben: © bpk / Vorderasiatisches Museum, SMB / Olaf M. Teßmer
Tafel XIII, Mitte: © The Schøyen Collection, Oslo and London
Tafel XIII, unten: © akg-images / Science Source
Tafel XIV–XV: © akg-images / Erich Lessing
Tafel XVI: Wikimedia, public domain

NAMENREGISTER

Das Register berücksichtigt Namen von Personen, biblischen Gestalten und Göttern im Haupttext des Buches.

Aaron 273
Abba bar Kahana (Rabbi) 307
Abel 12, 59, 115, 117, 335
Abraham 65, 179, 295, 302, 305, 307, 332
Adad (Sturmgott) 87, 90
Adam 22–24, 31 f., 34 f., 43, 47, 51, 53 f., 59 f., 109, 115–117, 208, 307, 327–332, 334–349, 351, 353, 359 f., 382, Tafel IV–IX
Agrippa I., König von Judäa und Samaria 178
Albeck, Chanokh 281
Albertus Magnus 163
Alexander der Alabarch 178
Alexander der Große 161 f.
Alexander Polyhistor 67
Ambrosiaster (Pseudo-Ambrosius) 345
Ambrosius von Mailand 345
Ammisaduqa, babylon. König 84
An siehe Anu
Anaxagoras 246
Anaximander 38, 221
Anaximenes 38
Andronikos von Rhodos 162
Anu (Himmelsgott) 94–97, 103–105
Anum siehe Anu
Aphrodite 311

Aqiva ben Josef (Rabbi) 272–274, 320, 353 f.
Aristoteles 15–17, 39, 121 f., 161–175, 181 f., 209 f., 217, 220, 222, 226, 228, 237, 261, 266, Tafel XIV–XV
Aruru 93
Assurbanipal, assyr. König 68, 84, 91, 102
Atrachasis 12 f., 64, 84, 86–89, 91, 97, 105 f., 108–110, 112, 115, 118
Augustinus von Hippo 23 f., 116, 327, 342 f., 345–350, 355–357, 360 f.
Azarja de' Rossi 180, 189

Bacchus 251
Bar Chutah (Rabbi) 316 f.
Bar Qappara (Rabbi) 286 f., 314
Bernhard von Chartres 122
Berossus 67 f., 89–91, 111
Billerbeck, Paul 278
Binder, Klaus 238
Blaesilla von Rom 235
Bohr, Niels 237
Bomberg, Daniel 276
Bracciolini, Poggio 236
Bruno, Giordano 237

Caelestius 346, 350
Calcidius 122

Caligula, röm. Kaiser 17, 178
Capece, Scipione 237
Carl Eugen, Herzog von Württemberg 365
Ceres 251
Chamberlain (geb. Wagner), Eva 75
Chamberlain, Houston Stewart 75–77, 80
Cicero, Marcus Tullius 19, 122, 228, 232, 234–236
Cicero, Quintus Tullius 236
Cohn, Leopold 187, 208
Cornford, Francis Macdonald 133

Damkina (Gattin Eas) 103
Damrosch, David 66
Dante Alighieri 232
David, König von Israel 306, 337
Delitzsch, Franz 70, 278 f.
Delitzsch, Friedrich 70–81, 102
Demokrit von Abdera 18, 38, 152, 217–223, 225, 237, 246, 249, 267
Diogenes Laertius 218 f., 221, 223
Donoso Cortés, Juan 376, 380 f.

Ea (Gott der Weisheit, Vater Marduks) 93, 97–99, 103–107, 112,
Einstein, Albert 237
Eisenmenger, Andreas 278
Empedokles 246
Engels, Friedrich 375
Enki (Gott des Süßwasserozeans und der Weisheit) 85 f., 88, 90, 93, 105, 112
Enkidu 13, 92–97, 108, 114
Enlil (Götterkönig) 85 f., 89 f., 94, 99–101, 105
Enskat, Rainer 134, 152 f.
Epikur 18–20, 152, 217, 221–238, 241 f., 246–249, 254, 260 f., 264–267
Esau 294–296, 305

Eusebius von Caesarea 67 f., 235
Eustochium (Julia von Rom) 236
Eva 23, 35, 51, 53–57, 59, 75, 109, 116 f., 208, 307, 329–332, 339, 346–348, 351, 353, 355 f., 363, 382

Fichte, Johann Gottlieb 25, 361, 369–372, 382
Ficino, Marsilio 122, 237
Flaccus, Aulus Avillius 178

Gamliel III. (Rabban Gamliel) 311–313
Gassendi, Pierre 237
Gilgamesch 61, 63–66, 69, 71, 83, 88, 91–97, 101 f., 108–111, 114, 116, *Tafel XII–XIII*
Göring, Hermann 373
Greenblatt, Stephen 236
Gregor IX., Papst 275

Hammurabi, babylon. König 73, 84, 102
Harnack, Adolf von 75 f., 78 f.
Hecker, Karl 102
Henoch 334
Heinrich, Adrian C. 102
Helena von Konstantinopel 297
Heraklit 246
Hermarchos 222 f.
Herodes der Große 178
Herodotos (Schüler des Epikur) 18, 223, 226, 228–230
Hesiod 10, 136
Hieronymus 19, 235 f.
Hillel 321
Hippolyt von Rom 221
Hollmann, Friedrich von 76
Hoschaja (Oschaja) (Rabbi) 281
Humbaba (Wächter des Zedernwaldes) 94 f.
Huna Rabba von Sepphoris (Rabbi) 286, 352

Namenregister

Ibn Ruschd (Averroes) 163
Isaak 295, 305, 307
Ischtar (Tochter des Himmelsgottes) 94–96

Jakob 295 f., 305, 307
Jakob I., König von Aragon 276 f.
Jechiel ben Josef 276
Jehuda ben Pazzi (Rabbi) 314
Jehuda ha-Nasi (Rabbi) 312
Jesus von Nazareth 22, 71, 76–79, 179, 190 f., 270, 276 f., 302 f., 327 f., 340–342, 344, 356, 360
Jischmael (Rabbi) 272, 320
Johannes (Evangelist) 190 f.
Johannes der Täufer 74
Johannes von Antiochia (Chrysostomus) 342, 345
Johannes XXIII., Gegenpapst 236
Josef 179, 272, 276, 334
Josephus Flavius 302
Julian von Eclanum 346
Julius II., Papst 121

Kain 12, 59, 115, 117, 335
Kant, Immanuel 361–367, 369, 371 f., 382
Kelsen, Hans 375
Kingu (zweiter Gemahl Tiamtus) 104, 106
Kittel, Gerhard 279
Konstantin, röm. Kaiser 297
Kybele 199, 250

Lambert, Wilfred George 102
Lamaschtum (Dämonin) 88
Lamech 59
Layard, Austen Henry 102
Leonardo da Vinci 122
Leukipp 38, 152, 217 f.
Lightfoot, John 277

Lilith (Dämonin) 88
Lukrez (Titus Lucretius Carus) 18–20, 152, 217, 226, 228, 232, 234–237, 239–250, 252–267
Luther, Martin 28, 79, 359

Machiavelli, Niccolò 237
Maimonides (Moses ben Maimon) 39, 163
Maistre, Joseph de 380 f.
Manutius, Aldus 123, 162
Marcion 75, 78 f.
Marcus Julius Alexander 178
Marduk (höchster babylon. Gott) 67, 102–108, 111, 113
Marquard, Odo 372
Marx, Karl 237, 375
Maximilian I., römisch-deutscher Kaiser 277
Medici, Cosimo de' 122
Meir (Rabbi) 354 f.
Menoikeus (Schüler des Epikur) 18, 223, 230, 232, 261
Metrodoros (Schüler des Epikur) 222
Michel, Otto 279
Montaigne, Michel de 237
Moses 27, 29, 69, 73, 157, 163, 179–184, 189 f., 197, 203, 205 f., 233, 270–273, 276, 301, 317, 324, 339
Mousouros, Markos 122

Nachmanides (Moses ben Nachman) 276
Nachum aus Gimzo (Rabbi) 320
Nannar (Mondgott) 105
Nebukadnezar I., babylon. König 102
Nehemia 334
Neptun 251
Newton, Isaac 237
Niehoff, Maren 178, 209 f., 213

Nietzsche, Friedrich 218
Nikolaus Donin 275 f.
Nintu (Göttin) 87
Noach 12, 59–63, 65, 84, 89, 96, 110, 114, 117 f., 158, 160, 334 f.
Nudimmud siehe Ea
Numenios von Apameia 157

Oehler, Klaus 173 f.
Origenes 342–344
Ovid 235

Pappos (Rabbi) 353 f.
Pablo Christiani 276
Paulus von Tarsus 22, 24, 302, 340–342, 345, 349, 356 f., 360
Pelagius 23, 346, 348–350
Pfefferkorn, Johannes 277
Philipp II., König von Makedonien 161 f.
Philon von Alexandria 16 f., 21, 161, 164, 177–215, 232, 266, 283 f., 289, 301 f., 322 f., 343
Platon 14–17, 21, 38, 121–166, 169, 174 f., 177, 180–184, 186–191, 193–196, 199, 201–204, 206, 208–215, 217, 228 f., 232 f., 241, 255, 257, 266, 282–284, 289, 302, 315, 323, 343
Poebel, Arno 89
Poseidonios 203
Proklos 311 f.
Pythokles 223

Raffael 121, 161
Raschi 39, 287, 323
Rawlinson, Henry 66
Raymund Martini 277
Ready, Robert 66
Rebekka 295
Resch Laqisch (Schimon ben Laqisch) (Rabbi) 355

Reuchlin, Johannes 277
Rohling, August 278

Salomo, König von Israel 22, 156 f., 321, 330, 334 f.
Schäfer, Lothar 192
Schamasch (Sonnengott) 94–96, 105
Schamchat (Dirne) 93, 114
Schammai 321
Schelling, Friedrich Wilhelm 372
Schiller, Friedrich 25, 361, 365–368, 371 f., 382
Schlatter, Adolf 279
Schleiermacher, Friedrich 125
Schmitt, Carl 25, 373–376, 378–382
Schwaner, Wilhelm 80
Sem 334
Set(h) 59
Simon (Rabbi) 351
Simplikius 220
Sin-leqe-unninni (babylon. Priester) 91
Sisyphus 256
Smith, George 66–69, 83 f., 91, 102
Soden, Wolfram von 84
Sokrates 123, 128, 134, 151, 154
Stahl, Friedrich Julius 380
Stephanus (christl. Märtyrer) 302 f.
Stoecker, Adolf 75, 278
Strack, Hermann Leberecht 278 f.
Syncellus 67 f.

Tacitus, Publius Cornelius 81
Tanchuma (Rabbi) 300
Tantalus 256
Thales von Milet 38
Theodor, Jehuda 281
Thomas von Aquin 163
Thrasyllos 218
Thukydides 264

Namenregister

Tiberius Julius Alexander 178
Tityos 256
Troeltsch, Ernst 380

Utu (Sonnengott) 90

Vergil 235
Venus 135, 238–241, 260, 265

Wagner, Eva 75
Wagner, Richard 75
Wallis Budge, E. A. 66

Wilamowitz-Moellendorff, Ulrich von 155
Wilhelm II., deutscher Kaiser 70, 72, 75 f.
Wilhelm von Conches 122

Xisouthros (Held der babylon. Sintfluterzählung) 67 f., 89, 91, 111

Ziusudra (Held des babylon. Schöpfungsmythos) 89–91, 97, 111